V&R

Hypomnemata

Untersuchungen zur Antike und zu ihrem Nachleben

Band 162

Vandenhoeck & Ruprecht

Rene Pfeilschifter

Titus Quinctius Flamininus

Untersuchungen zur
römischen Griechenlandpolitik

Für Janice
in Freundschaft
3.6.2009 Rene

Vandenhoeck & Ruprecht

Verantwortlicher Herausgeber:
Hans-Joachim Gehrke

Bibliografische Information Der Deutschen Bibliothek

Die Deutsche Bibliothek verzeichnet diese Publikation in der Deutschen Nationalbibliografie; detaillierte bibliografische Daten sind im Internet über <http://dnb.ddb.de> abrufbar.

ISBN 3-525-25261-7

Hypomnemata ISSN 0085-1671

Gedruckt mit Hilfe der
Geschwister Boehringer Ingelheim Stiftung für Geisteswissenschaften
in Ingelheim am Rhein

Umschlagkonzept: Groothuis, Lohfert, Consorten, Hamburg
Druck und Bindung: Hubert & Co., Göttingen

Gedruckt auf alterungsbeständigem Papier.

Meiner Mutter

Inhalt

Vorwort

Diese Arbeit wurde im Wintersemester 2002/2003 von der Philosophischen Fakultät der Technischen Universität Dresden als Dissertation angenommen. Jakob Seibert hatte das Thema in München angeregt, nach meinem Wechsel nach Dresden übernahm Martin Jehne die Betreuung. Fritz-Heiner Mutschler und Peter Funke schrieben die weiteren Gutachten, Hans-Joachim Gehrke schlug das leicht überarbeitete Buch für die Aufnahme in die *Hypomnemata* vor, und die Geschwister Boehringer Ingelheim Stiftung für Geisteswissenschaften unterstützte die Veröffentlichung mit einem Druckkostenzuschuß. Ihnen allen danke ich für ihre Zeit und für ihre Mühe, für Rat, Kritik und Aufmunterung.

Die Niederschrift dauerte lange, und sie hätte noch erheblich länger gedauert oder gar kein Ende gefunden ohne die Unterstützung von Mitarbeitern, Kollegen und Freunden. Stephan Lücke half mir durch einen guten Rat, an den er sich heute vielleicht gar nicht mehr erinnert, ebenso wie Stefan von der Lahr durch gelegentlich lästiges, im Rückblick aber überaus wertvolles Drängen auf Vollendung. Doch vor allem waren da die Atmosphäre, die Kreativität und der Humor der Dresdner Alten Geschichte. Ich danke den Mitgliedern des althistorischen Lehrstuhls, ehemaligen wie gegenwärtigen: wiederum Martin Jehne, für sein Beispiel sowie für seine Kunst, die Gewährung von größtmöglichem Freiraum mit persönlicher Sorge zu verbinden; Alexander Bergk, Annett Krause und Daniel Wagner, die mich unermüdlich mit Büchern und Aufsätzen versorgten, sogar zu einer Zeit, als Dresden in den Fluten der Elbe zu versinken drohte; Wolfgang Blösel, Johannes Keller und Bernhard Linke, die Teile der Arbeit oder sogar die ganze lasen und mit mir kritisch diskutierten; Claudia Tiersch, für ihren nie nachlassenden Optimismus; Kerstin Dittrich, deren wie selbstverständliche Unterstützung mich gerade in den kritischsten Phasen ungemein entlastete; schließlich Nicol Gericke, die mit sicherem Auge das Personen- und Ortsregister anfertigte.

Meiner Mutter gebührt der letzte und höchste Dank: Sie hat es mir nicht nur ermöglicht, zu studieren und eine wissenschaftliche Laufbahn einzuschlagen, sie hat mir auch beigebracht, die Dinge aus dem richtigen Blickwinkel zu sehen.

Dresden, am 1. Mai 2005 — Rene Pfeilschifter

Abkürzungen

Griechische Autorennamen und Werktitel sind im allgemeinen nach dem *Neuen Pauly* abgekürzt, lateinische nach dem *Thesaurus Linguae Latinae*. Die Kürzel für Zeitschriften folgen der *Année Philologique*.

AE	L'année épigraphique, Paris, seit 1889.
ANRW	Hildegard Temporini / Wolfgang Haase (Hrsgg.), Aufstieg und Niedergang der römischen Welt. Geschichte und Kultur Roms im Spiegel der neueren Forschung, Berlin u. a., seit 1972.
CAH	The Cambridge Ancient History.
DNP	Hubert Cancik / Helmuth Schneider (Hrsgg.), Der Neue Pauly. Enzyklopädie der Antike, 19 Bde., Stuttgart u. a. 1996-2003.
FGE	D. L. Page (mit R. D. Dawe / J. Diggle) (Hrsg.), Further Greek Epigrams. Epigrams before A.D. 50 from the Greek Anthology and Other Sources, not Included in ›Hellenistic Epigrams‹ or ›The Garland of Philip‹, Cambridge u. a. 1981.
FGrHist	Felix Jacoby u. a., Die Fragmente der griechischen Historiker, Berlin u. a., seit 1926.
HE	A. S. F. Gow / D. L. Page (Hrsgg.), The Greek Anthology. Hellenistic Epigrams, Bd. 1: Introduction, Text, and Indexes of Sources and Epigrammatists; Bd. 2: Commentary and Indexes, Cambridge 1965.
IG	Inscriptiones Graecae, Berlin, seit 1873.
IK Iasos	Wolfgang Blümel (Hrsg.), Die Inschriften von Iasos (Inschriften griechischer Städte aus Kleinasien 28), 2 Bde., Bonn 1985.
IK Lampsakos	Peter Frisch (Hrsg.), Die Inschriften von Lampsakos (Inschriften griechischer Städte aus Kleinasien 6), Bonn 1978.
ILS	Hermann Dessau (Hrsg.), Inscriptiones Latinae selectae, 3 Bde., Berlin 1892-1916.
ISE	Luigi Moretti (Hrsg.), Iscrizioni storiche ellenistiche. Testo critico, traduzione e commento, 2 Bde. (Biblioteca di Studi Superiori 53/62), Firenze 1967-1976.

KLH	Hatto H. Schmitt / Ernst Vogt (Hrsgg.), Kleines Lexikon des Hellenismus, Wiesbaden 1993[2].
LSJ	Henry George Liddell, Robert Scott, Henry Stuart Jones, P. G. W. Glare, A Greek-English Lexicon. With a Revised Supplement 1996, Oxford 1996.
MRR	T. Robert S. Broughton, The Magistrates of the Roman Republic (Philological Monographs 15), Bd. 1 (mit Marcia L. Patterson): 509 B.C.-100 B.C., New York 1951; Bd. 2: 99 B.C.-31 B.C., New York 1952; Bd. 3: Supplement, Atlanta, Ga., 1986.
ORF[4]	Henrica Malcovati (Hrsg.), Oratorum Romanorum Fragmenta liberae rei publicae (Corpus Scriptorum Latinorum Paravianum), 2 Bde., Turin u. a. 1976[4]-1979.
RDGE	Robert K. Sherk, Roman Documents from the Greek East. *Senatus Consulta* and *Epistulae* to the Age of Augustus, Baltimore, Md., 1969.
RE	Paulys Realencyclopädie der classischen Altertumswissenschaft. Neue Bearbeitung begonnen von Georg Wissowa, fortgeführt von Wilhelm Kroll und Karl Mittelhaus, unter Mitwirkung zahlreicher Fachgenossen herausgegeben von Konrat Ziegler, Stuttgart u. a. 1893-1980.
RRC	Michael H. Crawford, Roman Republican Coinage, 2 Bde., verb. Ndr. Cambridge 1995.
SEG	Supplementum Epigraphicum Graecum, Leiden u. a., seit 1923.
StV III	Die Staatsverträge des Altertums, Bd. 3: Die Verträge der griechisch-römischen Welt von 338 bis 200 v. Chr. Bearbeitet von Hatto H. Schmitt, München 1969.
Syll.[3]	Wilhelm Dittenberger (Hrsg.), Sylloge Inscriptionum Graecarum, 4 Bde., Leipzig 1915-1924[3].
ThLL	Thesaurus Linguae Latinae, Leipzig u. a., seit 1900.

Einleitung

Ins kollektive Gedächtnis der Römer ging Titus Quinctius Flamininus als Sieger über König Philipp und die Makedonen ein. Mehrmals nannte ihn Cicero in seinen Reden unter den großen Feldherren der Vergangenheit. Dabei blieb es freilich auch, mehr verbanden die Römer offensichtlich nicht mit seinem Namen, und auch Cicero selbst scheint sich nicht weiter für ihn interessiert zu haben.[1] In der Spätantike wurde seine Gestalt dann völlig schattenhaft. Der anonyme Autor *De viris illustribus* hielt ihn für den Sohn des C. Flaminius, über sein politisches Wirken erzählte er zwar nichts Falsches, aber er faßte es in einer diffusen, verzerrten Form zusammen, wie mehrmals im Spiegel gebrochen.[2]

Ganz anders die Griechen. In den Poleis fanden sich noch nach Jahrhunderten Statuen und Inschriften für Flamininus, den Soter und Euergetes, sie richteten weiterhin die Feste zu seinen Ehren aus, sein Kult wurde nach wie vor gepflegt. Plutarch widmete ihm eine Biographie, in der er den Jubel der Griechen über die Freiheitsproklamation von 196 v. Chr. breit ausmalte; gleichzeitig ist die Vita ein imposanter Beleg für das Interesse und die Anerkennung, die dem römischen Politiker noch von den Griechen der Kaiserzeit zuteil wurden.[3] Aber auch Flamininus selber legte größten Wert auf

---

1 Cic. Verr. II 1,55; II 4,129; leg. agr. I 5; Mur. 31; Pis. 61; Phil. V 48 (mit Bezug auf sein Alter bei der Wahl zum Konsul). In der Einleitung zum *Cato maior* erscheint Flamininus nur, weil er sich den Vornamen mit Atticus teilt. Als Bruder des Lucius Flamininus, den Cato von der Senatsliste strich, wird er im selben Werk noch einmal erwähnt, mit einer beiläufigen Charakterisierung, der einzigen, die Cicero ihm zukommen ließ: *fortissimus vir* (Cato 42). Vgl. H. TRÄNKLE, Livius und Polybios, Basel u. a. 1977, 162 mit Anm. 95.

2 Vir. ill. 51: *Quintus Flaminius* [sic!], *Flaminii, qui apud Trasumenum periit, filius, consul Macedoniam sortitus, ducibus Charopae principis pastoribus provinciam ingressus regem Philippum proelio fudit, castris exuit. filium eius Demetrium obsidem accepit, quem pecunia multatum in regnum restituit. a Nabide quoque Lacedaemonio filium obsidem accepit. †ludos Iunonis Samiae per praeconem pronuntiavit. legatus etiam ad Prusiam, ut Hannibalem repeteret, missus.* Kaum mehr weiß Oros. hist. IV 20,1-3.5f.

3 Plut. Flam. 16,5-7 berichtet für Chalkis von Ehreninschriften an zentralen öffentlichen Gebäuden und von einem noch zu seiner Zeit ausgeübten Kult. Flamininus hatte die Stadt 191 vor dem Zorn des Konsuls M'. Acilius Glabrio bewahrt. Von den Ehrungen für Flamininus sind zahlreiche inschriftliche Belege erhalten geblieben, über die E. S. GRUEN, The Hellenistic World and the Coming of Rome, Berkeley u. a. 1984, 167, und F. W. WALBANK, A Historical Commentary on Polybius, Bd. 2, Oxford 1967, 613f., einen Überblick geben (hinzu noch CH. HABICHT, Beiträge zu koischen Inschriften des 2. Jahrhunderts v. Chr., in: N. Ehrhardt / L.-M. Günther [Hrsgg.], Widerstand – Anpassung – Integration, Stuttgart 2002, 103-106). Die Ehrenstatue in Rom, die Plut. Flam. 1,1 erwähnt, wurde vermutlich von griechischen Gemeinden aufgestellt: Sie trägt eine

seine Tat. In Delphi weihte er den Dioskuren silberne Schilde, dazu seinen eigenen, und ließ eine Inschrift dazusetzen:

> Ihr Söhne des Zeus, die ihr euch freut an jagenden Rossen,
> ihr Könige Spartas von Tyndareos' Blut,
> Titus aus Aeneas' Geschlecht schenkte euch herrlichste Gabe,
> da er brachte den Söhnen der Griechen die Freiheit.[4]

Die moderne Forschung hat sich in gewisser Weise mehr auf den griechischen Pfaden bewegt als auf denen der Römer, grob gesagt, im Zentrum der Analyse stand die Freiheitserklärung, nicht die Schlacht von Kynoskephalai im Jahr zuvor. Denn die Analyse des Kriegsverlaufs verschafft zwar manch wertvolle Einsicht, aber natürlich waren alle römischen Aktivitäten dem militärischen Vorteil untergeordnet. Erst nach der Schlacht bei Kynoskephalai weiteten sich die Handlungsspielräume. Die Beurteilung der römischen Politik hängt also letztlich nicht daran, wie der Sieg errungen, sondern wie er ausgenutzt wurde. Die markantesten Ereignisse dieser Zeit waren die Verkündung der griechischen Freiheit während der Isthmischen Spiele des Jahres 196, die Erfüllung dieses Versprechens durch den Abzug von 194 und der Krieg gegen Antiochos von Syrien, der über der Freiheit der griechischen Städte ausbrach. Der beherrschende Mann war Flamininus, der sich nach seiner überraschenden Wahl zum Konsul des Jahres 198 ununterbrochen im Kommando halten konnte, bis zur Heimkehr der Legionen also die höchste Autorität des römischen Staates auf der Balkanhalbinsel darstellte. Doch auch in den Verhandlungen vor dem Antiochoskrieg spielte er eine wesentliche Rolle, und noch vor den Truppen kehrte er als Legat nach Griechenland zurück, um die unvermeidbar gewordene Auseinandersetzung politisch vorzubereiten. Daher ist es völlig berechtigt, diese Phase der römischen Ostpolitik mit Flamininus' Namen zu verbinden, und mehr

griechische Inschrift (vgl. J. CH. BALTY, La statue de bronze de T. Quinctius Flamininus *ad Apollinis in circo*, MEFRA 90 [1978], 676; G. LAHUSEN, Untersuchungen zur Ehrenstatue in Rom, Roma 1983, 91). Ob der berühmte Goldstater des Flamininus (RRC 548) auf dessen Veranlassung oder als Ehrung von griechischer Seite geprägt wurde, ist umstritten (vgl. zuletzt M. R.-ALFÖLDI, Der Stater des T. Quinctius Flamininus, NZ 98 [1984], 19-26 [mit Lit.]; A. A. BOYCE, The Gold Staters of T. Quinctius Flamininus in History, in: M. Renard [Hrsg.], Hommages à Albert Grenier, Bruxelles 1962, 342-350; J.-L. FERRARY, Philhellénisme et impérialisme, Rome 1988, 92f. mit Anm. 155).

4 Plut. Flam. 12,11: Ζηνὸς ἰὼ κραιπναῖσι γεγαθότες ἱπποσύναισι / κοῦροι, ἰὼ Σπάρτας Τυνδαρίδαι βασιλεῖς, / Αἰνεάδας Τίτος ὔμμιν ὑπέρτατον ὤπασε δῶρον, / Ἑλλάνων τεύξας παισὶν ἐλευθερίαν. Zur Propagierung der Aeneasabstammung vgl. E. S. GRUEN, Culture and National Identity in Republican Rome, Ithaca, N.Y., 1992, 30, 48. Angesichts Plutarchs enger Beziehungen zu Delphi (vgl. K. ZIEGLER, RE XXI 1 [1951], 659-662 s. v. Plutarchos 2) kann man für Flamininus' Weihungen Autopsie voraussetzen (so schon A. KLOTZ, Die Quellen Plutarchs in der Lebensbeschreibung des Titus Quinctius Flamininus, RhM 84 [1935], 46f.).

noch, ihn als Schlüsselfigur für das Verständnis der Befreiung der Griechen anzusehen. Denn kein anderer Römer vertrat derart häufig und wirkungsvoll dieses Prinzip. Die Frage ist aber: Warum tat er das?

Kaum mehr geäußert wird die Ansicht, Flamininus sei ein Philhellene gewesen, in dem Sinn, daß er die Griechen aus Bewunderung für ihre kulturelle und geschichtliche Leistung von der makedonischen Herrschaft zu befreien und ihnen volle Unabhängigkeit zu verschaffen suchte. Diese von vornherein wenig wahrscheinliche Theorie, die gar nicht nach dem römischen Interesse fragt, paßt zwar gut zu manchen Aspekten der Flamininischen Selbstdarstellung, aber in den Quellen existiert für sie kein ernsthafter Rückhalt, im Gegenteil. So fand sie zwar namhafte Vertreter, erlangte aber nie die Zustimmung auch nur eines überwiegenden Teils der Forschung.[5] Vor dreißig Jahren hat Ernst Badian diese schöne Legende dann endgültig zu Grabe getragen. Er wies nachdrücklich darauf hin, daß Flamininus ein ganz normaler Politiker gewesen sei oder, wie er es formulierte, um jedes Mißverständnis zu vermeiden, ein Realpolitiker. »He always remained, in essence, a Roman noble.«[6]

Die Nobilität war vom Leistungsideal geprägt, von dem unbedingten Wunsch, die Standesgenossen zu übertreffen, und von der Furcht, eben dies könne einem Konkurrenten gelingen. Dieser Machtkampf wurde im Inneren mehr oder weniger erfolgreich eingehegt, nicht zuletzt dadurch, daß als entscheidendes Kriterium für das adelige Verdienst die Auszeichnung gegenüber dem äußeren Feind galt. William V. Harris hat gezeigt, wie sehr der Aufstieg zur Weltmacht vom Streben nach Ruhm und Anerkennung gefördert wurde; gleichzeitig hofften Nobilität wie Volk auf reiche materielle Beute. Doch der Hinweis auf die aggressive Grundstruktur der römischen

---

5 Die Vorstellung geht auf NIEBUHR und MOMMSEN zurück. Auf Belege und überhaupt einen Überblick über Rezeption und Forschung zu Flamininus' Person kann hier verzichtet werden, da E. BADIAN, Titus Quinctius Flamininus. Philhellenism and *Realpolitik*, in: C. G. Boulter / D. W. Bradeen u. a. (Hrsgg.), Lectures in Memory of Louise Taft Semple, Bd. 2, Cincinnati 1973, 273-297, diesen bereits in beispielhafter Weise gegeben hat. Die Positionen der seither erschienenen Literatur werden aus dem weiter unten im Text Gesagten deutlich werden.

6 BADIAN (1973), bes. 323-327 (Zitat 326). Die Totenrede auf den politischen Philhellenismus hat vor kurzen R. M. ERRINGTON, Philhellenismus und praktische Politik, in: G. Vogt-Spira / B. Rommel (Hrsgg.), Rezeption und Identität, Stuttgart 1999, 149-154, gehalten. Es ist interessant, eine gewisse Dichotomie in der Wissenschaft zu beobachten. Während der Philhellenismus für die Spezialforschung zur römischen Ostpolitik kein Thema mehr ist – soweit ich sehe, hält nur G. A. LEHMANN, Elateia, Aitolien und Rom nach der Entscheidung des 2. Makedonischen Krieges, ZPE 127 (1999), 74-76, noch daran fest –, lebt er nicht selten in der übrigen altertumswissenschaftlichen Literatur fort, bei Gelegenheit einer knappen Erwähnung von Flamininus. Dies ist wohl auch der Grund, warum L.-M. GÜNTHER im Titel der letzten zusammenfassenden Skizze zu Flamininus dem Philhellenismus noch einmal eine Chance gibt: Titus Quinctius Flamininus – Griechenfreund aus Gefühl oder Kalkül?, in: K.-J. Hölkeskamp / E. Stein-Hölkeskamp (Hrsgg.), Von Romulus zu Augustus, München 2000, 120-130. Daß es sich hier nur um eine rhetorische Frage handelt, weiß der Leser nach der Lektüre.

Gesellschaft reicht zwar aus, um die Vorstellung von einer selbstlosen, durch hehre Ideologie bestimmten Außenpolitik zurückzuweisen, aber er erklärt noch keineswegs das Verhalten des Senats und einzelner Adeliger in der jeweiligen Situation. Die Republik war ja keine Kriegsmaschinerie, die ohne Rücksicht alles und jeden niederwarf. Vielmehr war die Hemmschwelle für die gewaltsame Lösung äußerer Konflikte recht niedrig, anders ausgedrückt: Die römische Gesellschaft besaß ein hohes Aggressionspotential. Das mußte aber nicht in jeder Situation realisiert werden. Harris selbst hat darauf hingewiesen, daß Rom selbstverständlich auch Verteidigungskriege führte, und zwar gerade dann, als es zur Großmacht aufgestiegen war, es also etwas zu verteidigen gab. Und wenn er von einer hohen Bereitschaft zu Annexionen ausgeht – worüber man streiten kann –, so muß er doch einräumen, daß diese gerade im zweiten Jahrhundert aufgrund der jeweiligen Umstände und momentan andersgearteter Interessen der Entscheidungsträger fast nie in die Praxis umgesetzt wurde. Die soziopolitische Struktur der Republik bildet eine Rahmenbedingung, die bei der Analyse römischer Herrschaft stets zu beachten ist, aber selbst noch nicht die Erklärung bildet.[7]

Akzeptiert man Harris' Modell, und im grundsätzlichen tue ich das, so ist damit also noch kein Urteil über das Wesen der römischen Außenpolitik gesprochen. Höchstens eine Präferenz in dem Sinne, daß einen ein defensiver Charakter stärker überraschen würde als ein expansiver. Doch ohnehin sieht heute kaum mehr jemand die Dinge so einseitig an, daß nur das eine richtig ist, das andere aber völlig falsch. Besser ist es, nach Epochen, Umständen und Personen zu differenzieren. Römische Außenpolitik, auch die Ostpolitik, läßt sich nicht über einen Kamm scheren. Manchmal wundert man sich über die Langmut, mit der die Republik wenig in ihrem Interesse liegenden Entwicklungen zusah, zuweilen auch offenem Ungehorsam, manchmal erschrecken einen aber auch die Härte des römischen Zupackens und die Beständigkeit im Festhalten. Für beides werden wir Beispiele kennenlernen. So wie man einerseits darauf verweisen kann, daß mit beständiger Defensive kaum ein Weltreich erworben werden kann, ist andererseits einzuräumen, daß dieses Imperium gerade im zweiten Jahrhundert sehr viel schneller und zielstrebiger hätte errichtet werden können. An den nötigen Machtmitteln fehlte es nicht.[8]

---

7 W. V. HARRIS, War and Imperialism in Republican Rome 327-70 B.C., Oxford o. J.^{3} (erstmals 1979), passim, mit einschränkenden Bemerkungen IX, 107, 253f. Vgl. dazu die abgewogenen Bemerkungen von J. A. NORTH, The Development of Roman Imperialism, JRS 71 (1981), 1-9, bes. 7, und J. BLEICKEN, Geschichte der römischen Republik, München 1999^{5}, 171f.

8 Schon die beiden Historiker, die gern (und nicht zu Unrecht) als klassische Vertreter der jeweiligen Modelle angesehen werden, haben die Dinge keineswegs doktrinär betrachtet. M. HOLLEAUX, Rome, Philippe de Macédoine et Antiochos, in: ders., Rome et la conquête de

Natürlich ist meine Untersuchung auch ein Beitrag zu dieser Debatte, doch setzt sie erst einmal bescheidener an. Nicht bei den Motiven, über die wir der Natur der Sache nach oft nur spekulieren können, sondern bei den Methoden der Herrschaft. Gemeint ist damit zunächst die Rolle der Freiheit im Dienst der römischen Hegemonie. Das impliziert zweierlei: daß eine solche Hegemonie existierte und daß die Befreiung der Griechen kein Selbstzweck war. Letzterer Schluß ist unvermeidbar, hat man sich vom Philhellenismus erst einmal verabschiedet. Ob der Nutzen, den Flamininus sich von der Freiheit versprach, der eigene war oder der Roms, ist zunächst einmal gleichgültig. Zu einem guten Teil fallen beide, angesichts des aristokratischen Leistungsethos, ohnehin ineinander. Zum anderen ist es eine Tatsache, daß Rom mit dem zweiten Sieg über Karthago die Vorherrschaft im westlichen Mittelmeer errang, mit dem über Makedonien die Dominanz auf der Balkanhalbinsel und mit dem über Antiochos die Hegemonie über fast die gesamte bekannte Welt. Wohlgemerkt, es geht hier nicht um Motive. Ob die Römer diese Kriege nun bewußt suchten oder sie ihnen aufgedrängt wurden – am Schluß sahen sie sich immer mit einem erweiterten Machtbereich konfrontiert, der wieder neue Probleme aufwarf. Die Eigendynamik von Herrschaft darf nie unterschätzt werden. Die Pergamener und die Rhodier hätten 201 kaum den Senat um Hilfe gegen Philipp gebeten, wenn Hannibal eben in Rom die Friedensbedingungen diktiert hätte.

Das Instrumentarium und die Konzepte römischer Herrschaftsausübung sind immer wieder Gegenstand kleinerer und größerer Abhandlungen gewesen. Grundsätzliche Analysen sind jedoch, soweit ich sehe, in den letzten fünfzig Jahren nur drei vorgelegt worden.

---

l'Orient, Paris 1957, 380-386, 429-432, glaubte die Römer nicht vom Willen zur Herrschaft getrieben, sondern vom Wunsch nach Sicherheit motiviert; dieser ließ sie, in Unkenntnis über die Verhältnisse im Osten und beeinflußt von interessierten Dritten (Pergamon und Rhodos), äußere Bedrohungen überschätzen. Gleichzeitig setzte Flamininus' Freiheit HOLLEAUX' Meinung nach nicht nur auf die Unabhängigkeit und Dankbarkeit der Griechen, sie legte ihnen auch eine unveränderbare Ordnung auf, die verständliche Ressentiments gegen die ebenso überlegene wie selbstherrliche Vormacht weckte. G. DE SANCTIS, Storia dei Romani, Bd. 4,1, Torino 1923, 98, 111f., 115f., 235f., war vom Machtstreben der Römer – mochte es teilweise auch vom Bedürfnis nach Sicherheit herrühren – als ihrer entscheidenden Motivation überzeugt. Um die Griechen zu kontrollieren und zersplittert zu halten, hätten sie die kleineren Staaten auf Kosten der größeren gefördert, nach 189 dann immer unverhohlener in die inneren Angelegenheiten aller eingegriffen. Im gleichen Maße wollte die Republik aber auch, so DE SANCTIS, die griechische Freiheit, die ihr 194 den Abzug ermöglichte. Erst während und nach dem Antiochoskrieg sei dieses Ziel gegenüber dem Hegemoniestreben zurückgetreten, übrigens auf Flamininus' Anstiftung hin. Eine ausgewogene Analyse, die sowohl ›defensiven‹ wie aggressiven Faktoren ihre Wirksamkeit zugesteht, stammt von J. RICH, Fear, Greed and Glory: The Causes of Roman War-Making in the Middle Republic, in: ders. / G. Shipley (Hrsgg.), War and Society in the Roman World, London u. a. 1993, 38-68.

Im Jahre 1958 veröffentlichte die Clarendon Press die Doktorarbeit Ernst Badians, *Foreign Clientelae (264-70 B.C.)*. Das Buch bezeichnete einen Wendepunkt. Bis dahin hatte man, unter der Dominanz der deutschen Forschung, die römische Außenpolitik vornehmlich nach streng juristischen Kategorien untersucht, denen des Völkerrechts, des Fetialrechts und der *foedera*. Dem stellte Badian die Beziehung zwischen Patron und Klient entgegen, die also über das Recht hinausgehende, vor allem sozial relevante gegenseitige Verpflichtung eines Höher- und eines Niedrigerstehenden. Dieses für den Zusammenhalt der römischen Gesellschaft eminent wichtige Treueverhältnis habe Rom zur Grundlage seiner Herrschaft außerhalb Italiens gemacht. Statt auf Verträge habe man auf die moralische Verpflichtung des auswärtigen Klienten gegenüber dem Patron Rom gesetzt.[9] Der große Vorteil dieser formloseren Bindung sei gewesen, daß die Republik als der mächtigere Partner recht frei (und zunehmend willkürlich) über das Maß der von ihr zu gewährenden *beneficia* bestimmen konnte, ebenso wie über die *officia* des Klienten – bis hin zur Feststellung und Bestrafung von dessen Undankbarkeit. Flamininus' Ostpolitik bildet in Badians Konzept einen Höhepunkt. Er habe die schon bestehende Einrichtung der *civitas libera*, einer Art Idealklienten, an die griechischen Verhältnisse angepaßt und damit die römische Hegemonie erträglich gemacht. Dabei sei er nicht so weit gegangen, wie er es hätte können oder sollen, doch seine Leistung sei beachtlich: Letztlich um den Griechen ein sie verpflichtendes *beneficium* zu erweisen, habe er sie für frei erklärt. Das Problem sei nur gewesen, daß die Griechen, unvertraut mit der römischen Gesellschaft, ihre Freiheit als unbeschränkt aufgefaßt hätten. Deshalb sei es zur Katastrophe im Antiochoskrieg gekommen, und in dessen Folge habe der Senat nicht nur die Freiheit eingeschränkt, sondern seine Klientelbeziehungen auch mit Hilfe von *foedera* stabilisiert. Im Zuge der immer intensiveren Durchdringung des Herrschaftsbereichs sei die Freiheit dann faktisch verschwunden.[10]

Die Auswirkungen von Badians These sind kaum zu überschätzen. Ebenso eingängig strukturiert wie souverän dargestellt, wurde das Konzept

---

9 Patronate einzelner Senatoren über griechische Gemeinden sind erst seit dem ausgehenden zweiten Jahrhundert bezeugt und bleiben hier außer Betracht. Vgl. dazu zuletzt C. EILERS, Roman Patrons of Greek Cities, Oxford 2002, bes. 109-144; J.-L. FERRARY, The Hellenistic World and Roman Political Patronage, in: P. Cartledge u. a. (Hrsgg.), Hellenistic Constructs, Berkeley u. a. 1997, 105-119.

10 E. BADIAN, Foreign Clientelae (264-70 B.C.), Oxford 1958, passim, bes. 9-13, 41f., 73-75, 80-83, 85-89, 285f.; weiter ausgeführt in bezug auf Flamininus (1959), 123-126, 130; (1973), 325-327. BADIAN hat seinen Standpunkt 1984 eindrucksvoll verteidigt, mit einer verschärften Wendung gegen den Versuch, römische Gesellschaft und Politik mit den Konzepten von Staats- und Völkerrecht zu analysieren: Hegemony and Independence, in: J. Harmatta (Hrsg.), Proceedings of the VIIth Congress of the International Federation of the Societies of Classical Studies, Bd. 1, Budapest 1984, 397-414.

der auswärtigen Klientel vor allem in der englischsprachigen Welt, aber auch weit darüber hinaus akzeptiert und mehr oder weniger explizit Spezialuntersuchungen, Handbüchern und Überblicksdarstellungen für einen weiteren Kreis zugrunde gelegt. Es kann heute als das gängigste Modell der römischen Expansion über den Mittelmeerraum gelten. Freilich wurde auch entschiedener Widerspruch laut. Dieser konnte sich weniger darauf stützen, daß die Termini *patronus* und *cliens* erst spät und dann spärlich in unseren Quellen auftauchen: Badian war realistisch von einem weiten Klientelbegriff ausgegangen, der sich auch hinter den wohlbezeugten Begriffen *amicitia* und *hospitium* verbergen kann. Doch auch der Sache nach läßt sich nirgends ein kollektives Patronat der Römer über auswärtige Staaten fassen. Natürlich erwarteten die Römer Gegenleistungen für ihre vermeintlichen Wohltaten: Loyalität gegen Freiheit. Das wurde bei Gelegenheit auch deutlich ausgesprochen.[11] Doch das Phänomen muß nicht mit einem Klientelkonzept erklärt werden. Eine Fülle von Beispielen läßt sich anführen (und ist angeführt worden), die belegt, daß die Griechen nicht weniger um die beiderseitigen Verpflichtungen wußten, die sich nicht nur aus sozial, sondern auch aus politisch hierarchisierten Beziehungen ergaben: Die Wohltat verpflichtete zur Dankbarkeit. Verständigungsprobleme zwischen Ost und West gab es in dieser Hinsicht nicht.[12] Und das Prinzip ist ja keineswegs auf die Antike beschränkt. Auch die internationalen Beziehungen der Gegenwart sind nicht bloß von Verträgen und gemeinsamen Interessen bestimmt, sondern auch von informellen, dafür oft viel einschneidenderen Abhängigkeitsverhältnissen. Und nichts anderes steckt letztlich hinter Badians Modell, entkleidet man es der lateinischen Terminologie und damit der Besonderheit. Eine derart allgemeine Spielart zwischenstaatlicher Beziehungen aber kann schlecht als spezielles Herrschaftskonzept der römischen Ostpolitik gelten.[13]

---

11 Liv. XXXV 31,8.

12 Vgl. FERRARY (1988), 117-132 mit Anm. 298; GRUEN (1984), 158-162, 172-184; J. BLEICKEN, Rez. Badian (1958), Gnomon 36 (1964), 180-183; HARRIS (1991), 135 Anm. 2; EILERS (2002), 186-189. Dagegen wurde BADIANS These, wenn auch in manchem einschränkend, verteidigt von J. RICH, Patronage and Interstate Relations in the Roman Republic, in: A. Wallace-Hadrill (Hrsg.), Patronage in Ancient Society, London u. a. 1989, 117-135. Gefahr droht den auswärtigen Klientelen noch von einer anderen Seite: Die Bedeutung der Klientel als bestimmendes Strukturelement innerhalb der römischen Gesellschaft wird zunehmend bezweifelt (s. u. S. 55 Anm. 103). Die Verteidigung R. M. ERRINGTONS, Neue Forschungen zu den Ursachen der römischen Expansion im 3. und 2. Jahrhundert v. Chr., HZ 250 (1990), 95, ein juristisches Modell lasse sich ebensowenig beweisen wie das BADIANS, kann kaum ermutigen, an diesem festzuhalten. Eher taugt sie als Aufforderung, nach neuen Erklärungen zu suchen.

13 Der gleiche Vorbehalt gilt gegenüber dem Versuch von P. J. BURTON, *Clientela* or *Amicitia*?, Klio 85 (2003), 333-369, BADIANS Klientelkonzept durch ein ›internationales *amicitia*-Modell‹ zu ersetzen, das von vornherein noch flexibler und unbestimmter ist, aber ebensolche allgemeine Gültigkeit beansprucht und auch sonst der *Foreign clientela* nicht unähnlich ist. Mit

Den fällig gewordenen Gegenentwurf legte Erich S. Gruen ein Vierteljahrhundert später vor, *The Hellenistic World and the Coming of Rome* von 1984. Gruen löste sich von dem romzentrischen Blickwinkel, aus dem man den Hellenismus spätestens nach dem Jahr 200 fast immer, bewußt oder unbewußt, angesehen hatte. Statt dessen zeigte seine Analyse, in welchem Maße das öffentliche und zwischenstaatliche Leben der Griechen nach den gewohnten Mustern weiterlief, sowohl was die Formen als was die Ziele betraf. Rom wurde lange Zeit nicht als eine Macht verstanden, mit der etwas Neues begann und die deshalb anders behandelt werden mußte. Und das nicht zu Unrecht, denn die Römer paßten sich in erstaunlichem Umfang an die Konventionen der hellenistischen Politik an, übernahmen deren Schlagworte, adaptierten deren formelle und informelle Instrumente für zwischenstaatliche Beziehungen und gestalteten sogar ihre Briefe und Erlasse nach griechischem Usus.

Obwohl Gruen all dies in überzeugender, eindringlicher Analyse darstellte, fand sein Buch nur kühle Aufnahme. Dies lag an dem Bild, das er von der römischen Politik zeichnete. Denn die hohe Flexibilität in der Form, der es auf die Einbringung von Eigenem offenbar kaum ankam, mißdeutete Gruen als Desinteresse in der Sache. Es ist sicher richtig, daß die Ereignisse in Italien, gerade der Kampf gegen die Kelten, für den Senat einen höheren Stellenwert besaßen als die wenig existentiellen Fragen im Osten. Ebenso, daß sich keine grundsätzliche Strategie finden läßt, welche der römischen Expansion zugrunde lag. Gerade deswegen betonte Gruen die Unterschiedlichkeit der Motive für das militärische Eingreifen der Römer. Obwohl er also von einem langwierigen, mannigfaltigen und widersprüchlichen Prozeß ausging, versuchte er eigenartigerweise dennoch, das römische Handeln auf einen Nenner zu bringen: eben den Wunsch, sich soweit wie möglich aus dem Osten herauszuhalten. In seiner Darstellung der Beziehungen Roms zu den einzelnen östlichen Mächten interpretierte er alles dieser These Entgegenstehende – was nicht wenig ist – um und zeichnete nicht selten ein Bild, das mit dem der Quellen kaum mehr etwas gemein hat.[14] Doch es erheben sich schon grundsätzliche Bedenken. Die Übernahme griechischer Formen der Herrschaftsstabilisierung und -sicherung – Gruen sagt ausdrücklich, daß sie den hellenistischen Königen genau dazu dienten! – läßt sich problemlos damit erklären, daß in diesem Bereich entweder keine tiefgreifenden Unterschiede existierten, die Aneignung also nicht schwerfiel, oder Rom selber über kein geeignetes Instrumentarium verfügte und das von den Griechen

---

dem Begriff lassen sich nämlich auch bei BURTON deutliche Machtunterschiede und sogar Strafaktionen gegenüber dem undankbaren schwächeren Partner vereinbaren. *Amicitia* ist in dieser Perspektive ein derart vager Terminus, daß er sämtliche äußeren Beziehungen der Römer beschreiben kann, solange sie nicht in offenen Krieg mündeten.

14 Darauf wird im Lauf der Darstellung immer wieder einzugehen sein.

angebotene für ausreichend befand. Eine Verwendung zu einem Zweck, der dem im Osten gebräuchlichen gerade entgegengesetzt war, scheint dagegen kurios. Gruens Rom ist ein in sich gekehrter Gigant, den die Griechen mit allerlei Tricks verlocken, ihnen bei der Durchsetzung ihrer Interessen zu helfen. Wie glaubhaft ist es aber, daß der Riese keine eigenen Ziele verfolgt und solche nicht einmal während seiner Hilfsdienste entwickelt? Daß er den jedesmal gewonnenen Sieg, ohne zu murren, den ungleich schwächeren Partnern überläßt? Angeblich sollen die Römer sich oft aus Prestigedenken, dem Wunsch nach Demonstrationen der Stärke, in die östlichen Angelegenheiten verwickeln haben lassen. Mag sein, doch wenn die Senatoren diese Weltgegend ansonsten links liegen ließen, befremdet diese Sorge um ihr Image sehr. Angesichts der Prämisse Gruens bleibt das römische Engagement im Osten unbegreiflich.[15]

Im Bann seiner Hauptthese bewertete Gruen auch den Stellenwert der Freiheit. Sie sei ein geeignetes Vehikel gewesen, um die Übernahme neuer Verpflichtungen nach dem Makedonischen Krieg elegant zu vermeiden und den römischen Abzug glänzend zu rechtfertigen. Nach dem Antiochoskrieg sei sie dann, in Ermangelung weiterer Gegner, in geringerem Maß verwendet worden. Andererseits habe Flamininus um der Glaubwürdigkeit der Freiheitspropaganda willen den Feldzug gegen Nabis unternommen. So entstand ein recht unglaubhaftes Bild, in dem der Feldherr aus der gleichen Überlegung heraus konträre Ziele verfolgte.[16]

Nur vier Jahre später erschien das nächste grundlegende Werk, Jean-Louis Ferrarys *Philhellénisme et impérialisme*. Das Buch galt allgemein den ideologischen Aspekten der römischen Expansion in die hellenistische Welt. Sein erster Teil, etwa ein Drittel des Gesamtumfangs, beschäftigte sich mit dem Thema der Freiheit vom Zweiten Makedonischen bis zum Mithradateskrieg. Ferrary teilte Gruens These von den zurückhaltenden Römern nicht. Aber eigentlich war dieser Abschnitt vorwiegend in Auseinandersetzung mit Badian entstanden und enthielt auch die besten Argumente gegen ihn, die überhaupt vorgebracht worden sind. Bei aller Kritik erkannte

---

15 GRUEN (1984), passim, bes. 721-730. Die ausführlichste (und grundlegende) Besprechung stammt von J. W. RICH, LCM 10 (1985), 90-96. Vgl. ferner M. G. MORGAN, CPh 83 (1988), 245-248; J. BRISCOE, CR 36 (1986), 91-96; A. M. DEVINE, AJPh 108 (1987), 781-787; E. WILL, Phoenix 40 (1986), 212-214. GRUENS Hinweis auf die hohe personelle Fluktuation bei Befehlshabern und Gesandten mag manche situative Erklärung geben, hilft grundsätzlich aber wenig weiter. Dieses Phänomen ergab sich aus der aristokratischen Ordnung Roms und traf für die Kriege in Italien, für die GRUEN den Römern ja ein ungleich höheres Interesse zubilligt, nicht minder zu. Ohnehin ließe sich eher argumentieren, daß die persönlichen Osterfahrungen vieler Senatoren für eine aufgeschlossene Haltung der gesamten Körperschaft sprechen. Doch letztlich handelt es sich hier mehr um eine Voraussetzung für römisches Handeln als um seine Erklärung, ähnlich wie beim aristokratischen Leistungsideal. S. auch u. S. 83f.

16 GRUEN (1984), 145-157, 451-455.

Ferrary jedoch die grundsätzliche Bedeutung informeller, gegenseitiger Verpflichtung zwischen Rom und den Griechen an. Die Freiheit wertete er noch auf: Sie trat an die Stelle des Klientelkonzepts als wichtigstes Instrument zur Wahrung der militärisch erkämpften Hegemonie. Flamininus habe sie von hellenistischen Vorgängern übernommen und damit ein neues Element in die römische Politik eingebracht. Deshalb habe er den Krieg gegen Nabis von Sparta geführt und den Abzug der Legionen durchgesetzt. Die Freiheit stand zwar, so Ferrary, in einer gewissen Spannung zu pragmatischen Erwägungen, etwa der Eindämmung der Aitoler, die zu mächtig zu werden drohten. Doch die Anforderungen der Realpolitik fanden ihre Grenze in Flamininus' Ruhmstreben, und das stand nicht nur in der römischen Tradition, sondern auch in der hellenistischen: der Leidenschaft der Wohltäter für Anerkennung und Ehren von seiten der Griechen. Flamininus' bedeutendste Gabe war die Freiheit, und als Gegenleistung erwartete er, und hier schließt sich der Kreis, Loyalität. Freilich fiel es nicht allen Griechen leicht, sich mit der Freiheit unter römischer Hegemonie abzufinden. Deshalb riefen die Aitoler den Seleukidenkönig zu Hilfe. Im Kampf der Befreier konnte der Slogan dann aber für keine Seite mehr eine mobilisierende Kraft entfalten. So scheiterte Flamininus' Politik, und gegen seinen Willen setzte der Senat in Zukunft mehr auf Realpolitik als auf den Ruhm der Freiheit.[17]

Ferrary vertrat im Unterschied zu seinen Vorgängern keine übergreifende These. Insofern kann die Kritik seine Ergebnisse nicht pauschal gutheißen oder ablehnen, sondern muß im einzelnen ansetzen. Zu berücksichtigen ist aber, daß Ferrary von vornherein nur einen Ausschnitt der Begegnung Roms mit dem Osten beschreiben wollte: den, der von der Freiheit geprägt war. Zwangsläufig setzte er alle anderen Faktoren, vor allem Abhängigkeitsverhältnisse, Ruhmstreben, Herrschaftswillen, in Beziehung zu dem ihn interessierenden Begriff. Für Ferrarys Untersuchung erbrachte dieser Ansatz – ein anderer ist angesichts seines Themas auch gar nicht denkbar – aufschlußreiche Ergebnisse. Doch es scheint schwierig, ihn auch einer Gesamtanalyse von Flamininus' Politik zugrunde zu legen. Das Bild würde unweigerlich verzerrt werden. Die zentrale Bedeutung der Freiheit kann sehr wohl das Ergebnis der Untersuchung sein, aber sie darf nicht ihren Ausgangspunkt bilden.

Ohnehin weisen die drei Werke, bei allen Unterschieden, interessante Gemeinsamkeiten gerade in der Beurteilung Flamininus' auf: Einmal messen sie der Befreiung der Griechen eine hohe Bedeutung für die Ausgestaltung der römischen Hegemonie zu – auch Gruen tut das implizit, in dem Sinne, daß sie den Römern dabei half, die ihnen nach Kynoskephalai

---

17 FERRARY (1988), 1-218, bes. 99-104, 110-112, 114-116, 121-124, 146-151, 156-158.

zwangsläufig zugefallene Macht weitgehend abzugeben. Dadurch, und das ist der zweite Punkt, heben sich die Jahre zwischen 198 und 190, also Flamininus' Jahre, als besondere Phase der römischen Ostpolitik heraus: In dieser Form war das Konzept der Freiheit zuvor nicht angewandt worden, und danach wurde es zwar nicht aufgegeben, aber doch sehr viel zurückhaltender eingesetzt. Diese beiden Merkmale konstituieren den gemeinsamen Nenner der aktuellen Forschung.[18]

Freilich scheint dieser Konsens fragwürdig, angesichts der Bedenken, die gerade gegen Badians und Gruens Ansatz laut geworden sind. Von Badians Klientelmodell bleibt letztlich nur die gegenseitige Erwartung von Nehmenden und Gebenden, eine zu allgemeine menschlich-gesellschaftliche Konstante, als daß sie für die Beschreibung politischer Prozesse von besonderem Wert wäre. Und Gruen hat zwar gezeigt, daß die Methoden und Instrumente, derer sich die Römer im Osten bedienten, einen unbedingten Willen zur Herrschaft noch nicht beweisen. Doch da sein Schluß auf das römische Desinteresse nicht vertrauenswürdiger ist, haben seine Argumente nur nach dem Negativen hin Erfolg. Offenbar ist das Konzept, das dem römischen Handeln in Griechenland zugrunde lag, noch nicht gefunden.

Hier soll nun nicht versucht werden, ein weiteres zu entwickeln. Vielmehr sind meine Überlegungen angeregt von dem Zweifel, ob es überhaupt eine grundsätzliche Linie der Ostpolitik gegeben hat. Vielleicht vermag ja deshalb kein Modell die überaus dynamischen Konstellationen des frühen zweiten Jahrhunderts halbwegs befriedigend zu erklären.[19] Doch dieses Buch hat sich nicht der Dekonstruktion jedes übergreifenden Ansatzes verschrieben. Vielmehr fragt es danach, ob nicht gerade situationsbedingt differenziertes Handeln typisch gewesen ist. Nicht in dem banalen Sinne, daß unterschiedliche Aufgaben unterschiedliche Antworten verlangen. Sondern als bemerkenswert offenes, von prinzipiellen Vorannahmen und Erwägungen in geringem Maße bestimmtes Agieren. War also die Abwesenheit von Grundsätzlichkeit ein Strukturprinzip der römischen Ostpolitik?

Ein derartiges Defizit ist nicht gleichbedeutend mit hoher Flexibilität oder gesundem Pragmatismus, der gern für die Römer reklamiert wird. Diese Charakteristika können eine durchaus ergebnisorientierte Form des Han-

18 Als Beispiele seien nur die beiden letzten größeren Gesamtdarstellungen deutscher Sprache genannt: H. HEFTNER, Der Aufstieg Roms, Regensburg 1997, 315-346; K. BRINGMANN, Geschichte der römischen Republik, München 2002, 121-134. In den letzten Jahren hat man sich auch gar nicht mehr um Gehalt und Bedeutung der Freiheit selber bemüht, als offenbar geklärte Fragen, sondern lieber die genauen Umstände ihrer Übernahme durch die Römer untersucht: A. M. ECKSTEIN, Polybius, the Achaeans, and the ›Freedom of the Greeks‹, GRBS 31 (1990), 45-71; K.-E. PETZOLD, Griechischer Einfluß auf die Anfänge römischer Ostpolitik, Historia 41 (1992), 205-245; J. J. WALSH, Flamininus and the Propaganda of Liberation, Historia 45 (1996), 344-363. Trotz des Titels endet WALSHS chronologischer Durchgang schon mit der Isthmischen Erklärung.

19 Vgl. dazu auch A. M. ECKSTEIN, Senate and General, Berkeley u. a. 1987, XVIIf.

delns bezeichnen. Mir geht es statt dessen um eine Politik, der ein solches, auch nur implizites Ziel fehlt. Zu erwarten ist eher eine große Instabilität, da viele unterschiedliche Faktoren auf das politische Agieren nicht nur einwirken, sondern, angesichts des Mangels an grundsätzlichen Präferenzen, jeweils auch die Oberhand gewinnen. Die Folge ist eine extreme Kurzfristigkeit, die nicht nur der Ausnutzung des zur Verfügung stehenden Handlungsspielraums im Wege steht, sondern überhaupt jeden positiven Ansatz im Keim erstickt. Denn Gestaltung von Politik setzt gewisse, vielleicht nur unbewußte Grundüberzeugungen voraus sowie einen Basiskonsens der Entscheidungsträger, der über elementaren Existenz- und Machterhalt hinausgeht. Fehlen diese, setzen sich negative Tendenzen durch, im besten Fall abwehrende, im schlechtesten destruktive. Insbesondere ist der rücksichtslosen Durchsetzung individueller Interessen durch die Entscheidungsträger Tür und Tor geöffnet. Über permanentes Krisenmanagement wäre die römische Ostpolitik dann nie hinausgekommen.

Bis zu einem gewissen Grade, so läßt sich einwenden, ist außerhalb Italiens gar nichts anderes zu erwarten. Der Senat war fern, und große Entscheidungsvollmacht ballte sich in den Händen der Magistrate. Diese wechselten aber in derart kurzer Folge, daß sie einen Großteil ihrer Amtszeit mit der Einarbeitung in den neuen Aufgabenbereich beschäftigt waren. Den nötigen Überblick, um positive Impulse zu geben, konnten nur wenige gewinnen, und selbst wenn, steuerte vielleicht schon der Nachfolger in eine andere Richtung.[20] Gerade deshalb ist Flamininus von besonderem Interesse. Denn er führte ja nicht nur über mehr als vier Jahre das Kommando, sondern war noch bis Ende der neunziger Jahre an herausgehobener Stelle mit den Angelegenheiten Griechenlands beschäftigt. Wenn jemand Gelegenheit hatte, ein größeres Konzept zu verfolgen, dann er.

Die Isthmische Proklamation beweist ein solches, anders als man gern voraussetzt, noch keineswegs. Die häufigen Bekenntnisse zur griechischen Freiheit waren zunächst nur Propaganda gegenüber den Griechen. Es ist aber fast ein Allgemeinplatz, daß gerade Freiheit oft ein schönes Schlagwort ist, eine Phrase, die das genaue Gegenteil bemäntelt. Insbesondere das vergangene Jahrhundert hat gelehrt, daß Freiheit oft da am schwersten zu finden ist, wo am lautesten von ihr geredet wird. Und was Griechenland betrifft, erreichte die Antike zwar nie die Perfektion des modernen Totalitarismus. Aber schon die Athener begründeten ihre immer drückender werdende Herrschaft im Seebund mit ›Freiheit‹, und später rechtfertigten die

---

20 Kurzfristigkeit als Strukturmerkmal römischer Außenpolitik ist schon öfters herausgestellt worden, sehr deutlich zuletzt von B. BLECKMANN, Die römische Nobilität im Ersten Punischen Krieg, Berlin 2002, bes. 108-112, 202f., 232-239.

Spartaner ihren Kampf gegen Athen mit der Befreiung und Autonomie gerade der Seebundsmitglieder. Das Ergebnis ist bekannt.[21]

Propaganda und (Real-)Politik sind zunächst einmal auseinanderzuhalten. Erstere ist nach außen gerichteter Schein, sie soll eine bestimmte Handlungsweise verständlich machen, beschönigen oder bemänteln. Propaganda ›verkauft‹. Natürlich bestimmt der Effekt nach außen bis zu einem gewissen Grade auch die Richtung der Politik, also schon die Entscheidungsfindung. Denn die öffentliche Meinung, und die gab es auch im Griechenland der neunziger Jahre, kann zwar durchaus eine gewisse Kluft zwischen Propaganda und Politik tolerieren, aber diese darf nicht zu breit werden. Ansonsten werden die Entscheidungsträger unglaubwürdig, und die Propaganda bewirkt das genaue Gegenteil von dem, was sie erreichen soll. Propaganda wird ab dem Punkt selber Politik, an dem sie sich im Konflikt mit einer ursprünglich politischen Zielsetzung durchzusetzen vermag. Wo dieser Punkt in Flamininus' Fall lag, ist besonders wichtig zu klären. Denn in je höherem Grade die permanent verbreitete Freiheitsrhetorik auch dauerhafte Politik war, um so mehr ist Flamininus von dem oben geäußerten Verdacht der Konzeptlosigkeit freizusprechen.[22]

---

21 Vgl. K. RAAFLAUB, Die Entdeckung der Freiheit, München 1985, 215-233, 248-257, 322f.: »Je mehr also ›Freiheit‹ zum Gegenstand der politischen Auseinandersetzung und Polemik wurde, desto stärker beharrte Athen auf seinen fortdauernden Leistungen für eben diese Freiheit, desto mehr wurde das Wort zum ›reinen‹ Propagandamittel, zur Parole, in der das Beschriebene sich immer mehr von der gegenwärtigen und – durch die Übersteigerung – auch von der vergangenen Wirklichkeit entfernte, der Anteil propagandistischer Scheinwirklichkeit immer größer wurde. Damit wurde ›Freiheit‹ schließlich zu einem Mittel, auch ihr Gegenteil zu begründen: erstmals in der Weltgeschichte erschien ›Freiheit‹ als zentraler Rechtfertigungsbegriff von Herrschaft!« (232) »Allerdings konnten für den kritischen Beobachter von Anfang an kaum Zweifel daran bestehen, daß die seit 432 propagierte ›Befreiung der Griechen‹ den Spartanern und ihren Bündnern als nützlicher Vorwand diente, aber als Zielsetzung weit hinter dem eigenen Sicherheitsbedürfnis zurückstand. Dennoch und trotz aller Mängel in der Durchführung war diese Propaganda während des Peloponnesischen Krieges erfolgreich. Die Freiheitsparole bewies damals ihre besondere Propagandaeignung, weil sie sich mit einer ausgeprägten Bedürfnislage deckte und deshalb ungeachtet aller negativen Erfahrungen immer neue Hoffnungen und Illusionen zu wecken vermochte. Daran hat sich bis heute nichts geändert; im Peloponnesischen Krieg wurde es erstmals in großem Stile durchgespielt« (323). Vgl. auch M. OSTWALD, Autonomia, o. O. 1982, 40-46; B. SMARCZYK, Bündnerautonomie und athenische Seebundspolitik im Dekeleischen Krieg, Frankfurt 1986, 61-92.

22 Vgl. auch WALSH (1996), 363: »At first, Flamininus may have only considered the immediate advantages of his freedom *propaganda*, but later he vigorously advocated the *policy* of freedom before the ten commissioners.« Leider trifft er diese Unterscheidung erst auf der letzten Seite seines Aufsatzes, ohne sie zu verifizieren oder für seine Untersuchung fruchtbar zu machen. Nach der im Text gegebenen Definition betrieb BADIANS und FERRARYS Flamininus Freiheitspolitik, bei GRUEN ist eine Differenzierung nicht möglich.

Dies kann allerdings nur ein Aspekt der Untersuchung sein. Um nicht doch wieder die Freiheit von vornherein in den Mittelpunkt zu stellen,[23] ist eine umfassende Analyse der römischen Ostpolitik dieser Jahre nötig. Nur auf einer möglichst breiten Grundlage, erst aus der Bewertung der einzelnen Situationen heraus lassen sich konstruktive Tendenzen der römischen Politik oder gegebenenfalls ihr Fehlen feststellen. Ebenso würde die Arbeit nur zu begrenzt aussagefähigen Resultaten kommen, beschränkte sie sich auf Flamininus' Taten im Osten. Ich betrachte ebenso den vorhergehenden und den nachfolgenden Abschnitt der römischen Ostpolitik, wenn auch in geringerer Ausführlichkeit. Nur aus dem Vergleich kann deutlich werden, inwiefern Flamininus' Phase etwas Neues, Eigenes, etwas Zielgerichtetes beinhaltete.

Eine solche Sicht stützt sich zumeist auch auf die Überzeugung von der bestimmenden Rolle des Individuums Flamininus. Doch die muß ebenfalls erst bewiesen werden. Zu klären ist also, einen wie großen Freiraum Flamininus im Zusammenspiel mit den Standesgenossen überhaupt besaß. Deshalb beziehe ich, obwohl das Buch nicht als Biographie gedacht ist, auch die ›römischen‹ Jahre, also die Abschnitte vor und nach dem Karrierehöhepunkt in Griechenland, in die Untersuchung ein. Nahm Flamininus hier nämlich eine Ausnahmestellung ein, im Sinne einer Vorbereitung auf die griechische Aufgabe bzw. einer aus ihr gewonnenen maßgeblichen Autorität in den Angelegenheiten des Ostens, lassen sich nicht nur erhebliche Rückschlüsse auf das Funktionieren des politischen Systems der römischen Republik ziehen. Die Besonderheit von Flamininus' Wirken im Osten ließe sich dann schwer bestreiten.

❋

Die Quellen sind dem Vorhaben, aufs Ganze betrachtet, günstig. Zwar lassen uns die inschriftlichen Zeugnisse, die im Hellenismus sonst nicht spärlich fließen, gerade für die ersten Jahre des zweiten Jahrhunderts weitgehend im Stich, sieht man von spektakulären Ausnahmen wie Flamininus' Brief an die Stadt Chyretiai und dem Ehrenbeschluß der Elateier für die Bewohner von Stymphalos ab.[24] Doch an der Spitze der literarischen Überlieferung steht Polybios, eine Quelle, wie man sie sich kaum besser wünschen kann. Die Kriege gegen Philipp und Antiochos fallen zwar in Polybios' frühe Lebensjahre, aber als Angehöriger des achaiischen Establishments

---

23 Die Risiken werden besonders bei M.-L. HEIDEMANN, Die Freiheitsparole in der griechisch-römischen Auseinandersetzung (200-188 v.Chr.), Diss. Bonn 1966, bes. 39-48, deutlich, die so ziemlich alle Geschehnisse dieser Zeit in Abhängigkeit von der Isthmischen Freiheit sieht.

24 S. u. S. 98 Anm. 17, 159f.

und führender Politiker, dann als Deportierter in Rom erhielt er reichlich Gelegenheit, sich über diese Ereignisse aus erster Hand zu informieren, und das sogar aus unterschiedlichen Perspektiven. Flamininus lernte er zwar nicht mehr kennen, aber Polybios konnte von Angehörigen, Vertrauten, Untergebenen, römischen wie griechischen Politikern einiges nicht nur über den äußeren Gang erfahren, sondern auch über die Arkana.

Ähnlich wie die Informationsgrundlage ist Polybios' Glaubwürdigkeit zu beurteilen. Flamininus stand er wohlwollend, aber kritisch gegenüber. Von einer Hagiographie hielt er sich genauso fern wie von einer Schmähschrift. Das entspricht dem allgemein großen Vertrauen, das Polybios von der Forschung entgegengebracht wird. Lediglich Thukydides besitzt es in höherem Maße. Daran ist nichts auszusetzen. Allerdings bleibt zu bedenken, daß Polybios nicht nur wie jeder moderne Geschichtsschreiber notwendig subjektiv berichtete und urteilte, sondern daß ihm auch der Historismus unbekannt blieb. So sah Polybios seine Heimat, den Achaiischen Bund, in einem recht verklärten Licht, während er an dessen Gegnern, etwa Nabis und den Aitolern, wenig Gutes ließ. Nur weil etwas bei Polybios steht, muß es also noch nicht wahr sein.[25]

Die Jagd nach Polybios' Quellen hilft da wenig weiter. Wir wissen kaum etwas über sie, und selbst wenn man einmal Erfolg hat bei der Identifizierung eines Gewährsmanns, ist damit die Frage nach der Glaubwürdigkeit noch nicht beantwortet. Sie ist nur auf einen anderen, meist obskuren Autor verlagert. Gleiches gilt für Polybios selber und seine Nachfolger. Diese sind für die Rekonstruktion der Ereignisse unverzichtbar, da Polybios' Werk für diesen Zeitraum nur in Fragmenten erhalten ist. Zu nennen sind vor allem Diodor,[26] Plutarch mit der Doppelbiographie *Philopoimen* und *Flamininus*,[27]

25 Textgrundlage: Historiae, ed. TH. BÜTTNER-WOBST, 5 Bde., Leipzig 1889-1905. Eine Einführung auf dem aktuellen Stand der Forschung fehlt leider, doch einen gewissen Ersatz bietet B. DREYER, DNP 10 (2001), 41-48 s. v. Polybios 2 (mit Lit.). Der in der Forschung lautgewordene Vorwurf, Polybios sei gegenüber Flamininus voreingenommen, ist entkräftet worden: M. GELZER, Die Achaica im Geschichtswerk des Polybios, in: ders., Kleine Schriften, Bd. 3, Wiesbaden 1964, 145; F. CASSOLA, La politica di Flaminino e gli Scipioni, Labeo 6 (1960), 113-116; G. A. LEHMANN, Untersuchungen zur historischen Glaubwürdigkeit des Polybios, Münster 1967, 168-179; BADIAN (1973), 292f., 295f. Zur Tendenz gegen die Aitoler vgl. etwa D. MENDELS, Did Polybius Have ›Another‹ View of the Aetolian League? A Note, AncSoc 15-17 (1984-1986), 63-73; C. ANTONETTI, Les Étoliens, Paris 1990, 133f. Zu der gegen Nabis vgl. E. SCHNEIDEWIND, König Nabis und seine Bedeutung für Sparta, Programm Nordhausen 1869, 46f.; B. SHIMRON, Late Sparta, Buffalo 1972, 80-82.

26 Bibliotheca historica, Bd. 4, ed. L. DINDORF, Leipzig 1867 (Ndr. als Teil von Bd. 6, Stuttgart 1969).

27 Vitae parallelae, Bd. II 2, edd. K. ZIEGLER / H. GÄRTNER, Stuttgart u. a. 1994^3. Zu Plutarchs überaus positiver Sicht auf Flamininus vgl. C. P. JONES, Plutarch and Rome, Oxford 1971, 94-99; TRÄNKLE (1977), 162-164.

Appian mit den Resten der *Makedonike* und der vollständigen *Syriake*,[28] Cassius Dio und Zonaras.[29] Der wichtigste unter ihnen ist aber Livius.[30] Er bietet die mit Abstand ausführlichste erhaltene Darstellung. Es ist zwar eines der wenigen sicheren Ergebnisse der Quellenforschung, daß Livius für die östlichen Partien der vierten und fünften Dekade Polybios als Hauptquelle benutzt hat.[31] Doch der Römer hat den Griechen nicht einfach übersetzt. Er war selbst Literat, hat das Material nach seinen Zwecken gestaltet, Neues eingearbeitet, selber geurteilt und für andere Werkteile ohnehin nichtpolybianische Quellen herangezogen: seine römischen Vorgänger, die sogenannten Annalisten, die für uns im wesentlichen bloße Namen sind. Trotzdem sind sie für einen Großteil der Wissenschaft fast Synonyme für Übertreibung, Unterschlagung, Tendenz und Lüge. Deshalb hat man sich lange bemüht, Livius in ›gute‹ Polybianische und ›schlechte‹ annalistische Partien aufzuteilen. Doch selbst wenn sich die Quelle Polybios lupenrein herausarbeiten ließe, was mir unmöglich erscheint, wäre damit wenig gewonnen. Denn Polybianische Herkunft ist, um es nochmals zu sagen, nicht gleichbedeutend mit Wahrheit, und umgekehrt gibt es keinen Grund, Material von vornherein als unhistorisch zu betrachten, nur weil es ›annalistischen‹ oder sonstigen Ursprungs ist. Da auch die übrigen Autoren, allerdings weniger eindeutig, in der Polybianischen Tradition stehen, bleibt dem Historiker nur, eine grundsätzlich gute und verläßliche Überlieferungssituation zu konstatieren, vor allem für die Ereignisse im Osten. Nicht mehr, aber auch nicht weniger.

Grundsätzlich gehe ich von der Vertrauenswürdigkeit jeder einzelnen Nachricht aus. Das führt im Ergebnis wahrscheinlich dazu, daß manche Übertreibung und Verzerrung der antiken Autoren in die Darstellung eingeht. Doch eine Nachricht zu verwerfen bloß wegen der Quelle, aus der sie stammt, oder wegen ihrer mangelnden Einfügung in den (gewünschten) historischen Kontext würde der methodischen Beliebigkeit Tür und Tor

---

28 Historia Romana, Bd. 1, edd. P. VIERECK / A. G. ROOS / E. GABBA, Leipzig 1962[2].

29 Historiarum Romanarum quae supersunt, ed. U. PH. BOISSEVAIN, 5 Bde., Berlin 1895-1931.

30 Ab urbe condita libri XXI-XXV, ed. TH. A. DOREY, 2 Bde., Leipzig 1971-1976; Ab urbe condita libri XXVI-XXX, ed. P. G. WALSH, 2 Bde., Leipzig 1986-1989[2]; Ab urbe condita libri XXXI-XL, ed. J. BRISCOE, 2 Bde., Stuttgart 1991; Ab urbe condita libri XLI-XLV, ed. J. BRISCOE, Stuttgart 1986. Für die zentralen Bücher 31 bis 35 habe ich gelegentlich auch die Oxfordausgabe von A. H. MCDONALD, 1969[2], herangezogen.

31 Dies war und bleibt die grundlegende Erkenntnis H. NISSENS, Kritische Untersuchungen über die Quellen der vierten und fünften Dekade des Livius, Berlin 1863. Seine Ergebnisse wurden im wesentlichen bestätigt von TRÄNKLE (1977), der auch nochmals die Stellen zusammengefaßt hat, an denen Livius einige unangenehme Details, die Polybios berichtete, Flamininus' Bild zuliebe unterschlug (144-154, 162-165).

öffnen.[32] Ohnehin schreiben wir nur die Geschichte, die sich in unseren Quellen spiegelt, nicht die wirklich geschehene (falls es die überhaupt gibt). Von der Überlieferung weiche ich nur ab, wenn eine Stelle gar nicht mit dem sonst Bekannten vereinbar ist und sich zudem ein Motiv für die mögliche Erfindung ermitteln läßt. Für letzteres sind vornehmlich die Darstellungsprinzipien, die Kompositionskunst und die inhaltlichen Absichten eines Autors zu berücksichtigen. Da antike Geschichtswerke und Biographien sich gewöhnlich als bewußt geformte Literatur charakterisieren lassen, ist dieser Weg der Quellenkritik nicht nur wichtiger, sondern auch ungleich ergiebiger.

Die Untersuchung gliedert sich in drei, chronologisch aufeinanderfolgende Teile. Den Übergang vom ersten zum zweiten Teil bildet der Aufbruch des Konsuls Flamininus in die Provinz Makedonien 198, den vom zweiten zum dritten die Rückkehr des Legaten Flamininus aus Griechenland im Winter 191/190. Im umfangreichsten zweiten Teil stelle ich in vier Kapiteln Flamininus' Beziehungen zu Makedonien, Aitolien, dem Achaiischen Bund und Syrien dar. Ein weiteres Kapitel gilt dem römischen Umgang mit der Freiheitsparole, zuletzt wird Flamininus' Handlungsspielraum gegenüber Senat und römischen Gesandten untersucht. Diesen systematischen Aufriß habe ich nicht ohne Bedenken gewählt. Die Nachteile liegen ja auf der Hand. Dem Leser wird der Zugang erschwert, zeitlich später liegende Geschehnisse werden früher behandelt, gelegentliches Vor- und Zurückblättern kann nicht ausbleiben, und manche Schlüsselereignisse werden zwei-, dreimal oder sogar noch öfter aus unterschiedlicher Perspektive betrachtet. Doch eine strikt chronologische Darstellung würde den Blick auf das Wesentliche verstellen.[33] Eine einheitliche römische Politik gegenüber ganz Griechenland gab es nämlich nicht, schlicht deswegen, weil kein einiges Griechen-

32 Natürlich gebe ich Polybios den Vorzug, wenn eines seiner Fragmente einer Stelle aus einem Autor gegenübersteht, die mit an Sicherheit grenzender Wahrscheinlichkeit eben diesem Fragment entlehnt ist. Diese Selbstverständlichkeit erwähne ich nur, weil in letzter Zeit eine gewisse Tendenz erkennbar ist, sich ohne weiteres zuerst oder ausschließlich auf Livius zu stützen, auch wenn der parallele Polybiostext erhalten ist.

33 Die in ihrer Verbindung von Ausführlichkeit und Übersicht beste, der Chronologie folgende, inzwischen leider veraltende wissenschaftliche Geschichte stammt von É. WILL, Histoire politique du monde hellénistique (323-30 av. J.-C.), Bd. 2, Nancy 1982^2. Wegen der umfassenden Aufbereitung des Materials ist auch B. NIESE, Geschichte der griechischen und makedonischen Staaten seit der Schlacht bei Chaeronea, Teil 2, Gotha 1899, immer noch nützlich. Die bis heute meiner Ansicht nach, trotz aller berechtigten Einwände, brillantesten Darstellungen haben DE SANCTIS in seiner *Storia dei Romani* und HOLLEAUX in der ersten Auflage der *Cambridge Ancient History* geschrieben: DE SANCTIS (1923); HOLLEAUX (1930b).

land existierte. Die Römer bekämpften, umwarben, bedrohten und räumten nicht die gesamte Balkanhalbinsel, sondern zunächst einmal einzelne Staaten. Nur die jeweilige Konzentration auf den höchst unterschiedlichen Umgang mit Philipp, Antiochos sowie den führenden Politikern der Aitoler und der Achaier vermag daher Aufschluß über Ziele und Methoden römischer Politik zu geben, und erst in der Zusammenschau lassen sich gewisse Muster im Umgang mit den Griechen erfassen. Im Kapitel über die Freiheit wird dies erstmals versucht. So verstanden, kann man dann von einer römischen Griechenlandpolitik sprechen.

Von den übrigen griechischen Staaten, etwa Sparta und Boiotien, wissen wir zuwenig für eine größere Analyse. Das Relevante findet jedoch seinen Platz, so etwa der Nabiskrieg im Achaierkapitel; die Stellung der kleineren griechischen Staaten im ganzen wird im Antiochoskapitel näher untersucht. Pergamon und Rhodos spielen eine große Rolle beim Kriegsausbruch 200 und bei den gemeinsamen Flottenoperationen, die Rhodier treten in unseren Quellen dann aber fast völlig zurück bis zum asiatischen Abschnitt des Antiochoskrieges. Eumenes II. scheint sich nach dem Tod seines Vaters Attalos im Frühjahr 197 zunächst nicht weiter in Griechenland engagiert zu haben; erst in der Schlußphase der diplomatischen Auseinandersetzung mit Antiochos gewinnt die pergamenische Politik an Kontur. Für die Ereignisse im Mutterland sind beide Mächte weitgehend bedeutungslos.

Die Bedeutung von Flamininus' Wirken in Griechenland wäre nicht richtig einzuschätzen, verzichtete man auf die Einbettung in den historischen Kontext. Diese Aufgabe erfüllen die Rahmenteile, die sich zueinander komplementär verhalten. Jeweils ein Kapitel behandelt das römische Engagement in Griechenland, zunächst von den Anfängen bis zum Jahr 199, dann von 189 an bis zum Ende der Achtziger. Die beiden anderen, ›römischen‹ Kapitel rahmen die Untersuchung ein: In ihnen behandle ich erst Flamininus' Aufstieg bis zum höchsten Amt und abschließend die Position des Konsulars innerhalb der Senatsaristokratie, nach den großen Erfolgen in Griechenland. Aus der Gesamtschau sind dann vielleicht Ergebnisse zu gewinnen, die eine gewisse Gültigkeit für eine zentrale Phase der römischen Ostexpansion beanspruchen können.

Erster Teil: Der Held und der Schauplatz (bis 199 v. Chr.)

Eine römische Karriere: der Weg zum Konsulat

Glaubt man den Konsularfasten, gehörten die patrizischen Quinctier im fünften und vierten Jahrhundert zu den bedeutenderen Geschlechtern Roms. Nach 350 findet sich ihr Name aber sehr viel spärlicher unter den höchsten Magistraten. Kaeso Quinctius Claudus war 271 nicht nur der letzte Konsul, sondern auch der letzte uns bekannte kurulische Beamte aus der *gens Quinctia* bis zum Jahr 209.[1] Unsere Beamtenlisten sind allerdings, abgesehen von denen der Konsuln, bis zum Wiedereinsetzen Livius' im Jahr 218 sehr lückenhaft, und auch wenn feststeht, daß kein Quinctier zum Konsulat gelangte, so heißt das nicht, daß das Geschlecht in die Bedeutungslosigkeit abgesunken wäre.[2] Nur sehr wenige *gentes* konnten über mehrere Generationen hinweg regelmäßig Konsuln stellen, große, teilweise jahrhundertelange Intervalle waren eher die Regel denn die Ausnahme. Diese Geschlechter verfügten zwar auf solchen Durststrecken über weniger Einfluß und Klientel, behielten aber stets eine Chance auf die Bekleidung des höchsten Amtes;[3] und diese Chance war für sie als Angehörige der Nobilität viel besser als für gewöhnliche Senatoren oder *homines novi*.[4]

---

1 Die Angaben hier und im folgenden nach MRR I.

2 In diesem Sinne F. MÜNZER, Römische Adelsparteien und Adelsfamilien, Stuttgart 1920, 120.

3 Vgl. P. A. BRUNT, *Nobilitas* and *novitas*, JRS 72 (1982), 16; K. HOPKINS / G. BURTON, Political Succession in the Late Republic (249-50 BC), in: K. Hopkins, Death and Renewal, Cambridge u. a. 1983, 43f., 64f., 112; E. FLAIG, Ritualisierte Politik, Göttingen 2003, 60f. Zur Klientel P. A. BRUNT, The Fall of the Roman Republic and Related Essays, Oxford 1988, 395f.

4 Es ist umstritten, ob zur Nobilität nur konsularische Familien oder in einem weiteren Sinn auch die Nachkommen kurulischer Beamter zählten. Die Vertreter können sich auf MATTHIAS GELZER und THEODOR MOMMSEN als Archegeten der jeweiligen Auffassung berufen. Einen Überblick gibt der selbst GELZER beipflichtende L. A. BURCKHARDT, The Political Elite of the Roman Republic: Comments on Recent Discussion of the Concepts *nobilitas* and *homo novus*, Historia 39 (1990), 77-82. Ich selbst gebrauche den Begriff ebenfalls im Gelzerschen Sinne. Zum Thema hat sich zuletzt F. GOLDMANN, *Nobilitas* als Status und Gruppe – Überlegungen zum Nobilitätsbegriff der römischen Republik, in: J. Spielvogel (Hrsg.), Res publica reperta, Stuttgart 2002, 45-66, geäußert, der selbst für eine Verengung der Nobilitätsbezeichnung auf die Nachfahren der Konsuln erst um 200 plädiert. Der vage Begriff des *homo novus* meint in erster Linie Aufsteiger aus dem Ritterstand. BURCKHARDT, 82-84 (mit Literatur).

So war Titus Quinctius Flamininus das Konsulat zwar nicht in die Wiege gelegt, aber er hatte gute Aussichten auf eine öffentliche Karriere. Über seine unmittelbaren Vorfahren wissen wir sehr wenig.[5] Da sein Bruder Lucius ebenfalls das Cognomen Flamininus trug, muß bereits der Vater Titus diesen Namen getragen haben.[6] Er ist abgeleitet vom Amt des Flamen, das spätestens der Großvater Lucius innegehabt hat, vielleicht aber auch ein früherer Ahn.[7] Der erste ausdrücklich bezeugte Träger ist K. Quinctius Flamininus, 217 Duumvir zur Verdingung eines Concordiatempels. Sonst ist nichts von ihm bekannt, über sein verwandtschaftliches Verhältnis zu den beiden Brüdern kann man nur mutmaßen.[8] Die Wiederaufnahme des seltenen Praenomens Kaeso deutet auf eine enge Beziehung der Flaminini zum Konsul des Jahres 271 hin, aber auch hier kommt man nicht viel weiter.[9]

5 Die Vermutungen von MÜNZER (1920), 114-116, 122, und E. BADIAN, The Family and Early Career of T. Quinctius Flamininus, JRS 61 (1971), 102-108, sind äußerst scharfsinnig, haben aber keinen Rückhalt in den Quellen. Die recht unterschiedlichen Stammtafeln beider sind ein deutlicher Beweis. Da die Vorfahren für uns bloße Namen sind, läßt sich aus derartigen Rekonstruktionen ohnehin kaum etwas für ein Verständnis von Flamininus' politischen Startbedingungen gewinnen. Ich beschränke mich im Text auf das Gesicherte.

6 Die Vornamen von Vater und Großvater sind nur aus den Filiationen der Brüder in den Konsularfasten bekannt.

7 Für die Richtigkeit der Ableitung des Cognomens spricht auch der Apex des Flamen auf einem Denar aus der zweiten Hälfte des zweiten Jahrhunderts (126?), der vermutlich von einem Flamininus geprägt wurde (RRC 267,1; MRR II 450, III 180). MÜNZER (1920), 115, und BADIAN (1971), 105, sind sich sicher, daß der Großvater Flamen Dialis war. Ebenso könnte es auch der Urgroßvater gewesen sein, unsere spärliche Überlieferung erlaubt keine sicheren Schlüsse; allzuweit sollte man in der Genealogie aber nicht hinaufgehen, angesichts der späten Bezeugung des Cognomens. Auch der Flamen Dialis ist nicht sicher: Er war zwar der prominenteste Flamen, aber den Apex trugen auch die beiden anderen patrizischen Flamines, der Martialis und der Quirinalis. Auf Inhaber dieser Ämter gibt es ebenfalls numismatische Anspielungen mit dem Apex (RRC 252, 268, 306). Vgl. J. H. VANGGAARD, The Flamen, Copenhagen 1988, 41-43, 71f.

8 Liv. XXII 33,7f. BADIAN (1971), 105f., sieht in ihm einen Sohn des Flamen, das heißt einen Onkel der Brüder. Mit Recht nimmt er an, daß es sich kaum um einen jungen Mann gehandelt haben wird: Die Verdingung von Tempeln war keine leichte Aufgabe und fiel gewöhnlich erfahrenen Männern zu, von Amts wegen den Konsuln und Zensoren (vgl. W. LIEBENAM, RE V 2 [1905], 1802 s. v. Duoviri). War er tatsächlich ein Sohn des Flamen, so müßten beide Söhne, er und Titus' Vater, das Cognomen Flamininus getragen haben. Der Beiname kam aber wohl nicht deswegen auf, um alle Nachkommen des Flamen als eigenen Zweig der *gens* zu bezeichnen, sondern um einen einzelnen Sohn von einem Gentilgenossen mit gleichem Praenomen zu unterscheiden; erst dann wurde er erblich. Es ist unwahrscheinlich, daß diese Notwendigkeit gleich bei zwei Söhnen bestand, noch dazu angesichts des seltenen Kaeso. In diesem Sinne auch H. GUNDEL, RE XXIV (1963), 1038 s. v. Quinctii Flaminini 40-48.

9 MÜNZER (1920), 115f., 122, vermutet in dem Konsul einen Großonkel der Brüder, BADIAN (1971), 105, den Urgroßvater.

Im Hannibalkrieg

Flamininus wurde Anfang 228 oder eher Ende 229 v. Chr. geboren.[10] Den Namen seiner Mutter kennen wir nicht, ebensowenig wie weitere Geschwister außer dem etwa gleichaltrigen Bruder Lucius.[11] Die beiden Brüder genossen sicherlich die übliche Erziehung vornehmer Römer. Mit einiger Wahrscheinlichkeit kamen sie bereits damals mit griechischer Kultur in näheren Kontakt, wenigstens mit der Sprache. In den letzten Jahrzehnten des dritten Jahrhunderts war dies nicht mehr ungewöhnlich.[12] Spezifisches aus der Jugendzeit ist nicht bekannt: Plutarch gibt nur einen dürren Hinweis auf die Umstände des Zweiten Punischen Krieges, die eine frühe militärische Ausbildung erforderten.[13] Damit liegt er sicher richtig. Flamininus war zwar zu jung, um für die eiligen Aushebungen nach der Katastrophe bei Cannae in Betracht zu kommen, aber spätestens 212 wurde er Soldat. In diesem Jahr sahen sich die Römer gezwungen, auch junge Leute unter sieb-

---

10 Polyb. XVIII 12,5 bezeichnet ihn für Ende 198 / Anfang 197 als nicht über Dreißigjährigen, Plut. Flam. 2,2 als noch nicht Dreißigjährigen zur Zeit seiner Wahl zum Konsul. Liv. XXXIII 33,2 nennt ihn während der Isthmien 196 ungefähr 33. Polybios und Plutarch führen frühestens auf einen Ansatz Ende 229 / Anfang 228, wonach Flamininus im Frühjahr 196 höchstens 32½ Jahre gewesen sein kann. Livius drückt sich aber bewußt vage aus, so daß sich die Angaben, legt man auch Polybios und Plutarch nicht auf den Tag genau fest, ohne weiteres vereinbaren lassen. Die Spekulation über besseres Quellenmaterial des Livius erübrigt sich damit (so J. BRISCOE, A Commentary on Livy. Books XXXI-XXXIII, Oxford 1973, 312). Vgl. BADIAN (1971), 107f. mit Anm. 35; NISSEN (1863), 148.

11 Lucius wurde 213 wahrscheinlich Augur, 201 Aedil und 199 Praetor. Wegen des Augurats in sehr jungen Jahren hält ihn MÜNZER (1920), 118-120, für etwas älter als Flamininus (ebenso H. GUNDEL, RE XXIV [1963], 1040 s. v. Quinctius 43). BADIAN (1971), 110f., sieht darin kein Problem und neigt, obwohl er die Frage grundsätzlich mit Recht offenläßt, eher zu einer Umkehrung der Altersfolge. Tatsächlich könnte Lucius, wenn er Ende 228 geboren wurde, immerhin fast 15 zur Zeit seiner Kooptation gewesen sein (vgl. auch G. J. SZEMLER, The Priests of the Roman Republic, Bruxelles 1972, 191). Auch erhielt Flamininus den Vornamen seines Vaters, Lucius den des Großvaters, und letzterer bekleidete zwar früher höhere ordentliche Ämter, aber Flamininus hatte bereits 205 ein propraetorisches Imperium inne. Letztlich spielt das Problem für eine politische Bewertung aber keine Rolle: Von Rivalitäten zwischen beiden wissen wir nichts.

12 Vgl. dazu GRUEN (1992), 227-235, 241-244; allgemein zur römischen Erziehung dieser Zeit H. I. MARROU, Geschichte der Erziehung im klassischen Altertum, München 1977, 425-449. Also eignete sich Flamininus nicht erst in Tarent Kenntnisse in griechischer Bildung an. NIESE (1899), 609, spricht ebenfalls von »vertiefen«, nicht von ›erwerben‹. Anders ERRINGTON (1999), 149f.

13 Plut. Flam. 1,4. Plutarch war sehr an Jugend und Erziehung seiner Helden interessiert; sein Schweigen heißt, daß schon ihm kein geeignetes Material vorlag. Vgl. CH. PELLING, Childhood and Personality in Greek Biography, in: ders. (Hrsg.), Characterization and Individuality in Greek Literature, Oxford 1990, 216. Plutarch schließt aber keineswegs aus, daß Flamininus damals nähere Bekanntschaft mit griechischer Bildung gemacht hat (so S. C. R. SWAIN, Hellenic Culture and the Roman Heroes of Plutarch, JHS 110 [1990], 132, 138).

zehn einzuziehen, wenn sie nur kräftig genug waren.[14] Angesichts dieses akuten Rekrutenmangels ist es nicht auszuschließen, daß bereits in den vorhergehenden Jahren vornehme junge Männer einrückten, ohne das gesetzliche Alter erreicht zu haben.

Träfe dies für Flamininus zu, dann hätte er auch die fünf Jahre Militärdienst geleistet, die Voraussetzung für das Amt des *tribunus militum* waren.[15] Diese Funktion hatte er nämlich bereits 208 inne, unter dem Kommando des M. Claudius Marcellus, der damals sein fünftes Konsulat bekleidete.[16] Es blieb auch sein letztes, denn er geriet mit seinem Kollegen T. Quinctius Crispinus bei Venusia in einen karthagischen Hinterhalt und wurde getötet. Flamininus war nicht bei der Begleittruppe der Konsuln, die sich zum Teil retten konnte.[17]

Unsere weiteren Nachrichten über den *cursus* des Flamininus sind sehr lückenhaft. Im Jahre 204 wurde ihm ein propraetorisches Imperium für Tarent und Umgebung verlängert, das heißt, er hatte dieses Kommando mindestens 205 und 204 inne.[18] 201 wurde er in eine Zehnerkommission zur Verteilung von Ackerland an die Veteranen Scipios gewählt, ein Jahr darauf wurde er zusätzlich Triumvir für die Zuteilung von Siedlern an die Kolonie Venusia. Das nächste, wovon wir hören, ist dann auch schon seine umstrittene Wahl zum Konsul für das Jahr 198, *ex quaestura* und knapp 30 Jahre alt. Dieser steile Aufstieg erscheint selbst für die Verhältnisse des Zweiten Punischen Krieges, als die überschaubare Anzahl geeigneter Amtsträger oft

---

14 Liv. XXII 57,9; XXV 5,5-9. Zu den römischen Aushebungsschwierigkeiten A. J. TOYNBEE, Hannibal's Legacy, Bd. 2, London u. a. 1965, 88-90; J. SEIBERT, Forschungen zu Hannibal, Darmstadt 1993, 388f.; allgemein N. ROSENSTEIN, Marriage and Manpower in the Hannibalic War: *assidui, proletarii* and Livy 24.18.7-8, Historia 51 (2002), 163-191.

15 Polyb. VI 19,1. Freilich ist unsicher, ob diese Regelung damals schon in Kraft war, und sehr wahrscheinlich, daß sie unter den Erfordernissen des Krieges übergangen wurde. Vgl. TH. MOMMSEN, Römisches Staatsrecht, Bd. 1, Leipzig 1887^3, 505; BADIAN (1971), 108 Anm. 36; anders W. KUNKEL / R. WITTMANN, Staatsordnung und Staatspraxis der Römischen Republik, 2. Abschnitt: Die Magistratur, München 1995, 60-63.

16 Plut. Flam. 1,4. Aus dem Dienst unter Marcellus kann man nicht schließen, daß Flamininus sein politischer Protegé und Mitglied einer ›Fabischen Partei‹ war (so MÜNZER [1920], 117, 120; H. H. SCULLARD, Roman Politics 220-150 B.C., Oxford 1973^2, 98). Es ist nicht einmal sicher, ob Flamininus seine Position einer Ernennung durch den Feldherrn oder einer Wahl durch das Volk verdankte: CASSOLA (1960), 107; allgemein KUNKEL / WITTMANN (1995), 12 Anm. 24, 299 Anm. 19. Marcellus wird von Plutarch vermutlich nur deshalb erwähnt, weil er auch ihm eine Biographie widmete.

17 Polyb. X 32,1-6; Liv. XXVII 26,7-27,14. Vgl. J. SEIBERT, Hannibal, Darmstadt 1993, 365f. Daß Crispinus ein Gentilgenosse Flamininus' war, deutet noch nicht auf eine besondere Beziehung zwischen beiden hin. Das Verwandtschaftsverhältnis ist ganz unklar, und Flamininus diente nicht einmal unter ihm. Vgl. CASSOLA (1960), 107, gegen MÜNZER (1920), 117; allgemein HOPKINS / BURTON (1983), 52-54; BRUNT (1988), 449-452.

18 Liv. XXIX 13,6; Plut. Flam. 1,5.

wenig Spielraum ließ, sehr ungewöhnlich. Als Parallele fällt einem zunächst nur die Laufbahn des jungen Scipio ein, vom Militärtribun des Jahres 217 über das Oberkommando in Spanien bis zum Triumph des Jahres 201. Ganz so spektakulär verlief Flamininus' Karriere nicht, aber natürlich hat sich die Forschung um Erklärungen für sein schnelles Fortkommen bemüht. Die wenigen gesicherten Belege geben der Rekonstruktion dabei wohl oder übel ein weites Feld.

Zunächst: Wie wurde aus dem Militärtribun unter Marcellus der Imperiumsträger in Tarent? Das 213 zu Hannibal abgefallene Tarent hatte Q. Fabius Maximus 209 zurückerobert.[19] Die geplünderte Stadt wurde 208 dem Praetor Q. Claudius Flamen unterstellt, dessen Imperium bis 206 verlängert wurde.[20] Damit war er Flamininus' unmittelbarer Vorgänger, ohne daß die Quellen etwas über die Umstände des Kommandowechsels berichten würden. Ernst Badian gibt eine ingeniöse Erklärung des Vorgangs: Hinter dem seltsamen Namen des Praetors stecke ein Quinctius Claudus Flamininus – eine Verschreibung, die schon auf die Vorgänger des Livius zurückgehe. Der neuentdeckte Flamininus sei aber kein anderer als der Duumvir des Jahres 217 und damit, nach Badians Rekonstruktion des Stammbaums, ein Onkel des Titus. Dieser sei 206 als Quaestor nach Tarent gegangen, und als der Onkel plötzlich starb, habe Rom angesichts der Personalknappheit die einfachste Lösung gewählt: die Nachfolge des Neffen und höchsten Amtsträgers vor Ort. Dieses Arrangement bewährte sich offenbar, und Flamininus' Imperium wurde prorogiert.[21]

Badians Hypothese ist ebenso brillant wie abenteuerlich. Mit Quinctius Claudus Flamininus kann man sich nur schwer anfreunden: Das erste Cognomen ist vom Konsul des Jahres 271 geborgt und in der Kombination mit Flamininus nicht belegt, die Umformung aber setzt gleich mehrere Stadien der Verschreibung voraus.[22] Entscheidend ist aber, daß, wie Elizabeth Rawson gezeigt hat, ein Q. Claudius Flamen zwar selten, aber keineswegs unmöglich ist.[23] Man sollte daher beim überlieferten Namen bleiben und die

---

19 Liv. XXVII 15,4-16,9. Vgl. SEIBERT (1993b), 347-350; P. WUILLEUMIER, Tarente des origines à la conquête romaine, Paris 1939, 160-164.

20 Liv. XXVII 22,3; MRR I 290, 295, 299.

21 BADIAN (1971), 106-109.

22 Zunächst muß das Praenomen verlorengehen, dann müssen Geschlechtername und Cognomina verschrieben werden; unwahrscheinlich, daß dies in einem Schritt geschieht. Daß Livius gewöhnlich von Q. Claudius spricht und nur einmal den vollen Namen gebraucht (XXVII 22,3: *Q. Claudio Flamini*), beweist weder in die eine noch in die andere Richtung etwas. Die Variante *Flaminio* haben nur wenige und schlechtere Handschriften; *Flamini* ist ohnehin lectio difficilior.

23 E. RAWSON, More on the *Clientelae* of the Patrician Claudii, Historia 26 (1977), 349-351; zustimmend MRR III 179. Wenig Überzeugungskraft hat dagegen die angebliche Ausweitung der claudischen Einflußsphäre ins griechische Süditalien; RAWSON selbst räumt ein, daß die Belege

Ähnlichkeit der Cognomina dem Zufall zuschreiben. Aber auch die Quaestur bereitet Schwierigkeiten: Im Jahr 199 wollten zwei Volkstribunen Flamininus daran hindern, sich *ex quaestura* um das Konsulat zu bewerben. Dies muß zwar nicht unbedingt bedeuten, seine Kandidatur erfolge, ›während er noch Quaestor ist‹, sondern kann lediglich heißen, ›während die Quaestur sein letztes ordentliches Amt ist‹.[24] Aber die Volkstribunen werfen ihm auch vor, er überspringe die mittleren Ämter und schließe das höchste an das niedrigste an (*transcendendo media summa imis continuare*).[25] Der Wortgebrauch läßt nur die Deutung einer unmittelbaren Aufeinanderfolge von Quaestur und Konsulat zu.[26] Flamininus war also erst im Jahr 199 Quaestor.

Ohne Familienbande und Quaestur brechen die Pfeiler von Badians Lösung weg.[27] Daß er nach einer plausiblen Erklärung gesucht hat, ist aber verständlich, denn das Überlieferte allein bietet ein unbefriedigendes Bild.[28]

---

dünn sind. Einige Spekulationen zu Q. Claudius' Karriere bei R. E. A. PALMER, The Deconstruction of Mommsen on Festus 462/464 L., or the Hazards of Restoration, in: J. Linderski (Hrsg.), *Imperium sine fine*: T. Robert S. Broughton and the Roman Republic, Stuttgart 1996, 88-90.

24 Liv. XXXII 7,9. Vgl. MOMMSEN (1887) I, 526 Anm. 2; MRR I 329 Anm. 2; H. GUNDEL, RE XXIV (1963), 1050f. s. v. Quinctius 45. H. WILD, Die agrarische Tätigkeit des Titus Quinctius Flamininus und seine Wahl zum Konsul des Jahres 198, in: Ch. Schubert / K. Brodersen (Hrsgg.), Rom und der Griechische Osten, Stuttgart 1995, 307f., versucht anhand von Beispielen des Livianischen Sprachgebrauchs die Wahrscheinlichkeit einer Kontinuation zu erhärten.

25 Liv. XXXII 7,10 (zit. u. Anm. 92). Wenn Livius *continuare* im Zusammenhang mit Magistraturen gebraucht, meint er ausnahmslos direkten Anschluß. Die sachlich nächste Parallele ist der Protest zweier Volkstribunen gegen die Wahl des Dictators Q. Fulvius Flaccus zum Konsul des Jahres 209: *neque magistratum continuari satis civile esse aiebant* . . . (XXVII 6,4). Die weiteren Stellen: II 42,8; III 21,2.4.7; 24,9; 35,6; 64,1.4; IV 57,12; V 29,1; VI 39,5.12; VII 9,4; IX 15,11; 34,2; 41,1; 42,2; XXIV 9,1.9; XXVII 6,8; XXXVIII 33,1. Der Sprachgebrauch anderer Autoren bestätigt den Befund (ThLL 4, 724 s. v. continuare A 2 b). Vgl. auch W. WEISSENBORN / H. J. MÜLLER, Titi Livi ab urbe condita libri, Bd. 7: Buch XXXI und XXXII, Berlin 1883^3, 112; BRISCOE (1973), 180; WILD (1995), 308.

26 Daß die Quaestoren bereits am 5. Dezember ihr Amt antraten, ist erst für das erste Jahrhundert bezeugt; wahrscheinlich galt die Regelung seit Sulla. Zu Flamininus' Zeit dürften sich die Amtsfristen von Quaestur und Konsulat gedeckt haben. Vgl. KUNKEL / WITTMANN (1995), 87 mit Anm. 119; vorsichtig MOMMSEN (1887) I, 605f.

27 Selbst wenn BADIAN mit seiner Ansetzung der Quaestur recht hätte: In aller Regel wurden die Amtsbereiche der Quaestoren verlost. Auch in diesem Fall hätte Flamininus nicht die Verwandtschaft, sondern der Zufall nach Tarent geführt. Vgl. KUNKEL / WITTMANN (1995), 514.

28 WILDS (1995), 300, – vorsichtig vorgetragene – Vermutung, Flamininus habe das tarentinische Kommando wegen seiner Vertrautheit im Umgang mit griechischen Klienten seiner Familie erhalten, ist abwegig: Von einer solchen Klientel wissen wir nichts, und selbst wenn, bedingt ihr Vorhandensein noch lange nicht die Beschäftigung ihres Patrons mit hellenischer Kultur. Daß Flamininus' Erziehung Spuren griechischer Bildung aufwies, ist nur ganz allgemein zu vermuten. Vor allem aber: Warum sollten die Römer, noch dazu bei der Vergabe einer primär militärischen Aufgabe, Rücksicht nehmen auf die Bedürfnisse einer aufständischen, gerade erst mit Mühe wieder unterworfenen Stadt?

Schließlich war die Vergabe eines Imperiums an jemanden, der noch kein Oberamt, ja überhaupt keine Magistratur bekleidet hatte, nicht gerade alltäglich. Hatte der Militärtribun sich durch besondere Leistungen bald für höhere Aufgaben empfohlen? Standen ihm schon so früh seine ›Freunde‹ im Senat zur Seite, von denen wir in den neunziger Jahren hören? Kam ihm der Zufall zu Hilfe, und war er zur rechten Zeit am rechten Ort, so daß er von Q. Claudius als nächsthöherer und vielleicht nächstbefähigter Offizier das Kommando übernehmen konnte? Liegt Badian mit seiner These eines überraschenden Todes mitten im Amtsjahr richtig, so war eine schnelle Entscheidung erforderlich, und der Senat könnte eine pragmatische Lösung gebilligt haben.

Ein solcher Senatsbeschluß war keineswegs so wichtig, daß Livius unbedingt davon berichten hätte müssen, besonders wenn er während des Amtsjahres notwendig wurde. Es ist nicht auszuschließen, daß dem *privatus* das Imperium durch einen Volksbeschluß übertragen wurde, wie es für den spanischen Kriegsschauplatz üblich war. Die geringe Bedeutung des Standorts und ein dringender Handlungsbedarf legen aber einen weniger formellen Ablauf nahe: Flamininus erhielt seine Befehlsgewalt durch Delegation seitens eines Imperiumsträgers, der Senat sanktionierte diese Entscheidung, vielleicht erst durch die Prorogation des Jahres 204.[29]

Ein solches Szenario stützen einige ähnliche Fälle. C. Centenius wurde 217 vom Konsul Servilius Geminus mit einer Kavallerieabteilung zur Unterstützung des anderen Konsuls ausgesandt, nach Livius *propraetore*. Q. Pleminius, der Legat Scipios und spätere Kommandant Lokrois, wird für 205 ebenfalls so bezeichnet. Zwei Jahre später ließ Scipio, jetzt schon in Afrika, L. Baebius als ἀντιστράτηγος im Lager zurück, während er selbst gegen punische Städte operierte.[30] Zumindest Centenius und Baebius erhiel-

29 Vgl. KUNKEL / WITTMANN (1995), 19f., 23, 286 mit Anm. 48; J. S. RICHARDSON, Hispaniae, Cambridge u. a. 1986, 64-66.

30 Centenius: Liv. XXII 8,1 (weitere Quellen MRR I 245 mit Anm. 9). Die Zweifel an der Historizität und an Livius' Ausdrucksweise hat W. F. JASHEMSKI, The Origins and History of the Proconsular and the Propraetorian Imperium to 27 B.C., Chicago 1950, 33f., mit Recht zurückgewiesen. Pleminius: Liv. XXIX 6,9. Es ist unklar, wann und von wem Pleminius sein Imperium erhielt, aber die sonst für ihn übliche Bezeichnung als *legatus* (etwa XXIX 8,5; 17,10) bedeutet jedenfalls keinen Widerspruch: KUNKEL / WITTMANN (1995), 286 Anm. 49; JASHEMSKI (1950), 34f.; anders H. KLOFT, Prorogation und außerordentliche Imperien 326-81 v. Chr., Meisenheim am Glan 1977, 29 Anm. 49. Baebius: Polyb. XV 4,1. Vgl. WALBANK (1967), 444; MRR I 312; vorsichtig JASHEMSKI (1950), 35f. Unsicher bleibt freilich bei allen drei Männern, ob sie nicht schon zuvor ordentliche Ämter bekleidet hatten. Zu einfach macht es sich KLOFT (1977), 29 mit Anm. 50, wenn er unter Berufung auf MOMMSEN erklärt: Centenius und Baebius »führen kein eigenständiges Imperium, sondern vertreten den Feldherrn«. B. SCHLEUSSNER, M. Centenius Paenula und C. Centenius, WJA 4 (1978), 218f., spricht Centenius sogar die Vertretung ab. Von den Quellen wird eine solche Wertung der Delegation aber nicht gestützt, ebensowenig wie die sche-

ten ihre Imperien offenbar erst von ihren Feldherren, im Lauf der Operationen und unter militärischem Zwang. Bei Flamininus war es wahrscheinlich ganz ähnlich. Seine scheinbar so spektakuläre Berufung entpuppt sich damit eher als Routinemaßnahme des römischen Staates. Die Aufregung in Rom über eine Personalie von nachrangiger Bedeutung wird sich in engen Grenzen gehalten haben.[31]

Tarent stand damals nämlich keineswegs mehr im Zentrum militärischer Aktivität, sondern war nur noch ein befestigter Punkt in der Etappe. 208 und 207 noch ›Frontstadt‹ mit zwei Legionen,[32] war nach der Schlacht am Metaurus der Krieg in Italien praktisch entschieden, und ein resignierender Hannibal hatte sich nach Bruttium zurückgezogen, wo er, wenn überhaupt, Geplänkel mit den konsularischen Heeren führte. Die Initiative war längst auf die Römer übergegangen, die aber suchten die Entscheidung nicht in Italien, sondern in Afrika; Hannibal blieb im Windschatten zurück.[33] An-

---

matische Einteilung in ›selbständige‹ und ›unselbständige‹ promagistratische Imperien von J. BLEICKEN, Das Volkstribunat der Klassischen Republik, München 1968², 48 Anm. 1. Differenzierter urteilen etwa KUNKEL / WITTMANN (1995), 285-287. Die maßgebliche Darstellung gibt immer noch JASHEMSKI (1950), 33-39. Vgl. jetzt auch T. C. BRENNAN, The Praetorship in the Roman Republic, Oxford 2000, 640f., der für 216 noch einen weiteren Fall in Cn. Servilius Geminus und M. Atilius Regulus zu erkennen glaubt. Doch muß er dafür der diffusen Polybiosstelle III 106,2 den Vorzug vor Liv. XXII 34,1 geben, wo klar und knapp notiert wird, daß den beiden, Konsuln von 217, das Imperium prorogiert wurde.

31 Ferner liegen die Parallelen in Spanien, wo sich die Römer bis zur Einrichtung zweier Praeturen im Jahr 197 mit Provisorien behalfen. Der spätere Africanus erhielt zwar 210, als Mittzwanziger und als *homo privatus*, ein prokonsularisches Imperium. Allerdings war er schon Aedil gewesen (MRR I 263, 280; SEIBERT [1993b], 327f.). Einer seiner beiden Nachfolger in Spanien war 206 L. Cornelius Lentulus, der ein Jahr darauf in absentia die Aedilität bekleidete. Ob er Quaestor war, läßt sich wegen der Lückenhaftigkeit unserer Kenntnis von den niederen Beamten nicht beantworten (MRR I 299, 302, III 66; RICHARDSON [1986], 64-67). Die gleiche Einschränkung gilt für spätere *homines privati cum imperio* in Spanien, die zuvor vielleicht ebenfalls kein ordentliches Amt bekleidet hatten: C. Cornelius Cethegus (201-199), aed. 199, Cn. Cornelius Blasio (199-196), pr. 194, und L. Stertinius (199-196); vgl. MRR I 320, 327f., 333f., 343, III 63; RICHARDSON (1986), 68f. Zum Ganzen auch BRENNAN (2000), 156-163. Der Vergleich mit Flamininus stößt also schnell an seine Grenzen. Sicher läßt sich nur sagen, daß prokonsularische Imperien an Männer vergeben wurden, die teilweise erst die Quaestur bekleidet hatten, und das in einem überaus wichtigen Aufgabenbereich. Bei Flamininus ist alles eine Nummer kleiner: Er erhielt ein propraetorisches Imperium, hatte noch kein ordentliches Amt bekleidet und wurde in einer zweitrangigen Funktion eingesetzt. KLOFT (1977), 30 mit Anm. 54, sucht den Rückhalt sowohl Flamininus' wie der ›Spanier‹ in gentilizischen Verbindungen, was höchstens eine ganz pauschale Erklärung geben kann. Zu den übrigen *privati cum imperio* des Hannibalkrieges, die bereits ein Oberamt bekleidet hatten, vgl. JASHEMSKI (1950), 20-28; KLOFT (1977), 29f.

32 Liv. XXVII 22,2; 26,4; 29,3.6; 36,13; 40,11-13; 43,2f. Vgl. WUILLEUMIER (1939), 165f.

33 Zur Aktivität oder besser Inaktivität auf dem italischen Kriegsschauplatz SEIBERT (1993b), 403f., 416-418, 428f., 449-451.

fang 206 wurde das in Tarent stationierte Heer wesentlich verkleinert,[34] und als die Nachfolge für Q. Claudius anstand, noch im selben Jahr oder 205, dürfte die Ohnmacht Hannibals nur noch offensichtlicher geworden sein. Die Betrauung eines noch sehr jungen Mannes mit einer herausgehobenen Position wird besser verständlich: Die Wahrscheinlichkeit, daß er ins Feld ziehen mußte, war sehr gering, seine militärische Hauptaufgabe war wohl die logistische Unterstützung der in Bruttium kämpfenden Truppe.

Plutarch bescheinigt dem Kommandanten von Tarent, daß seine Gerechtigkeit und sein Kriegsdienst Anerkennung fanden, das heißt, er zeigte nicht nur Umsicht in der militärischen Sicherung, sondern wußte auch mit der Bevölkerung der Stadt umzugehen. Man sollte die Stelle nicht als leere Phrase abtun, ohne sie freilich überzubewerten: Flamininus machte seine Sache einfach ordentlich.[35] Die Situation in Tarent war schwierig. Nach Eroberung und Plünderung, nach der Versklavung von 30 000 Menschen war das Verhältnis zu den Römern vergiftet, und die Zukunft war unsicher: Der Senat hatte seine endgültige Verfügung auf ruhigere Zeiten verschoben, die Tarentiner durften die Stadt bis dahin nicht verlassen.[36] Vielleicht war Flamininus in diesen Jahren mit der Wiedereingliederung verbannter Bürger beschäftigt, die nach dem Abfall der Stadt zu Hannibal ins Exil hatten gehen müssen. 208 hatte ein römischer Gesandter bei den Olympischen Spielen verkündet, daß sie zurückkehren könnten und in ihrem Eigentum restituiert würden. Die praktische Umsetzung dieser Garantie war Aufgabe der römischen Vertreter vor Ort.[37]

---

34 Liv. XXVIII 10,10; 11,12. Q. Claudius mußte seine beiden Legionen an einen der Konsuln übergeben, über die Größe der ihm verbliebenen oder neu zugewiesenen Streitmacht sagt Livius nichts. Flamininus verfügte über eine Besatzungstruppe, ein *praesidium* (Liv. XXIX 13,6). G. DE SANCTIS, Storia dei Romani, Bd. 3,2, Torino 1916, 632 Anm. 8, dagegen verwirft Livius' Nachricht.

35 Plut. Flam. 1,5. Eine ähnliche Formulierung C. Gracch. 2,1. Zur Wertung vgl. GUNDEL (1963c), 1050, gegen R. E. SMITH, Plutarch's Biographical Sources in the Roman Lives, CQ 34 (1940), 9.

36 Liv. XXVII 25,1f. Vgl. WUILLEUMIER (1939), 164f., 167. Über den Zeitpunkt des definitiven Senatsbeschlusses wissen wir nicht Bescheid, auch der Inhalt ist nur teilweise zu rekonstruieren. Vielleicht fiel er schon in die Zeit von Flamininus' Kommando, als sich die Lage ja wesentlich entspannt hatte.

37 Liv. XXVII 35,3f. Vgl. D. ARMSTRONG / J. J. WALSH, *SIG*3 593: The Letter of Flamininus to Chyretiae, CPh 81 (1986), 37. Die Verbannten sind sicherlich zu einem guten Teil identisch mit den romtreuen Bürgern, die sich 213 zunächst in die von den Legionären gehaltene Burg geflüchtet hatten (Polyb. VIII 31,3; Liv. XXV 10,7). TOYNBEE (1965) II, 117f., nimmt an, letztere hätten mit den Römern bis 209 ausgehalten, aber angesichts des militärischen Drucks und der knappen Lebensmittel dürften sie so bald wie möglich evakuiert worden sein (Liv. XXV 15,4f.; XXVI 20,7-11; 39,1.23; XXVII 3,8f.). Was lag in dieser Situation näher, als sich vorerst in eine sichere Region des griechischen Mutterlands zu begeben? Wie wissen nicht, wie groß der 208 angesprochene Personenkreis war und wie viele von dem römischen Angebot Gebrauch machten.

Wie lange Flamininus Gelegenheit zur Bewährung hatte, ist unklar. Wie der Anfang gibt auch das Ende seines tarentinischen Kommandos Raum für Hypothesen. 204 ist das letzte von Livius bezeugte Jahr in Tarent, für den Rest des Zweiten Punischen Krieges schweigt er von der Stadt. Badian macht aber mit Recht geltend, daß zumindest bis zum Abzug Hannibals aus Italien eine Besatzung erforderlich war, das heißt bis 203; und da noch im Jahr darauf Bruttium als Provinz vergeben wurde, obwohl der Krieg sich vollständig nach Afrika verlagert hatte, sieht Badian Flamininus noch bis 202 als Propraetor in Tarent amtieren. Die fehlende Bezeugung durch Livius ist für ihn kein Problem, schließlich habe er Tarent bereits 208 und 205 übergangen.[38]

Ganz so einfach ist es nicht: Die Entsendung von Q. Claudius nach Tarent 208 berichtet Livius durchaus, er sagt nur nichts von der Stärke seiner Armee. Badian selbst vermutet in einer unerwarteten Ernennung von Flamininus während des Amtsjahres 205 einen wesentlichen Grund für Livius' Schweigen. Ein solcher Umstand lag 203 aber nicht vor, und die Verteilung der Tätigkeitsbereiche wird von Livius gerade für dieses Jahr überaus breit und detailliert dargestellt.[39] Was Bruttium betrifft, so wurde diese Region noch 201 und 200 als Provinz vergeben; nach Badians Analogie müßte auch Flamininus in Tarent gewesen sein, aber wir finden ihn in diesen Jahren längst mit anderen Aufgaben beschäftigt.[40] Sicherlich war eine ansehnliche Besatzung in Tarent notwendig, solange die Karthager in Süditalien standen, und sei es nur aus Gründen der Vorsicht. Allerdings hatte Hannibal schon 204 so wenig ausgerichtet, war im Gegenteil immer weiter in seiner Bewegungsfreiheit eingeschränkt worden, daß er eigentlich nur noch die Wahl zwischen passivem Abwarten und Räumung Italiens hatte.[41] Der Verzicht auf einen Imperiumsträger in Tarent war in dieser Situation nicht ge-

---

WUILLEUMIER (1939), 168, schätzt die Zahl der Rückkehrer gering ein, dagegen mit Recht D.-A. KUKOFKA, Süditalien im Zweiten Punischen Krieg, Frankfurt u. a. 1990, 111 Anm. 44.

38 BADIAN (1971), 109. Für Bruttium s. Liv. XXX 27,7. Da Livius für 202 berichtet, daß alle nicht von ihm erwähnten Imperiumsträger in ihrem Aufgabenbereich bestätigt wurden (XXX 27,9), fehlt BADIAN im Grunde nur die Prorogation für 203: War Flamininus in diesem Jahr im Besitz eines Imperium, so war er es auch im folgenden.

39 208: Liv. XXVII 22,3; 203: XXX 1,1-2,7.

40 Liv. XXX 40,5; 41,1; XXXI 6,2; 8,7. Dem Praetor Q. Minucius Rufus wurde das Imperium für Bruttium sogar 199 verlängert, allerdings nur, weil er noch mit der Untersuchung eines Tempelraubs beschäftigt war, den er im Vorjahr aufgedeckt hatte (XXXI 12,1-4; 13,1; XXXII 1,7f.). Dieser Vorfall deutet darauf hin, daß die Hauptaufgabe der Imperiumsträger schon seit 202 in der Neuordnung der Provinz lag: Seit 216 war Bruttium Kriegsgebiet gewesen, die meisten Städte der Region waren zu Hannibal abgefallen, so daß es viel aufzubauen und noch mehr zu bestrafen gab (App. Hann. 252f.; TOYNBEE [1965] II, 119-121; P. A. BRUNT, Italian Manpower 225 B.C.-A.D. 14, Oxford 1987[2], 279f.). In Tarent hatte man das schon seit 209 erledigen können.

41 S. o. Anm. 33.

rade ein Vabanquespiel. Die drängendsten zivilen Aufgaben waren inzwischen erledigt – immerhin waren mehr als fünf Jahre seit der Rückeroberung der Stadt vergangen –, und der zunächst verschobene endgültige Senatsbeschluß war vielleicht längst umgesetzt. Die militärische Sicherung konnte ohne Zweifel auch ein höherer Offizier übernehmen. Wenn Badian aber trotzdem in allem recht hätte: Genausogut könnte ein anderer Mann die Provinz erhalten haben, Flamininus hatte Tarent nicht gepachtet.[42] Die Verlängerung seines Aufenthalts ist deshalb so verlockend, weil damit zwei Jahre gefüllt würden, in denen wir sonst nichts von ihm wissen. Badian gibt das offen zu, aber es ist ein schwaches Argument.

Landverteilung

Nach Tarent wäre es das Nächstliegende gewesen, sich um ein ordentliches Amt zu bewerben; Flamininus' Bruder Lucius bekleidete 201 die Aedilität.[43] Ihn selbst aber finden wir im selben Jahr wieder mit einer außerordentlichen Aufgabe betraut. Scipio war mit seinem Heer, das bei Zama gesiegt hatte, im Triumph in Rom eingezogen.[44] Gegen Ende des Jahres wurde Flamininus zu einem der zehn Männer gewählt, die diesen afrikanischen Veteranen Land aus dem samnitischen und apulischen *ager publicus* zuweisen sollten. Die Kommission war, nicht ungewöhnlich, sehr prominent besetzt: einer der Konsuln dieses Jahres,[45] drei Konsulare und zwei Praetorier. Drei Mitglieder sind nicht weiter bekannt bzw. nicht sicher zu identifizieren. Und eben Flamininus.[46] Neben den sechs führenden Senatoren hatte er im Grunde wenig Chancen, den Kurs der Kommission zu beeinflussen oder

42 Vgl. A. M. ECKSTEIN, T. Quinctius Flamininus and the Campaign against Philip in 198 B.C., Phoenix 30 (1976), 121 Anm. 7.

43 Liv. XXXI 4,5. Vgl. BRISCOE (1973), 65.

44 Liv. XXX 45; Polyb. XVI 23.

45 G. V. SUMNER, Rez. Briscoe (1973), AJPh 96 (1975), 321, bezweifelt, daß ein Konsul Mitglied einer solchen Kommission sein konnte, doch die Wahl fiel an das Ende des Amtsjahres, als P. Aelius Paetus bereits aus seiner Provinz nach Rom zurückgekehrt war (Liv. XXXI 2,11; 4,4).

46 Liv. XXXI 4,1-3. Vgl. MRR I 322, II 573, III 103; BRISCOE (1973), 63f.; D. J. GARGOLA, Lands, Laws, and Gods, Chapel Hill u. a. 1995, 106f., 225. SUMNER (1975), 321, und E. BADIAN, The House of the Servilii Gemini, PBSR 52 (1984), 51, nehmen an, daß Livius' Aufzählung der Dezemvirn nach Rang geordnet sein müsse, und bezweifeln alle Namen, die nicht in dieses Schema passen. Woher sie die Sicherheit über die notwendige Reihenfolge nehmen, sagen sie nicht. Immerhin weist die nächste vergleichbare Liste, die der Ackerkommission von 173 (MRR I 409f.), ebenfalls entsprechende Unregelmäßigkeiten auf.

sich nach außen zu profilieren.[47] Andererseits: Da die Konsulare das höchste Amt eben schon bekleidet hatten, war ein Engagement in dieser Funktion für sie nicht mehr so wichtig. Damit will ich ihnen nicht unterstellen, daß sie ihre Aufgabe nachlässig erfüllt hätten; aber sie gingen anders an sie heran als ein ehrgeiziger Mann, der seine Karriere noch vor sich hatte und ein Sprungbrett für höhere Weihen brauchte. Von einer Bewerbung um ein weiteres Konsulat oder die Zensur wissen wir nichts, als anerkannte Führer des Senats konnten die Konsulare mit ihrer Laufbahn zufrieden sein.[48] Gleiches mag mutatis mutandis auch für einen der Praetorier gelten, A. Hostilius Cato, dessen Amtszeit sechs Jahre zurücklag; Hoffnungen auf das Konsulat hatte er vielleicht schon aufgegeben. Sein Kollege P. Villius Tappulus dagegen erreichte das Oberamt zwei Jahre später, 199, und der Konsul P. Aelius Paetus wurde im selben Jahr Zensor. Die drei übrigen Mitglieder hatten vielleicht Ambitionen, aber den Durchbruch schafften sie später nicht. So bleiben nur Villius Tappulus, Aelius Paetus und Flamininus, die nach der Ackerkommission noch Bemerkenswertes erreichten. Für den jungen, aber nicht mehr unerfahrenen Mann waren Spielraum und Erfolgsmöglichkeit eben doch größer, als der Glanz der Konsulate und Präturen glauben macht.[49] Dieser Erfolg stellte sich auch ein: Er ermunterte Flamininus nämlich zu seiner Kandidatur um das Konsulat und schlug sich bei der Wahl in der Unterstützung durch die Landempfänger nieder.[50] Den Historiker spornt er an, die Aktivität der Kommission deshalb etwas genauer zu betrachten.

Nach Scipios Triumph, dem Schlußpunkt des Zweiten Punischen Krieges, stellte sich sofort die Frage, was mit denen passieren sollte, die ihn ermöglicht hatten. Die Soldaten, die Scipio aus Afrika mitgebracht hatte, hatten zu einem großen Teil über zehn Jahre gedient, manche wohl seit Anfang

---

47 E. T. SAGE / A. J. WEGNER, Administrative Commissions and the Official Career, 218-167 B.C., CPh 31 (1936), 31f., äußern die interessante Vermutung, hoffnungsvolle Jungpolitiker seien gewöhnlich mit Routiniers in Kommissionen gewählt worden, um unter Aufsicht der Älteren eine erste Probe ihres Könnens zu geben. Man darf sich das Ganze freilich nicht zu schematisch vorstellen, und der Konkurrenzdruck ist weit unterschätzt, wenn SAGE / WEGNER unterstellen, ein Anfänger sei froh gewesen, »to take the work as his share and leave the glory to his elders«.

48 Die drei sind Q. Caecilius Metellus (cos. 206), C. Servilius Geminus (cos. 203) und M. Servilius Pulex Geminus (cos. 202).

49 Es bringt wenig, die Kommission nach den Kriterien einer Machtstellung der Servilier (MÜNZER [1920], 145f.; A. LIPPOLD, Consules, Bonn 1963, 217 Anm. 609), einer scipiofreundlichen (R. M. HAYWOOD, Studies on Scipio Africanus, Baltimore 1933, 71f.) oder scipiofeindlichen Mehrheit (SCULLARD [1973], 83 mit Anm. 2) zu klassifizieren. Selbst wenn sich dies nachweisen ließe: Über die Agrarpolitik gab es zu dieser Zeit keinen grundsätzlichen Dissens. Vgl. TOYNBEE (1965) II, 201-203, der allerdings selbst der Versuchung nicht widersteht, nach der Nähe zu Scipio einzuteilen; CASSOLA (1960), 108f.

50 S. u. S. 52-54.

des Krieges. In den Genuß von Urlaub oder vorübergehender Entlassung waren sie, anders als die in Italien dienenden Soldaten, nicht gekommen.[51] Viele von ihnen besaßen keine Höfe mehr, auf die sie zurückkehren konnten, sei es daß sie zerstört waren, sei es daß ihre Familien sie aufgeben hatten müssen. Dem Senat mußte daran liegen, diesen Menschen eine Perspektive zu geben, freilich nicht aus sentimentalen Erwägungen heraus, sondern um der vom Krieg erschütterten Landwirtschaft wieder aufzuhelfen.[52] Untrennbar damit verbunden war die Aufrechterhaltung des italischen Wehrpotentials. Die Zuweisung von Landstücken an einzelne Männer, eine viritane Assignation, war ein probates Mittel römischer Agrarpolitik, und schon C. Flaminius hatte sich einer Kommission als ausführenden Organs bedient. Allerdings nahm sich zum erstenmal der Senat einer zurückkehrenden Armee an, bisher war dies wohl Aufgabe des Feldherrn gewesen.[53] An *ager publicus* fehlte es nicht, Territorium abgefallener Verbündeter war von den Römern großzügig annektiert worden, und tatsächlich dürften die Siedler ihre neue Heimat auf dem früheren Gebiet italischer Städte gefunden haben.[54]

Einschreibung der Siedler, Vermessung und Vergabe des Landes, Einrichtung von Gemeinwesen mit Beamten und Kult waren die Hauptaufgaben der Dezemvirn.[55] Allerdings kam es zu Unstimmigkeiten über die Umsetzung der Vorgaben, denn nicht lange danach mußte sich der Senat wieder mit den Veteranen beschäftigen: Die Kommission sollte das Land nun so zuweisen, daß Scipios Veteranen für jedes Jahr Kriegsdienst in Afrika

---

51 Den Kern von Scipios Armeen bildeten die *legiones Cannenses*, die 215 zum Festungsdienst nach Sizilien abgeschoben und seitdem als Auffanglager für unbrauchbare Soldaten benutzt worden waren. Zu ihnen SEIBERT (1993a), 296-304. Zum grundlegenden Unterschied zwischen Kriegsdienst inner- und außerhalb Italiens ebd., 392-394 mit Anm. 161; TOYNBEE (1965) II, 72-74; BRUNT (1987), 400.

52 In diesem Sinne auch E. GABBA, Ricerche sull'esercito professionale romano da Mario ad Augusto, in: ders., Esercito e società nella tarda repubblica romana, Firenze 1973, 103f.; H.-CH. SCHNEIDER, Das Problem der Veteranenversorgung in der späteren römischen Republik, Bonn 1977, 60f.

53 Zu Viritanassignationen vor 201 P. WILLEMS, Le Sénat de la République romaine, Bd. 2, Louvain 1883, 348-350; GARGOLA (1995), 105f.; TOYNBEE (1965) I, 163-167; R. FEIG VISHNIA, State, Society and Popular Leaders in Mid-Republican Rome 241-167 BC, London u. a. 1996, 25-34; CH. A. M. TRIEBEL, Ackergesetze und politische Reformen, Diss. Bonn 1980, 10-17, 62-69; E. HERMON, Habiter et partager les terres avant les Gracques, Rome 2001, 183-196, 255-267; kritisch zur Historizität GABBA (1973), 101 Anm. 143.

54 TOYNBEE (1965) II, 659f. (mit Karte 2), vermutet die Niederlassungen auf konfisziertem Territorium von Cubulteria, Telesia, Abellinum, Herdoniae, Aecae und Arpi; vgl. auch GABBA (1973), 102 Anm. 146. Allgemein zum Umfang der Annexionen TOYNBEE, 118-121; BRUNT (1987), 278-284; E. GABBA, Rome and Italy in the Second Century B.C., in: CAH 8, 1989², 197-201.

55 Eine plastische Schilderung gibt GARGOLA (1995), 107-112.

oder Spanien zwei Morgen erhielten.[56] Damit wurde das Leistungsprinzip eingeführt. Ursprünglich war wohl gleich viel Land für jeden vorgesehen gewesen, was Ärger unter altgedienten Soldaten erregt hatte. Vielleicht stand aber auch nur zur Diskussion, wie stark ein derartiger dynamischer Faktor gewichtet werden sollte.

Es scheint auf den ersten Blick so, als ob der Kreis der Berechtigten wesentlich ausgeweitet worden wäre; im ersten Senatsbeschluß war bloß von Afrika die Rede gewesen. Gemeint kann nur das spanische Heer sein, das Scipio 206 nach Rom gefolgt war.[57] Man sollte die Zahl der hinzukommenden Siedler aber nicht überschätzen. In den fünf vergangenen Jahren hatten sich die ›Spanier‹ eine neue Existenz aufgebaut – wenn sie nicht in die alte zurückkehren konnten –, sie hatten in einem der in Italien operierenden Heere gedient oder schon 205 ihren alten Feldherrn nach Sizilien begleitet; dann aber gehörten sie zu den afrikanischen Veteranen und waren ohnehin erfaßt.[58] Bestimmt warteten sie aber nicht jahrelang auf eine Landassignation, die alles andere als selbstverständlich war. Zuwachs konnte eigentlich nur aus der mittleren, italischen Gruppe kommen, und diese war seit 206 sicher noch einmal geschrumpft.[59] Da der Senat erst zu Anfang des Jahres 200 anordnete, die alten Heere zu entlassen, konnten diese Veteranen nur verspätet ihren Anteil in Rom verlangen.[60] Vielleicht machte das den zweiten Senatsbeschluß notwendig.[61]

---

56 Liv. XXXI 49,5. Im Schnitt erhielt jeder wohl an die 20 *iugera*. Vgl. GABBA (1973), 103 Anm. 147; ferner TOYNBEE (1965) II, 660. Anders SCHNEIDER (1977), 58f.; WILD (1995), 302: 10 *iugera*.

57 Offenbar nicht unter seiner Führung (Polyb. XI 33,8; Liv. XXVIII 38,1), aber doch sehr bald nach seiner Abfahrt (Liv. XXIX 1,21f.; App. Ib. 153; ferner Liv. XXVIII 32,7). Vgl. G. HORSMANN, Untersuchungen zur militärischen Ausbildung im republikanischen und kaiserzeitlichen Rom, Boppard 1991, 38; SEIBERT (1993b), 409 mit Anm. 49.

58 Nach Plut. Fab. 26,2 wurde Scipio erlaubt, 300 besonders zuverlässige spanische Soldaten nach Sizilien mitzunehmen. Damit meint Plutarch sicherlich die ausgewählten 300 Freiwilligen, die Scipio zu Reitern ausbilden ließ (Liv. XXIX 1,1-11; vgl. SEIBERT [1993b], 420). Wahrscheinlich waren unter den insgesamt 7000 Freiwilligen noch wesentlich mehr ›Spanier‹. Vgl. HORSMANN (1991), 38f.

59 Alternativ ist zu überlegen, ob die nicht allzu zahlreichen ›Spanier‹ schon im ersten Beschluß berücksichtigt waren und Livius nur das Gros nennt, das bis zuletzt dabeigewesen war. Spanien wird im Text nicht besonders hervorgehoben, sondern nur erwähnt, weil es um die Zahl der Dienstjahre geht; diese konnten in Spanien ja sehr viel höher sein als in Afrika. Zweck des Senatsbeschlusses wäre dann nur die Festlegung der Grundstücksgröße gewesen.

60 Liv. XXXI 8,5; 10,5.

61 Livius setzt diese Entscheidung ans Ende des Amtsjahres 200. Die Soldaten dürften aber bald nach ihrer Entlassung vorstellig geworden sein, also noch ziemlich früh im Jahr (es kommt mir hier nur auf die Soldaten in Italien an). Es würde der Kommission ein sehr schlechtes Zeugnis ausstellen, hätte sie tatsächlich bis Jahresende gebraucht, um einen Senatsbeschluß herbeizuführen. Ohne definitive Klärung war eine sinnvolle Planung kaum möglich; gleiches gilt für das von Anfang an virulente Problem der Grundstücksgröße. Livius' Gliederung legt allerdings den Ver-

Man nimmt in der Forschung an, daß die Tätigkeit der Dezemvirn später beeinträchtigt wurde. Denn zu Anfang des Amtsjahres 199 wurde C. Sergius Plautus, dem Stadtpraetor des Vorjahres, die Amtsgewalt verlängert, um Soldaten, die viele Jahre lang in Spanien, Sizilien und Sardinien gedient hatten, Land zuzuweisen.[62] Scheinbar wurde der Kommission damit ein wesentlicher Teil ihrer Aufgaben entzogen.

In Wirklichkeit kollidierten die Zuständigkeiten gar nicht miteinander. Es ist nicht mehr von Soldaten Scipios die Rede, die Einschränkung erfolgt nur nach dem Dienstort. Angesprochen sind offensichtlich Veteranen, die unter einem anderen Feldherrn gedient hatten. Für Sardinien ist das offensichtlich, Spanien hatte Scipio bereits 206 verlassen, und aus Sizilien hatte er nicht alle Soldaten nach Afrika mitgenommen.[63] Die Annahme wird schlüssig, bedenkt man, daß gerade zu dieser Zeit Soldaten aus den jeweiligen Amtsbereichen heimgekehrt waren oder unmittelbar vor der Entlassung standen.[64] Es handelt sich also nicht um einen konkurrierenden, sondern um einen ergänzenden Senatsbeschluß. Nach Scipios Veteranen wurden nun alle anderen berücksichtigt, die außerhalb Italiens gekämpft hatten. Vielleicht hatte es Proteste gegen eine Ungleichbehandlung gegeben.

Warum wurde die Assignation aber nicht den Dezemvirn übertragen? Die Siedler erhielten sicherlich auch zwei Morgen pro Dienstjahr und wurden wahrscheinlich in denselben Regionen angesiedelt. Doch es handelte

---

dacht nahe, daß er alle Ereignisse dieses Jahres, die er zeitlich nicht genauer festlegen konnte, ganz am Schluß in einem Abschnitt zusammenfaßte, vor der Rückkehr des Konsuls für die nächsten Wahlen: In freier Assoziation reihen sich an Spiele Scipios die Versorgung seiner Veteranen und daran die Wahl einer weiteren Siedlungskommission (s. u. S. 48); zuletzt folgt, besonders präzise datiert (*eodem anno*), ein vereinzelter Sieg in Spanien (XXXI 49,4-7). Der Senatsbeschluß kann also sehr viel früher gefaßt worden sein. Für ähnliche Überlegungen zu Livius' vager Datierung vgl. T. J. LUCE, Livy, Princeton, N. J., 1977, 63-67.

62 Liv. XXXII 1,6.

63 Liv. XXIX 22,12; 24,13f.; 26,8. Vgl. BRUNT (1987), 655.

64 200 wurden alle Heere entlassen (Liv. XXXI 8,5). In Sizilien betraf das zwei Legionen, nur die 5000 Bundesgenossen und Latiner mit den wenigsten Dienstjahren blieben zurück (XXX 2,1; 27,8; 41,2; XXXI 8,8). Gleiches gilt für Sardinien, allerdings befand sich dort nur eine Legion (XXX 41,2; XXXI 8,10). Berechtigt waren sicher auch die Soldaten, die dort von 217 bis 206 gedient hatten (XXVIII 10,14; vgl. SEIBERT [1993a], 269f.). In Spanien standen zwei Legionen, bis der Senat 201 anordnete, die Heere auf eine Legion und 15 Kohorten zu reduzieren (XXIX 2,6-9; 13,7; XXX 2,7; 27,9; 41,5). Im Lauf des Jahres 200 kehrte dann L. Cornelius Lentulus mit entlassenen Soldaten zurück (XXXI 20,7), Ende 200 wurden beide amtierenden Imperiumsträger aus Spanien abberufen (XXXI 50,10f.). Auch sie brachten bei ihrer Rückkehr 199 Soldaten mit: L. Manlius Acidinus wurde nur durch die Interzession eines Tribunen an der *ovatio* gehindert, und er hatte kaum vor, ohne Soldaten zu triumphieren (XXXII 7,4). Eine Gesamtschätzung ist unmöglich: Livius nennt kaum Zahlen, es ist unsicher, ob der Senatsbeschluß von 201 exakt ausgeführt wurde (vgl. RICHARDSON [1986], 68f.), und die Legionen hatten aller Wahrscheinlichkeit nach keine Sollstärke, ganz abgesehen von dem Problem, wie viele Soldaten sich tatsächlich ansiedeln ließen.

sich um ein neues Unternehmen, für das die Kommission kein Mandat hatte; sie war nur für Scipios Soldaten zuständig.[65] Vielleicht näherte sich die Tätigkeit der Dezemvirn damals ohnehin ihrem Ende.[66] Zumindest dürften sie so weit gewesen sein, daß eine Integration weiterer Siedler nicht mehr ohne Probleme möglich gewesen wäre, das heißt alle formalen und organisatorischen Prozeduren von neuem aufgerollt hätten werden müssen. Statt gleich zehn Männer weiter zu beschäftigen, die teilweise schon anderweitig engagiert waren, war es einfacher, für eine neue Aufgabe einen neuen Mann zu benennen. Dies mit um so mehr Recht, als der in Frage kommende Personenkreis offenbar so überschaubar war, daß ein einzelner leicht damit fertig werden konnte.

Entscheidend ist aber: Wie viele Veteranen versorgte die Kommission? Eine konkrete Zahl würde helfen, das Maß der späteren Unterstützung für Flamininus abzuschätzen. Bei Zama kommandierte Scipio an die 25 000 Soldaten aus Italien, von denen 2500 fielen.[67] 2000 weitere wurden, ohne gefragt zu werden, als ›Freiwillige‹ auf den nächsten Kriegsschauplatz geschafft, nach Makedonien.[68] Schlägt man auf der anderen Seite Scipionische Veteranen aus Spanien dazu, so sind knapp 25 000 Mann eine eher optimistische Kalkulation. Darunter sind auch die Soldaten der Bundesgenossen, die ebenfalls berechtigt waren.[69] Wie viele nun von dem Angebot tatsäch-

---

65 TOYNBEE (1965), 202, BRISCOE (1973), 167, und GARGOLA (1995), 103f., 224, glauben dagegen an eine Ablösung der Dezemvirn durch Plautus. Ich weiß aber nicht, was ein einzelner Imperiumsträger mehr hätte ausrichten können (TOYNBEE, BRISCOE, ähnlich MOMMSEN [1887] II, 627 Anm. 3), und eine nur einjährige Amtszeit von Dezemvirn (GARGOLA) ist nirgends bezeugt. S. auch u. Anm. 66.

66 Darauf deutet hin, daß zwei Kommissionsmitglieder inzwischen zeitraubende neue Aufgaben übernommen hatten: Flamininus war nicht nur Triumvir für Venusia (s. u.), sondern auch Quaestor des Jahres 199, und Tappulus war sogar Konsul. (Darüber hinaus wurde P. Aelius Paetus in diesem Jahr Zensor und Triumvir für Narnia.) Unwahrscheinlich ist die umgekehrte Kausalität, daß gerade wegen dieser Aufgaben die Kommission ihre Tätigkeit hätte einstellen müssen (so BRISCOE [1973], 167); Flamininus' Auftrieb durch das Dezemvirat setzt ja einen ordentlichen Abschluß der Kommissionstätigkeit voraus. Für jeden Fall ist aber zu betonen, daß die Kumulation ordentlicher und außerordentlicher Ämter nicht ungewöhnlich war; vgl. MOMMSEN (1887) I, 515 mit Anm. 2 u. 3.

67 App. Lib. 171; 209. Vgl. WALBANK (1967), 450; SEIBERT (1993b), 467 Anm. 30, 470 Anm. 42.

68 Liv. XXXII 3,3f. Vgl. BRISCOE (1973), 172.

69 Livius spricht pauschal von *milites*. Angesichts des breiten Widerstands in Senat und Volk gegen eine Ausweitung des Bürgerrechts, auf den die Gracchen und ihre Freunde stießen, nimmt man in der Forschung gern an, nur Römer und Latiner seien angesiedelt worden (s. u. Anm. 70). Aber auch bei der Viritanassignation von 173 wurden die *socii nominis Latini* berücksichtigt, also Latiner und Bundesgenossen (Liv. XLII 4,4; zur Bedeutung des Ausdrucks M. WEGNER, Untersuchungen zu den lateinischen Begriffen socius und societas, Göttingen 1969, 95-104; MOMMSEN [1887] III, 661f. mit Anm. 3). Es gibt auch ein zeitlich sehr nahes Beispiel: 197 wurden Italiker für die Ergänzung der latinischen Kolonie Cosa herangezogen (Liv. XXXIII 24,9; vgl.

lich Gebrauch machten, ist kaum abzuschätzen. Wahrscheinlich war es das Gros, da der Senat eine Assignation sonst kaum für nötig gehalten hätte. Eine Zahl zwischen 15 000 und 20 000 trifft vielleicht das Richtige.[70]

Diese Veteranen gingen nun nicht etwa in die alleinige Klientel des Flamininus über, dazu waren der Wohltäter zu viele, und maßgeblich waren die Bande zu ihrem Feldherrn, der sich zweifellos entschieden für ihre Belange im Senat eingesetzt hatte.[71] Aber durch Engagement über das Nötige hinaus gewann er eine beachtliche Popularität. Bei Wahlen konnte diese in ein entscheidendes Mehr an Stimmen umgewandelt werden.[72]

Vielleicht war es diese Überlegung, die Flamininus bewog, sich noch während seines Dezemvirats für eine weitere agrarische Aufgabe zur Verfügung zu stellen.[73] Der Krieg war in Italien zu einem großen Teil nicht auf römischem Gebiet, sondern auf dem der Latiner und Bundesgenossen ausgefochten worden. Viele Kolonien waren so ausgeblutet, daß ihr Land zu veröden drohte und, wesentlich schlimmer für den Senat, die Stellung ihres

---

TOYNBEE [1965] II, 108; BRUNT [1987], 84 mit Anm. 4). Zu Anfang des zweiten Jahrhunderts hatten die Römer nicht mit Mangel an Land zu kämpfen, sondern mit Mangel an Menschen. Um trotzdem noch größere Kolonisationsprojekte durchführen zu können, griffen sie auf Italiker zurück. Vgl. K. BRINGMANN, Das ›Licinisch-Sextische‹ Ackergesetz und die gracchische Agrarreform, in: J. Bleicken (Hrsg.), Symposion für Alfred Heuß, Kallmünz, Opf., 1986, 58-60; BRUNT (1987), 542-544. In dieser Lage bestand wenig Grund, die italischen Soldaten auszuschließen, die entscheidend zur Niederlage Karthagos beigetragen hatten. Den verbündeten Gemeinden dürfte dies für den Moment recht gewesen sein, denn ihr Territorium war mindestens so stark verwüstet wie das römische und sie verfügten über keinen frisch erworbenen *ager publicus*, im Gegenteil. Erst später wurde der starke Verlust an Manpower unerträglich; vgl. H. GALSTERER, Herrschaft und Verwaltung im republikanischen Italien, München 1976, 158-161; TOYNBEE (1965) II, 137-141; GABBA (1989), 217-220.

70 J. KROMAYER, Die wirtschaftliche Entwicklung Italiens im II. und I. Jahrhundert vor Chr., Neue Jahrbücher für das Klassische Altertum 33 (1914), 150 mit Anm. 1, geht von 30 000 bis 40 000 Siedlern aus, unter Einschluß der Bundesgenossen; dabei schätzt er Scipios Heer bei Zama wohl zu groß ein. BRUNT (1987), 70 Anm. 1, denkt insgesamt, inklusive der von Plautus Versorgten, an 40 000 Mann. Mit nur 10 000 rechnet TOYNBEE (1965) II, 240 Anm. 7; er berücksichtigt allerdings bloß Römer. WILD (1995), 302, veranschlagt zwar wie ich 15 000 bis 20 000 Empfänger, aber ebenfalls nur Römer.

71 So mit Recht CASSOLA (1960), 109, der aber meiner Meinung nach die Gestaltungsmöglichkeiten unterschätzt, wenn er Flamininus als bloßen »esecutore« des Senatsdekrets bezeichnet und eine Profilierung bei den Veteranen für ganz unwahrscheinlich hält. Zur Problematik des Klientelkonzepts s. u. Anm. 103.

72 Das gleiche gilt vielleicht für P. Aelius Paetus und Villius Tappulus (s. o. S. 42). Vgl. auch E. T. SALMON, Roman Colonization under the Republic, London u. a. 1969, 104 mit Anm. 180; TRIEBEL (1980), 81; C. NICOLET, Économie, société et institutions au IIe siècle av. J.-C.: de la lex Claudia à l'ager exceptus, Annales (ESC) 35 (1980), 890.

73 Noch zwei weitere Dezemvirn wurden wieder auf diesem Feld aktiv: P. Aelius Paetus war 199 Triumvir für die Zuweisung neuer Siedler an Narnia, M. Servilius Pulex Geminus 197 bis 194 Triumvir für die Gründung von fünf römischen Kolonien (MRR I 329, 334). Dieser Rückgriff auf erfahrene Männer ist ein Indiz für den Erfolg der Kommission (so auch TOYNBEE [1965] II, 202).

Kontingents für das römische Heer immer schwieriger wurde.[74] Es war daher nur der Auftakt für eine umfangreiche Kolonisationstätigkeit der Römer während der nächsten Jahrzehnte, als das latinische Venusia, im Grenzgebiet zwischen Lukanien und Apulien, im Jahr 200 um neue Siedler bat.[75] Zu Triumvirn *ad supplemendum colonorum numerum* wurden C. Terentius Varro, P. Cornelius Scipio Nasica und T. Quinctius Flamininus gewählt.[76]

---

74 Vgl. etwa TOYNBEE (1965) II, 10-35, 90-92; BRUNT (1987), 84, 269-277. Ein drastisches Bild der Verwüstung gibt Liv. XXVIII 11,8-11. Die allgemeine Unzufriedenheit der Latiner und Bundesgenossen über die Belastungen des Krieges gipfelte 209 in der Weigerung von zwölf latinischen Kolonien (von insgesamt 30), die vereinbarte Truppenzahl zu stellen (Liv. XXVII 9,1-10,10). 204 wurden sie von den Römern dafür streng bestraft (XXIX 15).

75 Venusia war 209 loyal geblieben, hatte aber besonders schwer gelitten, da es mitten im feindlichen Operationsgebiet gelegen hatte. Zur Kolonisation vgl. die Übersicht bei TOYNBEE (1965) II, 654-657, wo Narnia zu ergänzen ist (s. u. Anm. 76).

76 Liv. XXXI 49,6. Terminus post quem ist die Rückkehr Varros von einer Gesandtschaft in Afrika (Liv. XXXI 11,4-18; 19,1-6), die Wahl fand daher eher später im Jahr statt. Eine genauere Bestimmung ist nicht möglich (s. o. Anm. 61). Varro und Flamininus hatten Venusia schon unter recht unerfreulichen Umständen kennengelernt: Der eine hatte sich nach der Schlacht von Cannae dorthin gerettet, der andere nach dem Tod des Marcellus; Flamininus war vielleicht bis ins nächste Jahr, bis 207, in Venusia geblieben (Liv. XXII 49,14; XXVII 29,1.4; 35,12f.; 40,13f.). Diese Ortskenntnis mag ihre Rolle bei der Wahl der Triumvirn gespielt haben (so R. D. WEIGEL, Roman Colonial Commissioners and Prior Service, Hermes 113 [1985], 227f.). – Nach Plutarch wird Flamininus zum ἄρχων καὶ οἰκιστής gewählt, als Siedler nach Narnia und Cosa geschickt werden; von seiner Tätigkeit in Venusia und vom Dezemvirat sagt er nichts (Flam. 1,6). Bei Livius bitten die latinischen Kolonien Narnia und Cosa den Senat 199 um zusätzliche Siedler. Dieser läßt für Narnia ein Triumvirat wählen, ohne Flamininus' Beteiligung. Die Cosaner dagegen werden abschlägig beschieden; erst zwei Jahre später hat ein erneuter Versuch Erfolg (XXXII 2,6f.; XXXIII 24,8f.). In der Forschung wird Plutarch gewöhnlich ein Irrtum unterstellt (ausführlich G. TIBILETTI, Ricerche di storia agraria romana, Athenaeum NS 28 [1950], 192 Anm. 2). Glauben schenken ihm nur HAYWOOD (1933), 73, KLOTZ (1935), 49, und WILD (1995), 306-309. WILD verbindet die Nachricht mit Flamininus' Quaestur und läßt ihn 199 noch vor der Bitte der beiden Städte »kolonisatorische Aufgaben« in Cosa und Narnia wahrnehmen. Diese Hypothese stößt auf unüberwindliche Schwierigkeiten: Die Gesandten Narnias klagen vor dem Senat, *ad numerum sibi colonos non esse et immixtos quosdam non sui generis pro colonis se gerere* (Liv. XXXII 2,6). Dies heißt nur, daß die Stadt zuwenig Einwohner hatte (vgl. XXVII 9,7) und Fremde, am ehesten einheimische Umbrier (BRISCOE [1973], 171), das Bürgerrecht für sich beanspruchten. Es ist keine Rede von bereits eingetroffenen neuen Siedlern – *colonus* kann ›Kolonist‹ wie ›Einwohner einer Kolonie‹ bedeuten (nur ein Beispiel: XXXVII 46,10), wovon hier zweifellos letzteres gemeint ist – und irgendwelchen Zwistigkeiten um den *ager publicus,* wie WILD meint. Nichts deutet auf eine offizielle Tätigkeit eines römischen Beamten vor dem Triumvirat hin. Weiter läßt sich in Plutarchs ἄρχων καὶ οἰκιστής kein Quaestor hineinlesen, und schließlich, wie sollte eine Beschwerde Narnias und ihre Anerkennung durch den Senat, was beides auf Flamininus zurückfallen mußte, diesen ermuntern, sich um das Konsulat zu bewerben (Plut. Flam. 2,1)? Plutarch und Livius sind nicht miteinander zu vereinen. Dem in sich stimmigen und detaillierten Bericht des letzteren ist zweifellos der Vorzug zu geben, sei es daß Plutarch ein Versehen unterlaufen ist – was bei seinem Desinteresse an Fragen römischer Landverteilung durchaus glaubhaft ist (vgl. C. B. R. PELLING, Plutarch and Roman Politics, in: I. S. Moxon u. a. [Hrsgg.], Past Perspectives, Cambridge u. a. 1986, 169-175, 180) –, sei es daß er die Verwirrung schon in seinen Quellen vorfand (so E. M.

Varro war nicht nur der überlebende Konsul von Cannae, sondern danach noch oft mit prokonsularischer und propraetorischer Befehlsgewalt betraut worden. Scipio Nasica, der Cousin des Africanus, war zu dieser Zeit höchstens Quaestorier, aber er war, seit er 204 die Magna Mater eingeholt hatte, weithin bekannt als ›bester Mann‹ Roms.[77] Somit standen einem erfahrenen Oberbeamten zwei noch junge Männer zu Seite, eine Kombination, die für koloniale Triumvirate nicht unüblich war. Aber es gab auch viel hochkarätiger besetzte Kollegien, manchmal waren die Konsulare und Praetorier sogar unter sich. Die Aufgabe in Venusia wurde demnach nicht als übermäßig wichtig oder schwierig angesehen. Mit Recht: Die Stadt lag mitten in befriedetem Gebiet, und es handelte sich ja nicht um eine Neugründung, sondern lediglich um eine Ergänzung von Siedlern.[78]

Daher umfaßte die Tätigkeit der Triumvirn natürlich Einschreibung der Kolonisten und Zuteilung des Landes, für die Eingliederung der Neubürger aber waren nur wenige sakrale und verwaltungstechnische Maßnahmen notwendig.[79] Die Ansiedlung nahm auch nicht viel Zeit in Anspruch, eventuell wurde sie noch im Jahr 200 zu Ende gebracht: Livius nennt die Wahl der Triumvirn in einem Atemzug mit der erfolgreichen Durchführung.[80] Leider wissen wir nicht, wie viele Menschen versorgt wurden. Angaben anderer Verstärkungen lassen an eine Zahl zwischen 1000 und 3000 Männern denken.[81]

Man sieht, das Ganze war eine Nummer kleiner als die Assignation für die Veteranen Scipios, aber Flamininus wird auch hier alles daran gesetzt haben, sich beliebt zu machen. Dies war einerseits leichter, da er hier einer von nur dreien war, andererseits war Varro zweifellos der Anführer der

---

CARAWAN, *Graecia liberata* and the Role of Flamininus in Livy's Fourth Decade, TAPhA 118 [1988], 211).

77 Liv. XXIX 11,6.8; 14,6-11. Vgl. E. S. GRUEN, Studies in Greek Culture and Roman Policy, Leiden 1990, 25f.

78 Die Zusammensetzung von kolonialen Triumviraten ist detailliert untersucht bei GARGOLA (1995), 60-63. Die Kommission, die ein Jahr später Narnia neue Kolonisten zuteilte, wies zwar gleich zwei Konsulare auf, aber Narnia war eine der renitenten Kolonien von 209 (s. o. Anm. 74) und bedurfte deshalb besonderer Aufmerksamkeit.

79 Eine prägnante Darstellung gibt wiederum GARGOLA (1995), 64-70, 99f. Einen Einblick in die religiösen und organisatorischen Aufgaben eines Triumvirn gibt AE (1996) 685.

80 Liv. XXXI 49,6: *Hi colonos Venusiam adscripserunt*. Vgl. R. E. SMITH, Latins and the Roman Citizenship in Roman Colonies: Livy, 34, 42, 5-6, JRS 44 (1954), 19 Anm. 15. Eine Wahl auf drei Jahre ist nur für Neugründungen, nicht für Ergänzungen bezeugt (Liv. XXXII 29,4; XXXIV 53,2). Ohnehin ist dies nur eine Maximalfrist, denn selbst in diesem Fall konnten die Triumvirn ihre Tätigkeit früher vollenden (XXXV 9,7; 40,5); vgl. MOMMSEN (1887) II, 632; GARGOLA (1995), 69 mit Anm. 93.

81 Cosa 197: 1000 (Liv. XXXIII 24,8); Placentia und Cremona 190: insgesamt 6000 (XXXVII 46,10); Aquileia 169: 1500 (XLIII 17,1). Neben Römern und Latinern waren vielleicht auch Bundesgenossen zur Einschreibung berechtigt (s. o. Anm. 69).

Kommission. Freilich wird er, wie die Konsulare des Dezemvirats, nicht mehr seinen letzten Ehrgeiz in das Unternehmen gesteckt haben. Dies gilt nicht für den jungen Scipio, der wie Flamininus noch etwas werden wollte – und auch wurde: 191 war er Konsul.

Flamininus hatte nun einige Erfahrung gesammelt, aber er hatte immer noch kein ordentliches Amt bekleidet. Und darauf kam es an, wollte er im Kampf um Ansehen und Einfluß Erfolg haben. Die außerordentlichen Aufgaben verschafften eine bessere Ausgangsposition, doch sie waren kein Ersatz.[82] So bewarb sich Flamininus, noch Dezemvir und vielleicht auch Triumvir, für das Jahr 199 erfolgreich um die Quaestur. Eigentlich hätte man ein höheres Amt erwartet, schließlich kandidierte jemand, der bereits ein propraetorisches Imperium innegehabt hatte; statt dessen begnügte er sich mit dem untersten Amt, wie ein Anfänger am Beginn seiner Karriere. Allerdings gab es gleich acht Quaestoren, wenn nicht sogar mehr, am Erfolg einer Kandidatur war also von vornherein nicht zu zweifeln.[83]

Die kurulischen Aedilen waren dagegen nur zu zweit: Um die plebejische Aedilität konnte sich Flamininus nicht bewerben, und in der kurulischen wechselten sich Patrizier und Plebejer jahrweise ab.[84] 199 war zwar ein patrizisches Jahr, aber um ein Amt, das nicht zuletzt durch die Ausrichtung von Spielen einige Beliebtheit versprach, dürften sich die noch zahlreichen Patrizier gedrängelt haben.[85] Eine Niederlage war also nicht auszuschließen. Freilich wurde diesmal ein Mann gewählt, der gar keinen Wahlkampf führen konnte: C. Cornelius Cethegus, damals Promagistrat in Spanien. Trotzdem mied Flamininus das Risiko und begnügte sich mit der

82 Nichts beweist dies deutlicher, als daß es um solche Stellen offenbar keine Wahlkämpfe gab. Vgl. GARGOLA (1995), 59f.

83 Vgl. KUNKEL / WITTMANN (1995), 513. Zur damaligen Bedeutung der Quaestur vgl. etwa R. DEVELIN, Patterns in Office-Holding 366-49 B.C., Bruxelles 1979, 28.

84 Vgl. KUNKEL / WITTMANN (1995), 472f.

85 Von den 28 Praetoren in den Jahren 198 bis 194 waren immerhin zehn Patrizier, der Nachwuchs war also da. L. Aemilius Paullus wurde 194 gleich zwölf patrizischen Mitbewerbern um die kurulische Aedilität vorgezogen, die alle später das Konsulat erreicht haben sollen (Plut. Aem. 3,1). Von den Konsulaten spricht schon Plutarch mit Reserve, und das Feld der Konkurrenten könnte zum Ruhm des aemilischen Hauses durchaus aufgestockt worden sein. Eine Übertreibung darf aber nicht zu sehr von der Wirklichkeit abweichen, soll sie ihr Ziel erreichen. Eine große Zahl von Kandidaten für dieses Amt ist durchaus glaubwürdig. Ähnlich zur Stelle R. DEVELIN, The Practice of Politics at Rome 366-167 B.C., Bruxelles 1985, 93. Zur Aedilität als Sprungbrett für das Konsulat I. SHATZMAN, Senatorial Wealth and Roman Politics, Bruxelles 1975, 159-167; SCULLARD (1973), 24f.; A. R. DYCK, A Commentary on Cicero, *De Officiis*, Ann Arbor 1996, 445 (zum zwiespältigen Urteil in Cic. off. II 57-59); ferner A. YAKOBSON, *Petitio et Largitio*: Popular Participation in the Centuriate Assembly of the Late Republic, JRS 82 (1992), 40f.; weitere Literatur bei F. BERNSTEIN, *Ludi publici*, Stuttgart 1998, 281f. mit Anm. 304f. Sehr skeptisch gegenüber der Bedeutung der Spiele ist GRUEN (1992), 188-193.

sicheren Karte, der Quaestur.[86] Eventuell hinderte Flamininus aber auch ein ganz prosaischer Grund: Geld. Sein Bruder Lucius, der die übliche Laufbahn beschritt, war 201 Aedil gewesen und hatte prächtige Spiele gegeben. Stand der denkbare Gewinn nach Flamininus' Meinung in keinem Verhältnis zum Aufwand, oder hatte der eine Bruder am Ende so viel von den Ressourcen der Familie aufgebraucht, daß für den anderen nicht genug übrigblieb?[87]

Eine Kandidatur für das nächsthöhere Amt war theoretisch möglich,[88] aber die Frage stellte sich wahrscheinlich gar nicht: Einer der Praetoren von 199 war Lucius. Natürlich konnte nur einer der Brüder kandidieren. Da Flamininus nicht zum Zug kam, waren seine Chancen offenbar die schlechteren. Das heißt, Lucius' Aedilität von 201 galt mehr als die außerordentlichen Aufgaben von Flamininus. Seine bisherige Laufbahn war also nach außen hin keineswegs so spektakulär, wie sie im Rückblick, vom Konsulat her, aussieht.

Über Flamininus' Amtsführung wissen wir nichts. Am ehesten war Flamininus einer der beiden *quaestores urbani*: Die Kollegialität erlaubte es ihm, sich auf den Abschluß seiner agrarischen Tätigkeit zu konzentrieren, und die spätere Kampagne für das Konsulat setzt seine Anwesenheit in Rom ohnehin voraus.[89] Die Stadtquaestoren dieses Jahres deckten auf, daß von den Karthagern übergebene 200 Talente Silber, die erste Rate ihrer 201 festgelegten Zahlungen, nicht rein waren. Ihre Gesandten mußten das fehlende Viertel mit einem in Rom aufgenommenen Kredit nachzahlen. War Flamininus einer der Quaestoren, so stellte er seine Gewissenhaftigkeit unter Beweis, aber viel Nutzen zog er aus der Aktion kaum. Schließlich handelte es sich nur um eine technische Formalität, und den Gesandten wurde auch gar kein Betrug vorgeworfen, im Gegenteil, der Senat behandelte sie

86 Oder war er bei den Aedilenwahlen, vielleicht nur knapp, durchgefallen, und hatte die Quaestur als Trostpreis erhalten? Möglich wäre dies, wurden die Beamten doch in absteigender Rangfolge gewählt (MOMMSEN [1887] I, 580 mit Anm. 2). Ein Scheitern bei der Aedilität brauchte auch kein Stigma für die weitere Laufbahn zu sein (Cic. Planc. 51f.; vgl. T. R. S. BROUGHTON, Candidates Defeated in Roman Elections: Some Ancient Roman »Also-Rans«, Philadelphia 1991, 40-44). Freilich war eine Doppelkandidatur nicht ohne Risiko: Marius scheiterte bei seiner Bewerbung um die kurulische Aedilität und wurde für seine Chuzpe, sich sofort um die plebejische zu bewerben, erst recht abgestraft (Plut. Mar. 5,1-3). Dies und der Erfolg des Bruders bei den praetorischen Komitien machen ein solches Szenario für Flamininus eher unwahrscheinlich.

87 Liv. XXXI 4,5: *ludi Romani scaenici eo anno magnifice apparateque facti* . . . Vgl. die Überlegung von KUNKEL / WITTMANN (1995), 45 Anm. 27.

88 Vgl. A. E. ASTIN, The Lex Annalis before Sulla, Bruxelles 1958, 28-30; KUNKEL / WITTMANN (1995), 46.

89 KUNKEL / WITTMANN (1995), 515, vermuten, daß die beiden Stadtquaestoren sich allmonatlich in der Führung der Geschäfte abwechselten.

recht freundlich.[90] Große Schritte hin zum Konsulat konnte er als Quaestor eigentlich nicht machen. Trotzdem nahmen Einfluß und Beliebtheit bis zum Ende des Jahres so weit zu, daß Flamininus sich Chancen für das höchste Amt ausrechnete.

Die Wahl zum Konsul

Unmittelbar vor den Komitien drohten die Volkstribunen M. Fulvius und M'. Curius mit Interzession:[91] Flamininus dürfe sich nicht *ex quaestura* um das Konsulat bewerben; Aedilität und Praetur würden schon verschmäht, nicht Sprosse für Sprosse strebten *nobiles* zum Konsulat, wobei sie sich in den Ämtern beweisen könnten, sondern sie übersprängen die Mitte und reihten das Oberste an das Unterste. Die Sache kam vor den Senat, der entschied, das Volk dürfe wählen, wen es wolle, solange die Gesetze es erlaubten. Die Tribunen fügten sich, und Flamininus wurde zusammen mit Sex. Aelius Paetus zum Konsul für 198 gewählt.[92]

Nach Plutarch wurde Flamininus durch seine agrarischen Erfolge zur Kandidatur ermuntert und, noch wichtiger, von den Landempfängern auch tatsächlich unterstützt.[93] Freilich war es mit dieser Hilfe gar nicht so ein-

---

90 Liv. XXXII 2,1-4. Auf Flamininus' mögliche Beteiligung an der Entdeckung des ›Betrugs‹ hat zuerst WILD (1995), 310, hingewiesen, der von einem beträchtlichen Popularitätsgewinn ausgeht. SEIBERT (1993b), 498 Anm. 12, vermutet die Täuschung eher auf römischer Seite, in die dann auch Flamininus verwickelt gewesen wäre.

91 Über Curius wissen wir sonst nichts, Fulvius kann man mit so ziemlich jedem Zeitgenossen identifizieren, der diesen Namen trug: mit M. Fulvius Nobilior, dem Konsul von 189, M. Fulvius Centumalus, dem Stadtpraetor von 192, oder mit einem M. Fulvius Flaccus, entweder dem Triumvir von 184 für die Gründung von Potentia und Pisaurum oder einem (sonst unbekannten) Kollegen von Flamininus im Dezemvirat, vielleicht ja auch mit beiden – oder mit keinem von diesen allen. Die Identität der opponierenden Tribunen hilft bei der Beurteilung von Flamininus' Wahl nicht weiter. Vgl. MRR II 567f.; BRISCOE (1973), 179f.; TOYNBEE (1965) II, 202; BADIAN (1984b), 51 Anm. 6.

92 Liv. XXXII 7,8-12: . . . *T. Quinctium Flamininum consulatum ex quaestura petere non patiebantur: iam aedilitatem praeturamque fastidiri nec per honorum gradus, documentum sui dantes, nobiles homines tendere ad consulatum, sed transcendendo media summa imis continuare* (9f.); Plut. Flam. 2,1f. (irrtümlich mit dem Volkstribunat unter den übersprungenen Ämtern, ebenso Plut. reg. apophth. 197a).

93 Plutarch spricht von οἱ ἀπὸ τῶν κληρουχιῶν und meint damit die zuvor genannten ἄποικοι, also die Kolonisten (so auch O. SIEFERT / F. BLASS, Ausgewählte Biographieen des Plutarch, Bd. 1, Leipzig 1876^2, 46; LSJ s. v. κληρουχία 1a). Da diese bei den Wahlen aber kaum Hilfe brachten (s. u.), können die Unterstützer nur die Veteranen gewesen sein. Angesichts von Plutarchs vorherigen Irrtümern bzw. Auslassungen – er sagt kein Wort über die Soldaten – und seinem mäßigen Interesse an Agrarfragen (s. o. Anm. 76) tut diese Deutung der Überlieferung keine Gewalt an. CASSOLA (1960), 127 Anm. 17, neigt zu einer anderen Lösung und läßt Plutarch sehr wohl zwischen ἄποικοι (Kolonisten) und κληροῦχοι (Viritanassignierten) scheiden. Doch

fach: Die Veteranen und die Siedler für Venusia lebten inzwischen in ihrer neuen Heimat, und der Weg von Samnium und Apulien nach Rom war weit.[94] Wahrscheinlich hatte der Dezemvir aber ziemlich deutlich gemacht, daß er für seinen Einsatz eine entsprechende Gegenleistung bei den Komitien erwartete. Wurde dazu eventuell noch ein Handgeld für den Ausflug nach Rom angeboten, so war sicherlich eine größere Zahl zu gewinnen.[95]

Rechtliche Schwierigkeiten sprechen gegen dieses Szenario: Die römischen Kolonisten hatten inzwischen wahrscheinlich ihr Bürgerrecht verloren, als Latiner aber durften sie nicht an Konsulwahlen teilnehmen.[96] Die entscheidende, weil zahlenmäßig weitaus stärkere Gruppe, die Veteranen, wurde beim nächsten Zensus aber nur in die Tribus eingetragen, welche für die neuen Wohnorte galten; wegen der geschlossenen Ansiedlung in Samnium und Apulien müssen das sehr wenige Tribus gewesen sein, wahrscheinlich nur zwei.[97] Mit dem Zensus wurden somit auch die Latiner und die Italiker römische Bürger, aber die Stimmkraft der ganzen Gruppe erheblich eingeschränkt. Allerdings waren gerade erst Zensoren gewählt worden, Scipio Africanus und P. Aelius Paetus. Im Jahr 199 ereignete sich nicht viel, und Livius' knappe Zusammenfassung der Zensur läßt keine zeitlichen

---

schon die gespreizte Formulierung mit ἀπό spricht dagegen. Für κληρουχία als Kolonie vgl. auch Ant. 60,2.

94 BADIAN (1973), 300 Anm. 10, denkt an Unterstützung von »veterans who hoped for land assignations« und, neben den Familien der Siedler, von »any of the colonists themselves who had not yet taken up their colonial citizenship«. Die Tätigkeit beider Kommissionen war damals aber mit Sicherheit bereits abgeschlossen. Etwaige Nachzügler, von denen es damals nur noch wenige gegeben haben dürfte, mußten sich an den Senat wenden, die Kolonisten besaßen nur noch ihr neues Bürgerrecht (s. u. Anm. 96).

95 Die Kandidaten des frühen zweiten Jahrhunderts werden nicht weniger kreativ gewesen sein als diejenigen der späten Republik, in der eine Mobilisierung der auswärtigen Wählerschaft wohlbezeugt ist (vgl. L. R. TAYLOR, Party Politics in the Age of Caesar, Berkeley u. a. 1949, 57-62; C. NICOLET, Le métier de citoyen dans la Rome républicaine, o. O. 1976, 395-401; M. I. FINLEY, Politics in the Ancient World, Cambridge u. a. 1983, 90). Die frühesten Beispiele sind die Gracchen, Marius und Appuleius Saturninus (App. civ. I 41; 57f.; 132; Diod. XXXIV/XXXV 6; Plut. C. Gracch. 3,2; Sall. Iug. 73,6f.), das bekannteste Caesar, der im Jahre 55 Urlauber aus seinem Heer nach Rom schickte, um die Wahl von Crassus und Pompeius zu Konsuln zu sichern (Cass. Dio XXXIX 31,2; Plut. Crass. 14,7). Vgl. die ähnliche Vermutung bei FEIG VISHNIA (1996), 146.

96 Mit dem ersten Zensus in Venusia verloren die neuen Einwohner das römische Bürgerrecht, und dieser fand sicherlich so bald wie möglich nach ihrer Ankunft statt. Latiner, die sich in Rom aufhielten, wurden bei Abstimmungen einer Tribus zugelost (Liv. XXV 3,16), aber damit waren sie nur in den Tributkomitien stimmberechtigt; den römischen Zensusklassen gehörten sie nicht an und fielen für die Zenturiatkomitien aus. Vgl. D. DAUBE, Two Early Patterns of Manumission, JRS 36 (1946), 68; GARGOLA (1995), 100; MOMMSEN (1887) III, 396f.; L. R. TAYLOR, Roman Voting Assemblies, Ann Arbor 1966, 75f., 79; A. N. SHERWIN-WHITE, The Roman Citizenship, Oxford 1973^2, 35, 112f.; GALSTERER (1976), 92, 112.

97 Vgl. L. R. TAYLOR, The Voting Districts of the Roman Republic, Rome 1960, 92f.

Rückschlüsse zu.[98] Aber für gewöhnlich wurden die Zensoren im Frühjahr gewählt, das Lustrum vollzogen sie mehr als zwölf Monate später, in jedem Fall bereits unter neuen Konsuln. Da die Zensur von 199, trotz des einen berühmten Zensors, nun eine ganz gewöhnliche und unspektakuläre war, fand das Lustralopfer sicher erst nach den Wahlen für 198 statt. Erst durch das Lustrum aber wurde die Bürgerschatzung gültig, die Veteranen stimmten also noch nach ihren alten Tribus ab.[99] Flamininus mußte jetzt handeln, wollte er die günstige Konstellation nutzen.

Doch die Prothymia, die Plutarch den Veteranen zuschreibt, brauchte sich nicht in der bloßen Stimmabgabe zu erschöpfen. Wesentlicher war ihre Funktion als Multiplikator: Sie erinnerten viele alte Kameraden, die sich kein Land zuteilen hatten lassen, an Flamininus' Verdienste, sie rührten bei Verwandten, Freunden und Bekannten die Trommel, ja sie konnten durch ihren Einsatz die Meinung der gesamten Wählerschaft beeinflussen.[100] Je weniger diese auf bestimmte Kandidaten festgelegt war – und das war offenbar nur in einem geringen Maße der Fall –,[101] desto wichtiger war ein solches Engagement. So betrachtet, kam es weniger auf die Zahl der Unterstützer als auf die Intensität ihrer Werbung an. Da kaum von mehr als einigen zehntausend Wählern auszugehen ist, reichte von den 15 000 bis 20 000 Veteranen ein harter Kern.[102]

98 Liv. XXXII 7,1-3. Der wahlleitende Konsul L. Cornelius Lentulus war zwar noch nicht in seine Provinz aufgebrochen, aber er hatte auch gar keine Eile: Erst die Niederlage eines Praetors gegen die Insubrer nötigte ihn überhaupt zum Abmarsch (XXXII 7,5-7).

99 Die Frist von achtzehn Monaten bezeichnet nur die maximale Dauer der Zensur. Zum Ganzen MOMMSEN (1887) II, 333, 342 mit Anm. 2, 348-354. Ebenso urteilt FEIG VISHNIA (1996), 117.

100 Cic. Mur. 38 malt anschaulich die propagandistische Unterstützung aus, die der Kandidat Murena 63 von seinen alten Soldaten erhielt.

101 Vgl. M. JEHNE, Wirkungsweise und Bedeutung der centuria praerogativa, Chiron 30 (2000), 668-677 (aufbauend auf Fest. p. 290 Lindsay); A. YAKOBSON, Elections and Electioneering in Rome, Stuttgart 1999, 109f. H. MOURITSEN, *Plebs* and Politics in the Late Roman Republic, Cambridge 2001, 102-107, hat nachdrücklich darauf hingewiesen, daß die Wähler, auch wenn sie sich bereits für einen Kandidaten entschieden hatten, noch über eine zweite Stimme verfügten, die sie frei vergeben konnten.

102 Ausgehend von den Caesarischen Saepta, errechnete R. MACMULLEN, How many Romans voted?, Athenaeum NS 58 (1980), 454f., für die Wahlen der Tributkomitien ein theoretisches Maximum von etwa 55 000, eine tatsächliche Teilnehmerzahl von nicht über 35 000 bis 40 000 Wählern; MOURITSEN (2001), 26-32, geht von einer noch geringeren Beteiligung aus. Legt man nun die höheren Zahlen MACMULLENS zugrunde, so ist einerseits zu berücksichtigen, daß die Beteiligung an den Wahlen in den Zenturiatkomitien höher gelegen haben dürfte, andererseits aber, daß die Einwohnerzahl der Stadt Rom zur Zeit Caesars um ein Vielfaches gegenüber dem frühen zweiten Jahrhundert zugenommen hatte. Für die Konsulwahlen des Jahres 199 sind demnach auf keinen Fall mehr als 40 000 Teilnehmer anzusetzen, eher deutlich weniger.

Von entscheidender Bedeutung aber war die Haltung der Aristokraten. Auch sie wirkten, durch demonstrative Unterstützung des Kandidaten oder durch Empfehlungen an ihre Klientel, auf die Stimmung des Volkes ein.[103] Kaum vorstellbar, daß Flamininus gegen eine geschlossene Abwehrfront der *nobiles* eine Chance gehabt hätte. Denn der Senat war das Zentrum der römischen Politik, und letztlich hatten die Standesgenossen, nicht das Volk, über die Kandidatur zu entscheiden.[104] In diesem Fall allerdings nicht nur in einem informellen, sozialen Sinn, sondern, nach der Intervention der Volkstribunen, ganz offiziell. Die erste Hürde nahm Flamininus, denn Schwierigkeiten bereitete nicht die Popularität von Gegenkandidaten, sondern der Widerstand der Tribunen. Ob Curius und Fulvius überhaupt eingeschritten wären, wenn sich ein Erfolg von Flamininus nicht schon abgezeichnet hätte?[105] Der Appell an den Senat war der Versuch, die Masse der Aristokraten auf das Vorgehen eines jungen Mannes richtig aufmerksam zu machen, der

103 Die Rolle der Klientel darf allerdings nicht überschätzt werden. Bei weitem nicht das ganze römische Volk war in solche Gefolgschaften eingebunden, andererseits hatten diejenigen, die es waren, oft mehrere Patrone, was Loyalitätskonflikte unausweichlich machte, ja zu einer Neutralisierung führen konnte. Ohnehin waren die Klienten nicht verpflichtet, der (zweifellos wichtigen) Wahlempfehlung eines Patrons zu folgen. Sie waren also kein frei verfügbares Stimmvieh, das nach Belieben eingesetzt werden konnte. Die Wählerschaft mußte immer wieder von neuem motiviert werden. Gegenüber früheren, allzu schematischen Interpretationen vgl. die nüchterne Darstellung BRUNTS (1988), 27-32, 383-400, 414-431, ferner YAKOBSON (1999), 65-82; MOURITSEN (2001), 96-100, 108f. Die Autoren des von A. WALLACE-HADRILL herausgegebenen Bandes Patronage in Ancient Society, London u. a. 1989, halten dagegen an der fundamentalen Bedeutung der Patronage fest, gleichwohl kommen sie zu ähnlichen Ergebnissen, soweit es die Zahl der Patrone und den Einfluß bei den Wahlen betrifft (die Beiträge von RICHARD SALLER und ANDREW WALLACE-HADRILL).

104 Der frühere Konsens über den geringen Einfluß des Volkes ist durch den bemerkenswerten Aufsatz von FERGUS MILLAR zerbrochen: The Political Character of the Classical Roman Republic, 200-151 B.C., JRS 74 (1984), 1-19. Ausgehend von den formalen Rechten des Volkes, spricht er dem demokratischen Element in der römischen Verfassung eine sehr viel größere Rolle zu als bisher. Einen Überblick über die dadurch ausgelöste Diskussion geben M. JEHNE, Einführung: Zur Debatte um die Rolle des Volkes in der römischen Politik, in: ders. (Hrsg.), Demokratie in Rom?, Stuttgart 1995, 1-9, und K.-J. HÖLKESKAMP, Rekonstruktionen einer Republik, München 2004. Dazu kommen noch bzw. sind besonders hervorzuheben FEIG VISHNIA (1996), 112-114; YAKOBSON (1999); MOURITSEN (2001); FLAIG (2003), 155-231. MILLAR hat bislang nur wenige dezidierte Mitstreiter gefunden, aber es ist sein gar nicht zu überschätzendes Verdienst, die Verteidiger der traditionellen, ›aristokratischen‹ Republik zu einer Überprüfung allzu orthodox gewordener Lehrmeinungen zu zwingen. Besondere Bedeutung kommt der Suche nach neuen Erklärungen für die lange Zeit unangefochtene Machtstellung der römischen Oberschicht zu, trotz der weitreichenden Kompetenzen des Volkes. Vgl. etwa die Beiträge in dem von JEHNE herausgegebenen Band und u. Anm. 130.

105 Gegen den Aedilen Q. Fulvius Flaccus, der sich im Jahre 184 um eine vakant gewordene Praetorenstelle bewarb, gingen erst dann Volkstribunen vor, als er im Wahlkampf bereits die Oberhand gewonnen zu haben schien (Liv. XXXIX 39,3f.). Zu eventuellen Gegenkandidaten s. u. Anm. 126.

unverschämt nach dem höchsten Amt griff, und sie doch noch zu einer energischen Mißbilligung zu veranlassen.[106]

Die Entscheidung des Senats haben viele Forscher mit dem Einfluß mächtiger politischer Freunde erklärt. Die Versuche, diese Freunde namhaft zu machen, sind jedoch allesamt zum Scheitern verurteilt.[107] Die Quellen sagen nichts über Flamininus' politische Verbindungen, weder für den jetzigen Zeitpunkt noch für später, und wir wissen auch nichts Konkretes über die damaligen Machtverhältnisse im Senat.[108] Sicher ist nur eins: Daß Flamininus Unterstützung von Scipios Veteranen bekam und bald darauf auch ohne Probleme seine Armee mit dessen alten Soldaten ergänzen konnte, zeigt, daß der Hannibalsieger ihm nicht ablehnend gegenüberstand. Und das war nicht wenig, stand dieser doch damals als Zensor und *princeps senatus* im Zenit seines Ansehens. Mehr heißt es aber auch nicht. Duldung und Ge-

---

106 Daß die Entscheidung dann ganz anders ausfiel, hat man ebenfalls mit der Agrarpolitik in Verbindung gebracht. Siculus Flaccus, irgendwann nach Domitian Verfasser eines Werkes *De condicionibus agrorum*, berichtet, daß in den Flurplänen auch *agri excepti* verzeichnet wurden: *inscribuntur quaedam EXCEPTA, quae aut sibi reservavit auctor divisionis et assignationis, aut alii concessit* (121,14f. Thulin). FEIG VISHNIA (1996), 118, 146 mit Anm. 78, vermutet, Flamininus habe Land an Senatoren vergeben und sich so deren Unterstützung gesichert. Vgl. auch NICOLET (1980), 890; SHATZMAN (1975), 69. Die Notiz ist zwar ganz vereinzelt und stammt erst aus der Kaiserzeit, aber unwahrscheinlich ist es nicht, daß solche Belohnungen zu den republikanischen Gepflogenheiten zählten. Tatsächlich beteiligten sich Mitglieder von vornehmen Familien häufig an Koloniegründungen und Landassignationen (vgl. etwa GALSTERER [1976], 49-51; TAYLOR [1960], 283f.), aber man darf die Größenordnung nicht überschätzen: Vergeben wurden mehr oder weniger große Grundstücke, keine riesigen Latifundien, die das Maß einer Assignation gesprengt hätten, und der Boden war ja zum Wohnen oder Anbauen gedacht; das vertrug sich schlecht mit unmittelbar benachbarter Weidewirtschaft. An Land herrschte nach den Annexionen des Zweiten Punischen Krieges kein Mangel, und Senatoren hatten ohnehin keine Mühe, an *ager publicus* zu kommen – sogar in der Nähe von Rom (Liv. XXXI 13,2-9; vgl. TOYNBEE [1965] II, 249f.). Ein Haus im abgelegenen Venusia wollten sicher nur wenige *nobiles*, und wer sollte Interesse daran haben, irgendwo in Samnium und Apulien inmitten von Veteranen zu leben? Wenn Flamininus von der Regelung Gebrauch machte, hat er vor allem Abhängige und gesellschaftlich Schlechtergestellte versorgt, für eine wesentliche Einwirkung auf den Senat taugte sie nicht.

107 Nichts spricht mehr dafür, als daß so ziemlich jeder halbwegs prominente Römer dieser Jahre mit Flamininus in Verbindung gebracht worden ist, ohne daß sich das in den Quellen verfolgen ließe. Eingetreten sind für die ›Fabische Partei‹ MÜNZER (1920), 117f., W. SCHUR, Scipio Africanus und die Begründung der römischen Weltherrschaft, Leipzig 1927, 12, 72, für P. Sulpicius Galba BADIAN (1973), 304f., und für Sex. Aelius Paetus MÜNZER (1920), 118 Anm. 1, TH. A. DOREY, Scipio Africanus as a Party Leader, Klio 39 (1961), 194, und J. BRISCOE, Flamininus and Roman Politics, 200-189 B.C., Latomus 31 (1972), 43 Anm. 6; zu Scipio s. u. Anm. 109. Vgl. die kritischen Bemerkungen von ECKSTEIN (1976), 121 Anm. 11, und GRUEN (1984), 208 Anm. 24.

108 Über die φίλοι, die Flamininus im Jahr darauf die Prorogation seines Kommandos sicherten, s. u. S. 331 Anm. 12.

schehenlassen sind noch keine Beweise für aktive Förderung und Parteinahme.[109]

Flamininus hatte einflußreiche Freunde im Senat, zweifellos. Er wäre ein schlechter Politiker gewesen, hätte er nicht ein solches Netzwerk aufgebaut, und es wäre töricht gewesen, schon jetzt für das Konsulat zu kandidieren. Aber anstatt ohne Hoffnung auf Antwort zu fragen, wie weit die Macht derer reichte, die Flamininus unterstützten, eben weil er Flamininus war, will ich den Streit selbst untersuchen. Denn er ging ja zunächst nicht um Personen, sondern um Sachfragen. Drei Dinge rügten die Volkstribunen: Flamininus wolle das Konsulat unmittelbar an die Quaestur anschließen, weiter, er überspringe Aedilität und Praetur, in denen man sich für das höchste Amt zu bewähren habe, und schließlich, es seien *nobiles homines*, die sich so in Vorteil gegenüber anderen Wettbewerbern brächten.

Kontinuationen der Oberämter waren seit 217 öfters vorgekommen, und erst recht wurden verschiedene Ämter ohne Intervall aneinandergereiht.[110] Nach 208 fand diese Praxis ein jähes Ende, gleichzeitig aber eine bemerkenswerte Fortsetzung: Die plebejische Aedilität bildete ein fast sicheres Sprungbrett für eine unmittelbar folgende Praetur, von 24 Aedilen zwischen 208 und 197 waren 17 im Jahr darauf Praetoren. So wurde auch 200 der Aedil Cn. Baebius Tamphilus ohne weiteres zum Praetor gewählt, und 199, kurz nach Flamininus, schafften es sogar alle beide, M. Porcius Cato und C. Helvius.[111] Die Kontinuation widersprach zwar den römischen Verfassungs-

---

109 Zu Flamininus' Aushebung von 198 vgl. Liv. XXXII 8,2; 9,1.6; Plut. Flam. 3,3. Von den insgesamt 8500 Mann Verstärkung waren 3000 Veteranen aus Spanien und Afrika. SCULLARD (1973), 99f., DERS., Scipio Africanus: Soldier and Politician, Ithaca, N. Y., 1970, 182f., CASSOLA (1960), 109f., und HAYWOOD (1933), 73f., haben alle die Verbindung über die Veteranen gesehen, aber sie gleichzeitig als politisches Bündnis überinterpretiert. Vorsichtiger urteilt BADIAN (1973), 304.

110 Angaben nach MRR I (nur ordentliche Ämter): Praetur 217/16 (?), Konsulat 215/14, Praetur 215/14; zweimal Praetur / Konsulat 216/15, kurul. Aedilität / Konsulat 216/15, kurul. Aedilität / Praetur / Konsulat 215-213, zweimal kurul. Aedilität / Praetur 214/13, Quaestur / Volkstribunat 214/13, Praetur / Konsulat 209/08, zweimal pleb. / kurul. Aedilität 209/08. Vgl. G. RÖGLER, Die Lex Villia Annalis, Klio 40 (1962), 99-101.

111 Liv. XXXI 50,3; XXXII 7,13. Bei jeder Wahl außer der von 205 gelang mindestens einem Aedil der Sprung, bei folgenden beiden: 206, 204, 203, 199, 198, 197. P. Aelius Tubero war bei seiner Praetorenwahl 202 bereits als *vitio creatus* vom Aedilenamt zurückgetreten (Liv. XXX 39,8; MRR I 318 Anm. 1, III 195f.). Der Ausfall von 205 würde verständlich, wenn der eine Aedil, Ti. Claudius Asellus, wirklich mit dem gleichnamigen Praetor des Vorjahres identisch wäre (MRR II 545). Vgl. MOMMSEN (1887) I, 532-534 (mit einer Zusammenstellung aller Namen und Stellen). Der sofortige Anschluß der Praetur setzte 208 so plötzlich ein, wie er 196 aufhörte. Diese Annahme ist zwar nicht ganz sicher, denn während alle plebejischen Aedilen zwischen 208 und 197 bekannt sind, kennen wir von den 20 zwischen 218 und 209 nur acht, ebenso viele wie von den 20 zwischen 196 und 187. Aber immerhin war keiner von diesen 16 im Jahr darauf Praetor. Außerdem erwähnt es Livius meist, wenn einer der designierten Praetoren Aedil war. Die Vollständig-

prinzipien, doch aus den letzten zwanzig Jahren gab es mehr als genug Präzedenzfälle. Der Wechsel vom untersten in das höchste Amt war vielleicht schlimmer als der aus einem mittleren, plebejischen in ein höheres der Gesamtgemeinde,[112] aber bei weitem nicht so bedrohlich wie die noch vor kurzem öfters vorgekommene Kontinuation von Konsulat oder Praetur. Eine gefährliche Neuerung stellte Flamininus' Bewerbung also nicht gerade dar. Nicht umsonst erwähnten die Volkstribunen diesen Aspekt nur beiläufig.[113]

Sehr viel mehr trieb sie das Überspringen von Aedilität und Praetur um. Dem Vorwurf der Unerfahrenheit konnte ein Mann, der langjährige militärische Praxis hatte und mindestens zwei Jahre Träger eines propraetorischen Imperiums gewesen war, freilich gelassen begegnen.[114] Und einen genau fixierten *cursus honorum*, wie er uns aus der späten Republik vertraut ist, gab es noch nicht. Nach 208, dem Jahr, das exzessiven Kontinuationen ein Ende gesetzt hatte, gelangten bis 199 immerhin fünf Männer zum Konsulat, die keine Praetoren gewesen waren: 206 Q. Caecilius Metellus, 205 P. Cornelius Scipio, 202 M. Servilius Pulex Geminus, 201 Cn. Cornelius Lentulus und 199 sein Bruder L. Cornelius Lentulus.[115] Das war ein Viertel aller Konsuln in diesem Zeitraum. Die Tendenz sollte sich fortsetzen, denn mit Flamininus gelangte Sex. Aelius Paetus zum Konsulat, ein Jahr darauf C. Cornelius Cethegus, beide ebenfalls keine Praetorier. Alle hatten aber die Aedilität bekleidet, bis auf Flamininus eben.

Trotzdem gab es ein wichtiges *exemplum*: 211 war P. Sulpicius Galba zum Konsul gewählt worden, der noch kein kurulisches Amt bekleidet hatte. Livius vermerkt dies ausdrücklich, was für das Ungewöhnliche einer solchen Wahl selbst im Zweiten Punischen Krieg spricht. Andererseits berichtet er nichts von Auseinandersetzungen; Kriegslage und Personalmangel

---

keit der Aedilenliste spiegelt so die zeitweilige Bedeutung des Amtes wider. Vgl. auch RÖGLER (1962), 103.

112 MOMMSEN (1887) I, 531-534, vermutet, anders als bei patrizischen Ämtern sei bis 197 die Kontinuation von Volkstribunat und plebejischer Aedilität mit den übrigen Magistraturen stets gestattet gewesen. Allerdings kann er, infolge der Quellenlage, nur Beispiele aus dem Hannibalkrieg anführen.

113 Selbst 184, als der *cursus honorum* stärker reguliert war, hatte der Senat alle Mühe, die Wahl von Q. Fulvius Flaccus zu verhindern: Dieser hätte im Erfolgsfall die Praetur an die Aedilität angeschlossen, schlimmstenfalls sogar beide Ämter kumuliert (Liv. XXXIX 39).

114 Anderer Ansicht ist RÖGLER (1962), 107. Flamininus' geringes Alter an sich – er war 29 oder 30 – spielte keine Rolle, konnte es auch gar nicht nach dem Präzedenzfall Scipios, der im etwa gleichen Alter das Konsulat erreicht hatte; vgl. SEIBERT (1993b), 327 Anm. 11; DEVELIN (1979), 67, und s. u. Anm. 130.

115 Da wir nur wenige Praetoren vor 218 kennen, ist mit Vorbehalt über die ersten Kriegsjahre zu urteilen. Aber bis 206 waren von den Männern, die zum erstenmal das Konsulat erreichten, bloß Galba und Ti. Sempronius Gracchus (coss. 215, 213; MRR II 615) mit Sicherheit keine Praetorier.

ließen anscheinend keine andere Wahl.[116] Da Galba Patrizier war, kann er zuvor höchstens Quaestor gewesen sein. Die Entsprechung ist vollständig. Galba war auch nicht irgend jemand: 200 war er ein weiteres Mal Konsul geworden, inzwischen ungewöhnlich, und gerade in diesem Jahr von seinem Feldzug in Griechenland zurückgekehrt. Der Präzedenzfall saß unter den Ersten des Senats.

Rechtlich war Flamininus nicht beizukommen. Der Senat betonte dies ja in seiner Entscheidung. Auch das Herkommen stand ihm nicht entgegen. Natürlich widersprach Flamininus' Bewerbung dem ›Geist‹ der römischen Verfassung, dem Streben einer jeden Oligarchie, Chancengleichheit für ihre Mitglieder zu bewahren.[117] Aber entsprechende Gesetze waren nicht in Kraft, und wichtiger, recht genau nahm die Aristokratie es schon vor dem Krieg nicht mit ihren Prinzipien.[118] Unter Hannibals Druck gab es dann kein Halten mehr, die Notwendigkeit erlaubte fast alles. Der Spielraum für fähige Politiker wuchs.[119] Der Senat steuerte gegen, als sich die Lage ein wenig

---

116 Liv. XXV 41,11. Zur Personalknappheit während des Krieges HAYWOOD (1933), 48-53.

117 R. BILLOWS, Legal Fiction and Political Reform at Rome in the Early Second Century B.C., Phoenix 43 (1989), 122, glaubt, die Einwände der Volkstribunen implizierten – zu Unrecht –, »that custom had already established a *honorum gradus* from lower to higher magistracies«. Tatsächlich aber halten sie eine feste Ämterfolge nur für wünschenswert. Andererseits sind solche Appelle an einen fiktiven *mos maiorum* typisch für römische Beweisführungen. Auch ihre Argumentation, die Kandidatur verstoße παρὰ τοὺς νόμους – nicht Plutarch selbst behauptet das, wie BILLOWS in der Nachfolge der meisten Forscher schreibt, sondern seine Volkstribunen (Flam. 2,2) –, gewinnt eine neue Qualität, wenn man ›wider das Herkommen‹ übersetzt. Es ist daher nicht unplausibel, daß Fulvius und Curius die Forderung nach dem Neuen mit der Berufung auf das Alte rechtfertigten.

118 Ein Plebiszit von 342 (Liv. VII 42,2; vgl. M. ELSTER, Die Gesetze der mittleren römischen Republik, Darmstadt 2003, 40-43) wandte sich gegen Kontinuation und vorzeitige Iteration, es hatte aber, wenn es überhaupt historisch ist, keine bindende Kraft für die Gesamtgemeinde. Trotzdem wurden Verstöße (und Umgehungen) im Laufe der Zeit als Ausnahmen von einer Regel empfunden. Diese häuften sich natürlich dann, wenn schwere Kämpfe die besten Männer erforderten; beruhigte sich die Lage wieder, verschaffte man durch ein genaueres Reglement der Chancengleichheit wieder Geltung. Genauso handelte der Senat im Zweiten Punischen Krieg. Vgl. R. RILINGER, Die Ausbildung von Amtswechsel und Amtsfristen als Problem zwischen Machtbesitz und Machtgebrauch in der Mittleren Republik (342 bis 217 v. Chr.), Chiron 8 (1978), 247-312; K.-J. HÖLKESKAMP, Die Entstehung der Nobilität, Stuttgart 1987, 126-140, 188f.; KUNKEL / WITTMANN (1995), 6-8; CH. MEIER, Res publica amissa, o. O. 1980^2, 309.

119 217 wurden auf Geheiß des Senats alle Beschränkungen für die Wiederwahl von Konsularen (und wohl auch der übrigen Amtsträger, vgl. MOMMSEN [1887] I, 525 Anm. 3) aufgehoben. Der Streit um die Konsulwahlen für 209, bei dem dieses Plebiszit erwähnt wird, bringt die Problematik auf den Punkt (Liv. XXVII 6,2-11). N. ROSENSTEIN, Competition and Crisis in Mid-Republican Rome, Phoenix 47 (1993), 313-331, betont mit Recht, daß in äußeren Krisen, auch im Hannibalkrieg, der aristokratische Kampf um Ämter und Einfluß keineswegs erlahmte. Das Plebiszit von 217 diskutiert er aber erst gar nicht. Man darf nicht übersehen, daß die angespannte Situation gerade politischen und militärischen Routiniers (oder Talenten) ein klares Prae verschaffte – mit grundsätzlicher Billigung des Senats.

entspannt hatte; nur so ist der Einschnitt von 208 zu verstehen. Doch solche Gewohnheiten waren nicht leicht aus der Welt zu schaffen, gerade in Rom, wo es so sehr auf *exempla* ankam. Die Kontinuation tauchte plötzlich bei plebejischer Aedilität und Praetur wieder auf, nur wenig später wurde die Praetur von immer mehr Konsuln ausgelassen. Erst nach 197 gelangten beide Phänomene an ein ebenso plötzliches Ende, wohl wiederum durch einen Machtspruch des Senats, und 180 fand der Drang zur Kontrolle in einem Gesetz Ausdruck, der *lex Villia annalis*.[120]

Es war kaum ein Zufall, daß Fulvius und Curius nicht bloß Flamininus angriffen, sondern ganz pauschal von *nobiles homines* sprachen. Das Schlimme war also, daß es sich nicht um einen Einzelfall handelte, sondern um den Höhepunkt einer ganzen Serie. Man könnte schließen, daß schon andere Quaestorier nach dem höchsten Amt gegriffen hatten, wir also nur die Spitze eines Eisbergs vor uns sehen. Allerdings wären diese Bewerbungen, bis auf die von Galba, dann gescheitert – was der angeprangerten Entwicklung einiges von ihrer Dramatik nehmen würde.[121]

Sicher ist aber, daß die fünf Männer, die als Aedilizier Konsuln wurden, alle *nobiles* waren. Ebenso, daß von den 32 Praetoren zwischen 208 und

---

120 S. u. Anm. 128; vgl. auch FEIG VISHNIA (1996), 104f., 123. Die ungefähre Gleichzeitigkeit läßt die Frage nach einem Zusammenhang zu: Wurde die Praetur seit 208 entwertet, da die Hälfte der Stellen fast schon reserviert war für die plebejischen Aedilen – oft keine *nobiles* –, und wurden manche Politiker dadurch ermuntert, *ex aedilitate* nach dem Konsulat zu greifen? Zur *lex Villia annalis* Liv. XL 44,1.

121 A. R. MEADOWS, Greek and Roman Diplomacy on the Eve of the Second Macedonian War, Historia 42 (1993), 59f., sieht eine Parallele in der Karriere des M. Aemilius Lepidus. Doch Lepidus, etwa gleichaltrig mit Flamininus, war 200 nur das jüngste Mitglied der römischen Griechenlandgesandtschaft. Die berühmte Begegnung mit Philipp V. in Abydos verdankte er nicht zuletzt dem Umstand, daß es gar nichts zu verhandeln, sondern bloß eine Bühnenshow abzuliefern gab (s. u. S. 82 mit Anm. 48). Seine Stellung als *tutor* des unmündigen Ptolemaios V. ist zwar zu gut bezeugt (vor allem Iust. XXX 2,8; 3,4; XXXI 1,2; RRC 419,2), als daß man sie einfach für unhistorisch erklären könnte. Daß die ägyptische Regierung, unter schwerem Druck von Antiochos III., in der schwierigen Lage des Jahres 200 die Hilfe der Römer suchte, ist leicht zu verstehen. Doch warum sollten die Römer riskieren, Antiochos zu provozieren und so in den Konflikt hineingezogen zu werden? Das Schweigen von Livius spricht jedenfalls sehr dafür, daß Lepidus' Position nur eine ganz formale war; vielleicht gelangte er wieder als der unbedeutendste (und am wenigsten Anstoß erregende) Gesandte zu dieser Ehre. Klarheit ist in dieser Frage kaum zu erlangen; am überzeugendsten H. HEINEN, Die politischen Beziehungen zwischen Rom und dem Ptolemäerreich von ihren Anfängen bis zum Tag von Eleusis (273-168 v. Chr.), in: ANRW I 1, Berlin u. a. 1972, 647-650, dazu zuletzt A. LAMPELA, Rome and the Ptolemies of Egypt, Helsinki 1998, 92-95 (mit Lit.). Doch selbst wenn MEADOWS mit seiner Einschätzung von Lepidus' Bedeutung richtig läge, so war dieser damals doch nur *legatus*, er bekleidete kein ordentliches Amt. Auf die Aedilität mußte er bis 193 warten, das Konsulat erreichte er 187 – als über Vierzigjähriger (vgl. J. W. RICH, Declaring War in the Roman Republic in the Period of Transmarine Expansion, Bruxelles 1976, 128-130). Sein *cursus* war also, nach den Maßstäben der späteren *lex Villia annalis*, ein ganz normaler, gar nicht dem des Flamininus gleichender.

201 nur sieben bis 199 das Konsulat erreichten, obwohl es nach einer ›ordentlichen‹ Ämterfolge 16 hätten sein sollen.[122] Bloß einer von diesen sieben, P. Villius Tappulus, war kein *nobilis*. Umgekehrt geht diese Rechnung allerdings nicht auf: Nur eine Minderzahl der Praetoren hatte keinen Konsul unter ihren Ahnen, die meisten Zukurzgekommenen gehörten daher ebenfalls zur Nobilität. Die Tribunen attackierten aber auch gar nicht die *nobiles* in ihrer Gesamtheit – was sehr unklug gewesen wäre –, die Zielscheibe bildeten einige, die die üblichen Spielregeln oder das, was üblich werden sollte, mißachteten, gestützt nicht nur auf große Namen, gute Verbindungen und einige Chuzpe, sondern auch auf ›besondere‹ Qualifikationen: P. Cornelius Scipio und L. Cornelius Lentulus gelangten dank ihrer außerordentlichen Kommandos in Spanien ins höchste Amt;[123] Caecilius Metellus, der sich am Metaurus ausgezeichnet hatte, genoß die Unterstützung der beiden siegreichen Konsuln und des Heeres, dazu war er zum Zeitpunkt seiner Wahl noch Magister equitum; der Kriegsheld M. Servilius Pulex Geminus wurde ebenfalls als Magister equitum gewählt, die Komitien leitete entweder ›sein‹ Dictator P. Sulpicius Galba oder – allerdings nach einer unwahrscheinlicheren Variante – sogar sein Bruder Gaius, der amtierende Konsul. Unklar ist nur, wie sich die oft verzögerte Wahl von Cn. Cornelius Lentulus gestaltete, aber immerhin stand dieser in einem solchen Ruf, daß er zum Helden einer glorreichen Cannae-Anekdote avancierte.[124]

---

122 Von den Praetoren der Jahre 200 bis 198, dem letzten Jahr vor der Erweiterung des Kollegiums, gelangten dann gleich acht von zwölf später zum Konsulat. RÖGLER (1962), 105, rechnet mit neun späteren Konsuln für 208 bis 200, doch die Praetoren des Jahres 200 – von denen es zwei schafften – konnten frühestens mit Flamininus kandidieren, hatten also im Moment noch keinen Anlaß zu Jubel oder Enttäuschung. Nur eine, allerdings interessante Ausnahme vom Trend wäre C. Aurelius Cotta, falls er bewußt seine zweite Praetur, die von 202, suchte, um seine Chancen auf das Konsulat (200) zu verbessern (so T. C. BRENNAN, C. Aurelius Cotta, Praetor iterum (*CIL* I2 610), Athenaeum NS 67 [1989], 475f.).

123 S. o. Anm. 31. Es war vielleicht ein gewisser Vorteil für Flamininus, daß ausgerechnet L. Lentulus nicht nur der Wahlleiter war, sondern mit ziemlicher Sicherheit die Streitfrage auch vor den Senat brachte (Liv. XXXII 7,7f.11; dazu KUNKEL / WITTMANN [1995], 629). MOMMSEN (1887) I, 481 Anm. 4, nimmt sogar an, Lentulus habe für Flamininus Partei ergriffen. Daß er aber, wie WILD (1995), 298, meint, die Kandidatur verhindern wollte und die Tribunen Flamininus sogar einen Dienst erwiesen, indem sie die Frage vom Senat klären ließen, ist eine unwahrscheinliche Spekulation, die zudem die Ergebnisse R. RILINGERS, Der Einfluß des Wahlleiters bei den römischen Konsulwahlen von 366 bis 50 v. Chr., München 1976, zu den begrenzten Möglichkeiten des durchführenden Magistrats mißachtet.

124 Metellus: Liv. XXVIII 9,19-10,2; Geminus: XXX 24,4; 26,12; zum Kriegsruhm MÜNZER (1920), 147-149, zu den Überlieferungsvarianten SEIBERT (1993b), 451 Anm. 79, zur Wahl von Magistri equitum RILINGER (1976), 34-37, 197-200; R. DEVELIN, The Elections of 207 B.C., Athenaeum NS 55 (1977), 423-425; Cn. Lentulus: Liv. XXX 39,4f.; 40,5; vgl. J. JAHN, Interregnum und Wahldiktatur, Kallmünz, Opf., 1970, 144-150. Lentulus soll 216 selbstlos versucht haben, den verwundeten Konsul L. Aemilius Paullus aus der Schlacht zu retten (XXII 49,6-12). Von den beiden übrigen Aediliziern, die erst mit bzw. nach Flamininus das Konsulat erreichten,

Stein des Anstoßes war also nicht, daß Bewerber aus weniger angesehenen Familien generell zurückgesetzt würden,[125] sondern daß einige *nobiles* auf alternativen Laufbahnen an den Praetoren dieser Jahre vorüberzogen, durchaus nicht immer unverdient, aber das minderte die Mißstimmung gewiß nicht.[126] Obwohl es nach dem großen Krieg keine sachliche Notwendigkeit mehr gab, drohte gerade jetzt die Ausnahme zur Regel zu gerinnen. Daß sogar ein Quaestor zu den Konsularkomitien antrat, erschien manchen wohl als Dammbruch, und zumindest die beiden Volkstribunen hielten ein erneutes Gegensteuern des Senats für überfällig.[127]

Diese Inititative entfaltete ihre Wirkung allerdings mit Verzögerung: Nicht zu Unrecht hat man vermutet, daß die Kandidatur des Flamininus den ersten Anstoß zu einer stärkeren Reglementierung gab, die in den nächsten Jahren umgesetzt wurde.[128] Schon jetzt war einigen Senatoren wahrscheinlich nicht besonders wohl bei seiner Kandidatur, aber sie mußten anerken-

---

dürfte Sex. Aelius Paetus seine Wahl weniger seinen juristischen Kenntnissen (so DOREY [1961], 193f.) als der Unterstützung durch seinen Bruder Publius (cos. 201, cens. 199) verdankt haben, C. Cornelius Cethegus schließlich gehörte ebenfalls zu den spanischen *privati cum imperio*. Nicht umsonst wurde dem spanischen Provisorium 197 durch zwei neue Praetorenstellen ein Ende bereitet (Liv. XXXII 27,6). Zum Ganzen RÖGLER (1962), 106f.

125 So KUNKEL / WITTMANN (1995), 45, 597.

126 SCULLARD (1973), 97, 282f., glaubt, Flamininus habe bei seiner Wahl von dem Mangel an herausragenden patrizischen Praetoriern profitiert. Er zählt zwischen 210 und 200 allerdings immerhin acht Patrizier, die nur die Praetur erreicht hatten (sechs seit 208). Zwei von ihnen hätten als Angehörige der falschen ›Partei‹ keine Chance gehabt, ein Argument, das man wegen seiner Spekulativität getrost mißachten kann; L. Manlius Acidinus allerdings dürfte wegen des kürzlichen Reinfalls bei seiner Rückkehr aus Spanien (s. u. Anm. 129) kaum Rückhalt gehabt haben. Da die übrigen sechs später nicht mehr erwähnt werden, spricht SCULLARD ihnen besondere Befähigung ab. Selbst wenn dieser Zirkelschluß (keine Erwähnung → keine Befähigung → kein Konsulat → keine Erwähnung) zuträfe: Vergebliche Kandidaturen und mangelnde Qualifikationen machen den Groll gegen Überflieger nicht geringer, im Gegenteil. Es ist jedoch richtig, daß Flamininus es von vornherein leichter hatte als etwa sein plebejischer Kollege Sex. Aelius Paetus (6 Patrizier bei 19 Plebejern 208-201); über die Heftigkeit des Wahlkampfes sagt dies aber noch wenig aus. Ansonsten war belanglos, ob Patrizier, ob Plebejer: Von den fünf Aediliziern waren drei Patrizier, zwei Plebejer.

127 Ihre Behauptung, daß diese *nobiles homines* auch die Aedilität übersprängen, ist nach dieser Interpretation natürlich eine bewußte Verallgemeinerung (und Verschärfung), sei es durch Livius, sei es durch sie selbst.

128 Zur Bedeutung des Einschnitts nach 197 RÖGLER (1962), 101-108: »Denn der Einspruch gegen die Wahl des T. Quinctius Flamininus scheint darauf hinzudeuten, daß erst mit diesem Fall im Bewußtsein der herrschenden Gesellschaft die Vorstellung einer ›Ausnahme‹ sich ergab« (107); ASTIN (1958), 26-28; KUNKEL / WITTMANN (1995), 44. Dagegen glaubt DEVELIN (1979), 20f., 30, an eine ›natürliche‹ Entwicklung. Der jähe Umschlag, der einen kontinuierlichen Trend ja gerade abbrach, ist ohne Eingreifen des Senats aber kaum erklärbar. Das für uns greifbarste Indiz des Kurswechsels ist die Erhöhung der Praetorenzahl auf sechs. Dieses Amt bildete so eine ausreichend breite Basis für den Aufstieg zum Konsulat, während die übrigen Schlupflöcher verstopft wurden.

nen, daß er sich gemäß üblich gewordener Muster verhielt. Zu Empörung gegen seine Person gab es keinen Anlaß. Billigerweise konnte der Senat diese Verhaltensweise nicht dadurch unterbinden, daß er Flamininus kurzerhand einen negativen Bescheid gab. Dessen Freunde werden darauf geachtet haben, daß ihm niemand aus der Entwicklung der letzten zehn Jahre einen Strick drehte.[129]

Sie taten noch mehr, indem sie für die richtige Form der Entscheidung sorgten. Die Volkstribunen hatten sich für das allgemeine Interesse der Aristokratie geschlagen, der Senat aber stellte die Freiheit des Volkes in den Vordergrund.[130] Dieser Verbeugung vor dem *populus* wohnte zwar zunächst hoher symbolischer Charakter inne, aber gerade dadurch gewann sie auch konkrete Bedeutung. Fulvius und Curius konnten nun nicht einmal daran denken, der *auctoritas patrum* zu trotzen: Mochte das Volkstribunat längst Bestandteil des oligarchischen Systems geworden sein, so mußten seine Träger doch darauf achten, als Vorkämpfer des Volkes zumindest zu er-

---

129 Wie entscheidend diese Unterstützung im Senat war, zeigt das Beispiel des L. Manlius Acidinus. L. Cornelius Lentulus, der seit 206 als *privatus cum imperio* in Spanien kommandiert hatte, wurde 200 zwar nicht ein Triumph, aber immerhin eine *ovatio* gewährt. Den Widerstand eines Volkstribunen überwand der *consensus patrum*. Acidinus hatte in der gleichen Funktion gedient, auch ihm wurde im Jahr darauf eine *ovatio* zugebilligt, auch ihm trat ein Volkstribun entgegen, doch ihm half der Senat nicht: Er mußte als Privatmann das Pomerium überschreiten. ›Billigkeit‹ war eine relative Größe (Liv. XXXI 20; XXXII 7,4). In diesem Sinne auch BRENNAN (2000), 161.

130 Ganz ähnlich wurde bei der Aedilenwahl für 213 argumentiert: Die Volkstribunen setzten sich für die Chancengleichheit innerhalb der Oberschicht ein, als sie Scipios Kandidatur wegen seines zu geringen Alters ablehnten, dieser aber berief sich mit Erfolg auf den Willen des gesamten Volkes (XXV 2,6f.). Die freie Entscheidung des Wahlvolks wurde gern betont: s. etwa Liv. XXIV 8,1; XXXIX 39,4.9f. und die weiteren Stellen bei KUNKEL / WITTMANN (1995), 65 Anm. 41. FEIG VISHNIA (1996), 118, 122f., 198f., vermutet sogar, ehrgeizige junge Männer wie Scipio oder Flamininus hätten dieses Prinzip genutzt, um sich über den *mos maiorum* hinwegzusetzen, der die übliche Laufbahn festlegte. Ganz abgesehen davon, daß Flexibilität schon vor dem Hannibalkrieg ein wesentliches Merkmal des Ämterwesens war (s. o. Anm. 118): Nicht nur die Kandidaten, auch die Volkstribunen, der Wahlleiter und der Senat hoben immer wieder die Wahlfreiheit des Volkes hervor, bis ans Ende der Republik. Das Schlagwort gehört in das weite Feld der Worte und Gesten, mit denen die Oberschicht ihren Respekt vor den formalen Kompetenzen des Volkes bekundete. Durch diese ›Jovialität‹ wurde eine gewaltige soziale Kluft überbrückt und das in Wahrheit recht machtlose Volk mit der Führung der Aristokratie versöhnt. Vgl. M. JEHNE, Jovialität und Freiheit, in: B. Linke / M. Stemmler (Hrsgg.), *Mos maiorum*, Stuttgart 2000, 214-218, 223-226; ähnlich YAKOBSON (1999), 211-225. Die Wahlfreiheit war somit nicht bloß ein Mittel, den potentiell vernichtenden Machtkampf innerhalb der Oberschicht durch eine Instanz außerhalb entscheiden (und entschärfen) zu lassen (zu diesem Aspekt zuletzt FLAIG [2003], 165f.). Natürlich unterstrichen Aristokraten die Rechte des Volkes auch, um sich für die Wahlen zu profilieren, doch damit blieben sie völlig innerhalb des ziemlich flexiblen Handlungsrahmens, der vom *mos maiorum* abgesteckt wurde. Das Pikante von Flamininus' Wahl aber liegt eben darin, daß der Senat (nicht der Kandidat) die Rechte des Volkes gegen dessen erklärte Verteidiger ins Feld führte.

scheinen.[131] Der Kandidat aber erschien dem Volk in noch besserem Lichte als zuvor, der Senatsbeschluß wurde zur Wahlempfehlung.

Über der Erörterung der innenpolitischen Schwierigkeiten ist der Krieg in Griechenland gar nicht ins Blickfeld gekommen. Das schadet wenig, denn den Römern ging es nicht anders. In der Forschung hat man gern angenommen, daß philhellenische Neigungen und Parteien damals eine bedeutende Rolle spielten, doch die Quellen wissen nichts davon. John Briscoe glaubt, Flamininus habe seine Kampagne unter dem Slogan ›Freiheit der Griechen‹ bestritten.[132] Doch ganz davon abgesehen, daß konkreten Programmen und Inhalten in römischen Wahlkämpfen kein großes Gewicht zukam[133] – welcher Wähler hätte sich von einem solchen Schlagwort beeindrucken lassen? Selbst in den westlichen Industriestaaten des frühen 21. Jahrhunderts, die während der Abendnachrichten gern Anteil nehmen an Schicksalen am anderen Ende der Welt, lassen sich so keine Mehrheiten an den Urnen holen. Nach Badian war Flamininus für viele Aristokraten der Hoffnungsträger, der einen verfahrenen Krieg wenden sollte. Aber so schlechte Heerführer hatte der Zweite Punische Krieg nun nicht hervorgebracht, daß man auf Biegen und Brechen einen kaum Dreißigjährigen durchsetzen mußte, der nur begrenzte Kommandoerfahrung mitbrachte.[134]

131 Zur Einbettung des Volkstribunats in die aristokratische Ordnung BLEICKEN (1968), bes. 74-105; FEIG VISHNIA (1996), 107-109, 113, 191-193, 201f. Die Rücksichtnahme auf das Volk betonen stärker A. YAKOBSON, Mid-Republican Rome and Popular Politics, SCI 16 (1997), 255-258, FLAIG (2003), 216f., und auch J. BLEICKEN, Das römische Volkstribunat, Chiron 11 (1981), 103-105.

132 BRISCOE (1972), 42. Ähnlich schon SCULLARD (1973), 97-100, der auch an ein philhellenisches Bündnis mit Scipio denkt. Weitere ›Philhellenen‹: NIESE (1899), 609; T. FRANK, Rome, in: CAH 8, 1954, 368; HAYWOOD (1933), 69, 72-78; WILD (1995), 299f.

133 Locus classicus ist Q. Cic. pet. 53. Vgl. etwa TAYLOR (1949), 8, 13, 15, 64; M. JEHNE, Die Beeinflussung von Entscheidungen durch »Bestechung«: Zur Funktion des *ambitus* in der römischen Republik, in: ders. (Hrsg.), Demokratie in Rom?, Stuttgart 1995, 60f.; RILINGER (1976), 109-111; MOURITSEN (2001), 92f., 117. Natürlich waren Wahlen in Rom nicht ›unpolitisch‹, wie YAKOBSON (1999), 148-183, mit Recht hervorhebt, aber nur selten machten die Kandidaten handfeste Versprechungen für ihre Wahlperiode, schon gar nicht in Fragen der Außenpolitik.

134 BADIAN (1973), 301-308; DERS. (1971), 110: »What was needed was a man who could present a new image in a new manner: who could get on with Greeks and reassure the dissatisfied Roman soldiers.« (307) Vor allem P. Sulpicius Galba, der eben zurückgekehrte Feldherr, soll aus diesem Grund Flamininus unterstützt haben. Fragt sich nur, warum Galba dann nicht schon selbst eine andere, rücksichtsvollere Linie gegenüber den Griechen eingeschlagen hat. Flamininus soll sich durch seine – spärlich bei Plutarch bezeugten – Erfolge in Tarent für die Aufgabe empfohlen haben (299, 301; ähnlich RAWSON [1977], 351; R. SCHULZ, Herrschaft und Regierung, Paderborn u. a. 1997, 63). Aber die Behandlung der Einwohner einer unterworfenen Rebellenstadt ist etwas ganz anderes als ein Oberkommando in einem großen Krieg, und Geschicklichkeit im Umgang mit fremden Völkern war in Rom sicher kein wichtiges Kriterium bei der Aufgabenverteilung, weder für den Senat noch für das Volk. Berechtigte Kritik an der Tarentthese übt ECKSTEIN (1976), 122-124, der auch hervorhebt, daß Flamininus seinem Kollegen Aelius Paetus nur die größere militäri-

Es war ganz selbstverständlich, jedes Jahr einen neuen Feldherrn zu entsenden. Im Krieg gegen Hannibal war man nur wegen der Vielzahl der Kriegsschauplätze davon abgegangen, und selbst damals erhielten die Konsuln gewöhnlich die besten, wichtigsten Heere. Scipios letzte Jahre in Afrika waren eine bedeutende Ausnahme gewesen, doch jetzt gab es neben dem makedonischen nur noch den oberitalischen Krieg, und ersterer war weniger existentiell als letzterer.[135] Unzufriedenheit mit dem momentanen Kommandeur P. Villius Tappulus konnte ohnehin keine Rolle spielen, denn dieser, erst spät im Jahr 199 aufgebrochen, hatte noch kaum Gelegenheit zur Bewährung gehabt. Einer der neuen Konsuln von 198 würde also nach Oberitalien gehen, der andere nach Griechenland. Für den Wahlkampf war das schon deshalb ohne Belang, weil erst das Los entschied, wie die Provinzen verteilt wurden. Daß es manipuliert wurde, ist eine willkürliche Annahme. Es war bloßer Zufall, daß Titus Quinctius Flamininus nicht nur wegen einer spektakulären Wahl bekannt, sondern wegen eines gewonnenen Krieges berühmt wurde.[136]

---

sche Praxis voraushatte – die freilich nicht so herausragend war, daß sich seine Nominierung für den Osten geradezu aufgedrängt hätte.

135 Vgl. etwa A. AFZELIUS, Die römische Kriegsmacht während der Auseinandersetzung mit den hellenistischen Großmächten, København 1944, 13, 17-22, sowie die Analyse der Prorogationen bei KLOFT (1977), 27-32, 41; DE SANCTIS (1923), 443, 505f.; GRUEN (1984), 214-219; DEMS., The »Fall« of the Scipios, in: I. Malkin / Z. W. Rubinsohn (Hrsgg.), Leaders and Masses in the Roman World, Leiden u. a. 1995, 66-70.

136 Liv. XXXII 8,1.4; Plut. Flam. 2,3 (mit ausdrücklichem Bezug auf die εὐτυχία des Loses); vir. ill. 51,1. Vgl. ECKSTEIN (1976), 124f.; GRUEN (1984), 207f., gegen BADIAN (1973), 300-302; BRISCOE (1973), 182. Der Senat beschloß nach dem Amtsantritt der neuen Konsuln, sie sollten sich untereinander über die Aufgabenbereiche einigen oder das Los entscheiden lassen. Wie meist wurde gelost, Paetus verzichtete keineswegs auf die scheinbar bessere Provinz. Die Meinung DEVELINS (1985), 107 mit Anm. 53, 239: »When Livy . . . says the provinces were decided by lot, we need not necessarily believe him«, ist eine ganz eigene Form der Quellenkritik. Natürlich handelt es sich hier um ein »stock phrase«, aber deswegen braucht es noch nicht falsch zu sein. Livius verschweigt ja auch nicht, wenn die Konsuln sich untereinander einigen oder der Senat eine Provinz *extra sortem* vergibt. Zweifellos waren die Römer sich der Gefahr eines Betrugs bewußt, aber die daraus resultierende Wachsamkeit machte ihn in der Praxis sehr schwierig. Wäre das Los regelmäßig manipuliert worden, hätte es seinen Sinn ganz verloren: den aristokratischen Machtkampf durch eine neutrale Instanz zu kanalisieren. Tatsächlich stammt die einzige relevante Notiz über eine regelwidrige Losung erst aus dem Jahr 62, und Cicero drückt sich an dieser Stelle zu dunkel (und zu selbstgefällig) aus, als daß man Gewißheit erlangen könnte (fam. V 2,3; vgl. jedoch D. R. SHACKLETON BAILEY [Hrsg.], Cicero: Epistulae ad familiares, Bd. 1, Cambridge u. a. 1977, 277). Gegen eine regelmäßige Manipulation N. ROSENSTEIN, Sorting out the Lot in Republican Rome, AJPh 116 (1995), 70-72, und W. BINGHAM, The Assignment of the Consular *Provinciae* in 168 B.C., in: C. Deroux (Hrsg.), Studies in Latin Literature and Roman History, Bd. 4, Bruxelles 1986, 199-201. Anders SCHULZ (1997), 55-61. Vgl. auch E. S. STAVELEY, Greek and Roman Voting and Elections, London u. a. 1972, 214f.; RILINGER (1976), 147, 150.

❋

Flamininus fiel im Zweiten Punischen Krieg nicht besonders auf. Sicherlich verdankte er auch seinen Fähigkeiten ein erstes eigenständiges Kommando. Aber das propraetorische Imperium hörte sich großartiger an, als es in Wirklichkeit war: Weder war der Posten in Tarent allzuwichtig, noch bot er Gelegenheit zu besonderer Auszeichnung gegen den Feind. Der Einstieg in die Ämterlaufbahn mit der Quaestur, ganz unten, ist der deutlichste Beweis dafür. Auch die Mitgliedschaft in der Acker- und in der Siedlungskommission bot eigentlich nur eine weitere Möglichkeit, Erfahrungen zu sammeln. Flamininus nutzte seine Stellung aber offenbar bis zum äußersten und sicherte sich durch besonderes Engagement die Dankbarkeit insbesondere der Scipionischen Veteranen. Vielleicht erkannte er als erster das Potential, das eine solche Tätigkeit für das weitere Fortkommen bot.

Die wenigen Quellen machen es nicht einfach zu verstehen, warum ein Mann, der sich für 199 noch mit der Quaestur begnügt hatte, ein Jahr darauf nach dem Konsulat griff. So viel läßt sich sagen: Die Arbeit der Kommissionen war inzwischen erfolgreich beendet, und es war nur klug, den Ruhm nicht allzulang welken zu lassen. Da die Veteranen andererseits schon bei den nächsten Wahlen auf zwei Tribus beschränkt sein würden, bot sich bloß 199 die Gelegenheit, Großes zu wagen. Ganz kann diese Erklärung nicht befriedigen, vor allem wüßten wir zu gern, wie sich Flamininus die notwendige Unterstützung in der Aristokratie sicherte. Alle häufig vorgebrachten Spekulationen, über Scipio, Griechenland oder besondere Qualifikationen, finden keinerlei Rückhalt in den Quellen.

Flamininus' Bewerbung wird verständlicher, wenn man sie nicht von der Person, sondern von der Sache her betrachtet. Die Zeitgenossen fanden sie nicht so aufregend wie Livius oder der moderne Forscher, beide gewöhnt an die strikte Ämterfolge nach der *lex Villia annalis*. Von einem reglementierten *cursus honorum* wußten die Römer des dritten Jahrhunderts noch nichts. Gewiß bekleidete man niedere Ämter gewöhnlich vor den höheren, das ist nur natürlich, aber es gab Ausnahmen, und eine festgelegte Ämterfolge existierte nicht. Es sei bloß daran erinnert, daß der Praetor peregrinus lediglich seit 242 belegt ist und erst 15 Jahre später zwei weitere Praetorenstellen geschaffen wurden. Seit nicht einmal dreißig Jahren also kam dieses Amt als obligatorische Vorstufe für das Konsulat überhaupt in Betracht.[137] Eine reichlich knappe Spanne für die Ausbildung einer festen Tradition, zumal unter dem Druck des großen Krieges seit 218, der sogar die Bewahrung des

137 Vgl. MOMMSEN (1887) I, 536-540; KUNKEL / WITTMANN (1995), 43f.

oligarchischen Gleichgewichts etwas hinter die militärische Behauptung zurücktreten ließ.

Die Männer aber, die um 200 den römischen Staat führten, hatten ihre entscheidende Prägung in diesem Krieg erhalten. Ihre Väter waren zum Großteil in den ersten Kriegsjahren gefallen, und die Generation von Marcellus und Fabius Maximus war im vergangenen Jahrzehnt endgültig abgetreten. Auch in den niederen Rängen des Senats saßen vor allem solche Männer, die erst 216, nach Cannae, in einem Pairschub aufgenommen worden waren, insgesamt 177 an der Zahl. Den alten Senat, wie er vor 218 gewesen war, kannte jetzt kaum noch einer.[138] Die *principes* selbst waren durch außerordentliche, kontinuierte und iterierte Ämter aufgestiegen, Scipio war nur der prominenteste von ihnen. Als der militärische Druck nach 208 etwas nachließ, hörte die ununterbrochene Bekleidung der Oberämter auf, aber auf niedrigerer Ebene ging die Kontinuation weiter, und das Konsulat stand immer noch allen Bewerbern offen.

Flamininus ging mit seiner Kandidatur ein höheres Risiko ein als andere Aspiranten, Praetorier oder Aedilizier, aber er blieb innerhalb des in den vergangenen Jahren fast Üblichen. Er war sich nicht bewußt, daß er etwas Unerhörtes tat, und tatsächlich war es ja auch gar nicht unerhört. Nur brachte die Bewerbung des Quaestors das Faß zum Überlaufen, sie löste erstmals offenen, institutionalisierten Widerstand aus. Der Senat sah das Problem, sah es vielleicht schon seit längerem, aber es gab keinen Grund, gegen eine regelkonforme Bewerbung vorzugehen. Nicht anders lautete die offizielle Entscheidung. Einmal richtig wachgerüttelt, ließen die Senatoren die Sache aber nicht auf sich beruhen; sie straften allerdings nicht einzelne Kandidaten ab, sondern schufen neue Rahmenbedingungen, die seit 197 wirksam waren und 180 in die Form der *lex Villia annalis* gegossen wurden. Das Reglement war nun wesentlich strikter als jemals zuvor. Die kaum gebändigte Freiheit des Hannibalkrieges machte eine Kanalisierung des aristokratischen Machtkampfes offenbar um so dringender, Aktion und Reaktion bedingten sich in ihrer Heftigkeit.

So gesehen, war Flamininus nur der Auslöser der Debatte von 199, nicht ihre Ursache. Er gehörte zur Nachhut der *principes*, die unter den Bedingungen des Krieges ihr Glück gemacht hatten. Seiner Laufbahn haftete nichts Bemerkenswertes an, sie war eine normale römische Karriere.

---

138 Senatsergänzung: Liv. XXIII 23,3-7. Zum Ganzen SEIBERT (1993b), 490 Anm. 47; SCULLARD (1973), 56f., 280f. (Liste der führenden Senatoren im Jahre 201); FEIG VISHNIA (1996), 101-104.

Ein neuer Spieler: Rom in Griechenland

Rom und Makedonien im dritten Jahrhundert

Der Erste Illyrische Krieg verdient diesen Namen kaum, sofern man unter Krieg einen gewaltsamen Konflikt versteht, der für beide Seiten erhebliche Risiken in sich birgt. Aus römischer Sicht ist das Unternehmen mit Schlagworten wie Militärintervention oder Polizeiaktion besser umschrieben. Es erinnert eher an eine Expedition, wie sie die Kolonialmächte im Zeitalter des Imperialismus durchführten.[1] Die illyrische Expansion unter König Agron hatte erhebliche Unruhe an der westlichen Balkanküste ausgelöst, so sehr, daß der Senat, anscheinend von mehreren, auch griechischen Beschwerden veranlaßt, eine Gesandtschaft zu den Illyriern schickte. Als die Mission fehlschlug, ja sogar einer der römischen Gesandten umgebracht wurde, entschlossen sich die Römer zum Eingreifen. Die starke römische Streitmacht, angeführt von beiden Konsuln, zwang Teuta, die Witwe des verstorbenen Agron, binnen weniger Monate des Jahres 229 zur Kapitulation.[2] Damit vermieden die Römer einen Gesichtsverlust, sicherten die Han-

---

1 Auf die Parallelen zum Spanisch-Amerikanischen Krieg von 1898 verweist J. LINDERSKI, *Si vis pacem, para bellum:* Concepts of Defensive Imperialism, in: W. V. Harris (Hrsg.), The Imperialism of Mid-Republican Rome, Rome 1984, 146f.

2 Hauptquellen: Polyb. II 2-12; App. Ill. 16-22; Cass. Dio XII frg. 49; Zon. VIII 19,3-6. Neueste Darstellungen: H. POHL, Die römische Politik und die Piraterie im östlichen Mittelmeer vom 3. bis zum 1. Jh. v. Chr., Berlin u. a. 1993, 58-89; D. VOLLMER, Symploke, Stuttgart 1990, 38-69. Dem Bericht des Polybios hat die neuere Forschung oft den wesentlich nüchterneren Appian vorgezogen. Vgl. G. WALSER, Die Ursachen des ersten römisch-illyrischen Krieges, Historia 2 (1953/1954), 308-318; K.-E. PETZOLD, Rom und Illyrien, Historia 20 (1971), 202-206, 217-223; P. S. DEROW, Kleemporos, Phoenix 27 (1973), 118-134. Allerdings sind die beiden Autoren gerade in einem entscheidenden Punkt nicht unvereinbar: Nach Polybios veranlaßten illyrische Übergriffe auf Kaufleute aus Italien die Entsendung einer Gesandtschaft, nach Appian ein Hilferuf der belagerten Griechenstadt Issa. Beides ist gut möglich, und Polybios sagt ausdrücklich, daß die Römer früher den Beschwerden über die Illyrier kein Gehör geschenkt hatten, nun aber handelten, da die Eingaben an den Senat sich häuften (II 8,3). Die allgemeine Formulierung deutet darauf hin, daß er damit nicht bloß die Händler meint. Zudem sind bei Cassius Dio beide Versionen vereint (XII frg. 49,2). Vgl. auch A. COPPOLA, Demetrio di Faro, Roma 1993, 37. In eine ähnliche Richtung weist der archäologische Befund: In Issa gefundene Keramik aus Italien oder nach italischem Vorbild bezeugt gerade für diese Stadt einen intensiven wirtschaftlichen Austausch mit dem Westen schon vor 230 (dazu P. CABANES, Notes sur les origines de l'intervention romaine sur la rive orientale de la mer Adriatique 229-228 avant J.-C., in: L'Adriatico tra Mediterraneo e penisola balcanica nell'antichità, Taranto 1983, 193-200). Nicht gestützt von irgendeiner Quelle wird allerdings der Gedanke von FEIG VISHNIA (1996), 19-21, illyrische Überfälle auf römische Siedler, die mit ihrem Hab und Gut zu Schiff in ihre neue Heimat gebracht worden seien, hätten die Gesandtschaft ausgelöst. Ich halte es für undenkbar, daß ein derart schöner Kriegsgrund von keinem einzigen antiken Autor überliefert wird.

delswege für ihre Kaufleute und ›befriedeten‹ eine Region im unmittelbaren Vorfeld römischen Territoriums. Ihre Friedensbedingungen, durch die sie die illyrischen Stämme auf ihr Gebiet beschränkten und eine Machtbildung wie unter Agron verhinderten, sowie ihr Abzug nach Italien zeigen, daß sie keine weitergehenden Ziele verfolgten. Aber natürlich kann die Aktion deswegen nicht als eine rein defensive interpretiert werden. Im Gegenteil, Rom hatte handgreiflich und ohne großes Zögern klargemacht, daß es das illyrische Gebiet mitsamt seinen Griechenstädten nunmehr als seine Interessensphäre betrachtete.[3] Daran änderte auch der Verzicht auf eine militärische Präsenz nichts.[4]

Seit jeher freilich hatten die Römer in Kontakt mit der griechischen Welt gestanden. Schon seit dem vierten Jahrhundert hatten sie auch politische Beziehungen gepflegt, Kriege geführt und Städte unterworfen. Nach dem Ersten Punischen Krieg herrschten sie über alle griechischen Staaten Süditaliens und die meisten Siziliens. So betrachtet, stellte der Krieg gegen Teuta, in den von Anfang an auch Griechen verwickelt waren, nichts Neues in der römischen Politik dar, abgesehen davon natürlich, daß er östlich der

---

3 Ich spreche hier und im Folgenden vorsichtig von ›Interessensphäre‹, da sich die Art der Beziehungen zwischen Rom und den Illyriern, besonders aber den dort gelegenen Griechenstädten, nicht klar festlegen läßt. Dies scheint mir freilich nicht nur an der Spärlichkeit der Quellen zu liegen, sondern auch an dem informellen Charakter der römischen Hegemonie. So viel scheint nämlich nach einer ausgedehnten Forschungsdiskussion sicher zu sein: Die Römer übten maßgeblichen Einfluß aus, aber nicht mittels Verträgen oder anderen juristisch eindeutig zu definierenden Instrumenten, sondern kraft ihrer schnell zu realisierenden militärischen Potenz und eines gewissen Interesses der Griechenstädte an einer starken Schutzmacht. So konnte die Region von außen als Untertanengebiet Roms angesehen werden (Polyb. III 16,3; VII 9,13), gleichzeitig hat App. Ill. 22 nicht unrecht, wenn er von freien Poleis spricht. Vgl. zuletzt A. M. ECKSTEIN, Pharos and the Question of Roman Treaties of Alliance in the Greek East in the Third Century B.C.E., CPh 94 (1999), 396, 417f.; PETZOLD (1992), 234-240. Zum Gang der Forschung R. BERNHARDT, Rom und die Städte des hellenistischen Ostens (3.–1. Jahrhundert v. Chr.), München 1998, 12-18. Durch Gesandtschaften zu den Aitolern und Achaiern, welche die wichtigsten griechischen Mittelmächte über Ursachen und Verlauf des Krieges unterrichteten, teilten die Römer den neuen Stand der Dinge auch ganz offiziell mit (Polyb. II 12,4f.; vgl. dazu F. W. WALBANK, A Historical Commentary on Polybius, Bd. 1, Oxford 1970[2], 165f.). VOLLMERS (1990), 65, Hypothese, auch die beiden Bünde hätten die Römer um ihr Eingreifen gebeten (warum eigentlich?), ruht auf Polybios' Schweigen darüber, was »die Gesandten dort taten und sagten«. Polybios spricht allerdings sehr wohl davon.

4 Die von E. BADIAN, Notes on Roman Policy in Illyria (230-201 B.C.), in: ders., Studies in Greek and Roman History, Oxford 1964, 5, vorgetragene Interpretation, »the usual Roman fear of strong neighbours« sei die eigentliche Kriegsursache, kann hier nur gelten, wenn man auch die bescheidenste Machtkonzentration vor den eigenen Grenzen als ausreichendes Krisenpotential für hysterische Großmächte ansieht. So angewandt, kann das Argument so ziemlich jede Reichsbildung in der Geschichte erklären. Lakonisch bemerkt LINDERSKI (1984), 143, am Ende seiner brillanten Interpretation der römischen Intervention zu BADIANS Erklärung: »But people who fear every roaring mouse do not conquer empires.« Kritischer als BADIAN spricht auch PETZOLD (1971), 220, keineswegs im Glauben an größere Expansionsbestrebungen Roms, vom »Vorhandensein eines Machtinstinkts, wenn auch mehr als reagierende denn agierende Größe«.

Adria stattfand. Aber der Arm Roms reichte bereits vor 229 über Italien hinaus: Fast ganz Sizilien war unterworfen, und vor wenigen Jahren erst hatte der Senat den Karthagern auch Sardinien und Korsika abgenommen. Zwar griff er nun zum ersten Mal im Osten ein, aber damit war kein Neuansatz der römischen Politik verbunden. Denn auch in den folgenden Jahren stellte das wichtigste äußere Problem die unsichere Nordgrenze gegenüber den Kelten dar, daneben konzentrierte man sich wohl noch auf die Unternehmungen der Karthager. Ostpolitik aber spielte keine Rolle, vermutlich gab es sie gar nicht.[5]

Trotzdem betraten die beiden Konsuln, die 229 mit Heer und Flotte auf der Balkanhalbinsel landeten, nicht nur in geographischer Hinsicht Neuland. Die Beziehungen zu den kleineren und größeren hellenistischen Staaten hatten sich bislang auf diplomatische Noten und gelegentliche Zusammenstöße beschränkt, die keine längerwirkenden Konsequenzen hatten. Der Krieg gegen Pyrrhos von Epeiros, die bedeutendste dieser Episoden, war zwar ein großer Schritt auf dem Weg zur Unterwerfung Italiens gewesen, aber nach dem Rückzug des Königs existierten beide Mächte wieder nebeneinander, sie kehrten sozusagen in den Ausgangszustand zurück. Das schließt natürlich nicht aus, daß der Senat die Ereignisse jenseits der Adria nun sehr viel aufmerksamer betrachtete, aber Italien war, zumal nach dem Tod des unsteten Pyrrhos, kein epeirotisches Interessengebiet, und Westgriechenland kein römisches.[6] Das eroberte griechische Italien und Sizilien wurde mehr aus dem Kampf der hellenistischen Mächte heraus- als Rom in ihn hineingezogen. Mit den großen Reichen, Makedonien, Syrien und Ägypten, war man eigentlich durch nichts verbunden, weder Positives noch Negatives. Mit dem Eingreifen in Illyrien aber stellten die Römer ihre militärische Bereitschaft auch im Osten unter Beweis, ein neues Schwergewicht trat in das labile Mächtespiel des Hellenismus ein, das durch seine bloße Existenz Berechnungen und Taten der dortigen Politiker beeinflussen sollte. Somit markiert dieser Militärschlag viel eher in der hellenistischen als in der römischen Geschichte eine Zäsur.

---

5 Die ausführlichste Darstellung mit allen Quellen gibt M. HOLLEAUX, Rome, la Grèce et les monarchies hellénistiques au IIIe siècle avant J.-C. (273-205), Paris 1921, 1-129. Auch wenn er, wie die Kritik mit Recht betont hat, viele römisch-griechische Kontakte allzu radikal für unhistorisch erklärt und somit die gegenseitige Isolation überbetont, so stimme ich doch soweit mit ihm überein, daß die Römer im Osten bis 230 gar keine, bis zum Ersten Makedonischen Krieg nur auf die Adria und Illyrien zielende politische Absichten verfolgten. Zu den Beziehungen vor 229 zuletzt R. M. ERRINGTON, Rome and Greece to 205 B.C., in: CAH 8, 1989^{2}, 80-85; VOLLMER (1990), 19-27.

6 Zur weitgehenden Folgenlosigkeit des Pyrrhoskrieges für die spätere Griechenlandpolitik überzeugend H. SONNABEND, Pyrrhos und die ›Furcht‹ der Römer vor dem Osten, Chiron 19 (1989), bes. 343-345.

Zunächst wirkte sich das freilich noch nicht aus. Rom hatte die Interessen der nächsten Großmacht, Makedoniens, nicht unmittelbar verletzt, und König Antigonos Doson war vollauf mit traditionellem makedonischen Einflußgebiet beschäftigt, dem Norden sowie Mittelgriechenland und der Peloponnes. Man kann sich zwar nur schwer vorstellen, daß Antigonos nicht besorgt war, weniger wegen Illyrien als wegen des Potentials, das sich in der römischen Intervention gezeigt hatte, aber da Rom nicht weiter agierte, blieb vorerst alles ruhig.[7] So lief die zweite römische Intervention ganz nach dem Muster der ersten ab.[8] Demetrios von Pharos, der sich 229 auf die römische Seite geschlagen hatte, versuchte in Agrons Fußstapfen zu treten. Dabei geriet er in Konflikt mit der Hegemonialmacht. Nach mehrmaliger Verletzung der Friedensbedingungen machten die Römer 219 kurzen Prozeß und zerschlugen seine Machtstellung.[9] Durch diesen Zweiten Illyrischen Krieg wurde die Ordnung von 228 bestätigt, die Römer zeigten keine weiteren Absichten, auch mit Makedonien hatte es keinen Zusammenstoß gegeben. Trotzdem war es kaum ein Zufall, daß der flüchtige Demetrios sich ausgerechnet an den Hof Philipps V. begab, der 221 seinem Stiefvater auf den Thron gefolgt war.[10]

---

7 Gegen HOLLEAUX (1921b), 109-112, 119-125, der glaubte, die Römer seien ungewollt in eine makedonische Interessensphäre eingedrungen und hätten als Präventivmaßnahme ein ›Protektorat‹ aufgerichtet, hat H. J. DELL, Antigonus III and Rome, CPh 62 (1967), 94-103, gezeigt, daß es in Illyrien keine Gegensätze zwischen beiden Mächten gab. Vgl. auch É. WILL, Histoire politique du monde hellénistique (323-30 av. J.-C.), Bd. 1, Nancy 1979^2, 391f., 395f.; S. LE BOHEC, Antigone Dôsôn roi de Macédoine, Nancy 1993, 177-181, 486. VOLLMER (1990), 84-95, geht ebenfalls von einem grundsätzlichen Desinteresse aus. Die Tatsache des Erscheinens einer fremden Großmacht bot freilich Konfliktstoff genug.

8 Vgl. A. HEUSS, Römische Geschichte, Paderborn u. a. 1998^6, 83: »mehr ein Polizeiunternehmen als eine politische Aktion«.

9 Hauptquellen: Polyb. III 16; 18f.; App. Ill. 23f.; Cass. Dio XII frg. 53; Zon. VIII 20,11-13. Moderne Darstellungen: ERRINGTON (1989a), 90-94; POHL (1993), 89-93; COPPOLA (1993), 85-100; G. MARASCO, Interessi commerciali e fattori politici nella condotta romana in Illiria (230-219 A.C.), SCO 36 (1986), 98-108. Den Zeitpunkt bestimmte nicht zuletzt die Absicht der Römer, noch vor einer möglichen Konfrontation mit Karthago das lästige Problem im Osten zu lösen (Polyb. III 16,1.4); daraus sollte man freilich keine Furcht vor einer Ost-Westallianz gegen Rom konstruieren (so HOLLEAUX [1921b], 137f.; WILL [1982], 78). Dagegen spielte, schon weil die Antigoniden 219 infolge des Bundesgenossenkrieges nicht allzugut dastanden, der von Polybios erwähnte Blick auf die Stärke Makedoniens keine Rolle, ganz zu schweigen von HOLLEAUX', 130-142, illyrisch-makedonischer Allianz (vgl. BADIAN [1952a], 15-18; J. V. A. FINE, Macedon, Illyria, and Rome, 220-219 B.C., JRS 26 [1936], 31-39). Ohne jede Quellengrundlage sind die interessanten Ausführungen FEIG VISHNIAS (1996), 42f., die eine Gruppe schiffsbesitzender Senatoren als treibende Kraft ansieht und dadurch den Krieg gegen Demetrios mit der *lex Claudia de nave senatorum* verbindet.

10 Polyb. IV 66,4f. S. LE BOHEC, Démétrios de Pharos, Scerdilaïdas et la Ligue hellénique, in: P. Cabanes (Hrsg.), L'Illyrie méridionale et l'Épire dans l'Antiquité, Clermont-Ferrand 1987, 203-207, hat in der Nachfolge HOLLEAUX' wieder für eine Allianz zwischen Philipp und Demetrios plädiert: Im Zweiten Illyrischen Krieg freilich spielte sie, sollte es sie tatsächlich gegeben ha-

Auch wenn er keine Interessen in Illyrien verfolgte, konnte es Philipp nicht gleichgültig sein, daß sich in unmittelbarer Nähe seines Reiches eine Großmacht einrichtete, die nun zum zweiten Mal gezeigt hatte, wozu sie schon in einem kurzen Feldzug fähig war. Zwar schien sie keine feindlichen Absichten zu hegen, aber das mußte ja nicht so bleiben. Die Stimmungsmache des Demetrios, den er in seinen engsten Beraterkreis aufnahm, bestätigte den König höchstens in seinem Argwohn. Allerdings bewahrte wahrscheinlich gerade das Wissen um die Stärke Roms Philipp vor einer Aktion, aus der ein Konflikt hätte erwachsen können. Er begnügte sich damit, den neuen Mitspieler zu ignorieren, und dieser blieb ja freiwillig in seiner Ecke: Der Bundesgenossenkrieg, den Philipp gegen die Aitoler führte, war eine rein griechische Angelegenheit. Ein derartiges Nebeneinander kann man nun nicht gerade als stabil bezeichnen, aber eine militärische Eskalation war nicht zwangsläufig. Die Situation hätte ohne weiteres eine Zeitlang weiterbestehen können.[11]

Dennoch brach der Krieg bald aus, kurioserweise gerade, als beide Mächte ganz in ihren unmittelbaren Interessengebieten engagiert waren: Während Philipp sich mit den Aitolern herumschlug, durchaus erfolgreich, aber ohne wirklichen Sieg, erfuhr er von der Schlacht am Trasimenischen See. Nun glaubte er den römischen Einfluß in Illyrien beseitigen zu können, ohne ein allzu hohes Risiko einzugehen. Begierig auf sein Rendezvous mit dem Ruhm, warf der Zwanzigjährige die strategische Planung über den Haufen, ein Kompromißfriede beendete den Krieg mit den erleichterten Aitolern.[12] Persönliche Neigung traf sich mit der Pflicht eines hellenistischen Königs, die stets prekäre Herrschaft durch große Erfolge zu stabilisieren.[13] Freilich darf man Philipp deswegen nicht gleich Weltherrschaftsträume unterstellen.[14] Schon der Plan zur Invasion Italiens, zu der Demetrios

---

ben, keine Rolle, Demetrios blieb ganz auf sich gestellt. Es reicht hier aus, gute Beziehungen zwischen den beiden Herrschern zu konstatieren.

11 Zur zurückhaltenden Politik Philipps FINE (1936), 34-39; F. W. WALBANK, Philip V of Macedon, Cambridge 1940, 41, 51, 64f.; WILL (1982), 78f., 81f.

12 Polyb. V 101,6-105,2; 108,4f. Freilich läßt Polybios durch seine Konzentration auf Philipp andere Faktoren, die den Frieden begünstigten, weitgehend außer acht, etwa die Erschöpfung der makedonischen Verbündeten (vgl. zuletzt O. DANY, Akarnanien im Hellenismus, München 1999, 147-149; zu den Aitolern J. B. SCHOLTEN, The Politics of Plunder, Berkeley u. a. 2000, 224-228). Unverständlich ist es aber, wenn sich umgekehrt ein moderner Autor, J. D. GRAINGER, The League of the Aitolians, Leiden u. a. 1999, 292-295, in seiner Darstellung des Friedensschlusses ganz auf die innergriechischen Verhältnisse beschränkt und den ausführlichen Bericht über Philipps westliche Aspirationen einfach ignoriert, so als ob Polybios ihn nie geschrieben hätte.

13 Dazu grundlegend H.-J. GEHRKE, Der siegreiche König, AKG 64 (1982), bes. 276f.; M. M. AUSTIN, Hellenistic Kings, War, and the Economy, CQ NS 36 (1986), bes. 457-459.

14 So Polyb. V 101,10; 102,1; 104,7f.; in diesem Sinne ausführlich C. BOHM, Imitatio Alexandri im Hellenismus, München 1989, 61-73, COPPOLA (1993), 155-161, sowie F. W. WALBANK, Η ΤΩΝ ΟΛΩΝ ΕΛΠΙΣ and the Antigonids, in: ders., Polybius, Rome and the Hellenistic World,

von Pharos geraten haben soll, ist recht zweifelhaft.[15] Letztlich spielt es aber keine Rolle, wie Philipps Milchmädchenrechnung genau aussah. Denn die Römer konnten sich nur an Taten orientieren, nicht an intimen Gedanken des Königs, und auch für einen Übergang wäre zunächst die Besetzung der Ostadriaküste erforderlich gewesen, ein Ziel, das Philipp niemals erreichen sollte: Eine Flottenexpedition in die Adria scheiterte kläglich am bloßen Gerücht von einem römischen Geschwader. Selbst jetzt war der Gegensatz noch nicht unüberwindlich.[16] Philipp aber, unbeirrt, suchte nach Cannae eine Allianz mit dem offenbar schon triumphierenden Hannibal. Diese brachte ihm leere Versprechungen von den Karthagern und dauerhafte Feindschaft von den Römern.

Der Vertrag war der Sache nach nämlich eher ein Freundschafts- als ein Offensivbündnis, und er zielte mehr auf ein schon fallendes als ein noch kämpfendes Rom. Die unverbindlichen Hilfsversprechen Philipps brauchten Taten, die sie zum Leben erweckten, und Genaueres war erst für den Friedensschluß mit Rom vorgesehen, so dessen Verzicht auf die illyrische Interessensphäre.[17] Das Kriegsende aber rückte in weite Ferne, da eben jetzt, als Philipp sich im Lager des Siegers glaubte, der Umschwung einsetzte.

Cambridge 2002, 127-129. Vgl. dagegen die deutlichen Bemerkungen bei WILL (1982), 75f., und H.-J. GEHRKE, Geschichte des Hellenismus, München 2003^3, 113f. GRUEN (1984), 374f., treibt seine Skepsis allerdings zu weit, wenn er Philipp nur wegen des Angriffs des illyrischen Fürsten Skerdilaidas auf Makedonien den Bundesgenossenkrieg beenden und ihn keine Konfrontation mit Rom erwarten läßt: Von dem Angriff erfuhr er nach dem Friedensschluß in Naupaktos (Polyb. V 108,1), und im Jahr darauf wagte er sich erst in die Adria, als er die römische Flotte in sicherer Entfernung wußte. Seine Panik nach dem Eintreffen gegenteiliger Nachrichten erklärt sich also nicht daraus, daß die Römer überhaupt eingriffen, sondern daß sie jetzt eingriffen (V 109,5-110,4).

15 Für die Historizität hat sich zuletzt J. SEIBERT, Invasion aus dem Osten, in: Ch. Schubert / K. Brodersen (Hrsgg.), Rom und der Griechische Osten, Stuttgart 1995, 239f. (mit der früheren Literatur), ausgesprochen, der sich auf die Klausel im Vertrag mit Hannibal beruft, die Unterstützung von seiten Philipps vorsieht (Polyb. VII 9,11; vgl. dazu WALBANK [1967], 55). Doch die Bestimmung ist zu vage, als daß man auf eine frühere, konkrete Absicht schließen könnte.

16 Polyb. V 109f. Die Römer waren vollauf mit Hannibal beschäftigt, und Philipp zeigte keine offenen Aspirationen auf Italien: 217 verbesserte die Forderung nach Demetrios' Auslieferung die beiderseitigen Beziehungen nicht gerade, sie war aber ein diplomatisches Intermezzo, kein Schritt in den Krieg (Liv. XXII 33,3f.). Der vage Hinweis auf römische Gesandtschaften in Griechenland, die einen Kriegseintritt Philipps verhüten sollten, entspricht mehr Polybios' Symplokekonzept als der Lage des Jahres 217 (V 105,8; vgl. WALBANK [1970], 629f.). Für Philipps Konflikt mit Skerdilaidas hatten nicht die Römer den Anlaß gegeben, sondern das Ausbleiben der versprochenen makedonischen Subsidien (Polyb. V 95,1-4; 101,1f.; 108,1-4.8; vgl. BADIAN [1952a], 18). Die erste greifbare Handlung der Römer gegen Makedonien war somit die Entsendung von zehn Schiffen in die Adria, auf Bitten des bedrohten Skerdilaidas. Sie wollten Flagge zeigen und ihren Einfluß auf dem Balkan wahren. An einer weiteren Front aber hatte Rom aus begreiflichen Gründen kein Interesse. Zum Ganzen GRUEN (1984), 373f.

17 StV III 528; Hauptquelle: Polyb. VII 9. Vgl. WALBANK (1940), 71f.; WILL (1982), 82-85; ERRINGTON (1989a), 96f.; W. L. ADAMS, Philip V, Hannibal and the Origins of the First Macedonian War, in: Ancient Macedonia, Bd. 5, Thessaloniki 1993, 48f.; SEIBERT (1993b), 240-244; DENS. (1993a), 271f. (mit Literatur).

Um hier gegenzuhalten, war Makedonien nicht stark genug, anders als Hannibal gehofft hatte.

Von der neuen Lage hatte der Senat bald erfahren, da Philipps heimreisende Unterhändler mitsamt dem Vertrag von der römischen Flotte abgefangen worden waren.[18] Der Pakt mit dem Todfeind machte jeden Ausgleich unmöglich. Hatte man Makedonien zuvor vielleicht unterschätzt, zumindest gern ignoriert, so schien es jetzt gefährlicher, als es war. Mochten Philipps Ziele im Moment maßvoll sein, die Römer nahmen das Schlimmste an. Anders gesagt: Auch wenn die Vertragsklauseln noch so unbestimmt waren, der Senat mußte von der Möglichkeit einer Invasion aus dem Osten ausgehen und die entsprechenden Maßnahmen treffen.[19] Die Adriaflotte wurde auf fünfzig Schiffe verdoppelt und mit Soldaten in Legionsstärke bemannt, ihr Kommandant beauftragt, nicht nur die Küste Italiens zu schützen, sondern auch Näheres über die Absichten Philipps herauszufinden. Würden die bisherigen Informationen bestätigt, sollte der Praetor M. Valerius Laevinus nach Makedonien übersetzen und den König dort festhalten. Bislang hatten sich die Römer also nicht weiter um Philipps Pläne gekümmert, erst jetzt wollten sie gegen Makedonien vorgehen. Auch für sie war das Nebeneinander beendet.[20]

Der Senat hätte wahrscheinlich gern ein größeres Kontingent bereitgestellt, aber mehr ließ die angespannte Lage nicht zu.[21] Mehr war auch gar nicht erforderlich, wie sich schon 214 zeigte, als Philipp, in Wiederholung seiner Flottenoperation von 216, ein noch größeres Desaster erlitt: In Illyrien vom schnell herbeigeeilten Laevinus besiegt, war er genötigt, seine Schiffe zu verbrennen und über Land nach Makedonien zurückzukehren.

---

18 Liv. XXIII 34,1-9; 38,1-4.

19 Zur Zwangsläufigkeit der Lagebewertung durch den Senat SEIBERT (1995), 240f. Vgl. auch DANY (1999), 152f.

20 Liv. XXIII 38,5-13: . . . *non tueri modo Italiae oram sed explorare de Macedonico bello; si congruentia litteris legatorumque indiciis Philippi consilia essent, . . .* [sc. *M. Valerius*] *Tarentum ad classem profectus primo quoque tempore in Macedoniam transmitteret daretque operam, ut Philippum in regno contineret* (9-11). Da Philipp aber 215 nicht mehr aktiv wurde, blieb Laevinus vorerst in Italien, freilich mit der ausdrücklichen Weisung, seine Bewegungen zu überwachen: XXIII 48,3; XXIV 10,4. Zur Truppenstärke W. WEISSENBORN / H. J. MÜLLER, Titi Livi ab urbe condita libri, Bd. 4: Buch XXIII, Berlin 1907^{8}, 95; WALBANK (1940), 75 Anm. 2.

21 Anders urteilt ERRINGTON (1989a), 97f.: Der Senat hätte die Gefahr von vornherein nicht besonders hoch eingeschätzt. Die Schnelligkeit seiner Reaktion läßt diesen Schluß aber kaum zu, dazu wurde das Unternehmen mit Geld finanziert, das Hieron von Syrakus zurückerstattet werden sollte (der König hatte es den Römern 216 für Soldzahlungen vorgestreckt). Die schon auf dem Weg nach Sizilien befindlichen Mittel wurden nach Tarent umgeleitet. Die Römer hätten es kaum riskiert, einen loyalen Bundesgenossen vor den Kopf zu stoßen, dessen Kurs in Syrakus nicht unumstritten war – außer es war unbedingt erforderlich. Vgl. Liv. XXIII 21,5; 38,12; Polyb. VII 5,7; zur Situation in Syrakus SEIBERT (1993b), 209, 248-250.

Jede Hoffnung auf maritime Erfolge war dahin, die römische Flotte blieb sogar auf der östlichen Seite der Adria.[22]

Zur See gescheitert, versuchte sich Philipp wieder im gewohnten Element, und tatsächlich drang er auf dem Landweg bis zur Küste vor.[23] Durch die Eroberung der Hafenstadt Lissos aber schuf er eine Situation, analog zu der von 215: Er hatte im Moment nicht die Möglichkeit, wahrscheinlich gar nicht die Absicht, nach Italien überzusetzen, doch die Römer mußten mit allem rechnen. Da an die Entsendung eines Landheeres angesichts der Belastungen auf den übrigen Kriegsschauplätzen nicht zu denken war, blieb ihnen nur die Möglichkeit, einen Verbündeten als verlängerten Arm zu gewinnen. Daß diese Funktion den Aitolern zugedacht wurde, stellte nicht gerade einen Überraschungscoup dar. In Griechenland war Aitolien die einzige Macht von Gewicht, die nicht mit Philipp verbündet war, und der Bundesgenossenkrieg hatte vor fünf Jahren einen unbefriedigenden Ausgang genommen. Trotzdem zeigten sich die Aitoler recht skeptisch gegenüber Leistungsbereitschaft und -vermögen ihres potentiellen Partners, der sich bislang nur soweit wie unbedingt nötig auf der Balkanhalbinsel engagiert hatte – und auch jetzt bloß zur See Unterstützung leisten wollte. Nur indem Laevinus die Eroberung Akarnaniens zusicherte, konnte er den Weg für das Bündnis ebnen. Auf eigene Gebietsgewinne verzichteten die Römer ausdrücklich, sie sollten den Aitolern zufallen.[24]

Durch das Bündnis von 211 wurden plötzlich die bislang unbeteiligten Verbündeten Makedoniens gefährdet, vor allem die Achaier. Römer und Aitoler hatten in einer Zusatzklausel auch Elis, Sparta und Attalos I. von Pergamon zum Kriegseintritt aufgefordert, nicht vergebens, wie sich bald zeigte.[25] Die ersten beiden Staaten, Freunde Aitoliens, waren Gegner des

---

22 Liv. XXIV 40. Vgl. WALBANK (1940), 75-77; SEIBERT (1993b), 267f.

23 Polyb. VIII 13f. Vgl. WALBANK (1940), 80-82; J. M. F. MAY, Macedonia and Illyria (217-167 B.C.), JRS 36 (1946), 50f.; SEIBERT (1993b), 285, 300.

24 StV III 536. Vgl. ERRINGTON (1989a), 99-101; SEIBERT (1993b), 322f.; DENS. (1993a), 276-280. Zu Akarnanien DANY (1999), 153-158. Liv. XXVI 24,7f. sagt ausdrücklich, daß Laevinus' Beteuerungen keinen entscheidenden Eindruck auf die aitolische Bundesversammlung machten. Erst die Versicherungen der eigenen Führer, die zuvor in Geheimgesprächen von den Römern gewonnen worden waren, und eben die Aussicht auf Akarnanien gaben den Ausschlag.

25 Dazu kamen als römische Freunde noch die Illyrier Skerdilaidas und Pleuratos (Liv. XXVI 24,9). Nicht genannt ist Messene, das sich aber, in ähnlicher Lage wie Elis und Sparta, der Allianz ebenfalls anschloß (vgl. HOLLEAUX [1921b], 211 Anm. 1; W. DAHLHEIM, Struktur und Entwicklung des römischen Völkerrechts im dritten und zweiten Jahrhundert v. Chr., München 1968, 204 Anm. 61). Attalos, nach dem Wiedererstarken der Seleukiden ohne große Möglichkeiten in Kleinasien, hatte bereits in der Vergangenheit Kontakte zu den Aitolern angeknüpft; der Aufbau einer Kriegsmarine diente offenbar neuen Zielen im Westen (vgl. J. W. RICH, Roman Aims in the First Macedonian War, PCPhS 210 [1984], 128f.; E. V. HANSEN, The Attalids of Pergamon, Ithaca u. a. 1971^2, 46; HOLLEAUX, 204-207; GRUEN [1984], 530f.). Zum Ganzen WILL (1982), 87f.

Achaiischen Bundes. Philipp mußte hier seinen Pflichten nachkommen, wollte er nicht an Einfluß und Prestige verlieren. Der Krieg verlagerte sich in der Folgezeit weg aus Illyrien und dem Westen, hinein ins Zentrum Griechenlands. Damit lebte der Bundesgenossenkrieg nicht nur wieder auf, er weitete sich durch Attalos' Eingreifen sogar aus. Kurz, die Römer hatten mit ihrem aitolischen Festlandsdegen jede Gefahr für Italien, ob tatsächlich oder vermeintlich, abgewendet. Ihr Ziel war durch die bloße Existenz eines Krieges in Griechenland bereits erreicht: Eine Niederlage Makedoniens mochte zwar ein Wunschergebnis sein, doch dafür reichten die Ressourcen nicht; ein Friede, der den Aitolern Gewinne brachte, die Stellung Makedoniens aber nur unwesentlich beeinträchtigte, kam nicht in Frage, denn Philipp hätte dann wieder Spielraum gewonnen.[26] So zogen die Römer den Krieg in die Länge, ein zurückhaltendes Engagement, aufgebessert mit einigen spektakulären Aktionen, schien das Feuer ausreichend in Gang zu halten. Nach dem Sieg über die Karthager konnte man weitersehen.[27]

Diese Art der Kriegsführung zeigte den Aitolern, wie richtig ihre anfänglichen Bedenken gewesen waren. Ihr Ziel war der Friede, nicht der Krieg, sie trugen des letzteren Last, ohne dem ersteren näherzukommen. Im Jahre 207 fuhren die Römer ihr Engagement fast völlig zurück: Nach dem Sieg am Metaurus war die karthagische Gefahr in Italien zwar noch nicht beseitigt, aber unter Kontrolle, eine Invasion Philipps schien ein Gespenst aus vergangenen Tagen.[28] Auf dem griechischen Festland freilich gewann der König in der Konsequenz immer mehr die Oberhand, die Aitoler sahen sich

---

26 Vgl. nur Liv. XXVI 24,16; 28,1f.9 (dazu GRUEN [1984], 379 Anm. 118); App. Mac. 3,1f.

27 Zum Verlauf des Krieges WALBANK (1940), 84-99; HOLLEAUX (1921b), 213-257; WILL (1982), 89-94; J. A. O. LARSEN, Greek Federal States, Oxford 1968, 368-378; GRUEN (1984), 379f.; SEIBERT (1993b), 323f., 337-340, 357-359, 373-376, 396-398. RICH (1984), 131-135, mag gegen HOLLEAUX recht damit haben, daß die Römer es nicht an Einsatz fehlen ließen, aber entscheidend ist doch, daß ihre Streitmacht viel zu klein war – über 25 Schiffe und weniger als 10 000 Mann, nach RICHS eigenen Berechnungen (152-155) –, als daß sie entscheidende Schläge führen konnte. Auch läßt kaum eine Handlung während des Krieges den Schluß zu, die Römer hätten sich um die öffentliche Meinung in Griechenland gekümmert und neutrale oder feindliche Staaten auf ihre Seite zu ziehen versucht. Eine – sehr kleine – Ausnahme machte Sulpicius Galba 210 auf Aigina (s. u. Anm. 62), deshalb ist aber seine frühere Gesandtschaft, die die Aigineten offenbar vor die Wahl zwischen Kapitulation und Eroberung stellte (Polyb. IX 42,6f.), noch lange nicht mit RICH (135 mit Anm. 105) als Ausdruck einer Goodwillpolitik zu werten. Entsprechend blieb Rom, wie zuletzt A. M. ECKSTEIN, Greek Mediation in the First Macedonian War, 209-205 B.C., Historia 51 (2002), 268-297, gezeigt hat, eine negative Größe in den Überlegungen der neutralen griechischen Mächte – wenn es überhaupt in deren Gesichtskreis trat: »relations between Rome and the prominent Greek states attempting to mediate the war in 209-206 were distant or non-existent« (296).

28 Liv. XXIX 12,1: *Neglectae eo biennio* [sc. 207/206] *res in Graecia erant. . . . Aetolos desertos ab Romanis, cui uni fidebant auxilio* . . . Vgl. WALBANK (1940), 99. Auch Attalos war inzwischen zu seinen heimischen Streitigkeiten zurückgekehrt, Sparta hatte durch die Achaier eine vernichtende Niederlage erlitten.

206, gegen den Widerstand des Prokonsuls Sulpicius Galba, zu einem ungünstigen Friedensschluß gezwungen.[29]

Damit hatte Philipp freie Hand. An eine Kooperation mit Karthago verschwendete er angesichts der römischen Erfolge sicherlich keine Gedanken,[30] aber er konnte sich wieder um sein eigentliches Anliegen kümmern, Illyrien. Der König war erneut auf dem Weg nach Westen. Diese Gefahr sah wenigstens der aufgeschreckte Senat, denn er sandte 35 Schiffe und 11 000 Mann über die Adria. Illyrien wurde so gesichert, aber der römische Einsatz kam zu spät, als daß er den Krieg noch einmal in Gang hätte bringen können: Die Aitoler ließen sich kein zweites Mal von den Römern verführen. Auf sich gestellt, wollte und konnte Rom aber keinen Landkrieg in Griechenland führen.[31] In dieser Pattsituation gelang einer epeirotischen Vermittlung der Erfolg: 205 wurde in Phoinike Friede geschlossen. Die illyrische Interessensphäre der Römer wurde etwas beschnitten, ansonsten gab es gegenüber dem Vorkriegszustand keine Änderungen.[32]

Rom stand immer noch auf dem Balkan, insofern hatte Philipp sein Kriegsziel weit verfehlt, aber angesichts der Schwierigkeit der Kämpfe hat-

---

29 Liv. XXIX 12,1; App. Mac. 3,3f. Die Bedingungen im einzelnen sind unklar. Vgl. WILL (1982), 91, 93; WALBANK (1940), 99-102; SEIBERT (1993b), 410f. RICH (1984), 136-143, datiert den 205 geschlossenen Frieden von Phoinike bereits ins vorhergehende Jahr und verteidigt die Römer gegen den Vorwurf der Untätigkeit. Ganz davon abgesehen, daß damit das Jahr 207 noch nicht erklärt ist: Er muß mehrere eindeutige Liviusstellen verwerfen, unter anderem die oben Anm. 28 zitierte, nur um Liv. XXIX 12,1f. zu rechtfertigen, wo der aitolische Friedensschluß von 206 und die Ankunft eines römischen Heeres 205 in chronologischer Verkürzung unmittelbar aneinandergereiht werden. Ob Livius hier die römische Passivität in etwas günstigerem Licht erscheinen lassen wollte oder ob ihm selbst die Zeitfolge nicht ganz klar war – jedenfalls rechtfertigt dies die Mißachtung seines sonst schlüssigen Berichts nicht, außer man verbindet mit dem Schlagwort ›annalistic source / passage‹ von vornherein den Verdacht der Unrichtigkeit. Nach RICH fand die aitolische Sicht der Dinge sogar Eingang in den Bericht des (weitgehend verlorenen) Polybios und über ihn in Livius, während der richtige Standpunkt der Römer – offenbar ein Volk ohne Lobby – von der Geschichtsschreibung verschmäht wurde (142f.). Vorbehalte hege ich auch gegen das zweite Argument, die Neudatierung erlaube, anders als bisher, »to offer a coherent explanation of the Romans' conduct in the last phase of the war« (139). Daß sich Politik für die Nachwelt nur selten völlig in Begriffen wie Schlüssigkeit und Sinn erfassen läßt, diese Erfahrung muß der Historiker aller Epochen machen, besonders aber derjenige der Trümmer der antiken Überlieferung. Die im Text gegebene, letztlich auf HOLLEAUX ruhende Interpretation bietet vielleicht kein so rundes Bild wie die von RICH, steht dafür aber der Überlieferung näher. Ablehnend gegenüber RICH äußert sich auch ECKSTEIN (2002), 285 Anm. 54.

30 Das karthagische Angebot, ihm 200 Talente für eine Invasion Italiens oder Siziliens zu bezahlen, blieb genau das: ein Angebot (Liv. XXIX 4,4).

31 Liv. XXIX 12,2-10. Vgl. WALBANK (1940), 102-104; HOLLEAUX (1921b), 276-280; WILL (1982), 94.

32 StV III 543. Weitere Literatur nennt SEIBERT (1993a), 282f. Zum vieldiskutierten Problem der römischen *adscripti* vgl. DAHLHEIM (1968), 213-219, der zu Recht betont, daß Rom ihnen gegenüber keinerlei juristische Verpflichtungen übernahm. Sinn der *adscriptio* war, auch die jeweiligen Mitkämpfer in den Frieden einzubeziehen. Mehr sollte man meiner Meinung nach nicht hineindeuten, gerade was den Ausbruch des Zweiten Makedonischen Krieges betrifft.

te er sich sehr achtbar aus der Affäre gezogen. Makedoniens Macht war unerschüttert, in Phoinike hatte es sogar leichte Gewinne erzielen können. Der Friede war aber alles andere als typisch für die römische Politik: Er wurde nur geschlossen, weil die Römer nicht weiter wußten und endlich den Hannibalkrieg zu Ende bringen wollten.[33] Philipp hatte sich mit seinem ›Dolchstoß‹[34] als unberechenbarer Gegner erwiesen, und das wurde ihm begreiflicherweise nicht vergessen. Damit will ich nicht unterstellen, der Senat hätte schon in Gedanken an die endgültige Abrechnung Frieden geschlossen, aber auf der Liste der ›Schurkenstaaten‹ stand Makedonien gleich hinter Karthago.[35]

Der Zweite Makedonische Krieg

Dies zeigten zwar nicht die Bestimmungen des Friedensschlusses, aber doch die Ereignisse der nächsten Jahre. Ich kann hier nicht ausführlich auf die Gründe für den Ausbruch des Zweiten Makedonischen Krieges eingehen, eines der klassischen Themen der Alten Geschichte, nur zwei Aspekte sollen hervorgehoben werden: Gegenüber der früheren Stigmatisierung allen Quellenmaterials, das offensichtlich nicht aus Polybios stammt, als ›annalistisch‹ und damit ›erfunden‹ hat sich in den letzten Jahren eine sehr viel

33 Liv. XXIX 12,16: *iusseruntque omnes tribus, quia verso in Africam bello omnibus aliis in praesentia levari bellis volebant*; vgl. Liv. XXXI 31,19f.; Sall. hist. IV 69,5 Maurenbrecher (= IV 67,5 McGushin); Iust. XXIX 4,11; App. Mac. 3,4; Flor. epit. I 23,4; Liv. per. XXXI; Zon. IX 15,1f. HOLLEAUX (1921b), 284-289, wendet sich gegen eine solche Argumentation, und in der Tat ist sie unhaltbar, glaubt man an einen festen Racheplan des Senats. Vor dem Hintergrund der unten im Text skizzierten römischen Haltung aber gewinnt sie Sinn. Das Hauptziel, eine Verhinderung des Zusammengehens von Ost und West, war ja erreicht. Warum sich also nicht durch einen Frieden absichern und gleichzeitig neue Kräfte freimachen für den Punischen Krieg?

34 Vgl. BADIAN (1958), 61, 65; ERRINGTON (1989a), 104: »The final reckoning with Philip for his stab in the back of 215 could be postponed.«

35 Damit ist eine Position bezeichnet etwa in der Mitte zwischen HOLLEAUX (1921b), 271-275, und GRUEN (1984), 381, auf der einen Seite, die jedes römische Interesse im Osten bestreiten, und RICH (1984), 130f., 149-151, auf der anderen Seite, nach dem die Römer spätestens in der letzten Kriegsphase Philipp unbedingt bestrafen und vielleicht sogar eine Hegemonie über Griechenland errichten wollten. Das erste Extrem ruht auf der unwahrscheinlichen Annahme, nach zehn Jahren Krieg ziehe sich eine Großmacht einfach zurück und überlasse die Kriegszone ihrem Schicksal, ein Verhalten, das das ohnehin schon ungewöhnliche amerikanische Desengagement nach dem Ersten Weltkrieg weit übertreffen würde; die Ereignisse der nächsten Jahre zeigen, daß die Römer so desinteressiert nicht waren (s. u.). RICHS konträrer Standpunkt aber ist die Konsequenz seiner Neudatierung des Friedens von Phoinike, die mir nicht schlüssig scheint (s. o. Anm. 29). Zudem bleibt bei ihm offen, warum die Römer den Krieg nicht von vornherein mit einer größeren Streitmacht führten, vor allem aber, weshalb sie schließlich doch einen ›erniedrigenden‹ Frieden schlossen und Philipp eine Atempause verschafften; der Krieg hätte ja auf kleiner Flamme weitergaren können, um nach dem Sieg über Karthago mit überlegener Macht beendet zu werden (so schon HOLLEAUX' Kritik, s. o. Anm. 33).

abgewogenere Beurteilung durchgesetzt, von der gerade die Hauptquelle Livius profitierte.[36] Seine Bemerkungen über ein römisches Engagement im Osten nach dem Frieden von Phoinike sind daher heute nicht mehr so einfach wegzuwischen, wie es Maurice Holleaux getan hat.[37]

Gegen Ende des Jahres 203 traf in Rom eine Abordnung der verbündeten Städte Griechenlands ein, also der griechischen Gemeinden in Illyrien, und beklagte sich über Verwüstungen ihrer Äcker durch makedonische Grenztruppen; ihre Vertreter seien von Philipp nicht einmal empfangen worden. Der Senat reagierte mit einer eigenen Gesandtschaft, die dem König eine Vertragsverletzung vorwerfen sollte.[38] Offenbar war es zu kleineren Kämpfen an der Grenze gekommen, ohne persönliche Beteiligung Philipps, aber zweifellos auf seinen Befehl hin.[39] Er vermied es jedoch, vor den Griechen

---

36 Die erste ausführliche Studie, die Stärken und Schwächen des Erzählers Livius unvoreingenommen würdigt, und damit die beste Darstellung des Kriegsausbruchs stammt von V. M. WARRIOR, The Initiation of the Second Macedonian War, Stuttgart 1996. Den eindrucksvollsten Gegenentwurf hat GRUEN (1984), 382-398, vorgelegt, der in HOLLEAUX' Nachfolge Geringschätzung des ›annalistischen‹ Livius mit der These eines widerstrebenden Kriegseintrittes verbindet. Wichtig sind auch K.-E. PETZOLD, Die Eröffnung des Zweiten Römisch-Makedonischen Krieges, Berlin 1940, 31-43; J. P. V. D. BALSDON, Rome and Macedon, 205-200 B.C., JRS 44 (1954), 30-42; RICH (1976), 73-87, 107-109; WILL (1982), 131-149; CH. HABICHT, Studien zur Geschichte Athens in hellenistischer Zeit, Göttingen 1982, 142-158; R. M. ERRINGTON, Rome against Philip and Antiochus, in: CAH 8, 1989^2, 244-261; HARRIS (1991), 212-218.

37 HOLLEAUX (1921b), 278 Anm. 1; DERS. (1930b), 340 mit Anm. 1. Für die Historizität der im Folgenden zu besprechenden Ereignisse treten ein BADIAN (1952a), 22f.; DERS. (1958), 61f.; J. P. V. D. BALSDON, Some Questions about Historical Writing in the Second Century B.C., CQ NS 3 (1953), 162-164; DERS. (1954), 34f.; ERRINGTON (1989b), 245; WARRIOR (1996b), 101-103; U. BREDEHORN, Senatsakten in der republikanischen Annalistik, Diss. Marburg 1968, 103-123; A. GIOVANNINI, Les antécédents de la deuxième guerre de Macédoine, in: R. Frei-Stolba / K. Gex (Hrsgg.), Recherches récentes sur le monde hellenistique, Bern u. a. 2001, 97-113.

38 Liv. XXX 26,2-4. Livius spricht bloß von *legati sociarum urbium ex Graecia*, doch es kommen eigentlich keine anderen Städte als die in der illyrischen Interessensphäre liegenden in Frage, etwa Apollonia. Die fehlende exakte Lokalisierung kann noch kein Argument gegen die Historizität sein (so GRUEN [1984], 383), und die Bezeichnung *socius* setzt nur eine lose Verbindung mit Rom voraus, keinen Vertrag (vgl. A. HEUSS, Die völkerrechtlichen Grundlagen der römischen Außenpolitik in republikanischer Zeit, Leipzig 1933, 26 Anm. 1; DAHLHEIM [1968], 163-165); solche hatten die in Frage kommenden Städte nämlich nicht (dazu zuletzt ECKSTEIN [1999]; s. o. S. 69 Anm. 3). GRUENS zweiter Punkt, von diesen Vorfällen sei während des Zweiten Makedonischen Krieges nicht mehr die Rede, trifft nicht zu (s. u. Anm. 39), und selbst wenn, würde es nicht viel besagen: 201/200 hatten die Römer längst publicityträchtigere Vorwürfe gegen Philipp gefunden.

39 Livius spricht von *regia praesidia*, was schon W. WEISSENBORN / H. J. MÜLLER, Titi Livi ab urbe condita libri, Bd. 6: Buch XXIX und XXX, Berlin 1899^4, 133, als Grenztruppen auffaßten. Das illyrische Melitussa, genannt im Polybiosfragment XIII 10,11 für das Jahr 204, wurde vielleicht im Zusammenhang mit diesen Kämpfen erwähnt, doch ergibt sich daraus noch nicht eine Anwesenheit Philipps in Illyrien (so WALBANK [1940], 111). Die Liviusstelle spricht jedenfalls dagegen. Aufschlußreicher ist Flamininus' Forderung während der Konferenz von Lokris 198, Philipp solle den Römern diejenigen Plätze in Illyrien übergeben, derer er sich nach dem Frieden

dafür Verantwortung zu übernehmen; um einen einleuchtenden Grund wäre er wohl auch verlegen gewesen, denn um einen Verstoß gegen die Vereinbarungen von Phoinike handelte es sich zweifellos. Offiziell ahnungslos, wollte er diese Politik der Nadelstiche offenbar fortsetzen und so, gerade unter der Schmerzgrenze, Druck auf die römische Interessensphäre ausüben. Roms Truppenrückzug von 205 und seine Konzentration auf Karthago ließen Philipp diese Grenze allerdings höher einschätzen, als sie war.

Die römischen Gesandten begnügten sich nämlich nicht mit der Überbringung ihrer Beschwerde, einer von ihnen, M. Aurelius, hob Truppen aus und stellte sich den Makedonen entgegen. Durch diesen Beweis von Entschlossenheit wollte er einen Abfall der *socii* zu Philipp verhindern. Zu Anfang des Jahres 201 beklagte sich nun eine makedonische Gesandtschaft in Rom über dieses Verhalten. Der Senat aber, zusätzlich erbittert über die Verstärkung von Hannibals letztem Heer durch Soldaten aus Makedonien, stellte sich hinter Aurelius und warnte den König, er steuere mit seiner Politik in den nächsten Krieg mit Rom.[40] Man kann Philipp nicht einmal einen unverantwortlichen Vabanquespieler nennen: Er hatte erwartet, die Römer würden sich wieder, wie vor dem Krieg, auf die Rolle eines Beobachters beschränken, der nur im äußersten Fall das Spielfeld betrat. Mit einem Protest mußte er durchaus rechnen, nicht aber damit, daß wegen einiger Grenzscharmützel ein römischer Legat auf eigene Faust Truppen aufstellte und der Senat unverhüllt mit Krieg drohte.[41] Vielleicht wurde Philipp jetzt klar, daß über kurz oder lang eine neue Auseinandersetzung nicht zu vermeiden war.

Die römische Wachsamkeit ließ auch nach Phoinike nicht nach, die Feindschaft brauchte nur einen Anlaß, groß genug, um wieder voll auszu-

---

von Phoinike bemächtigt habe (Polyb. XVIII 1,14; vgl. BRISCOE [1973], 54f.). Daß Polybios lediglich von τόποι spricht, deutet ebenfalls auf ein geringes Ausmaß der Kämpfe.

40 Liv. XXX 42,1-11; Cass. Dio XVII frg. 57,76 (?, vgl. dazu B. FERRO, Le origini della II guerra macedonica, Palermo 1960, 147). Die Makedonen warfen Aurelius *bellum* und offene Feldschlacht (*signis conlatis*) vor, die Römer sprachen von Abwehr von Plünderern auf dem Gebiet der *socii*. Beide Seiten redeten die Tatsachen natürlich schön, aber die Wahrheit liegt wohl näher bei der römischen Version: Aurelius konnte sich, abgesehen von einem kleinen Stab, nur auf Kontingente der *socii* stützen, und die Kämpfe zogen keine unmittelbaren Konsequenzen nach sich; Philipp unterbrach seine gleichzeitigen Operationen an den Meerengen nicht, und es ist zu bezweifeln, ob die Gesandten ihm persönlich ihre Beschwerde vortrugen. Ein zweiter Streitpunkt zwischen den beiden Mächten war die Unterstützung Hannibals durch makedonische Soldaten, die nach Zama gefangengenommen wurden. Bei diesen handelte es sich wohl um Söldner, die zwar nicht in Philipps Auftrag gekämpft hatten, aber immerhin seine Untertanen waren; vgl. T. A. DOREY, Macedonian Troops at the Battle of Zama, AJPh 78 (1957), 185-187.

41 Aurelius erhielt für sein selbständiges Handeln volle Rückendeckung vom Senat (Liv. XXX 42,5.10). Daß schon ein Anschluß der *socii* an Philipp drohte, war vielleicht übertrieben, aber die Römer waren offenbar bemüht, keine Unzufriedenheit aufkommen zu lassen. Ein Indiz dafür, daß sie die strategisch günstige Lage ihrer Brückenköpfe in Illyrien auch in Zukunft zu nutzen gedachten.

brechen. Die Jahre bis 200 brachten einige solcher Ereignisse mit sich. Es ist müßig zu spekulieren, welche Tat Philipps genau das Maß überschritt, die ›Unterstützung‹ Karthagos, die Übergriffe in Illyrien, der Geheimvertrag mit Antiochos III. über die Teilung Ägyptens, die Expedition nach Kleinasien, welche Pergamon und Rhodos provozierte, oder gar der Konflikt mit Athen. Daß er damals vor allem Interessen im östlichen Ägäisgebiet verfolgte, also weit weg von Italien, half ihm nichts. Er hätte sich in seinem Palast in Pella einschließen können, das Risiko einer Provokation Roms hätte er dadurch nicht ausgeschlossen. Letztlich kam es nicht darauf an, ob Makedonien tatsächlich eine Gefahr für Italien darstellte oder nicht,[42] der König hatte sich bereits einmal als unberechenbarer Feind erwiesen, und das blieb er auch. Der Zweite Makedonische Krieg war, so betrachtet, nur ein Nachspiel des Hannibalkrieges, ein Epilog im Osten.

Daß es für die Römer damals nur noch um das Wann und Wie des Krieges ging, nicht um das Ob, das zeigt der zweite zu erwähnende Aspekt. Die Kommission, die der Senat 200, nach der Vorsprache Attalos' und der Rhodier in Rom, in den Osten sandte, stellte zwei Forderungen: Philipp dürfe gegen keinen griechischen Staat Krieg führen, wegen des Unrechts gegenüber Attalos solle er sich vor einem neutralen Schiedsgericht verantworten; nur dann könne er Frieden haben.[43] Während man über den zweiten Punkt noch hätte reden können – seine Annahme hätte zwar einen schweren Imageverlust bedeutet, aber die Römer setzten sich immerhin nicht selbst als Schlichter ein –, so nahm der erste dem König die Luft zum Atmen. Die Rede war ja nicht bloß von Philipps momentanen Feinden, auch nicht von den unabhängigen Griechenstaaten[44] – die Forderung lautete, ebenso platt wie eingängig: kein Krieg gegen Griechen, ohne Einschränkungen. Makedonische Politik war seit Philipp II. aber vor allem Politik in und wegen Griechenland. Ihre Ultima ratio aus der Hand zu geben hieß, in Zukunft auf jeden Einfluß zu verzichten, sich aus dem Spiel zurückzuziehen.[45]

---

42 Damit argumentiert HOLLEAUX (1921b), 297-305: Makedonien sei viel zu schwach gewesen, als daß Rom hier eine Bedrohung hätte ausschalten müssen; beide Staaten hätten somit in Frieden leben können (wenn nicht der Geheimvertrag den Krieg ausgelöst hätte). Die Selbstbeschränkung einer Großmacht ist hier weit überschätzt.

43 Polyb. XVI 27,2f.: . . . Ῥωμαῖοι παρακαλοῦσι τὸν βασιλέα τῶν μὲν Ἑλλήνων μηδενὶ πολεμεῖν, τῶν δὲ γεγονότων εἰς Ἄτταλον ἀδικημάτων δίκας ὑπέχειν ἐν ἴσῳ κριτηρίῳ . . . (2)

44 So ECKSTEIN (1976), 129: »Philip had been told to refrain from aggression against Greek states independent of Macedon«.

45 So interpretierte schon HOLLEAUX (1930b), 344f., diese Bedingung, wofür er von BADIAN (1958), 66f., heftig kritisiert wurde: »It might as easily be claimed that present-day demands that certain powers should stop their policy of aggression seek to confine the powers concerned to their frontiers of several hundred years ago.« Doch das römische Verhalten läßt sich nicht mit wohlmeinenden Friedensappellen des 20. Jahrhunderts gleichsetzen. Was aber wäre gewesen, wenn die Vereinigten Staaten 1958 die Sowjetunion aufgefordert hätten, unter Andro-

Wer solche ›Bedingungen‹ stellte, wünschte entweder Krieg oder war unvertraut mit Machtpolitik. Letzteres, ohnehin unwahrscheinlich, wird durch das Verhalten der römischen Legaten ausgeschlossen. Statt in Verhandlungen mit dem König nach einem Ausweg zu suchen, posaunten sie ihre Forderungen vor der neutralen griechischen Welt heraus, vor den Epeiroten, bei Amynander von Athamanien, bei Versammlungen der Aitoler und der Achaier. Erst danach setzten sie Philipps Feldherrn Nikanor offiziell in Kenntnis, in einer Begegnung, die sich ohnehin mehr dem Zufall als bewußtem Planen verdankte.[46] Durch diese Art von Diplomatie war jeglicher Kompromiß von vornherein ausgeschlossen, denn die Römer konnten schlecht hinter ihren ebenso prestigeträchtigen wie plakativen Slogan ›Hände weg von Griechenland‹ zurück.[47] Die Kausalität ist offenbar eine andere: Das Wunschergebnis, die Degradierung Makedoniens zu einer Macht zweiten Ranges, wurde ohne Abstriche zum offiziellen Kriegsziel erklärt und dabei, nicht ungeschickt, in eine Formel mit propagandistischem Potential gekleidet, die breite Unterstützung zu sichern schien. Die Gesandten sollten günstige Voraussetzungen für die Erneuerung eines Kampfes schaffen, der nie endgültig beigelegt worden war. Auf Philipp kam es im Moment nicht an, M. Aemilius Lepidus suchte, als er ihm vor Abydos die römischen Forderungen präsentierte, nur den Bühnendonner, ein Ultimatum stellte er nicht.[48]

---

hung eines Kriegs, auf jede militärische Intervention in den Staaten des Warschauer Pakts zu verzichten? Oder umgekehrt die Sowjetunion die USA, mit Bezug auf die NATO?

46 Polyb. XVI 27 (zur Zufälligkeit des Zusammentreffens GRUEN [1984], 394, 397 Anm. 215). Nach E. BICKERMANN, Les préliminaires de la seconde guerre de Macédoine, RPh 9 (1935), 171-174, gefolgt von GRUEN, 396f., vermieden die Gesandten, keineswegs auf Krieg aus, ein Zusammentreffen mit Philipp, um einen Eklat zu verhindern; durch einen ›indirekten Appell‹, die Verbreitung ihrer Bedingungen in Griechenland, wollten sie ihn zum Einlenken bewegen. Erst die Agitation Attalos' und der Rhodier, dazu die Unnachgiebigkeit Philipps ließen den Konflikt eskalieren. Doch ist es nicht eine eigenartige Taktik, einen gefährlichen Nachbarn zum Zurückstecken zu veranlassen, indem man in seinem Vorgarten Stimmung gegen ihn macht?

47 Zu jener Zeit kontrollierte M. Valerius Laevinus – derselbe wie im letzten Krieg – mit einem starken Flottenkontingent längst die Adria und hatte sich auf dem Balkan festgesetzt (Liv. XXXI 3,2-6). Zur Chronologie WARRIOR (1996b), 52-60, die mit Recht von einer »Roman version of gun-boat diplomacy« spricht (59).

48 Polyb. XVI 34,1-7 (zu den zusätzlichen Forderungen für Rhodos und Ägypten, die hier nichts zur Sache tun, WALBANK [1967], 543). Die beste Interpretation gibt ERRINGTON (1989b), 255f., 258-261. Als eine bewußte Provokation Philipps betrachten die Forderungen auch HOLLEAUX (1930b), 344-350; J. A. O. LARSEN, The Peace of Phoenice and the Outbreak of the Second Macedonian War, CPh 32 (1937), 30f.; PETZOLD (1940), 37-43; RICH (1976), 107-109; WARRIOR (1996b), 51f., 77f. GRUEN (1984), 81, bewertet die Außenwirkung der römischen Forderungen wie ich: »A grandiose propaganda gesture, appropriate and fruitful«, doch verkennt er meines Erachtens den Hintergrund, wenn er die Römer nur auf Aufpolierung ihres Rufs, nicht auf Krieg aus sein läßt (397f.).

Zwei Monate später, im Herbst 200, landete ein römisches Heer in der illyrischen Interessensphäre, zwei Legionen stark.[49] Kommandiert wurde es von P. Sulpicius Galba, damals zum zweitenmal Konsul, eben dem Galba, der schon von 210 bis 206 gegen Philipp gekämpft hatte. In dieser erneuten Berufung wollte die Forschung begreiflicherweise mehr als einen Zufall sehen: Galba sei schon im Hinblick auf den kommenden Krieg erneut zum Konsul gewählt worden, er sei der erste einer ganzen Reihe von ›Ostexperten‹, die in den folgenden Jahrzehnten gemeinsam die römische Griechenlandpolitik bestimmt hätten.[50] Erich S. Gruen hat aber darauf hingewiesen, daß ein solches Expertentum der aristokratischen Mentalität widersprochen hätte, nach der jedes Mitglied der regierenden Schicht zu jeder Aufgabe befähigt sei. Weder sei eine spezielle Ausbildung erforderlich gewesen, noch wäre sie, hätte es sie gegeben, als Kompetenzvorsprung anerkannt worden. Vor allem zeigt Gruens Analyse, daß von einer Bündelung der Aufgaben im hellenistischen Osten in den Händen weniger nicht die Rede sein kann. Vielmehr wurden die personellen Ressourcen der römischen Oberschicht durchaus ausgeschöpft, und in deren Begrenztheit ist nach Gruen der wichtigste Grund für wiederholte Missionen einzelner Senatoren im Osten zu sehen.[51]

Erinnert man sich vor diesem Hintergrund daran, daß Galbas erstes Kommando nicht nur von keinen spektakulären Erfolgen geprägt war, sondern mit dem Abfall der Aitoler sogar in einem Fiasko endete, daß für seine Wahl, wie für die des Flamininus zwei Jahre später, nichts von außenpolitischen Seitenblicken bekannt ist und daß auch er seinen Amtsbereich erloste: Dann bleibt tatsächlich nur übrig, den Grund für Galbas Erfolg in seiner einflußreichen Stellung innerhalb der römischen Aristokratie zu suchen und dem von Historikern so ungeliebten Zufall seine erneute Entsendung gegen Makedonien zuzuschreiben.[52]

Andererseits: Es ist eine recht effektive Art und Weise, sich ins eigene Fleisch zu schneiden, zieht man unerfahrene oder inkompetente Männer routinierten und fähigen vor, nur um der aristokratischen Gleichheit willen. Trotzdem schreckten die Römer keineswegs davor zurück, solange es um die Besetzung der obersten Ämter ging, um Konsulat, Krieg und Triumph.

---

49 Liv. XXXI 14,1f.

50 Einen Überblick über die wichtigeren Vertreter dieser Meinung gibt GRUEN (1984), 205 Anm. 5.

51 Vgl. GRUEN (1984), 203-249, bes. 247-249. Weitgehend unbeeindruckt von GRUENS Argumentation zeigten sich seither ERRINGTON (1989b), 255f., WARRIOR (1996b), 58, SCHULZ (1997), 62-66, HEFTNER (1997), 318, und R. FEIG VISHNIA, The Refusal of the Centuriate Assembly to Declare War on Macedon (200 BC) – A Reappraisal, SCI 17 (1998), 36f. mit Anm. 14.

52 Liv. XXXI 4,4; 5,9-6,1; Enn. ann. 324 Skutsch. Vgl. GRUEN (1984), 204-207; ECKSTEIN (1976), 125. S. o. S. 64f.

Leichter lastete der aristokratische Druck auf der Besetzung von Gesandtschaften, die nur selten Gelegenheit zu aufsehenerregenden Taten boten. Gelost wurde hier ohnehin nicht. Das Auswahlkriterium ›Kompetenz‹ konnte deshalb eine zwar nicht bestimmende, aber doch größere Rolle spielen.[53] Und tatsächlich weisen die diplomatischen Aktivitäten im Osten eine etwas höhere personale Kontinuität auf als die militärischen. So wurde auch Galba in den folgenden Jahren immer wieder mit griechischen Angelegenheiten betraut, sicherlich nicht zuletzt, weil in dieser frühen Phase römischer Ostpolitik kaum Senatoren mit annähernd gleicher Erfahrung zur Verfügung standen.[54] Vergißt man nicht, daß Galba später nie mehr eine Legion befehligte, und vor allem, daß selbst er dem Senat niemals eine politische Linie vorgab, dann kann man ihn auch ruhig ›Ostexperte‹ nennen.

Römische Legaten wurden aber gewöhnlich mit der Lösung von Einzelproblemen betraut, die von Fall zu Fall unterschiedliche Lösungen sogar von ein und demselben Mann verlangten, ganz zu schweigen von einer ganzen Gruppe.[55] Dieser punktuelle Charakter der Missionen, verbunden mit dem immer noch starken Personalwechsel, erlaubte Gesandten keine Verfolgung einer wie auch immer gearteten politischen Strategie.[56] Eine solche kann man höchstens von Befehlshabern erwarten, die länger im Osten tätig

---

53 Das Material ist gesammelt bei GRUEN (1984), 219-244, der die Quellen jedoch überstrapaziert, wenn er für die häufigere Entsendung einiger weniger Männer lediglich innenpolitische Gründe vermutet (etwa 223, 237) und dem Faktor ›Erfahrung‹ nur einen denkbar geringen Stellenwert zugesteht. Die wiederholte Tätigkeit einiger Senatoren im Osten tut er mit dem Hinweis auf die Unerfahrenheit ihrer jeweiligen Begleiter ab (222, 224, 227, 233): Aber kein Besetzungsprinzip für ein Kollegium ist einleuchtender, als einem ›alten Hasen‹ junge, lernbereite Partner beizugeben. Weitere Kritik übt RICH (1985), 93. Vgl. auch DEVELIN (1985), 265-271.

54 Legat unter Flamininus 197, Mitglied der Zehnerkommission 196, Gesandter zu Antiochos 195, neben Flamininus Wortführer bei den Verhandlungen mit Antiochos' Gesandten 193, Gesandter zu Eumenes II. und zu Antiochos 193. Sein Kollege bei all diesen Missionen war sein Nachfolger und Flamininus' unmittelbarer Vorgänger in Griechenland, P. Villius Tappulus, der zudem Flamininus auf seiner griechischen Gesandtschaft von 192 begleitete. Vgl. MRR I 334, 338, 341, 348, 351; Liv. XXXIV 57,4; 59,1-3.

55 Am Paradebeispiel eines ›Ostexperten‹, Ap. Claudius Pulcher, der nach dem Dienst unter Flamininus und im Krieg gegen Antiochos wahrscheinlich noch viermal in Kommissionen berufen wurde, die sich mit griechischen Problemen auseinandersetzten (MRR I 337, 341, 344, 355, 376f., 380, 405, 409, II 547, III 55 – die personelle Identität ist jedoch nicht völlig gesichert, s. u. S. 344 Anm. 3 u. 349 Anm. 13), kritisiert GRUEN (1984), 233f., das fehlende politische Konzept seiner Aktivitäten. Doch heißt das keineswegs, daß der Senat sich seiner Kenntnis und offenbar auch seiner Bereitschaft – nicht jeder wird auf eine mühsame und schwierige Gesandtschaftsreise in den Osten erpicht gewesen sein – nicht gern bediente.

56 Auch G. CLEMENTE, «Esperti», ambasciatori del senato e la formazione della politica estera romana tra il III e il II secolo a.C., Athenaeum NS 54 (1976), 319-352, betrachtet die ›Ostexperten‹ als Instrument des Senats. Doch kommt er zu diesem Ergebnis, indem er ›Gruppen‹ solcher Männer annimmt, die eine bestimmte Politik verfolgt hätten, sich im Kampf widerstreitender Interessen aber nicht im Senat hätten durchsetzen können; ohnehin habe der Senat nur sehr zögerlich auf die neuen Impulse reagiert.

waren – der einzige, der in Frage kommt, ist Flamininus. Doch auch hier darf sie nicht vorausgesetzt, sie muß bewiesen werden. Ob der bedeutendste Nachfolger Galbas, dem selbst Gruen eine Ausnahmestellung zubilligt,[57] sich zu einem ›Ostexperten‹ im Sinne eines Politikmachers entwickelte, wird noch zu untersuchen sein.

Für Philipp konnte es in diesem Krieg nur darum gehen, sich so lange als möglich zu behaupten und einem zermürbten Gegner einen einigermaßen günstigen Frieden abzuringen. Seine erhebliche Unterlegenheit an Soldaten und materiellen Ressourcen ließ ihm keine andere Wahl. Auch die Römer waren sich über die Schwäche Philipps im klaren, sonst hätten sie nicht bloß ein einziges konsularisches Heer geschickt.[58]

So betrachtet, waren die Feldzüge Galbas am Ende des Jahres 200 und im Jahr darauf ein eklatanter Fehlschlag. Philipp wurde nämlich nicht zu einer Entscheidungsschlacht gezwungen, sein Heer blieb intakt und seine Herrschaft über Makedonien ungefährdet. Allerdings: Philipp war kein Demetrios von Pharos. Daß man mit ihm in nur einer Kampagne fertig würde, hatten die Römer nicht ernstlich erwarten können. Und Galba hatte, auch wenn er nichts vorweisen konnte, was ihm in Rom einen Triumph einbrachte, einige Etappenerfolge erzielt, die seinem Nachfolger eine wesentlich bessere Ausgangslage verschafften, als er selbst sie vorgefunden hatte. Das römische Heer war ohne große Mühe von Westen nach Makedonien eingebrochen, dem Kerngebiet um Pella und Aigai bedrohlich nahe gekommen und, am wichtigsten, es hatte in zwei größeren Gefechten den König in seinem eigenen Land besiegt. Der Mangel an Nachschub hatte den Legionen mehr zu schaffen gemacht als die militärische Auseinandersetzung.[59]

Noch beträchtlichere Erfolge waren auf diplomatischem Gebiet gelungen: Vor Galbas Ankunft hatten von den Griechen des Mutterlandes nur die Athener Philipp den Krieg erklärt, was für das römische Prestige wichtig war, aber keine greifbare militärische Unterstützung brachte; die kleinasiatischen Partner, Attalos und die Rhodier, konnten nur zur See helfen, die Entscheidung würde aber auf dem Land fallen; der Besuch der römischen Legaten bei den Epeiroten, Aitolern und Achaiern hatte zunächst keinen

---

57 Vgl. GRUEN (1984), 215, 220f., 248.

58 Die beste Analyse der strategischen Ausgangslage stammt immer noch von J. KROMAYER, Antike Schlachtfelder in Griechenland, Bd. 2, Berlin 1907, 3-9. Vgl. auch J. H. THIEL, Studies on the History of Roman Sea-Power in Republican Times, Amsterdam 1946, 206-210. Zur makedonischen Wehrkraft AFZELIUS (1944), 101-104.

59 Feldzug 200: Liv. XXXI 14,3; 22,4-25,2; 26,1-27,8; Zon. IX 15,2-4. Feldzug 199: XXXI 33,1-47,3; XXXII 4; Cass. Dio XVIII frg. 58,1-4; Zon. IX 15,4-6. Die grundlegende Darstellung gibt KROMAYER (1907), 9-33, wichtig sind die auf Autopsie beruhenden Korrekturen von N. G. L. HAMMOND, The Opening Campaigns and the Battle of the Aoi Stena in the Second Macedonian War, JRS 56 (1966), 42-46. Vgl. auch WALBANK (1940), 138-147; THIEL (1946), 227-239.

sichtbaren Erfolg gezeitigt. Nur Amynander, der König des kleinen, Thessalien benachbarten Athamanien, war vielleicht stärker beeindruckt, denn er fand sich noch 200, nach den ersten erfolgreichen Operationen, im römischen Lager ein. Gleichzeitig kamen der Illyrier Pleuratos, der schon im vorigen Krieg auf römischer Seite gekämpft hatte, und der Dardaner Bato, dessen Volk in traditioneller Feindschaft mit Makedonien lebte.[60] Diese drei erhofften sich wahrscheinlich mehr von Philipps Niederlage als von Roms Sieg, aber im Moment machte das keinen Unterschied. Dank ihrer Hilfe konnte Galba für das nächste Jahr einen Angriff von drei Seiten auf Makedonien planen. Zwar brachte das Zusammenspiel, zeitlich schlecht koordiniert, nur bescheidenen Erfolg, aber das Potential der Allianz wurde durchaus sichtbar, vor allem, da sich ihr im Laufe des Jahres, unter dem Eindruck des ersten römischen Sieges über Philipp, auch die Aitoler anschlossen. Das militärische und das diplomatische Handeln Galbas hatten sich also gegenseitig begünstigt. Der Kriegseintritt der Nachbarn und der nach Makedonien stärksten Landmacht Griechenlands wog um so schwerer, als es Philipp im Gegenzug nicht gelang, seinen wichtigsten Verbündeten, den Achaiischen Bund, zu einem entsprechenden Schritt zu bewegen, also die Konstellation des ersten Krieges wiederherzustellen. Die Achaier blieben neutral. Abgesehen von militärisch bedeutungsloser Hilfe aus Akarnanien und Boiotien war Makedonien damit isoliert.[61]

Galbas Fortschritte waren um so bemerkenswerter, als er sich während seines früheren Kommandos in Griechenland sehr unbeliebt gemacht hatte, bei den Feinden (den Achaiern) wegen seiner rücksichtslosen Kriegsführung, bei den Verbündeten (den Aitolern) wegen seiner mangelnden Unterstützung.[62] Und auch jetzt nahm er keine neuen Rücksichten: Die Römer

---

60 Liv. XXXI 28,1-3.

61 Aitoler: Liv. XXXI 28,6-32,5; 40,9; 46,1-5. Achaier: XXXI 25,2-11. Eine zu negative Bilanz für Galba ziehen KROMAYER (1907), 29-35, BADIAN (1973), 305f., ECKSTEIN (1976), 126f., und WILL (1982), 151f., der die ersten beiden Kriegsjahre auf wenigen Zeilen als bloßes Vorspiel zum »guerre de Flamininus« abhandelt. Etwas freundlicher urteilen A. PASSERINI, Studi di storia ellenistico-romana, III, Athenaeum NS 10 (1932), 106, WALBANK (1940), 147f., ERRINGTON (1989b), 263, N. G. L. HAMMOND, The Reigns of Philip V and Perseus, in: ders. / F. W. Walbank, A History of Macedonia, Bd. 3, Oxford 1988, 423, und vor allem DE SANCTIS (1923), 55-57, und THIEL (1946), 233f. Die Meuterei, die der neue Befehlshaber P. Villius Tappulus vorfand, wird gern als Symptom für die Demoralisierung von Galbas erfolgloser Armee gewertet (so etwa FEIG VISHNIA [1996], 148). Als Grund nennt Livius aber allein den viel zu langen, teilweise seit Cannae (!) andauernden Militärdienst – was der Konsul im Prinzip auch als Beschwerdegrund anerkannte –, und, wichtiger, die Revolte blieb auf diese Veteranen begrenzt: Wie auch immer der Feldzug des Jahres 199 auf die Stimmung der Truppe wirkte, er war kein hinreichendes Motiv für eine Empörung (Liv. XXXII 3,2-7; zur Stelle BRISCOE [1973], 172f.).

62 Zur römischen Kriegsführung und der griechischen Empörung während des ersten Krieges vgl. HOLLEAUX (1921b), 231f. (mit den relevanten Stellen); A. AYMARD, Les premiers rapports de Rome et de la Confédération achaienne (198-189 avant J.-C.), Bordeaux u. a. 1938, 71f. Galbas Zugeständnis an die gefangenen Aigineten 210, sich um eine Auslösung bemühen zu dür-

gingen nicht anders vor als im letzten Krieg, die Einwohner der eroberten Städte wurden nicht weniger grausam behandelt.[63] Ihrem Tun entsprach das wesentliche Argument, womit die Römer die öffentliche Meinung Griechenlands zu gewinnen suchten: ihre Macht.[64]

Dem lauthals verkündeten Ultimatum von 200 widersprach das nicht, im Gegenteil.[65] Es hatte ja auf Schwächung Philipps gezielt, nicht auf Hilfe für die Griechen. Freilich lag die Betonung jetzt nicht mehr auf dem eigentlich Verlockenden, der Befreiung von Makedonien, sondern auf der militärischen Überlegenheit Roms. Eine Ursache mag eine gewisse Gleichgültigkeit des Feldherrn gegenüber den Feinheiten der Propaganda gewesen sein, vor allem aber hatte das Ultimatum seinen Zweck gar nicht erfüllt: die

---

fen, weil dies bei den Griechen Brauch sei, ist ein vereinzelter Hinweis auf ein Bemühen um die öffentliche Meinung, aber die Szene bezeugt gleichzeitig die klare Überordnung der militärischen und finanziellen (Lösegeld) Belange (Polyb. IX 42,5-8; vgl. R. PFEILSCHIFTER, Andere Länder, andere Sitten?, in: B. Linke / M. Stemmler [Hrsgg.], *Mos maiorum*, Stuttgart 2000, 125 Anm. 93). Übrigens scheinen die stammverwandten Städte, zu denen die Aigineten Gesandte schickten, nicht besonders zugänglich gewesen zu sein: Zumindest ein Großteil der Bevölkerung wurde letztlich doch verkauft (Polyb. XXII 8,9). Entsprechend schlecht war das Image der Römer im allgemeinen: HEIDEMANN (1966), 14-21; J. DEININGER, Der politische Widerstand gegen Rom in Griechenland 217-86 v. Chr., Berlin u. a. 1971, 25-37.

63 Chalkis: Liv. XXXI 23,6-10; Antipatreia: XXXI 27,3-5; Akanthos: XXXI 45,16; Oreos: XXXI 46,16. Ausnahmen waren Andros, dessen Einwohner aber nur dank einer nicht einnehmbaren Burg freien Abzug aushandeln konnten (XXXI 45,6f.), und das strategisch wichtige Pelion: Um die Stadt nicht menschenleer zu machen, verlangte Galba für die Freien kein Lösegeld und ließ sie weiter dort wohnen, freilich nicht ohne zuvor geplündert, die Sklaven mitgenommen und eine starke Besatzung stationiert zu haben (XXXI 40,4f.). Vgl. auch FERRARY (1988), 49. Anders PETZOLD (1992), 223 mit Anm. 131.

64 Bei der einzigen propagandistischen Auseinandersetzung in dieser frühen Kriegsphase, von der wir wissen, während der aitolischen Bundesversammlung im Frühjahr 199, rechtfertigte der römische Gesandte, L. Furius Purpurio, ausführlich die Behandlung der Städte Italiens und Siziliens – die meist mit der Befreiung, aber durchaus auch mal mit der Unterwerfung endete – und faßte die römische Politik in der prägnanten Formel zusammen, jedem werde das Schicksal zuteil, das seinem Verhalten gegen die Römer entspreche (*pro merito cuique erga nos fortunam esse*); ausdrücklich setzte er hinzu, daß dies alle Völker wissen sollten (Liv. XXXI 31,5-16, bes. 9). Sicherlich unterschied sich die tatsächlich gehaltene Rede von der des Livius – die für römische Ohren völlig überzeugend ist –, aber die wesentlichen Gedanken dürften korrekt wiedergegeben sein (vgl. auch BRISCOE [1973], 18f. mit Anm. 5): Dem Vorwurf eines makedonischen Gesandten, die Römer seien von Natur aus Feinde der Griechen (29,15), hatte Purpurio nichts Positives, kein höheres Ziel entgegenzusetzen – nur die *clementia* im Sieg (31,16). Bestätigt wird diese Interpretation durch die Athener, die nach langer Beschwerde über Philipps Verletzung der Rechte der Götter nur einen Punkt für die Römer anführen konnten: Sie seien nach den Göttern am stärksten (30,11). HEIDEMANN (1966), 28-31, glaubt in der römischen Rede »defensive Freiheitspropaganda« (30) – was auch immer das sein mag – zu erkennen; dabei arbeitet sie selbst die Nebensächlichkeit des Freiheitsbegriffs in der Argumentation heraus (bes. Anm. 47). Willkürlich ist ihre Vermutung, in der Polybianischen Fassung habe Purpurio den Griechen vielleicht doch die Freiheit in Aussicht gestellt. Warum sollte Livius einen solchen Gedanken unterschlagen? Er tut es auch später nicht.

65 Anders BADIAN (1973), 306f.; ECKSTEIN (1976), 126.

Griechen ins römische Lager zu treiben. Ihnen die Realitäten des Krieges vor Augen zu stellen, statt die Zeit des Friedens auszumalen, setzte ihrem Zögern vielleicht eher ein Ende. Der Erfolg gab Galba recht.

Zu diesem trug auch bei, daß die Antipathie gegen ihn jetzt keine allzu große Rolle mehr spielte, zumindest ist in den Quellen kaum davon die Rede. Der Grund liegt im Verhalten des Feindes. Philipp hatte inzwischen bei seinen Operationen in der Ägäis und in Kleinasien gezeigt, daß er mit griechischen Städten genauso umgehen konnte: Er hatte, wenn man so will, mit den Römern gleichgezogen, das Maß an Skrupellosigkeit bot kein sicheres Kriterium für eine Unterscheidung der Gegner.[66] Das griechische Mißtrauen gegen Philipp, die Hoffnung auf den Fall Makedoniens wogen daher wenigstens genauso schwer wie die Furcht vor Galba. Den Ausschlag gab so die offensichtliche Überlegenheit der Römer, ein Eindruck, der von den ersten Kampagnen bestätigt wurde.[67]

Der Krieg war keineswegs verfahren, und der römische Senat, ganz zu schweigen von dem vermeintlich gescheiterten Feldherrn, hatte nicht den geringsten Anlaß, händeringend nach einer Lichtgestalt zu suchen, die die Wende bringen könnte.[68] Vielmehr traf Galba bereits Vorbereitungen für den Feldzug des nächsten Jahres, der wahrscheinlich nach dem gleichen Muster ablaufen sollte, diesmal aber besser geplant, besser koordiniert und in besserer Ortskenntnis.[69] Eine Entscheidung schien durchaus im Bereich des Möglichen, nur konnte Galba selbst nicht mehr die Frucht seiner Vorarbeiten ernten. Dies blieb Aufgabe seines Nachfolgers.

❋

Das Interesse der hellenistischen Welt an Rom war größer als umgekehrt. Ein makedonischer Herrscher war es, Philipp V., dessen Initiative die Ereignisse auslöste, die mit der Beherrschung des östlichen Mittelmeers durch

66 Die drastischsten Beispiele sind die Eroberung von Kios, von Thasos (beide 202) und von Abydos 200 (Polyb. XV 21,1-24,3; XVI 30,7-33,5; 34,8-12). Zu Philipps Aktionen dieser Jahre vgl. WALBANK (1940), 114-127, 129-135. Im Jahre 200 veranlaßte der Argwohn gegen beide Seiten die Achaier zur Neutralität, Galba profitierte also sogar von seinem Ruf (vgl. Liv. XXXI 25,8). Da keine achaiischen Städte vom Krieg betroffen wurden – was die Einsilbigkeit unserer auf Polybios ruhenden Überlieferung ebenfalls erklärt –, milderte sich die Stimmung zu diffuser Abneigung gegen Galba: Zwei Jahre darauf, bei der Allianz mit Rom 198, bestimmte die Antipathie gegen ihn nur die Einwohner von Dyme zur Ablehnung, einem Ort, der während des früheren Krieges von den Römern geplündert worden war (Liv. XXXII 22,10; eine verzerrte Version bei App. Mac. 7). ECKSTEINS (1976), 126, im Grunde richtige Charakterisierung von Galbas Image wird dadurch beeinträchtigt, daß er das nicht weniger düstere Bild Philipps außer acht läßt.

67 Vgl. nur Liv. XXXI 32,5; 40,9.

68 Dies ist die Ansicht BADIANS. S. o. S. 64 mit Anm. 134.

69 Liv. XXXI 40,4f. Vgl. HAMMOND (1966), 45.

Rom endeten. 215 schloß er den berühmten Vertrag mit Hannibal, mit dessen Hilfe er den potentiellen Rivalen aus dem Balkan hinauswerfen wollte. Zuvor hatten die Römer sich mit der Kontrolle Illyriens, der italischen Gegenküste, begnügt. Die Aufmerksamkeit für Makedonien und Griechenland war nur mäßig, ihre Interessengebiete lagen, nach der Eroberung Italiens, im Norden und Westen. Ob und wann die Römer aus eigenem Antrieb größeres Engagement gezeigt hätten, darüber kann man spekulieren, während der Auseinandersetzung mit Hannibal hätten sie es jedenfalls nicht getan.

Die katastrophalen Auswirkungen von Philipps Bündnis zeigten sich zunächst nicht, die langwierige Auseinandersetzung konnte er in Phoinike sogar mit einem günstigen Friedensschluß beenden. Der Umstand freilich, daß er sich nur mit Mühe behauptete, während die Römer wenig in ihren griechischen Nebenkriegsschauplatz investierten, dieser Umstand hätte ihn von jeder Provokation Roms abhalten müssen. Daß er es trotzdem tat, spricht nicht für sein politisches Urteil. Wirklich wichtig war dies allerdings nicht, denn wie auch immer er sich verhielt, einen neuen Krieg konnte er nur schwer vermeiden. Sein ›Dolchstoß‹ hatte die Toleranzschwelle des Senats so weit herabgesetzt, daß schon ein geringfügiger Anlaß, eine Rom gar nicht berührende Unternehmung ausreichte, um zu rufen: »Schon wieder!«

Das Mißtrauen gegen den Verbündeten von Roms furchtbarstem Feind ist einerseits sehr verständlich, und dieses Verständnis haben viele Forscher bekanntlich in das schöne Wort vom ›Sicherheitsbedürfnis‹ gekleidet. Rom habe im Jahre 200 nur getan, was es »im Interesse seiner Sicherheit unter allen Umständen erzwingen mußte«.[70] Die Wahrung der eigenen Sicherheit wandelt sich aber schnell zur aggressiven Bedrohung des anderen, wenn die Reaktion in keinem Verhältnis zum Anlaß steht. Einen Grund zu wirklicher Beschwerde gab es 200 nicht im entferntesten. Das Desinteresse von einst war längst einer kaum verhüllten Angriffsbereitschaft gewichen, gegen einen Gegner, der den Römern nicht ernsthaft schaden konnte. Und das wußten sie auch. Eines darf man aber nicht vergessen: Die erste Aggression hatte Philipp begangen, 215.

Für Griechenland aber interessierten sich die Römer im Grunde genausowenig wie dreißig Jahre zuvor. Bedeutung hatte es nur als Basis der makedonischen Machtstellung, hier konnte man Philipp treffen. Deshalb hatten die Römer sich mit den Aitolern verbündet und gegen die Achaier gekämpft. Deshalb verlangten sie 200, Philipp solle gegen keine Griechen Krieg führen. Dabei ging es nicht um die Wünsche oder gar die Freiheit der Griechen, Makedonien sollte als Großmacht beseitigt werden. Wenn die

70 HEFTNER (1997), 321 (zitiert nur als der neueste Vertreter dieser Meinung über den Krieg gegen Philipp). Weitere Lit. s. o. Anm. 36.

Formel prestigeträchtig war – um so besser, aber hier lag nicht das eigentliche Interesse. Deshalb kümmerte sich Galba auch wenig um hellenische Bedürfnisse, was dem modernen Betrachter wie ein Rückschritt gegenüber dem Ultimatum vorkommt, in Wirklichkeit aber nur der erklärten Makedonienpolitik entsprach. Eine davon zu unterscheidende Politik für und in Griechenland existierte nicht.[71] Solange das so blieb, brauchten die Römer freilich auch nicht mit positiver Resonanz zu rechnen, die über die bloße Anerkennung der Machtverhältnisse hinausging.

Das Spiel, in das die Römer sich seit 230 hineingedrängt hatten, teilweise auch hineingezogen worden waren, sie spielten es immer noch allein mit Philipp. Die anderen Akteure waren ihnen bloße Statisten. Das mußte sich ändern, wollten die Römer sich neue Spielzüge, neue Optionen eröffnen, jetzt, wo Philipp schon am Rande stand, die Römer aber im Mittelpunkt.

---

71 Deshalb kann ich ERRINGTON (1989b), 262, 264f., nicht beipflichten, wenn er neben dem Hauptziel, dem Sieg über Philipp, ein »constructive aim of winning the ›hearts and minds‹ of the Greeks« ausmacht, ebenso, wenn er sagt, die Griechen »were to be protected«. Daß durch die Einnahme und Plünderung von Chalkis die Moral der Athener gehoben werden sollte, also das ›constructive aim‹ verfolgt wurde, davon weiß Liv. XXXI 22,8-23,12 nichts; vielmehr trennt er deutlich zwischen dem Schutz Athens und der günstigen Gelegenheit, eine wichtige makedonische Festung in die Hand zu bekommen.

Zweiter Teil: Im Mittelpunkt (198 bis 190 v. Chr.)

Konfrontation: Flamininus und Philipp V.

Krieg und Frieden

Philipps Lage war aussichtslos. Im Winter 199/198 machte er einen Versuch, die Achaier bei der Stange zu halten. Er forderte nämlich nicht nur den üblichen jährlichen Eid, sondern überließ ihnen auch einige peloponnesische Besitzungen, auf die ihr Bund schon lange Ansprüche erhob. Das erleichterte es den Achaiern, loyal zu bleiben, aber Philipp hatte sich getäuscht, falls er gehofft hatte, sie damit doch noch zum Kriegseintritt zu bewegen. Nach ihrer Verweigerung im letzten Jahr dürfte er sich aber keine Illusionen mehr gemacht haben, es ging ihm wahrscheinlich bloß um die Erhaltung ihrer wohlwollenden Neutralität. Gleichzeitig ließ er Herakleides, einen seiner engsten Berater, festnehmen und einsperren. Mit dem Sturz des unbeliebten Mannes wollte er sich der Treue der Makedonen versichern – die Stimmung im Land war so schlecht, daß Philipp vorsichtshalber die Möglichkeit eines Abfalls oder eines Umsturzes in seine Pläne einbezog. Dieses Zweifeln an der Haltung seiner Landsleute zeigt, daß der König seine Situation realistisch einschätzte.[1]

Er hatte sich im ersten Kriegsjahr zwar behauptet, trotzdem stand er jetzt wesentlich schlechter da als zu Beginn der Auseinandersetzung. Seine Verbündeten hatten ihn im Stich gelassen, dafür waren die Legionen auf dem Balkan etabliert, und nach ihrem durchwachsenen ersten Feldzug konnten sie eigentlich nur Fortschritte machen. Philipps einzige Hoffnung war, den Krieg bis zum Überdruß der Römer hinzuziehen, aber es hatte sich gezeigt, daß ihm schon dazu die Ressourcen fehlten. Er mochte durchaus Achtungserfolge erzielen, aber aufs Ganze gesehen war er viel zu schwach, auch nur seine kräfteschonende Verteidigungsstrategie längere Zeit durchzuhalten. Aber noch war er nicht genug ins Hintertreffen geraten, um sich auf die Bedingungen der Römer einzulassen, und es fehlte auch noch einiges an Verzweiflung, um das Schicksal Makedoniens in einer Entscheidungsschlacht aufs Spiel zu setzen. Sich zu halten und den Krieg zu verzögern – das war

1 Liv. XXXII 5,1-7; Diod. XXVIII 9. Vgl. BRISCOE (1973), 174f.; AYMARD (1938b), 57-61, 68f.

im Augenblick Philipps beste Option und gleichzeitig sein schleichender Untergang.

Wenn der Kriegsplan somit der alte blieb, setzte Philipp ihn doch auf neue Weise um. Hatte er im letzten Jahr zunächst in Makedonien die Schritte der Römer abgewartet, so riß er im Frühjahr 198 die Initiative an sich: Er besetzte mit seinem Heer eine Defensivstellung in der Schlucht des Flusses Aoos, auf dem Gebiet des heutigen Albanien. Philipp hatte sich damit sehr weit nach Westen gewagt, weit über das eigentliche Makedonien hinaus, und stellte die Römer vor unangenehme Alternativen: Entweder sie versuchten ihn im Frontalangriff aus seiner stark befestigten Position zu vertreiben; dies war sehr schwierig, und Philipp konnte darauf hoffen, die Römer das ganze Jahr über am Durchbruch zu hindern, ohne daß sie mit ihren Alliierten kooperieren konnten. Oder sie marschierten einfach an ihm vorbei und wandten sich Richtung Griechenland, nach Epeiros, bzw. sie wiederholten Galbas Einfall in Makedonien; dann aber konnte Philipp sie von ihren rückwärtigen Verbindungen abschneiden, was die Gefahr einer Katastrophe heraufbeschworen hätte – schon die Kampagne des Vorjahres hatte unter großen Nachschubschwierigkeiten zu leiden gehabt. Ein risikobereiter Feldherr hätte den Zug nach Makedonien vielleicht dennoch gewagt, denn mit etwas Glück hätte er Philipps Königreich ohne großen Widerstand erobert und damit den gesamten Krieg beendet.[2]

Philipp pokerte also hoch, aber tatsächlich stand ihm kein Feldherr seines Formats gegenüber. P. Villius Tappulus, der Konsul von 199, der Galba erst vor wenigen Monaten abgelöst hatte, marschierte vor Philipps Stellungen, bezog ein Lager und beriet dann mit seinem Stab hin und her, ob man den Durchbruch versuchen oder Makedonien angreifen solle. Die letztere Möglichkeit aber hatte Tappulus schon dadurch entwertet, daß er mit seinem ganzen Heer an den Aoos gezogen war. Ein Verzicht auf einen Frontalangriff würde jetzt Moral und Prestige der Römer zweifellos schaden. Während der Feldherr aber noch überlegte, erfuhr er, zu seiner wohl nicht geringen Überraschung, daß sein Nachfolger bereits unterwegs war.[3]

Flamininus hatte es gar nicht erwarten können, aus Rom fortzukommen. Nach Erledigung der üblichen Geschäfte beim Amtsantritt hatte er den vom

2 Liv. XXXII 5,9-13; Plut. Flam. 3,4-6. Gegenüber früheren Ansätzen konnte HAMMOND (1966), 45-51, dank seiner Autopsie nicht nur die Stellungen der Makedonen und Römer (in der Nähe des heutigen Tepelenë) zuverlässig lokalisieren, sondern auch die strategischen Überlegungen Philipps plausibel rekonstruieren. Vgl. auch DENS., Antigonea in Epirus, JRS 61 (1971), 112-115.

3 Liv. XXXII 6,1-4.8; Plut. Flam. 3,4. Vgl. HAMMOND (1966), 51. Vielleicht zögerte Tappulus auch, weil er wegen der Meuterei des letzten Jahres (s. o. S. 86 Anm. 61) kein volles Vertrauen in seine Truppen setzte. Flamininus' frühe Ankunft raubte ihm die Möglichkeit zu einem vollen Kampagnenjahr als Prokonsul, so wie es 199 Galba gehabt hatte.

Senat bewilligten Ersatz von 8000 Infanteristen und 500 Reitern zum großen Teil aus den spanischen und afrikanischen Veteranen Scipios ausgewählt, zudem war ihm auf seine Bitte hin sein Bruder Lucius als Flottenbefehlshaber zur Seite gestellt worden. Dann wollte Flamininus sofort aufbrechen, aber die Sühnung von Prodigien hielt ihn zunächst zurück. Trotzdem überquerte er die Adria immer noch erheblich früher als seine beiden Vorgänger, und auch die letzte Etappe zum römischen Lager legte er in größter Eile zurück.[4]

Angesichts dieser Hast fallen Flamininus' Aktivitäten nach der Kommandoübernahme besonders ins Auge. Er tat nämlich gar nichts. Er überdachte wieder die Optionen, zwischen denen schon Tappulus verhungert war, entschied sich dann zwar für den Durchbruch, weil er nicht die Fühlung zum Feind verlieren wollte, aber wie dieser durchzuführen war, wußte auch Flamininus nicht. So blieb er vierzig Tage lang vor Philipps Stellungen, ohne irgend etwas zu unternehmen.[5] Eine große Überraschung ist das im Grunde nicht. Der Dreißigjährige verfügte nur über bescheidene Kommandoerfahrung, er mußte sich erst in die Verhältnisse einfinden. Man muß ihm umgekehrt fast zugute halten, daß er das Ungestüm seiner Anreise nicht gleich in einen unbedachten Sturmangriff unwandelte. Aber eines wird auch von dieser Seite her klar: Flamininus verfügte nicht über eine Art Masterplan, dank dem er zum Konsul gewählt worden war und den es nun umzusetzen galt. Er unterschied sich hier in nichts von Tappulus.

Flamininus' Eingewöhnungsschwierigkeiten mißdeutete Philipp als Chance für den Frieden. Er wandte sich an den Epeirotischen Bund, und tatsächlich vermittelten dessen Oberbeamte zwischen den Feldherren ein Treffen am Aoos. Flamininus verlangte dabei eine Entschädigung der von Philipp angegriffenen Gemeinden, nach gerechtem Schiedsspruch. Zwei Jahre zuvor hatten die Römer das nur für Attalos und die Rhodier gefordert, doch die jetzt gewählte, allgemeine Formulierung entsprach nur der Ausweitung des Krieges und dem Zuwachs an Alliierten. Der König war im Grundsatz einverstanden, aber er wollte dabei zunächst die Verteilung der Schuld klären, die Römer dagegen betrachteten als Gegenstand eines Schiedsverfahrens nur den Umfang der Kompensation durch den erwiese-

4 Liv. XXXII 8,9-9,7; 16,2; Plut. Flam. 3,1-3. Zu Scipios Veteranen s. o. S. 56f. mit Anm. 109. Galba war im Oktober oder November 200 angekommen, Tappulus im Oktober 199, Flamininus aber Anfang Mai 198 (jeweils jul.). Vgl. WARRIOR (1996b), 61-73, 77, 95f.; J. BRISCOE, Polybius' Winter, Historia 26 (1977), 250; KROMAYER (1907), 107f.; WALBANK (1940), 318f. Zur schwierigen Frage von Lucius' rechtlichem Status – war er Legat seines Bruders oder Inhaber eines propraetorischen Imperiums? – vgl. BRENNAN (2000), 208-211, 644f.; MRR I 332 Anm. 6.

5 Liv. XXXII 9,8-10,1; Plut. Flam. 4,1f.

nermaßen Schuldigen, Philipp natürlich.[6] In diesem Punkt hätten sich die Kontrahenten vielleicht trotzdem einigen können, im Mittelpunkt stand aber ohnehin eine andere römische Forderung: Die Makedonen sollten ihre Besatzungen aus den griechischen Gemeinden abziehen. Philipp versuchte eine Unterscheidung einzuführen; die von ihm selbst erworbenen Städte werde er räumen, die von seinen Vorgängern ererbten werde er nicht preisgeben. Als dann aber Namen fielen, kam es zum Eklat. Flamininus nannte nämlich zuerst Thessalien, eine Provokation, denn dieses Land war seit Philipp II. fester mit Makedonien verbunden als jeder andere Teil Griechenlands. Wütend brach der König die Verhandlungen ab, beinahe wäre es zu einem Kampf zwischen den Begleitmannschaften gekommen.[7]

Das Gespräch stand von vornherein unter einem schlechten Stern. Philipp wollte den Frieden, auch unter erheblichen Zugeständnissen, doch nicht um jeden Preis. So aber konnte er mit Flamininus nicht einig werden. Der Konsul war ja nicht derart schnell auf dem Kriegsschauplatz erschienen, um einen Kompromiß auszuhandeln. Ihm konnte nur ein großer Sieg Ruhm und Triumph einbringen. Verhandlungsergebnisse waren da eher lästig. Für den Historiker ist das Gespräch aufschlußreicher, denn es verrät einiges über die beiderseitigen Positionen. Arthur M. Eckstein und Jean-Louis Ferrary haben gezeigt, daß das Ganze keineswegs eine bloße Publicityaktion war, Flamininus also nicht über Philipp hinweg die ganze griechische Welt ansprach. Das Treffen war gar nicht seine Idee gewesen, und es enthielt auch nichts Neues, was die neutralen Griechen begeistern konnte.[8] Von Freiheit war nicht die Rede, nur von Abzug.

Darüber hinaus vermutet Eckstein, Flamininus habe die Forderungen von 200 eigenmächtig verschärft, nach Ferrary dagegen steckte der Senat selbst die Ziele weiter. Er weist zu Recht darauf hin, daß ein solches Hochschrau-

6 Auf die hinter den beiden Positionen stehenden unterschiedlichen Rechtstraditionen hat FERRARY (1988), 47f., hingewiesen. Ein Mißverständnis zwischen Philipp und Flamininus, wie es GRUEN (1984), 102f. mit Anm. 29, annimmt, kann ich nicht entdecken: Die Interpretation BRISCOES (1973), 186f., scheint mir völlig korrekt. Vgl. auch WALBANK (1967), 537; RICH (1985), 91; PETZOLD (1992), 212f.

7 Liv. XXXII 10,1-8: *summa postulatorum consulis erat: praesidia ex civitatibus rex deduceret; iis quorum agros urbesque populatus esset redderet res quae comparerent; ceterorum aequo arbitrio aestimatio fieret* (3). In der Parallelüberlieferung bei Diod. XXVIII 11 spricht Flamininus dagegen von Besatzungsfreiheit (ἀφρούρητος) und αὐτονομία, als Kriegsziel nennt er ausdrücklich die ἐλευθερία ganz Griechenlands (ähnlich App. Mac. 5). Hierbei handelt es sich aber lediglich um eine Rückspiegelung der Isthmischen Freiheitserklärung, denn noch bei der Konferenz von Lokris Ende 198, die uns bei Polybios überliefert ist, weiß Flamininus nichts von solcher Rhetorik. Vgl. HEIDEMANN (1966), 105 Anm. 2; R. SEAGER, The Freedom of the Greeks of Asia: from Alexander to Antiochus, CQ NS 31 (1981), 108; FERRARY (1988), 58 Anm. 49; WALSH (1996), 346-348. Anders CARAWAN (1988), 212f.

8 ECKSTEIN (1976), 128-131; DERS. (1987c), 274-277; FERRARY (1988), 58-62. Die Gegenposition vertreten zum Beispiel HOLLEAUX (1930b), 354f., und BADIAN (1958), 71.

ben nach Beginn eines Krieges nichts Ungewöhnliches ist, und zufällig sei Flamininus der erste Feldherr gewesen, der sie dem Feind mitteilte. Daß die Bedingungen aber wesentlich härter waren als vor Kriegsausbruch, darin sind sich, ebenso wie der Großteil der übrigen Forschung, beide Wissenschaftler einig.[9] Das scheint auf den ersten Blick auch offensichtlich: 200 hatte es geheißen, Philipp dürfe gegen keine Griechen Krieg führen, nun sollte er sich aus den griechischen Gemeinden zurückziehen. In Wirklichkeit handelt es sich aber nur um unterschiedliche Formulierungen derselben Sache: Makedonien sollte aus Griechenland ausgeschlossen werden und somit seinen Großmachtstatus verlieren. Ich habe oben darauf hingewiesen, daß sich die römische Forderung vor Athen und vor Abydos auf alle Griechen bezog.[10] Und in der Konsequenz hieß das natürlich vollständiger militärischer Rückzug Makedoniens. Wie sollten sich die makedonischen Besatzungen behaupten, wozu waren sie gut, wenn sie nicht intervenieren durften? In diesem Krieg ging es von vornherein nicht mehr darum, Philipp an der Befriedigung einer seiner Ambitionen zu hindern, die Römer wollten Schluß machen.

Der König hatte das durchaus verstanden, schon 200. Flamininus' Bedingung empörte ihn nämlich keineswegs, er scheint sie notgedrungen als Verhandlungsgrundlage akzeptiert zu haben. Das ist kaum vorstellbar, hätte er am Aoos zum erstenmal davon gehört. Statt dessen kam es ihm darauf an, die Römer zu Zugeständnissen zu bewegen, solange er keine größere Niederlage erlitten hatte, und so die vollständige Räumung auf einen teilweisen Rückzug zu reduzieren. Deshalb bot er den Verzicht auf die eigenen Erwerbungen an. Das würde nicht reichen, aber ein Kompromiß war möglich, wenn ihm Flamininus etwas entgegenkam. Um das auszuloten, wollte Philipp darüber sprechen, aus welchen Gebieten er sich konkret zurückzuziehen habe. Als er aber als erstes ›Thessalien‹ hörte, wurde ihm die Aussichtslosigkeit seines Vorhabens plötzlich klar. Angesichts der Herablassung seines Widerparts machte eine Fortsetzung des Gesprächs keinen Sinn.

Philipp war von vornherein bereit gewesen, einen sehr hohen Preis für den Frieden zu bezahlen, die Römer kamen ihm aber nicht den kleinsten Schritt entgegen. Ihre Bedingungen waren unverändert, nicht milder, aber auch nicht härter. Offenbar hatte man während der letzten zwei Jahre in Rom nicht viel über die Kriegsziele nachgedacht, jedenfalls keinen Grund gesehen, irgend etwas zu ändern. Und noch weniger Gedanken hatten sich

9 Ausnahmen bilden HOLLEAUX (1921b), 307 mit Anm. 1, und S. I. OOST, Roman Policy in Epirus and Acarnania in the Age of the Roman Conquest of Greece, Dallas 1954, 40, 46f., 120 Anm. 24, die freilich beide schon für 200 eine römische Freiheitspolitik ansetzen. Ebenso WALBANK (1967), 597; DAHLHEIM (1968), 248f.

10 S. o. S. 81f.

die Römer um die Nachkriegsordnung gemacht, darum, was mit den Griechen geschehen sollte, außer daß sie im Moment bei der Niederwerfung Makedoniens mithelfen sollten.[11] Eine Griechenlandpolitik gab es immer noch nicht. An diesem Stand der Dinge änderte auch der neue Feldherr nichts. Er wiederholte gegenüber Philipp nur das alte Konzept des Senats, das Rom Befriedigung und ihm Ruhm einbringen sollte.

Um diesen endlich zu erwerben, begann Flamininus am nächsten Tag die makedonischen Stellungen zu attackieren. Tatsächlich gelang ihm nach einigen Tagen der Durchbruch. Zu verdanken war dies aber nicht seiner taktischen Umsicht – die Römer rannten sich zunächst fest –, sondern einem Hirten, der ihm einen unbesetzten Pfad verriet, der in den Rücken von Philipps Truppen führte. Nach einigem Schwanken ergriff Flamininus die Chance und vertrieb mit Hilfe einer Umgehungsabteilung den Feind aus der Aoosschlucht. Die Makedonen konnten sich aber geordnet zurückziehen, sie verloren nicht mehr als 2000 Mann. So war Philipps Heer, sein einziges, im wesentlichen intakt geblieben, sein Kriegsplan für dieses Jahr freilich gescheitert.[12]

Der König wußte, daß der Vormarsch der Römer vorerst nicht zu stoppen sein würde. Nun ging es darum, das makedonische Kernland zu schützen, zumal zu erwarten war, daß die griechischen Alliierten der Römer, die bislang abgewartet hatten, die günstige Gelegenheit nützten. Philipp eilte durch Thessalien und betrieb eine Politik der verbrannten Erde. Er konnte das Land nicht mehr halten, deshalb versuchte er wenigstens den Vormarsch des Feindes zu hindern. Städte wurden in Brand gesteckt, die Einwohner durften nur das Nötigste an sich nehmen und mußten dem Heer folgen. Gleichzeitig legte er in einige Städte starke Besatzungen. Währenddessen fielen die Aitoler und Amynander schon ins südliche Thessalien ein,

---

11 Zu letzterem vgl. BADIAN (1958), 72: »there was still no mention of what was to happen to Greece after his [sc. Philip's] withdrawal«; HEIDEMANN (1966), 32. FERRARY (1988), 61, verweist dagegen auf die Verträge mit Karthago 241 und 237, den Frieden mit Teuta 228 und die Verhandlungen mit Antiochos 190, in denen in ganz ähnlichen Wendungen wie am Aoos die Räumung des jeweiligen Gebiets verlangt wird; die Römer hätten für Griechenland demnach ähnliche Pläne gehabt wie für Sizilien bzw. Sardinien oder für Illyrien. Doch die Mittelmeerinseln wurden anders behandelt als Illyrien oder gar Kleinasien bis zum Tauros. Die Forderung nach Abzug des Feindes enthielt, wie nur natürlich, keine Aussage über das Schicksal des betroffenen Territoriums. Natürlich mußten die Römer das Machtvakuum irgendwie füllen, aber darüber zerbrachen sie sich den Kopf, als es soweit war.

12 Liv. XXXII 10,9-12,10; Plut. Flam. 4,3-5,2. Die Darstellung HAMMONDS (1966), 51-54, leidet darunter, daß er Plutarch den Vorzug vor Livius gibt. Zur ebenso filmreifen wie unhistorischen Erzählung Plutarchs hat bereits NISSEN (1863), 135f., das Nötige gesagt. Zur Schlacht vgl. auch BRISCOE (1973), 187-189; WALBANK (1940), 152f.; KROMAYER (1907), 47f.

doch darum konnte sich Philipp nicht mehr kümmern. Er zog sich ins Tempetal zurück und erwartete Flamininus' nächste Schritte.[13]

Dieser handelte ziemlich genau so, wie es sich der König gedacht hatte. Der Konsul verzichtete zwar auf die unmittelbare Verfolgung und brachte zunächst Epeiros unter seine Kontrolle,[14] dann aber wandte er sich gegen Thessalien. Aus Livius geht deutlich hervor, und Eckstein hat dies nachdrücklich unterstrichen, daß es bei diesem Marsch nach Südosten nicht um die Griechen ging. Flamininus besaß kein Konzept zu ihrer Gewinnung – wenn man von den Waffen einmal absieht –, er betrat das griechische Kernland nicht, um dessen Einwohner durch die persönliche Begegnung auf die römische Seite zu ziehen. Einziges Ziel war immer noch der militärische Sieg über Makedonien; die neue Route wählte er natürlich auch, um Philipp von seinen verbliebenen Verbündeten abzuschneiden, aber vor allem, weil hier die rückwärtigen Versorgungslinien wesentlich kürzer waren. Auch die Methoden der Kriegsführung blieben die alten, von neuer Rücksicht auf die Griechen war nichts zu bemerken. Wenn sie sich fügten, wurden sie geschont, Widerstand aber wurde brutal gebrochen, nicht zuletzt zur Einschüchterung Gleichgesinnter.[15]

---

13 Liv. XXXII 13,2-14,4; 15,9. Vgl. WALBANK (1940), 153-155; F. M. WOOD, The Military and Diplomatic Campaign of T. Quinctius Flamininus in 198 B.C., AJPh 62 (1941), 284 Anm. 22; J.-C. DECOURT, La vallée de l'Énipeus en Thessalie, Athènes u. a. 1990, 97-107. Plutarchs gesamte Darstellung der Ereignisse nach der Aoosschlacht (Flam. 5,2-8) ist eine einzige Verherrlichung Flamininus' (FERRARY [1988], 62 Anm. 64: »très hagiographique«); sein tendenziöser Bericht ist für die historische Einordnung wertlos (vgl. auch ECKSTEIN [1976], 131 Anm. 43).

14 Liv. XXXII 13,1; 14,5-8. Charops, ein führender epeirotischer Politiker, hatte schon Tappulus über Philipps Position am Aoos in Kenntnis gesetzt, und Flamininus hatte er die Information über den Umgehungspfad zugespielt (Liv. XXXII 6,1; 11,1-5). Diese Hilfe zahlte sich nun aus: Die Römer verzichteten auf jegliche Übergriffe, zumal sie von der Bevölkerung zuvorkommend empfangen wurden; es meldeten sich sogar zahlreiche Freiwillige für die römischen Hilfstruppen. All diese Aktionen, auch die Gesprächsvermittlung am Aoos, sollten verhindern, daß Epeiros ein Opfer des Konflikts der Großmächte wurde. Diese pragmatische Haltung erkannte Flamininus durchaus an, da sie ihm ja Vorteile brachte, aber er reagierte nur und initiierte keine neue Politik der bewußten Griechenfreundlichkeit. Zur epeirotischen Situation vgl. P. CABANES, L'Épire de la mort de Pyrrhos à la conquête romaine (272-167 av. J.C.), Paris 1976, 270-275; OOST (1954), 45-48.

15 Liv. XXXII 15,1-7. Vgl. ECKSTEIN (1976), 131-135; anders BADIAN (1973), 308-310; PETZOLD (1992), 224. FERRARY (1988), 62f. mit Anm. 65, stimmt ECKSTEIN im Grundsatz zu, glaubt aber dennoch an eine mildere Linie Flamininus': Von der Versklavung ganzer Städte höre man, anders als unter Galba, jetzt nichts mehr. Doch dieser Eindruck entsteht lediglich, weil die meisten Bürgerschaften sich, aus Angst vor eben diesem Schicksal, frühzeitig unterwarfen oder noch während des Kampfes, nachdem sie sich auf die Burg gerettet hatten, Bedingungen aushandeln konnten (etwa Karystos: Liv. XXXII 17,2f.; zu Elateia s. u.). Kam es aber einmal zur gewaltsamen Eroberung, so ist von Rücksicht nichts zu merken: *Phaloria incensa ac direpta est* (Liv. 15,3); zur Eroberung von Daulis (Liv. 18,8) vgl. BRISCOE (1973), 200; ECKSTEIN, 138 Anm. 53. Daß die Einwohner von Eretria 198, anders als 199 die von Oreos, nicht versklavt wurden, ist keineswegs so sicher, wie FERRARY meint: Liv. 16,16 schweigt über ihr Schicksal. Auch Leukas,

So eroberte der Konsul die einen Städte, die anderen zwang er zur ›freiwilligen‹ Unterwerfung, und im siegreichen Zug durch die thessalische Ebene näherte er sich Makedonien. Die Festung Atrax aber setzte Flamininus unerwarteten Widerstand entgegen. Die Besatzung aus makedonischen Elitesoldaten konnte nicht einmal bezwungen werden, als Teile der Mauer einstürzten. Einige Wochen, vielleicht sogar zwei Monate belagerten die Römer die Stadt, bis in den September oder Oktober (jul.) hinein. Dann mußte Flamininus das Unternehmen, das längst zur Prestigesache geworden war, abbrechen: Der bevorstehende Winter ließ keine andere Wahl. In Thessalien war, nicht zuletzt wegen Philipps Verwüstungen, nicht an Winterquartiere zu denken, und so mußten die Römer einen demütigenden Rückzug nach Süden antreten, Richtung Meer. Makedonien war noch einmal gerettet.[16]

Das phokische Antikyra, am Golf von Korinth, schien ein geeigneter Platz zum Überwintern. Die Stadt selbst wie ganz Phokis wurden ohne große Mühe unterworfen, nur das wichtige Elateia setzte den Legionen zähen Widerstand entgegen. Auf Dauer konnten die Verteidiger aber doch nicht standhalten und mußten sich auf die Burg zurückziehen. Die makedonische Besatzung handelte schließlich freien Abzug ohne Waffen aus, die Einwohner kamen mit dem Leben davon, doch die Heimat mußten sie verlassen. Elateia wurde für die folgenden Jahre Flamininus' Hauptquartier, den Bürgern gestattete erst M'. Acilius Glabrio während des Antiochoskrieges die Rückkehr.[17]

---

das Lucius 197 eroberte (Liv. XXXIII 17,2-14), wurde vielleicht geplündert: ILS 14 (vgl. DANY [1999], 178).

16 Liv. XXXII 15,8f.; 17,4-18,3. Vgl. ECKSTEIN (1976), 136; KROMAYER (1907), 56, 109; WALBANK (1940), 319f.

17 Liv. XXXII 18,3-18,9; 24,1-7; Paus. X 34,4; SEG 25 (1971), 445. Die literarische Überlieferung schweigt von der Vertreibung der Elateier; in der unvollständig erhaltenen Inschrift, einem Ehrendekret der Elateier für Stymphalos, ist zwar das Exil bezeugt, aber der Abschnitt über die näheren Umstände der Vertreibung ist verloren. Trotz der Kombination der verschiedenen Zeugnisse durch den ersten Herausgeber M. MITSOS, Inscription de Stymphale, REG 59/60 (1946/1947), 156f., 162-164, konnten deshalb A. PASSERINI, La condizione della città di Elatea dopo la seconda guerra macedonica in una nuova iscrizione, Athenaeum NS 26 (1948), 86-92, und LEHMANN (1967), 120-125, behaupten, nicht Flamininus, sondern die Aitoler hätten, nachdem ihnen 196 von den Römern Phokis zugesprochen worden war, die Elateier vertrieben. Diese These, jüngst von LEHMANN (1999), 69-79, noch einmal verteidigt, findet jedoch nicht den geringsten Rückhalt in den Quellen, während die Datierung ins Jahr 198 durch eine problemlose Zusammenfügung des literarischen und epigraphischen Befunds gestützt wird. Das hat neben G. KLAFFENBACH, Die Sklaven von Elateia, BCH 92 (1968), 257-259, vor allem S. ACCAME gezeigt: Elatea e la nuova epigrafe di Stinfalo, RFIC 77 (1949), 232-242; DERS., Il decreto di Elatea in onore degli Stinfali, RFIC 110 (1982), 286-292. Die Aitolertheorie stützt sich im wesentlichen auf den Wunsch, daß nicht sein kann, was nicht sein darf: Der Griechenfreund Flamininus wäre mit einer Polis niemals so umgegangen, während die Aitoler die ewigen Bösewichte der hellenistischen Geschichte sind. Dabei entspricht die Behandlung Elateias durchaus der oben im Text skiz-

Während der Operationen in Phokis gelang Flamininus ein großer diplomatischer Erfolg: Der Achaiische Bund trat auf seiten der Römer in den Krieg ein. Angesichts des Lavierens der Achaier während der letzten Jahre und des eindrucksvollen römischen Vormarsches dürfte der Abfall seines wichtigsten griechischen Verbündeten Philipp zwar getroffen, aber nicht überrascht haben. Seine Gesandten hatten sich ohnehin nur noch darum bemüht, die Achaier im Lager der Neutralen zu halten, auf militärische Hilfe rechnete der König längst nicht mehr.[18] Um so erfreulicher waren die nächsten Nachrichten von der Peloponnes: Die Römer hatten den Achaiern Korinth versprochen, das seit einem Vierteljahrhundert von Makedonien besetzt war. Philipps Offiziere Androsthenes und Philokles schlugen den Angriff der neuen Alliierten aber zurück, und mehr noch, Philokles gelang überraschend die Einnahme von Argos. Die Besetzung stieß auf das Wohlwollen des Großteils der Bevölkerung, denn das traditionell promakedonische Argos war mit der Entscheidung der achaiischen Bundesversammlung nicht einverstanden gewesen. Somit verfügte Philipp über zwei wichtige Stützpunkte auf der Peloponnes.[19]

Das Feldzugsjahr war von der militärischen und politischen Initiative des Königs bestimmt gewesen. Genützt hatte sie ihm nicht viel. Er war geschlagen worden, in Griechenland besaß er keinen nennenswerten Verbündeten mehr, ja sogar der Weg nach Griechenland war ihm von den Römern versperrt.[20] Fehler hatte sich Philipp keine vorzuwerfen. Er konnte machen, was er wollte, angesichts seiner nicht auszugleichenden Unterlegenheit verschlechterte sich seine strategische Situation zwangsläufig. Das genügte dem römischen Feldherrn für seine Erfolge, denn besondere Akzente hatte er nicht gesetzt. Unter Tappulus hätten sich die Dinge wahrscheinlich nicht viel anders entwickelt, Flamininus blieb in Diplomatie und Kriegsführung auf bewährten Pfaden. Er verließ sich ganz auf die überlegene Schlagkraft der Legionen, ohne daß man ihm das vorwerfen könnte: Dieses simple Konzept führte letztlich zum sicheren Erfolg.

Freilich hatte es gerade gegen Ende der Kampagne einige Rückschläge gegeben. Der Einmarsch in Makedonien und damit Philipps endgültige Niederlage schienen schon unmittelbar bevorzustehen, als der Konsul sich

---

zierten Art von Flamininus' Kriegsführung. Die Einwohner konnten sogar froh sein, daß sie dank der Verhandlungen Leben und Freiheit behielten. Weitere Literatur nennt FERRARY (1988), 62 Anm. 65, dazu noch BRISCOE (1973), 214. Allgemein zur Eroberung von Phokis ECKSTEIN (1976), 136, 138.

18 Liv. XXXII 21,5-11.

19 Liv. XXXII 23,3-13; 25,1-11.

20 Die Flotte hatte unter Lucius' Kommando zusammen mit Attalos und den Rhodiern erst Eretria und Karystos auf Euboia erobert, dann den korinthischen Hafen Kenchreai (Liv. XXXII 16,1-17,3; 23,3; vgl. THIEL [1946], 241-243). Militärisch war das nicht entscheidend, aber Philipps Stützpunkte in Griechenland wurden spärlicher.

vor Atrax festrannte. Und dem Gewinn der Achaier standen Korinth und Argos gegenüber. Das dortige Scheitern war militärisch zwar bedeutungslos, aber es schadete dem römischen Prestige und ließ die Sache des Königs nicht ganz so verloren aussehen. Deshalb war der Zeitpunkt nicht schlecht gewählt, als dieser noch einmal die Initiative ergriff und Friedensverhandlungen vorschlug, trotz der schlechten Erfahrung am Aoos.[21] Zu welchem Strohhalm sollte er sonst greifen?

Flamininus willigte ein, und so trafen die Feldherren in Lokris erneut persönlich zusammen, am Malischen Golf, unweit der Thermopylen. Diesmal handelte es sich aber nicht um ein improvisiertes Gespräch wie am Aoos, sondern um eine Friedenskonferenz, wozu auch das entsprechende Personal gehörte. So begleiteten Flamininus König Amynander sowie Vertreter Pergamons, der Rhodier, der Aitoler und der Achaier. Philipp hatte neben zwei Sekretären nur den Boioter Brachylles und den verbannten Achaier Kykliadas bei sich. Die Kräfteverhältnisse spiegelten sich im Gefolge von Konsul und König also recht deutlich wider.[22]

Es ist hier nicht nötig, den Verlauf der Konferenz von Lokris näher zu verfolgen. Dies liefe nur auf eine Wiederholung von Maurice Holleaux' erstmals 1923 veröffentlichtem Aufsatz hinaus, dessen grundsätzliche Bedeutung die nachfolgende Forschung immer wieder bestätigt hat. Holleaux hat deutlich gemacht, daß Flamininus' Position nicht mehr so einfach war wie am Aoos. Immer noch wollte er die Niederlage Makedoniens, aber er mußte damit rechnen, daß ihn, wie seine beiden Vorgänger, einer der beiden nächsten Konsuln ablösen und diesem dann Sieg und Triumph zufallen würden. Das überraschende Angebot Philipps kam Flamininus deshalb gerade recht, er wollte die Verhandlungen so lange in Gang halten, bis in Rom über die konsularischen Aufgabenbereiche beschlossen war. Wurde sein Imperium prorogiert – die Wunschvariante –, würde er die Gespräche scheitern lassen und, wie gehabt, eine militärische Entscheidung suchen. Erhielt er aber einen Nachfolger, so wollte er mit Philipp einen Kompromißfrieden schließen; dabei mußte er dem König natürlich weiter entgegenkommen als bisher, aber ihm würde doch der Ruhm einer gewonnenen Schlacht (die dann als kriegsentscheidend gelten würde) und der Eindämmung Makedoniens zufallen.[23]

---

21 Liv. XXXII 32,5. Zu Philipps Entscheidung vgl. AYMARD (1938b), 114f.; WALBANK (1940), 159.

22 Polyb. XVIII 1,1-4. Die Zusammenkunft wird in der neueren Literatur häufig als Konferenz von Nikaia bezeichnet, weil die Delegationen sich während der ersten beiden Tage am Strand nahe dieser Festung trafen. Am dritten Tag fanden die Gespräche jedoch beim etwas weiter östlich gelegenen Thronion statt.

23 Polyb. XVIII 1-12; Liv. XXXII 28,3-9; 32,6-37,6; Plut. Flam. 5,8; 7,1-3; 17,5; App. Mac. 8; Iust. XXX 3,7-10; 4,5; Zon. IX 16,4f. Vgl. M. HOLLEAUX, Les conférences de Lokride et la

Deshalb ließ Flamininus zu, daß der König sich während der Gespräche immer wieder in Szene setzte, deshalb ließ er ihn seine persönliche Sympathie spüren (die nicht einmal gespielt zu sein brauchte), und deshalb gab er sich viel kompromißbereiter als früher. Umgekehrt wurden aus diesem Grund die römischen Alliierten zurückgesetzt. Philipp durfte seinen Spott über sie ausgießen, und Flamininus tat, was man gegenüber seinen schwächeren Verbündeten nie tun sollte: Er verständigte sich über ihre Köpfe hinweg mit dem Feind und stellte sie vor vollendete Tatsachen. Für zwei Monate wurde ein Waffenstillstand vereinbart (den Philipp freilich mit der völligen Räumung von Phokis und Lokris bezahlen mußte), alle Parteien schickten Gesandte zum Senat nach Rom. Dort übernahmen Flamininus' Freunde – wir kennen keine Namen, aber es müssen einige einflußreiche Senatoren unter ihnen gewesen sein – das weitere Management. Es gelang ihnen, Flamininus' Prorogation durchzusetzen. Die Zeichen standen also auf Abbruch der Verhandlungen, und die Vertreter der Alliierten, unter ihnen der leicht beeinflußbare Amynander, wurden entsprechend instruiert: Vor dem Senat klagten sie, daß Philipps Autorität in Griechenland nicht gebrochen wäre, solange er die ›Fußfesseln Griechenlands‹ kontrolliere, Korinth, Chalkis und Demetrias. Flamininus hatte Philipp aber offenbar Hoffnungen gemacht, zumindest Chalkis und Demetrias behalten zu können.[24] Deshalb war den makedonischen Gesandten jeglicher Spielraum genommen, als der Senat sich die griechische Forderung zu eigen machte und brüsk die Räumung aller drei Städte verlangte; denn tatsächlich stützte sich Philipps Macht ganz wesentlich auf sie. Der Waffenstillstand lief ergebnislos aus, und Flamininus ließ verlautbaren, er werde nur dann eine makedonische Gesandtschaft empfangen, wenn sie ihm den Abzug aus ganz Griechenland melde.

Damit hatte er sein diplomatisches Meisterstück abgeliefert. Philipp, die Griechen, selbst der Senat waren von ihm erfolgreich manipuliert worden, nun konnte er für das nächste Jahr in aller Ruhe den entscheidenden militärischen Schlag vorbereiten. Einige Aspekte seiner Intrige verdienen hier aber besonders hervorgehoben zu werden:

---

politique de T. Quinctius Flamininus (198 av. J.-C.), in: ders., Rome et la conquête de l'Orient, Paris 1957, 29-79; AYMARD (1938b), 114-132; SCULLARD (1973), 102-104; BADIAN (1973), 310-318; BRISCOE (1972), 26-30; ECKSTEIN (1987c), 278-285; FERRARY (1988), 65-69. Über die Einwände von F. M. WOOD, The Tradition of Flamininus' »Selfish Ambition« in Polybius and Later Historians, TAPhA 70 (1939), 93-98, M. FEYEL, T. Quinctius Flamininus, Philippe et les Achéens, REG 56 (1943), 236-244, und J. P. V. D. BALSDON, T. Quinctius Flamininus, Phoenix 21 (1967), 179-184, ist die Forschung mit Recht hinweggegangen.

24 Dagegen hatte Philipp den Verzicht auf Korinth schon in Lokris angeboten (Polyb. XVIII 8,9).

Letztlich hatte Philipp das Nachsehen, aber Flamininus hatte auch damit kalkuliert, daß es die Alliierten und sogar Rom haben würden. Denn er war bereit gewesen, Philipp weiterhin beträchtlichen Einfluß in Griechenland zuzugestehen, ganz im Widerspruch zum erklärten Kriegsziel.[25] Dabei ging Flamininus jedoch nie öffentlich von der Forderung ab, Philipp müsse ganz Griechenland räumen. Er wiederholte sie zu Anfang der Konferenz, und danach ließ er es zwar so aussehen, als seien Zugeständnisse möglich, aber er sprach das nicht klar aus. In Rom war es dann gerade die alliierte Beschwerde, dieses Kriegsziel würde nicht erreicht, Philipp würde also weiterhin Griechenland in der Hand behalten, die den Senat in seiner ablehnenden Haltung bestärkte.[26] Die Römer blieben bei ihrer vor dem Krieg formulierten Position. Die Durchsetzung eines Kompromißfriedens, mit anderen Worten: den Senat zu einer Reduzierung seiner Ansprüche zu bewegen, das wäre Flamininus unter diesen Umständen äußerst schwer gefallen. Er hätte nur dann Erfolg haben können, wenn er dem Senat einen Ausgleich mit Philipp kreativ als Erfüllung des römischen Kriegsziels verkauft hätte.[27]

Stets ging es dabei um Makedonien, weder bei der Konferenz noch in Italien war von römischer Seite ein Wort über das Schicksal Griechenlands nach Philipp zu hören.[28] Es waren lediglich die Griechen, die vor dem Senat etwas vage von ihrer Hoffnung auf Freiheit und dem dazugehörigen schönsten Ehrentitel für die Römer sprachen. Doch darauf lag nicht das Schwer-

25 Vgl. HOLLEAUX (1923), 72-75.

26 Die Forderung nach Räumung der drei Fußfesseln, welche die Griechen erhoben und die sich der Senat zu eigen machte (Polyb. XVIII 11,4-9), war in der Substanz nur eine Wiederholung des römischen Kriegsziels: Philipp aus Griechenland vertreiben. Vgl. DE SANCTIS (1923), 71; AYMARD (1938b), 130 Anm. 59; BRISCOE (1972), 30.

27 S. dazu ausführlich u. S. 332f.

28 FERRARY (1988), 67-69, glaubt jedoch, Flamininus habe den Griechen bereits die Freiheit in Aussicht gestellt, als er von Philipp die Räumung Griechenlands forderte: κελεύειν γὰρ αὐτὸν [sc. τὸν Φίλιππον] ἐκ μὲν τῆς Ἑλλάδος ἁπάσης ἐκχωρεῖν. Dagegen verlangte er eine ›Übergabe‹ (παραδοῦναι) der illyrischen Besitzungen an die Römer und eine ›Rückerstattung‹ (ἀποκαταστῆσαι) der ägyptischen an die Ptolemaier (Polyb. XVIII 1,13f.). Die Verwendung unterschiedlicher Verben impliziere, so FERRARY, den Verzicht auf eine Herrschaftsausübung über Griechenland. Doch damit ist die Stelle überinterpretiert. Flamininus wiederholte nur die Bedingung, welche die Römer im Jahr 200 und er selbst vor einigen Monaten vorgebracht hatten: vollständiger Rückzug des Feindes aus Griechenland. Von den Römern kein Wort. Danach forderte er die Restitution von makedonisch besetzten Territorien an die früheren Herren, Römer und Ägypter – denn die angesprochenen illyrischen Besitzungen gehörten, anders als FERRARY annimmt, zur römischen Interessensphäre, standen zu Rom also in einem ganz anderen Verhältnis als Griechenland (s. o. S. 79f. mit Anm. 39). Daß Flamininus – ein weiterer Punkt FERRARYS – auch darum bemüht war, den alliierten Aitolern und Achaiern früheren Besitz wiederzubeschaffen, entspricht nur dem Prinzip der Beuteteilung, sagt aber nichts über das übrige Griechenland aus. Schließlich, wenn Flamininus in Lokris wirklich schon an die Befreiung der Griechen dachte: Warum sprach er nicht deutlich aus, was er meinte, anstatt es mit philologischer Subtilität in seinen Äußerungen zu verstecken? Auch R. M. ERRINGTON, Rez. Ferrary (1988), Gnomon 63 (1991), 120, und PETZOLD (1992), 240 Anm. 242, äußern sich, mit anderen Argumenten, ablehnend.

gewicht ihrer Ausführungen, es handelte sich nur um schmückendes Beiwerk zur machtpolitischen Argumentation der Gesandten. Aber immerhin machten die Senatoren zum erstenmal Bekanntschaft mit den griechischen Vorstellungen.

Philipp sah bei all dem aus, als wäre er ein ahnungsloser Dummkopf, den Flamininus an der Nase herumführte. Dabei war er ein erfahrener Politiker, und es ist wahrscheinlicher, daß er Flamininus' Spiel durchschaute oder wenigstens ahnte. Schließlich mußte er sich doch wundern über die so andere Haltung des Konsuls, und seine Vertrautheit mit dem römischen Regierungssystem ging inzwischen vielleicht so weit, daß ihm die Probleme mit Nachfolge und Prorogation klar waren. Aber unabhängig davon, wieviel er wußte, er mußte gute Miene zum bösen Spiel machen, denn dieses bot ihm die beste, ja die einzige Chance auf einen glimpflichen Frieden. Scheiterte Flamininus' Bestätigung im Kommando, kam die zweite Variante zum Zug, und dann wäre auch Philipp auf der Gewinnerseite. Dem König blieb somit nur mitzumachen, und während der gesamten Konferenz, die er immerhin angeregt hatte, erhielt er keine einzige Gelegenheit zu einer Initiative, die Flamininus ungelegen kam. Erst die Entsendung der beiden neuen Konsuln nach Oberitalien entschied seine Sache zum Negativen hin.[29]

Philipp sah also einem weiteren, dem schlimmsten Kriegsjahr entgegen. Was für die Friedensverhandlungen nützlich gewesen war, erwies sich jetzt als Last: Die Besetzung von Argos band dringend benötigte Truppen. Deshalb entschloß sich der König, die Stadt Nabis von Sparta zu übergeben, und brachte damit eine bislang unbeachtete Nebenfigur ins Spiel. Zwischen den beiden Staaten existierten nicht gerade enge Beziehungen. Antigonos Doson hatte 222 Sparta eingenommen, und Nabis war im Ersten Makedonischen Krieg mit den Römern verbündet gewesen. Aber Philipp konnte sich seine Partner nicht mehr aussuchen, und so erhielt Nabis Argos unter der Bedingung, er solle die Stadt zurückgeben, wenn Makedonien siege, sie aber behalten, wenn es unterliege. Gleichzeitig versuchte Philipp die neue Freundschaft durch ein Heiratsbündnis zu festigen. Zweifellos machte er sich keine Illusionen über die Chancen, Argos, selbst im günstigsten Fall, wiederzubekommen. Warum sollte Nabis auch den selbstlosen Treuhänder spielen? So verriet Philipp ganz bewußt die Argiver, die eben erst aus freien Stücken zu ihm übergetreten waren und nun eines Morgens feststellten, daß sie den Herrn gewechselt hatten. Auf sein Prestige in Griechenland mußte

29 Es ist also gar nicht nötig, mit HOLLEAUX (1923), 61f., über Gründe zu spekulieren, die Philipp seine »clairvoyance habituelle« verlieren ließen.

diese Aktion desaströs wirken, das unterstreicht nur, wie verzweifelt seine militärische Lage war.[30]

Jedenfalls dürfte sich Philipps Überraschung in Grenzen gehalten haben, als sich Nabis kurz darauf mit den Römern verständigte und ihnen sogar Hilfstruppen für den Feldzug des nächsten Sommers versprach. Die Initiative zu diesem Arrangement ging von dem Spartaner aus, der die Zeichen der Zeit erkannt hatte – was, nebenbei bemerkt, inzwischen auch keinen politischen Scharfblick mehr erforderte –, Flamininus war wieder einmal der Reagierende, der die Gelegenheit freilich entschlossen zu nutzen wußte.[31] In Boiotien zeigte er sich aktiver: Er überrumpelte die Thebaner mit einem Trick, und ehe sie wußten, wie ihnen geschah, war ihre Stadt von den Römern besetzt. Auch das bisher schwankende Boiotien stand damit im römischen Lager; Philipp konnte nur noch auf die Akarnanen zählen.[32] Selbst sein Königreich war nicht mehr sicher: Vermutlich während des zweimonatigen Waffenstillstandes war die ganz im Westen Makedoniens gelegene Landschaft Orestis zu den Römern abgefallen.[33]

Offensichtlich war die Entscheidung nicht mehr fern. Die Römer hatten im letzten Kriegsjahr zu große Fortschritte gemacht, Makedonien war zu ausgeblutet, als daß Philipps Erschöpfungsstrategie ihn noch über ein weiteres Jahr retten würde. Deshalb raffte der König an Soldaten zusammen, was er kriegen konnte, selbst Sechzehnjährige wurden ausgehoben, das aufgestockte Heer ununterbrochen gedrillt. So hoffte er dem Feind annähernd gewachsen zu sein.[34] Flamininus, der ohnehin die große Feldschlacht wollte, zog seinerseits ein starkes aitolisches Aufgebot an sich. Dann aber, als er

---

30 Liv. XXXII 38. AYMARD (1938b), 133f. mit Anm. 9, vermutet, Philipp habe für den Fall der Rückgabe von Argos einen territorialen Ausgleich auf achaiische Kosten angeboten, denn so, wie Livius die Bedingungen überliefere, sei Nabis zum Verrat fast gezwungen gewesen: Im einen Fall hätte er Argos zurückgeben, im anderen mit der Feindschaft der Römer rechnen müssen. Doch AYMARDS allzu subtiles Urteil ist ex eventu gefällt. Auf der Suche nach Ressourcen wollte, ja mußte Philipp Argos loswerden, aber er konnte es ja schlecht dem Feind übergeben oder sich selbst überlassen (was auf das gleiche hinausgelaufen wäre). So blieb nur Nabis, und diese Lösung schien auch den Vorteil zu bieten, daß sie den Graben zwischen Sparta und den Achaiern vertiefte und den lustlos sich hinziehenden Krieg zwischen beiden Mächten vielleicht wieder anfachte; wegen der Achaier hätte Philipp sich dann keine Sorgen mehr zu machen brauchen. Die Rückgabeklausel war wohl eher eine leere Formel, für beide Seiten, aber sie wahrte wenigstens ein kleines bißchen von Philipps Renommee in Griechenland. Für Nabis' schnelle Verständigung mit Rom war aber die prekäre Gesamtsituation Makedoniens ausschlaggebend. Vgl. auch WALBANK (1940), 165f.; J.-G. TEXIER, Nabis, Paris 1975, 47-53; ECKSTEIN (1990), 64 Anm. 60.

31 Liv. XXXII 39,1-40,4.

32 Liv. XXXIII 1f. Flamininus' Versuch, den Kommandeur von Korinth, Philokles, zum Verrat zu bewegen, scheiterte freilich (XXXII 40,5f.).

33 Polyb. XVIII 47,6; Liv. XXXIX 28,2. Vgl. WALBANK (1967), 616; DENS. (1940), 163 Anm. 2.

34 Liv. XXXIII 3,1-5. Zu Philipps strategischer Situation KROMAYER (1907), 57-60; WALBANK (1940), 167.

durch Thessalien marschierte, wäre er bei dem Versuch, das von einer makedonischen Besatzung gehaltene phthiotische Theben durch Verräter in die Hand zu bekommen, beinahe gefangengenommen worden. Dank dieses Leichtsinns hätte Flamininus' Karriere fast ein unrühmliches Ende genommen.[35]

So mußte die Auseinandersetzung mit konventionellen Mitteln entschieden werden. Bei Pherai trafen Vortrupps der Heere aufeinander, aber zunächst mieden die Feldherren die Entscheidung. Erst nach viertägigem Marschieren und Taktieren kam es, eher zufällig, auf der Hügelkette der Hundsköpfe, der Kynoskephalai, zur Schlacht.[36] Es war Mai oder Juni 197, nach dem julianischen Kalender. Abteilungen beider Seiten verbissen sich in einen zähen Kampf und riefen so lange immer neue Verstärkungen herbei, bis das Eingreifen der Hauptstreitkräfte unvermeidlich war. Makedonen wie Römer behielten auf ihren rechten Flügeln, auf denen auch die Oberkommandierenden standen, jeweils die Oberhand. Die Entscheidung führte erst ein Militärtribun herbei, der zwanzig Manipel von der Verfolgung der Fliehenden abzog und der makedonischen Phalanx, die gerade den linken Flügel der Römer vernichtete, in den Rücken fiel. Von einer Initiative Flamininus', der sich ja ganz in der Nähe seines entschlossenen Offiziers befand, hören wir bemerkenswerterweise nichts, der Militärtribun handelte wahrscheinlich auf eigene Verantwortung.[37]

Bei Kynoskephalai wurde die makedonische Großmacht vernichtet, aber darin liegt für den Historiker nicht die eigentliche Bedeutung der Schlacht.

---

35 Liv. XXXIII 3,6-10; 5,1-4: *nihil conceptae temere spei succedebat* (3).

36 Polyb. XVIII 18,1; 19,1-21,2; Liv. XXXIII 5,4; 6,1-7,5. Die Festlegung der Marschroute hängt eng mit der Lokalisierung des Schlachtfeldes zusammen. Die in der Forschung überaus kontrovers geführte Debatte hat nun zumindest hinsichtlich des Schlachtorts eine neue Wendung genommen, seit N. G. L. HAMMOND, The Campaign and the Battle of Cynoscephalae in 197 BC, JHS 108 (1988), 63-72, 81f., beim heutigen Krini (Palaiopharsalos?) ein römisches Lager entdeckt hat: Danach trafen die Heere etwa 13 Kilometer östlich Skotussas aufeinander. Freilich könnte das Lager auch vom Prokonsul A. Hostilius Mancinus stammen, der 169 in dieser Gegend stand (Liv. XLIV 1,5). Einen Überblick über die ältere Literatur gibt WALBANK (1967), 572, 576-579, dazu noch W. K. PRITCHETT, Studies in Ancient Greek Topography. Part II (Battlefields), Berkeley u. a. 1969, 133-144; DECOURT (1990), 107-113.

37 Polyb. XVIII 21,3-27,7; Liv. XXXIII 7,5-10,10; Plut. Flam. 7,3-8,9; Iust. XXX 4,6-16; Zon. IX 16,9f. Vgl. KROMAYER (1907), 78-85; WALBANK (1940), 170-172; HAMMOND (1988a), 72-76. Ein selbständiges Handeln des Militärtribunen halten GUNDEL (1963c), 1069, und WALBANK (1967), 584, für unwahrscheinlich: Flamininus müsse den Schwenk der 20 Manipeln genehmigt, wenn nicht sogar selbst befohlen haben. Polybios betont jedoch ausdrücklich die Initiative des (anonymen) Militärtribunen, und darüber kann man sich nicht einfach hinwegsetzen, indem man eine Lücke bei Polybios vermutet (GUNDEL) oder eine aitolische Quelle, die den Prokonsul nach Kräften herabgesetzt habe (WALBANK). Flamininus' Verhalten in der Schlacht ist durchaus nicht feindselig dargestellt (vgl. nur Polyb. 26,9-12), es scheint eher so zu sein, daß er sich, während sein Offizier die Schlacht gewann, »von Siegesgefühlen zu nichts entscheidender Verfolgung hinreißen ließ« (KROMAYER, 84).

Denn der Fall Makedoniens war seit dem Tag unabwendbar, an dem ihn der Senat ein paar Jahre zuvor beschlossen hatte. Die ungleiche Kräfteverteilung, auf die ich schon öfters hingewiesen habe, ließ einen anderen Ausgang einfach nicht zu. Hätte Philipp gesiegt, dann hätte er dieses Feldzugsjahr für sich entschieden, einige Territorien zurückgewonnen und ein paar reumütige Griechen wieder hinter sich versammelt. Aber unweigerlich wäre im nächsten Jahr ein neuer Konsul mit neuen Legionen erschienen, und wenn der gescheitert wäre, wieder ein neuer, und so weiter. Mit dieser Zähigkeit hatten die Römer gerade den Zweiten Punischen Krieg gewonnen, mit ihr sollten sie später die Keltiberer und Lusitaner bezwingen. So wäre es auch einem siegreichen Philipp ergangen, gegen die überlegenen italischen Ressourcen hätte er sich auf Dauer nicht zu behaupten vermocht.[38] Damit war die Schlacht von Kynoskephalai nur für einen eine wirkliche Entscheidung: den Prokonsul Titus Quinctius Flamininus. Kein Nachfolger würde ihm den Ruhm dieses Sieges noch entreißen können.

An eine Fortführung des Krieges konnte Philipp nicht mehr denken.[39] Zunächst bat er um einen Waffenstillstand, dann erschien er persönlich zu Verhandlungen im Tempetal und erklärte sich bereit, alle Forderungen der Alliierten zu erfüllen.[40] Aber dachte Flamininus in der Begeisterung des Sieges jetzt daran, das Kriegsziel weiter zu stecken, sprich die Eroberung Makedoniens in Angriff zu nehmen? Tatsächlich forderten eben dies die Aitoler, doch schon die unmittelbar nach Kynoskephalai zutage getretenen Spannungen zwischen ihnen und dem Prokonsul ließen diesen wenig Rücksicht auf ihre Wünsche nehmen. Im Gegenteil sprach der Umstand, daß die Aitoler am meisten von Philipps Sturz profitiert hätten, gegen diese Option. Und natürlich verschärften die unterschiedlichen Makedonienkonzepte ihrerseits den Gegensatz zwischen den Verbündeten. Aber noch eine ganze Reihe weiterer und zwar, wie Polybios ausdrücklich sagt, wichtigerer Gründe hielt Flamininus von einer Fortsetzung des Krieges ab: Seinem

---

38 Vgl. auch die Überlegungen HOLLEAUX' (1923), 31, und AFZELIUS' (1944), 107f.: »Und so wäre es auch von geringer Bedeutung gewesen, wenn Philip oder Antiochus das erste römische Zweilegionenheer besiegt hätte. Ohne irgendwie die Qualität der Römer zu verneinen oder zu unterschätzen, müssen wir also feststellen, dass schon die Quantität ihrer militärischen Ressourcen sie furchtbar überlegen gemacht hat« (108); zuletzt BRINGMANN (2002), 52-56.

39 Auch auf den Nebenkriegsschauplätzen war Philipp unterlegen: Der Kommandeur von Korinth, Androsthenes, war von den Achaiern in einer Feldschlacht besiegt worden, das Heer in Kleinasien hatten die Rhodier geschlagen, und in Akarnanien, Philipps treuestem Verbündeten, war Leukas von Lucius eingenommen worden; als die Niederlage bei Kynoskephalai bekannt wurde, unterwarf sich das ganze Land (Liv. XXXIII 14-18; vgl. DANY [1999], 175-178). Freilich hätten auch Erfolge nichts daran geändert, daß der Krieg nach Kynoskephalai verloren war.

40 Polyb. XVIII 34,4-6; 38,1f.; Liv. XXXIII 11,3f.; 13,1-4. Zu den ersten Gesprächen zwischen Flamininus und den makedonischen Unterhändlern vgl. M. HOLLEAUX, Le *caduceator* envoyé par Philippe V à T. Quinctius Flamininus en 197 (Tite Live 33, 11, 3-4), in: ders., Rome et la conquête de l'Orient, Paris 1957, 86-100; BRISCOE (1973), 266f.

Ruhm hätte es nur wenig genützt, wenn Philipp abgesetzt statt völlig besiegt worden wäre; ein Feldzug in Makedonien selbst wäre wohl auf den verzweifelten Widerstand von Volk und König getroffen; hätte er sich aber hingezogen, dann drohte Flamininus wiederum die Ablösung durch einen Nachfolger; schließlich war Antiochos eine schwer kalkulierbare Größe, gerade operierte er mit seiner Flotte an der kleinasiatischen Küste, und der Prokonsul sah die Gefahr, daß er zugunsten Philipps intervenieren könnte.[41]

Neben diesen realpolitischen Motiven, die er bezeichnenderweise verschwieg, gab es andere, die er auch den Verbündeten anvertraute: Die Vernichtung des Feindes widerspreche den römischen Grundsätzen wie seinen persönlichen Absichten, ohnehin ginge es nicht an, nach dem Sieg härtere Bedingungen zu stellen als davor. Außerdem liege die Erhaltung Makedoniens gerade im griechischen Interesse, denn dieser Staat bilde ein Bollwerk gegen die Einfälle der Thraker und Kelten. Diese Argumente besaßen für Flamininus kaum das Gewicht der eben genannten, aber sie dürfen auch nicht als bloße Rhetorik abgetan werden. Die ›idealistischen‹ Gründe sind Ausdruck typisch römischen Selbstverständnisses und von daher als Faktoren bei der Entscheidungsfindung nicht zu unterschätzen.[42] Der Hinweis auf den Schutz vor den Balkanstämmen aber deutet auf eine ausgesprochen positive Komponente in Flamininus' Makedonienbild hin, wie sie nach einem eben beendeten, schwierigen Krieg nicht unbedingt zu erwarten ist, schon gar nicht in öffentlicher Diskussion. Freilich ist noch nicht zu entscheiden, ob hinter dieser Äußerung eine grundsätzliche Akzeptanz Makedoniens als hellenistische Mittelmacht oder nur die taktischen Erfordernisse des Augenblicks standen.[43]

Zunächst jedenfalls gestaltete sich alles recht vorteilhaft für Philipp. Die Gespräche mit Flamininus verliefen in einer freundlichen Atmosphäre, wofür dieser heftige Kritik von den Aitolern einstecken mußte. Der öffentliche

---

41 Polyb. XVIII 34,1; 36,6-8; 37,11f.; 39,3f.: τὸ δὲ συνέχον ἦν τῆς ὁρμῆς τῆς τοῦ Τίτου πρὸς τὰς διαλύσεις . . . (3); Liv. XXXIII 11,9; 12,4.12f.; 13,15; App. Mac. 9,1; Plut. Flam. 9,6. Die verschiedenen Motive sind ausführlich analysiert bei De Sanctis (1923), 90-92, der auch betont, daß Philipp selbst kaum Interesse an seleukidischer Unterstützung haben konnte. Sie wäre einer Rettung gleichgekommen und hätte ihn zu Antiochos' Satelliten degradiert (ebenso Walbank [1940], 174).

42 Polyb. XVIII 37,1-9; Liv. XXXIII 12,5-11; App. Mac. 9,2. Milde im Sieg ist ein Bestandteil des *mos maiorum*, die Berufung auf sie dient der Selbstvergewisserung und letztlich der römischen Identitätsstiftung – was eine Instrumentalisierung für pragmatische Zwecke keineswegs ausschließt. Vgl. dazu Pfeilschifter (2000), 104f., 112-114, 133.

43 Für die erste Möglichkeit entscheidet sich De Sanctis (1923), 90, nach dem Flamininus die Balkanabwehr Makedonien beließ, weil die Römer sie nicht selber übernehmen, aber auch den Aitolern nicht zubilligen wollten. Vgl. auch Lehmann (1967), 62 Anm. 36. Es fragt sich nur, ob ihm der Schutz der Griechen vor Plünderungen so sehr am Herzen lag, daß davon grundsätzliche politische Entscheidungen beeinflußt wurden. Für die zweite Möglichkeit: Briscoe (1973), 271; Harris (1991), 141.

Streit zwischen den Alliierten um die thessalischen Städte Larisa Kremaste, Pharsalos und Echinos überschattete die Verhandlungen schließlich derart, daß der König in den Quellen nur noch als Stichwortgeber für die Protagonisten taugte.[44] Erst bei einer späteren Gelegenheit berichtet Livius kurz von Flamininus' Verhandlungsführung: Als die Rede auf die Orestis kam, die abgefallene makedonische Landschaft, ließ er Philipp die Hoffnung, diese Grenzprovinz zurückzuerhalten. Freilich ist auch dieses Entgegenkommen noch nicht als Ausdruck einer neuen, positiveren Makedonienpolitik zu werten. Für die Römer kam nämlich wenig darauf an, ob der König diese Landschaft kontrollierte oder nicht, an ihrer unbedingten Überlegenheit änderte das nichts. Aber das billige Zugeständnis sicherte das Wohlverhalten Philipps bei der Festlegung der Friedensbedingungen, und darum hatte sich Flamininus schon seit der ersten Besprechung mit dessen Unterhändlern bemüht:[45] Zwar konnte der König den römischen Siegfrieden nicht verhindern, aber ihn doch, wenn er schon nicht auf den Deus ex machina Antiochos hoffte, durch hinhaltende Verhandlungstaktik ein wenig verzögern. Flamininus brauchte also, genauso wie in Lokris, einen kooperativen Philipp, deshalb griff er zu vertrauensbildenden Maßnahmen. Auch diesmal zahlte sich seine Taktik aus, recht schnell wurde eine Übereinkunft getroffen.

In der Forschung hat man Flamininus für die Friedensverhandlungen einen beträchtlichen Handlungsspielraum unterstellt: Deshalb sage der Verzicht auf den Sturz Philipps einiges über seine politischen Ziele aus.[46] Diese Entscheidungsfreiheit bestand aber bestenfalls auf dem Papier. Viele triftige Gründe sprachen für einen baldigen Friedensschluß, kein einziger jedoch dagegen.[47] Es gab auch kein Abwägen zwischen zwei Möglichkeiten, viel-

---

44 Polyb. XVIII 34,4-8; 38,1-9; Liv. XXXIII 11,3-7; 13,1-12.

45 Liv. XXXIX 23,6f. (zit. u. Anm. 57); 28,2 (zur geringen Bedeutung der Orestis). HOLLEAUX (1931b), 94 mit Anm. 1, hat darauf hingewiesen, daß der Prokonsul wahrscheinlich schon bei den Vorverhandlungen mit Philipps Unterhändlern eine »entente definitive« erzielte. Diesen Erfolg galt es freilich nicht zu gefährden, deshalb kam Flamininus dem König auch in der Folgezeit bereitwillig entgegen. Den Aitolern schien seine plötzliche Konzilianz derart unverständlich, daß sie argwöhnten, er sei von Philipp bestochen (Polyb. XVIII 34,7).

46 Vgl. DE SANCTIS (1923), 97: »il proposito sincero di apparecchiare un avvenire di pace con la Macedonia«. Vor allem ECKSTEIN (1987c), 285-288, hat Flamininus' erhebliche Handlungsfreiheit nach Kynoskephalai betont, obwohl er gleichzeitig die zwingenden Gründe analysiert, die von dieser Freiheit nicht viel übrigließen. Seine Konstatierung des »impact of contingent events on Roman diplomacy« (290) – im Zusammenhang mit Philipps Friedensbereitschaft – ist grundsätzlich richtig, aber gerade hier, angesichts des Fehlens realistischer Alternativen auf beiden Seiten, nicht weiterführend.

47 Das von den Aitolern, später von Marcellus in Rom vorgebrachte Argument, es könne keinen dauerhaften Frieden geben, solange Philipp im Besitz seiner Herrschaft immer neue Schwierigkeiten machen könne, diente allzu offensichtlich der Kaschierung der eigenen Ambitionen. Angesichts des römischen Machtpotentials und der klaren Friedensbedingungen besaß es ohnehin keine Überzeugungskraft, und tatsächlich gab es mit Philipp keine Probleme, bis er im

mehr scheint Flamininus (wie auch Philipp) nach Kynoskephalai eine Beendigung des Krieges für selbstverständlich gehalten zu haben. Dies erklärt die rasche Einigung, höchstens in Details konnte es noch Dissens zwischen den beiden Oberbefehlshabern geben. Das Gerede vom Sturz Philipps brachten erst die Aitoler auf, und nur, weil jetzt eine Alternative im Raum zu stehen schien, berichten die Quellen breit von den dagegenstehenden Gründen des Prokonsuls. Seine zentralen, eng miteinander verflochtenen Motive – Ruhm, die Furcht vor dem Nachfolger, Antiochos und die Schwierigkeit einer Invasion Makedoniens – erklären aber nur das offensichtlich Zwingende. Nichts deutet darauf hin, daß Flamininus die aitolische Forderung jemals in Erwägung gezogen hat. Für ihn war ihre Durchsetzung weder machbar noch wünschenswert.

Auch in anderer Hinsicht spielte Aitolien keine tragende Rolle: Der Wunsch, die Aitoler nicht auf Philipps Kosten zu stark werden zu lassen, bildete nur einen zusätzlichen Anlaß für das Vorantreiben der Friedensverhandlungen. Denn er wird nicht unter Flamininus' Hauptgründen genannt, lediglich im Zusammenhang mit dem Streit nach Kynoskephalai findet er Erwähnung, und auch hier eher nebenbei.[48] Den Konflikt mit den Aitolern wiederum rückten Polybios und Livius im Hinblick auf den Keim des nächsten Krieges in den Mittelpunkt ihrer Darstellung.[49] Doch davon wußte Flamininus noch nichts, ihm ging es zu diesem Zeitpunkt um die Beendigung des Makedonischen Krieges. Somit besaß der Konflikt mit den Aito-

Antiochoskrieg wieder in die griechischen Händel hineingezogen wurde – von den Römern (Polyb. XVIII 36,6-8; 37,11f.; Liv. XXXIII 25,5). Allein Cass. Dio XVIII frg. 60 spricht von Flamininus' nur mühsam gezügelter Gier nach der Eroberung Makedoniens. Solchen Träumen mochte der Feldherr vielleicht abends vor dem Zubettgehen nachhängen, aber sie konnten keinen Moment Bestand vor der Realität haben. Wahrscheinlich ist dieses Motiv der Phantasie Dios geschuldet; auch die im Anschluß geschilderte, zum Frieden führende Überlegung Flamininus', man brauche Philipp als eine Art Drohpotential, um die Ergebenheit der Griechen zu sichern, entspricht in keiner Weise den tatsächlichen Machtverhältnissen (anders CASSOLA [1960], 121f.). Die modernen Überlegungen schließlich, von DE SANCTIS (1923), 89f., zu den guten Erfolgsaussichten für eine Invasion Makedoniens und von ECKSTEIN (1987c), 286, über eine Thronbesteigung Perseus', finden keinen Rückhalt in den Quellen. Diese Planspiele können höchstens den Aitolern unterstellt werden, keinesfalls aber Flamininus.

48 Vgl. Polyb. XVIII 34,1; Liv. XXXIII 11,9, wo er lediglich als einer von mehreren Punkten auftaucht, welche die Reaktion des Feldherrn auf aitolische Gier und Prahlerei illustrieren. Die drei thessalischen Städte, die Flamininus den Aitolern vorenthielt, waren zu unbedeutend, als daß sie eine wesentliche Stärkung des Aitolischen Bundes dargestellt hätten. Es kann also keine Rede davon sein, daß es Flamininus vornehmlich darum gegangen sei, »to maintain a balance of power in Greece« (BRISCOE [1973], 271; ebenso E. BADIAN, Rome and Antiochus the Great: A Study in Cold War, in: ders., Studies in Greek and Roman History, Oxford 1964, 117). Nur App. Mac. 9,1 räumt dem Motiv, die Aitoler schwach zu halten, einen prominenten Platz ein, doch er läßt nicht nur die tieferen Gründe einfach weg, sondern ist selber skeptisch. Denn in unmittelbarem Anschluß schränkt er ein: τάχα δ' αὐτὸν καὶ τὸ παράδοξον τῆς νίκης ἀγαπᾶν ἐποίει.

49 So die ausdrückliche Wertung Polyb. XVIII 39,1f.; Liv. XXXIII 13,13.

lern in diesem Zusammenhang nur oberflächliche Bedeutung. Er sorgte für ein paar häßliche Begleittöne, er bestärkte den Prokonsul in der bereits getroffenen Entscheidung, und er bot die Chance, im Kontrast das Einverständnis zwischen Rom und Makedonien durch ein paar taktische Zugeständnisse zu bekräftigen. Ob diese erste Bausteine für ein neues Miteinander waren, konnte erst die Zukunft zeigen. Der Friedensschluß selbst aber war bloß der konsequente Abschluß der Makedonienpolitik der Vergangenheit.

Was die konkreten Bestimmungen betrifft, so hatte Philipp natürlich die Bedingungen von Lokris zu erfüllen, im wesentlichen also das römische Kriegsziel, die Räumung Griechenlands (mitsamt seinen kleinasiatischen Besitzungen). Ferner mußte er die Kriegsgefangenen und Überläufer ausliefern, eintausend Talente bezahlen – die Hälfte sofort, den Rest auf zehn Jahre –, seine Flotte verkleinern und Geiseln nach Rom schicken, unter anderem seinen Sohn Demetrios. Der Senat billigte diese Vereinbarung, das Volk ratifizierte sie, trotz des Widerstands des Konsuls M. Claudius Marcellus, der Flamininus, wie von diesem befürchtet, im Kommando nachfolgen wollte.[50] Damit war der Zweite Makedonische Krieg beendet. Der Pro-

50 Polyb. XVIII 39,5-7; 42,1-5; 44,3f.6f.; Liv. XXXIII 13,14f.; 24,5-7; 25,4-7; 30,1-3.5-11. Über die Unhistorizität der Bestimmungen, die Livius, teilweise unter Berufung auf Valerius Antias und Claudius Quadrigarius, zusätzlich zu denen des Polybios nennt, herrscht Einigkeit in der Forschung. Sie wurden zur Rechtfertigung des Perseuskrieges erfunden. Vgl. NISSEN (1863), 144-148; E. TÄUBLER, Imperium Romanum, Bd. 1, Leipzig u. a. 1913, 228-239; M. HOLLEAUX, Les additions annalistiques au traité de 196 (Tite Live 33, 30, 6-11), in: ders., Rome et la conquête de l'Orient, Paris 1957, 104-120; TRÄNKLE (1977), 60-62. Die Friedensbedingungen selbst sind nicht erhalten, schon Liv. XXXIII 24,7; 30,1, gefolgt von zahlreichen modernen Forschern, hat den Senatsbeschluß von 196 deshalb mit dem Friedensvertrag verwechselt. (Die erstaunlich präzise Wiedergabe der wesentlichen Bestimmungen bei Plut. Flam. 9,8 und vor allem Eutr. IV 2,1 rührt nicht von einer genaueren Kenntnis her, sondern von der gedrängten – und geschickten – Zusammenfassung der Ereignisse.) Doch der Friede wurde Anfang 196 von Senat und Volk gebilligt, erst danach legte der Senat in seinem Beschluß, neben einer groben Skizzierung der Nachkriegsordnung (Polyb. XVIII 44,2), die Ausführungsbestimmungen fest. Diesen fundamentalen Unterschied hat J. A. O. LARSEN, The Treaty of Peace at the Conclusion of the Second Macedonian War, CPh 31 (1936), 342-348, herausgearbeitet; ältere Untersuchungen des Vertrages sind damit überholt, ebenso DAHLHEIM (1968), 83-89 mit Anm. 2, der die Argumente LARSENS ohne nähere Begründung verwirft. Die Friedensbedingungen sind demnach aus den Forderungen der Alliierten in Lokris sowie aus den Modalitäten des Senatsbeschlusses zu rekonstruieren (vgl. auch WALBANK [1940], 177, 179f.). Jedoch verwischt LARSEN seine Trennung zwischen grundsätzlichen Regelungen und Ausführungsbestimmungen, wenn er, der Darstellung bei App. Mac. 9,2f. folgend, den Senat nachträglich einige zusätzliche Bedingungen in seinen Beschluß schreiben läßt: Von Kriegsentschädigung und Flottenbegrenzung sei im Vertrag noch nicht die Rede gewesen (342, 346f.). Die politischen Implikationen sind beträchtlich: Kaum war Friede geschlossen, sorgte der Senat für neuen Ärger, denn ein derartiges Nachkarten konnte Philipp nur als bloße Willkür empfinden; tatsächlich widersprach es wenn nicht dem Buchstaben, so doch dem Geist des (und jedes!) Friedensvertrages. Zudem bestanden zwischen Flamininus und Rom offenbar tiefgreifende Meinungsverschiedenheiten (vgl. nur CASSOLA [1960], 119f.). Freilich bleibt dieses Szenario die Erklärung schuldig, warum der Senat seine zusätzlichen Forderungen nicht gleich in den Friedensvertrag

konsul kümmerte sich fortan um Griechenland, der König hatte damit nichts mehr zu tun, er kehrte in sein recht übersichtlich gewordenes Reich zurück.[51]

Philipp, die Römer und Antiochos

Das römische Kriegsziel war in vollem Umfang erreicht, weder in Rom – von Marcellus einmal abgesehen – noch in Flamininus' Hauptquartier gab es Grund zur Unzufriedenheit. Aber auch dem Verlierer ließ der Vertrag Luft zum Atmen. Mit der Großmacht war es zwar vorbei, aber die Souveränität Makedoniens blieb unangetastet; anders als die Karthager einige Jahre zuvor mußte Philipp keine Beschneidung seines Rechts auf Kriegsführung oder diffuse territoriale Klauseln à la Masinissa akzeptieren, die einem feindlichen Nachbarn die Gelegenheit zu fast permanenter Aggression bo-

---

aufnahm, anstatt sie in dem nur wenig später gefaßten Beschluß zu präsentieren. Ohnehin legt Polybios nahe, daß die erwähnten Klauseln nicht nur im Vertrag standen, sondern, wie alle übrigen, schon im Tempetal vereinbart wurden. Damals hatte Flamininus, als Garantie für den Waffenstillstand, von Philipp 200 Talente sowie als Geiseln Demetrios und einige φίλοι gefordert. Er verpflichtete sich aber zur Rückgabe, sollten die Verhandlungen in Rom scheitern (Polyb. 39,5-7). Im Umkehrschluß heißt das aber, die Römer würden sie im Falle des Friedensschlusses behalten. Dies wiederum setzt voraus, daß sich Philipp und Flamininus über die mutmaßliche Dauerhaftigkeit der vereinbarten Garantieleistungen, das heißt ihre Übernahme in den Vertrag, einig waren: Die 200 Talente dienten als Anzahlung auf die volle Kriegsentschädigung, die Geiseln würden, nun als Versicherung für den Frieden, insbesondere die korrekte Zahlung, in Italien bleiben. Im Senatsbeschluß wurde die Kriegsentschädigung nur deshalb aufgegriffen, weil die Modalitäten für die einzelnen Raten festgelegt werden mußten. Von den Geiseln ist verständlicherweise nicht mehr die Rede; hier gab es nämlich nichts mehr zu regeln, da sie spätestens nach Vertragsabschluß von den Römern nach Italien gebracht worden waren. Die Flottenbegrenzung schließlich fand Eingang in den Senatsbeschluß, weil Philipp für die Auslieferung der nun überzähligen Schiffe die Isthmischen Spiele als Terminus ante quem gesetzt wurden (Polyb. 44,6f.). Auch hier also nur Ausführung bereits festgelegter Vertragsbestimmungen, LARSENS Unterscheidung spiegelt sich viel deutlicher in den Quellen wider, als er selbst gesehen hat. Die Version Appians aber erklärt sich daraus, daß er die Waffenstillstandsbedingungen mit Flamininus' Vorschlägen für den Friedensschluß verwechselt hat. Vgl. auch WALSH (1996), 355 Anm. 48.

51 Philipp mußte im Vertrag auf seine griechischen Besitzungen verzichten, der Senatsbeschluß legte dann fest, bis wann und auf welche Weise er sie zu räumen habe (Polyb. XVIII 44,3f.; vgl. LARSEN [1936], 345f.). Doch er war nicht gezwungen, die Freiheit aller übrigen Griechenstädte anzuerkennen, eine Klausel, durch die er und die Römer sich für die Zukunft gegenseitig gebunden hätten (so DAHLHEIM [1968], 84f., 87); diese Bestimmung war als Teil des Senatsbeschlusses (Polyb. 44,2) eine einseitige Willenserklärung Roms, das nun allein über Griechenland befand. Die Zeit für bilaterale Verzichtserklärungen, welche ein Mitspracherecht Philipps impliziert hätten, war vorbei. Philipp ging das alles nichts mehr an, eben dies war ja das römische Kriegsziel gewesen.

ten.[52] Der Friede stellte also noch keineswegs eine zu schwere Hypothek für die Zukunft dar. Gaetano De Sanctis glaubte trotzdem, daß auf Dauer ein neuer Krieg nicht zu verhindern gewesen sei: Zu tief war Makedonien gedemütigt, zu herrschsüchtig die neue Weltmacht.[53] Doch das ist eine Einschätzung ex eventu, von der Katastrophe des Dritten Makedonischen Krieges her gesehen. Natürlich wälzte Philipp Rachegedanken, und auch die römische Hegemonie breitete sich über immer weitere Teile der Mittelmeerwelt aus. Aber eine umsichtige Behandlung des Besiegten durch die Sieger konnte das schwierige Verhältnis durchaus auf leidlicher Basis stabilisieren. Mit den anderen Hauptmächten des Hellenismus gelang das durchaus: Die Ptolemaier fügten sich schon früh den Römern, und das Seleukidenreich bestand mehr als einhundert Jahre nach einer ähnlich vernichtenden Niederlage weiter, wie sie eben Philipp erlitten hatte. Das Arrangement gestaltete sich oft schmerzvoll, gerade für die Seleukiden, aber niemals verschlechterten sich die Beziehungen so weit, daß es (erneut) zum Krieg kam.

Im Jahr 196 war offen, wie es mit Rom und Makedonien weitergehen würde. Die bisher gültige Makedonienpolitik war, da sie ihren Zweck erreicht hatte, an ihr Ende gelangt. Etwas Neues mußte an ihre Stelle treten. Jetzt erst, nach dem Friedensschluß, erweiterte sich Flamininus' Handlungsspielraum ganz erheblich. Philipp brauchte nicht mehr unbedingt der Feind zu sein, auch andere Formen der Koexistenz waren denkbar. Gleichzeitig tauchten neue Variablen und Unsicherheiten auf. Denn solange Philipp bzw. dem Sieg über ihn das hauptsächliche, ja das einzige römische Interesse gegolten hatte, war das Verhältnis zwangsläufig statisch gewesen. Mit der Schlacht bei Kynoskephalai aber war Philipps tragender Part zu Ende gegangen, von nun an spielte der König eine Nebenrolle. Dadurch, daß Makedonien selbst weniger Eigengewicht besaß, gewannen Rücksichten auf Dritte größere Bedeutung. In dieser neuen Situation erhielt Flamininus' diplomatisches Talent erstmals die rechte Gelegenheit, sich zu entfalten. Denn schon zu seiner Zeit war es einfacher, den Krieg zu gewinnen als den Frieden.

Der veränderte Stellenwert Makedoniens zeigt sich auch darin, daß die Quellen bei weitem nicht mehr so viel von Philipp berichten wie bisher. Schon Polybios' Schilderung der Konferenz im Tempetal verrät den neuen Blickwinkel. Doch natürlich finden die Beziehungen zu den Römern noch

---

52 Der Vergleich stammt von De Sanctis (1923), 97. Eher glich der Vertrag dem ersten, relativ glimpflichen Frieden mit den Karthagern aus dem Jahr 203, der vom Gang der Ereignisse überrollt wurde. Zu dessen Bestimmungen StV III 548.

53 Vgl. De Sanctis (1923), 97f., ferner 250-252. Sein dritter Grund, der Kampf in Griechenland zwischen den von Rom favorisierten reichen und den armen Schichten, der zwangsläufig Makedonien als Unterstützer letzterer auf den Plan rufen würde, ruht auf einem inzwischen überholten Bild von der inneren Verfaßtheit der Poleis. S. u. S. 269 Anm. 66.

die größte Aufmerksamkeit, und diese sind hier von Interesse. Der König mußte nach der Räumung seiner auswärtigen Besitzungen daran gehen, die Ressourcen seines Landes wieder zu mehren, einmal wegen der jährlichen, allerdings recht maßvollen Zahlungen an Rom, vor allem aber wegen der tiefgreifenden Erschöpfung durch die fast ununterbrochenen Kriege der letzten Jahrzehnte.[54] Diese beschränkten sich nun auf Auseinandersetzungen mit den Balkanstämmen,[55] und so hatte Philipp viel Zeit, seinen sarkastischen Humor in publizistischen Auseinandersetzungen zu beweisen – die er sehr viel souveräner durchstand als Flamininus –,[56] vor allem aber, die Festigung der römischen Hegemonie über Griechenland zu beobachten. Bei den Isthmischen Spielen des Jahres 196 wurden seine früheren Untertanen für frei erklärt, danach, und hier wurde es für den König richtig interessant, zeichneten Flamininus und die Zehnerkommission aus Rom die griechische Landkarte neu.

Dabei mußte er schnell erkennen, daß die Hoffnungen, welche er aus dem Gang der Friedensverhandlungen geschöpft hatte, vergeblich waren. Die Orestis nämlich wurde von den zehn Legaten für autonom erklärt, offensichtlich im Einverständnis mit Flamininus. Wahrscheinlich hatte der Prokonsul, als er diese Frage gegenüber Philipp offenließ, bewußt Illusionen geweckt. Denn eine freiwillig übergetretene Völkerschaft konnten die Römer schlecht dem Zorn Philipps überlassen, ohne für zukünftige Konflikte ein jeden potentiellen Überläufer abschreckendes Exempel zu setzen.[57]

---

54 Die Kriegsentschädigung der Karthager 201 betrug 10 000 Talente, Antiochos mußte später 15 000 Talente an die Römer bezahlen, Nabis und die Aitoler, beide zweifellos viel finanzschwächer, immerhin noch jeweils 500 – Philipps 1000 Talente wirken in der Relation nicht gerade exorbitant (Polyb. XV 18,7; XXI 17,4f.; 32,8f.; 43,19f.; Liv. XXXIV 35,11). Zur Reorganisation des Königreiches vgl. Liv. XXXIX 24,2-4 (zum Jahr 185).

55 Einen Kampf gegen die Dardaner noch 197, nach den Verhandlungen im Tempetal, bezeugt Liv. XXXIII 19,1-5.

56 Flamininus fühlte sich durch ein Epigramm über Kynoskephalai beleidigt, das von dem Dichter Alkaios von Messene stammte, durchaus einem Romfreund, der aber den Fehler gemacht hatte, die Aitoler vor den Römern zu nennen. Während der Prokonsul schmollte, griff Philipp, das eigentliche Opfer, selbst zur Feder und verspottete Alkaios in einer Replik (Plut. Flam. 9,1-5; FGE S. 79f.). Ein ähnlich bissiger, anonym überlieferter Zweizeiler gegen Alkaios stammt vielleicht ebenfalls von ihm (Anth. Pal. IX 520 = HE S. 214). Vgl. WALBANK (1940), 173.

57 Liv. XXXIX 23,6f.: *una eum* [sc. *Philippum*] *res, cum victo leges imponerentur, maxime angebat, quod qui Macedonum ab se defecerant in bello, in eos ius saeviendi ademptum ei ab senatu erat, cum, quia rem integram Quinctius in condicionibus pacis distulerat, non desperasset impetrari posse.* Die Stelle ist nicht so aufzufassen, daß Flamininus die Orestis Philipp lieber zurückgegeben hätte, dann aber vom Senat bzw. den zehn Gesandten majorisiert wurde. Polyb. XVIII 47,6 berichtet in diesem Fall nichts von Meinungsverschiedenheiten zwischen Kommission und Prokonsul, wie er das ansonsten sehr wohl tut (45,8-12; 47,10f.). Selbst wenn Flamininus nicht von vornherein Philipp getäuscht hatte, dann ließ er es zumindest geschehen, daß die endgültige Entscheidung gegen diesen ausfiel. Welche der beiden Möglichkeiten auch zutrifft – für den König kam es auf das gleiche hinaus. Vgl. auch DE SANCTIS (1923), 98. Es ist nicht ganz klar, was Polybios' bewußte Gegenüberstellung zu bedeuten hat, wonach die Oresten die αὐτονομία erhiel-

Philipp war im Tempetal nicht anders benutzt worden als in Lokris. Flamininus brauchte ihn für den Moment, deshalb schmeichelte er ihm, danach wurde der König – schon zum zweiten Mal – fallengelassen. Die Orestis war zwar keine bedeutende Provinz, aber die territoriale Integrität Makedoniens hatte zu den wichtigsten Sorgen Philipps gehört.[58] Die gelegentliche Freundlichkeit im Ton, wenn es not tat, bei gleichzeitiger Kompromißlosigkeit in der Sache ließ für die Zukunft nichts Gutes erwarten. Fataler hätte der ›Neuanfang‹ kaum ausfallen können.

Die nächste Begegnung mit den Römern brachte dann aber tatsächlich etwas Neues. Nach den gemeinsamen Verfügungen von Korinth trennten sich die zehn Legaten, um diese vor Ort in Kraft zu setzen. Einige von ihnen, unter Führung des Konsulars Cn. Cornelius Lentulus, trafen sich mit Philipp. Bei dieser Begegnung, die wieder im Tempetal stattfand, wurden verschiedene Angelegenheiten besprochen, über die wir nichts weiter wissen, die aber wahrscheinlich mit der Umsetzung des Friedensvertrages zusammenhingen. Auf einen Punkt geht Polybios dann doch etwas ausführlicher ein, nämlich den Rat, Philipp solle Gesandte nach Rom schicken wegen einer Symmachie; sonst sehe es so aus, als lauere er sehnsüchtig auf die Ankunft des Antiochos. Diese Anregung nahm der König bereitwillig auf, dann verließen ihn die Legaten.[59] Es ist nicht zu bezweifeln, daß Philipp

---

ten, die Perrhaiber, Doloper und Magneten dagegen die ἐλευθερία. Man könnte daran denken, daß Philipp die Oberhoheit über eine sich selbstverwaltende Orestis behielt. Aber abgesehen davon, daß man sich kaum vorstellen kann, wie ein solches Konstrukt in der Praxis funktioniert hätte, ist es auch schwer mit Philipps späterer Klage zu vereinbaren, daß ihm diese Gemeinden nicht zurückgegeben wurden (Liv. XXXIX 28,2). Eher ist die Stelle so aufzufassen: Die übrigen Völkerschaften besaßen, wenigstens auf dem Papier, ihre eigenen Gesetze (vgl. etwa Polyb. IV 76,2) und bedurften nur noch der außenpolitischen Freiheit (ἐλευθερία), die Orestis dagegen, seit langem ein integraler Bestandteil Makedoniens, stand dahinter zurück, für sie war Autonomie etwas Neues. Deshalb wird dieser Aspekt bei Polybios in den Vordergrund geschoben. Außerdem hatten die Oresten, da sie von sich aus abgefallen waren, die außenpolitische Freiheit ohnehin schon errungen, sie bedurfte höchstens noch der Bestätigung, aber nicht mehr der Verleihung (weswegen sie in der Isthmischen Freiheitserklärung nicht genannt werden; vgl. BRISCOE [1973], 311). Im Resultat dürfte sich ihr politischer Status nicht von dem der Perrhaiber und der anderen unterschieden haben, das orestische Koinon war der makedonischen Macht entzogen (Liv. XLII 38,1) und galt bis weit in die Kaiserzeit hinein als ›frei‹ (Cic. har. resp. 35; Plin. nat. IV 35; vgl. F. PAPAZOGLOU, Quelques aspects de l'histoire de la province de Macédoine, in: ANRW II 7,1, Berlin u. a. 1979, 362-364).

58 Liv. XXXIX 28,2. Vgl. auch XXXIII 19,3: *morte tristius ratus Macedoniae etiam possessione pelli.*

59 Polyb. XVIII 48,3-5: συνεβούλευον αὐτῷ πρεσβευτὰς πέμπειν εἰς τὴν Ῥώμην ὑπὲρ συμμαχίας, ἵνα μὴ δοκῇ τοῖς καιροῖς ἐφεδρεύων ἀποκαραδοκεῖν τὴν Ἀντιόχου παρουσίαν (4); Liv. XXXIII 35,2-8. Zu einer möglichen Kooperation beider Könige in Kleinasien während des Jahres 197 (oder wohl eher deren Anschein), die vielleicht den Hintergrund für die römische Ermahnung bildete, vgl. M. ERRINGTON, Antiochos III., Zeuxis und Euromos, EA 8 (1986), 5-7, mit der Kritik von J. MA, Antiochos III and the Cities of Western Asia Minor, Oxford 2002[2], 85 Anm. 120. – Die Identität von Lentulus ist nicht sicher (s.u. S. 336 Anm. 21).

Gesandte schickte, aber die Überlieferung schweigt über den Abschluß eines Bündnisses. Trotzdem ging man in der Forschung lange einhellig von einem formellen *foedus* zwischen Rom und Makedonien aus. Erst Erich S. Gruen, der die Frage zum erstenmal genauer untersuchte, hat gezeigt, daß in den Beziehungen beider Mächte bis zum Perseuskrieg nichts für ein solches Bündnis spricht, aber vieles dagegen. Die Symmachie sei daher unhistorisch.[60] Den Vorschlag im Tempetal erklärt Gruen damit, daß die Römer nur eine Geste von Philipp erwarteten, die den Verdacht mißtrauischer Senatoren zerstreuen und mögliche Aspirationen Antiochos' dämpfen sollte. Die Gesandtschaft nach Rom sei eine reine Formalität gewesen, zu keinem Zeitpunkt habe man an eine feste Vereinbarung gedacht.[61]

Es ist jedoch nicht klar, wie ein solches Vorgehen römische Ängste beschwichtigen hätte können: Der König war damals längst nicht mehr in der Lage, sich römischen Wünschen offen zu verschließen, um das Bündnis bemühte er sich aber nur auf Initiative der Legaten hin, nicht von sich aus. Eine erzwungene Geste mußte in den Augen ohnehin skeptischer Senatoren hohl wirken, über Philipps wahre Absichten konnte sie nichts verraten.[62] Und war wirklich damit zu rechnen, daß sich Antiochos vom ebenso bemühten wie folgenlosen Austausch von Höflichkeiten beeindrucken lassen würde?

Der römische Vorschlag bekommt meiner Meinung nach nur dann rechten Sinn, wenn man an etwas Handfesteres als an eine bloße Willensbekundung denkt. Schon De Sanctis erwog die Möglichkeit einer losen militärischen Kooperation, und tatsächlich unterstützte der König ein Jahr darauf, im Nabiskrieg, Flamininus mit 1500 Mann Hilfstruppen.[63] Dabei gab es für ihn auf der Peloponnes nichts mehr zu gewinnen, auch war er weder an der politischen Vorbereitung dieses Feldzuges beteiligt gewesen,[64] noch hatte

60 Vgl. E. S. GRUEN, The Supposed Alliance between Rome and Philip V of Macedon, CSCA 6 (1974), 123-136 (mit knappem Forschungsabriß 124 Anm. 4). GRUEN hebt auch mit Recht hervor, daß die Römer den Abschluß von Bündnisverträgen zu dieser Zeit mieden, ein *foedus* mit Philipp also eine isolierte Ausnahme dargestellt hätte. Vorsichtig zustimmend F. W. WALBANK, A Historical Commentary on Polybius, Bd. 3, Oxford 1979, 275; WILL (1982), 162f. Ignoriert wird GRUEN dagegen von HAMMOND (1988b), 447, 603f.

61 GRUEN (1974a), 136.

62 GRUEN scheint zu implizieren, daß Lentulus und seine Kollegen Philipp einen vertraulichen, fast privaten Rat gaben, damit er besorgten Senatoren zu Hause ihre Angst nehme. In der Tat läßt sich Livius' aufgeputzte Version so interpretieren, doch bei Polybios trägt das Anliegen, auch wenn es lediglich in Form einer Anregung vorgebracht wurde, durchaus offiziösen Charakter. Der Vorstoß war zuvor zweifellos zwischen Flamininus und den zehn Legaten abgestimmt worden, der Senat, auch seine besorgteren Mitglieder, erfuhr davon spätestens beim Eintreffen von Philipps Delegation – wenn er nicht von Anfang an im Bilde war. Zur Art des römischen Vorgehens vgl. auch HAMMOND (1988b), 604.

63 Vgl. DE SANCTIS (1923), 105 Anm. 213. Hilfstruppen: Liv. XXXIV 26,10.

64 Vgl. AYMARD (1938b), 203 Anm. 2.

ihn der Friede von 196 zur Heeresfolge verpflichtet. Natürlich war das makedonische Kontingent auf einer Goodwilltour unterwegs, man kann daher wiederum von einer ›Geste‹ Philipps sprechen.[65] Aber auch eine Geste bedarf der Vorbereitung, es waren Gespräche, Planungen und Vorgaben nötig, sowohl auf einer generellen Ebene – Philipps grundsätzliche Bereitschaft zur Unterstützung – als auch auf einer konkreten – Flamininus' Anforderung der Hilfstruppen. Es liegt recht nahe, erstere mit dem Treffen im Tempetal zu verbinden.

Ziel und Ergebnis des römischen Vorschlags war also eine informelle Vereinbarung, wonach Philipp die Römer im Bedarfsfall unterstützen sollte. Interesse an einer solchen Kooperation hatten beide Seiten: Die Römer dachten an Antiochos, was sie auch offen sagten, Philipp aber erwartete im Gegenzug Erleichterungen bei den Friedensbedingungen, also eine Ermäßigung der Kriegskostenentschädigung und die Rückgabe der Geiseln. Da auch der König Vorteile aus dem Arrangement ziehen würde, konnten die Römer, anders als bei scheinbaren Bündnisverhandlungen, tatsächlich darauf hoffen, seine Loyalität zu festigen. Eine derartige informelle Vereinbarung muß natürlich hypothetisch bleiben, aber sie trägt der Beweisführung Gruens Rechnung und erklärt das römische Verhalten im Tempetal plausibel. Und schließlich, nicht ganz unwichtig, sie läßt sich problemlos mit Polybios' Wortlaut vereinbaren.[66]

Welche Rolle spielte Flamininus bei dieser Angelegenheit? Sicherlich war er über die Absicht der Legaten im Bilde, und 195 verhalf er der Übereinkunft erstmals zum Leben, als er Unterstützung gegen Sparta verlangte. Andererseits griff er zu keinem Zeitpunkt persönlich ein, die entscheidenden Gespräche wurden im Tempetal und in Rom geführt. Inwieweit er sie anregte, wissen wir nicht. Flamininus' individueller Anteil läßt sich also, anders als bisher, nicht bemessen. Es läßt sich nur so viel sagen, daß der römische Oberkommandierende in Griechenland Lentulus' Vorstoß loyal mittrug und sein Ergebnis billigte. Damit war er, im Gegensatz zu seinem bisherigen Taktieren, erstmals an einer Maßnahme beteiligt, die zwar nicht vertrauensbildend gemeint war, aber doch Vertrauen schaffen konnte. Geboren aus römischem Verdacht und geprägt von beiderseitigem Nutzdenken, bot das Abkommen dennoch die Chance, auf lange Sicht eine Entspannung zwischen beiden Mächten einzuleiten.

Kurzfristig jedenfalls profitierte der König nicht. Sein Engagement im Nabiskrieg brachte ihm keine Milderung der Friedensbedingungen ein,

---

65 In diesem Sinn offenbar GRUEN (1974a), 129.

66 Polybios' συμμαχία ist ein schillernder Begriff, er deckt ein Bedeutungsfeld von einer Zusammenarbeit ad hoc bis zu einem festen Bündnis ab. Vgl. A. HEUSS, Stadt und Herrscher des Hellenismus in ihren staats- und völkerrechtlichen Beziehungen, Aalen 1963^2, 137, 178f.; GRUEN (1984), 69; DAHLHEIM (1968), 226.

vermutlich war ihm eine solche konkret auch nicht versprochen worden. Zu großzügigem Entgegenkommen sah der Senat noch keinen Anlaß, und dies um so mehr, als der befürchtete Zusammenstoß mit dem Seleukidenreich zunächst ausblieb. Solange es keinen Krieg mit Antiochos gab, brauchte man auch keinen Philipp. Somit blieb dessen Wohlwollen zunächst von bloß potentieller Wichtigkeit. Das Nächste, wovon der König aus Rom hörte, war der glanzvolle Triumph über ihn, den der zurückgekehrte Flamininus 194 drei Tage lang feierte. Sein Sohn Demetrios wurde im Triumphzug mitgeführt.[67]

Nach dem Abzug der Legionen aber spitzte sich die Situation in Griechenland recht schnell zu, und tatsächlich trat ein, was die Römer befürchtet hatten: Der Name Philipp tauchte immer häufiger in den Beratungen Antiochos' und der Aitoler auf, es schien ein Zusammenschluß der Gegner von morgen mit dem von gestern zu drohen. Tatsächlich aber passierte, von pathetischer Rhetorik einmal abgesehen, recht wenig. Im Jahr 193, als die Aitoler erste Schritte unternahmen, am Status quo etwas zu ändern, schickten sie zwar Gesandte nicht nur zu Antiochos und zu Nabis, sondern auch zu Philipp: Der Hipparch Nikandros schlug ihm eine Allianz zwischen Makedonien, Aitolien und Syrien vor, die mit Antiochos' Ankunft in Griechenland wirksam werden solle. Doch der König reagierte abweisend. Diese fehlgeschlagene Mission war nicht nur der erste Versuch der Gegner Roms, Philipp auf ihre Seite zu ziehen, bemerkenswerterweise war sie auch der letzte.[68]

Auf die aitolische Initiative konnte Philipp gar nicht eingehen, selbst wenn er gewollt hätte. Denn gerade er, der drei Kriege gegen sie geführt hatte, wußte, daß die Aitoler bei weitem nicht so stark waren, wie sie gerne behaupteten. Der wirkliche Entscheidungsträger war Antiochos. An ihm lag es, Philipp ein Angebot zu unterbreiten, und er besaß am ehesten die Macht, seine Versprechungen zu erfüllen.[69] Die entsprechende Offerte blieb aus. Am seleukidischen Hof war zwar bis in den Winter 192/191, als man längst

67 Liv. XXXIV 52,4-12; Oros. hist. IV 20,2f.; Eutr. IV 2,2. Flamininus hätte sich zweifellos einer Entlassung Demetrios' entschieden widersetzt, solange dieses prestigeträchtige Beutestück nicht in seinem Triumph gezeigt worden war.

68 Liv. XXXV 12,10-14; 13,1. Nikandros' Hinweise auf den alten Ruhm Makedoniens, die Macht der Aitoler und die Bedeutung Hannibals sind nur schmückendes Beiwerk, das zum Teil wohl schon der Gesandte selber um seinen Vorschlag flocht, zum Teil auf Livius' (oder Polybios') Ausgestaltung zurückgeht.

69 De Sanctis (1923), 153f., sieht keinen Interessengegensatz zwischen Philipp und Antiochos. Das Haupthindernis für eine Verständigung seien die Aitoler gewesen, die Philipp nur einen kleinen Teil von der thessalischen Beute abgegeben hätten. Das ist zweifellos richtig, doch über die aitolischen Wünsche hätte sich Antiochos zur gegebenen Zeit offen hinwegsetzen können. Er brauchte sie als Steigbügelhalter, doch Philipp wäre als Verbündeter von ungleich höherem militärischen Wert gewesen.

offenen Krieg in Griechenland führte, immer wieder von einem Bündnis mit Philipp die Rede, doch den verschiedenen Vorschlägen waren zwei Handicaps gemeinsam. Einmal der geringe Einfluß der Sprecher: die Aitoler Dikaiarchos und Thoas, Gesandte, die Antiochos offensichtlich im eigenen Interesse zu überreden suchten; der Akarnane Alexandros, ein früherer Berater Philipps, der eben erst zu Antiochos gewechselt war und damit, obwohl er als Kenner der griechischen Verhältnisse zum Kriegsrat zugelassen war, ohne Hausmacht und ohne Vertrauensstellung; schließlich Hannibal, ein Flüchtling, prominent zwar, aber eben ein Flüchtling, isoliert und gerade wegen seines Ruhms vom Hof und vom König selber immer wieder beargwöhnt. Zum anderen zeichneten sich die Vorschläge durch ein Gemisch von Täuschung und Wunschdenken aus: Philipp suche die erstbeste Gelegenheit zum Aufstand, sehnsüchtig warte er auf Antiochos' Ankunft, und – selbst als Antiochos längst angekommen war und kein Philipp sich weit und breit zeigte – gemeinsam sei man unbezwingbar.[70] Die weitgehende Unkenntnis über Philipps Pläne brachte Hannibal unfreiwillig zum Ausdruck: Sollten seine Spekulationen über Philipps Kampfbereitschaft nicht zutreffen, dann müsse man ihn eben selber angreifen, von Thrakien aus, um ihn wenigstens von einer Unterstützung der Römer abzuhalten.[71]

Wenn man also von falschen Voraussetzungen ausging und sich kein gewichtiger Fürsprecher eines Bündnisses mit Philipp fand: Warum suchten Antiochos und seine engsten Berater nicht spätestens dann eine Klärung, sprich eine diplomatische Begegnung, als die Fehleinschätzung Dikaiarchos' und der anderen offensichtlich geworden war? Und weshalb erwärmten sie sich eigentlich nicht für ein Zusammengehen mit Makedonien? Schließlich konnte keiner Hannibal widersprechen, als er die kleinteiligen Bemühungen um die Thessaler kritisierte, während man Philipp, der ungleich größere militärische Macht aufbieten könne, links liegenlasse.[72] Statt dessen machte Antiochos einem gewissen Philipp von Megalopolis, einem angeblichen Nachkommen Alexanders des Großen, Hoffnungen auf den makedonischen Thron; er ließ ihn sogar die makedonischen Toten von Ky-

70 Liv. XXXV 12,15-17; 18; XXXVI 7,1-13; 8,1; App. Syr. 47; 55; 58. Sowohl Alexandros als auch Thoas (zitiert von Hannibal) vergleichen Philipps Zorn gegen die Römer mit dem eines gefangenen Raubtiers – ein Hinweis weniger auf eine identische Beweisführung als auf die Bearbeitung der Reden durch unsere Quellen (vgl. auch Liv. XXXIII 45,7 über Hannibal; zu einem weiteren Tiervergleich s. u. Anm. 74). Vgl. auch P. PÉDECH, La méthode historique de Polybe, Paris 1964, 270. Zur schwierigen Position Hannibals vgl. SEIBERT (1993b), 506-517; L.-M. GÜNTHER, Hannibal im Exil: seine antirömische Agitation und die römische Gegnerwahrnehmung, in: H. Devijver / E. Lipiński (Hrsgg.), Studia Phoenicia X, Leuven 1989, 243f. Alexandros kann in Pella kaum zum engsten Zirkel gehört haben, angesichts seiner Fehleinschätzung von Philipps Verhalten.

71 Liv. XXXVI 7,14f.; App. Syr. 58.

72 Liv. XXXVI 7,2-7; App. Syr. 54f.

noskephalai bestatten, was Philipp 197 versäumt hatte. Antiochos mußte klar sein, daß dies den König aufs tiefste erbittern würde.[73]

Zwischen Philipp und Antiochos hatte es nie entspannte Beziehungen gegeben. Der berühmte Geheimvertrag zur Teilung Ägyptens war eine (von Philipp erzwungene) Notgemeinschaft gewesen, in der beide nur zu bleiben gedachten, solange es nötig war. Sie handelten damals, wie der empörte Polybios schrieb, »nach der Art wilder Tiere«, sie suchten sich zu übervorteilen, getrieben von einer »übermäßigen Gier nach immer mehr«.[74] Das letztere Urteil weist auf die grundsätzliche Unmöglichkeit eines konstruktiven Bündnisses zwischen beiden Herrschern hin. Die hellenistischen Könige wollten ja tatsächlich immer mehr haben, denn sie legitimierten sich in erster Linie aus dem Erfolg. Nie gab es ein festes ›Staatensystem‹, nie ein bewußtes Streben nach Gleichgewicht, nur chaotisches Ringen um die Macht. Die königlichen Kollegen, wenigstens die Antigoniden, Seleukiden und Ptolemaier, akzeptierten sich nur notgedrungen, am liebsten hätten sie den Besitz der anderen an sich gerissen. Sie alle waren Makedonen und betrachteten sich als Erben des Eroberungszugs Alexanders, sie waren getrieben von dem agonalen Streben, sich als der beste zu erweisen.[75]

Die Großmachtstellung Makedoniens aber hatte schon zur Zeit Alexanders wesentlich auf der Herrschaft über Griechenland beruht; das ganze folgende Jahrhundert hindurch hatte die griechische Welt im Zentrum des Ringens der Nachfolgereiche gestanden. Kompromisse oder dauerhafte Abgrenzungen von Einflußsphären waren hier noch weniger möglich als anderswo. Sollte Philipp einen dritten Krieg gegen die Römer wagen, dann nur, um die Hegemonie über das griechische Mutterland zurückzugewinnen. Dikaiarchos hatte wenigstens damit nicht unrecht, daß der Makedone,

---

73 Liv. XXXV 47,5-8; XXXVI 8,3-5; App. Syr. 50-52; 66. Vgl. dazu BOHM (1989), 5-26. HOLLEAUX (1930b), 401, 404, spricht statt dessen von einem »involontaire affront« und glaubt, Antiochos habe ein Zusammengehen Philipps mit den Römern für unmöglich gehalten. Doch es scheint eher (trotz App. Syr. 138), daß der Seleukide die Feindschaft Makedoniens ganz bewußt in Kauf nahm, wenn er von ihr nicht ohnehin als einer unabänderlichen Tatsache ausging – nicht zu Unrecht.

74 Polyb. XV 20: θηριωδῶς (3); . . . τῆς ὑπερβαλλούσης πλεονεξίας τῶν προειρημένων βασιλέων (4). Zum Geheimvertrag vgl. StV III 547; H. H. SCHMITT, Untersuchungen zur Geschichte Antiochos' des Großen und seiner Zeit, Wiesbaden 1964, 237-261; WILL (1982), 114-118; zuletzt MA (2002), 74-76; B. DREYER, Der »Raubvertrag« des Jahres 203/2 v. Chr.: das Inschriftenfragment von Bargylia und der Brief von Amyzon, EA 34 (2002), 119-138.

75 Vgl. etwa GEHRKE (1982), 271f., 275-277; AUSTIN (1986), 454-459; H. H. SCHMITT, Polybios und das Gleichgewicht der Mächte, in: Polybe, Genève 1974, 91f., 98-100 (mit Diskussionsbeiträgen von DENIS VAN BERCHEM und GUSTAV ADOLF LEHMANN); H. HEINEN, The Syrian-Egyptian Wars and the New Kingdoms of Asia Minor, in: CAH 7,1, 1984^2, 419f., 445; zuletzt H.-U. WIEMER, Krieg, Handel und Piraterie, Berlin 2002, 33-36, 353-356. Antiochos hatte seine Politik ohnehin nach dem sog. Erbreichsplan ausgerichtet, der Wiederherstellung des Besitzstandes unter Seleukos I.; dazu zählte er vielleicht auch Makedonien. Vgl. SCHMITT (1964), 86-90; MA (2002), 26-33, 50-52; BADIAN (1959), 138 Anm. 83; ERRINGTON (1989b), 276.

wenn er denn rebellierte, um das kämpfen würde, was er im letzten Krieg verloren hatte.[76] Damit wollte er den Beistand Philipps empfehlen, aber Antiochos konnte diese Aussicht nur bedrücken. Denn die Herrschaft über Griechenland sollte sein eigener Siegespreis sein. Antiochos kannte seinesgleichen zu gut, als daß er sich über einen Ausgleich Illusionen gemacht hätte. Deshalb machte er nicht einmal den Versuch, seinen Rivalen einzubinden, sondern setzte auf eine radikale Lösung: die Beseitigung Philipps und die Degradierung Makedoniens zu einem Vasallenstaat unter einem König von seinen Gnaden.[77] Am Schluß aber hätte wohl die Einverleibung Makedoniens in das Seleukidenreich gestanden.[78]

Ebensowenig täuschte sich Philipp über die Unvereinbarkeit der Interessen hinweg. Schon 197 hatte er keinen Gedanken an Antiochos verschwendet, und auch jetzt war ihm ein Bündnis unter Führung des Seleukiden ein Greuel.[79] Was ihn an den Aktivitäten der Aitoler am meisten störte, war die Wahl ihres Partners. Er brachte das gegenüber Nikandros deutlich zum Ausdruck, zwei Jahre nach ihrer ersten Begegnung, 191, als Antiochos längst nach Asien zurückgetrieben war und der Konsul Glabrio eine aitolische Stadt nach der anderen eroberte: Zuerst habe der Aitolische Bund den Griechen in seiner Unvernunft die Römer aufgebürdet, dann aber Antiochos.[80] Für Philipp war das eine Übel also nicht größer als das andere.

Somit bestand zu keinem Zeitpunkt die Chance eines Bündnisses der beiden Könige. Es wäre unfair, ihnen vorzuwerfen, sie hätten die Zeichen

---

76 Liv. XXXV 12,17. Hannibal ging völlig in die Irre, als er die *communis utilitas* einer syrisch-makedonischen Allianz voraussetzte (XXXVI 7,11).

77 Liv. XXXVI 17,10 (aus der Rede Glabrios vor den Thermopylen) spiegelt ein Stück antiphilippischer Propaganda Antiochos' wider.

78 Als sich Philipp 185 vor römischen Gesandten rechtfertigen mußte, weil er mit Eumenes wegen einiger thrakischer Städte im Streit lag, behauptete er, Antiochos habe ihm damals als Lohn für eine Allianz 3000 Talente, 500 Schiffe mit Verdeck und alle seine früheren Besitzungen in Griechenland angeboten (Liv. XXXIX 28,6). Nicht nur der letzte Teil ist schwer zu glauben: Keine Quelle berichtet etwas von einer derartigen Offerte. Liv. XXXVI 8,1 sagt im Gegenteil, daß kein Versuch in diese Richtung unternommen wurde. Das Angebot wurde von Philipp in der Not des Jahres 185 erfunden: Den Gesandten wollte er seine Verdienste um Rom in Erinnerung rufen, besonders im Kontrast zu seinem Gegner Eumenes. Während dieser notgedrungen auf römischer Seite gekämpft habe, da Antiochos ihn sonst entthront hätte, sei er aus freien Stücken zu den Römern gekommen. Um diese Argumentation zu untermauern, mußte er an dieser Stelle auf eine Alternative hinweisen, die es in Wirklichkeit gar nicht gegeben hatte. Vgl. WALBANK (1940), 198 mit Anm. 4. Die Stelle wird ebenfalls, wenn auch allzu knapp, verworfen von DE SANCTIS (1923), 153 Anm. 73 (»favola annalistica«), und HOLLEAUX (1930b), 401 Anm. 1.

79 Vgl. auch HOLLEAUX (1930b), 401, der allerdings, ebenso wie DE SANCTIS (1923), 154, davon ausgeht, daß Philipp erst im letzten Moment (dem von Antiochos' Invasion in Thessalien, s. u. Anm. 88) seine Entscheidung für Rom traf. HOLLEAUX' eigene Argumente machen ein solches Zaudern aber ganz unwahrscheinlich.

80 Polyb. XX 11,7. Nikandros, auf dem Rückweg aus Kleinasien, wo er Antiochos um Hilfe gebeten hatte, wurde zufällig von makedonischen Wachposten aufgegriffen.

der Zeit nicht erkannt und so den Untergang der hellenistischen Welt beschleunigt.[81] Davon abgesehen, daß sie auch gemeinsam den Römern nicht standgehalten hätten: Eine Kooperation lag für keinen von beiden im Bereich des Denkbaren, ihr Handlungsspielraum umfaßte diese Option einfach nicht – eben weil sie hellenistische Herrscher waren. Diese Gewißheit gewinnt man freilich erst aus der Perspektive der Nachwelt. Die Römer besaßen diese Klarheit nicht, und selbst wenn, wäre es immer noch politisch klug gewesen, auf das Undenkbare vorbereitet zu sein (was man in der Politik freilich selten ist).[82] Philipp seinerseits konnte vom römischen Mißtrauen nur profitieren, denn es erhöhte seinen Marktwert erheblich. Allerdings tat er nichts, was den Verdacht bestätigen konnte. Er stellte sich schon sehr frühzeitig und ganz eindeutig auf die römische Seite. Als Antiochos die Gefallenen von Kynoskephalai bestatten ließ, verletzte ihn das zwar, aber dies war keineswegs das Schlüsselereignis, das einen bislang Abwartenden in die Arme Roms trieb. Diese Interpretation Livius' (und wohl auch Polybios'), der die Forschung gerne gefolgt ist,[83] wird durch Philipps Verhalten im Vorfeld widerlegt.

Schon 193 hatte Philipp eine Gesandtschaft nach Rom geschickt, wo gleichzeitig noch viele andere Abgeordnete aus dem Osten erschienen. Denn es ging um die Bestätigung von Flamininus' Verfügungen in Griechenland durch den Senat. Während (und weil) es mit Antiochos' Emissären zu einem offenen Eklat kam, bemühte man sich ganz besonders um Philipp: Wenn er sich weiterhin loyal verhalte, und dies war ganz deutlich im Hinblick auf die bevorstehende Auseinandersetzung mit Syrien gemeint, dann werde man ihm die Restschuld erlassen und Demetrios zurückschikken.[84] Damit wurde die Vereinbarung von 196 bekräftigt, vielleicht auch zum erstenmal in dieser Deutlichkeit formuliert. Freilich muß bei dieser Gelegenheit noch über mehr gesprochen worden sein, als uns Diodor verrät, und offenbar hatte auch Flamininus seine Hand im Spiel. Anfang 192 wurde er nämlich seinerseits an der Spitze einer Gesandtschaft nach Griechenland geschickt, um angesichts des fast sicheren Krieges gut Wetter für die Römer zu machen. Besonders schwierig gestaltete sich diese Aufgabe in Demetrias, das 196 Hauptstadt des neugegründeten Bundes der Magneten

81 So etwa SCHMITT (1974), 92.

82 Zur römischen Unsicherheit vgl. nur App. Syr. 62; Zon. IX 19,1.

83 Liv. XXXVI 8,6: *itaque qui ad id tempus fortunam esset habiturus in consilio, is extemplo ad M. Baebium propraetorem misit* . . . App. Syr. 67 stellt die gleiche Kausalität her, was wahrscheinlich macht, daß sie auf Polybios zurückgeht. Dem folgten zum Beispiel WALBANK (1940), 200f.; GRUEN (1974a), 131; ERRINGTON (1989b), 283. Beißende Kritik dagegen bei DE SANCTIS (1923), 153 mit Anm. 72; vgl. auch E. A. HEYDEN, Beiträge zur Geschichte Antiochus des Grossen, Königs von Syrien, Emmerich 1873, 38 Anm. 1; J. BRISCOE, A Commentary on Livy. Books XXXIV-XXXVII, Oxford 1981, 232; WILL (1982), 206.

84 Diod. XXVIII 15,1; Liv. XXXIV 57,2f.; XXXV 31,5.

geworden war. Man hatte dort nämlich nicht nur von den Abmachungen über Philipps Sohn und die Kriegsentschädigung gehört, es hieß auch, die Römer würden Demetrias an den König zurückgeben. Livius bezeichnet derartige Gerüchte als *vana*, aber er straft sich gleich darauf selbst Lügen, wenn er Flamininus' Dilemma aufzeigt: »Die Worte waren so zu wählen, daß man ihnen zwar die unbegründete Furcht nahm, dabei aber nicht einen in seinen Hoffungen getäuschten Philipp vor den Kopf stieß; war er doch in jeder Beziehung wichtiger als die Magneten.«[85]

So unbegründet war die Furcht also doch nicht. Demetrias war durchaus ein Verhandlungsgegenstand zwischen Makedonien und Rom, wenn es auch noch nicht – nur in diesem Punkt war das Gerücht voreilig – zu einer Einigung gekommen war. Freilich liefen die Dinge in Philipps Richtung: Angesichts seiner wieder enorm gewachsenen strategischen Bedeutung konnten sich die Römer schlecht seinen Wünschen verschließen. Flamininus versuchte aber, alle Optionen offenzuhalten. Wie schon in Lokris und im Tempetal schürte er nach beiden Seiten hin Hoffnungen, nur mit dem Unterschied, daß diesmal Philipp am Schluß nicht der Betrogene war – denn letztlich bekam er Demetrias. Den Römern wurde der Deal dadurch erleichtert, daß Demetrias im Frühjahr 192 die Seiten wechselte. Die Furcht vor dem römischen Verrat spielte den Verrätern also sogar in die Hände.[86]

Wann einigten sich Philipp und die Römer schließlich auf die Auslieferung der Festung? Zuvor war nur über Geiseln und Zahlungserlaß ein Einvernehmen erzielt worden, nicht über eine territoriale Revision. Es wäre reichlich unverfroren, vor allem ziemlich gewagt gewesen, wenn Philipp seinen Preis einfach erhöht hätte. Aufschluß gibt die nächste Verhandlungsrunde in Rom, während der ersten Monate des Jahres 191, gerade als M'. Acilius Glabrio zum Aufbruch in den Krieg rüstete. Die Zeit drängte also, was den erfolgreichen Abschluß der Gespräche zweifellos förderte. Philipp bot Hilfstruppen, Geld und Getreide an. Das war eine Leistung, die im

85 Liv. XXXV 31,3-7: *ita disserendum erat ne timorem vanum iis demendo spes incisa Philippum abalienaret, in quo plus ad omnia momenti quam in Magnetibus esset* (7). Vgl. WALBANK (1940), 191, 195 mit Anm. 5; HOLLEAUX (1930b), 393f. Philipp verhandelte direkt mit dem Senat, er traf nicht mit Flamininus zusammen, der auch keinen entsprechenden Auftrag gehabt zu haben scheint. Angesichts der Erfahrungen, die der König während des Krieges mit Flamininus' Vertrauenswürdigkeit gemacht hatte, war das kein Fehler: Hier gab es kein Verhältnis mehr, auf das man aufbauen konnte. Doch die Gesandtschaft scheint genau über den momentanen Stand der Dinge informiert gewesen zu sein, und so wird sie in enger Abstimmung mit Rom gehandelt haben, wenn sie nicht sogar über informelle Kontakte nach Makedonien verfügte.

86 Liv. XXXV 34,6-12. Im Sommer 192 versuchte Flamininus, mit Hilfe der Thessaler, das inzwischen abgefallene Demetrias wieder auf die römische Seite zu bringen (Liv. XXXV 39,3-8). Ein Verzicht auf die Stadt zugunsten Makedoniens war zu diesem Zeitpunkt also wohl noch keine beschlossene Sache. Wäre Flamininus' Coup gelungen, hätte das eine spätere Einigung mit Philipp aber keineswegs ausgeschlossen (so FERRARY [1988], 148 Anm. 61). Die Römer hatten schließlich schon an die Preisgabe von Demetrias gedacht, als die Stadt noch treu zu Rom stand.

Rahmen des 196 Vereinbarten lag. Das reichte dem besorgten Senat aber nicht mehr, Philipp sollte nicht bloß ein Kontingent schicken wie gegen Nabis, sondern selber eingreifen, und das bedeutete natürlich: an der Spitze eines größeren, wenn nicht sogar seines gesamten Aufgebots. Die Römer verlangten also ein wesentlich stärkeres Engagement, und im Gegenzug verschärften sich natürlich die Forderungen Philipps. Bei dieser Gelegenheit wurde wohl Demetrias, und damit das Koinon der Magneten, verschachert. Vor allem aber wurde mit einiger Wahrscheinlichkeit ein grundsätzliches Einverständnis darüber hergestellt, daß Philipp diejenigen feindlichen Städte behalten dürfe, die er erobere.[87]

Als der König vom Erfolg seiner Emissäre erfuhr, suchte er den Kontakt zu dem Propraetor M. Baebius Tamphilus, der damals – Glabrio war noch nicht eingetroffen – das Oberkommando innehatte. Philipp hatte bis dahin also keineswegs gezaudert, zu wessen Gunsten er eingreifen solle, bis ihm die Bestattung der Toten von Kynoskephalai die Entscheidung abnahm. Ganz so impulsiv handelte der König in einer derart zentralen Frage dann doch nicht. Vielmehr hatte er längst die römische Seite gewählt, nur der Preis für seinen Kriegseintritt war noch unklar geblieben. Mit Tamphilus klärte er die anstehenden militärischen Fragen, zweifellos wurde auch die mit dem Senat getroffene Vereinbarung bekräftigt, vielleicht konkretisiert.[88]

---

87 Liv. XXXVI 4,1-4. Livius' offiziöser Verlautbarungsstil ist an dieser Stelle nicht einfach zu entschlüsseln: Philipp und Ptolemaios V. schickten Gesandte und machten Angebote (Philipp das obengenannte, Ptolemaios Geld), die dankend abgelehnt wurden. Daraufhin versprachen beide, mit allen Truppen nach Aitolien zu kommen und am Krieg teilzunehmen. Ptolemaios wurde dies erlassen, Philipp aber wurde geantwortet, Senat und Volk wären ihm dankbar, wenn er Glabrio unterstützte. Zunächst sind die zwei Gesandtschaften voneinander zu trennen. Sie mögen gleichzeitig eingetroffen sein, aber zweifellos verhandelte der Senat separat mit ihnen. Vor allem aber ging es in Ptolemaios' Fall um einen – nicht unwichtigen – Austausch von Höflichkeiten: Das Truppenangebot war unrealistisch, und auf die Hilfe des Mannes, der erst vor kurzem Antiochos' Schwiegersohn geworden wahr, verzichtete der Senat zweifellos gerne (vgl. BRISCOE [1981], 224; HEINEN [1972], 652; LAMPELA [1998], 105f.; W. HUSS, Ägypten in hellenistischer Zeit 332-30 v. Chr., München 2001, 515f.). Ganz anders bei Philipp: Er machte zunächst seine Pflichtofferte, dann setzte man die darüber hinausgehenden Verhandlungen erfolgreich fort. Nur konnte Livius (oder seine Quelle) das nicht so darstellen, der Senat wäre ja fast wie ein Bittsteller vor einem besiegten König erschienen. Deshalb also die widersinnige Geschichte von anfänglicher Ablehnung und letztlicher Akzeptanz eines neuen, umfassenderen Angebots.

88 Liv. XXXVI 8,6; 10,10; App. Syr. 67f. Im Bann von Livius' Kausalität setzt die Forschung den Abschluß der Symmachie erst für das Treffen mit Tamphilus an (s. o. Anm. 83). Doch es wäre recht seltsam, wenn nicht schon kurz vorher in Rom darüber gesprochen worden wäre. Nach seinen zweimaligen bösen Erfahrungen mit Flamininus, dessen Verheißungen vor Ort (in Lokris und im Tempetal) später nichts wert gewesen waren, mußte dem König unbedingt daran gelegen sein, eine Garantie des Senats zu erhalten, nicht eine von einem Propraetor, die bei erstbester Gelegenheit widerrufen werden konnte. BRISCOE (1981), 224, spekuliert, ob die Begegnung mit Tamphilus nicht vor den Gesprächen in Rom stattgefunden haben könnte. Erstere gehört aber frühestens an das Ende des Jahres 192, eher in den Januar 191 (jul.), als über die Hälfte des Winters bereits vorbei war (XXXVI 6,9; vgl. WALBANK [1940], 329; PÉDECH [1964], 463), die itali-

Denn das Abkommen war nur ein inoffizielles, kein bindender Vertrag, möglicherweise nicht einmal schriftlich festgehalten, auf jeden Fall aber recht pauschal.[89] Die Städte zu behalten, die man eingenommen hatte – das war zunächst eindeutig und ließ keinen großen Interpretationsspielraum. Die Schwierigkeiten fingen, wie immer, bei der konkreten Umsetzung an. Denn Philipp mußte sich, vielleicht nicht formal, aber doch faktisch dem Willen des römischen Oberbefehlshabers fügen. Nicht, daß Tamphilus oder Glabrio dem König sein Recht bestritten hätten, aber sie bestimmten ihm sein Operationsgebiet und damit, was er überhaupt erobern konnte. So mußte die Vereinbarung immer wieder bestätigt und, nach Lage der Dinge, präzisiert werden, zunächst mit Tamphilus, dann mit Glabrio, überhaupt immer, wenn Philipp sich neuen Zielen zuwandte. Einmal ist uns eine solche Bekräftigung überliefert, für den Sommer 191, als Antiochos schon aus Europa vertrieben war und in Griechenland die Zeit des Aufräumens begonnen hatte: »König Philipp fragte den Konsul bei dessen Aufbruch nach Naupaktos, ob dieser wolle, daß er inzwischen die Städte wieder an sich bringe, die von der Allianz mit Rom abgefallen seien; als der es erlaubte, führte er seine Truppen vor Demetrias.«[90] Selbst wegen Demetrias, das sein Hauptpreis aus diesem Krieg sein sollte, mußte sich Philipp also rückversichern.

---

schen Ereignisse am Anfang von Buch XXXVI dagegen in den November / Dezember 192 (jul.) (vgl. BRISCOE, 28). Nicht nur müßte man *sub idem tempus* (XXXVI 4,1), das die Ankunft der Gesandschaft mit den Res Italiae verknüpft, weit auslegen, um diese Schwierigkeit zu überwinden, es spricht auch ein politisches Argument dagegen: Es wäre töricht gewesen, erst dann eine Delegation nach Rom zu schicken, als Glabrio schon in den Osten aufbrach. Philipp hätte unnötigen Verdacht erregt, wäre er so spät ins römische Lager gekommen, und es war überaus wichtig, den Konsul von Anfang an in den römisch-makedonischen Konsens einzubinden; dazu aber mußte dieser in der Hauptstadt sein. Den Anlaß für das Treffen mit Tamphilus bildete dagegen Antiochos' Invasion in Thessalien, also der Beginn der militärischen Auseinandersetzung. Doch selbst wenn BRISCOE recht hätte, würde dies an der oben skizzierten Rekonstruktion nichts Wesentliches ändern: Philipp, vielleicht auch Tamphilus hätten es für nötig gehalten, die Absprache von Rom bestätigen zu lassen.

89 Vgl. WALBANK (1940), 201 Anm. 2.

90 Liv. XXXVI 33,1f.: *Philippus rex, proficiscentem consulem ad Naupactum percunctatus si se interim quae deficissent ab societate Romana urbes recipere vellet, permittente eo ad Demetriadem copias admovit.* Vgl. auch XXXIX 24,10-12; 26,11; 28,4. Vgl. WALBANK (1940), 201, 227. Bei einer weiteren Gelegenheit stellt Livius diese Abmachung etwas anders dar: [sc. *Acilius*] *Philippo permisit Athamaniae et Amynandro bellum inferret, urbes quas Thessalis Aetoli ademerant regno adiceret* (XXXIX 23,10). Daraus darf man aber nicht schließen, daß Philipp nur den Thessalern, also römischen Alliierten, weggenommene Städte erobern durfte, nicht aber eigentlich aitolische Städte. Warum hätte der König einen Monat für die Eroberung des schon seit der Mitte des dritten Jahrhunderts aitolischen Lamia (vgl. SCHOLTEN [2000], 154, 250 mit Anm. 36) verschwenden sollen (s. u.), wenn er sich von vornherein keine Hoffnung auf eine dauernde Inbesitznahme machen konnte? Ohnehin ist die Stelle nicht sonderlich vertrauenerweckend: Athamanien befand sich zu diesem Zeitpunkt längst in der Gewalt Philipps. Der ersten, allgemeineren und ohnehin einleuchtenderen Formulierung der Eroberungserlaubnis ist daher der Vorzug zu geben.

Während der Kampagne von 191 ließen ihn die Römer durchaus reiche Ernte einfahren: natürlich die Landschaft Magnesia mit Demetrias, aber auch das Königreich Athamanien, Dolopien, Aperantien, Amphilochien und zahlreiche frühere Besitzungen in Perrhaibien und Thessalien.[91] Freilich lassen sich mehrere Phasen im römischen Umgang mit Philipp unterscheiden. Der König durfte zunächst sogar die Städte behalten, die er und die Römer zu Beginn des Feldzuges gemeinsam eroberten.[92] Philipp wurden auch die gefangenen Soldaten Antiochos' und Amynanders von Athamanien übergeben. Letztere waren wesentlich für seinen nächsten Erfolg: Philipp behandelte die Athamanen freundlich und schuf durch diese Öffentlichkeitsarbeit die Voraussetzung dafür, daß ihm das ganze Königreich kampflos zufiel.[93]

Dann aber kam die Schlacht bei den Thermopylen, die den Krieg in Europa entschied. Philipp und seine Makedonen glänzten dabei durch Abwesenheit, die Römer siegten allein, und allein verfolgten sie Antiochos bis nach Euboia. Erst als sie zurückmarschierten, um die Aitoler zu unterwerfen, fand sich Philipp, ausgerechnet an den Thermopylen, wieder ein. Er gratulierte dem Konsul und entschuldigte sein Fehlen mit einer Krankheit.[94] Das konnte durchaus richtig sein, nur pflegen Nachrichten von Krankheiten, die in Entscheidungssituationen auftreten, stets beargwöhnt zu werden. Unverständlich ist aber, warum nicht einmal ein makedonisches Kontingent unter einem der königlichen Feldherren an der Thermopylenschlacht teilnahm. Solches Handeln fand Philipp wahrscheinlich berechtigt, schließlich wurde an den Thermopylen nicht sein Streit ausgefochten, und es verstieß

---

91 Erst sechs Jahre später, 185, als der Wind Philipp wieder ins Gesicht blies, stellten die Thessaler, Perrhaiber und Athamanen sein Recht zu diesen Eroberungen grundsätzlich in Frage. Vor den römischen Legaten im Tempetal argumentierten sie, daß die Erlaubnis nur für die seit jeher aitolischen und die freiwillig auf ihrer Seite kämpfenden Städte gegolten habe, nicht aber für die von den Aitolern gewaltsam eingenommenen (XXXIX 25,3-6 [also gerade umgekehrt, als Liv. XXXIX 23,10 behauptet]). Zweifellos handelt es sich hier um eine nachträgliche Interpretation zuungunsten Philipps (vgl. WALBANK [1940], 201 Anm. 2, 227f.; E. S. GRUEN, The Last Years of Philip V, GRBS 15 [1974], 227). R. WERNER, Quellenkritische Bemerkungen zu den Ursachen des Perseuskrieges, GB 6 (1977), 177-182, glaubt aber, diese Deutung sei bereits 191 die maßgebliche gewesen und vom König bewußt mißachtet worden. Dies läßt sich jedoch aus Liv. XXXVI 33,1f. (s. o. Anm. 90) kaum herauslesen. Zudem läßt WERNER den historischen Kontext außer acht: 191 kam Philipp eine Schlüsselposition zu, während er 185 nicht mehr gebraucht wurde. Deshalb konnte er zunächst viel mehr profitieren, als ihm nachträglich zugebilligt wurde. Dabei schreckten seine griechischen Feinde, und letztlich auch der Senat, nicht vor einer Interpretation (man könnte auch sagen: Entstellung) des Abkommens zurück, an die zum Zeitpunkt seines Abschlusses niemand gedacht hatte. Um die »Rechtslage« oder ein »Rechtsproblem« (WERNER) ging es zu keinem Zeitpunkt.

92 Liv. XXXVI 13,1-14,2. Vgl. WALBANK (1940), 204; zur Geographie DECOURT (1990), 116-122.

93 Liv. XXXVI 14,5.7-9.11; App. Syr. 73.

94 Liv. XXXVI 25,1.

auch nicht gegen die Vereinbarung mit den Römern.[95] Nur sah es so aus, vermutlich war es auch so, als ob der König seine Truppen geschont und den Römern den schwierigsten Part überlassen hätte, nun aber ankäme, weil es wieder etwas zu verteilen gab. Philipp hatte sich den denkbar schlechtesten Zeitpunkt für seine ›Erkrankung‹ ausgesucht.[96]

Nur aus einer solchen Mißstimmung heraus erklärt sich das Folgende. Während Glabrio Herakleia belagerte, griff Philipp das in Sichtweite gelegene Lamia an. Dabei gab es nicht nur zwischen den Heeren eine Art Wettstreit, welches als erstes seine Stadt einnehme, auch der König fürchtete, daß die Lamier, wenn Herakleia früher falle, sich lieber den Römern ergeben und der Konsul noch ihren Dank ernten würde.[97] Es kam sogar schlimmer: Kaum war Herakleia erobert, befahl Glabrio den Makedonen den Rückzug: »Es sei richtiger, wenn die römischen Soldaten, die in offener Feldschlacht mit den Aitolern gekämpft hätten, den Preis des Sieges erhielten.« Der Ärger war nun ganz auf Philipps Seite. Er dürfte sich erhöht haben, als Glabrio später auf eine eigene Belagerung Lamias verzichtete und sich zunächst dem wichtigeren Naupaktos zuwandte.[98]

In dieser Situation kam es zu der oben erwähnten, zufälligen Begegnung mit dem Aitoler Nikandros. Dabei ließ Philipp sich nicht nur über die jün-

95 Philipp konnte sicher allein über seine Teilnahme an den Operationen entscheiden, auch wenn er sich während dieser den Vorgaben des römischen Oberbefehlshabers fügen mußte. Vielleicht unmittelbar vor der Begegnung mit Glabrio hatte er einige Städte in Achaia Phthiotis erobert (vgl. De Sanctis [1923], 165 Anm. 89; Walbank [1940], 204f.) – was den römischen Verdacht kaum entkräftet haben dürfte.

96 Walbank (1940), 204, vermutet, verletzter Stolz (s. u. Anm. 97) habe Philipp von einer Teilnahme an der Schlacht abgehalten. Aber angesichts seiner beträchtlichen Erwerbungen in der vorhergehenden Kampagne gab es wenig Anlaß dazu. Denn daß die Römer das letzte Wort hatten, war von vornherein klar gewesen.

97 Vor den Thermopylen war es schon zu ähnlichen Situationen gekommen: Die von Philipp belagerten Städte Malloia und Limnaion ergaben sich nach Ankunft der Römer unverzüglich, in richtiger Einschätzung, wem man in diesem Krieg Widerstand leisten dürfe und wem nicht (Liv. XXXVI 13,4f.; 14,1f.). Doch damals durfte Philipp Malloia behalten, das gleiche trifft vermutlich für Limnaion zu (s. o. Anm. 92).

98 Liv. XXXVI 25,1-8: *aequius esse Romanos milites, qui acie dimicassent cum Aetolis, praemia victoriae habere* (7); 30,1-3; XXXVII 4,8f.; XXXIX 23,8f.; 28,3. De Sanctis (1923), 166 mit Anm. 90, gefolgt von Holleaux (1930b), 406, und Walbank (1940), 205 mit Anm. 4, glaubt, daß erst der Waffenstillstand, den Glabrio mit den Aitolern schloß, den Abbruch der Belagerung von Lamia erzwungen habe – was durchaus das Kalkül des Konsuls gewesen sei. Doch damit mißachtet er die in sich stimmige Version Livius'. Dieser betont zudem, daß Glabrios Befehl sofort (*confestim*) nach dem Fall Herakleias kam, während es etwas länger gedauert haben muß, bis die Nachricht von der Eroberung ins etwa 25 Kilometer entfernte Hypata drang (wo sich damals der aitolische Stratege Phaineas aufhielt), dort über das weitere Vorgehen entschieden wurde und schließlich eine Gesandtschaft an den Konsul abging, die um einen Waffenstillstand nachsuchte (Polyb. XX 9,1-6; Liv. XXXVI 27,1-3; zur Lage Hypatas Walbank [1979], 79). Glabrio setzte seinen Willen sehr viel direkter durch, als De Sanctis annimmt. Vgl. auch A. M. Eckstein, Glabrio and the Aetolians: A Note on *Deditio*, TAPhA 125 (1995), 286 Anm. 43.

gere Vergangenheit aus, er sprach auch, und das war ausdrücklich für die führenden aitolischen Politiker bestimmt, über Perspektiven für die Zukunft: über das Vergessen vergangener Konflikte, über das Ende der Versuche, einander zu schaden, und über beiderseitiges Wohlwollen.[99] Das war viel zu vage, als daß man etwas Bestimmtes darauf aufbauen hätte können, etwa eine gemeinsame Front gegen die Römer. Vermutlich hatte Philipp auch noch gar nichts Genaueres im Sinn, aus ihm sprach zu einem guten Teil der Ärger über die Brüskierung vor Lamia. Aber dieser Vorfall hatte ihn offenbar ermahnt, sich so viele Optionen zu erschließen wie nur möglich.

Welchen Gedankenspielen der König auch nachhängen mochte, sie waren schnell verdrängt von den Realitäten der Kooperation mit Rom. Glabrio erteilte ihm nämlich die – oben zitierte – Erlaubnis, Demetrias und weitere Städte zu erobern. Angeblich tat er dies, um Philipps Zorn zu beschwichtigen.[100] Das mag sein, aber eine Alternative gab es eigentlich nicht. Demetrias war dem König versprochen worden, und es gab keinen plausiblen Vorwand, die Vereinbarung aufzukündigen und so generell weitere Eroberungen zu verhindern. Solange die Römer Krieg führten, durfte es auch Philipp. Dieses Problem wurde schnell größer. Denn anders als die zu allem entschlossenen Aitoler brachten die Magneten keinen großen Widerstand mehr auf, und nach der mühelosen Einnahme von Demetrias besetzte der König weitere Städte in Perrhaibien sowie die Landschaften Dolopien, Aperantien und Amphilochien – beträchtliche Gebiete bis hin zum Golf von Ambrakia.[101]

Allen weiteren Hoffnungen machte wieder einmal Flamininus ein Ende. Er hatte sich bis dahin auf der Peloponnes aufgehalten, jetzt aber, im September (jul.), stieß er zum Konsul, der schon zwei Monate lang Naupaktos belagerte. Diesem machte Flamininus heftige Vorwürfe, weil er seine Zeit mit der Eroberung zweier Städte (Herakleia und Naupaktos) verschwende, während Philipp, der bei den Thermopylen nicht dabeigewesen sei – wieder dieses Argument –, eine Völkerschaft nach der anderen unter seine Kontrolle bringe. »Aber es liegt doch weniger in unserem Interesse, daß Macht und Truppen der Aitoler geschwächt werden, als daß Philipp nicht über das Maß hinaus erstarkt.«[102] Glabrio war gleich überzeugt, aber er konnte sich nicht

99 Polyb. XX 11,7f. Vgl. WALBANK (1940), 206.

100 Liv. XXXIX 23,10; 28,4. S. o. Anm. 90.

101 Liv. XXXVI 33; XXXIX 23,12. Vgl. WALBANK (1940), 207, 214.

102 Liv. XXXVI 34,1f.7-35,6: *atqui non tantum interest nostra Aetolorum opes ac vires minui, quantum non supra modum Philippum crescere* (10); Plut. Flam. 15,6-9. Der Satz bei Livius ist kein Beleg für eine Gleichgewichtspolitik (so CASSOLA [1960], 120f.; BRISCOE [1981], 271; ECKSTEIN [1995a], 286). Flamininus will nicht sagen, Makedonien dürfe nicht von der Schwäche der Aitoler profitieren und somit ein Übergewicht erlangen. Gemeint ist vielmehr: Grundsätzlich

recht für den von Flamininus vorgeschlagenen Waffenstillstand begeistern, der auch Philipps Aktivitäten ein Ende setzen sollte. Er fürchtete nämlich den Gesichtsverlust, wenn die Belagerung ergebnislos abgebrochen würde. Vor allem aber konnte er als siegreicher Konsul schlecht Verhandlungen einleiten.[103] Deshalb überließ er alles Weitere lieber Flamininus, der binnen kürzester Zeit eine Waffenruhe zustande brachte, die den Aitolern Gelegenheit zu Verhandlungen in Rom geben sollte. Der Feldzug von 191 war damit zu Ende, für die Römer, für die Aitoler und eben auch für Philipp.

Flamininus hatte noch einen weiteren Grund für sein Engagement: den Ehrgeiz, gerade den Aitolern, mit denen er so oft im Streit gelegen war, zum Frieden zu verhelfen und so neuen Ruhm in Rom und Griechenland zu gewinnen. Den Konsul versuchte er freilich mit dem Hinweis auf Philipp zu überzeugen, und das mit vollem Erfolg. Offenbar teilte Glabrio diese Bedenken vollauf, nur wußte er keinen Ausweg. Der von Flamininus gezeigte konnte ihm nicht gefallen, schließlich sollte er auf die Eroberung des bald sturmreif geschossenen Naupaktos verzichten. Daß er trotzdem einwilligte, sich zudem mit Flamininus die Anerkennung für den möglichen Frieden teilen mußte – das zeigt, wie groß auch sein Mißtrauen gegenüber Philipp war.[104]

---

ist es schon richtig, wenn die Römer (nicht die Makedonen!) *opes ac vires* des Aitolischen Bundes mindern, nur darf Glabrio jetzt nicht seine Zeit dafür verschwenden, denn währenddessen erobert Philipp immer weitere Territorien. Der Bezug zwischen Aitolern und Philipp ist also kein kausaler, sondern ein temporaler. Es gibt auch keinerlei Hinweis darauf, daß Flamininus sich um das Prinzip der griechischen Freiheit Sorgen machte (so HOLLEAUX [1930b], 406; SCULLARD [1973], 126; FERRARY [1988], 149).

103 Dies muß der entscheidende Grund gewesen sein, weswegen Flamininus die Gespräche in Gang bringen durfte, nicht die Furcht vor der Aufhebung der Belagerung (so BRISCOE [1981], 272). Wäre dieses Motiv bestimmend gewesen, dann hätte Glabrio überhaupt keinen Waffenstillstand zulassen dürfen. Flamininus baute offenbar schon im vorhinein darauf, daß der Oberbefehlshaber nach zweimonatiger Belagerung nicht selbst einen plötzlichen, wenig heroischen Schwenk zu einer Verhandlungslösung initiieren konnte. Deshalb suchte er bereits vor seinem Gespräch mit Glabrio Kontakt zu den Aitolern (Liv. XXXVI 34,4-6). Sein knapper Appell an den Ehrgeiz des Konsuls – fast am Ende seines Amtsjahres habe er noch keinen dauerhaften Erfolg gegen die Aitoler errungen – konnte unter diesen wenig glorreichen Umständen höchstens eine Nebenrolle spielen (übertrieben LEHMANN [1967], 178). S. u. S. 177f.

104 Sicher erleichterte ihm seine grundsätzlich moderate politische Linie die Zustimmung zum Kompromiß mit den Aitolern (vgl. ECKSTEIN [1995a], 287). Doch erst das Philippargument gab den Ausschlag. WALBANK (1940), 208, vermutet als weiteres Motiv den Wunsch, den Aitolischen Bund an einer Unterstützung Antiochos' zu hindern. Doch davor hatten die Römer sicher keine Angst. Die Aitoler hatten Antiochos schließlich nicht einmal helfen können, als er in Griechenland war. Von falschen Voraussetzungen geht DE SANCTIS (1923), 168f., aus, wenn er Flamininus den Konsul aus einer militärischen Sackgasse befreien läßt: Die Belagerung war keineswegs gescheitert, der Fall der Stadt stand zwar nicht unmittelbar bevor, aber er war absehbar (Liv. XXXVI 34,2: *et iam prope excidium erat*; vgl. BRISCOE [1981], 271). Die Aitoler waren ja auch sofort bereit zu verhandeln, sie baten Flamininus sogar um seine Vermittlung. Noch entgegenkommender hätte sie der Fall von Naupaktos gemacht, so daß keine Rede davon sein kann, daß Flamininus ein sicheres weiteres Kriegsjahr zunächst abwendete.

An weiteren Eroberungen gehindert, machte sich Philipp daran, den ursprünglichen Preis für seine Dienste einzufordern. Er schickte Gesandte nach Rom, die seine Taten ins rechte Licht rückten und dann die Frage der Geiseln und der Kriegskostenentschädigung ansprachen. Die Atmosphäre war freundlich, und tatsächlich durften die Gesandten Demetrios gleich mit nach Hause nehmen. Die übrigen Geiseln aber hielten die Römer erst einmal zurück, auch die Zahlungen wurden nicht ausgesetzt: Der König sollte zuvor seine Loyalität unter weiteren Beweis stellen. Das war wahrscheinlich nicht das, was Philipp hören wollte, aber der Senat konnte mit Recht darauf verweisen, daß der Krieg noch andauere. Die Verhandlungen mit den Aitolern waren gescheitert und Antiochos längst nicht besiegt. Allerdings verzichtete man, wie die späteren Ereignisse zeigen, wohlweislich auf die Unterstützung der makedonischen Armee.[105] Sie sollte keine weiteren Eroberungen mehr machen. Statt dessen forderten die Römer den König auf, für eine sichere Passage der Legionen zu sorgen, die Antiochos in Kleinasien zur Entscheidungsschlacht stellen sollten. Wohl als Zeichen des Entgegenkommens wurde der Feldherr, L. Cornelius Scipio, vom Senat ermächtigt, an Ort und Stelle auf die letzten Raten und wohl auch auf die Geiseln zu verzichten – für den Fall, daß es keine Probleme gebe.

Gerade bei den Beratungen über den letzten Punkt, wahrscheinlich auch bei den übrigen, führte der eben zurückgekehrte Flamininus das Wort im Senat.[106] Tatsächlich entsprach die Entscheidung genau seiner eigenen Einstellung gegenüber Philipp: Er brauchte ihn zwar gelegentlich, aber trotz einer gewissen Wertschätzung mißtraute er ihm zutiefst. Auf großen Wider-

---

105 Perseus' Operationen in Dolopien und Amphilochien während des Sommers 189 waren offenbar nicht mit der römischen Belagerung Ambrakias koordiniert (so HAMMOND [1988b], 453); sie dienten nur der erneuten Gewinnung der unlängst von den Aitolern eroberten Territorien (Liv. XXXVIII 5,10; 7,1).

106 Polyb. XXI 3,1-3; Liv. XXXVI 35,12f.; Plut. Flam. 14,3; App. Syr. 92; 110; Mac. 9,5. Vgl. WALBANK (1979), 91, 104. Die Gesandten wurden, wie üblich, nach dem Amtsantritt der neuen Konsuln im Senat empfangen, also nicht mehr im Jahr 191, wie BRISCOE (1981), 273f., ohne weiteres annimmt. Tatsächlich berichtet Livius für 191 von den Verhandlungen, doch nur deshalb, weil er sie mit einer gleichzeitigen (*sub idem tempus*) epeirotischen Gesandtschaft zusammenstellt. Die Epeiroten hatten sich irgendwann nach der Aufhebung der Belagerung von Naupaktos (September jul.) an Glabrio gewandt; dieser hatte einen Waffenstillstand von 90 Tagen gewährt, damit sie den Senat anrufen könnten (XXXVI 35,8-11). Damit läßt sich die Gesandtschaft problemlos ins Jahr 190 datieren, das am 18. November 191 (jul.) begann. Das entsprechende Fragment bei Polybios, aus sich selbst heraus nicht zu datieren, gehört wegen seiner Stellung in den Konstantinischen Gesandtschaftsexzerpten ins Jahr 191/190 (vgl. WALBANK [1979], 3f.; ferner DE SANCTIS [1923], 230 Anm. 196). Das vorhergehende Fragment berichtet aber von den aitolischen Emissären, die während des Waffenstillstands nach Rom geschickt worden waren (XXI 2,3-6); diese aber wurden, wie Liv. XXXVII 1,1 bezeugt, erst zu Anfang des neuen Jahres vor den Senat geführt. Konsequenz der Datierung ist, daß Flamininus, der zur selben Zeit wie die Aitoler nach Rom gereist war, auch bei den Gesprächen mit Philipps Unterhändlern anwesend war. Das paßt zu seiner nur von Plutarch bezeugten Hauptrolle bei diesen.

stand dürfte Flamininus im Senat freilich nicht gestoßen sein, denn kaum ein Römer schien eine bessere Meinung vom König zu haben. So fürchteten L. Scipio und sein Bruder Africanus, trotz der Gespräche in Rom, einen Verrat Philipps. Sie schickten einen unangekündigten Boten, der den König bei verbotenem Tun überraschen sollte. Erst als sich, fast wider Erwarten, alles wohlvorbereitet fand, schöpften die Römer etwas Zuversicht, und unter wechselseitigen Höflichkeiten ließen sie sich zum Hellespont geleiten. Bezeichnend auch das Gerücht, das sich im folgenden Jahr in Rom verbreitete: Das Heer der Scipionen sei vernichtet, und die Aitoler würben nicht nur bei den Dardanern und den Thrakern, sondern auch in Makedonien Hilfstruppen an. Als eben diese Armee 188 auf derselben Route zurückmarschierte, auf der sie gekommen war, diesmal allerdings ohne makedonische Eskorte, wurde sie von Angriffen der Thraker hart mitgenommen. Sofort kam der Verdacht auf, der verschlagene Philipp stecke hinter allem.[107] Und schließlich hörte der Senat Philipps Beschwerde über eine aitolische Gegenoffensive, die ihn einen Teil seiner jüngsten Eroberungen gekostet hatte, zwar mit Empörung an, aber der Zorn galt der aitolischen Aktivität, nicht dem makedonischen Verlust: Die Aitoler mußten die gewonnenen Gebiete nicht herausgeben. Dem König wurde im römisch-aitolischen Friedensvertrag nicht einmal der Besitz derjenigen Territorien bestätigt, die er aus dem Feldzug von 191 noch besaß.[108] So standen die Römer Philipp genauso ablehnend gegenüber wie 197. Umgekehrt war es nicht anders.

Natürlich wollte Flamininus, als er 198 das Kommando in Griechenland übernahm, Philipps Niederlage, nicht anders als seine Vorgänger und der gesamte Senat. Interessanter ist schon, daß er sich auch in seinen Methoden nicht von ihnen unterschied. Flamininus war nur ein mittelmäßiger Feld-

107 Scipionen: Liv. XXXVII 7,8-16; 25,12; App. Syr. 110f.; Mac. 9,5; Polyb. XXI 11,9. Auch die jüngsten Versprechungen des Senats wurden jetzt eingelöst. Die erlassene Summe betrug vermutlich 250 Talente, also immerhin ein Viertel des vollen Betrages (s. o. S. 110). Gerücht: Liv. XXXVII 48. Rückmarsch: XXXVIII 40,8.

108 Polyb. XXI 25,1-6; 30,11f.; 31,3-5; 32,13; Liv. XXXVII 49,6 (vgl. aber BRISCOE [1981], 368); XXXVIII 1,1-3,5; 5,10; 7,1; 10,1.3; 11,9. Vgl. WILL (1982), 217; HAMMOND (1988b), 454. Obwohl der Konsul M. Fulvius Nobilior sich 189 im wieder aitolischen Amphilochien aufhielt, überging er Philipps Ansprüche in den Friedenspräliminarien mit den Aitolern, ebenso wie später der Senat. Bezeichnenderweise bat der König seine φίλοι im Senat – wer auch immer diese waren – gar nicht, für eine entsprechende Änderung im Vertrag zu sorgen, sondern darum, den Frieden ganz scheitern zu lassen; dies hätte ihm die Möglichkeit zu einer neuen militärischen Offensive gegeben. Er baute also, nicht zu Unrecht, mehr auf die Ressentiments gegen die Aitoler als auf etwaige Sympathien für ihn. Doch auch diese Strategie scheiterte schnell. GRUEN (1984), 401 mit Anm. 17, denkt daran, Philipp habe 189 durchaus Gebiete zurückerhalten, doch muß er selbst zugeben, daß es dafür keinerlei Hinweise in den Quellen gibt.

herr. Deshalb setzte er gewöhnlich auf Brutalität und Abschreckung, vor allem aber verließ er sich auf die Überlegenheit der Legionen. Auch politisch gab er keine Impulse: Weder verwandelte der Konsul den Niederwerfungskrieg in einen Befreiungsfeldzug für die Griechen, noch nutzte er die Verhandlungen am Aoos und in Lokris zur römischen Imagepflege. Die Gesandtschaft, die im Jahr 200 Griechenland bereiste, hatte mehr auf diesem Gebiet geleistet. Im Gegenteil setzte Flamininus die Verbündeten sogar offen zurück, als er Philipp Ende 198 einen Waffenstillstand abhandeln wollte – um seinen Ruhm zu sichern. Seinen Erfolg dabei verdankte er taktischem Geschick und einer skrupellosen Manipulation aller Beteiligten, also beachtlichen politischen Fähigkeiten. Zur Entwicklung eines Konzepts, das über die Befriedigung seines Ehrgeizes hinausging, nutzte er sie freilich nicht. Selbst seine Forderungen an Philipp blieben in der Substanz diejenigen von 200. Das kann man als Verläßlichkeit interpretieren,[109] nicht zu Unrecht, aber diese Beständigkeit kam wohl auch der eigenen Ideenlosigkeit entgegen. Immerhin gingen alle wesentlichen Initiativen, politisch wie militärisch, von Philipp aus. Flamininus reagierte nur, gewöhnlich mit Erfolg, aber dieser war weniger seiner Zielstrebigkeit als dem weit überlegenen römischen Potential zu danken. Fast gewinnt man den Eindruck, Flamininus habe geduldig darauf gewartet, bis ihm der unvermeidliche Sieg in den Schoß fiel. Das ist durchaus ein Talent, aber es zeugt nicht von politischem Gestaltungswillen.

Nach dem Sieg bot sich die Möglichkeit zu einem neuen Anfang. Selbstverständlich waren die beiderseitigen Ressentiments nicht plötzlich weggeblasen. Philipp trug schwer an der Niederlage, und das römische Mißtrauen war immer noch wach. Aber gerade das führte die Gegner zunächst zusammen: Die Römer suchten die Kooperation des Königs, um sich seiner Unterstützung gegen Antiochos zu versichern, bevor dieser es tat, und Philipp ging darauf ein, weil er die Folgen des Friedens von 196 mildern wollte. Alles andere als eine Entente cordiale also, aber die militärische Allianz bot doch die Möglichkeit, Vorbehalte abzubauen. Die ersten Operationen des Jahres 191 verliefen auch ohne Dissonanzen, bis zu den Thermopylen. Danach aber brauchten die Römer den König nicht mehr unbedingt, dazu kam Philipps lahme Entschuldigung für sein Fehlen bei der Schlacht. Die Haltung Glabrios verhärtete sich sofort, und es war nur der Höhepunkt der neuerlichen Entfremdung, als er auf Flamininus' Anraten lieber einen Waffenstillstand mit den unbesiegten Feinden schloß, als dem Verbündeten Philipp weitere Eroberungen zu ermöglichen. So wurde die Chance für konstruktivere Beziehungen, die ohnehin nicht sehr groß gewesen war, schnell vertan.

109 Flamininus selbst rühmte die römische wie die eigene Milde im Sieg (Polyb. XVIII 37,1-10).

Beide Seiten unterstützten die andere nicht so, wie es eine Allianz eigentlich verlangte, weder Römer noch Makedonen waren bereit, einen Schritt zu konstruktiveren Beziehungen zu tun.

Der Republik ist das freilich eher vorzuwerfen, denn sie war nach 197 die dominierende Macht, die Gestaltungsspielraum im Überfluß besaß. Statt dessen agierte man aus einer Haltung permanenten Verdachts heraus. Sicherlich, es bestand kein Zwang, sich mit Philipp ›auszusöhnen‹, denn auf die Schlagkraft der Legionen war stets Verlaß, und der Senat sah zweifellos keine Defizite in seinem Umgang mit Makedonien. So gestalteten die Römer ihre Beziehungen zu Makedonien stets im negativen Sinne: Zwischen Krieg und Argwohn blieb nur wenig Raum.

Flamininus war dabei der Römer, mit dem Philipp am häufigsten und am längsten zu tun hatte. Doch das war nicht gleichbedeutend mit einer maßgeblichen Führung in den makedonischen Angelegenheiten. Denn wie schon im Krieg tat er sich auch nach 197 nicht durch Impulse hervor. Die Kooperation mit Philipp regte er höchstens mittelbar an, zusammen mit der Zehnerkommission, wenn nicht schon in Rom darüber beschlossen worden war. Die entscheidenden Verhandlungen wurden ebenfalls mit dem Senat geführt, der Prokonsul in Griechenland hatte damit nichts zu tun. Auch später, als es auf den Antiochoskrieg zuging, hören wir nichts von einer tragenden Rolle Flamininus'. 192 ging er als Legat erneut in den Osten, doch er traf zwar mit vielen Griechen, aber nicht mit Philipp zusammen. Erst bei der Belagerung von Naupaktos trat er hervor, ohne allerdings einen politischen Richtungswechsel herbeizuführen. Glabrio mißtraute Philipp nämlich schon längst, Flamininus war bloß derjenige, der es ihm durch seinen Rat (und durch seine Person!) ermöglichte, seine Wünsche in Taten umzusetzen.

Flamininus scheint so weniger der Leiter der Makedonienpolitik gewesen zu sein als ihr vornehmster Exponent. Eine eigene Linie, die sich erkennbar von einer des Senats unterschieden hätte, läßt sich nicht erkennen. Man könnte nun argumentieren, diese Übereinstimmung komme daher, weil die übrigen Senatoren sich völlig Flamininus' Dominanz gefügt hätten. Doch dagegen spricht, daß auch wichtigste Verhandlungen problemlos ohne sein Zutun geführt werden konnten, vor allem aber: Es ist keine wesentliche Richtungsänderung gegenüber den Jahren vor 198 erkennbar, als Flamininus noch keinen größeren Einfluß ausübte. Sein bedeutendster Beitrag waren seine gewandte Kunst der Manipulation und seine Meisterschaft, vage Hoffnungen zu wecken: Er brauchte Philipp zwar hin und wieder, deshalb war er bereit, ihm Versprechungen zu machen, er erfüllte diese auch unter dem Druck der Umstände, aber viel lieber nutzte Flamininus jedes Schlupfloch, verzögerte und betrog – denn trotz einer gewissen Wertschätzung für Philipp mißtraute auch er ihm zutiefst. Das ist ein bißchen wenig für einen

Mann, mit dem eine neue Epoche der römischen Ostpolitik angebrochen sein soll. Doch ist gerechterweise zu sagen, daß man hiervon weniger im Hinblick auf Makedonien als auf die griechischen Staaten gesprochen hat. Vielleicht setzte Flamininus dort stärkere Akzente.

Mißachtung: Flamininus und die Aitoler

Gegensätze

Das Schicksal der Aitoler während der neunziger Jahre gleicht dem Philipps in manchem. Auch sie waren den Römern, wie diese meinten, in den Rükken gefallen – durch den Separatfrieden von 206 – und so ein stetes Objekt ihres Ärgers und ihres Verdachts. Irgendwann zwischen 205 und 200 baten die Aitoler den Senat um Unterstützung gegen den wieder recht umtriebigen Philipp, doch sie wurden nur auf ihren ›Verrat‹ hingewiesen und nach Hause geschickt.[1] Auch wenn die Römer die Revanche gegen Makedonien lieber früher als später wollten – die Nöte der Aitoler waren der letzte Anlaß, der sie in den Krieg bringen konnte. Erst als sie sich schon zum erneuten Eingreifen entschlossen hatten, gewannen die Aitoler wieder an Wert. Denn die neben Makedonien stärkste Landmacht Griechenlands konnte man nicht einfach ignorieren. So überwanden die Römer zunächst ihren Groll. Ihre Gesandten sprachen 200 vor der aitolischen Bundesversammlung,[2] ebenso wie ein Emissär Galbas und die von ihm instruierten Athener

1 Liv. XXXI 29,4: ›*quid ad nos venitis, Aetoli, sine quorum auctoritate pacem cum Philippo fecistis?*‹; App. Mac. 4,2. Zum Grund der neuerlichen aitolisch-makedonischen Entfremdung Polyb. XV 23,7-9; XVIII 3,11f. Die römische Abfuhr wird bei Livius von einem makedonischen Gesandten zitiert, der 199 die aitolische Bundesversammlung durch diesen Hinweis von einer erneuten Allianz mit Rom abzubringen sucht (s. u. Anm. 3). Das spricht nicht gerade für eine akkurate Wiedergabe, aber es gibt keinen Grund, an der Historizität der Weigerung und ihrer Motivierung zu zweifeln. Der römische Vertreter L. Furius Purpurio bietet in seiner Antwort jedenfalls keine andere Version an. P. S. DEROW, Polybius, Rome, and the East, JRS 69 (1979), 7f., hat aber die interessante Vermutung geäußert, die Römer hätten die aitolische Bitte aus Prestigegründen abgewiesen: Ein erneutes Zusammengehen mit den Aitolern gleich zu Anfang eines Krieges hätte Erinnerungen an ihre Härte im Ersten Makedonischen Krieg geweckt und die übrigen Griechen in Philipps Lager getrieben. Doch derartige Sorgen bewegten die Römer damals nicht: Den neuen Krieg führten sie schließlich nicht rücksichtsvoller als den letzten (s. o. S. 86-88, 97f.; ablehnend auch FERRARY [1988], 51). Ohnehin ist es schwer vorstellbar, daß die Römer aus solchen Erwägungen heraus ausgerechnet den potentiellen Verbündeten verprellt hätten, der über die größte Wehrkraft im griechischen Mutterland verfügte. Es ist besser, Livius in diesem Punkt beim Wort zu nehmen. Im Mittelpunkt der weitläufigen Forschungsdiskussion steht jedoch die Chronologie, die schwierig, aber hier von nachrangiger Bedeutung ist. Es sei deshalb nur darauf verwiesen, daß mir die von HOLLEAUX (1921b), 293 Anm. 1, in einer klassischen Fußnote vorgeschlagene Datierung in den Herbst 202 immer noch am wahrscheinlichsten scheint. Knappe Literaturüberblicke geben WALBANK (1940), 310f.; DERS. (1967), 530f.; BRISCOE (1973), 130; dazu HARRIS (1991), 213; GRUEN (1984), 396 Anm. 214; FERRARY, 50-55.

2 Polyb. XVI 27,4. Treffend HOLLEAUX (1921b), 256: »Ils sauront imposer silence à leurs rancunes quand l'exigera l'intérêt politique«. Vgl. auch AYMARD (1938b), 77 Anm. 36. Im Winter 200/199 beauftragte Galba zudem Amynander, die Aitoler zu bearbeiten (Liv. XXXI 28,3). V. KONTORINI, Rome et Rhodes au tournant du IIIe s. av. J.-C. d'après une inscription inédite de

im nächsten Frühjahr bei gleicher Gelegenheit für einen Kriegseintritt warben. Doch die Aitoler setzten auf Sicherheit: Sie wollten ihre Entscheidung vom Fortgang des Krieges abhängig machen.[3]

Für sie stellte sich die Situation nämlich nicht so simpel dar wie für die Römer. Im letzten Krieg waren sie von ihrem Verbündeten im Stich gelassen worden, und noch bis vor kurzem hatte er ihnen die kalte Schulter gezeigt. Würde dies nun tatsächlich anders werden? Schließlich war es gerade etwas mehr als zehn Jahre her, daß Laevinus mit letztlich leeren Versprechungen die Aitoler gelockt hatte. Auf der anderen Seite war Makedonien die einzige Großmacht, die einer weiteren Expansion im Wege stand. Ein entscheidender Sieg, und der Aitolische Bund hätte freie Hand in Mittelgriechenland. Allerdings hatte sich in den beiden letzten Kriegen Philipp als der deutlich Überlegene erwiesen. Den Aitolern war das durchaus bewußt. Sonst hätten sie nämlich kaum in Rom, trotz des Vorgefallenen, Beistand gegen Philipp gesucht, und sie hätten sich auch nicht der zweimaligen Aufforderung ihres alten Verbündeten Attalos verweigert, ihm gegen Makedonien beizustehen.[4] Dreißig Jahre zuvor wären sie einer solchen Bitte vermutlich ohne Zögern gefolgt. Im Zusammenhang mit der seither eingetretenen deutlichen Machteinbuße stehen wahrscheinlich auch die starken sozialen Spannungen innerhalb des Bundes. Ein als Ausweg propagierter Schuldenerlaß scheiterte (oder wurde zumindest nicht vollständig durchgeführt), die Schwierigkeiten können sich danach nur verstärkt haben.[5]

Rhodes, JRS 73 (1983), 24-32, hat eine weitere Initiative der Gesandten von 200 erschlossen: Sie hätten Rhodos gebeten, auf die Aitoler einzuwirken. Doch die Inschrift, auf die sie sich stützt, ist zu fragmentarisch, als daß man auch nur wahrscheinliche Folgerungen ziehen könnte. Skeptisch ist auch FERRARY (1988), 55f.

3 Liv. XXXI 28,6-32,5: *nam utrius partis melior fortuna belli esset, ad eius societatem inclinaturos* (32,5). Zunächst begünstigte diese Entscheidung freilich Philipp, denn seine Gesandten hatten lediglich die Aufrechterhaltung des Status quo gefordert, also die aitolische Neutralität – ein Hinweis auf die ungleiche Kräfteverteilung zwischen den beiden Großmächten. Livius' Behauptung, die Anwesenden hätten zur römischen Seite geneigt, bis sie vom Strategen Damokritos, angeblich von Philipp bestochen, umgestimmt worden seien (32,1), scheint tendenziös gefärbt, jedenfalls wiegt sie wenig im Hinblick auf den tatsächlich gefaßten Beschluß. Ohnehin dürfte dieser den Aitolern nicht zu schwergefallen sein, wenn die undiplomatische und allzu selbstbewußte Rede des Römers Purpurio, so wie sie bei Livius überliefert ist, nur ein wenig dem tatsächlich gesprochenen Wort ähnelt (vor allem 31,18-20: *vobis restituendi vos in amicitiam societatemque nostram fortuna oblata est, nisi perire cum Philippo quam vincere cum Romanis mavoltis* [20]; s. auch o. S. 87 Anm. 64). FERRARY (1988), 56, lehnt eine derartige Wertung der Rede ab: Der Stratege Aristainos drücke sich, eineinhalb Jahre später vor der achaiischen Bundesversammlung, in der Sache ganz ähnlich aus. Das ist richtig, aber der Unterschied liegt woanders. Das eine Mal stellt der Diplomat einer auswärtigen, nicht befreundeten Macht Forderungen, das andere Mal rät ein gewählter Beamter seinen Mitbürgern.

4 Liv. XXXI 15,9f. (Frühjahr 200); 46,4 (Sommer 201).

5 Polyb. XIII 1,1-2,1; IG IX 1^2,1, 70 Z. 3; 192 Z. 17 (zwischen 206 und 204). Vgl. WALBANK (1967), 413f. Eine ausführliche, angesichts der Quellenlage allerdings weitgehend hypothetische Rekonstruktion der Ereignisse versucht GRAINGER (1999), 339-347. Allgemein zur Krise

Trotz all dieser Hindernisse traten die Aitoler schon im Sommer 199, unter dem Eindruck von Galbas Erfolgen, in den Krieg ein. Damit blieben sie ihrer im Frühjahr verkündeten Linie treu, und nun galt es, eine gemeinsame Strategie zu entwerfen. In Herakleia traf der erfahrene aitolische Politiker Pyrrhias mit Attalos und dem Flottenlegaten L. Apustius Fullo zusammen. Die Begegnung verlief nicht ohne Mißklänge, denn Attalos verweigerte nach den jüngsten Erfahrungen nun seinerseits Hilfstruppen. Doch Apustius, auf den es ankam, zeigte sich zugänglicher: Er »versprach alles«. Sofortige militärische Unterstützung kann damit nicht gemeint gewesen sein, denn die Aitoler kehrten, wie Livius bemerkt, mit mehr Hoffnung als wirklicher Hilfe heim.[6] So werden es vage Zusagen für den weiteren Verlauf des Krieges gewesen sein. Apustius wurde gegenüber Pyrrhias vielleicht nicht viel konkreter, als es uns überliefert ist. Das Treffen blieb ohne greifbare politische Ergebnisse. Mit einiger Wahrscheinlichkeit sicherte Apustius eine Weitergeltung des Vertrages von 211 nicht zu.[7] Dagegen spricht weniger, daß ihm die Befugnis gefehlt habe, denn er hätte durchaus im Auftrag des Prokonsuls Garantien abgeben können. Schwerer wiegt schon, daß die Besprechung in erster Linie militärischen Fragen galt, vor allem aber beklagten sich die Aitoler, obwohl ihre Beschwerden breit überliefert sind, später niemals über 199 gemachte Zusicherungen, die jetzt nicht eingehalten würden.[8]

Was auch immer gesagt worden sein mag – einen Wendepunkt des Krieges stellte es nicht dar. Die Aitoler fielen zwar noch 199 in Thessalien ein, aber zu spät, um Galba Unterstützung leisten zu können. Statt dessen wurden sie schnell von Philipp vertrieben.[9] Im Jahr darauf wiederholten sie diesen Zug, aber erst, nachdem Flamininus durch den Sieg am Aoos die Makedonen schon zur Räumung Thessaliens gezwungen hatte. Doch ihr Heer zog sich zurück, noch bevor Flamininus selbst nach Thessalien kam.[10] Denn

---

dieser Jahre HOLLEAUX (1921b), 289-293; SCHOLTEN (2000), 230f. Optimistischer urteilt R. FLACELIÈRE, Les Aitoliens à Delphes, Paris 1937, 310f.

6 Liv. XXXI 40,9-41,1; 46,1-5: *ita Aetoli cum spe magis, Romanis omnia pollicentibus, quam cum auxilio dimissi* (5). Zur Chronologie BRISCOE (1973), 146.

7 So aber NIESE (1899), 603; FERRARY (1988), 57; DANY (1999), 174 mit Anm. 19.

8 Zu Apustius' Befugnissen und zum militärischen Charakter des Treffens vgl. LEHMANN (1967), 79f.

9 Liv. XXXI 41f. Mit Mühe gelang es ihnen, in die Defensive gedrängt, Thaumakoi in Achaia Phthiotis zu halten (XXXII 4). Zum Zug der Aitoler KROMAYER (1907), 28f.; WALBANK (1940), 145f.; GRAINGER (1999), 365-370.

10 Liv. XXXII 13,9-15; 14,4. Vgl. WALBANK (1940), 154f. Die bemerkenswert kreative Darstellung GRAINGERS (1999), 373-384, verwickelt sich in innere Widersprüche. So nennt er als Grund für das lange Zögern der Aitoler einmal die Furcht vor einem römisch-makedonischen Separatfrieden am Aoos (373f.), dann einen klugen Plan der Alliierten: Im Rücken Philipps sollte es keine Unruhe geben, sonst würde er am Ende noch die Aoosstellung räumen und den Römern

obwohl nichts im Wege stand, kam es auch jetzt zu keiner irgendwie gearteten Kooperation oder gar zu einer Vereinigung mit dem römischen Heer. Vor der Kampagne des Jahres 197 blieb der militärische Beitrag der Aitoler somit gering, um nicht zu sagen irrelevant. Es ist nicht recht klar, ob die Aitoler nicht mehr leisten konnten oder nicht wollten. Einerseits hatten sie mit Rekrutierungsproblemen zu kämpfen,[11] andererseits vermochten sie 197 dann plötzlich ein Aufgebot von 6000 Mann zu stellen. Die fehlende Koordination zwischen den Alliierten läßt eher an die zweite Möglichkeit denken. Allzulang scheint die Begeisterung über Apustius' Versprechungen also nicht angehalten zu haben.

Auf der anderen Seite hören wir auch nichts davon, daß Flamininus den Rat der aitolischen Strategen suchte. Der einzige Alliierte, mit dem er öfters zusammentraf und auf dessen Meinung er hörte, den er also zu schätzen schien, das war der König von Pergamon.[12] Dabei hätten die Aitoler, wenigstens potentiell, einen ungleich wertvolleren Beitrag leisten können als Attalos mit seinen Schiffen. Doch nicht einmal nach Sikyon, wo im Herbst 198 die achaiische Bundesversammlung den Krieg gegen Makedonien beschloß, schickte Flamininus Gesandte der Aitoler. Anwesend waren dagegen nicht nur Emissäre von Flamininus' Bruder Lucius und von Attalos, sondern auch von den Rhodiern und den Athenern – alle auf Veranlassung des Konsuls.[13]

---

die Chance nehmen, ihn zu vernichten (375). Wahrscheinlich gehörte auch Flamininus' vierzigtägiges Warten vor den makedonischen Stellungen zu dieser ausgeklügelten Strategie (s. o. S. 93).

11 Der Aitoler Skopas, der im Dienst der Ptolemaier stand, warb noch vor dem aitolischen Kriegseintritt 6500 Mann für den ägyptischen Dienst an. Einen noch größeren Exodus konnte der Stratege Damokritos nur mit beträchtlichem rhetorischen Aufwand verhindern (Liv. XXXI 43,4-7). Auch die sozialen Umwälzungen infolge der Schuldenkrise mögen ihren Teil beigetragen haben.

12 Liv. XXXII 39,3-5; XXXIII 1,1; 2,7f. Auch Nabis erkannte Attalos' Bedeutung an, als er, um mit den Alliierten ins Gespräch zu kommen, Anfang 197 Gesandte nicht nur zu Flamininus, sondern auch zum König schickte (XXXII 39,2; vgl. AYMARD [1938b], 141 Anm. 34).

13 Liv. XXXII 19,5. Vgl. GRAINGER (1999), 385. Die Flotte mit Lucius, Attalos und den Rhodiern lag zwar vor Korinth, aber von Elateia aus – das Flamininus damals belagerte – hätten die Aitoler nicht weniger schnell benachrichtigt werden können als die Athener, und sie wären wohl auch bei der Auswahl der Gesandten nicht langsamer gewesen. Zeitdruck scheidet damit als Erklärung aus, ebenso wie die wenig erfreulichen achaiisch-aitolischen Beziehungen des letzten Vierteljahrhunderts: Auch Attalos hatte im Ersten Makedonischen Krieg auf der gegnerischen Seite gestanden. Daß der König von Pergamon seitdem das einstmals achaiische Aigina beherrschte, trübte die Beziehungen noch 185 (Polyb. XXII 8,9-13; vgl. auch AYMARD [1938b], 73, 142 Anm. 35, 143). AYMARD, 8 mit Anm. 16, verweist auf die fehlende aitolische Seemacht, doch über eine solche verfügten die Athener auch nicht. Und schlimme Geschichten über Philipp (Liv. 19,12) hätten die Aitoler ebenso erzählen können. Daß schließlich ein Kriegseintritt der Achaier die Chancen zu Plünderung und Expansion vermindert hätte, ist recht zweifelhaft: Die Aitoler verfolgten damals schon längst keine Ziele mehr auf der Peloponnes. Somit findet sich unter dem Strich zwar kein zwingender Grund, warum die Aitoler in Sikyon dabeisein hätten müssen, aber auch keiner, der dagegengesprochen hätte. Ein gutes Verhältnis vorausgesetzt, wäre es selbstverständ-

Wenig später kam es sogar zu militärischen Verwicklungen. Unter dem Eindruck des makedonischen Niedergangs revoltierten die Einwohner von Opus, einer Stadt im östlichen Lokris, gegen die königliche Besatzung. Die Soldaten wurden auf der Burg eingeschlossen, doch über das weitere Vorgehen waren die Bürger uneins: Die einen riefen die Aitoler zu Hilfe, die nicht nur näher waren, sondern auch als erste kamen. Die andere, mächtigere Partei wandte sich an die Römer und hielt die Stadt bis zu Flamininus' Ankunft. Der Feldherr nahm also die Stadt in Besitz, während seine aitolischen Verbündeten, von den Opuntiern mit Gewalt abgewiesen, draußen bleiben mußten. Daß er den Eklat zu vermeiden oder wenigstens im nachhinein die Aitoler zu besänftigen suchte, davon ist nirgends die Rede. Flamininus' Sorge galt allein der Vertreibung der makedonischen Besatzung.[14] Es ist bemerkenswert, daß den Griechen die Kluft zwischen den Verbündeten so tief zu sein schien, daß sich die inneren Rivalitäten einer Polis an diesem Gegensatz manifestieren konnten. Für die Aitoler- wie für die Römerfreunde war ein gemeinsames Vorgehen oder nur ein Arrangement der angerufenen Schutzmächte ausgeschlossen. Der Gang der Ereignisse bestätigte diese Einschätzung vollauf.

Bevor Flamininus sich an die Vertreibung der Makedonen aus der Burg machen konnte, bat ihn Philipp um erneute Friedensverhandlungen. Die daraufhin anberaumte Konferenz von Lokris brachte neue Enttäuschungen für die Aitoler. Zwar waren es die Verbündeten in ihrer Gesamtheit, die damals und später in Rom von Flamininus instrumentalisiert wurden, aber die Aitoler sammelten besonders bittere Erfahrungen. Denn gerade ihr Bund und ihre Emissäre, Phaineas und Alexandros Isios, wurden zum Opfer von Philipps wachem Witz, ohne daß ihnen Flamininus zur Seite sprang. Statt dessen erkundigte er sich bei dem Makedonen interessiert nach dem Hintergrund seines Hohns.[15]

Der Stratege Phaineas hatte nämlich zunächst die aitolische Sonderstellung und damit die Distanz zu Rom betont. Im Unterschied zu den übrigen griechischen Alliierten stellte er nicht nur das eigene Gemeinwesen angehende Forderungen – hier die unversehrte Rückgabe der ehemaligen Mitglieder des Aitolischen Bundes –, sondern er verlangte, wie sonst nur die

---

lich gewesen, daß Flamininus auch die Aitoler um eine Gesandtschaft gebeten und somit das alliierte Aufgebot in Sikyon vollständig gemacht hätte.

14 Liv. XXXII 32,1-5; Plut. Flam. 5,5. Opus war vermutlich seit 228 makedonisch, ob es davor jemals zu Aitolien gehört hatte, ist ganz unsicher. Vgl. zuletzt SCHOLTEN (2000), 69f., 170-172, 242 mit Anm. 25, 259f., der sich dagegen ausspricht. Die beiden rivalisierenden Gruppierungen in Opus trugen bloß einen Kampf um die politische Kontrolle aus, es handelte sich um keine Konfrontation zwischen Arm und Reich. Vgl. F. J. GÓMEZ ESPELOSÍN, La lucha faccional en Opunte en 197 a. de C.: Algunas precisiones sobre la política romana en Grecia, Gerión 4 (1986), 55-60, gegen BRISCOE (1973), 228. Vgl. auch GRAINGER (1999), 386f.

15 Polyb. XVIII 4,1-6,1.

Römer, die Räumung ganz Griechenlands. Gerade deswegen schüttete Philipp seinen Spott über die Aitoler aus: Dies sei die größte Unverschämtheit, daß die Aitoler sich auf Augenhöhe mit den Römern glaubten, wenn sie eine solche Bedingung stellten. Von diesen könne er sich eine solche Sprache gerade noch gefallen lassen, nicht jedoch von den Aitolern. Welches Griechenland aber solle er nach Meinung der Aitoler räumen? Die meisten von ihnen seien schließlich selbst keine Griechen. Flamininus lachte hier und vermittelte so den Eindruck, daß ihm auch Philipps vorhergehende Bemerkungen über Aitoler und Römer nicht unpassend erschienen.[16] Die Aitoler dürften die Konferenz mit dem denkbar schlechtesten Eindruck von dem römischen Oberbefehlshaber verlassen haben – und umgekehrt.[17]

Das beiderseitige Verhältnis war also von Anfang an distanziert, ja es litt unter erheblichen Spannungen. Mit Flamininus' Ankunft verband sich kein Politikwechsel, er bewegte sich, ganz ähnlich wie gegenüber Philipp, auf den eingefahrenen Gleisen seiner Vorgänger. Der Streit von 197 kam nicht von ungefähr, in ihm entluden sich lediglich die angestauten Mißhelligkeiten, persönlich wie politisch, aus Vergangenheit wie aus Gegenwart. Tatsächlich entzündete er sich an Nebensächlichkeiten, die schnell beigelegt worden wären, wenn die Partner sich nicht von vornherein verdächtigt hätten.

Zunächst begann das Jahr 197 aber mit einer aitolischen Kraftanstrengung: Der Bund entsandte unter Führung des Strategen Phaineas ein Korps von 6000 Fußsoldaten und 400 Reitern, das sich mit den Legionen vereinigte. Das bedeutete einen Bruch mit der bisherigen Kriegsführung. Offenbar sahen die Aitoler die Diskrepanz zwischen ihren Ansprüchen, die sie in Lokris vertreten hatten, und ihren bisherigen Leistungen. Gleichzeitig dürfte auch Flamininus Druck auf die aitolische Führung ausgeübt haben, denn er wartete mit dem Heer demonstrativ an den Thermopylen, bis am dritten Tag die positive Entscheidung der Bundesversammlung bekannt wurde. Dann blieb er erneut an der thessalischen Grenze stehen; als das aitolische Kon-

---

16 Polyb. XVIII 2,6; 5,5-6,1. FERRARY (1988), 69, glaubt, Phaineas habe die Aitoler in Konkurrenz zu Rom als Urheber und Garanten der Freiheit stilisieren wollen. Doch diese Ansicht beruht auf seiner Fehlinterpretation von Flamininus' Forderungen (s. o. S. 102 Anm. 28).

17 Freilich konnte Flamininus die Aitoler zunächst gut gebrauchen: Das öffentliche Bestehen auf einem vollständigen Rückzug Philipps machte ihre Gesandten in Rom nämlich besonders nützlich, nachdem Flamininus' Prorogation durchgesetzt und die Fortsetzung des Krieges von seinen Freunden zum alleinigen Ziel erklärt worden war. Für wie wichtig die Aitoler die Verhandlungen in Rom hielten, zeigt schon die Größe ihrer Delegation: sieben Mann. Die Achaier und Attalos schickten jeweils nur einen Unterhändler (Polyb. XVIII 10,10f.). GRAINGER (1999), 393f., weist mit Recht darauf hin, daß die Aitoler wohl ganz bewußt zwei Exilierte aus Akarnanien und Thessalien, also aus noch zu eroberndem Feindgebiet, unter die sieben aufgenommen hatten. Seine Spekulationen über politische Differenzen zwischen den aitolischen Gesandten sind aber ohne Grundlage (396).

tingent zu ihm gestoßen war, marschierte er sofort – »damit nicht zweifelhaft sei, worauf er gewartet hatte« – in das Gebiet des Feindes ein. Notwendig war diese Marscheinteilung nicht: Flamininus hätte auch im Hauptquartier in Elateia bleiben können, bis die Aitoler bereit waren. Aber so wurde ganz bewußt die römische Erwartungshaltung vor Augen geführt.[18]

Zwar waren weitere Spannungen abgewendet,[19] aber letztlich gab das Korps des Bundes den Anlaß zum offenen Streit. Der aitolischen Reiterei war es zu danken, daß die überraschten Römer nicht von den Makedonen überrannt wurden, als die Vorausabteilungen beider Heere bei den Kynoskephalai aufeinandertrafen. Ohne sie hätte dieses Gefecht und wohl der ganze Tag mit einer empfindlichen Niederlage für die Römer geendet. Andererseits ist klar: Wenn wir dem Bericht des Polybios auch nur halbwegs Glauben schenken dürfen, dann waren es die Legionen, die in der danach sich entwickelnden Schlacht der Hauptstreitkräfte die Entscheidung herbei-

---

18 Liv. XXXIII 3,6-9: *ne dubium esset quid exspectasset* (9); Plut. Flam. 7,3. Nur Plutarch spricht von 6000 Fußsoldaten, Livius hat bloß 600. Eine textkritische Entscheidung ist nicht möglich, auch der Schlachtbericht von Kynoskephalai und Erwägungen zu Wehrkraft und militärischer Taktik helfen nicht entscheidend weiter. Daß sich die Aitoler später das Hauptverdienst am Sieg über Philipp zuschrieben, ist kein durchschlagendes Argument für Plutarchs Zahlen (so DE SANCTIS [1923], 78 Anm. 159; WALBANK [1967], 585; BRISCOE [1973], 251): Das aitolische Verdienst bei Kynoskephalai beruhte ganz auf der Kavallerie (Polyb. XVIII 22,4-6), und ihre späteren Behauptungen waren zu einem guten Teil Aufschneiderei (vgl. KROMAYER [1907], 103 Anm. 3; LEHMANN [1967], 372-374). Freilich stellt Polybios in diesem Zusammenhang die Qualität der Reiterei ausdrücklich der geringen Kampfkraft der aitolischen Infanterie gegenüber, was sich sehr nach einer Begründung dafür anhört, warum letztere trotz ihrer Zahl keine Rolle in der Schlacht spielte. Ein gewisses Gewicht besitzt die Überlegung, daß ein Aufgebot von insgesamt 1000 Mann von vornherein lächerlich gering gewesen wäre angesichts der aitolischen Aspirationen auf eine führende Rolle in Griechenland (vgl. DE SANCTIS). Doch im Licht der bisherigen militärischen Zurückhaltung, vor allem aber der Spannungen mit den Römern wäre eine Entscheidung der Bundesversammlung, die das Flamininus zu unterstellende Kontingent möglichst klein gehalten hätte, zumindest nachvollziehbar gewesen. Der Feldherr scheint seiner Sache ja nicht recht sicher gewesen zu sein, als er an den Thermopylen Halt machte. Sein Verhalten nach dem aitolischen Beschluß spricht aber eindeutig dafür, daß die Dinge sich nach Wunsch entwickelt, das heißt die Aitoler eine adäquate Truppenzahl festgelegt hatten. Im gegenteiligen Fall wäre es mit einiger Sicherheit zu einer diplomatischen Krise gekommen, die angesichts des Streits nach der Schlacht von unseren Quellen kaum übergangen worden wäre. Es sei nur an das Jahr 191 erinnert, in dem die Aitoler nach Ausflüchten suchen mußten, als sie Antiochos, der sich ebenfalls auf eine Entscheidungsschlacht vorbereitete, immerhin 4000 Mann stellten (Liv. XXXVI 15,4f.; 16,3). Plutarchs Zahl ist letztlich der Vorzug zu geben, die 600 Mann bei Livius sind wahrscheinlich ein bloßer Überlieferungsfehler (in den neueren Ausgaben entsprechend emendiert). Vgl. auch AYMARD (1938b), 161 Anm. 6; J. MUYLLE, Le traité d'amitié entre Rome et la Ligue étolienne, AC 38 (1969), 420f.; HAMMOND (1988a), 66; NISSEN (1863), 140f.

19 Nach Kynoskephalai behaupteten die Aitoler, daß Flamininus vor der Schlacht alle Angelegenheiten mit den Bundesgenossen besprochen habe, das heißt in erster Linie mit ihnen, die das mit Abstand größte Kontingent der Verbündeten gestellt hatten (Liv. XXXIII 11,5). Offenbar war man sich auch im Umgang, wenigstens äußerlich, etwas nähergekommen.

führten, und zwar sie allein. Sosehr die Aitoler nachher ihren Anteil am Sieg hervorhoben, mit vollem Recht, im Kern war der Sieg ein römischer.[20]

Die moderne Literatur hat, in Polybios' Nachfolge, den im Moment des Sieges ausbrechenden Konflikt bis ins Detail untersucht. Es ist deshalb nicht nötig, ihn hier noch einmal breit zu behandeln. Die einzelnen Stadien sind klar genug: die Plünderung des makedonischen Lagers durch die Aitoler, während die Römer noch im Kampf standen; die aitolischen Siegesfanfaren, die Flamininus als persönliche Kränkung auffaßte; seine demonstrative Mißachtung den Aitolern gegenüber; deren Unwille über das schnell sich abzeichnende römisch-makedonische Einvernehmen; ihr Bestechungsvorwurf gegen Flamininus.[21] Und schließlich der Höhepunkt bei der Besprechung der Alliierten im Tempetal: Der Ton des Streitgesprächs zwischen dem Prokonsul und den Aitolern war zunächst maßvoll, am Schluß verbot Flamininus dem Strategen den Mund: »Hör auf mit deinem Geschwätz, Phaineas!« Inhaltlich standen sich die Parteien unversöhnlich gegenüber: Die Römer wollten Frieden schließen, die Aitoler den Krieg fortsetzen bis zum Sturz Philipps.[22]

Flamininus hielt den Aitolern mit Recht vor, daß sie selbst zuvor nie eine solche Forderung gestellt hatten. Tatsächlich dürfte der Untergang Makedoniens oder wenigstens derjenige Philipps nur so etwas wie ein Traumziel gewesen sein.[23] Jetzt freilich, nach dem doch recht leicht errungenen Sieg, schien es Wirklichkeit werden zu können, und mit ihm neue Macht und territoriale Ausweitung des Bundes. Daß die Aitoler aber nach Philipps Absetzung die »Herren Griechenlands« würden, das war nie ihr erklärtes Ziel. Es war nur die, zweifellos übertriebene, Befürchtung Flamininus'.[24] Aitolischer

---

20 Quellen und Literatur zur Schlacht sind o. S. 105 Anm. 37 genannt. Zur Rolle der Aitoler vgl. auch ECKSTEIN (1987c), 288 mit Anm. 79.

21 Polyb. XVIII 27,4; 34,1-8; Liv. XXXIII 10,6; 11,4-10; Plut. Flam. 8,9-9,1.5-7; App. Mac. 9,1. Zum Gang der Ereignisse HOLLEAUX (1931b); BRISCOE (1973), 266f.; ECKSTEIN (1987c), 287-289.

22 Polyb. XVIII 36,5-37,12: »Παῦσαι« φησὶ »Φαινέα, ληρῶν« (37,12); Liv. XXXIII 12,3-13; App. Mac. 9,1f.

23 Vgl. HOLLEAUX (1923), 34: »leur volonté intime«. K. S. SACKS, Polybius' Other View of Aetolia, JHS 95 (1975), 102f., schließt aus Polyb. XVIII 3,2 und vor allem 4,3, daß die Aitoler schon in Lokris dieses Ziel offen verfolgt hätten (und beruft sich für diese Meinung zu Unrecht auf HOLLEAUX). Doch Alexandros Isios und Phaineas hatten Philipp lediglich Unaufrichtigkeit bei Friedensverhandlungen vorgeworfen und ihn vor die Wahl zwischen Siegen oder Gehorchen gestellt. Flamininus rügte sie also nicht ohne Grund.

24 Polyb. XVIII 34,1: δεσπότας τῶν Ἑλλήνων; Liv. XXXIII 11,9; vorsichtiger App. Mac. 9,1; Cass. Dio XVIII frg. 60. Flamininus' Verdacht wurde vielleicht zuerst durch Phaineas' Forderung in Lokris geweckt, Philipp solle sich aus Griechenland zurückziehen (Polyb. XVIII 2,6). Was als Ausdruck der Selbstbehauptung und Souveränität gemeint war, wäre also als Herrschsucht und Konkurrenzstreben gewertet worden – nicht untypisch für die römisch-aitolischen Kommunikationsschwierigkeiten. Die Aitoler selbst rechtfertigten ihre Forderung nach Absetzung Philipps damit, daß nur so der Frieden für die Römer und die Freiheit für die Griechen gesichert werden

Anspruch und römische Wahrnehmung klafften deutlich auseinander. Für den Moment dürfte die Aitoler eher die Furcht bewegt haben, bei einem römisch-makedonischen Rapprochement auf der Strecke zu bleiben. Ihr ungeschicktes Taktieren erhöhte diese Gefahr freilich beträchtlich.

Für Phaineas und seine Vertrauten wäre es nur ein schwacher Trost gewesen, hätten sie gewußt, daß sie keineswegs als Opfer von Flamininus' Machenschaften auserkoren waren. Wie ich oben gezeigt habe, hatte Flamininus triftige Gründe für einen baldigen Friedensschluß, Gründe, die mit den Aitolern nicht das geringste zu tun hatten. Die Verhandlungen mit Makedonien waren in diesen Tagen Flamininus' Hauptsorge, das aitolische Stück wurde auf einer Nebenbühne aufgeführt.[25] Von daher erklärt sich das geringschätzige Verhalten des Prokonsuls. Auf die Aitoler kam es letztlich nicht an, er konnte es sich leisten, auf diplomatische Rücksicht zu verzichten. Inzwischen waren der alte römische Groll und seine persönliche Abneigung, politische wie private Motive offenbar eine untrennbare Verbindung eingegangen. Flamininus ließ ihnen freien Lauf und verschwendete keinen Gedanken daran, die Aitoler in den Konsens der übrigen Alliierten einzubinden oder ihnen wenigstens äußerlich entgegenzukommen. Nichts zwang ihn zu dieser Handlungsweise, seinem politischen Talent stellt sie daher das denkbar schlechteste Zeugnis aus. Denn der Stachel saß tief bei den Aitolern, und es war klar, daß es, wenn erst Frieden geschlossen war, so bald keine Gelegenheit geben würde, sie zu versöhnen.[26]

Flamininus' Voreingenommenheit wurde bei den zwei Tage darauf anberaumten Friedensverhandlungen mit Philipp noch offensichtlicher. Der König erklärte sich mit allen früher erhobenen Forderungen der Alliierten einverstanden. Die Aitoler hatten bereits in Lokris ihre früheren Bundesmit-

---

könnten – ein schöner Vorwand (s. o. S. 108 Anm. 47). LEHMANN (1967), 62 Anm. 37, verweist als Beleg für das Programm eines »Hellas unter ätolischer Herrschaft« auf Liv. XXXV 44,6 (zit. u. S. 317 Anm. 86), wo Antiochos der aitolischen Bundesversammlung eine *libera vere Graecia* verspricht, in der die Aitoler die Ersten seien. Ganz davon abgesehen, daß hier wiederum ein Nichtaitoler spricht; daß die Szene erst fünf Jahre später, im Jahr 192, spielt, in einer gänzlich veränderten politischen Situation; daß es eine auch in unseren Tagen immer wieder bestätigte Erfahrung ist, daß man zu Beginn eines Krieges – Antiochos war soeben nach Griechenland übergesetzt – den Mund besonders voll nimmt, um sich und den Verbündeten Mut zu machen, Neutrale zu beeindrucken und den Feind einzuschüchtern: Zwischen der Herrschaft über Griechenland und den Ersten darin liegt doch ein ganz beträchtlicher Unterschied.

25 S. o. S. 106-110.

26 Es kann also keine Rede davon sein – wie CASSOLA (1960), 124f., meint –, daß Flamininus sich wegen der Feindschaft zwischen Philipp und Aitolien entscheiden mußte, welchen von beiden er als Verbündeten wollte, und die Wahl eben auf ersteren fiel. Niemand dachte damals schon an eine Allianz mit Makedonien, und selbst wenn, ist nicht einzusehen, warum sie die Entente mit den Aitolern unmöglich gemacht hätte. Rom mit seinem enormem machtpolitischen Übergewicht hätte die beiden befreundeten Mächte ohne weiteres von größeren Feindseligkeiten abhalten können, falls es die nicht wünschte.

glieder zurückgefordert und ausdrücklich die Rede auf vier thessalische Städte – Larisa Kremaste, Pharsalos, Echinos und das phthiotische Theben – gebracht. Obwohl Philipp bereits alles zugestanden hatte, fragte Phaineas nach: Warum er denn diese vier Städte nicht zurückgebe? Ohne zu zögern, überließ der König sie klug den Aitolern. Flamininus aber warf überraschend ein, der Bund könne nur Theben haben, das sich ihm vor Kynoskephalai nicht unterworfen habe. Die anderen drei Städte dagegen hätten sich freiwillig den Römern überantwortet. Die Aitoler waren empört: Sie hätten schließlich eben an der Seite der Römer gekämpft, und nach dem Vertrag von 211 stünden ihnen die Städte zu.[27]

Flamininus ging in seiner Antwort lediglich auf den zweiten Punkt ein und argumentierte auf juristischer Ebene. Deshalb hat sich auch die Forschung vorwiegend mit den rechtlichen Positionen der beiden Kontrahenten befaßt.[28] Doch das geht am Kern der Sache vorbei, verhandelt wurde eine politische Frage.[29] In der Tat scheint Flamininus die Argumentation mit dem Vertrag nur deshalb aufgegriffen zu haben, weil sie ihm Gelegenheit bot, noch deutlicher zwischen eroberten und freiwillig übergetretenen Städten zu unterscheiden. Daß er letztere niemals verschachern würde, kam bei den anwesenden Alliierten – denen dadurch im Moment kein Nachteil drohte – natürlich gut an und ermöglichte es, die Aitoler zu isolieren.[30]

27 Polyb. XVIII 38,1-7; Liv. XXXIII 13,1-10 (dazu BRISCOE [1973], 272; TRÄNKLE [1977], 189f.). Lokris: Polyb. XVIII 3,12. Wir wissen nicht, warum die Aitoler sich ausgerechnet auf diese vier Städte versteiften, die keineswegs ein geschlossenes Gebiet in der Nähe der aitolischen Grenze bildeten (anders MUYLLE [1969], 425: »importance stratégique énorme«). Offenbar glaubten die Aitoler, noch aus den letzten Kriegen auf sie besonders gute Ansprüche zu haben. Vgl. die Forschungsüberblicke bei BRISCOE, 53f., und WALBANK (1967), 555f.; dazu J. J. WALSH, Bones of Contention: Pharsalus, Phthiotic Thebes, Larisa Cremaste, Echinus, CPh 88 (1993), 37-43.

28 Polyb. XVIII 38,7-9; Liv. XXXIII 13,11f. Die Diskussion wurde insbesondere durch den Fund eines Inschriftenfragments belebt, das einen Teil des Vertrages von 211 enthält. Vgl. StV III 536 mit allen Quellen und zahlreicher Literatur; weitere Angaben bei BRISCOE (1973), 273; SEIBERT (1993a), 276; dazu LEHMANN (1999), 82f.; B. DREYER, Die Thrasykrates-Rede bei Polybios (11, 4–6) und die Bezeichnung der »Opfer« im römisch-aitolischen Vertrag von 212 v. Chr., ZPE 140 (2002), 33-39. Besonders hervorzuheben ist die Analyse von DAHLHEIM (1968), 192-203.

29 Vgl. DEININGER (1971), 62; ECKSTEIN (1987c), 291: »T. Quinctius Flamininus is not a fellow scholar, to be chastised for inadequate research in legal history.«

30 Polyb. XVIII 39,1; Liv. XXXIII 13,13. Vgl. auch DAHLHEIM (1968), 199; FERRARY (1988), 72. Ein anderes Bild von der Rolle der griechischen Alliierten zeichnet SACKS (1975), 102-104. Nicht ohne Grund zweifelt er Polybios' Darstellung (36,2-37,10) an, nach der sich bei der ersten Besprechung, noch ohne Philipp, auf Flamininus' Aufforderung hin nur Amynander und der Aitoler Alexandros Isios zum Friedensschluß geäußert hätten. Die beiden, so SACKS, sprechen vielmehr stellvertretend für zwei Lager unter den Griechen, die unterschiedlicher Meinung sind. Die Aitoler stehen mit ihrer Forderung nach Absetzung Philipps also nicht allein, Flamininus muß eine erhebliche Opposition zur Raison bringen. Doch Polybios' Konstruktion scheint mir nicht ganz so leicht erklärbar zu sein: Amynander, von den Römern fast nach Belieben zu lenken (vgl. Liv. XXXI 28,3; Polyb. XVIII 10,7), agierte als Flamininus' Sprachrohr, seine Meinung – Scho-

Das erste, gewichtigere Argument, die momentan bestehende Symmachie zwischen Aitolern und Römern, wurde dadurch völlig in den Hintergrund gedrängt. Hätten die Griechen nur für einen Augenblick die aitolische Perspektive eingenommen, dann hätten sie Flamininus vielleicht nicht so vorbehaltlos beigestimmt: Einem Verbündeten, der sich gerade eben noch große Verdienste erworben hatte, wurden sicher geglaubte Früchte des Sieges entrissen. Denn diesmal ging es nicht um neue Kriegsziele, sondern um Forderungen, welche die Aitoler schon zuvor erhoben hatten. Wie auch immer man die rechtliche Seite bewerten mag, Phaineas' Wunsch war billig, und nichts hinderte Flamininus, ihn zu erfüllen. Deshalb schien sein

---

nung Philipps, aber ein sicherer Friede für die Griechen – korrespondierte so offensichtlich mit derjenigen des Prokonsuls, daß an der vorherigen Absprache kein Zweifel bestehen kann. Es ist recht unwahrscheinlich, daß die anderen Alliierten derart brav im Fahrwasser der Vormacht schwammen – man denke nur an den auf der Peloponnes schwelenden Konflikt zwischen Nabis und den Achaiern. Alexandros äußerte eine völlig entgegengesetzte Ansicht. Welcher griechische Staat aber sollte noch die Absetzung Philipps wünschen? Nur die Aitoler, deren Territorium am nächsten lag, konnten hoffen, davon zu profitieren. Den Achaiern zum Beispiel schien Korinth schon sicher, mehr wollten sie von Philipp nicht. Warum also den Krieg fortführen? Und für Eumenes wäre der Sturz seines ungeliebten Kollegen ein gefährlicher Präzedenzfall gewesen. Ich glaube daher, daß Amynander und Alexandros nicht repräsentative Sichtweisen, sondern die beiden Extreme im Meinungsspektrum vertraten. Wahrscheinlich standen die Alliierten aber der athamanischen Position wesentlich näher als der aitolischen: Die erste bedeutete schließlich Frieden, die zweite weitere, nicht überschaubare Anstrengungen. SACKS argumentiert, Flamininus habe in seiner Erwiderung nicht nur die Aitoler angesprochen, sondern alle Griechen. Das tat er aber nur, weil Alexandros seine Ansicht ausdrücklich mit der Sicherung der griechischen Freiheit begründet hatte. Damit zwang er Flamininus, seinerseits eine gesamtgriechische Perspektive einzunehmen. Zu Anfang und Schluß seiner Ausführungen aber wandte sich der Prokonsul nur an die Aitoler. Auch als er von ἅπαντες sprach, war damit lediglich die aitolische Delegation gemeint: Flamininus wunderte sich, ›daß diejenigen, die in Lokris über den Frieden verhandelten, nun alle unversöhnlich aufträten‹ (s. o. Anm. 23). Damals wie jetzt wurde der Bund nämlich nicht von einem einzelnen vertreten, sondern von mehreren Bevollmächtigten, und damals wie jetzt standen an der Spitze Phaineas und Alexandros Isios (zu letzterem DEININGER [1971], 61 Anm. 15). Auch für die Zusammenkunft mit Philipp zwei Tage darauf (Polyb. XVIII 38,1-3) glaubt SACKS eine griechische Opposition ausmachen zu können: Indem der König sofort die Erfüllung der alliierten Bedingungen zusagte, das übrige aber dem Senat zur Entscheidung überließ, habe er weitergehenden Forderungen, den »violent demands« aller (τὰς πάντων ὁρμάς), den Boden entzogen; deshalb hätten die Griechen, von den Aitolern abgesehen, geschwiegen. Doch ὁρμή kann nicht ›violent demand‹ bedeuten, gemeint ist vielmehr der aggressive Impuls, die feindselige Atmosphäre. Motive also, keine Ziele (vgl. auch WALBANK [1967], 598: »›he diverted their strong feelings‹«). Das Schweigen erklärt sich recht einfach aus der Verdutztheit (und letztlich Billigung) angesichts des überraschenden Entgegenkommens. Die übrigen Fragen betrafen aller Wahrscheinlichkeit nur Dinge wie Kriegsentschädigung und Geiseln, keine neuen alliierten Wünsche. Es sei auch daran erinnert, daß selbst Phaineas bei dieser Besprechung nichts verlangte, was über das in Lokris Geforderte hinausging. Die Aitoler standen mit ihrer Opposition nach Kynoskephalai also allein da, Polybios' Bericht läßt keinen anderen Schluß zu.

Verhalten den Aitolern willkürlich zu sein, und tatsächlich war es das auch.[31]

Dabei ging es in der Sache eigentlich um wenig. Der Besitz der drei thessalischen Städte hätte die Aitoler nicht zu ›Herren Griechenlands‹ erhoben. Aus römischer Sicht wäre ihr Machtzuwachs bedeutungslos gewesen.[32] Sicherlich, die Römer wollten die Aitoler nicht anstelle Makedoniens als neue Großmacht Griechenlands sehen. Ein solches Gebilde wäre entstanden, wenn der in Lokris erhobene Anspruch auf die früheren Bundesmitglieder voll befriedigt worden wäre: Zum Zeitpunkt seiner größten Ausdehnung, Anfang der zwanziger Jahre, hatte der Bund fast ganz Mittelgriechenland und weite Teile Thessaliens kontrolliert.[33] Aber es gibt keinen Hinweis, daß die Aitoler ihre Forderung derart rigoros verstanden – es war nie die Rede von ›allen‹ Bundesmitgliedern –, eher war sie ein Maximalprogramm, wie man es zu Beginn von Verhandlungen aufzustellen pflegt, um ein letztlich sehr viel bescheideneres, aber nichtsdestotrotz befriedigendes Ergebnis zu erreichen.[34] Das angestrebte Ergebnis für Thessalien waren, wenigstens jetzt, als tatsächlich Friede geschlossen werden mußte, nur die vier Städte. Phaineas verlangte nicht mehr.

Diese Absicht unterlief Flamininus mit seiner überraschenden Intervention vollkommen. Entweder verstand er die aitolische Verhandlungstaktik nicht und glaubte, ihren umfassenden Aspirationen ein für allemal einen Riegel vorschieben zu müssen:[35] Dann rächte sich jetzt sein mangelnder Umgang mit diesen Alliierten, daß er nichts über sie wußte und lieber sein Feindbild pflegte. Oder er war sich durchaus im klaren darüber, um wie vieles bescheidener Phaineas' tatsächliche Ziele waren: Dann ging es ihm in der Tat nur darum, den Aitolern eins ›auszuwischen‹. In jedem Fall zeugte die bewußte öffentliche Demütigung von einer bemerkenswerten politischen Instinktlosigkeit.

---

31 Vgl. auch ECKSTEIN (1987c), 291-293; DEININGER (1971), 62. HOLLEAUX (1930b), 363f., vermutet, ähnlich wie AYMARD (1938b), 171f., jetzt hätten sich die griechischen Alliierten auch um ihren eigenen Anteil an der Beute gesorgt. In den Quellen deutet freilich nichts darauf hin, die Griechen scheinen aus der Brüskierung der Aitoler nicht auf weitergehende Absichten Flamininus' geschlossen zu haben – mit Recht. Viel gefährlicher war die in seinem Handeln zum Ausdruck kommende generelle Selbstherrlichkeit.

32 So schon HOLLEAUX (1930b), 380. S. auch o. S. 109 Anm. 48.

33 Vgl. Karte Nr. 8 bei SCHOLTEN (2000), XXIII.

34 FERRARY (1988), 69-72, dagegen hält die Rückeroberung, in ihrem vollem Umfang, für das unbedingte aitolische Ziel. Entsprechend urteilt er über Flamininus' Verhalten viel günstiger.

35 Vgl. DEININGER (1971), 62: »Flamininus machte hier den Aitolern in einem konkreten Fall erstmals unzweideutig klar, daß Rom fest entschlossen war, von sich aus das Maß des politischen Einflusses der Aitoler in Griechenland zu bestimmen«. ECKSTEIN (1987c), 291 Anm. 91, wendet ein, diese Interpretation sei zu rationalistisch, der Konflikt sei stark von persönlichen Motiven geprägt gewesen. Doch muß sich beides nicht gegenseitig ausschließen.

Kampf um Meinungen und Territorien

Kenneth S. Sacks argumentiert, die Vorfälle bei den beiden Konferenzen im Tempetal seien bei weitem nicht so dramatisch gewesen, wie Polybios sie darstellt; schließlich gebe es auch aus der Folgezeit Beispiele für römisch-aitolische Kooperation.[36] Das ist richtig, aber ebenso ist unübersehbar, daß sich das zwar denkbar gespannte, aber dank des gemeinsamen Feindes leidlich stabile Verhältnis nach dem Eklat drastisch verschlechterte, bis hin zur offenen Feindseligkeit. Dies gilt für alle drei Felder, welche die gegenseitigen Beziehungen bestimmten: die Bemühungen der Aitoler um weitere territoriale Zugeständnisse, die gegenseitige Stimmungsmache und Propaganda in Griechenland und selbst die fortgesetzte Zusammenarbeit zwischen beiden Mächten.

Das Glanzstück der Kooperation war nämlich in Wahrheit eine ziemlich finstere Räubergeschichte. Im Winter 197/196 hatten in Boiotien die Makedonenfreunde das politische Übergewicht erlangt, ein bemerkenswerter Vorgang angesichts der Entscheidung von Kynoskephalai, der ein bezeichnendes Licht auf die Beliebtheit der Römer wirft. Jedenfalls glaubten die Parteigänger der Römer sogar um ihre Existenz fürchten zu müssen, und deshalb unterbreiteten sie dem Prokonsul in Elateia den Vorschlag, in einer Art Präventivschlag Brachylles zu töten, den Boiotarchen und bewährten Freund Philipps. Damit, so Flamininus, wolle er nichts zu tun haben, aber aufhalten würde er sie auch nicht. Mit dieser Position konnte er ohne weiteres den Rat vereinbaren, sich doch einmal mit dem aitolischen Strategen Alexamenos über die Sache zu unterhalten. Das taten die Boioter auch: Alexamenos war gleich gewonnen, und er wählte drei Aitoler und drei Italiker aus, die Brachylles dann tatsächlich beseitigten.[37]

Man mag die ganze Geschichte, mit Recht, für moralisch verwerflich halten. Doch im Grunde handelte es sich um eine dieser Geheimoperationen, ohne die auch heutige Regierungen nicht auskommen, die aber zu schmutzig sind, als daß man offiziell etwas davon wüßte. Mit der Ausführung werden für gewöhnlich Männer beauftragt, die ebenso fähig wie skrupellos sind, aber eher selten zum Meinungsaustausch mit führenden Politikern eingeladen werden. Auch Flamininus wußte offenbar recht genau, auf welchen Gebieten Alexamenos' Stärken lagen: Mit dem Hinweis auf den Strategen schien für ihn sichergestellt zu sein, daß sich die Dinge im römischen Sinn entwickelten. Doch das bedeutet nicht, daß das Verhältnis zwi-

---

36 SACKS (1975), 105; gebilligt von GRUEN (1984), 448, 449 Anm. 64.

37 Polyb. XVIII 43,1-12; Liv. XXXIII 27,5-28,3 (dazu TRÄNKLE [1977], 149-151). Unverständlich ist mir GRUENS (1984), 449, Urteil: »The episode does not show Roman interference in the internal affairs of Boeotia.«

schen Rom und dem Aitolischen Bund sich recht vertraut gestaltete oder daß Alexamenos von Flamininus geschätzt wurde. Im Gegenteil: Solche Leute sucht man sich möglichst vom Leib zu halten.[38]

Alexamenos' Motive bei der Sache sind unklar. Einen Mordanschlag zu planen stand einem aitolischen Strategen ebensowenig an wie einem römischen Feldherrn. Der Bund drohte schwer kompromittiert zu werden, zumal ja auch noch drei Attentäter Aitoler waren. Auf der anderen Seite ist kein politischer Vorteil denkbar, der dieses Risiko aufgewogen hätte. Was auch immer die Romfreunde in Boiotien ihm versprochen hatten, in erster Linie blieben sie doch Flamininus verpflichtet. Es ist nun durchaus bemerkenswert, daß Alexamenos nicht nur keinen Gedanken an eine Unterstützung der romfeindlichen Kräfte, also des Brachylles, verschwendete – eine solche Linie verfolgten die Aitoler erst einige Jahre später –, sondern diese sogar zu unterdrücken half. Wollte er so vielleicht Flamininus' Vertrauen gewinnen? Das würde den Eindruck von seiner politischen Ahnungslosigkeit nur untermauern. Wie auch immer, für das höchste Amt des Aitolischen Bundes war Alexamenos denkbar ungeeignet. Ohne viel Nachdenken scheint er eine Aufgabe übernommen zu haben, die seinen persönlichen Neigungen entgegenkam. Nur ein einziges Mal wird er sonst noch in der literarischen Überlieferung genannt, und das bei einer ganz ähnlichen Operation: der Ermordung Nabis' von Sparta 192. Alexamenos war ein ›aitolischer Meuchelmörder‹,[39] und deshalb sollte man aus seiner Kooperation mit Flamininus keine weitgehenden Schlüsse auf die Stimmung in Aitolien oder die Kalkulationen der führenden Politiker ziehen.

Die weiteren Belege für eine Kooperation zwischen Rom und Aitolien sind noch dünner. Der Senat bestimmte 196 in seinem Beschluß, der die

---

38 Schwer zu verstehen ist die Beteiligung der drei Italiker. Das Risiko einer Bloßstellung Roms und seines Prokonsuls erhöhte sich dadurch ja beträchtlich. Hatte Flamininus doch Zweifel, nicht an der Skrupellosigkeit, sondern am Können des Strategen? Sah er den Erfolg nur durch den Einsatz eigener Leute vor Ort gewährleistet? Wir wissen nicht, ob und wieweit er an dieser Entscheidung beteiligt war. Wollte vielleicht Alexamenos so die Römer unmittelbar involvieren, vor allem für den Fall eines Scheiterns? Doch man beachte, daß Polybios sich ganz vage ausdrückt, wenn er von Ἰταλικοὶ νεανίσκοι spricht, die Attentäter also weder Römer noch Soldaten nennt (XVIII 43,12). Zur Bedeutung ›Männer in Waffen‹ vgl. A. MAUERSBERGER, Polybios-Lexikon, Bd. 1, Berlin 1956-1975, 1647 s. v. νεανίσκος I 2.

39 WALBANK (1967), 608: »a true Aetolian cut-throat«. Auch 192 führte Alexamenos einen Plan aus, den andere erdacht hatten, diesmal die aitolischen Führer um den Strategen Damokritos. Wieder zeigte er seine Befähigung für konspirative Spezialaufgaben: Er schlich sich als vermeintlicher Alliierter in Nabis' Vertrauen, führte seine Männer in straffer Ordnung und schlug schließlich präzise zu. Als dann aber politisches Geschick gefordert war, versagte er. Statt die allgemeine Verwirrung nach dem Anschlag zu nutzen und sich den Spartanern als Befreier von der Tyrannenherrschaft zu präsentieren, besetzte Alexamenos die Burg, inspizierte Nabis' Nachlaß und ließ die Stadt plündern. Erst diese Ungeschicklichkeiten provozierten die spartanische Erhebung, die Alexamenos und die meisten seiner Männer das Leben kostete (Liv. XXXV 34,4f.; 35,1-36,10).

Grundlage für die Neuordnung Griechenlands bildete, Flamininus solle wegen der Befreiung von Kios – einer Stadt an der Propontis – an Prusias I. von Bithynien schreiben. Philipp hatte die Stadt 202 erobert, geplündert, versklavt, und was von ihr übrig war, an seinen Verwandten Prusias übergeben. Da Kios mit den Aitolern verbündet gewesen war, hatte sein Untergang zur neuerlichen Entfremdung zwischen Makedonien und dem Bund beigetragen; noch bei der Konferenz von Lokris war dem König das Schicksal der Stadt vorgehalten worden.[40] Sicherlich sei der Senat, so der Schluß, 196 nur einer Forderung der Aitoler nachgekommen, was doch auf ein unbelastetes Verhältnis hindeute.[41] Es existiert aber kein Beleg für eine solche aitolische Initiative. Die Römer können sehr gut selbst auf diese Idee gekommen sein, denn sie waren sich des propagandistischen Werts des Untergangs von Kios völlig bewußt.[42] Aber angenommen, die Aitoler intervenierten tatsächlich: Gute römisch-aitolische Beziehungen beweist das noch keineswegs. Der Senat nahm dem Bund ja nicht gerade eine schwere, unangenehme Bürde ab. Der Gefallen kostete nichts, er versprach im Gegenteil einen sicheren Imagegewinn für Rom. Die Forderung nach Eleutheria für Kios fügte sich nämlich wunderbar in die Freiheitsrhetorik ein, von der die Römer in diesem Senatsbeschluß zum erstenmal Gebrauch machten. Alles was sie bzw. Flamininus tun mußten, war, einen kleinen, wahrscheinlich öffentlich gemachten Brief an Prusias zu schreiben. Fast überflüssig scheint der Hinweis, daß weder Prusias auf Flamininus' Anliegen einging noch die Römer die Sache weiterverfolgten (auch nach dem Antiochoskrieg nicht).[43] Das Schreiben war eine Propagandageste für den Augenblick, die Römer mußten den Aitolern eigentlich dankbar sein – sie waren es freilich nicht –, falls diese tatsächlich den Anstoß gegeben hatten. Wenn es gleichzeitig auch einmal so aussah, als komme Rom den Wünschen des Bundes bereitwillig nach: Was schadete es schon?

Schließlich verweist Sacks auf die Neuordnung Griechenlands nach den Isthmien, als Flamininus und die zehn Legaten den Aitolern die Landschaften Phokis und Lokris zusprachen. Der Lohn für ihre Verdienste im Krieg sei also ganz ordentlich ausgefallen.[44] Im Umkehrschluß heißt das, daß der

---

40 Senatsbeschluß: Polyb. XVIII 44,5; Vorgeschichte: Polyb. XV 22f.; XVIII 3,12. Die Eroberung von Kios löste vermutlich die aitolische Bittgesandtschaft nach Rom mit aus (s. o. S. 134).

41 SACKS (1975), 105: »And there is no hint of anger when the Senate instructs Titus to write to Prusias concerning Cius . . ., most assuredly at the request of the Aetolians«; gefolgt wiederum von GRUEN (1984), 449 Anm. 61.

42 Lepidus hatte Philipp bereits 200, vor Abydos, dieser Tat angeklagt, ebenso wie Purpurio 199 vor der aitolischen Bundesversammlung (Polyb. XVI 34,5; Liv. XXXI 31,4).

43 Vgl. WALBANK (1967), 611.

44 Polyb. XVIII 47,9. Vgl. SACKS (1975), 105; GRUEN (1984), 449. Unsicher ist, ob die Aitoler ihre 198 in Thessalien gemachten Eroberungen behalten durften (optimistisch in dieser Hin-

Bund auch leer hätte ausgehen können. Doch das war undenkbar: In Korinth verteilten Flamininus und die Legaten die Beute, alle Alliierten erhielten nun, sofern ihre Ansprüche nicht schon im Friedensvertrag mit Philipp befriedigt worden waren, ihren Anteil. Die Aitoler völlig zu übergehen, die sich wenigstens zuletzt, bei Kynoskephalai, ausgezeichnet hatten, hätte die Römer offensichtlich ins Unrecht gesetzt. Die Kommission, aber auch Flamininus selbst – so sollte man wenigstens zu seinen Gunsten annehmen – waren nicht daran interessiert, den im Tempetal eingeschlagenen Konfrontationskurs bis zum Äußersten beizubehalten. Das heißt: bis zu einem Punkt, an dem Rom undankbar und schäbig erschienen wäre und auch bei den übrigen Griechen das Unverständnis überwogen hätte.

Mit der Übergabe von Phokis und Lokris vollzogen die Römer also nur das Notwendige, und das fiel ihnen um so leichter, als diese Gegenden zwar durchaus einen respektablen Siegespreis abgaben, aber Aitolien nicht zu einer Macht ersten Ranges erhoben.[45] Freilich, und das ist entscheidend, fanden die Aitoler ihren Gewinn keineswegs ›ordentlich‹. Die Römer wußten das sehr wohl (und bekamen es dauernd zu hören). Denn etwas anderes, Wichtigeres rückten sie nicht heraus: die drei thessalischen Städte. Ihr Besitz hätte die Aitoler zumindest äußerlich zufriedengestellt, ihnen jedenfalls die Argumente aus der Hand geschlagen, mit denen sie gegen die Römer Stimmung machten. Spätestens seit der Szene im Tempetal kam Pharsalos, Echinos und Larisa Kremaste eine symbolische Bedeutung zu, die über ih-

sicht FLACELIÈRE [1937], 348f.). Doch angesichts der geringen Zahl und Bedeutung der in Frage stehenden Orte kommt wenig darauf an. Wichtiger ist Dolopien. In der Forschung nimmt man gern an, daß die Aitoler 196 (oder bald danach) diese Landschaft erhielten: etwa HOLLEAUX (1930b), 370 Anm. 2, 383; FLACELIÈRE, 348 Anm. 5; WALBANK (1967), 617; GRUEN, 449 Anm. 61. Einen Beleg dafür gibt es freilich nicht. 198 hatten die Aitoler zwar die beiden dolopischen Orte Ktimene und Angeia eingenommen (Liv. XXXII 13,10; vgl. BRISCOE [1973], 191), doch in Korinth wurde Dolopien für frei erklärt (Polyb. XVIII 47,6; vgl. BRISCOE, 311); anders als die ebenfalls befreiten Landschaften Phokis und Lokris wurde Dolopien nicht dem Aitolischen Bund zugeschlagen. Daß Philipp 191 Dolopien eroberte (Liv. XXXVI 33,7), beweist nichts: Seine Vereinbarung mit den Römern erlaubte ihm das Vorgehen nicht nur gegen die Aitoler, sondern gegen alle Feinde Roms (s. o. S. 124 mit Anm. 90). Dolopien war bis zu diesem Zeitpunkt wahrscheinlich unabhängig, wie auch DE SANCTIS (1923), 102, und FERRARY (1988), 102 mit Anm. 183, annehmen. Liv. XXXVIII 3,4 (*Dolopes nunquam Aetolorum fuerant*) gibt für diese Ansicht allerdings nichts her, die Bemerkung ist zu Unrecht aus Polyb. XXI 25,5f. herausgesponnen.

45 Vgl. auch DE SANCTIS (1923), 101f. Es ist jedoch zu beachten, daß die Aitoler schon seit dem dritten Jahrhundert das Ozolische (Westliche) Lokris, Teile von Phokis und vielleicht auch das Epiknemidische (den Westteil des Östlichen) Lokris kontrollierten (vgl. FLACELIÈRE [1937], 348 mit Anm. 3; WALBANK [1967], 617f.; FERRARY [1988], 102 Anm. 185); der Gewinn von 196 war also nicht ganz so groß, wie man auf den ersten Blick glaubt. Allerdings fiel auch Opus, das Flamininus 198 den Aitolern vor der Nase weggeschnappt hatte, nun zusammen mit Lokris an den Bund. Was die Bevölkerung davon hielt, wissen wir nicht. Vgl. F. W. WALBANK, Rez. Lehmann (1967), JRS 58 (1968), 254, und FERRARY, 103 Anm. 186, gegen LEHMANN (1967), 109 Anm. 132.

ren eigentlichen Wert weit hinausging.[46] An ihrem Schicksal zeigte sich der wahre Stand der römisch-aitolischen Beziehungen. Und gerade das scheint der Grund dafür gewesen zu sein, daß Flamininus' Bescheid auch jetzt nicht korrigiert wurde. Die Fortdauer der römischen Ungnade wurde ganz bewußt demonstriert.[47]

Dabei schienen die Aitoler zunächst einen Erfolg davongetragen zu haben. Wie zuvor hatten sie mit dem alten Vertrag angefangen, wie zuvor hatten sie nur das phthiotische Theben erhalten, dann aber setzte die Kommission die Entscheidung über die übrigen Städte aus und verwies sie an den Senat. Doch die Hoffnungen der Aitoler wurden grausam enttäuscht: Der Senat übertrug die Angelegenheit 195 erneut Flamininus.[48] Damit waren die

46 Vgl. dazu die Bemerkungen ECKSTEINS (1987c), 293.

47 FERRARY (1988), 101-104, konstatiert ebenfalls den Unterschied zwischen der Überlassung von Phokis und Lokris und der Verweigerung der thessalischen Städte. Nach seiner Ansicht erklärt er sich aus dem römischen Wunsch, die beiden mittelgriechischen Landschaften dem Einfluß des makedonenfreundlichen Boiotien zu entziehen. Doch angesichts der dauernden Reibereien ist es recht zweifelhaft, ob die Römer, und vor allem Flamininus, zu diesem Zeitpunkt von den Aitolern noch wesentlich besser dachten als von den Boiotern. Letztere waren nach einer Demonstration römischer Macht – dem Abschluß der Brachyllesaffäre – erst einmal eingeschüchtert (Liv. XXXIII 29,7-12); ohnehin besaßen sie ein sehr viel geringeres Potential als die Aitoler. Eher war es so: Wenn die Römer substantielle Zugeständnisse machen mußten, dies aus den oben angeführten Gründen aber nicht in Thessalien tun wollten, was blieb dann noch übrig außer Phokis und Lokris?

48 Polyb. XVIII 47,7-9; Liv. XXXIII 49,8. Zum phthiotischen Theben vgl. WALBANK (1967), 598f.; BRISCOE (1973), 341; FERRARY (1988), 101 Anm. 182; WALSH (1993), 43-45. Von den thessalischen Städten wird nur Pharsalos erwähnt, nicht aber Echinos und Larisa Kremaste. Doch es wurde stets um alle drei gestritten: Vor dem Senat brachten die aitolischen Gesandten auch *quasdam alias civitates* zur Sprache, und Alexandros Isios klagte später, daß die Aitoler um Echinos und Pharsalos betrogen worden seien (Liv. XXXIV 23,7). Offenbar wurde Pharsalos, stellvertretend für die anderen, als bedeutendste Stadt in den Mittelpunkt gerückt, sei es von den Aitolern, sei es von den Quellen. Vgl. auch BRISCOE, 314. Vermutlich überließ Flamininus die drei Städte vor seinem Abzug aus Griechenland dem neugeschaffenen Thessalischen Bund (vgl. DE SANCTIS [1923], 102 mit Anm. 202). LEHMANN (1967), 83 mit Anm. 88, erwägt die Möglichkeit, auch Larisa Kremaste sei an die Aitoler gefallen. Tatsächlich wird diese Stadt nach den Isthmien namentlich nicht genannt, und LEHMANN verweist auf das wichtige Indiz, daß sie 174 von Makedonien kontrolliert wurde (Liv. XLII 42,1; 56,7). Das bedeutet, Larisa Kremaste, das von Philipp während des Antiochoskrieges gewonnen worden war, wurde ihm bei der Tempekonferenz des Jahres 185 nicht abgenommen. Bei dieser Gelegenheit aber sei wichtig gewesen, ob Philipps Eroberungen »ursprünglich ätolisch waren oder freiwillig den Übertritt zum κοινόν der Ätoler vollzogen hatten, da nur solche Gemeinden Philipp belassen bleiben sollten«. Also sei Larisa Kremaste schon vor dem Antiochoskrieg Mitglied des Aitolischen Bundes geworden. Tatsächlich unterschieden Philipps griechische Ankläger bei der Konferenz die freiwilligen von den gezwungenen Parteigängern der Aitoler, es ist jedoch unklar, ob die Römer sich streng danach richteten. Die Legaten machten sich die Differenzierung zumindest nicht ausdrücklich zu eigen (Liv. XXXIX 26,14). Die Unterscheidung war ja ohnehin nur ein (schwacher) Vorwand; das leitende Prinzip war vielmehr, Philipp so weit wie möglich zu schwächen (s. o. S. 125 Anm. 91 und u. S. 354f.). Noch wichtiger ist: Selbst nach der Formulierung der Griechen durfte Philipp nicht nur zum Aitolischen Bund gehörende Städte behalten, sondern auch mit ihm verbündete (Liv. XXXIX 25,5: . . ., *si Aetolorum fuissent, si voluntate non si vi atque armis coacti cum Aetolis essent*). Es ist also denk-

drei Städte endgültig verloren.[49] Warum aber dieses langwierige Hin und Her? Offenbar wollten die Legaten, von größerem diplomatischem Takt als Flamininus, keinen erneuten Eklat provozieren. Und auch der Senat legte Wert auf Höflichkeit, als er seine abschlägige Antwort mit einer rücksichtsvollen Formel verbrämte. So wurde die leidige Sache weitergeschoben, bis sie wieder beim Urheber angekommen war. Der Vorgang erinnert an etwas, was moderne Bürokratien perfektioniert haben: eine unangenehme Angelegenheit nicht klipp und klar entscheiden, sondern sie in der Verwaltung sterben lassen. Das heißt nicht, daß dieses Spiel über drei Bande von vornherein geplant war: Es ›ergab‹ sich einfach so. Und es bedeutet ebenfalls nicht, daß die Römer sich irgendeiner Schuld bewußt waren: Keiner in Kommission und Senat scheint einen Kompromiß erwogen oder auch nur einen Grund dafür gesehen zu haben. So waren sich in der Sache alle einig, nur in der Form gab es einen erheblichen Unterschied.[50] Es fragt sich nur, ob die scheinbare Rücksicht die Aitoler nicht stärker verletzte als Flamininus' Offenheit. Denn diese konnten das Ganze nur als vorsätzliches Verwirrspiel begreifen.

Freilich standen nicht nur die thessalischen Städte auf der aitolischen Wunschliste. Im selben Atemzug verlangten sie auch Leukas, die Hauptstadt Akarnaniens. Leukas war niemals in ihrem Besitz gewesen – konsequent argumentierten die Aitoler nur mit dem Vertrag –, es grenzte auch

---

bar, daß Larisa Kremaste, Mitglied des Thessalischen Bundes, 192 freiwillig zu den scheinbar überlegenen Aitolern und Syrern überging. Jedenfalls scheint mir LEHMANNS durchaus erwägenswertes Argument nicht ausreichend, die Schwierigkeit in Kauf zu nehmen, daß Flamininus seine ursprüngliche Entscheidung über Larisa Kremaste desavouierte (oder von der Bevölkerung desavouieren ließ).

49 Von Flamininus' endgültiger Entscheidung steht nirgends etwas, aber das ist auch gar nicht nötig. Nicht nur, daß man sie sich unschwer ausmalen kann und Alexandros Isios' Beschwerde sonst unverständlich wäre (s. o. Anm. 48), Livius stellt die Antwort des Senats pointiert an den Schluß des 33. Buches und bemerkt: *Aetolorum quoque eodem tempore alienati ab societate Romana animi sunt* (XXXIII 49,8). Vielleicht verzichteten die Aitoler ohnehin darauf, sich eine weitere Demütigung bei Flamininus abzuholen.

50 Man kann deshalb schlecht mit G. KLAFFENBACH, Der römisch-ätolische Bündnisvertrag vom Jahre 212 v. Chr., Berlin 1954, 18, davon sprechen, daß die Römer, im Bewußtsein ihres Unrechts, die Angelegenheit wie ein »heißes Eisen« behandelten (ähnlich BADIAN [1973], 323; WILL [1982], 163). Eher scheinen sie sich der aitolischen Beschwerden kühl entledigt zu haben. LEHMANNS (1967), 81-83, Behauptung, Rom habe strenge Rechtlichkeit, äußerste Sorgfalt und gewissenhafte Überprüfung an den Tag gelegt, entspricht seinem Gesamtbild von der Auseinandersetzung, in dem alles Licht auf Flamininus, aller Schatten auf die Aitoler fällt. Doch zumindest der Senat überprüfte Flamininus' Entscheidung nicht, sondern verwies sie einfach weiter, und ich kann nicht glauben, daß zuletzt der Prokonsul selber noch einmal gewissenhaft kontrollierte. ECKSTEIN (1987c), 293, 302, nimmt den Ausgang als Beleg für seine These, der Senat habe die Entscheidungen des Feldherrn vor Ort gewöhnlich gebilligt – mit Recht. Einen grundsätzlichen Dissens zwischen Flamininus und der Kommission, wie ihn PASSERINI (1932a), 113f., und FERRARY (1988), 97 Anm. 169, 101, vermuten, deuten unsere Quellen nicht an (vgl. AYMARD [1938b], 173 Anm. 31, 179 Anm. 50, 180 Anm. 51; DANY [1999], 184 Anm. 45).

nicht an Aitolien, aber es war 197 von Lucius Flamininus erobert worden. Die Forderung ging denselben vergeblichen Weg wie die nach den thessalischen Städten.[51] Noch eigenartiger, aber ebenso erfolglos war der Anspruch auf das arkadische Heraia. Er wurde schon Anfang 196 vor dem Senat erhoben, also nach dem Zusammenstoß im Tempetal und noch vor der Abreise der zehn Legaten. Heraia gehörte zu den makedonischen Besitzungen, die Philipp im Winter 199/198 den Achaiern überlassen hatte. Seitdem war viel passiert, und jetzt bemühten sich die Achaier um einen Bündnisvertrag mit den Römern. Offenbar um eine Sanktionierung des territorialen Status quo durch den Senat zu verhindern, intervenierten die Eleer, Messenier und Aitoler gemeinsam und forderten jeweils Gebiete, die im Augenblick von den Achaiern besetzt waren.[52] Damit wird aber nur der Anlaß für die aitolische Beteiligung verständlich, nicht der Grund: Von Belang ist dabei weniger, daß der Rechtstitel recht diffus gewesen zu sein scheint,[53] sondern daß der Bund schon seit zwanzig Jahren keine Territorien mehr auf der Peloponnes besaß, Heraia also eine Exklave gebildet hätte, weitab vom aitolischen Kernland.[54]

Der Griff nach Leukas und Heraia war allein von der günstigen Gelegenheit motiviert: Die eine Stadt hatte bis zuletzt den Römern erbitterten Widerstand geleistet, die andere war die Gabe eines Verbündeten, an den die Achaier kaum mehr erinnert werden wollten. Man muß den Aitolern nicht unterstellen, sie hätten planlos nach allem gegriffen, was nicht niet- und nagelfest war. Ich glaube vielmehr, sie wollten Heraia und Leukas nicht wirklich haben, die zusätzlichen Ansprüche sollten nur ihre Verhandlungsposition stärken, das heißt: Die Aitoler brachten sie nur deshalb ein, um sie gegen Wertvolleres eintauschen zu können. Und das dürften vor allem die bekannten thessalischen Städte gewesen sein.[55] Die scheinbare Maßlosigkeit der Aitoler war also wiederum nicht Ausdruck ihres Willens zur Hegemo-

---

51 Polyb. XVIII 47,8f.; Liv. XXXIII 49,8. Eroberung: Liv. XXXIII 17,2-14. Vgl. BRISCOE (1973), 314. Mit Leukas wäre wahrscheinlich ganz Akarnanien unter aitolischen Einfluß gekommen. Die Landschaft mit ihrem Blick nach Italien besaß für die Römer aber hohe strategische Bedeutung. Es war undenkbar, sie einer größeren Macht zu überlassen, noch dazu einer recht schwierigen. Vgl. FERRARY (1988), 101 Anm. 181; DANY (1999), 185 mit Anm. 48.

52 Polyb. XVIII 42,6f. Winter 199/198: s. o. S. 91. Vgl. WALBANK (1967), 606. Die Legaten bestätigten die Achaier nach den Isthmien im Besitz Heraias wie auch der anderen umstrittenen Territorien: Liv. XXXIII 34,9 (vgl. AYMARD [1938b], 181 mit Anm. 62).

53 Vgl. WALBANK (1967), 607f.; BRISCOE (1973), 174f.

54 AYMARD (1938b), 25 Anm. 5, weist darauf hin, daß Heraia an Elis, einen befreundeten Staat, grenzte, die Stadt also nicht von (achaiischem) Feindesland umgeben gewesen wäre. Aber die Entfernung wäre dadurch auch nicht geringer geworden.

55 An diese Möglichkeit hat für Leukas bereits FERRARY (1988), 71 Anm. 94, gedacht: »peut-être d'ailleurs surtout pour mieux s'assurer dans un marchandage la possession des cités thessaliennes«, doch er ordnet sie seiner These vom aitolischen Rückeroberungsplan unter (s. o. Anm. 34).

nie, sondern sollte ihnen nur das verschaffen, was ihnen im Tempetal vorenthalten worden war. Vergebens.

Während die Aitoler bei ihren Bemühungen um territorialen Gewinn ganz vom Willen der Römer abhingen, konnten sie ihnen auf einem anderen Gebiet ebenbürtig entgegentreten: dem der Stimmungsmache, Propaganda und Imageformung. Begonnen hatte das ja schon unmittelbar nach Kynoskephalai, als die Aitoler den Sieg für sich beanspruchten und Flamininus der Bestechlichkeit verdächtigten. Nach dem Eklat im Tempetal entwickelte sich daraus eine regelrechte Kampagne, die durchaus einen gewissen Eindruck auf die griechische Öffentlichkeit machte. Die Aitoler beklagten erneut den Friedensschluß, obwohl man Philipp absetzen und jede Gefahr für Griechenland beseitigen hätte können. Noch lauter verkündeten sie, daß der Aitolische Bund der eigentliche Sieger über Makedonien sei. Dieser Vorwurf ließ sich kaum mehr mit dem Überschwang des Triumphes entschuldigen, auch der politischen Auseinandersetzung diente er nur in zweiter Linie. Vor allem kamen in ihm die Enttäuschung und der Frust angesichts der erlittenen Demütigung zum Ausdruck.[56] Denn auch vor weiteren persönlichen Diffamierungen des Prokonsuls scheinen die Aitoler nicht zurückgeschreckt zu sein.[57] Wie leicht Flamininus von so etwas zu treffen war, zeigt seine gereizte Reaktion auf eine Brüskierung, die in Wirklichkeit gar keine war: Der Epigrammatiker Alkaios von Messene, ein erklärter Feind Philipps, hatte nach Kynoskephalai ein spöttisches Gedicht über den König geschrieben. Beleidigt fühlte sich aber Flamininus, denn von den Siegern waren die Aitoler vor den Römern genannt – ein ›Fehler‹, den Alkaios durch die Streichung der anstößigen Verse und ein Lobgedicht, das nun von Flamininus allein handelte, wiedergutzumachen suchte.[58]

---

56 Polyb. XVIII 34,2 und Plut. Flam. 9,1-7 setzen die aitolischen Vorwürfe noch vor dem Waffenstillstand bzw. dem Zusammentreffen mit Philipp an. Zweifellos kamen sie zu dieser Zeit bereits auf, aber in der Öffentlichkeit konnten sie erst später größere Wirkung entfalten. Denn zwischen der Schlacht und der Konferenz vergingen nur wenige Wochen (Liv. XXXIII 11,3; Polyb. 34,4f.; 36,1; 38,1), unter den damaligen Bedingungen zu wenig für eine flächendeckende Beeinflussung des Meinungsbildes. So kann das Epigramm des Alkaios (s. u.) unmöglich unmittelbar nach der Schlacht gedichtet, bekannt und zum Stein des Anstoßes geworden sein. Ohnehin ist anzunehmen, daß die Aitoler, als sie sich um die thessalischen Städte betrogen glaubten, ihre Agitation erheblich ausweiteten und verschärften.

57 Vielleicht kam schon zu dieser Zeit der für das Jahr 192 bezeugte Vorwurf auf, Flamininus habe während der Schlacht Zeit mit religiösen Ritualen wie dem Auspicium verschwendet, während die Aitoler im Kampf gestanden hätten – ein schönes Beispiel für bewußtes Mißverstehen anderer Kulturen (Liv. XXXV 48,12f.; Plut. comp. Phil. Flam. 2,6).

58 Plut. Flam. 9,1-5. Die um zwei Verse gekürzte Version ist Anth. Pal. VII 247 (= HE S. 4) überliefert, den einen Vers (in welchem die Aitoler nicht genannt werden) verwandte Alkaios dann wieder in seinem Epigramm auf Flamininus, offenbar als Zeichen der Abbitte (Anth. Pal. XVI 5 = HE S. 4f., zit u. S. 297 Anm. 37). Vgl. dazu den Kommentar in HE, S. 11f., und S. ACCAME, Alceo di Messene, Filippo V e Roma, RFIC 75 (1947), 100-102, gegen die unhaltbare Hypothese von F. W. WALBANK, Alcaeus of Messene, Philip V, and Rome, CQ 37 (1943), 1-3. Zu Alkaios'

Neuen Stoff bot den Aitolern der Senatsbeschluß, den die zehn Legaten 196 aus Rom mitbrachten. In ihm wurde zwischen den übrigen Griechen, die frei sein sollten, und den Untertanen Philipps unterschieden. Letztere Kategorie zerfiel in zwei Gruppen: Die kleinasiatischen Besitzungen erhielten ebenfalls die Freiheit, die europäischen aber waren bis zu den Isthmischen Spielen den Römern zu übergeben. In diesen Städten wollten die Römer nämlich ihre eigenen Truppen stationieren, um sich gegen einen eventuellen Angriff Antiochos' III. abzusichern. Das war aber von vornherein nur als Übergangsmaßnahme gedacht, bis zum Abzug der Legionen, der vielleicht schon im nächsten Jahr anstand. An eine dauerhafte Besetzung oder gar eine Vorenthaltung der Freiheit dachte niemand. Genau das konnte man aber dem Senatsbeschluß entnehmen. Dieser war so ungeschickt formuliert, daß selbst wohlmeinende griechische Leser leicht irritiert wurden, von den Aitolern ganz zu schweigen. Da es sich bei den betreffenden Städten nicht um irgendwelche handelte, sondern um Oreos, Eretria, Chalkis, Demetrias und Korinth – die ›Fußfesseln Griechenlands‹ –, war die aitolische Argumentation nicht weiter schwierig: Die Römer übernähmen von Philipp die Schlüsselpositionen, Griechenland werde nicht befreit, sondern wechsle lediglich den Herrn.[59] Als sich die öffentliche Meinung gegen Rom zu wenden drohte, war Flamininus zu Gegenmaßnahmen gezwungen. Es wird unten noch die Rede davon sein, wie er – vergeblich – die Kommission zu überzeugen versuchte, auf die Besetzung der symbolträchtigen Städte zu verzichten, und schließlich – erfolgreich – in einem theatralischen Akt in Korinth ihre Freiheit proklamierte.[60] Hier ist nur festzuhalten, daß spätestens durch diese Ereignisse die Kluft zwischen ihm und den Aitolern unüberbrückbar wurde.

Einen Eindruck vom damaligen Stand der Dinge vermittelt der Auftritt einiger römischer Legaten bei der aitolischen Bundesversammlung im Herbst 196. Unter Führung von Cn. Cornelius Lentulus suchten sie zunächst Philipp auf, dann die Aitoler, hatten also offensichtlich den Auftrag, nach den ›Sorgenkindern‹ im griechischen Mutterland zu sehen. Während sie dem König aber einen konkreten Vorschlag unterbreiteten,[61] diente der Besuch in Thermos nur der atmosphärischen Verbesserung: Eben erst hatte die Kommission in Korinth die aitolischen Gebietsforderungen abgelehnt

---

politischer Haltung vgl. vor allem CH. EDSON, Philip V and Alcaeus of Messene, CPh 43 (1948), 116-121. Allgemein zur römischen Wahrnehmung der aitolischen Propaganda vgl. AYMARD (1938b), 195 Anm. 49.

59 Polyb. XVIII 44,1-4; 45,1-12; Liv. XXXIII 30,1-3; 31; Plut. Flam. 10,1-3 (dazu JONES [1971], 97). Vor allem bei den Einwohnern der betroffenen Städte dürften die Aitoler Eindruck gemacht haben.

60 S. u. S. 292-299.

61 S. o. S. 114.

bzw. an den Senat verwiesen, und entsprechend machte auch Lentulus kein Angebot oder Zugeständnis. So waren die Aitoler natürlich nicht zu beeindrucken, der Dialog beschränkte sich daher auf den Austausch der gegenseitigen Positionen. Die Legaten forderten lahm, die Aitoler sollten bei ihrer alten, romfreundlichen Politik bleiben; die wiederum warfen den Römern ihre Arroganz vor, den Bruch des Vertrags, einige sagten Lentulus und seinen Kollegen sogar ins Gesicht, daß die römischen Erfolge nur den Aitolern zu danken seien. Angesichts der aufgeheizten Stimmung suchten die Legaten einen erneuten Eklat zu vermeiden und empfahlen, eine Gesandtschaft nach Rom zu schicken. Auch damit wiederholten sie nur, was schon die Kommission getan hatte. Diese hilflose Geste zeigt, daß der Besuch anders verlaufen war als erhofft. Die Legaten hatten ihren guten Willen zeigen wollen, aber in der Sache kamen sie den Aitolern nicht entgegen. Wiederum ist zwischen Flamininus und der Kommission nur in der Form ein Unterschied festzustellen.[62]

Die grundsätzliche Einigkeit in der Haltung gegenüber den Aitolern kam am Anfang des nächsten Jahres auch in Rom zum Ausdruck. Der Senat prorogierte Flamininus' Imperium, weil Antiochos, die Aitoler und Nabis ›verdächtig‹ waren. Diese Meinung von den Aitolern entsprach ganz Flamininus' bislang gezeigter Haltung, und für seine Karriere war sie sehr nützlich. Zweifellos hatte er sich also in diesem Sinn gegenüber dem Senat geäußert. Die zehn Legaten, die später aus dem Osten zurückkehrten, stellten die Lage nicht anders dar: dieselben drei Namen, die den römischen Frieden gefährdeten.[63] Und, worauf ich schon oben hingewiesen habe, der Senat

---

62 Polyb. XVIII 48,5-9; Liv. XXXIII 35,8-12. DEININGER (1971), 65, bemerkt, jetzt habe sich »erstmals das Bestehen zweier gegensätzlicher Strömungen innerhalb der aitolischen Romfeinde« offenbart. Damit scheint mir die Stelle überinterpretiert: Zwar äußerten sich die einen πρᾴως καὶ πολιτικῶς, während die anderen in Beschimpfungen verfielen, doch die scharfe Ablehnung der römischen Politik war allen gemeinsam. Auch hier also ein Unterschied nur in der Form. S. auch u. Anm. 114.

63 Liv. XXXIII 43,6: . . . *suspectis non solum Antiocho et Aetolis sed iam etiam Nabide Lacedaemoniorum tyranno* . . .; 44,5-9: *neque enim ne Aetolos quidem quieturos, cum ingenio inquietam tum iratam Romanis gentem* (7). AYMARD (1938b), 196 mit Anm. 1, gefolgt von WALBANK (1940), 324, setzt die Rückkehr der Kommission bereits für Ende 196 (jul.) an: Die beiden Liviusstellen gehörten chronologisch zusammen, sie bildeten »un bloc cohérent«, ihre Trennung im Text gehe auf die Darstellungsweise der Annalisten zurück. Warum die Annalisten so vorgegangen sein sollten, bleibt freilich unklar, sachlich bereitet der Text in der vorliegenden Form keine Probleme: Nach den Iden des März wird Flamininus' Imperium prorogiert, einige Zeit später, jedoch noch vor dem Aufbruch der Konsuln in ihre Provinzen, treffen die Legaten ein. Dazwischen liegt zumindest ein wichtiges Ereignis, die Nachricht von einem großen Sieg in Spanien. Zuvor haben sich die Leute schon gewundert, warum dieser Kriegsschauplatz vernachlässigt werde, das heißt, warum Cato, der Spanien erlost hat, noch nicht abmarschiert ist (44,4; vgl. BRISCOE [1973], 333). Nun wird die Lage im Osten wieder zum politischen Hauptgesprächsthema, zumal eben jetzt die Kommission zurückkehrt. Viel deutlicher kann das zeitliche Intervall nicht markiert werden. Auch in die absolute Chronologie fügt sich Livius ein: Die Konferenz von Lysi-

schloß sich dieser Einmütigkeit an. Denn obwohl er gerade zweimal auf die Unzufriedenheit der Aitoler aufmerksam gemacht worden war, ließ er ihre Gesandten, die wegen der thessalischen Städte gekommen waren, auflaufen. Je lauter und erfolgreicher die Aitoler in Griechenland agitierten, desto unnachgiebiger verhielt sich Rom.

Trotzdem machten sie weiter.[64] An Themen fehlte es nicht, denn trotz der Freiheitserklärung blieben die Fußfesseln (vorerst) von den Legionen besetzt. Im Frühjahr 195 traf aus Rom der Senatsbeschluß ein, der Flamininus freie Hand für einen Krieg gegen Nabis gab. Daraufhin berief er in Korinth eine Konferenz der griechischen Alliierten ein.[65] Diese diente weniger einer abwägenden Beratung – der Beschluß zum Krieg stand schon vor dem Beginn fest –, sondern der Bekräftigung der Einheit und der Ausgrenzung der Aitoler. Der Prokonsul selbst äußerte sich lediglich zu der Befreiung von Argos, über die Aitoler verlor er zunächst kein Wort; erst der athenische Vertreter brachte in seinen Lobpreis auf die Römer einen deutlichen Seitenhieb auf ihre dauernde Kritik unter. Für die Aitoler sprach, wieder einmal, Alexandros Isios. Er griff Athener, Achaier und Römer an, wiederholte manches nun schon oft Gehörte – der alte Vertrag, die thessalischen Städte, die immer noch vorenthaltene Freiheit –, aber er erhob auch neue Vorwürfe: Daß die Achaier nur auf die Wiedergewinnung von Argos hinarbeiteten und die Römer den Krieg als Vorwand benutzten, um in Griechenland bleiben zu können. Sie sollten lieber ihre Legionen nach Italien schaffen, an ihrer Stelle würden die Aitoler Nabis zur Aufgabe von Argos zwingen, notfalls gewaltsam.[66]

---

macheia, an der Mitglieder der Kommission beteiligt waren, fand im Oktober 196 (jul.) statt (vgl. WALBANK, 325), die Iden des März 195 fielen in den Zeitraum zwischen Ende November und Mitte Dezember 196 (jul.) (vgl. BRISCOE [1981], 25). Demnach kehrten die Legaten wahrscheinlich erst im März 195 (jul.) zurück, mit dem Beginn der Schiffahrtssaison. (Auf diesen Termin deutet auch Liv. XXXIV 25,2 hin, wo Flamininus im Frühjahr 195 den seleukidischen Gesandten erklärt, er könne ohne die Kommission nicht über ein Bündnis entscheiden [vgl. WALBANK, 326]. Das scheint eine nicht allzu lange vorher erfolgte Abreise zu implizieren.) Cato brach im April 195 (jul.) nach Spanien auf (vgl. A. E. ASTIN, Cato the Censor, Oxford 1978, 34f., 308f.; RICHARDSON [1986], 80f.).

64 Liv. XXXIV 22,4. Vgl. auch AYMARD (1938b), 195 Anm. 48.

65 Das heißt, der Verbündeten des griechischen Mutterlandes, ohne Makedonien und wahrscheinlich auch ohne Pergamon und Rhodos. Vgl. AYMARD (1938b), 203 Anm. 2.

66 Liv. XXXIII 45,3; XXXIV 22,5-23,11. Der Krieg wurde nicht als Reaktion auf die aitolische Agitation unternommen. Zu Flamininus' Rede und seinen Motiven für den Krieg s. u. S. 204-208 mit Anm. 54. Weit überinterpretiert sind Alexandros' Worte, wenn ihm GRAINGER (1999), 419f., unterstellt, er habe eine griechische Symmachie (ohne Rom und ohne Philipp) ins Leben rufen wollen, die letztlich zu einem »pan-Greek government« ausgebaut werden sollte. Auch AYMARD (1938b), 209, liest zuviel in die Stelle hinein. Die Heftigkeit von Aristainos' Ausfall erklärt sich nicht zuletzt aus Alexandros' pointierter Kritik an den Umständen des achaiischen Übertritts zu Rom – an dem Aristainos maßgeblich beteiligt gewesen war (vgl. A. M. ECKSTEIN, Polybius, Aristaenus, and the Fragment ›On Traitors‹, CQ NS 37 [1987], 147).

Diese letzten, allzu großen Worte erleichterten es dem achaiischen Strategen Aristainos, mit einer bloßen Aneinanderreihung von Beleidigungen – die Aitoler seien Räuber und schlimmer als wilde Tiere – zu reagieren; zu Alexandros' Anschuldigungen wußte er nichts zu sagen. Dieser Diskussionsbeitrag erscheint dem heutigen Leser unangebracht, Livius' (und Polybios') Zielgruppe dürfte an der Schmähung der Feinde Roms und der Achaier freilich kaum etwas auszusetzen gehabt haben. Die übrigen Griechen jedenfalls, die bei der Besprechung zugegen waren, machten sich Aristainos' Position ohne weiteres zu eigen und beschimpften ihrerseits die Aitoler. In dieser Situation konnte es sich Flamininus erlauben, mit dem Gestus des Staatsmanns auf eine eigene Entgegnung zu verzichten, zur Beruhigung zu mahnen und zufrieden zu sein »mit der Meinung, die über die Römer und über die Aitoler herrsche«. Der Krieg gegen Nabis wurde von ›allen‹ beschlossen, das heißt allen mit Ausnahme der Aitoler.[67]

Es sieht so aus, als ob Flamininus diesen Verlauf der Konferenz von Anfang an geplant hätte, doch das mag eher an der kunstvollen Darstellung unserer Quellen als am Kalkül des Prokonsuls liegen.[68] Aber sicher ist: Die Aitoler standen ganz allein, genauer gesagt, sie waren von vornherein isoliert und jetzt wurde es zum erstenmal sichtbar. Nichts, was sie zu sagen hatten, vermochte daran etwas zu ändern. Vor zwei Jahren, im Tempetal, waren sie in Griechenland unbestritten die wichtigsten Alliierten Roms gewesen. Jetzt hatten die Achaier ihren Platz eingenommen. Deren Vorteil, gerade beim Feldzug gegen Nabis, bedarf keiner weiteren Erläuterung, aber auch die übrigen Griechen stellten sich geschlossen gegen Aitolien. Das erscheint auf den ersten Blick seltsam, hatte die aitolische Agitation doch durchaus Resonanz gefunden. Doch man muß unterscheiden zwischen der öffentlichen Meinung und den Zwängen der Politik. Mochten zahlreiche Griechen, vielleicht auch einige der Anwesenden, den Römern ähnlich kritisch gegenüberstehen wie Alexandros Isios, auf die offizielle Haltung der einzelnen Staaten wirkte sich das nicht aus. Die aitolische Opposition erschien verständlich, vielleicht berechtigt, aber angesichts des unendlich überlegenen römischen Machtpotentials war sie in jedem Fall gefährlich. Um so nötiger war es für die Griechen, sich zu distanzieren und in uneingeschränkter Solidarität zu Rom zu stehen. Die Konferenz von Korinth bot eine ausgezeichnete Gelegenheit, dies zumindest rhetorisch zu beweisen,

67 Liv. XXXIV 24,1-7: *Romanus, cunctis undique increpantibus Aetolos, responsurum se fuisse iis dixit, nisi ita infensos omnes in eos videret ut sedandi potius quam inritandi essent. contentum itaque opinione ea quae de Romanis Aetolisque esset . . .* (5f.) Die Aitoler verließen die Konferenz noch vor dem Kriegsbeschluß (vgl. AYMARD [1938b], 210 Anm. 32).

68 Zumindest achtete Flamininus sorgfältig darauf, die Griechen nicht durch zu weitgehende Vorschläge vor den Kopf zu stoßen und so den Aitolern in die Arme zu treiben. Auch auf die Freiheitsparole berief er sich vielleicht nicht ohne Bedacht. S. u. S. 210f., 304-306.

und so stürzten sich alle mit Begeisterung auf die Aitoler. Anders als im Tempetal verfügte Flamininus nun über eine Gefolgschaft, die ihm die persönliche Konfrontation abnahm. Da mußte er sich nicht mehr selbst die Finger schmutzig machen.

Wie sehr der Ausgang der Konferenz Flamininus' Wünschen entsprach, zeigt das Nachspiel: Obwohl die Aitoler ihre Ablehnung überdeutlich gemacht hatten, ließ Flamininus sie um ein Truppenkontingent bitten, »mehr, um ihre Einstellung offenbar zu machen – was auch gelang –, als in der Hoffnung auf Erfolg«.[69] Die militärische Allianz war damit beendet, die Kluft wurde immer breiter.[70] So blieb den Aitolern nicht anderes übrig, als den Verlauf des Krieges aus der Ferne zu beobachten, das allerdings mit zunehmender Befriedigung. Denn Argos wurde zwar ›befreit‹ und dem Achaiischen Bund einverleibt, aber Sparta selbst konnte nicht erobert, Nabis nicht gestürzt werden, obwohl die Römer dies zwischenzeitlich zum Kriegsziel erhoben hatten. Selbst die Achaier waren enttäuscht, die aitolische Agitation erhielt aber einen Schub wie im Jahr zuvor durch den Senatsbeschluß: Dem Tyrannen habe man Sparta gelassen, der rechtmäßige lakedaimonische König habe nicht heimkehren können, das römische Volk sei somit zum Komplizen von Nabis' Regime geworden.[71] Ohne Probleme ließ sich also jetzt eine Verbindung aufzeigen zwischen zwei Mächten, die beide griechische Städte unterdrückt hielten.

Es war nicht nur, aber sicher auch auf diese Stimmungsmache zurückzuführen, daß die Enttäuschung über Nabis' ausgebliebenen Sturz so schnell nicht nachließ. Als Flamininus im Frühjahr 194 seine Truppen in einer feierlichen Inszenierung aus Akrokorinth abzog – der Auftakt für den römischen Rückzug aus Griechenland –, trübte diese Unterlassung die allgemeine Begeisterung der versammelten Alliierten. Flamininus mußte sein Handeln mit recht gesuchten Argumenten rechtfertigen,[72] und deshalb bereitete

---

69 Liv. XXXIV 24,7: *ad Aetolos legatum etiam misit, magis ut nudaret animos, id quod evenit, quam spe impetrari posse.* Ich sehe keinen Grund, an Livius' Interpretation zu zweifeln (anders FERRARY [1988], 94 Anm. 160).

70 Der Gegensatz wurde in der Öffentlichkeit als so bedeutend empfunden, daß wenig später Nabis, in einer bedrohlichen militärischen Situation, den Durchhaltewillen der Spartaner mit der Aussicht auf Unterstützung durch Antiochos und die Aitoler anspornen konnte (Liv. XXXIV 37,5). Das war kaum Wunschdenken des Königs – wie Liv. 41,8f. suggeriert und etwa AYMARD (1938b), 245 Anm. 3, und BRISCOE (1981), 110, annehmen – oder gar die Wahrheit (J. MUNDT, Nabis, König von Sparta, Diss. Münster 1903, 55; LEHMANN [1967], 227 mit Anm. 167), sondern eine glatte Lüge (vgl. GRUEN [1984], 451 Anm. 74). Doch entscheidend ist: Sie fand Glauben.

71 Liv. XXXIV 41,4-6. Die Aitoler selbst hatten Nabis' Sturz zuvor mit keiner Silbe gefordert, aber gute Propaganda bemißt sich nicht nach ihrer logischen Konsistenz. Die widerstrebenden Alliierten hatten Flamininus bereits vor Sparta vorgeworfen, ein Friedensschluß mit Nabis legitimiere dessen Regime (33,8). Die Aitoler brauchten diese Argumentation nur aufzunehmen.

72 S. dazu u. S. 218 Anm. 92. Der Teilnehmerkreis war der gleiche wie im Jahr zuvor, nur die Aitoler fehlten diesmal von Anfang an. Vgl. AYMARD (1938b), 258 Anm. 5.

es ihm zweifellos um so mehr Vergnügen, auf sein eigentliches Thema zu sprechen zu kommen: Nach der Beendigung der Räumung Griechenlands wüßten alle, »ob die Römer oder die Aitoler die Gewohnheit hätten zu lügen. Diese hätten in ihren Reden verbreitet, das römische Volk sei ein schlechter Hüter der Freiheit und für die Makedonen habe man die Römer als Herren eingetauscht. Aber niemals hätten die Aitoler bedacht, was sie sagten oder was sie taten. Die übrigen Staaten ermahne er, die Freunde nach den Taten, nicht nach den Worten zu beurteilen, und sie müßten begreifen, wem man glauben und vor wem man sich hüten müsse.«[73]

Daß die Livianische Version von Flamininus' Rede dessen Gedanken tatsächlich widerspiegelt, beweist ein vielleicht in diesen Monaten entstandenes Schreiben des Prokonsuls an das perrhaibische Chyretiai. In diesem Brief, Flamininus' einzigem erhaltenen Schriftstück, spricht er von der politischen Gesinnung, die er und das römische Volk Chyretiai gegenüber bewiesen hätten, und ihrem Wunsch, auch jetzt für das Ehrenvolle einzutreten, »damit uns auch in diesen Dingen nicht die Leute verleumden können, welche nicht gewohnt sind, nach den besten Grundsätzen zu handeln«.[74] Gemeint sind natürlich die Aitoler. Der tiefere Sinn dieser Anspielung wird erst klar, wenn man bedenkt, daß in dem Brief die Rückerstattung von Haus- und Grundeigentum geregelt wurde, Eigentum, das 199 von den Aitolern geplündert worden war.[75] Chyretier und Römer waren also beide, so

---

73 Liv. XXXIV 48,3-49,7: . . ., *ut omnes scirent utrum Romanis an Aetolis mentiri mos esset, qui male commissam libertatem populo Romano sermonibus distulerint, et mutatos pro Macedonibus Romanos dominos. sed illis nec quid dicerent nec quid facerent quicquam unquam pensi fuisse; reliquas civitates monere ut <ex> factis, non ex dictis amicos pensent intellegant<que> quibus credendum et a quibus cavendum sit* (49,6f.).

74 RDGE 33 Z. 2-8: ἵνα μηδ' ἐν τούτοις ἔχωσιν ἡμᾶς κατα|λαλεῖν οἱ οὐκ ἀπὸ τοῦ βελτίστου εἰωθότες ἀνα|στρέφεσθαι (6-8). Die maßgebliche Interpretation stammt von ARMSTRONG / WALSH (1986), bes. 35, 42-44, wo noch weitere gedankliche Parallelen zwischen der Rede und dem Brief aufgezeigt werden.

75 Liv. XXXI 41,5: *C<h>yretias ibi vi capiunt foedeque diripiunt.* FERRARY (1988), 112-114, vermutet dagegen, Flamininus habe makedonisches Eigentum in Chyretiai, das 197 den Römern zugefallen sei, der Stadt übergeben. Eine derartige Konfiskation nach dem Zusammenbruch der makedonischen Herrschaft scheint nicht unwahrscheinlich, aber ich kann mir nur schwer vorstellen, daß die Römer selbst derart umfangreiche Maßnahmen durchführten, von denen ja auch Perrhaibien und ganz Thessalien betroffen gewesen wären. Wenn, dann wäre dies Aufgabe der Städte gewesen, dann aber wären keine Liegenschaften in römischen Besitz übergegangen. Glabrios Konfiskationen in Delphi (s. u. Anm. 124) sind dagegen ein vereinzelter Fall, der sich aus der Bedeutung des Heiligtums erklärt. Eine noch größere Schwierigkeit bereitet eine Rückgabeklausel für frühere private Eigentümer am Ende der Inschrift (Z. 13-18): Warum sollte Flamininus Untertanen Philipps eine Möglichkeit einräumen, sich wieder in Chyretiai festzusetzen? Das konnte weder in seinem Sinne noch in dem der Stadt sein. Auf der anderen Seite sieht FERRARY keinen Weg, der von der aitolischen Plünderung zum römischen Besitz führt. Doch Livius' Worte meinen ja nicht nur, daß die Aitoler ein paar Gegenstände mitgehen ließen: Gemeint sind Raub, Zerstörung, Vertreibung, Verschleppung, Mord. Philipp, dem Zeit und Ressourcen ausgingen, konnte der

will Flamininus suggerieren, Opfer der Aitoler. Diesen weist er, hier wie in Korinth, die Rolle ewiger Bösewichte zu, sowohl in ihren Taten als auch in ihren Verleumdungen. Dieses reichlich simple Feindbild zeugt nicht gerade von einer ausgefeilten Propaganda, aber es war einprägsam und paßte hervorragend zu Klischees, die in Griechenland umliefen. Man denke nur an die oben besprochene Invektive des Aristainos. Vor allem wurde so erst das Bild aus strahlendem Glanz und schwärzestem Dunkel möglich, das Flamininus von den Römern und ihren Gegnern zeichnete. Vielleicht glaubte er selbst daran.

Bis zum endgültigen Abzug der Legionen im Spätsommer 194 hören wir nichts weiter von den Aitolern. Tatsächlich wurde mit der römischen Heimkehr eine ihrer dringlichsten Forderungen aus den letzten beiden Jahren erfüllt. Freilich konnten die aitolischen Ressentiments dadurch nicht abgebaut werden, denn der Grund für ihre Unzufriedenheit lag ja nicht in der römischen Präsenz, sondern in dem Gefühl, von den Römern übervorteilt worden zu sein.[76] Eher war ihnen mit dem Truppenrückzug, wie Flamininus angekündigt hatte, das beste Argument aus der Hand geschlagen.[77] Weder die eine noch die andere Seite bemühte sich jetzt noch um eine Versöhnung, und Flamininus nahm in Kauf, daß eine der wichtigsten griechischen Mächte den Römern in offener Feindschaft gegenüberstand. Ein gravierendes Problem sah er darin aber nicht, schließlich waren alle anderen Staaten, selbst Philipps Makedonien, den Römern in mehr oder weniger inniger Freundschaft und Allianz verbunden. Rom dachte nicht anders darüber: Als Scipio Africanus, 194 zum zweitenmal Konsul, ein weiteres militärisches Engagement in Griechenland forderte, da ein schwerer Krieg von Antiochos und den Aitolern, Roms erklärten Feinden, drohe, ließ ihn der Senat abblitzen.[78] Zu deutlich waren Scipios Ambitionen auf neue Aufgaben und neuen Ruhm, zu diffus schien die Antiochosgefahr. Die Aitoler aber waren einfach nicht wichtig genug.

Stadt nicht mehr helfen. Als Chyretiai 197 an Rom fiel, existierte vermutlich keine andere Ordnungsmacht mehr. So mußte zunächst Flamininus die Lücke füllen.

76 Liv. XXXV 12,4 (193 v. Chr.): *Thoas praetor eorum conquestus iniurias Romanorum statumque Aetoliae, quod omnium Graeciae gentium civitatiumque inhonoratissimi post eam victoriam essent cuius causa ipsi fuissent*; XXXV 45,6 (Thoas, Herbst 192): *nihil enim aequi ab Romanis impetrari posse, totiens legationibus missis Romam, totiens cum ipso Quinctio disceptando, satis expertum esse, nec nisi abscisa omni spe auxilium Antiochi imploraturos fuisse.*

77 Vgl. die Erwiderung des romfreundlichen Chalkidiers Mikythion auf die aitolische Befreiungsrhetorik 192: *nullam enim civitatem se in Graecia nosse quae aut praesidium habeat, aut stipendium Romanis pendat, aut foedere iniquo adligata quas nolit leges patiatur* (Liv. XXXV 46,10).

78 Liv. XXXIV 43,3-6.8f.

Krieg

Die weitere Entwicklung war davon geprägt, daß die Aitoler von Worten zu Taten übergingen: Die Abwesenheit der Legionen beraubte ihre Propaganda der Durchschlagskraft, andererseits erleichterte sie den Griff zu den Waffen. So radikalisierte sich die aitolische Politik, und man unternahm konkrete Schritte, Flamininus' ungeliebte Nachkriegsordnung umzustürzen. Die ›Seele‹ dieser Unternehmung war der Stratege Thoas, der zwar schon seit längerem zu den führenden Politikern gehörte – er hatte 203/202 zum erstenmal das Oberamt bekleidet –, nun aber eine Wende einleitete. Auf seine Initiative hin versuchten die Aitoler 193, eine antirömische Koalition zusammenzubringen. Sie gingen Philipp, Antiochos und Nabis an, Herrscher, die mit dem Stand der Dinge ebenfalls unzufrieden waren.[79] Der Wechsel der Methode ist unübersehbar. Hatten die Aitoler bisher öffentliche Überzeugungsarbeit geleistet, verlegten sie sich nunmehr auf Diplomatie, ein Zeichen für den Ernst ihrer Bemühungen. Ein entscheidender Erfolg blieb freilich aus: Nur der Spartaner ließ sich zum Losschlagen bewegen. Dieser Krieg blieb auf die Peloponnes begrenzt. Die Römer griffen, wie die Aitoler prognostiziert hatten, recht zögerlich ein, doch die Achaier wurden auch allein mit dem König fertig. Dem erneut Besiegten bereiteten die Aitoler selbst den Garaus, als sie ihn 192 in einer Geheimoperation beseitigen ließen. Der Versuch, so Sparta unter ihre Kontrolle zu bringen, scheiterte, die Stadt wurde von Philopoimen dem Achaiischen Bund einverleibt. Die Peloponnes bildete nur einen Nebenschauplatz. Nabis war nach der Niederlage gegen Flamininus zu schwach, als daß sein Kampf auch im besten Fall mehr als den Auftakt für größere Ereignisse hätte bilden können.[80]

Makedonien und Syrien verweigerten sich aber. Philipp entschied sich schon früh für die römische Seite; die Aitoler, seine alten Feinde und Alli-

79 Liv. XXXV 12.

80 Liv. XXXV 13,1-3; 20,13; 22,2; 25,2-30,13; 35,1-37,3. Die Aitoler hatten sogar erwartet, daß die Römer wegen Nabis kein neues Heer nach Griechenland schicken würden (Liv. 12,8). Das war insofern nicht völlig falsch, als die Römer sich mit der Entsendung einer Flotte begnügten, die zwar die von Nabis bedrohten peloponnesischen Küstenstädte schützen, aber keine Entscheidung gegen den König erzwingen konnte; tatsächlich traf sie – die Ereignisse auf der Peloponnes überstürzten sich – erst ein, als Nabis schon ermordet war (s. u. S. 225f. mit Anm. 111). Zur Mordmission des Alexamenos s. o. Anm. 39. GRUEN (1984), 457, sicht in der aitolischen Erwartung einer Nichteinmischung Roms einen Beleg dafür, daß die Aitoler keinen Krieg gegen die Republik wollten. Nabis sollte nur die Achaier binden, unterdessen könnten die Aitoler ungestört in Mittelgriechenland expandieren. Doch der aitolische Plan war subtiler: *haec ad incitandum animum tyranni dicebantur, ut cum Antiochus in Graeciam traiecisset, conscientia violatae per sociorum iniurias Romanae amicitiae coniungeret se cum Antiocho* (Liv. 12,9; vgl. AYMARD [1938b], 296f.). Nabis sollte also nicht sofort gegen Legionen kämpfen, sondern erst einmal in die antirömische Koalition gezwungen werden. Seine schnelle Niederlage zwang die Aitoler dann zu einer Änderung ihrer Pläne (dazu s. u. Anm. 91).

ierte von zweifelhafter Kampfkraft, bildeten keine Alternative, über die er ernstlich hätte nachdenken müssen. Anders stand es mit Antiochos, schließlich kamen er und die Aitoler bekanntlich doch noch ins Geschäft.[81] Für Polybios lag hier die Ursache des Römisch-Syrischen Krieges. Wegen ihrer Verbitterung gegenüber Rom hätten die Aitoler Antiochos in ihren Konflikt hineingezogen.[82] Die Überlieferung, die paradoxerweise im wesentlichen auf Polybios zurückgehen dürfte, legt jedoch ein anderes Erklärungsmuster nahe: Zum Krieg führte das Scheitern eines Interessenausgleichs zwischen den Großmächten, die Aitoler traten, wieder einmal, im Nebenprogramm auf. Für Antiochos wurden sie erst interessant, als der Krieg schon unvermeidlich geworden war.

Denn auf den ersten Versuch der Aitoler ging er, wie gesagt, nicht ein. Thoas' Bruder Dikaiarchos vermochte ihn weder mit Angaben über die aitolische Truppenstärke noch mit Philipps und Nabis' angeblicher Bereitschaft zu beeindrucken. Die Beziehungen zu Rom waren damals schon sehr gespannt, aber noch dachte niemand am Hof ernsthaft an Krieg. Kurz nach Diakaiarchos' Mission scheiterten jedoch weitere Gespräche mit römischen Legaten.[83] Antiochos und seine Berater kamen nun zu dem Schluß, daß eine bewaffnete Auseinandersetzung unvermeidlich sei. Verschiedene Gründe wurden dafür vorgebracht, aber alle hatten mit römischer Arroganz und Aggression gegen Kleinasien zu tun, von Aitolien war keine Rede. Nur der Akarnane Alexandros äußerte sich anders: Ganz in Dikaiarchos' Sinne sprach er von der günstigen Situation in Griechenland, von der Hilfe der Aitoler, Spartaner und Makedonen.[84] Ich habe bereits oben darauf hinge-

---

81 Möglicherweise war es schon am Ende des dritten Jahrhunderts zu einer gewissen Annäherung zwischen beiden Mächten gekommen, die damals in Philipp einen ungeliebten Nachbarn hatten. Jedoch ist dieser Schluß, den F. LEFÈVRE, Antiochos le Grand et les Étoliens à la fin du IIIe siècle, BCH 120 (1996), 766f., aus einem recht vagen Inschriftenfragment gezogen hat, nach seinem eigenen Bekunden rein hypothetisch. In jedem Fall wissen wir nichts davon, daß aus dieser eventuellen Fühlungnahme eine längerfristige Verständigung oder gar eine politische Kooperation entstand. Die neue Lage nach Ausbruch des Zweiten Makedonischen Krieges machte ein solches Einvernehmen zunächst auch unnötig. Zur angeblichen Kontaktaufnahme seleukidischer Gesandter im Jahr 193 (Syll.^{3} 585 Z. 43f.) vgl. GRUEN (1984), 631 Anm. 91.

82 Polyb. III 3,3; 6,5; 7,1-3; XVIII 39,1f. S. auch u. Anm. 108. Diese Überzeugung prägt, mehr oder weniger modifiziert, noch viele moderne Darstellungen: So gibt BADIAN (1959), 127-134, in einer einflußreichen Untersuchung den Aitolern die Hauptschuld dafür, daß aus dem ›Kalten Krieg‹ zwischen den Großmächten ein heißer wurde. Vgl. auch WILL (1982), 195-202; ERRINGTON (1989b), 281f.; HEFTNER (1997), 339f.; DANY (1999), 189. In BRISCOES (1981), 30-33, brillanter Analyse des Kriegsausbruchs kommen die Aitoler dagegen nur ganz am Rande vor.

83 Liv. XXXV 12,15-13,1.6; 15,1f.7-17,2. S. auch u. S. 259 mit Anm. 39, 312f.

84 Liv. XXXV 17,3-18,8; 19,7. Alexandros hatte sich vielleicht zuvor mit Dikaiarchos verständigt, in welcher Weise auch immer. Er war seit 194/193 delphischer Proxenos (Syll.^{3} 585 Z. 32f.), doch läßt sich daraus nicht ohne weiteres auf enge politische Verbindungen zu den Aitolern schließen (so aber DANY [1999], 189f.). Zur Chronologie BADIAN (1959), 138 Anm. 84. NISSEN (1863), 167, und BRISCOE (1981), 27, 171f., setzen die Gespräche mit den Römern und den

wiesen, daß Alexandros erst vor kurzem an den Hof Antiochos' gekommen war. Seine Teilnahme an der Besprechung verdankte er dem Umstand, daß er früher ein Berater Philipps gewesen war und damit als Kenner der griechischen und der römischen Verhältnisse galt; über eine Hausmacht oder eine Vertrauensstellung verfügte er jedoch nicht. Livius kritisiert an seinem Auftritt, er habe sich geäußert, als ob es nicht mehr um das Ob, sondern schon um das Wo und Wie des Krieges gegangen wäre. Das mag sein Kommentar bzw. derjenige des Polybios sein, er kann aber auch gut die Einschätzung der Zuhörer widerspiegeln. Der Unterschied zu dem bisher Vorgetragenen war jedenfalls offensichtlich. Entscheidend ist aber, daß keiner von Alexandros' Vorschlägen umgesetzt wurde: Mit Philipp wurde kein Kontakt aufgenommen – ein Vorschlag, der Antiochos besonders suspekt erscheinen mußte –, Hannibal wurde nicht unverzüglich nach Afrika geschickt, überhaupt ließ man sich mit der angemahnten Eile recht viel Zeit. Mit Alexandros' Einfluß auf zentrale politische Fragen war es also nicht weit her, seine Konzentration auf das griechische Mutterland ließ ihn die für Antiochos viel wichtigeren kleinasiatischen Angelegenheiten übersehen.[85]

Erst nach der grundsätzlichen Entscheidung für den Krieg wurde Antiochos empfänglich für die aitolischen Avancen. Deshalb hatte Thoas, als er nur wenige Monate nach seinem Bruder, aber in einer gänzlich veränderten politischen Situation am Hof eintraf, sehr viel mehr Erfolg. Der Grund für diesen neuen Versuch lag wohl weniger in den bedingt beeindruckenden Entwicklungen auf der Peloponnes – Nabis hatte bis dahin nur ein paar Küstenstädte besetzt, der Kampf mit den Achaiern stand noch bevor –, sondern in der Erkenntnis, daß angesichts der makedonischen Verweigerung alles von Antiochos' Haltung abhing. Und zweifellos war das Scheitern der Gespräche mit den Legaten nicht geheim geblieben. So wurde ein Übereinkommen erzielt. Als dessen sichtbarsten Ausdruck brachte Thoas einen königlichen Gesandten, Menippos, mit nach Hause.[86] Systematisch bearbeite-

---

Kriegsrat jedoch vor Dikaiarchos' Eintreffen an: Alexandros wisse nämlich noch nichts von dessen Mission. Doch warum sollte Alexandros sich lange über eine allen Zuhörern bekannte Demarche auslassen bzw. Livius erst vor wenigen Kapiteln Erzähltes in Erinnerung rufen?

85 Zu seiner falschen Prognose über Philipp s. o. S. 118 mit Anm. 70. Welchen Rang er unter Antiochos' φίλοι einnahm, läßt sich Livius nicht entnehmen (vgl. dazu allgemein E. BIKERMAN, Institutions des Séleucides, Paris 1938, 40-50; I. SAVALLI-LESTRADE, Les *philoi* royaux dans l'Asie hellénistique, Genève 1998, 275-281, 355-368, 374-384). Für 191 wird Alexandros immerhin als Truppenführer erwähnt, doch er mußte das Kommando mit einem anderen Befehlshaber teilen und hatte es vielleicht nur deshalb inne, weil seine Heimat Akarnanien für Antiochos gewonnen werden sollte (Liv. XXXVI 11,6; vgl. auch DANY [1999], 192).

86 Liv. XXXV 32,2. Von Thoas' Mission berichtet Livius leider nur die Rückkehr. Schon damals aber, nicht erst während seines zweiten Aufenthalts am Hof dürfte Thoas das Märchen von Philipps Kampfbereitschaft wiederholt haben (Liv. XXXVI 7,12f.). App. Syr. 46f. ist wenig ergiebig, da dort sämtliche Bemühungen um Antiochos in einer einzigen Gesandtschaft unter Thoas

ten beide mit Erzählungen von Antiochos' Truppenmassen, von Elefanten und Unmengen von Gold die öffentliche Meinung in Aitolien. Auf der Panaitolischen Bundesversammlung im Frühjahr 192 schließlich forderte Menippos die Anwesenden auf, das Begonnene auch zu Ende zu führen. Sei dies geschehen, könne Antiochos im Bund mit den Aitolern Griechenland seine alte Würde wiedergeben, wirkliche Freiheit nämlich, unabhängig von römischer Entscheidung. Der König ließ sich hier nicht nur zum erstenmal als Befreier stilisieren, was zur Kernbotschaft seiner Propaganda werden sollte, Menippos' Worte fügten sich auch nahtlos in die bisherige aitolische Agitation ein.[87] Deshalb verstanden die Zuhörer sofort, daß Antiochos ihnen mit den schönen Worten genau das versprach, was er seit kurzem und sie seit einigen Jahren anstrebten: eine Revision der römischen Ordnung. Das Bündnis wurde damit öffentlich besiegelt.

Freilich hatte Menippos auch klargemacht, daß der König erst dann militärisch eingreifen werde, wenn die Aitoler bessere Voraussetzungen in Griechenland geschaffen hätten.[88] Eine Intervention schien Antiochos für den Moment weder dringend noch günstig. Obwohl ihn die Bundesversammlung offiziell herbeigerufen hatte, um Griechenland zu befreien und zwischen Aitolern und Römern zu schlichten, wartete er zunächst einmal ab und widmete sich Aufgaben in Kleinasien und Thrakien.[89] Antiochos war

---

gebündelt werden. Zum Zeitpunkt von Thoas' Aufbruch (Herbst 193, nach Ablauf seiner Strategie) vgl. W. WEISSENBORN / H. J. MÜLLER, Titi Livi ab urbe condita libri, Bd. 8: Buch XXXV und XXXVI, Berlin 1906[3], 52; BRISCOE (1981), 192. Für die Überzeugungskraft von Nabis' Anstrengungen tritt BADIAN (1959), 130, 138 Anm. 84, ein.

87 Liv. XXXV 32,3-5.8-11: *›nunc quoque‹ inquit, ›si modo vos quae incohastis consilia constanter perducitis ad exitum, poterit dis iuvantibus et Aetolis sociis Antiochus quamvis inclinatas Graeciae res restituere in pristinam dignitatem. ea autem in libertate posita est, quae suis stat viribus, non ex alieno arbitrio pendet‹* (10f.). Vgl. DEININGER (1971), 70f. Zu BADIANS konträrer Interpretation s. u. Anm. 111.

88 Auf diese Bedingung hat WILL (1982), 199, mit Nachdruck hingewiesen (vgl. auch GRAINGER [1999], 435). Er ordnet sie jedoch in eine allzu ausgeklügelte Strategie ein: Der König habe eine Chance gesehen, Konzessionen an die Römer zu vermeiden, ohne daß er selbst zu den Waffen greifen mußte. Deshalb habe Menippos die Aitoler in ihrem Kampf gegen die Republik ermutigt, indem er ihnen eine Unterstützung in Aussicht stellte, die zu geben Antiochos in Wirklichkeit nicht beabsichtigte. Bewußt habe der König also ein Mißverständnis provoziert. Dieser Plan war aber nicht nur für die Aitoler undurchschaubar. Machte der König sich keine Gedanken, wie der Auftritt seines Emissärs auf die Römer wirken mußte? Und stellte er sich nicht derart ostentativ, in aller Öffentlichkeit, hinter die aitolischen Bestrebungen, daß er sich später nur unter schwerstem Imageverlust wieder von ihnen lossagen hätte können? Das tat er dann auch nicht, aber dieser Ausgang war schon am Anfang absehbar, ohne daß es großen politischen Gespürs bedurft hätte. In den Quellen deutet nichts auf eine seleukidische Intrige hin, einen signifikanten Unterschied zwischen Menippos' Agitation und seinem Auftreten in der Bundesversammlung vermag ich nicht zu erkennen. Man sollte Livius besser beim Wort nehmen: Antiochos wollte Krieg, nicht sofort, aber bald.

89 Liv. XXXV 23,10; 33,8; 35,7; 42,2. Zur Thrakienexpedition von 192 vgl. BRISCOE (1981), 179; WALBANK (1940), 328.

mit den Aitolern nach seinen eigenen Wünschen zusammengegangen, jetzt ließ er sich auch den tatsächlichen Kriegseintritt nicht von ihnen aufzwingen. Die aitolischen Führer hatten das sehr wohl verstanden, deshalb wollten sie auf keinen Fall den Eindruck erwecken, sie warteten untätig auf die Ankunft des Königs.[90] Die Apokleten kamen zu der wenig überraschenden Erkenntnis, daß die maßgeblichen Politiker in den griechischen Staaten auf römischer Seite standen. Also war es, im simplen Umkehrschluß, wünschenswert, daß die bislang in der Stasis Unterlegenen an die Macht kämen. Hier wollten die Aitoler nachhelfen, und zwar mit Handstreichen auf die Fußfesseln Chalkis und Demetrias sowie auf Sparta.[91] Damit erreichte der aitolische Kampf gegen Rom eine neue, die dritte Stufe. Nach der öffentlichen Agitation und dem Werben um politische Allianzen ging man nun zum bewaffneten Kampf über. Wohlgemerkt geschah dies auf Antiochos' Wink hin. Bemerkenswerterweise wählten die Aitoler als Ziele neben Spar-

---

90 Liv. XXXV 34,1f. Das Verständnis der Stelle ist von einer schwerwiegenden, wohl kaum heilbaren Korruptel beeinträchtigt (vgl. den Apparat in der Ausgabe BRISCOES). Die Emendation MCDONALDS scheint mir aber wenigstens den Sinn zu treffen: Die römischen Gesandten warteten auf weitere Nachrichten von Antiochos. Die Aitoler wollten nicht (*ne*) den Eindruck erwecken, als ob sie bis zu seiner Ankunft die Hände in den Schoß legten; deshalb – es fand keine weitere Bundesversammlung statt – berieten die Apokleten über die nächsten Schritte. Unmöglich scheint mir die Konjektur *ut*: Die Aitoler wollten bewußt untätig erscheinen, während sie in Wirklichkeit sehr aktiv waren (WEISSENBORN / MÜLLER [1906], 56), oder sie erschienen deshalb untätig, weil sie auf die Einberufung einer Bundesversammlung verzichteten (BRISCOE [1981], 195). Doch ein passiver Eindruck war so ziemlich das letzte, was die Aitoler vermittelten oder zu vermitteln wünschten. Denn unmittelbar nach der Beratung der Apokleten entfalteten sie eine rege militärische Aktivität, und nach dem eben erfolgten endgültigen Bruch mit den Römern lag in einem scheinbaren Stillhalten ohnehin kein Sinn.

91 Liv. XXXV 34,3-5. DEININGER (1971), 72f., hat – trotz der Kritik von BRISCOE (1981), 195 – überzeugend dargelegt, daß die Analyse der Apokleten weniger einen Gegensatz zwischen Reich und Arm, sondern den fast üblichen Dissens innerhalb der Oberschicht zur Voraussetzung hatte. Die Sympathien der momentanen Machthaber erklären sich recht einfach daraus, daß die Römer erst vor kurzem in recht eindrucksvoller Weise ihre Hegemonie aufgerichtet hatten. Die meisten Politiker arrangierten sich damit, solange sich keine überzeugende Alternative anbot. Vgl. auch P. S. DEROW, Rez. Deininger (1971), Phoenix 26 (1972), 308 mit Anm. 11, und s. u. S. 269 Anm. 66. Die Wahl Spartas erklärt sich einmal aus der günstigen Gelegenheit – Nabis lag den Aitolern mit Bitten um Unterstützung in den Ohren, so daß die Entsendung eines Truppenkontingents nicht weiter auffällig war –, dann aus der Nutzlosigkeit des Königs: Nach seiner Niederlage gegen die Achaier war von ihm kein wesentlicher Beitrag für die Koalition mehr zu erhoffen, seine Beseitigung aber würde die Spartaner Aitolien verpflichten (Liv. XXXV 35,2f.; vgl. auch AYMARD [1938b], 316f.). Auf diesem Wege konnte man vielleicht noch am ehesten von der Stadt profitieren, ganz abgesehen vom Ruhm des Tyrannenmordes (den Flamininus ja nicht erworben hatte). Kaum einer Diskussion bedarf GRAINGERS (1999), 436-441, Einfall, die Aitoler hätten Nabis beseitigen wollen, um Philopoimen, der im geheimen Einverständnis mit ihnen stand, die Angliederung Spartas an den Achaiischen Bund zu ermöglichen. Dies hätte die Achaier auf die Seite der antirömischen Koalition bringen sollen. Der Gang der Ereignisse (s. o. Anm. 39) habe also den aitolischen Kalkulationen entsprochen. Bei diesem Szenario stört nur, daß Alexamenos und seine Männer ums Leben kamen, obwohl sie nach Plan vorgingen, und daß Philopoimen später nichts von der angeblichen Abmachung wissen wollte.

ta ja nicht die so hartnäckig geforderten thessalischen Städte oder das akarnanische Zentrum Leukas, sondern Chalkis und Demetrias: zwei Orte, die Antiochos' Übergang über die Ägäis erleichtern und vor allem für die Sicherung seiner Verbindungslinien nach Kleinasien von unschätzbarem Vorteil sein würden.[92] Die Gewichte in der neuen Partnerschaft waren klar verteilt.

Die Anschläge auf Chalkis und Demetrias schienen auch deshalb erfolgversprechend, weil aus diesen Städten prominente Exilierte stammten, die erst kurz zuvor von Flamininus vertrieben worden waren und sich nun den Aitolern gern zur Verfügung stellten. Der eine von ihnen, Eurylochos, der gestürzte Oberbeamte des Magnesischen Bundes, war sogar nach Aitolien geflohen. Ein politischer Stimmungsumschwung erlaubte ihm die Rückkehr. Diese nutzte der aitolische Hipparch Diokles, der den Verbannten heimgeleitete, zur Besetzung von Demetrias. Die Gegner des Eurylochos, das heißt die Freunde Roms, wurden ermordet. Für den Erfolg der Aitoler war nicht ihre politische Geschicklichkeit verantwortlich gewesen, sondern die berechtigte Furcht der Magneten, von Rom an ihren alten Herrn Philipp verschachert zu werden.[93] In Chalkis, wo eine derart bedrohliche Perspektive fehlte, scheiterte der Anschlag bezeichnenderweise. Nachdem das Überraschungsmoment verloren war und die Chalkidier andere euboiische Städte zu Hilfe gerufen hatten – wobei das Hauptargument weniger die Allianz mit Rom als die Aussicht auf eine aitolische Herrschaft über Euboia war –, versuchte es Thoas mit Verhandlungen. Doch statt ein Angebot zu machen, wiederholte er sattsam bekannte Propaganda. Er wolle die Stadt befreien: Das war das alte Argument von der vorenthaltenen Freiheit, nur angepaßt an die militärische Aktivität.[94] Ohnehin handelte es sich wohl nur um den Versuch, einem kläglich gescheiterten Unternehmen wenigstens einen ehrbaren Anstrich zu geben.

Die Einnahme von Demetrias gab Thoas aber Gelegenheit, erneut nach Kleinasien zu reisen und Antiochos wenigstens einen Teilerfolg zu melden. Seinen Bericht schmückte er dabei nach Kräften aus: Die Gebete aller rie-

---

92 Zu Chalkis vgl. schon DE SANCTIS (1923), 138. Beide Städte waren zwar an sich bedeutend, aber für eine Einverleibung in den Bund kamen sie, wenigstens zunächst, nicht in Frage. Die Aitoler vermochten auf sie keinerlei historische Rechte geltend zu machen, vor allem aber waren sie vom Bundesterritorium zu weit entfernt. Demetrias blieb auch nach der aitolischen Eroberung unabhängig, als Zentrum des Magnesischen Bundes und mit eigenen Beamten. Antiochos stationierte später Soldaten, nicht aber die Aitoler (Liv. XXXV 39,5f.; 43,5; XXXVI 33,4-7). Übertrieben ist daher GRUEN (1984), 458: »Demetrias now became an Aetolian dependency.«

93 Liv. XXXV 31,3-32,1; 34,6-12. Vgl. DEININGER (1971), 77f.

94 Liv. XXXV 37,4-38,14 (zit. u. S. 318 Anm. 90). Daß die Eretrier und Karystier vor allem wegen des Gedankens an die Römer und deren vortreffliche Eigenschaften geholfen hätten, ist eine wohlklingende Umschreibung für die Furcht vor Machtverlust und Exil, der die regierenden Eliten umtrieb.

fen den König herbei, wenn man seine Flotte sehe, werde es zu einem Menschenauflauf am Strand kommen. Thoas soll damit die Hoffnung des Königs beflügelt haben, aber viel sollte man darauf nicht geben. Allzu offensichtlich wollte der Aitoler die Niederlagen vor Chalkis und in Sparta schönreden, die etwas ganz anderes über die Stimmung in Griechenland verrieten. Aber natürlich beeindruckte die Einnahme von Demetrias den König. Die Aitoler hatten hier getan, was er von ihnen erwartet hatte. Die Situation schien nun hinreichend günstig für eine militärische Intervention. Vor allem aber war der Aufbruch nach Westen unaufschiebbar geworden. Nicht, weil die Aitoler drängten, sondern weil die Römer im nächsten Frühjahr Griechenland erneut zu besetzen drohten. Dem galt es zuvorzukommen, und so betrat der König im Herbst 192 griechisches Festland, in der Nähe von Demetrias.[95]

Auf einer eilends für ihn angesetzten Bundesversammlung in Lamia wurde Antiochos gefeiert. So fiel es ihm nicht schwer, trotz seiner im Moment bescheidenen Truppenmacht die Aitoler mit einer wohlklingenden Rede zu begeistern, in der er ihnen den ersten Platz in Griechenland versprach. Die Bundesversammlung ernannte ihn zum στρατηγὸς αὐτοκράτωρ.[96] Von seiner nun institutionalisierten Führungsstellung machte der Kö-

95 Liv. XXXV 42,4-6; 43,2-5. Zu Antiochos' Motiven s. ausführlich u. S. 259-261. Anders die gedrängte, unglaubwürdige Version bei App. Syr. 46f.: Aitolische Gesandte unter Thoas erscheinen reichlich unmotiviert, ernennen den König zum στρατηγὸς αὐτοκράτωρ, lassen ihn nicht einmal auf ein aus den oberen Satrapien kommendes Heer warten und treiben ihn zur sofortigen Überfahrt. Antiochos agiert hier schwach und leichtsinnig, mehr ein Befehlsempfänger als ein Herrscher. Zu Appians Intention vgl. K. BRODERSEN, Appians Antiochike, München 1991, 111f. Thoas brachte während dieses zweiten Aufenthalts bei Hofe auch Hannibal in Mißkredit. Dieser wollte mit einer beträchtlichen Streitmacht in Afrika den Krieg beginnen und dann nach Italien übersetzen. Dieses Vorhaben lag nicht im Interesse des Bundes: Afrika und Italien waren für die Aitoler nicht von Belang, und der König selbst würde mit einem entsprechend kleineren Korps in Griechenland erscheinen. Deshalb schwärzte Thoas, mit Hilfe von persönlichen Verdächtigungen und Klischees über Exilierte, den Karthager bei Antiochos an (Liv. XXXV 42,4.6-43,2; anders GRUEN [1984], 461). Sein Erfolg ist nicht allzu bemerkenswert, da Hannibals Stellung ohnehin schwierig und seine Gegner zahlreich waren (Liv. 14,4; 19,1-7; 42,3f.; App. Syr. 37; Iust. XXXI 4,8f.; 5,1f.; 6,1-3; vgl. SEIBERT [1993b], 506-513). Interessanter ist hier Thoas' Methode. Er handelte nämlich nicht wie der Repräsentant einer verbündeten Macht, sondern wie ein Höfling, der durch Schmeicheleien, gepaart mit Ausfällen gegen seine Widersacher, den Herrscher zu lenken versucht. Thoas scheint sich also keine Illusionen darüber gemacht zu haben, welchen Stellenwert Aitolien bei der östlichen Großmacht besaß. – Vor dem Hintergrund dieser ungleichen Partnerschaft ist auch schwer zu glauben, daß ausgerechnet die kurz zuvor erfolgte Wahl des konzilianteren Phaineas zum aitolischen Strategen Antiochos zur Überfahrt veranlaßte, »since his arrival would now no longer be seen as a deliberate step towards war« (J. D. GRAINGER, The Roman War of Antiochos the Great, Leiden u. a. 2002, 194). Hier scheint nicht nur das Gewicht des Aitolerbundes weit überschätzt, sondern auch Phaineas' politische Position (s. u. Anm. 114) sowie Antiochos' Kriegswille verkannt.

96 Liv. XXXV 43,7-45,1.9; App. Syr. 46. S. auch o. Anm. 24. Es scheint der Freude keinen Abbruch getan zu haben, daß die Aitoler zunächst das seleukidische Heer zu verproviantieren hatten. Der König war ja bereit, dafür zu zahlen, und daß er sich einen mäßigen Preis ausbat,

nig reichlich Gebrauch, und schon bald bekamen die Aitoler die Realitäten des Bündnisses zu spüren: Sie führten keine selbständigen militärischen Aktionen mehr durch, sondern operierten stets im Verbund mit königlichen Truppen und unter dem Befehl von königlichen Feldherren. Beratungen der Verbündeten fanden zwar statt, doch mit abnehmender Häufigkeit. Auch die Verhandlungen mit den Griechen führte Antiochos bald allein. Überhaupt werden die Aitoler in den Quellen viel seltener erwähnt als früher, selbst von Thoas ist nur noch ein einziges Mal die Rede.[97] Das ist kaum ein Zufall oder willkürlich, sondern spiegelt nur die Machtverhältnisse wider: Die Aitoler waren zwar die wichtigsten Verbündeten, aber auf die politischen und militärischen Entscheidungen nahmen sie nur wenig Einfluß.[98] Eine derartige Straffung der Entscheidungsstrukturen ist unter den Belastungen eines Krieges nichts Ungewöhnliches, aber in diesem Fall setzte sich eine zuvor schon wirksame Tendenz durch. Nur fiel es jetzt, als Antiochos selbst in Griechenland agierte, viel stärker auf, daß die Aitoler Partner zweiter Klasse waren.

Angesichts ihrer politischen Entmachtung bereitete den Aitolern die insgesamt erfolgreiche Kriegsführung des Königs keine rechte Freude. Sie kamen vom Regen in die Traufe, denn wieder drohte ihnen die Abhängig-

---

schloß selbst einen Profit noch keineswegs aus. Von Enttäuschung kann für diesen Zeitpunkt, anders als HOLLEAUX (1930b), 397, glaubt, noch keine Rede sein. S. auch u. Anm. 114.

97 Thoas: Liv. XXXV 7,12. Noch in Lamia beriet Antiochos mit den Apokleten – dreißig von ihnen waren dem König formell als Berater beigeordnet worden – über das weitere Vorgehen, und nach gemeinsamem Beschluß wandte man sich gegen Chalkis. Maßgebliche aitolische Politiker (*principes*) führten, während Antiochos im Hintergrund blieb, die Gespräche mit den Chalkidiern. Ihre Argumentationslinie – Antiochos als Befreier – entsprach freilich der von Menippos im Frühjahr vorgegebenen (Polyb. XX 1; Liv. XXXV 45,9-46,8; 47,1). Unmittelbar danach einigten sich die Verbündeten bei einem weiteren Kriegsrat auf Versuche bei Boiotern, Achaiern und König Amynander (Liv. 47,2.7). Vor der achaiischen Bundesversammlung war Antiochos' Gesandter der Hauptsprecher, der Aitoler Archidamos schloß sich seinen Ausführungen an. Dessen eigener Beitrag bestand lediglich in Verhöhnungen Flamininus' und der Römer (Liv. 48,1f.10-13). Den nächsten Anschlag auf Chalkis, den dritten insgesamt, beschloß Antiochos dann schon allein. Von *principes* ist nicht mehr die Rede, als Parlamentäre schickte er neben Aitolern diesmal auch eigene Leute (Liv. 50,6f.; 51,6). Alle folgenden Verhandlungen führte Antiochos dann ohne sie, mit den *principes* fanden nur noch zwei Beratungen statt: Bei der ersten traten sie nicht besonders hervor (Liv. XXXVI 6,6), die zweite diente vielleicht der Vorbereitung der Besetzung Akarnaniens (s. u. Anm. 98).

98 Dem aitolischen Wunsch, sich mit Philipp zu verbünden, entsprach Antiochos bezeichnenderweise nicht, statt dessen förderte er den Thronprätendenten Philipp von Megalopolis. Die Aitoler taten das gleiche, das heißt, sie vollzogen ohne langen Widerstand eine Kehrtwende (Liv. XXXV 47,7; s. o. S. 117-119). Auch Antiochos' Vorstoß nach Akarnanien im Frühjahr 191 wurde wohl weniger auf ihr Drängen hin unternommen als aus dem Wunsch heraus, den Römern Nordwestgriechenland als Operationsbasis zu entziehen (Liv. XXXVI 11,6-12,11; vgl. OOST [1954], 62f.; DANY [1999], 192). Tatsächlich hatten die Aitoler an der Durchführung der Operationen keinen Anteil; der Umstand, daß ihnen von den eroberten Gebieten nichts überlassen wurde, vergrößerte vielleicht sogar, wie DANY, 195, vermutet, die Distanz zwischen den Verbündeten.

keit von einer Griechenland beherrschenden Großmacht. So ließ ihr militärisches Engagement nach – eine Art passiver Widerstand.[99] Auf Dauer hätten sich die Aitoler mit einer seleukidischen Hegemonie ebensowenig abgefunden wie mit der römischen. Nicht mangelnde Fortune des Königs vergiftete also die Beziehungen zwischen den Verbündeten,[100] eher war es ihr Übermaß.

Vor der Schlacht bei den Thermopylen, noch vor der Entscheidung, verweigerte dann ein Großteil der Aitoler offen die Gefolgschaft: Nur 4000 Mann unterstützten Antiochos.[101] Die Enttäuschung über den großen Verbündeten und seine Selbstherrlichkeit war allgemein verbreitet. Sein Krieg war längst nicht mehr der ihre. Damit will ich keineswegs bestreiten, daß

---

99 Aitolisches Militär beteiligte sich an beiden Versuchen auf Chalkis, doch in bescheidenem Umfang (Liv. XXXV 46,3; 50,7). Im Winter bot der Bund für Antiochos' Heer noch 3000 Infanteristen auf (Liv. XXXVI 8,2f.; 9,1; 10,5f.13). Danach beteiligte er sich, bis zu den Thermopylen, nicht mehr an den Kampfhandlungen. (Der improvisierte Anschlag der Einwohner von Thaumakoi auf das Heer Glabrios entsprang ihrem Römerhaß, für Antiochos war er keine Hilfe und auch kaum so gedacht [Liv. 14,12-14].) Der König beklagte sich vor der Schlacht über Thoas und die *vana promissa* der Aitoler, womit wohl nicht nur die großartigen Verheißungen im allgemeinen gemeint waren, sondern auch die mangelnde Unterstützung im speziellen (Liv. 15,1f.; Diod. XXIX 3; vgl. auch Liv. 15,5).

100 So WILL (1982), 207. Die Entfremdung zwischen den Verbündeten, zu der es nach GRAINGER (1999), 447, für den Fall eines Sieges über Rom gekommen wäre, war in Wirklichkeit also längst eingetreten. Andernorts (454f.) registriert GRAINGER durchaus die Verschiebung des Kräfteverhältnisses zugunsten des Königs, aber er führt sie auf das Scheitern der angeblichen Symmachiepolitik der Aitoler (s. o. Anm. 66) zurück.

101 Flamininus, der 197 in weit geringerem Maße auf die aitolische Unterstützung angewiesen war, hatte 6000 Fußsoldaten und 400 Reiter bekommen (s. o. S. 135 mit Anm. 18). Dabei hatte Antiochos nach dem gesamten Aufgebot verlangt. Die *principes* erschienen aber nur mit wenigen und entschuldigten sich: *nec auctoritate nec gratia nec imperio adversus detractantes militiam valuisse* (Liv. XXXVI 15,2.4f.). KROMAYERS (1907), 138f., Vermutung, ein »Volksaufgebot« habe den Westen Aitoliens gegen Philipp gedeckt, findet keinen Rückhalt in den Quellen. Plausibel ist aber, daß sich die aitolischen Führer nicht ganz so energisch engagiert hatten, wie sie es gegenüber Antiochos darstellten, und mehr an die Sicherung ihrer Heimat als an die Entscheidungsschlacht dachten (vgl. auch DE SANCTIS [1923], 160f.; NIESE [1899], 704; anders DEININGER [1971], 97). Dafür spricht jedenfalls ihr weiteres Verhalten: Während Antiochos die Thermopylen befestigte, schickte er die 4000 – vielleicht auf ihren eigenen Wunsch – nach Herakleia und Hypata (aitolische Städte!), um den Konsul aufzuhalten. Doch Glabrio marschierte, nicht ohne Plünderung der Umgebung, an den gesicherten Städten einfach vorbei, die machtlosen Aitoler schlossen sich allesamt in Herakleia ein. Antiochos fürchtete nun, in seiner Stellung von den Römern umgangen zu werden, und befahl den Aitolern, die Höhen der umliegenden Berge zu besetzen. Die einen wollten gehorchen, die anderen meinten, man müsse in Herakleia bleiben, um im Falle eines Sieges die fliehenden Römer zu verfolgen, bei einer Niederlage aber den benachbarten aitolischen Gemeinden mit unversehrten Truppen helfen zu können. Jede Seite blieb bei ihrer Meinung, und so folgten nur 2000 der Anforderung des Königs. Diese schlugen sich zwar tapfer, und selbst die in Herakleia Zurückgebliebenen machten während der Schlacht einen Ausfall gegen das römische Lager, aber das ändert nichts daran, daß nur noch wenige Aitoler zum Bündnis mit dem König standen (Liv. 16,3-17,1.9; 18,8-19,2.7; App. Syr. 78-81; 85f.; 89). Zu den militärischen Details KROMAYER, 139-144; W. K. PRITCHETT, Studies in Ancient Greek Topography. Part I, Berkeley u. a. 1965, 71-80; B. BAR-KOCHVA, The Seleucid Army, Cambridge u. a. 1979^2, 158-162.

die Aitoler auch unter dem Eindruck des römischen Gegenschlags den König im Stich ließen. Nur, entfremdet hatte man sich schon vorher. Glabrios schneller Sieg versetzte, so gesehen, weniger den aitolischen Aspirationen den Todesstoß, er löste ein immer größer werdendes Problem. Bezeichnenderweise brauchten die Römer nur Wochen, um die aitolisch-seleukidische Allianz zu vernichten, aber über zwei Jahre, um den Willen der wieder für sich allein kämpfenden Aitoler zu brechen.[102]

Soweit ist der aitolische Weg in den Krieg und in die Katastrophe skizziert. Was taten aber die Römer in den Jahren nach 194, um die Aitoler an ihrem Marsch zu hindern? Nicht viel. In ihren Befürchtungen und Kalkulationen ging es stets um den Krieg gegen Antiochos. Daß es auch einer gegen die Aitoler werden würde, hatte nur insofern Bedeutung, als sie dem König eine Armee und eine Operationsbasis verschafften.[103] Diese Einschätzung war, wie eben gezeigt, nicht falsch. Auch Flamininus dachte nicht anders: Er wurde Anfang 192 an der Spitze einer Gesandtschaft nach Griechenland geschickt, um die Verbündeten mit Hilfe seiner *auctoritas* bei der Stange zu halten. Natürlich galt es hier vor allem der Agitation der Aitoler entgegenzutreten, aber die Legaten nahmen sie nicht als eigenständige Macht wahr, sondern als Schrittmacher des Königs. Bezeichnenderweise fürchteten sie, »daß die Aitoler einige Verbündete auf Antiochos' Seite gezogen hätten« – nicht auf ihre eigene.[104] Da sich der König im Moment abwartend verhielt, hatten die aitolischen Bemühungen, über die wir leider kaum etwas wissen, bei den kleineren Staaten noch keinen vorzeigbaren Erfolg erzielt. Abgesehen von Nabis. Dessen Krieg garantierte freilich die den Römern wichtigere Loyalität der Achaier. Ansonsten fanden die Legaten ihren Verdacht unbestätigt, oder sie konnten die Lage durch gezielte

---

102 Auch DEININGER (1971), 96f., wundert sich über das scheinbar widersprüchliche Verhalten der Aitoler, ohne jedoch nach den Gründen zu fragen. – Da der König fern war, konnte die Zuneigung zu ihm wieder wachsen: Eine aitolische Bundesversammlung schickte Gesandte zu ihm, unter denen erneut Thoas war. Sie sollten Antiochos auffordern, mit Land- und Seestreitkräften nach Griechenland zurückzukehren, falls er aber selbst nicht kommen könne – und die Aitoler wußten genau, daß das die viel wahrscheinlichere Möglichkeit war –, möge er Gelder und Hilfstruppen schicken. Auf Antiochos' persönliche Anwesenheit kam es den Aitolern also wohlweislich nicht an. In der Hoffnung, die Römer in Europa zu binden, schickte der König tatsächlich Geld und versprach Hilfstruppen (die allerdings nie kamen). Thoas aber, dem er wohl nicht mehr traute, behielt er bei sich. Diesem war das freilich ganz recht, was angesichts der verzweifelten Situation des Aitolischen Bundes, zu der er maßgeblich beigetragen hatte, auch nicht unverständlich ist. Von weiteren Kontakten wissen wir nichts mehr, die Niederlage bei Magnesia raubte den Aitolern verbliebene Illusionen (Liv. XXXVI 26; 29,3; XXXVIII 3,6; 8,4; Polyb. XX 10,16; XXI 25,8; zu Thoas BRISCOE [1981], 259).

103 Liv. XXXV 20,1; 22,2f.; 23,1-10; 25,1; 41,1.3; XXXVI 1,5; 2,2f.

104 Liv. XXXV 23,5; 31,1: *legati Romanorum circuire sociorum urbes, solliciti ne Aetoli partis alicuius animos ad Antiochum avertissent.* Ähnlich Liv. 31,10 (Flamininus zu den Einwohnern von Demetrias): *ceterum nequiquam ea* [sc. *beneficium libertatis*] *facta, si Aetoli Antiochum in Philippi regiam adducerent et novus et incognitus pro vetere et experto habendus rex esset.*

innenpolitische Interventionen stabilisieren, die Romfeinde in die Verbannung trieben.[105]

Unter diesen Umständen beschränkte sich die politische Auseinandersetzung mit den Aitolern auf eine einzige, allerdings spektakuläre Episode. Nicht lange nach Flamininus' Entsendung fanden in Naupaktos die Panaitolika statt: Dank der Bemühungen von Thoas und Menippos drohte dort, wie gesagt, ein Bündnis geschlossen, vielleicht sogar der Krieg erklärt zu werden. Flamininus, der über diese Entwicklung genau im Bilde war, sah zwar kaum Chancen, daran etwas ändern zu können. Dennoch hielt er es für zweckmäßig, die römische Sache von Vertretern der Verbündeten verteidigen zu lassen. Diese Aufgabe übertrug er den Athenern, welche die Aitoler an die Allianz mit Rom erinnerten und vor überstürzten Entschlüssen warnten. Ihre Mahnungen mündeten in den Rat, die Legaten herbeizubitten und den Konflikt lieber mit Worten auszutragen. Die meisten Besucher der Bundesversammlung, von Thoas und Menippos ganz für Antiochos eingenommen, hielten eine solche Diskussion für überflüssig. Die führenden Politiker, und zwar gerade die älteren, setzten sie dennoch durch. Das heißt keineswegs, daß sie in der Sache anders dachten als die Mehrheit ihrer Mitbürger, nur konnte es ja nichts schaden, sich anzuhören, was die Römer zu sagen und eventuell anzubieten hatten.[106]

Damit war Flamininus' Ziel erreicht. Denn zweifellos handelten die Athener nicht auf eigene Faust, als sie ihren Vorschlag machten, sondern nach den Vorgaben des Legaten. In einem Gang nach Naupaktos entdeckte Flamininus nur Vorteile: Entweder würde er etwas erreichen, oder er könnte aller Welt zeigen, daß Rom der Krieg von den Aitolern aufgezwungen werde.[107] Diese Alternative überrascht. Denn sie impliziert, daß Flamininus trotz der verfahrenen Lage zunächst einen Versuch zum Ausgleich unternehmen wollte. Damit zollte er Aitolien so viel positive Aufmerksamkeit, wie er es noch nie getan hatte (und überhaupt die Römer seit 199 nicht mehr). Unter dem Druck der Kriegsgefahr schien er nun bereit zu sein, seine herablassende Haltung aufzugeben, in Verhandlungen einzutreten und die Aitoler mit Konzessionen der Republik wieder näherzubringen.

Seine Rede vor der Bundesversammlung wies dann aber in eine ganz andere Richtung. Flamininus fing mit dem Vertrag von 211 an und hielt den Aitolern vor, wie oft seitdem von ihnen die Bündnistreue gebrochen worden sei. Dann legte er noch einmal seine Rechtsauffassung hinsichtlich der um-

---

105 Liv. XXXV 31,2f.; 37,4. Daß es in Demetrias erheblichen Widerstand gab, lag nicht so sehr an den Aitolern, sondern an den römisch-makedonischen Verhandlungen über die Übergabe der Stadt (s. o. S. 121f.). Zu Flamininus' Gesandtschaft s. ausführlich u. S. 253-259.

106 Liv. XXXV 32,2-7.12-33,1.

107 Liv. XXXV 33,2f.: *aut enim moturum aliquid aut omnes homines testes fore penes Aetolos culpam belli esse, Romanos iusta ac prope necessaria sumpturos arma* (3).

strittenen Städte dar. Wenn die Aitoler dennoch meinten, daß ihr Anspruch berechtigt sei, dann sollten sie Gesandte nach Rom schicken, um entweder zu verhandeln oder den Senat um sein Entgegenkommen zu bitten. Das sei doch besser, als das römische Volk und Antiochos zu einem furchtbaren Kampf anzustacheln. Dieser wäre eine Katastrophe für Griechenland, aber niemand würde das Unheil des Krieges eher zu spüren bekommen als seine Urheber.[108]

Flamininus' Rede war eine einzige Provokation. Statt Kompromißbereitschaft zu zeigen, machte er Vorwürfe; er kramte plötzlich den alten Vertrag hervor, auf den sich die Aitoler so oft so vergeblich berufen hatten; er riet zu einer Gesandtschaft nach Rom, als ob er nicht wußte, daß die Aitoler das schon längst versucht hatten; und am Schluß stand eine offene Drohung. Flamininus hatte sich über vier Jahre lang in Griechenland mit den Aitolern auseinandergesetzt, und von den Athenern war er eben über die augenblickliche Stimmung informiert worden. Daß er dennoch meinte, die Bundesversammlung auf diese Weise beruhigen oder einschüchtern zu können, daß er sich also in der Einschätzung der Situation völlig irrte – das ist ausgeschlossen. Ganz bewußt führte der Legat den Bruch herbei. Er wollte nichts ›erreichen‹, wenigstens nicht in einem positiven Sinne. Das war eine Lüge, wahrscheinlich von ihm selbst in die Welt gesetzt, um dem Gang nach Naupaktos einen plausiblen Anlaß zu geben. In Wirklichkeit beabsichtigte er, die Fronten zu klären, die Aitoler zu zwingen, einen unwiderruflichen Schritt zu tun, um anschließend mit dem Finger auf sie zeigen zu können. Daß das Krieg bedeutete, nahm er in Kauf. Die Auseinandersetzung mit dem Seleukidenreich schien über kurz oder lang unvermeidlich: Da war es besser, Aitolien von Anfang an auf der Seite des Feindes zu wissen, statt es als unsicheren Neutralen im Rücken zu haben. Eine militärische Bedrohung stellte das Land zwar in keinem Fall dar. Aber der Krieg gegen Antiochos bot die Gelegenheit, reinen Tisch zu machen und diesen lästigen Unruhestiftern ein für allemal das Handwerk zu legen. An Flamininus' negativer Haltung hatte sich nichts geändert.

Das heißt nun nicht, daß sich die Dinge ganz anders entwickelt hätten, wäre Flamininus nur diplomatischer aufgetreten. Das über Jahre hinweg

108 Liv. XXXV 33,4-6. BRISCOE (1981), 194, weist mit Recht darauf hin, daß die *fides foederis* nur einmal von den Aitolern gebrochen worden war, nämlich durch den Frieden von 206. Doch zählte Flamininus in rhetorischer Großzügigkeit vermutlich auch alle tatsächlichen oder vermeintlichen Verstöße auf, welche die Aitoler während der letzten Jahre gegen die Freundschaft mit Rom begangen hatten. Zu Livius' schönem Bild von den aitolischen Gladiatorenmeistern, welche Rom und Antiochos aufeinander hetzen, vgl. BRISCOE, ebd. In Flamininus' abschließenden Worten findet sich Polybios' Konzept von der aitolischen Kriegsschuld wieder. Entweder formte Polybios die Rede in seinem Sinne, was sich noch in Livius' Version spiegelt, oder er schloß sich mit seiner Analyse der Kriegsursache einer zeitgenössischen, auch von Flamininus vertretenen (wenn nicht inspirierten) Sichtweise an.

gewachsene Mißtrauen hätte sich nicht von ein paar wohlgesetzten Worten verscheuchen lassen. Ohnehin konnte der Legat die Konzessionen nicht machen, welche die Aitoler versöhnt hätten. Weniger, weil sie auf Kosten römischer Alliierter gegangen wären, sondern weil sie den Römern als Schwäche ausgelegt worden wären. Gegenüber offenen Gegnern ihres Herrschaftssystems kann sich eine Hegemonialmacht keine Nachgiebigkeit erlauben, ohne dessen Bestand zu gefährden. So stand es höchstens in Flamininus' Macht, die Aitoler für den Moment zu beruhigen, nicht aber, sie aus ihrer Opposition herauszuholen. Freilich wünschte er das ohnehin nicht. Statt dessen wählte er entschlossen die einzige Option, die sowohl im römischen Interesse lag als auch bei den Aitolern ›durchzusetzen‹ war: den Krieg.[109] Das zeugt von großem Verständnis für die Möglichkeiten des Augenblicks. Angesichts des völligen Fehlens einer positiven Komponente in der römischen Aitolienpolitik war derartiges taktisches Geschick aber auch bitter notwendig.

Dank Flamininus' Auftritt hatten Thoas und seine Gefolgsleute keine Probleme, einen (offenbar sorgsam vorbereiteten und mit Menippos abgestimmten) Beschluß durchzusetzen, in dem Antiochos herbeigerufen wurde, um Griechenland zu befreien und zwischen Aitolern und Römern zu schlichten. Das war die von beiden Seiten erwünschte Kriegserklärung: ›Befreien‹ war ein anderer Ausdruck dafür, daß der Bund zusammen mit dem König die römische Ordnung in Griechenland umstürzen wollte. Und eine Schiedsfunktion des Seleukiden war für die Römer unannehmbar. Flamininus hatte ja eben erläutert, wie sich die Römer eine ›Schlichtung‹ vorstellten. Den Beschließenden, Thoas ebenso wie der Versammlung, war das durchaus klar. Die klingenden Formulierungen sollten in der griechischen Öffentlichkeit nutzen, indem sie die Tatsache, daß der Bund den entscheidenden Schritt tat, in ein schöneres Licht stellten.[110]

Die Aitoler verabschiedeten den Beschluß noch in Anwesenheit der Römer, ohne daß die Versammlung unterbrochen wurde. Die Stimmung war aufgeheizt, man wollte es Flamininus heimzahlen, ganz drastisch sollte ihm vor Augen geführt werden, daß die Aitoler ohne Zögern den Point of no return überschritten. Die vermeintliche Brüskierung erlaubte es Flamininus

---

109 Es kann also keine Rede davon sein, daß Flamininus »eine gewisse Hoffnung behalten zu haben scheint, die [sc. kriegerische] Richtung, welche die aitolische Politik auf diese Weise ein schlug, könnte doch noch geändert werden« (DEININGER [1971], 70; ähnlich DE SANCTIS [1923], 137).

110 Liv. XXXV 33,7f.: . . . *decretum fieret, quo accerseretur Antiochus ad liberandam Graeciam disceptandumque inter Aetolos et Romanos* (8). Vgl. DE SANCTIS (1923), 137; BRISCOE (1981), 33; GRAINGER (2002), 177f. Zuvor hatte Flamininus, als er zu Verhandlungen mit dem Senat riet, ebenfalls das Verb *disceptare* gebraucht, freilich in einem anderen Sinn. Ob hinter der Wiederverwendung mehr steckt als die Formulierungskunst des Livius, ist schwer zu sagen (vgl. schon WEISSENBORN / MÜLLER [1906], 55).

aber, noch eins draufzusetzen. Er forderte, eigentlich unnötig, von dem Strategen Damokritos eine schriftliche Ausfertigung des Beschlusses, wohl in der Hoffnung, damit eine weitere heftige Reaktion zu provozieren. Damokritos ließ sich vom Hochgefühl des Augenblicks tatsächlich hinreißen: Im Moment habe er anderes zu erledigen, das Dekret und die gebührende aitolische Antwort werde er ihm bald in Italien geben, im Feldlager am Ufer des Tiber.[111] Die Wirkung, die Thoas mit dem umsichtig formulierten Beschluß zu erreichen hoffte, war damit zunichte gemacht. Die Unbeherrschtheit des Strategen goß viel Wasser auf die Mühlen der römischen Propaganda.

Gaetano De Sanctis und Erich S. Gruen halten Damokritos' Bemerkung, ohne zwingende Gründe, für unhistorisch.[112] Sie paßt auch schlecht zu Gruens These, die Aitoler hätten einen Krieg zu vermeiden gesucht, selbst dann noch, als sie Antiochos zum Oberbefehlshaber wählten. Von einer antirömischen Strömung sei ihre Politik nicht bestimmt gewesen. Statt dessen hätten sie ihre traditionellen Ziele verfolgt, also vor allem – die thessalischen Städte – eine Expansion in Mittelgriechenland.[113] Das ist richtig. Nur, in den letzten Jahren hatten die Aitoler erfahren, daß Rom wenig für ihre Wünsche übrig hatte. Deren Verwirklichung ohne, ja gegen Rom war denk-

---

111 Liv. XXXV 33,9f. BADIAN (1959), 130f., glaubt, das aitolische Dekret habe keineswegs auf einen Krieg abgezielt. Es sei unter dem Einfluß von Menippos verfaßt worden. Die Aitoler aber hätten mehr gewollt. Deshalb habe Damokritos die Absprache verletzt und Flamininus mit seiner Bemerkung weismachen wollen, es sei im geheimen ein Kriegsbeschluß gefaßt worden. Die Aitoler allein hätten somit den Krieg ein bedeutendes Stück nähergebracht. An Menippos' Mäßigung ist angesichts seines agitatorischen Auftretens aber nur schwer zu glauben. Weiter ist nicht klar, auf welche Weise Flamininus hätte getäuscht werden sollen: Er war ja anwesend, und an Geheimhaltung war angesichts der unzähligen Mitwisser in einer Bundesversammlung nicht zu denken. Von daher ließ sich auch gar nicht damit rechnen, daß Flamininus um eine Ausfertigung des Dekrets bitten würde – eine notwendige Voraussetzung für Damokritos' ›deliberate action‹. Ohnehin zeugt es nicht gerade von Überlegung, den potentiellen Feind in den Krieg zu treiben, während man den einzigen Freund von Bedeutung vor den Kopf stößt. Da fällt es einfacher, dem Strategen eine allzu ausgeprägte Spontaneität zu unterstellen und in Flamininus, nicht in ihm den Provokateur dieses Zusammenstoßes zu sehen. Ablehnend auch BRISCOE (1981), 33 Anm. 8.

112 Nach DE SANCTIS (1923), 137f., paßt sie nicht zu dem Umstand, daß Flamininus als Freund angehört und der Frieden formal nicht verletzt worden war. Das ist richtig, aber diese Unvereinbarkeit spricht nicht gegen die Geschichtlichkeit, sondern gegen Damokritos' Selbstbeherrschung. Vgl. auch BRISCOE (1981), 194. Darüber hinaus, so GRUEN (1984), 459 Anm. 130, diene die Anekdote dazu, »to drive home a moral lesson«. Damokritos wurde nämlich später gefangengenommen, nach Rom gebracht und bei einem Fluchtversuch getötet – am Ufer des Tiber (Liv. XXXVI 24,12; XXXVII 3,8; 46,5; App. Syr. 94; Zon. IX 19,12). Das letzte Detail ist in der Tat zu schön, um wahr zu sein. Deshalb ist aber nicht alles übrige unglaubwürdig, Damokritos' Schicksal war ja das fast übliche von führenden Politikern besiegter Gemeinwesen. Unannehmbar ist DE SANCTIS' Vorschlag: Historisch ist nur der Tod am Tiber, aus dem dann der Rest herausgesponnen wurde.

113 GRUEN (1984), 456-462. Gegen ihn argumentiert auch GRAINGER (1999), 444 mit Anm. 27.

bar unwahrscheinlich: Aitolien besaß nicht mehr seine frühere Schlagkraft, der Ausgang eines Feldzugs etwa gegen den Thessalischen Bund war ungewiß. Vor allem aber würde der Angegriffene eine stärkere Macht um Hilfe bitten, und die konnte nach Lage der Dinge nur Rom sein. Dann war zu erwarten, daß über kurz oder lang die Legionen zurückkehrten und die Aitoler in die Schranken wiesen, so wie sie es mit Philipp und Nabis getan hatten. An diesem militärischen Ausgang zweifelte, trotz des Selbstlobs wegen Kynoskephalai, wohl kaum ein führender Politiker. Umzingelt von römischen Geboten und Verboten, war den Aitolern somit jeglicher Handlungsspielraum genommen.

Thoas kam deshalb zu einem radikalen Schluß: Die römische Hegemonie über Griechenland müsse im ganzen beseitigt werden, dann gewännen die Aitoler auch wieder mehr Bewegungsfreiheit, ja mehr noch als zu Philipps Zeiten. Zu verwirklichen war das nur mit starken Verbündeten. Deshalb versuchte Thoas zunächst eine große Koalition mit Syrien, Makedonien und Sparta zusammenzubringen. Erst als Philipp sich verweigerte und Nabis glücklos agierte, beschränkte man sich notgedrungen auf Antiochos. Daß Rom unter dem Druck der neuen Partner klein beigeben würde, das mochten die Aitoler wohl hoffen. Daß sie damit aber, wie Gruen glaubt, rechneten – eine derartige Unbedarftheit muß man ihnen nicht unterstellen.[114] In

114 DEININGER (1971), 68, 70f., 73-75, unterscheidet für diese Jahre zwischen einer ›radikal antirömisch orientierten Gruppe‹ um Thoas und einer ›gemäßigt romfeindlichen‹ um Phaineas, die den bewaffneten Konflikt zu vermeiden suchte. Tatsächlich war der Kreis um Thoas relativ klein, und er mußte sich immer wieder von neuem bemühen, eine Mehrheit, sowohl in der Führungsschicht als auch in der Bundesversammlung, auf seine Seite zu bringen (Liv. XXXV 33,7: *Thoas deinde ceterique factionis eiusdem, cum adsensu omnium auditi, pervicerunt* . . .). Eine ebensolche Gruppierung um Phaineas, die eine politische Alternative anbot, ist in den Quellen aber nicht zu fassen. Nur einmal hören wir von einer größeren politischen Auseinandersetzung: im Herbst 192, nach Antiochos' Rede in Lamia und vor seiner Ernennung zum στρατηγὸς αὐτοκράτωρ. Phaineas, damals Stratege, sprach sich dafür aus, den König lediglich als Friedensvermittler und Schlichter zwischen Rom und Aitolien in Anspruch zu nehmen, nicht als Anführer im Krieg. Die Römer seien so eher einzuschüchtern als mit Waffengewalt, vieles würden sie freiwillig zugestehen, um nicht Krieg führen zu müssen. Diese Ansicht, die sich auf den Bundesbeschluß vom Frühjahr stützte, war freilich von den Ereignissen längst überholt worden (vgl. etwa GRAINGER [1999], 446). Sie bedeutete nicht gerade Landesverrat, wie Thoas dem Strategen unterstellte, aber ihre Umsetzung hätte den Römern tatsächlich nur Zeit für ihre Rüstungen gegeben (Liv. XXXV 45,2-9; vgl. DE SANCTIS [1923], 148). Allerdings mißbilligte Phaineas den Kriegskurs keineswegs grundsätzlich. Er meinte nur, daß man es noch einmal mit Verhandlungen versuchen solle, nun, da die aitolische Position durch Antiochos' Ankunft wesentlich gestärkt worden war. Wenn diese aber scheiterten, dann – so die unausgesprochene Voraussetzung für Phaineas' Vorschlag – müsse es Krieg geben. Wie hoch er die Erfolgschancen neuer Gespräche einschätzte, wissen wir nicht, aber ganz so naiv, wie Thoas glauben machen wollte, war der Stratege wahrscheinlich nicht. Eine derartige Initiative hätte der Öffentlichkeit ja den Eindruck vermittelt, die Aitoler wollten den Frieden erhalten, wenn es nur irgendwie möglich war. Gerade nach Damokritos' Fauxpas und den zwischenzeitlich erfolgten Anschlägen wäre eine solche Imagekorrektur nicht unwichtig gewesen. Ich vermute, daß es Phaineas mehr darum ging als um die zweifelhafte Perspektive tatsächlicher

diesem Fall wäre es nämlich hilfreich gewesen, konkrete Forderungen zu erheben und, sollten diese nicht erfüllt werden, mit Krieg zu drohen. Statt dessen sprach man vage von Freiheit und Schlichtung. Die Möglichkeit, auf Bedingungen einzugehen, erhielten die Römer gar nicht. Nur einmal äußerte sich ein Aitoler ohne jede Rücksicht in der Öffentlichkeit: Damokritos. Seine Bemerkung, in der Hitze der Auseinandersetzung herausgerutscht, war zwar weit übertrieben, aber die Tendenz der aitolischen Politik gab sie schon richtig wieder.

Bekanntlich ist der aitolische Versuch kläglich gescheitert. Aber im Jahr 193 gab es keine Wahl: Die Aitoler waren zu oft zurückgesetzt worden, zu überzeugt von der Richtigkeit ihrer Sache, als daß die einzige Alternative, politische Beschränkung, für sie in Frage gekommen wäre. Unter diesen Umständen war Thoas' Art, an die Dinge heranzugehen, noch die geschickteste. Nur eine breit angelegte Koalition bot eine Chance, den Römern standzuhalten. Daß sie derart schnell vergeben wurde, lag vor allem an den potentiellen Partnern. Doch weder davor noch danach wurde der Versuch, einen solchen Zusammenschluß zustande zu bringen, überhaupt ernsthaft unternommen.[115] Danach entwickelten die Dinge eine rasante Eigendynamik: Zurück konnten und wollten die Aitoler nicht, deshalb klammerten sie sich an einen mächtigen Verbündeten, der sie, eben weil er der einzige war, zu erdrücken drohte. Am Schluß stand ein Krieg, den sie zwar wünschten, der aber weder wegen ihnen ausbrach noch wegen ihnen geführt wurde.

Bis zu den Thermopylen gab es keine weiteren Kontakte zwischen Römern und Aitolern.[116] Nach Antiochos' Vertreibung aus Griechenland machte sich Glabrio an die Liquidation des Krieges in Europa, das heißt, an die Niederwerfung der Aitoler. Deren Kriegswille war durch die Schlacht

---

Friedenserhaltung. Thoas setzte sich, mit den besseren Argumenten, durch, aber es war ein Streit nicht um Grundsätzliches, sondern um das momentane Vorgehen. Doch wie auch immer man die Auseinandersetzung beurteilen mag, sie war eine isolierte Begebenheit, eine Opposition gegen Thoas läßt sich sonst nicht ausmachen. Die aitolische Politik scheint damals ganz von seinen Impulsen bestimmt worden zu sein. Da diese einen gefährlichen Weg wiesen, mußte er, wie es nur natürlich ist, einige Mühe aufwenden, um ihn auch von weniger entschlossenen Landsleuten beschreiten zu lassen, die im Grundsatz mit ihm übereinstimmten, aber doch hin und wieder zögerten. Phaineas scheint einer von diesen gewesen zu sein.

115 Die Annäherung zwischen Makedonien, Syrien und Rhodos in den siebziger Jahren kam über Heiraten und Höflichkeitsbezeugungen nicht hinaus. Wir wissen nichts davon, daß eine der Parteien eine militärische Kooperation ins Auge faßte, und selbst wenn, hätte sie sich gegen Pergamon gerichtet, nicht gegen Rom. Der Senat sah das wohl anders, aber hier kommt es nur auf die Absichten der hellenistischen Mächte an. Vgl. WILL (1982), 261, 295f., 303, 308; GRUEN (1984), 404, 555f., 645f.

116 Vor der achaiischen Bundesversammlung ließ sich der aitolische Gesandte Archidamos zu Ausfällen gegen Flamininus und die Römer hinreißen; dieser versuchte daraufhin, kaum weniger polemisch, Syrer und Aitoler lächerlich zu machen. Eine inhaltliche Auseinandersetzung fand nicht statt (Liv. XXXV 48,10-49,13).

aber keineswegs gebrochen, sondern eher befreit worden. So führten sie den Kampf entschlossen fort.[117] Erst nachdem Herakleia nach tapferer Verteidigung erobert und geplündert worden war, streckte der Stratege Phaineas Friedensfühler aus. Die maßgeblichen Politiker waren dann auch bereit, über die Demütigung ihrer Gesandten – Glabrio drohte sie in Ketten zu legen – hinwegzusehen und die unerwartet harten Bedingungen des Konsuls zu akzeptieren. Doch das aitolische Volk verweigerte seinen Führern die Gefolgschaft: Es stimmte zwar nicht offen gegen sie, aber es boykottierte die Bundesversammlung in so großer Zahl, daß diese beschlußunfähig war.[118] Der Krieg ging weiter, und Glabrio machte sich wohl oder übel an die Belagerung von Naupaktos, wo ein Großteil des Bundesaufgebots zusammengekommen war.[119]

Geführt von Phaineas, verteidigten sich die Aitoler erneut tapfer, aber nach zwei Monaten war der Fall der Hafenstadt absehbar. In dieser Situation muß ihnen Flamininus wie ein Deus ex machina vorgekommen sein, als er plötzlich vor ihren Befestigungen erschien und beim Konsul einen Waffenstillstand vermittelte. Sein Einfluß, der ihnen so unerwartet zugute kam, schien einen glimpflichen Frieden zu garantieren. In Wirklichkeit ging es Flamininus, wie ich oben schon gesagt habe, weniger um die Rettung seiner alten Feinde als um die Beendigung von Philipps Eroberungszug. Freilich wollte er durch die Friedensstiftung auch seinen Ehrgeiz befriedigen. Tatsächlich gelang es ihm, dank kühler Lagebeurteilung und psychologischem Geschick, Glabrio zum Verzicht auf den militärischen Ruhm zu bewegen

117 Liv. XXXVI 22,1-4; 26,1-4. Glabrios recht versöhnlich gehaltene Aufforderung zur Kapitulation (vgl. ECKSTEIN [1995a], 280; FERRARY [1988], 148 Anm. 60) schlugen die Aitoler aus. Statt dessen bat die Bundesversammlung Antiochos um Unterstützung.

118 Polyb. XX 9f.; Liv. XXXVI 22,4-24,12; 26,5-29,3. Thoas' Abwesenheit – er war zu Antiochos geschickt worden – erleichterte den Politikern sicherlich ihre Entscheidung. Auf der anderen Seite bestärkte die Nachricht von Antiochos' positiver Antwort das Volk in seinem Widerstand. Glabrio war mit den Gesandten eigentlich recht rücksichtsvoll umgegangen: In seinen Forderungen blieb er zwar hart, aber er billigte den Aitolern zu, daß sie sich über den Charakter ihrer schon vollzogenen Dedition getäuscht hatten. Deshalb betrachtete er diese als nichtig und gewährte einen weiteren Waffenstillstand zur Beratung. Sein Wille, möglichst bald – man schrieb schon Juli (jul.), das Ende der Feldzugssaison seines Amtsjahres kam allmählich in Sicht – Frieden zu schließen, war unverkennbar. Die Drohung mit den Ketten entsprang wahrscheinlich einem schnell vorübergehenden Wutausbruch. Vgl. ECKSTEIN (1995a), bes. 276-285; E. S. GRUEN, Greek Πίστις and Roman Fides, Athenaeum NS 60 (1982), 66f.

119 Liv. XXXVI 30; App. Syr. 95f. Glabrio marschierte über den Korax, ein schwer zu überwindendes Bergmassiv, nach Naupaktos. Daß die Aitoler es versäumten, den Paß zu sperren, war eine Nachlässigkeit, die sich aus den unübersichtlichen inneren Verhältnissen nach der gescheiterten Bundesversammlung erklären dürfte. Keinesfalls handelte es sich um einen bewußten Verzicht auf einen militärischen Erfolg, um die Römer nicht noch mehr gegen sich aufzubringen (so DE SANCTIS [1923], 167). Derartige Rücksichtnahme, eine Einladung zur Belagerung von Naupaktos, hätte in der damaligen Situation nur kurios gewirkt. Im nächsten Frühjahr machten es die Aitoler besser, sie besetzten den Korax – und deckten Naupaktos (Liv. XXXVII 4,7; 5,4).

und sich selbst freie Hand zu verschaffen. Hier trafen sich die Interessen des Römers und der Aitoler.[120]

Den Begegnungen zwischen ihnen fehlte es nach all dem Vorgefallenen nicht an Dramatik. Zunächst die Sondierung der aitolischen Stimmungslage: Flamininus vor den Mauern von Naupaktos; die Aufregung der Aitoler, als sie ihn erkennen; die flehentlichen Bitten der zusammengedrängten Masse, mit ausgestreckten Händen und einstimmigem Rufen; die innere Bewegung des Legaten, aber seine abwehrende Handbewegung. Dann, nachdem er beim Konsul die Voraussetzungen geschaffen hat, die Einleitung der Waffenruhe: erneutes Flehen; die Gewährung einer Unterredung; Phaineas und andere führende Leute, die sich ihm zu Füßen werfen; schließlich Flamininus' milde Rede, beginnend mit Vorwürfen und endend in Verheißungen. Livius hat diese Szenen verständlicherweise breit geschildert, wahrscheinlich auch mit manchem Detail ausgeschmückt. Aber daß die Dinge sich in etwa so zutrugen, ist kaum zu bezweifeln. Ebensowenig die Selbstgerechtigkeit, die in Flamininus' Worten zum Ausdruck kam. Er erinnerte die Aitoler nicht nur daran, daß sie ihre gegenwärtige Lage selbst verschuldet hatten, sondern auch, daß er ihnen diesen Ausgang prophezeit hatte. »Dennoch werde ich nicht aufhören, auch Undankbaren Gutes zu tun, da ich durch ein gewisses Los dazu bestimmt bin, Griechenland zu hegen.« Deutlicher konnte er die Arroganz, auf der in den vergangenen Jahren sein Verhalten gegenüber den Aitolern beruht hatte, kaum zum Ausdruck bringen. Phaineas beurteilte Flamininus' Rolle zweifellos anders, aber es ist schwer zu protestieren, wenn man im Staub liegt. Und im Augenblick schlug die Flamininische Selbstgefälligkeit das erste Mal zum Vorteil des Bundes aus.[121]

Etwa gleichzeitig mit den aitolischen Gesandten traf Flamininus in Rom ein und setzte sich, Anfang 190, vor dem Senat nachdrücklich für sie ein. Unglücklicherweise tat sich, ebenfalls zum ersten Mal, eine Kluft zwischen Flamininus und dem Gros des Senats auf. Dabei traten die Aitoler, vielleicht von ihrem neuen Gönner instruiert, im Grunde nicht ungeschickt auf: Sie argumentierten nicht in der Sache, sondern verlegten sich auf demütiges Flehen. Freilich mochten sie nicht darauf verzichten, ihre früheren Verdien-

120 S. o. S. 127f.

121 Liv. XXXVI 34,3-6: *sui maxime operis esse credens nullam gentem liberatae ab se Graeciae funditus everti* (4); 35,2-5: *ego tamen, sorte quadam nutriendae Graeciae datus, ne ingratis quidem bene facere absistam* (4). Treffend BRISCOE (1981), 272: »Flamininus appears to have genuinely convinced himself that this was the case.« Die Gedanken, die Flamininus vor seinem Vermittlungsversuch bewegt haben sollen (34,3f.), sind offenbar aus seiner späteren Rede herausgesponnen. Plut. Flam. 15,8 läßt seinen Protagonisten sogar weinen.

ste zu erwähnen.[122] Schon deshalb hielt sich das Mitleid in Grenzen. Die Senatoren wollten Schuldeingeständnisse hören und bekamen sie bei einer scharfen Befragung auch zu hören. Nach der Entlassung der geschockten Gesandten kam es zu einer großen, mehrere Tage andauernden Auseinandersetzung im Senat, bei der Flamininus unterlag. Die meisten waren der Meinung, man habe es nicht bloß mit Feinden, sondern mit einer »unzähmbaren und unzugänglichen Völkerschaft« zu tun, das heißt, mit Leuten, von denen keine Besserung zu erwarten war. Offen den Frieden verweigern konnte man zwar schlecht, aber es gab keinen Grund, den Aitolern bei den Bedingungen entgegenzukommen. So ließ man ihnen die Wahl zwischen Skylla und Charybdis: entweder sich dedieren oder auf der Stelle eintausend Talente bezahlen und dieselben Freunde und Feinde haben wie Rom. An der zweiten Option irritierte die Aitoler nicht so sehr der Umstand, daß ihnen für die Zukunft jede Gelegenheit genommen wäre, sich gegen Rom zu wenden: Offenbar erschien ihnen das, wenigstens ihren führenden Politikern, inzwischen unvermeidbar, jedenfalls beklagten sie sich nicht darüber. Mehr Kopfzerbrechen bereitete, daß das Geld auf die Schnelle nicht aufzutreiben war. Die erste Option aber erinnerte an die harten Forderungen Glabrios vor Herakleia und war zu vage, als daß sie Zutrauen erwecken konnte. Die Bitte um eine Präzisierung schlug der Senat ab, was die Gesandten noch mißtrauischer machte. So brachen die ›Verhandlungen‹ ergebnislos ab.[123]

Daß Flamininus scheiterte, braucht einen nicht zu wundern. Er konnte zwar seine beträchtliche Autorität in die Waagschale werfen, aber keine Argumente. Daß Philipp an weiteren Eroberungen gehindert werden mußte, war auch die Meinung des Senats. Nur war dieses Ziel durch den Waffenstillstand schon erreicht: Philipp hatte den Kampf einstellen müssen, und gerade eben, während man über die Aitoler beriet, warteten draußen seine Emissäre, die sich dem erklärten Willen des Senats kaum entgegensetzen würden.[124] Und für Flamininus' Ehrgeiz, als Friedensstifter neuen Ruhm an

---

122 Davon hatte ihnen schon der Militärtribun L. Valerius Flaccus bei den Verhandlungen vor Herakleia abgeraten (Polyb. XX 9,7-9). Exakt ein Jahr später erregte die ähnliche Argumentation einer weiteren Gesandtschaft ebenfalls den Unwillen des Senats (Liv. XXXVII 49,2f.). Vgl. auch Liv. XXXVIII 8,6-10. Nur einmal, im Feldlager bei Amphissa 190, reagierte ein Römer positiv auf diese Art der Beweisführung. Doch Scipio behandelte die Aitoler damals aus taktischen Motiven äußerst zuvorkommend (Polyb. XXI 4,9f.; s. u. Anm. 125).

123 Liv. XXXVII 1,1-6: *non ut hostibus modo, sed tamquam indomitae et insociabili genti suscensebant* (4); Polyb. XXI 2,3-6 (zu seiner gekürzten Version NISSEN [1863], 13, 188); 5,3; Diod. XXIX 4.

124 S. o. S. 129. Vielleicht sprachen sich sogar die Gesandten Glabrios für harte Bedingungen aus: Während dieses Winters drängte er den aitolischen Einfluß in Delphi zurück (RDGE 37; vgl. G. DAUX, Delphes au IIe et au Ier siècle depuis l'abaissement de l'Étolie jusqu'à la paix romaine 191-31 av. J.-C., Paris 1936, 225-233; P. SÁNCHEZ, L'Amphictionie des Pyles et de Delphes,

seine Fahnen zu heften, brachten die Senatoren wahrscheinlich Verständnis auf, aber ihre Sorge war das nicht. Andererseits waren die Aitoler nicht ganz so demütig aufgetreten, wie man es erwartet hatte; offenbar hatten sie den Ernst ihrer Lage immer noch nicht begriffen. So fehlte jeder Anlaß, von der ablehnenden Haltung abzugehen, die sich das Haus vor über 15 Jahren zu eigen gemacht und die sich in letzter Zeit höchstens verhärtet hatte. Flamininus brachte den Aitolern kein Glück.

So schleppte sich der Krieg noch eineinhalb Jahre weiter, immer wieder unterbrochen von Waffenstillständen und Verhandlungen. Da den Aitolern jetzt die Unterstützung eines einflußreichen Senators fehlte, kamen sie dem Frieden nicht mehr so nahe wie Anfang 190. Schließlich mußten sie den römischen Bedingungen (der zweiten Option) doch zustimmen.[125] Flamininus scheint bei all dem keine führende Rolle mehr gespielt zu haben. Verständlich, nach der Niederlage im Senat. Ruhm als Friedensstifter gab es ohnehin nicht mehr zu gewinnen.

❋

Manches, was ich oben über Flamininus und Philipp gesagt habe, gilt genauso für sein Verhältnis zu den Aitolern. Auch ihnen mißtrauten die Römer seit ihrem ersten Krieg in Griechenland, und Flamininus übernahm dieses ›Grundprinzip‹ ohne weiteres. Er gab der Politik keine neue Richtung, statt dessen beschleunigte er sie. Denn sein Beitrag bestand darin, daß sich unter ihm der Gegensatz wesentlich verschärfte. Schon während des Krie-

---

Stuttgart 2001, 364-371), vor allem aber trat er, ein Jahr darauf in Rom, der nächsten aitolischen Gesandtschaft unnachgiebig gegenüber (Liv. XXXVII 49,7; vgl. FERRARY [1988], 149 Anm. 66).

125 Polyb. XXI 4f.; Liv. XXXVII 4,6-7,7; App. Syr. 109: Die Freundlichkeit Scipios verband sich 190 nicht mit Zugeständnissen in der Sache, wie die Aitoler zunächst geglaubt hatten. Obwohl er diesen Krieg so schnell wie möglich hinter sich lassen wollte, um sich der lohnenderen Aufgabe Antiochos zuzuwenden, mußte der Konsul, sein Bruder Lucius, bei den harten Senatsbedingungen bleiben, um in Rom nicht eine ähnliche Abfuhr wie Flamininus zu erleiden. Ein Waffenstillstand löste das Problem, jedenfalls für die Scipionen. Vgl. zuletzt W. J. TATUM, The Consular Elections for 190 B.C., Klio 83 (2001), 399f. Liv. XXXVII 49; Diod. XXIX 9: Anfang 189 stellte der Senat dieselben Möglichkeiten zur Auswahl wie ein Jahr zuvor, die Aitoler beugten sich nicht. Polyb. XXI 25,8-32,15; Liv. XXXVIII 3,6-11,9: Im Frieden von 189 wurde die Kriegsentschädigung immerhin um die Hälfte reduziert, in der Erkenntnis, daß die Aitoler nicht mehr aufbringen konnten; die entscheidende Freund-Feindklausel blieb unverändert. Der Vertrag ließ sich auf beiden Seiten nur mit Mühe durchsetzen (s. auch o. S. 130 mit Anm. 108). Der Konsul M. Fulvius Nobilior wie auch der Senat wurden nicht zuletzt dadurch überredet, daß die Aitoler neben den Athenern und den Rhodiern unverhofft wieder einen römischen Fürsprecher fanden: C. Valerius Laevinus, dessen Vater 211 unter ganz anderen Bedingungen den ersten Vertrag mit dem Bund geschlossen hatte. Zu den Bestimmungen vgl. WALBANK (1979), 131-136; GRUEN (1984), 26-32. Eine interessante, oftmals aber allzu spekulative Darstellung der Verhandlungen Nobiliors gibt J. LINDERSKI, Cato Maior in Aetolia, in: R. W. Wallace / E. M. Harris (Hrsgg.), Transitions to Empire, Norman u. a. 1996, 382-392.

ges behandelte er die Aitoler sehr kühl, und es war kein Zufall, daß sich die Spannungen bald nach der Schlacht bei Kynoskephalai in einem offenen Eklat entluden. Nach der Niederlage Makedoniens brauchte der Feldherr keine Rücksicht mehr zu nehmen. Auch in der Folgezeit tat er nie einen Schritt zum Ausgleich, bewußt nahm er die Radikalisierung der Aitoler in Kauf. Am deutlichsten manifestierte sich diese Haltung bei der Panaitolischen Bundesversammlung im Frühjahr 192, als Flamininus die Aitoler nach Kräften in den Krieg gegen Rom trieb und so für einen seltsamen Augenblick mit Thoas zusammenwirkte.

Angesichts des Ausbleibens eigener Impulse gab es natürlich nie einen grundsätzlichen Dissens zwischen Flamininus und dem Senat bzw. der Zehnerkommission.[126] Nur wahrten letztere eher die Form, aber das kann nicht überraschen, lag der Feldherr doch auch persönlich im Streit mit den Aitolern. Seine plötzliche Unterstützung beim Waffenstillstand 191 und später vor dem Senat könnte man als kuriose Fußnote abtun, würde sie nicht einiges über Flamininus verraten: Ohne weiteres verließ er die bisher von ihm vertretene politische Linie, als sie nicht mehr die beste Chance auf die Befriedigung seines Ehrgeizes bot. Insofern könnte sein Verhalten dem bei der Konferenz von Lokris an die Seite gestellt werden, wenn da nicht noch das zweite Motiv wäre: der Gegensatz zu Makedonien, der ihm mehr am Herzen lag als derjenige zu Aitolien.

Keiner von beiden Staaten konnte Rom zwar wirklich bedrohen, aber das makedonische Machtpotential war doch erheblich größer als das des Bundes. Entsprechend düsterer gestaltete sich das römisch-aitolische Verhältnis. Von Philipp gingen, gerade während des Krieges, wesentliche Initiativen aus, und noch nach seiner Niederlage konnte er beträchtlichen Einfluß auf die hellenistische Welt nehmen. Die Römer waren immer wieder gezwungen, Rücksichten zu nehmen und ihn mit Bedacht zu behandeln. Ganz anders die Aitoler: Nie standen sie oben auf der politischen Agenda, sie waren ein Gegner, den man nicht einmal als solchen respektierte. Nur kurz, unter den Erfordernissen des neuen Makedonienkrieges, wurden sie umworben, doch selbst damals machte Rom ihnen keinerlei konkrete Versprechungen. Flamininus aber ließ sie die römische Macht ohne Mäßigung spüren. Sie wurden, als Alliierte wie als Feinde, wesentlich achtloser behandelt.

Nur auf dem Feld der Propaganda und der Agitation schienen die Aitoler den Römern gewachsen zu sein. Tatsächlich verlegten sie sich für einige Zeit fast vollständig darauf. Sie beeindruckten damit nicht nur die übrigen

---

126 Die Auseinandersetzung um die sofortige Räumung der Fußfesseln 196 gehört insofern nicht hierher, als sich Flamininus und die Legaten nicht über die Behandlung der Aitoler stritten, sondern über ein Problem, das die Aitoler zwar in der griechischen Öffentlichkeit thematisiert hatten, das mit ihnen selbst aber nichts zu tun hatte.

Griechen, sondern zwangen auch Flamininus zu öffentlichen Stellungnahmen. Einmal vermochten sie den Prokonsul derart unter Druck zu setzen, daß er an eine Änderung der politischen Planung dachte. Doch es ging nur um eine nachrangige Frage – die sofortige Räumung der Fußfesseln –, und die Zehnerkommission ließ sich gar nicht erst beeindrucken. Letztlich erreichten die Aitoler auf diesem Weg gar nichts. Sie zwangen Flamininus keine Handlungsalternativen auf, keine politische Entwicklung ging auf ihre Initiative zurück. Der Feldzug gegen Nabis wurde nicht ihretwegen unternommen, und sie bestimmten auch nicht den Zeitpunkt der Räumung Griechenlands. Weder blieben die Legionen länger, um die Aitoler zu kontrollieren – dann hätten sie gar nicht abziehen dürfen –, noch brachen sie früher auf, um den aitolischen Angriffen die Spitze abzubrechen. Letzteres war zwar ein willkommener Nebeneffekt, aber die Römer hatten nie etwas anderes beabsichtigt, als ihre Truppen zum frühestmöglichen Zeitpunkt heimzubringen.[127]

Die Römer befanden sich nun einmal im Besitz aller Gestaltungsmöglichkeiten, während der Bund über kein Drohpotential verfügte. Freilich blieb der Umschwung nicht nur deshalb aus. Die aitolische Agitation blieb nämlich rein negativ, ja destruktiv, nie boten sie politische Alternativen an, die auch für die übrigen Griechen annehmbar waren. So stimmte Alexandros Isios 195 der Befreiung von Argos zu, aber er kam nicht etwa auf die Idee, auch einen Angriff auf Sparta anzuregen (wie ihn später Flamininus und Aristainos in die Wege leiteten). Statt dessen schlug er vor, die Aitoler sollten den römischen Plan umsetzen, ohne Römer. Das war platte Opposition, ein solcher Feldzug war weder machbar noch für die Griechen wünschenswert. Letztlich befanden sich die Aitoler während dieser Jahre vollständig in der politischen Defensive.

Ihr Ausbruchsversuch von 193 begann allerdings mit einer bemerkenswerten Initiative: Thoas' Versuch, eine große Koalition gegen Rom zusammenzubringen. Doch er scheiterte – um von Nabis zu schweigen – sofort an der Realität des makedonisch-seleukidischen Gegensatzes. An Antiochos' Seite mußten die Aitoler aber bald erfahren, daß auch er im wesentlichen Unterordnung erwartete. Es spricht für ihre Moral, daß sie in dieser Lage eher zum Widerstand als zum Gehorchen neigten. Gleichzeitig wird aber von einer anderen Seite her das Grunddilemma der Aitoler unter der römischen Hegemonie deutlich: Sie waren zu stark, als daß sie sich Flamininus' Zumutungen einfach gefügt hätten, aber zu schwach, um ernstlich etwas dagegen ausrichten zu können.

---

127 Abzug als Reaktion auf aitolische Agitation: HOLLEAUX (1930b), 379; DEININGER (1971), 66; WILL (1982), 176; ECKSTEIN (1987c), 315; ERRINGTON (1989b), 277. Zu den tatsächlichen Gründen s. u. S. 288-292.

Wäre der Römer etwas behutsamer mit seinem bedeutendsten Alliierten umgegangen, hätte all das vielleicht vermieden werden können. Denn die Aitoler strebten ja nicht ihrerseits eine Herrschaft über Griechenland an, sondern verfolgten lediglich ihre traditionellen Ziele in Mittelgriechenland. Von vornherein existierte also kein unüberwindbarer Gegensatz.[128] Nun waren römische Hegemonie und aitolische Expansion nicht unbedingt miteinander kompatibel, Schwierigkeiten hätte es in jedem Fall gegeben. Nur wäre, bei grundsätzlich guten Beziehungen, eine andere Lösung als ein Krieg nicht ausgeschlossen gewesen. Der Achaiische Bund vermied ihn ja ebenfalls, ohne daß er seinen außenpolitischen Ambitionen völlig entsagte. Flamininus versuchte es aber nicht einmal und blieb lieber in den eingefahrenen Schemata des römischen Freund-Feinddenkens. Er konnte sich das auch erlauben, denn für Rom waren die Aitoler letztlich eine Quantité négligeable. Für den Aitolischen Bund aber bedeutete das eine militärische Konfrontation, die in der Katastrophe endete.

---

128 So aber HOLLEAUX (1930b), 380, 391, der glaubt, der Bund habe den Platz Makedoniens einnehmen wollen. Ähnlich DEININGER (1971), 59.

›Freundschaft‹: Flamininus und die Achaier

Anders als Philipp und die Aitoler war der Achaiische Bund in den neunziger Jahren ein zuverlässiger Verbündeter Roms, ja der zuverlässigste unter den bedeutenderen griechischen Mächten. Trotzdem blieb das gegenseitige Verhältnis nicht frei von schweren Spannungen, gerade beim Nabisfeldzug 195 und bei der achaiischen Eroberung der Peloponnes während des Antiochoskrieges. Auf diesen Krisen der Allianz soll deshalb im Folgenden der Schwerpunkt liegen. Denn hier läßt sich mehr über Flamininus' Politik erfahren als beim spektakulärsten Ereignis der achaiischen Geschichte dieser Jahre: dem Bündniswechsel von Makedonien zu Rom auf der Bundesversammlung im Herbst 198.

Ferne Partner

Solche außenpolitischen Kursänderungen rühren oft mehr von der Unzufriedenheit mit dem bisherigen Partner als von den Hoffnungen in den zukünftigen her. Tatsächlich waren die Achaier im Gegensatz zu Makedonien groß geworden. Nur höchste Not, als der Bund von den Erfolgen des spartanischen Königs Kleomenes III. in eine Existenzkrise gestürzt worden war, erzwang 224 die Symmachie mit Antigonos Doson. Zusammengehalten wurde diese durch militärische Konflikte, erst den Bundesgenossenkrieg, dann den Ersten Makedonischen Krieg. So konnte sich Philipp immer wieder als Schutzherr profilieren und die Abhängigkeit vertiefen. Doch gegen Ende des Makedonischen Krieges zeigten sich die Grenzen des Bündnisses: Unter dem Druck der aitolisch-römischen Koalition konnte der König die Achaier nur unzureichend gegen Sparta decken. Der Bund mußte zur Selbsthilfe greifen, und es war Philopoimen, der das wenig schlagkräftige Heer reformierte und so ein Instrument schuf, mit dem er 207 die Spartaner bei Mantineia besiegen konnte. Seine Wirkung entfaltete dieser Erfolg weniger auf außenpolitischer oder militärischer Ebene – Sparta blieb weiterhin der Hauptkonkurrent auf der Peloponnes, und der Bund wurde nie eine bedeutende Militärmacht –, entscheidend war: Er vermittelte den Achaiern den Eindruck, daß sie sich auch ohne Makedonien behaupten konnten. Das heißt nicht, daß man an eine Auflösung des Bündnisses dachte, aber es bildete sich doch das Bewußtsein heraus, daß es auch andere Möglichkeiten gab, daß die Entscheidung von 224 nicht für immer die richtige bleiben mußte.

In den Jahren zwischen den Makedonischen Kriegen verfiel das Bündnis. Einen gemeinsamen Feind gab es nicht, und so mußten sich die Achaier in kleineren und größeren Scharmützeln gegen Spartas neuen Herrscher Nabis behaupten, während Philipp seine Ambitionen im Ägäisraum verfolgte.[1] Das Eingreifen Roms trieb die Entwicklung schließlich entscheidend voran: Schon einmal waren die Achaier vom König in einen schwierigen Krieg mit der westlichen Großmacht verwickelt worden, und sie wollten diese Erfahrung jetzt, als die Römer sich viel stärker engagierten, nicht wiederholen. Galba war bereits auf der Balkanhalbinsel gelandet, als Philipp die Achaier im Herbst 200 persönlich zum Eintritt in den Krieg bewegen wollte. Doch nicht einmal die Aussicht, im Gegenzug Unterstützung gegen Nabis zu erhalten, reichte aus. Der König mußte unverrichteter Dinge abziehen. Das Bündnis blieb zwar formal bestehen, tatsächlich aber war es einer wohlwollenden Neutralität gewichen.[2]

Auch um die mußte sich Philipp bald sorgen: Galbas Erfolge während der Kampagne 199 beeindruckten nicht nur die Aitoler, sondern auch die Achaier. Letztere hatten zwar einen weiteren Weg ins römische Lager zu gehen, aber im Winter 199/198 sah Philipp die Situation als so prekär an, daß er die Neutralität mit der Überlassung einiger von ihm besetzter peloponnesischer Städte und der Landschaft Triphylien sichern zu müssen glaubte.[3] Wir wissen wenig über die achaiische Innenpolitik dieser Jahre, aber spätestens zu diesem Zeitpunkt war die Aufrechterhaltung des Bünd-

1 Überblicke über die Ereignisse bis 200 geben A. BASTINI, Der achäische Bund als hellenische Mittelmacht, Frankfurt u. a. 1987, 22-40, LEHMANN (1967), 207-211, AYMARD (1938b), 24-66, und R. M. ERRINGTON, Philopoemen, Oxford 1969, 49-87 (mit allzu gewagten Spekulationen über Philopoimens Haltung gegenüber Makedonien und Rom, vgl. nur DEININGER [1971], 40f. mit Anm. 1 und 4, und BRISCOE [1973], 200). Vgl. auch HOLLEAUX (1921b), 225-228.

2 Polyb. XVI 38; Liv. XXXI 25,2-11. Philipp trug sein Angebot nur verklausuliert, ja mit der Absicht der Täuschung vor, was das Ausmaß der achaiischen Beteiligung am Krieg gegen Rom anging. Nichts zeigt deutlicher, wie weit sich die Verbündeten schon voneinander entfernt hatten. Daß der Stratege Kykliadas, eigentlich ein Anhänger Philipps, mit einem Geschäftsordnungstrick eine Abstimmung verhinderte, erklärt sich vornehmlich aus der ablehnenden Haltung der Bundesversammlung – ein offen negatives Votum hätte den Bruch nach sich ziehen können. Vgl. BASTINI (1987), 41-43; H. NOTTMEYER, Polybios und das Ende des Achaierbundes, München 1995, 165-168; LEHMANN (1967), 212-214; AYMARD (1938b), 67. Philipp mußte sich mit wenigen Freiwilligen begnügen, die sich seinem Heer anschlossen. Daß man dem König eigentlich nicht feindselig gegenüberstand, beweist einmal die nicht lange zuvor erfolgte Wahl des Kykliadas, vor allem aber die achaiische Gesandtschaft nach Rhodos, die wohl im November 200 (jul.) zum Frieden mit Philipp riet. Das achaiische Ziel war klar: Ein umfassender Frieden würde ein Eingreifen Roms und eine Verwicklung des Bundes in einen neuen Krieg am ehesten vereiteln. Von den römischen Legaten, die sich damals noch auf der Insel aufhielten, wurde diese Absicht durchkreuzt, vielleicht sogar im persönlichen Aufeinandertreffen vor der Volksversammlung (Polyb. XVI 35). Vgl. AYMARD, 66f. mit Anm. 87f. Nach Philipps Täuschungsversuch entwickelten die Achaier freilich kein derartiges Engagement mehr für ihn.

3 Liv. XXXII 5,2-6.

nisses von einer allgemein anerkannten Forderung der Staatsräson zu einer bloßen Möglichkeit geworden. Entsprechend den immer klarer zutage tretenden Alternativen bildeten sich zwei festere Gruppierungen, eine makedonische und eine römische. Das schnelle Erstarken der zweiten spiegelte sich im Schicksal des prominentesten Makedonenfreundes Kykliadas: 199 bekleidete er noch die Strategie, im Jahr darauf wurde er verbannt. Diese Weichenstellung war vielleicht nicht unbeeinflußt von Flamininus' Sieg am Aoos und seinem Marsch nach Zentralgriechenland. Ob der amtierende Stratege Aristainos bereits als Protagonist einer Neuorientierung gewählt worden war, ist unbekannt, aber spätestens seit Kykliadas' Ausschaltung machte er aus seiner Sympathie für ein römisches Bündnis kein Hehl.[4]

Die alliierte Flotte bereitete schon den Sturm auf Korinth vor. Die Einbeziehung der Peloponnes in die Kampfhandlungen schien unabwendbar, und so war klar, daß die Bundesversammlung, die im September oder Oktober 198 in Sikyon zusammentrat, eindeutig Stellung beziehen mußte. Schon aus dem Auftreten der verschiedenen Gesandten wurden die veränderten Verhältnisse deutlich. Denn während Philipps Gesandter Kleomedon die Achaier lediglich zur Wahrung der Neutralität aufforderte, drängte der Römer L. Calpurnius auf ihren Kriegseintritt. Als Lohn bot er die Wiedergewinnung Korinths an – der Stadt, die der Bund einst Doson als Preis für das damalige Bündnis überlassen hatte müssen. Auch sonst sprach viel für die Römer: Sie schienen Philipp überlegen zu sein; ein Krieg gegen sie, die keine große Rücksicht auf Besiegte nahmen, konnte katastrophale Konsequenzen haben; der König hatte den Achaiern schon lange nicht mehr gegen Sparta beigestanden; ohnehin schien er unberechenbar. Doch obwohl die Entscheidung für Rom in der Konsequenz der bisherigen Entwicklung lag, war sie hochumstritten. Die Furcht vor den römischen Waffen war auch ein Argument gegen ein Bündnis, die Erinnerung an die Feindschaft im Ersten Makedonischen Krieg war noch frisch. Vor allem aber war deutlich, daß ein Seitenwechsel irreversibel wäre und man den König in Zukunft zum unversöhnlichen Feind hätte. Und für die Handelnden des Herbsts 198 war die endgültige Niederlage Philipps keineswegs so sicher wie für den Historiker. Auch ließ sich das Vierteljahrhundert des Bündnisses, fast eine Generation, nicht so einfach wegwischen. Man trennt sich nicht leicht von Vertrautem. Ohne Zweifel hatten sich die makedonischen Könige große Verdienste um die Achaier erworben, der gegenwärtige noch gerade eben durch die Übergabe der erwähnten Territorien. Daß die Geste taktischen Motiven ent-

---

4 Liv. XXXII 19,2: *Cycliadan principem factionis ad Philippum trahentium res expulerant; Aristaenus, qui Romanis gentem iungi volebat, praetor erat.* Vgl. AYMARD (1938b), 68, 78f.; DEININGER (1971), 41; LEHMANN (1967), 217 mit Anm. 142. Der genaue Zeitpunkt der Verbannung ist unbekannt (vgl. DEININGER, 41 mit Anm. 6).

sprang, machte sie noch nicht wertlos. Schließlich gab es Städte, die in besonderen Beziehungen zu Philipp oder seinem Haus standen und keinesfalls von ihm abfallen wollten: Argos, Dyme, Megalopolis.[5]

Dies war die Stunde des Aristainos. Er leitete nicht nur die Versammlung im römischen Sinne,[6] sondern brachte mit einer geschickten Rede, in der er seinen Landsleuten die Zukunftslosigkeit des Bündnisses mit dem zusehends machtloseren König und das überlegene Potential Roms drastisch vor Augen führte, einen Großteil auf seine Seite.[7] Trotzdem bedurfte es noch heftigster Auseinandersetzungen, sogar Todesdrohungen, bis die Allianz mit den Römern endgültig beschlossen war. Die Bewohner von Dyme und Megalopolis sowie viele Argiver verließen die Versammlung vor der Abstimmung.[8] Dies zeigt noch einmal deutlich, daß die Entscheidung vor allem eine Absage an Philipp, weniger eine Hinwendung zu Rom bedeutete. In den Diskussionen und in Aristainos' Rede tauchte die Republik nämlich nur als negative Größe auf: Die Römer seien zu mächtig, als daß man ihnen entgegentreten dürfe, sie könnten ihren Willen gewaltsam durchsetzen, also müsse man ihnen gleich weichen. Das vermutlich einzige, was die Achaier den Römern abzugewinnen vermochten, war die Aussicht auf Korinth.[9]

---

5 Liv. XXXII 19,3-20,7; 21,4-11; 22,9-12; XLI 24,12-14; App. Mac. 7 (zum Quellenwert Appians AYMARD [1938b], 95 Anm. 58); Paus. VII 8,2. Zum Versprechen Korinths vgl. BRISCOE (1973), 201, und M. GELZER, Rez. Aymard (1938b), in: ders., Kleine Schriften, Bd. 2, Wiesbaden 1963, 26, zu den makedonischen *beneficia recentia* BRISCOE, 202. Insgesamt zum Bündniswechsel der Achaier HOLLEAUX (1930b), 355f.; ECKSTEIN (1976), 138-141.

6 Vgl. AYMARD (1938b), 84; LEHMANN (1967), 218 mit Anm. 143; anders BASTINI (1987), 47f.

7 Liv. XXXII 19,11-21,37. Vgl. LEHMANN (1967), 218-221; AYMARD (1938b), 91-93. Inwieweit Livius' Version Polybios' ursprünglichen Wortlaut aufnimmt, ist unsicher, doch dürften die Grundzüge korrekt wiedergegeben sein (vgl. ECKSTEIN [1990], 55-57).

8 Liv. XXXII 22,1-23,2; App. Mac. 7. Vgl. AYMARD (1938b), 94-97; DEININGER (1971), 43-46; GRUEN (1984), 444-446. Natürlich ging die Debatte im Grunde darum, wie die vitalen Interessen der Achaier zu wahren seien, das heißt die Zukunft des Bundes und die Sicherung gegen Nabis. Doch in der gegebenen Situation konnte sich diese komplexe Frage nur auf die klare Alternative Rom oder Makedonien zuspitzen. Eine Trennung ist hier nicht möglich und, soweit ich sehe, noch nicht versucht worden. Insofern ist die Kritik GRUENS, 446 Anm. 46, DEININGER sehe nur den Konflikt zwischen Pro- und Anti-Römern, ebenso überzogen wie diejenige BASTINIS (1987), 233 Anm. 18, GRUEN negiere diesen scharfen Gegensatz.

9 Mit Recht betont BASTINI (1987), 49, daß es »nicht um ein Abwägen der Vor- und Nachteile eines Bündnisses mit Rom ging, sondern einzig und allein um die Frage, ob die Achäer berechtigt seien, das bestehende Bündnis mit Philipp zu brechen«. So ist auch Aristainos' zunächst überraschende Bemerkung gegen Schluß seiner Rede zu werten: *liberare vos a Philippo iam diu magis voltis quam audetis. sine vestro labore et periculo qui* [sc. *Romani*] *vos in libertatem vindicarent cum magnis classibus exercitibusque mare traiecerunt* (Liv. XXXII 21,36). Der Stratege nimmt hier nicht etwa Freiheitsverheißungen der Römer auf oder unterstellt sie ihnen, sondern geht von dem achaiischen Wunsch aus, sich von Philipp zu befreien. Zu diesem Zweck kommen ihm die Römer gerade recht. Letztlich treffen sich in der Formel *in libertatem vindicare* der Wunsch der Achaier nach Unabhängigkeit und das 200 in einem Ultimatum formulierte römische Kriegsziel, Makedonien aus Griechenland auszuschließen (s. o. S. 81). Freilich wird das Potential,

Dieses schlechte Image lag natürlich in dem vergangenen Krieg begründet, aber die Römer hatten seit 200 auch kaum etwas getan, um es aufzubessern. Die römische Gesandtschaft hatte den Achaiern das Ultimatum an Philipp erläutert, danach sind uns keine offiziellen Kontakte mehr überliefert.[10] Galba konzentrierte sich auf die Aitoler, auch Flamininus kümmerte sich vorrangig um Nord- und Mittelgriechenland. Diese Mißachtung kam nicht von ungefähr. Die Achaier waren nun einmal keine wichtige Militärmacht, und, wichtiger noch, der Krieg würde keinesfalls auf der Peloponnes entschieden werden. Die pergamenischen und rhodischen Seestreitkräfte sowie das Heer des strategisch ungleich besser gelegenen Aitolien waren für die römischen Befehlshaber von wesentlich größerem Wert. Natürlich werden sie über das Geschehen auf der Halbinsel informiert gewesen sein, aber wir wissen nichts davon, daß sie es in ihrem Sinne zu beeinflussen suchten. Man hat das Umschwenken des Achaiischen Bundes mit römischen Initiativen in Verbindung gebracht.[11] Doch diese Bewegung setzte schon vor 200 ein, und ihre Beschleunigung in den ersten beiden Kriegsjahren läßt sich mit Galbas und Flamininus' militärischen Erfolgen vollauf erklären.

Erst im Vorfeld der Bundesversammlung in Sikyon scheinen intensivere Kontakte etabliert worden zu sein, und sie liefen zunächst über Flamininus' Bruder Lucius. Das erklärt sich aus der geographischen Nähe – der Flottenbefehlshaber hielt sich damals im peloponnesischen Kenchreai auf, bei Korinth –, bemerkenswert ist aber, daß der Konsul es dabei auch beließ. Er schickte nämlich nicht einen eigenen Gesandten nach Sikyon, sondern beauftragte Attalos, die Rhodier, die Athener und auch Lucius, das zu tun. L. Calpurnius gehörte also dem Stab des Bruders an. Dabei wäre es für Flamininus kein organisatorisches Problem gewesen, von Elateia aus, das er damals belagerte, einen eigenen, von ihm selbst instruierten Mann zu entsenden. Entweder war er an der ganzen Angelegenheit mäßig interessiert, oder er verfügte nicht über die nötige Sachkenntnis. Beides läuft darauf hinaus, daß der Konsul sich bisher nur wenig um die Achaier gekümmert hatte. Livius' Bericht erweckt tatsächlich den Eindruck, als ob die Sache mehr an ihn (von Lucius?) herangetragen als von ihm betrieben worden sei. Er wur-

---

das in der römischen Forderung liegt, hier sehr deutlich. Daß die Stelle eine »rhetorische Floskel« sei, die Livius später eingearbeitet habe (so HEIDEMANN [1966], 106 Anm. 17), hat ECKSTEIN (1990), 54-58, überzeugend zurückgewiesen. Daß von hier aber ein direkter Weg zu Flamininus' Übernahme der Freiheitsparole (von Aristainos) führt, wie ECKSTEIN weiter argumentiert (ähnlich PETZOLD [1992], 209), muß hypothetisch bleiben.

10 Polyb. XVI 27,4. Wir wissen Näheres weder darüber, wie die Gesandten argumentierten, noch, wie ihnen geantwortet wurde. Die Römer machten wohl keinen schlechten Eindruck (s. o. Anm. 9 und vgl. AYMARD [1938b], 76-78), andererseits intervenierten die Achaier danach auf Rhodos gegen Rom (s. o. Anm. 2) und wählten Kykliadas zum Strategen.

11 Vgl. ERRINGTON (1969), 82-84; BASTINI (1987), 50.

de über die innenpolitische Situation, insbesondere Aristainos' Bereitschaft zum Bündniswechsel, in Kenntnis gesetzt und autorisierte dann seinen Bruder, die Chance zu nutzen. Das Versprechen Korinths war wohl nicht Flamininus' Idee, sondern das Einverständnis zu einer Bedingung, die Aristainos gestellt hatte. Nachdem dann die Entscheidung für Rom gefallen war, schickten die Achaier bezeichnenderweise drei Legaten zu Lucius – die mit ihm eine Vereinbarung trafen, die auch die Übergabe von Korinth vorsah –, aber keinen einzigen zum Konsul. Zwischen Flamininus und den Achaiern gab es keinen direkten Kontakt.[12]

Auch Jean-Louis Ferrary sieht durchaus das Moment der Improvisation, welches das römische Verhalten beim Übertritt der Achaier prägte. Eigenartigerweise will er dennoch den Beginn einer ›politique nouvelle‹ erkennen: Flamininus sei einen entscheidenden Schritt über Galba hinausgegangen, indem er sich um die Gewinnung traditionell, das heißt seit Antigonos Doson, makedonienfreundlicher Staaten bemüht habe. Da diese – neben dem Bund noch Boiotien und Akarnanien – aber kaum von militärischem Wert gewesen seien, habe Flamininus hierbei schon an die künftige Organisation Griechenlands, an die Friedensordnung gedacht.[13] Doch man darf Ergebnisse nicht mit Zielen verwechseln. Daß zum Zeitpunkt der Schlacht bei Kynoskephalai fast ganz Griechenland auf seiten der Römer stand, hat nichts mit einem vorgefaßten Plan zu tun, sondern mit der seit 199 deutlich zutage getretenen Überlegenheit der Legionen. Und Flamininus' Bemühen um neue Alliierte erklärt sich schlicht daraus, daß Galba den wichtigsten alten Verbündeten, Aitolien, schon gewonnen und daß der Krieg sich 198 nach Zentralgriechenland verlagert hatte. Militärische Leichtgewichte waren die Achaier und die übrigen zweifellos. Aber was wäre das für eine Art von Kriegsführung, die solche Staaten lieber im Lager des Feindes sähe als im eigenen? Vor allem, wenn der zu betreibende Aufwand derart gering ausfällt wie im Fall der Achaier. So träge war Flamininus nun nicht, daß er erst

12 Liv. XXXII 19,1-5; 23,3: *Elatiam obsidenti consuli rei maioris spes adfulsit, Achaeorum gentem ab societate regia in Romanam amicitiam avertendi* (1). In der sonstigen Überlieferung tritt Flamininus zugunsten seines Bruders zurück: Bei App. Mac. 7 und Zon. IX 16,3 ist nur von Lucius die Rede, Paus. VII 7,9-8,2 verschmilzt die Brüder zu einer Person; der so entstandene Flaminios gleicht aber Lucius viel mehr als Titus. Soweit ich sehe, hat nur ECKSTEIN (1976), 140f., auf Flamininus' auffallende Passivität hingewiesen: »the decision of T. Flamininus to attempt to bring the Achaean League into the war against Philip should not be seen as the culmination of a conscious and concerted diplomatic offensive against Philip's Greek allies . . ., but rather as an *ad hoc* response to a situation presented to Flamininus while he himself was intent on the reduction of Phocis«. Vgl. auch DENS. (1987b), 142. Ablehnend FERRARY (1988), 64 Anm. 71. Zur Vereinbarung zwischen Lucius und dem Bund Polyb. XVIII 45,12; App. Mac. 7.

13 FERRARY (1988), 63-65. Ablehnend, freilich aus anderen Gründen, auch PETZOLD (1992), 230 Anm. 170.

eine neue Politik entwerfen mußte, um derartige, im Sinne des Wortes an ihn herangetragene Gelegenheiten zu nutzen.

Trotzdem nahmen die Achaier eine nachrangige Position ein, und zwar nicht nur bei Flamininus, sondern auch bei Lucius. Der Flottenbefehlshaber begann den Angriff auf Korinth, ohne lange auf die achaiischen Truppen – immerhin das Gros des Bundesaufgebots[14] – zu warten. Es ist uns nicht einmal überliefert, wer ihr Heer anführte. Profil gewinnt nur der wichtigste Verbündete, Attalos. Er riet nämlich als erster zur Aufgabe der Belagerung, nachdem die Makedonen Verstärkungen in die Stadt hatten ziehen können. Lucius war zunächst nicht dazu bereit, schloß sich aber schließlich der realistischen Einschätzung des Königs an. Die Meinung der Achaier übergeht Livius, aber Lucius' Zögern mag durch einen Protest von ihrer Seite verursacht gewesen sein. Denn sie bestanden sicherlich hartnäckig auf einer Fortsetzung der Belagerung, schließlich ging es um ihr ureigenstes Interesse. Trotzdem drangen sie nicht durch. An eine Verstärkung der Truppen, etwa durch einen Teil der in Phokis stehenden Legionen, dachte offenbar niemand. Die Einnahme von Korinth war nicht wesentlich für die Gesamtentscheidung, und so nahm man die Schlappe hin. Die erste Erfahrung der Achaier mit ihrer neuen Allianz war eine herbe Enttäuschung.[15]

Den bittersten Rückschlag stellte jedoch der Verrat von Argos dar. Die Stadt wurde, nicht ohne die Billigung eines Großteils der Bevölkerung, von einigen führenden Politikern an die Makedonen übergeben; die achaiische Besatzung mußte abziehen, ihr Anführer wurde niedergemacht.[16] Nur kurze Zeit nach der Entscheidung von Sikyon war den Achaiern schmerzhaft klar geworden, wie groß auch das kleinere Übel sein konnte. Doch die einzige Möglichkeit, den Verlust wiedergutzumachen und den erhofften Gewinn doch noch einzustreichen, bestand im Sieg der Römer. Die Entscheidung der Achaier war unumkehrbar, die Rettung schien in der Flucht nach vorn zu liegen, im möglichst engen Anschluß an Rom.[17]

---

14 Vgl. die Einschränkungen von AYMARD (1938b), 106 Anm. 6, zu Liv. XXXII 23,3: *exercitum omnem*.

15 Liv. XXXII 23,3-13. Es kann also keine Rede davon sein, daß der – militärisch angeblich von vornherein aussichtslose – Angriff auf Korinth lediglich dazu gedient habe, die Achaier auf die römische Seite zu ziehen bzw. das neue Bündnis zu festigen (so DE SANCTIS [1923], 68f.; THIEL [1946], 244; GRAINGER [1999], 385). Ablehnend auch AYMARD (1938b), 108 Anm. 18. Ein halbes Jahr später, bei den Verhandlungen über den Seitenwechsel Nabis', trafen Lucius und die Achaier, angeführt von ihrem Strategen Nikostratos, erneut zusammen. Bezeichnenderweise gibt es keinen Hinweis auf eine Special relationship (Liv. XXXII 39,4-8).

16 Liv. XXXII 25,1-11. Vgl. AYMARD (1938b), 109-111.

17 Dazu würde auch gut der Bundesbeschluß passen, der allen Makedonen das Betreten des achaiischen Territoriums untersagte (Liv. XLI 23,1; XLII 6,2). AYMARD (1938b), 112-114 mit Anm. 4, hat ihn mit guten Gründen in diese Zeit gesetzt. Vgl. auch LEHMANN (1967), 219 Anm. 146. Das ungewöhnliche Dekret wurde wohl weniger in der Absicht verabschiedet, die Römer zu beeindrucken – denen diese Kleinigkeit ohnehin gleichgültig gewesen sein dürfte –, als aus einer

Deshalb berichten die Quellen in der Folgezeit nicht allzuviel von den Achaiern: Wer nicht in größere Konflikte verstrickt ist, über den ist wenig zu sagen. Die achaiische Konsequenz ist durchaus bemerkenswert, denn der Bund mußte sich sehr unvermittelt auf Wendungen der römischen Politik einstellen, die ihm nur als Kapriolen erscheinen konnten. Zunächst nahm Flamininus Philipps Angebot einer Friedenskonferenz an – ein Schock für einen Staat, der gerade erst in den Krieg eingetreten war und der alles auf einen entscheidenden Sieg der Römer gesetzt hatte. Aristainos, der auch nach dem Ende seiner Strategie die Politik maßgeblich bestimmte, blieb aber nichts anderes übrig, als gute Miene zum bösen Spiel zu machen und auf das Scheitern eines Kompromisses zu hoffen. Er hielt sich in Lokris, anders als etwa die Aitoler, zurück und stellte sich dem Konsul, als dieser die Verhandlungen vor den Senat bringen wollte, nur im Verein mit den übrigen griechischen Alliierten entgegen. Doch wie diese erkannte er schnell, daß solche Einigkeit wenig gegen Flamininus' Willen vermochte. Erst als es dessen Zielen wieder nutzte, in Rom, drangen die Griechen mit ihrer Forderung nach Fortsetzung des Krieges durch. Wahrscheinlich überschaute Aristainos das Doppelspiel des Römers, und damit das Maß der Rücksichtslosigkeit gegen die Alliierten, nicht sofort in seinem ganzen Umfang. Doch er dürfte aus seiner ersten Begegnung mit Flamininus die Erkenntnis gewonnen haben, daß die beste Aussicht, achaiische Interessen durchzusetzen, in der flexiblen Anpassung an dessen Wünsche lag, nicht in offener Diskussion oder gar dem Versuch des Widerstands.[18]

Freilich verließ Aristainos die Konferenz wahrscheinlich mit einer besseren Meinung über den Feldherrn als die übrigen Griechen. Flamininus hatte seine Forderung nach Argos und Korinth nämlich nachdrücklich unterstützt: Zunächst erklärte Philipp sich bloß zur Übergabe von Argos bereit, über Korinth wollte er nur mit Flamininus verhandeln. Nachdem dieses Vieraugengespräch stattgefunden hatte, bot der König an, auch die zweite Stadt zu räumen. Damit waren die Achaier die einzigen Alliierten, deren Wünsche in vollem Umfang erfüllt werden sollten. Allerdings lehnten sie einen Friedensschluß trotzdem ab, solange diese Konzessionen nicht durch Philipps vollständigen Rückzug aus Griechenland für alle Zukunft garan-

---

Stimmung überschäumenden Hasses gegen Philipp heraus. Doch die Feindschaft möglichst unversöhnlich zu gestalten hieß in der Konsequenz natürlich, sich ganz der Freundschaft Roms anzuvertrauen.

18 Zur Konferenz von Lokris und den folgenden Verhandlungen in Rom s. o. S. 100-103, 138f. Die achaiische Rolle analysiert ausführlich AYMARD (1938b), 114-132, dessen Einschätzung ich allerdings nur zum Teil folge, da er ›Korinth‹ anders interpretiert als ich (s. u. Anm. 39).

tiert waren. Aber klar schien: Flamininus hatte sich für die achaiischen Belange eingesetzt.[19]

Sehr viel deutlicher dürften den Achaiern die folgenden Ereignisse auf der Peloponnes gezeigt haben, wie groß ihr Stellenwert war. Philipp übergab Argos gegen den Willen seiner Einwohner an Nabis – was die Gewißheit zerstörte, daß die Niederlage Philipps der Sezession der Stadt ein automatisches Ende setzen würde –, dann wechselte Nabis hastig auf die offensichtlich stärkere Seite und verständigte sich mit Flamininus über die Stellung von Hilfstruppen für das römische Heer.[20] Das eigentlich Erschütternde lag für die Achaier nicht in der politischen Wendigkeit des Spartaners, sondern in der eiligen Bereitwilligkeit des Prokonsuls, ihre elementaren Ziele dem Gewinn eines weiteren, nicht sonderlich bedeutenden Verbündeten zu opfern.[21] Der Stratege Nikostratos, der bei Flamininus' und Attalos' Treffen mit Nabis nur die Rolle eines Statisten spielte, mußte einen Waffenstillstand schließen. Die spartanische Kontrolle über Argos erkannten die Alliierten zwar nicht an (von Attalos wurde sie sogar offen kritisiert), aber wenigstens die Römer billigten sie durch die Übereinkunft stillschweigend.[22] Die Wiedergewinnung der Stadt war somit in weite, wenn

---

19 Polyb. XVIII 2,5; 6,8; 8,9; 9,1. Vgl. HOLLEAUX (1923), 60 Anm. 2. Wäre auf der Grundlage von Philipps Vorschlägen Frieden geschlossen worden, dann hätte Makedonien sich vollständig aus der Peloponnes zurückgezogen, seine nächste Besitzung wäre – vom makedonienfreundlichen, aber neutralen Boiotien abgesehen – Euboia gewesen. Das war für die Achaier grundsätzlich akzeptabel, aber größere Sicherheit bot natürlich die Beschränkung auf die Grenzen Makedoniens (vgl. AYMARD [1938b], 120]. Vor allem aber hätte es ein unvertretbares Risiko bedeutet, sich für Philipps Angebot auszusprechen und so aus der alliierten Front auszuscheren: Der neue Verbündete hätte sich damit als höchst unzuverlässig erwiesen, die Achaier wären mit einiger Wahrscheinlichkeit zwischen allen Stühlen gesessen. Es mag aber durchaus sein, daß Philipp gerade auf eine derartige politische Kurzsichtigkeit spekulierte und deshalb bereitwillig auf Korinth verzichtete. Das hieße aber, Flamininus hätte sich gar nicht so engagiert für die achaiische Sache eingesetzt, wie Aristainos glauben mochte. Doch relevant ist letztlich nur, wie die Sache schien, nicht, wie sie war.

20 Liv. XXXII 38,1-40,4. Die ebenso grundlegende wie ausführliche Analyse AYMARDS (1938b), 132-154, ist angesichts von Livius' knappen Angaben zu weiten Teilen spekulativ.

21 AYMARD (1938b), 141, 151, 153 Anm. 70, mag recht damit haben, daß Flamininus das militärische Potential Spartas überschätzte, aber der Feldherr täuschte sich kaum darüber, daß es für den Ausgang des Krieges ohne Bedeutung war, auf welcher Seite Nabis stand. Die Peloponnes war und blieb ein Nebenschauplatz. Deshalb kann es Flamininus auch nicht sonderlich wichtig gewesen sein, dem Achaiischen Bund durch eine Waffenruhe freie Hand gegen Philipp zu verschaffen. Zu seinem entscheidenden Feldzug gegen Makedonien, ein paar Monate darauf, forderte er bezeichnenderweise keine achaiischen Truppen an. Man darf nicht vergessen, daß Nabis die Initiative zum römisch-spartanischen Rapprochement ergriff: Flamininus nutzte, wie beim Übertritt des Bundes, nur eine günstige Gelegenheit, die weitere Isolierung Philipps genügte als Anreiz vollauf (Liv. XXXII 39,3: *Quinctius, ut eo quoque praesidio Philippum nudaret, . . .*). Um so augenfälliger ist die Zurücksetzung der Achaier.

22 Nabis war sich dessen wohl bewußt (Liv. XXXIV 31,8-10). Attalos als der erheblich einflußreichere Alliierte setzte sich nicht nur gegenüber Nabis für die Achaier ein, er verwandte sich auch bei Flamininus für sie. Wie schon in Lokris war der Prokonsul bereit gewesen, in Fragen des

nicht unerreichbare Ferne gerückt, dafür befand man sich mit dem Erzfeind plötzlich in einem Bündnis. Tun konnte der Achaiische Bund nichts dagegen: Seit Sikyon existierten keine politischen Alternativen mehr.

Kurze Zeit später, im März 197 (jul.), agierten der Bund, Pergamon und Rom erneut gemeinsam. Diesmal wurden die Achaier wieder von Aristainos vertreten, denn keiner seiner Landsleute war für die anstehende Aufgabe geeigneter als er: Es ging darum, die traditionell makedonenfreundlichen Boioter auf die römische Seite zu ziehen. Die Situation ähnelte also derjenigen, in der sich ein halbes Jahr zuvor die Achaier befunden hatten. Freilich war die Sache schon entschieden, bevor Aristainos überhaupt zum Einsatz kam. Flamininus besetzte Theben mit einem Trick, und die entscheidende Volksversammlung fand unter dem unmittelbaren Druck der römischen Waffen statt. Es ging also nur noch darum, die Boioter mit dem bereits feststehenden Beschluß zu versöhnen. Attalos, der den Anfang machte, brach jedoch mitten in seiner Rede zusammen, offenbar vom Schlag getroffen. Um so wichtiger wurde plötzlich Aristainos' Überzeugungskraft. Indem er ähnlich argumentierte wie damals in Sikyon, brachte er die Boioter dazu, sich leidlich mit den Tatsachen abzufinden; Flamininus mußte nur noch wenige Worte anfügen. Aristainos hatte sich ein weiteres Mal bewährt.[23] Wichtiger sollte aber etwas anderes werden: Attalos erholte sich nicht mehr, er wurde kurz darauf nach Pergamon zurückgebracht und starb im Herbst.[24] Da sein Sohn Eumenes nicht selbst nach Europa kam, war die Position von Flamininus' engstem griechischen Vertrauten frei.

Protokolls zurückzustecken, wenn es nur seiner Sache nutzte: Erst Attalos brachte ihn davon ab, Nabis schon äußerlich entgegenzukommen und nach Argos zu reisen. Dieser wäre damit demonstrativ im Besitz der Stadt bestätigt worden. Schließlich traf man sich bei Mykene, das aber immer noch auf argivischem Territorium lag. (Flamininus zeigte sich, nebenbei bemerkt, also wesentlich flexibler als 139 Jahre später Ariovist in einer ähnlichen Situation: Caes. Gall. I 34,1f.) Vgl. ECKSTEIN (1987c), 304 Anm. 151. Nikostratos trat dabei nicht als eigenständiger Verhandlungspartner auf, sondern lediglich als Attalos' Begleiter: *inermi item regi praetor Achaeorum et unus ex purpuratis latus cingebant* (Liv. XXXII 39,8). Offenbar erhielt er keine Gelegenheit zur Darlegung der achaiischen Position, er durfte nur das Ergebnis abnicken. Attalos' Motive sind nicht klar. Man kommt nicht über AYMARDS (1938b), 142 Anm. 35, 143 mit Anm. 41, allgemeine Erwägungen hinaus, er habe das seit dem Kauf Aiginas schwierige Verhältnis zum Bund entspannen und sich so Unterstützung für seine griechischen Pläne sichern wollen (vgl. auch Polyb. XVIII 16; Liv. XXXII 40,8f.; dazu GRUEN [1984], 537). Es bleibt aber unsicher, ob Attalos oder Flamininus es war, der die Achaier überhaupt zu den Verhandlungen hinzubat – Nabis war es keinesfalls – (Überlegungen dazu bei AYMARD, 142 mit Anm. 38), und ob die Achaiaer selbst beim Feldherrn erreichten, daß Nabis' Herrschaft über Argos wenigstens offiziell nicht anerkannt wurde, oder ob sie auch hierbei der Vermittlung des Königs von Pergamon bedurften.

23 Liv. XXXIII 1,1-2,6.9; Plut. Flam. 6; Polyb. XVIII 17,6. Vgl. AYMARD (1938b), 154-156. Vielleicht hatte Flamininus, angesichts der Umstände, die Achaier ausdrücklich gebeten, Aristainos zu schicken.

24 Liv. XXXIII 2,7f.; 21,1; Plut. Flam. 6,5.

Noch war es aber nicht soweit. Bei den Kynoskephalai fehlten die Achaier, Flamininus hatte keine Soldaten angefordert. Diese peinliche Nichtachtung ihres militärischen Wertes hatte als Gutes nur, daß ausreichend Ressourcen für andere Zwecke zur Verfügung standen: Nikostratos konnte nicht bloß den makedonischen Truppen in Korinth Paroli bieten, ein achaiisches Kontingent unterstützte auch die Rhodier bei ihrem Versuch, Makedonien die Peraia zu entreißen. Auf beiden Schauplätzen errangen die Bundestruppen Erfolge, doch für den Gesamtausgang des Krieges war das unerheblich. Nur in Thessalien hätte es Gelegenheit gegeben, die Römer zu beeindrucken.[25]

Auch das war freilich eine ganz unsichere Sache, wovon sich die achaiische Delegation, die zu den Friedensverhandlungen im Tempetal anreiste, bald überzeugen konnte. Sie wurde Zeuge, als die immer stärkeren Spannungen zwischen Flamininus und seinen bedeutendsten Alliierten, den Aitolern, zum offenen und öffentlichen Bruch führten. Flamininus' Selbstherrlichkeit dürfte die Achaier dabei kaum erschüttert haben – schließlich hatten sie schon Gelegenheit gehabt, sie am eigenen Leib kennenzulernen. Wichtiger schien die unmittelbare Auswirkung des Streits auf den Achaischen Bund: Auf der Liste der Freunde des Prokonsuls rutschte er automatisch einen Platz nach vorn.[26]

Unsere Quellen gestatten zwar nur punktuelle Einblicke in die römisch-achaiischen Beziehungen. Aber es ist doch recht deutlich, daß Flamininus' Achtlosigkeit gegenüber den Achaiern im Jahr 196 einem gewissen Wohlwollen wich. Gegen Ende des Winters hatte sich der Prokonsul in eine recht schwierige Situation gebracht: Seine sinistre Rolle bei der Ermordung des Brachylles war in Boiotien nicht unbemerkt geblieben (oder wenigstens erahnt worden).[27] Da der weitverbreitete Römerhaß sich schlecht in einem offenen, sinnlosen Aufstand äußern konnte, verlegten die Boioter sich auf einen Guerillakrieg und überfielen einzelne Legionäre auf Urlaub. Als römische Suchtrupps Leichen entdeckten, verlangte Flamininus die Auslieferung der Täter und für die 500 Vermißten eine Entschädigung von 500 Talenten. Natürlich mußte der Feldherr rücksichtslose Entschlossenheit demonstrieren. Alles andere hätte die Siegermacht schwach aussehen lassen, zudem gab es zweifellos einen entsprechenden Erwartungsdruck von seiten

---

25 Liv. XXXIII 14f.; 18. Vgl. AYMARD (1938b), 160-168.

26 Zur Rolle der griechischen Alliierten beim römisch-aitolischen Streit s. o. S. 143-145 mit Anm. 30f. Da die Quellen nichts über die Identität der achaiischen Vertreter bei den Konferenzen berichten, muß offenbleiben, ob der nächstliegende Name – Aristainos – auch der richtige ist (vgl. AYMARD [1938b], 172 Anm. 23).

27 Zur Ermordung des Brachylles s. o. S. 146f. Führende Parteigänger Roms wurden bald darauf der Anstiftung zur Tat überführt, daher der Rückschluß auf Flamininus (Liv. XXXIII 28,4-29,1).

der Soldaten. Die boiotischen Gemeinden weigerten sich mit der Begründung, keine der Taten sei auf öffentliches Geheiß hin erfolgt. Dieser Widerstand konnte Flamininus nach dem, was vorgefallen war, kaum überraschen, wahrscheinlich hatte er ihn sogar erwartet. Denn nun konnten die Legionäre zu militärischen Zwangsmaßnahmen greifen und ihren Zorn in Plünderung und Verwüstung abreagieren.[28] Das Szenario des Prokonsuls sah weiter vor, daß die Boioter unter dem Druck des Terrors bald nachgaben, um Verzeihung baten, das Geld bezahlten und ein paar Schuldige präsentierten.

So kam es fast auch, aber das Problem lag in den 500 Talenten. Diese Summe hatte Flamininus, offenbar ohne weiter nachzudenken, mehr mit Blick auf die symbolische Bedeutung als auf die Finanzkraft der kleinen griechischen Landschaft gewählt. Niemals konnten die Boioter, selbst bei bestem Willen, so viel aufbringen.[29] Einmal ausgesprochen, ließ sich die Forderung ohne Gesichtsverlust aber nicht einfach reduzieren. Die Römer hätten ihre Strafaktion fortsetzen und sich entscheiden müssen: entweder zu Massakern übergehen oder die gewünschte Summe durch Requirierungen und Beschlagnahme privater Vermögen auftreiben. Dieses Vorgehen hätte aber einen fatalen Eindruck gemacht, und das gerade in dem Jahr, das für die Neuordnung Griechenlands vorgesehen war. Nicht bloß die Griechen, auch die Zehnerkommission, deren Ankunft unmittelbar bevorstand, wäre auf die Affäre aufmerksam geworden, man hätte nach den Ursachen gefragt, und Flamininus wäre Gefahr gelaufen, daß sein Mordauftrag zu einem Politikum würde.[30]

Die Konfrontation mit den Boiotern mußte so bald wie möglich beendet werden. Deshalb brachte Flamininus die Achaier und die Athener ins Spiel. Er ließ mitteilen, »er werde die Boioter in einem gerechten und frommen Krieg bestrafen«. Diese im Grunde völlig unnötige Benachrichtigung war

---

28 Liv. XXXIII 29,1-9. Angesichts der weitverbreiteten, recht verständlichen Feindschaft gegen die Römer – Livius spricht vom *exsecrabile odium* aller Boioter – wäre es einem politischen Selbstmord gleichgekommen, hätten sich die bestimmenden Männer der Gemeinden ohne weiteres Flamininus' Willen gefügt. Vor allem an eine Auslieferung der Delinquenten, die inzwischen den Status von Volkshelden eingenommen haben dürften, war vorerst nicht zu denken.

29 Mit Philipp waren eben 1000 Talente Kriegskostenentschädigung vereinbart worden (500 davon sofort), die Aitoler mußten 189 ebenfalls der Zahlung von 500 Talenten zustimmen, nur 200 waren sofort zu entrichten (Polyb. XVIII 44,7; XXI 32,8f.). Und beiden Staaten, wesentlich bedeutender als Boiotien, wurden diese Summen erst nach großen Kriegen abgefordert.

30 Es sei nur auf das Schicksal des Praefekten A. Baebius hingewiesen: Als 167 zwei prorömische Politiker in Aitolien darangingen, 550 ihrer politischen Gegner abzuschlachten, unterstützte er sie mit der Stellung von Legionären. Bei einer römischen Untersuchung wurden die Mörder freigesprochen, das Geschehene gebilligt, Baebius aber wurde als einziger von Aemilius Paullus verurteilt (Liv. XLV 28,7f.; 31,1f.). Wir wissen zwar nicht, wie seine Strafe ausfiel, aber deutlich ist: Noch 30 Jahre nach Flamininus hielten die Römer Mord an auswärtigen Staatsmännern keineswegs für ein statthaftes Mittel ihrer Politik.

ein deutliches Zeichen, daß die Einmischung der beiden Alliierten erwünscht war.[31] Die Achaier verstanden den Wunsch des Prokonsuls freilich besser als die Athener: Für den Fall, daß sie für die Boioter keinen Frieden erreichten, wollten sie selbst an der Seite der Römer in den Krieg eintreten! Damit stellte der Bund von vornherein klar, daß er nicht zwischen gleichberechtigten Gegnern zu schlichten, sondern für einen Übeltäter Gnade zu erlangen suchte. Dieser Beschluß erleichterte Flamininus die Beilegung der Krise. Zum Dank ließ er deutlich werden, daß die Achaier mehr vermochten als die älteren Verbündeten, die Athener; sie allein verschafften den zunächst abgewiesenen Gesandten der Boioter die Gelegenheit, vor den Prokonsul zu treten. Das war zwar nur eine Geste. Aber sie war nicht nötig gewesen, und sie führte den übrigen Griechen den erhöhten Stellenwert des Bundes vor Augen. Für einen Mann, der sich bislang kaum um die Achaier gekümmert hatte, war das bemerkenswert.[32] Die römische Strafexpedition wurde nun eingestellt. Die Boioter mußten die Täter übergeben und dreißig Talente bezahlen – nicht einmal ein Sechzehntel der ursprünglichen Forderung.[33]

Schon zuvor hatten die Achaier, aus Anlaß des Friedensschlusses mit Makedonien, Gesandte nach Rom geschickt. Über den Friedensvertrag gab es freilich nicht viel zu verhandeln. Flamininus hatte bereits im Tempetal deutlich gemacht, daß die Römer die Wünsche der Alliierten nach eigenem Gutdünken berücksichtigen würden, und er hatte gleich selbst die wesentlichen Punkte mit Philipp vereinbart. Anders stand es mit spezifischen Anliegen: Damoxenos, der Führer der achaiischen Delegation, bemühte sich um einen Bündnisvertrag, der an die Stelle der losen Allianz treten sollte, die

---

31 Liv. XXXIII 29,8: . . . *iusto pioque se bello persecuturum Boeotos*. Die römischen Emissäre werden zudem vertraulich erläutert haben, was der Prokonsul von den Alliierten wollte. Die Achaier und Athener boten sich natürlich als Nachbarn Boiotiens an, erstere zudem, weil Aristainos schon am Übertritt der Boioter beteiligt gewesen war. Doch Flamininus hatte ohnehin keine große Auswahl: Pergamon und Rhodos waren zu weit weg, die Aitoler aber kamen, abgesehen von den tiefgreifenden Spannungen, als Mittäter an der Beseitigung des Brachylles nicht in Frage. AYMARD (1938b), 176f. mit Anm. 45, hat die Absichten, die Flamininus mit der Einschaltung der Alliierten verfolgte, gut herausgearbeitet. Doch er sieht ihn nur von Furcht vor Antiochos getrieben – die bei diesem Stand der Affäre bloß höchst mittelbar eine Rolle spielen konnte –, die näherliegende Sorge um die eigene Karriere läßt er außer acht.

32 Liv. XXXIII 29,10-12: *plus auctoritatis Achaei habuerunt deprecantes* (11). W. WEISSENBORN / H. J. MÜLLER, Titi Livi ab urbe condita libri, Bd. 7: Buch XXXIII und XXXIV, Berlin 1883[3], 52, betonen, die Athener hätten gar keine Hilfstruppen versprechen können. Doch gefragt war nicht militärische Potenz, sondern eine Demonstration guten Willens: Niemand, ob Grieche oder Römer, wird sich nur einen Augenblick Gedanken über die Umsetzung des achaiischen Kriegsbeschlusses gemacht haben.

33 Liv. XXXIII 29,12. Es wurden sicher nicht alle ausgeliefert, die Legionäre erschlagen hatten – wie viele waren es, und wie sie ausfindig machen? –, Flamininus reichte zur Wahrung des römischen Ansehens eine Auswahl, die in einem einigermaßen nachvollziehbaren Verhältnis zur Zahl der 500 Vermißten stand.

mit dem Ende des Krieges obsolet zu werden drohte. Der Bund hielt also, trotz aller Enttäuschungen, an dem 198 eingeschlagenen Kurs fest.[34] Aber offenbar noch bevor der Senat darauf eingehen konnte, protestierten Gesandte aus Elis, Messene und Aitolien. Sie forderten von den Achaiern die Rückgabe der Landschaft Triphylien, von Asine, Pylos und Heraia. Diese hatte der Bund allesamt an der Seite Makedoniens erworben, Triphylien und Heraia gehörten sogar zu den Besitzungen, die Philipp erst im Winter 199/198 übergeben hatte. Diese peinliche Vergangenheit war so ziemlich das letzte, was Damoxenos vor dem Senat erörtern wollte. Die Eleer und Messenier konnten dagegen auf ihre alte Allianz mit Rom aus dem Ersten Makedonischen Krieg verweisen. Daß sie ihren Anspruch gerade jetzt erhoben, erklärt sich nicht nur aus dem günstigen Zeitpunkt – der Sieger ging daran, Griechenland neu zu ordnen –, es schien auch die letzte Gelegenheit überhaupt zu sein. Ein Bündnisvertrag hätte nämlich den momentanen Besitzstand des Bundes anerkannt. Der Senat übertrug die Entscheidung über die territorialen Streitigkeiten der eben gebildeten Zehnerkommission, von einem Vertrag war überhaupt nicht mehr die Rede.[35]

Das Ganze sah nach einem Debakel aus, und vielleicht fuhr Damoxenos im Gefühl der Niederlage nach Hause. Tatsächlich aber war er ganz gut davongekommen, bedenkt man, daß ihn die griechischen Gegner kalt erwischt hatten. Einen Vertrag hätte der Senat ohnehin nicht gewährt: Die Römer waren festen, unbefristeten Verpflichtungen aus bilateralen Bündnissen in Übersee stets abgeneigt, und die Zeit, eine Ausnahme für die Achaier zu machen, war noch nicht gekommen.[36] Die Intervention der Peloponnesier und der Aitoler war also, so gesehen, unnötig. Was aber Triphylien und die übrigen Städte selber betraf, gelang es den Gegnern der Achaier nicht, die Senatoren auf ihre Seite zu ziehen. Eigentlich gestalteten sich die Umstände recht günstig für sie – Damoxenos war überrumpelt, die

---

34 Polyb. XVIII 39,7; 42,6. Vgl. AYMARD (1938b), 172f. mit Anm. 27, 174f. Im Jahr 198 war es zu keinem offiziellen Bündnis gekommen: [sc. *societas*] *cum Romanis, quia iniussu populi non poterat rata esse, in id tempus quo Romam mitti legati possent dilata est* (Liv. XXXII 23,2). Während ihrer ersten Gesandtschaft, nach der Konferenz von Lokris, hatten die Achaier die Frage wahrscheinlich nicht angeschnitten (Überlegungen dazu bei AYMARD, 128).

35 Polyb. XVIII 42,7. Zur Szene vor dem Senat WALBANK (1967), 606; AYMARD (1938b), 174 Anm. 34. Pylos war spätestens seit 220 achaiisch, Asine vielleicht im Ersten Makedonischen Krieg an den Bund gefallen, jedenfalls vor Beginn des Zweiten (Polyb. IV 25,4; Liv. XXVII 30,13; vgl. NIESE [1899], 411 Anm. 1, 646 Anm. 4; AYMARD, 13 Anm. 6). Den Aitolern ging es wahrscheinlich, wie ich o. S. 152f. argumentiert habe, nicht um Heraia, sondern um den Gewinn von zusätzlicher Verhandlungsmasse in ihrer Auseinandersetzung mit Rom. Für die Achaier machte das freilich keinen Unterschied.

36 In der weitläufigen Auseinandersetzung, ob Rom in dieser Phase *foedera* mit den hellenistischen Staaten schloß bzw. was diese wert waren, scheint mir die skeptische Position GRUENS (1984), 17-25, immer noch am überzeugendsten. Zuletzt in diesem Sinne ECKSTEIN (1999). Einen Überblick über die Diskussion der letzten Jahrzehnte gibt BERNHARDT (1998), 36-41.

Umstände der achaiischen Erwerbung trübe –, ein Gegengewicht konnte lediglich in der grundsätzlichen römischen Haltung gegenüber den Parteien liegen. Und tatsächlich war der Senat nicht willens, ohne weiteres gegen einen Staat zu entscheiden, von dem man noch nicht viel wußte, der aber überaus loyal zu sein schien. Loyaler jedenfalls als die älteren Alliierten, die sich, wie Elis und Messene, aus dem eben beendeten Krieg gegen Philipp herausgehalten hatten oder, wie Aitolien, immer verdächtiger wurden. Die bisherigen Verdienste der Achaier, die vor allem in treuer Gefolgschaft bestanden, wurden in Rom also durchaus anerkannt. Die Bitte um ein Bündnis verstärkte diesen Eindruck, war also keineswegs so vergeblich, wie Damoxenos glauben mochte.[37]

Das Wohlwollen Roms rührte natürlich von den Berichten des Prokonsuls her, sagt also auch etwas über dessen Einschätzung aus. Bis zu den Isthmischen Spielen verbesserte sich diese, dank der achaiischen Rolle in Boiotien, weiter. Gleichzeitig verschärfte sich die Konfrontation mit den Aitolern, was nicht nur das Urteil des Feldherrn, sondern auch das der zehn Legaten beeinflußte. Es überrascht also nicht, daß die Achaier nach den Spielen im Besitz von Triphylien und der umstrittenen Städte bestätigt wurden.[38] Damit war klargestellt, daß der Bund der wichtigste römische Partner auf der Peloponnes war und, wichtiger noch, daß er vor den Aitolern kam. Das heißt aber: Er war der bedeutendste Alliierte überhaupt im griechischen Mutterland.

Die Achaier hätten das Jahr 196 somit als großen Erfolg verbuchen können, aber eine schon erledigt geglaubte Angelegenheit nahm eine enttäuschende Wendung. Vor den Isthmischen Spielen beschlossen Flamininus und die Kommission, den Achaiern nur die Stadt Korinth zu übergeben; Akrokorinth aber, den Burgberg, sollten die Legionen bis zum Abzug aus Griechenland besetzt halten. Bei den Isthmien wurden zwar auch die Korinther für frei erklärt, aber ohne Akrokorinth blieb diese Freiheit erst einmal prekär. Von einer derartigen Trennung war bis dahin nie die Rede gewesen. Der Konsul hatte 198 ›Korinth‹ als Lohn für den achaiischen Übertritt in Aussicht gestellt, und über ›Korinth‹ war auch die Vereinbarung mit L. Flamininus getroffen worden. Selbstverständlich war damals der Burgberg inbegriffen gewesen, und zwar nach dem Verständnis beider Seiten. Hätten die Römer nur die Unterstadt angeboten, hätte das im Umkehrschluß signalisiert, sie wollten die Festung für sich behalten. Eine solche Offerte hätte das ohnehin große Mißtrauen der Achaier vielleicht so weit verstärkt, daß

37 Letzteres betont auch AYMARD (1938b), 175.

38 Polyb. XVIII 47,10; Liv. XXXIII 34,9. Asine und Pylos werden nicht genannt, aber das ist mit einiger Sicherheit nur eine Auslassung der Quellen: Beide Städte blieben achaiisch. Vgl. AYMARD (1938b), 181 mit Anm. 61f.

sie trotz allem lieber neutral geblieben wären, und auf eine entsprechende Abmachung hätte sich Aristainos, wollte er den neuen Kurs nicht völlig diskreditieren, niemals eingelassen.[39] Sie wäre völlig wertlos gewesen. Der

39 Gerade davon geht aber AYMARD (1938b), 86, 100f. mit Anm. 11, 119 mit Anm. 16, 180 Anm. 53, aus: Flamininus habe Akrokorinth derart unsicheren Kantonisten nicht anbieten können, schon gar nicht ohne das Placet des Senats, und die Achaier hätten die Burg, aus Angst vor einem Nein, nicht offen zu fordern gewagt. Diese These hat Zustimmung gefunden (WALBANK [1940], 161 Anm. 3; DERS. [1967], 553), ist jedoch auch auf berechtigte Kritik gestoßen (BRISCOE [1973], 201, 233; GRUEN [1984], 446 Anm. 43). Einig ist sich die Forschung allerdings, was die Konferenz von Lokris betrifft. Philipp habe damals nur den Verzicht auf die Unterstadt von Korinth angeboten, und Flamininus habe ihn glauben gemacht, das würde für einen Frieden reichen. Der Senat aber habe dann auch die Räumung von Akrokorinth verlangt. Darauf seien die makedonischen Gesandten nicht vorbereitet gewesen, die Verhandlungen seien, ganz nach Flamininus' Wunsch, gescheitert: DE SANCTIS (1923), 70 Anm. 140; HOLLEAUX (1923), 54 mit Anm. 2, 60; AYMARD, 122f., 125 mit Anm. 40, 129 mit Anm. 54; WALBANK (1967), 557, 559, 563; BRISCOE, 239; ECKSTEIN (1987c), 281. Es kann nicht genug betont werden, daß von all dem nichts in unseren Quellen steht: Polybios spricht durchgängig von Κόρινθος, Livius in seiner Nachfolge von *Corinthus*; erst bei der Entscheidung vor den Isthmien fällt dann auch der Name Ἀκροκόρινθος bzw. *Acrocorinthus*. Das Problem liegt darin, daß Polybios keinen Begriff für die Unterstadt kennt. Κόρινθος kann sowohl für die ganze Stadt inklusive Burg stehen als auch für die Unterstadt allein. Deshalb die unterschiedlichen Interpretationen der Forschung für den immer gleichen Namen – AYMARD, 125 Anm. 40, der die Problematik dieses Vorgehens durchaus sieht, rechtfertigt es simpel mit unterschiedlichen Quellen des Polybios – bzw. der Glaube, schon die antiken Akteure hätten sich bewußt unklar ausgedrückt. Ganz so willkürlich ist Polybios' Sprachgebrauch aber dann doch nicht. Κόρινθος meint nämlich nur dann die Unterstadt, wenn ihm Ἀκροκόρινθος gegenübersteht (II 51,6: τὴν τῶν Κορινθίων πόλιν) bzw. die eingeschränkte Bedeutung aus dem Kontext unmißverständlich hervorgeht (II 52,2; XVIII 47,10). Steht Κόρινθος allein, so ist von der gesamten Stadt die Rede: II 54,5; IV 6,5; 19,9; 22,2; 24,9; 25,1; 66,5; 67,7f.; 69,8; 72,8; V 2,7; 17,8; 18,1; 24,10; 26,8; 27,3; 28,5; 29,4; 102,5; XII 4a,2; 26b,1; XVI 16,4f.; XVIII 45,7; XXIX 12,8; 23,8; XXXIII 16,2; XXXVIII 12,2; 15,3.7; 17,1 (vgl. auch den Index bei BÜTTNER-WOBST s. v. Κόρινθος). Das ist inkonsequent und mag zunächst verwirrend klingen, doch im Deutschen ist es nicht anders: Oben im Text steht der ›Burgberg Akrokorinth‹ neben der ›Stadt Korinth‹, die Opposition bestimmt den Sinn. Die Ereignisse verliefen also anders als von der Forschung angenommen. Flamininus bot im Herbst 198 ganz Korinth an (Liv. XXXII 19,4), darüber schlossen sein Bruder und die Achaier eine Vereinbarung. Die entsprechende Forderung stellte Aristainos in Lokris (Polyb. XVIII 2,5). Philipp gestand zunächst zu, mit Flamininus über Korinth verhandeln zu wollen (6,8), schließlich erklärte er seine Bereitschaft zum Verzicht (8,9). Vor dem Senat argumentierten die Griechen dann, Philipps Herrrschaft sei nur gebrochen, wenn er alle drei (!) Fußfesseln aufgebe (11,4-9). Das war für den König unannehmbar, deshalb brachen seine Vertreter die Verhandlungen sofort ab, als sich der Senat diese Bedingung zu eigen machte (11,13). Der Kontrast zwischen Philipps Angebot in Lokris und der Weigerung seiner Gesandten erklärt sich also nicht aus unterschiedlichen Bedeutungen von Κόρινθος. Als Preis für den Frieden hatte Philipp Korinth angeboten, die von Makedonien am weitesten entfernte Fußfessel, und damit seinen Verzicht auf jeglichen Einfluß auf der Peloponnes. Mit diesem schmerzlichen Zugeständnis hoffte er Chalkis und Demetrias retten zu können. Um so brüskierender war es, daß die Römer plötzlich alle drei Städte verlangten. Für die politisch-militärische Trennung zwischen Unterstadt und Burg gab es also im Jahr 196 keinen Präzedenzfall, nicht einmal in der Theorie. Nur ein einziges Mal bezeichnet Κόρινθος in Polybios' Darstellung des Zweiten Makedonischen Krieges die Unterstadt: bei der öffentlichen Verkündung des römischen Beschlusses nach den Isthmien (47,10). Hier weiß der Leser aber, nach der zwei Kapitel zuvor ausführlich erläuterten Entscheidungsfindung, ganz genau, was gemeint ist. S. auch u. Anm. 52.

Burgberg lag zwar nicht inmitten Korinths, sondern am Rand, doch er war integraler Bestandteil der Stadtbefestigung, und die innere Burgmauer verfügte über mindestens zwei Tore zur Stadt hin. Für eine Garnison stellte es kein Problem dar, die Kontrolle über ganz Korinth an sich zu ziehen, wann immer es nötig schien.[40]

Warum brach Flamininus sein Wort? Fairerweise muß man sagen, daß er durchaus bemüht war, es zu halten. Die zehn Legaten aber hatten vom Senat ausdrücklich freie Hand erhalten, was die drei ›Fußfesseln‹ Chalkis, Demetrias und Korinth betraf: Die Römer sollten sie für den Moment lieber in der Hand behalten, falls von Antiochos Gefahr drohe. Die schien den Legaten gegeben zu sein, und deshalb bestanden sie auf der Besetzung der drei Städte. Flamininus widersprach, weil dieser Schritt die augenblickliche Propaganda der Aitoler zu bestätigen schien, doch vergebens. Zweifellos wies er auch auf seine Vereinbarung mit den Achaiern hin, denn nur das konnte der Grund sein, weswegen die Legaten einer feinsinnigen Unterscheidung zustimmten: Während Chalkis und Demetrias vorerst zur Gänze unter römischer Hoheit blieben, galt das in Korinth nur für den Burgberg, die Stadt dagegen sollte den Achaiern sofort übergeben werden, ausdrücklich wegen der Vereinbarung von 198.[41] Doch das war nur scheinbar ein Zugeständnis, keines jedenfalls, das die Achaier täuschen konnte.

Der Streit zwischen Prokonsul und Kommission ging nicht um die Achaier, er hatte Antiochos und die damit verbundene mittelfristige Grie-

---

40 Die Makedonen waren zwar auch in der Unterstadt militärisch präsent gewesen (Plut. Arat. 22,5f.), was den Legionären in Zukunft untersagt war. Doch die innere Mauer zwischen Burg und Stadt besaß an ihrer niedrigsten Stelle nur eine Höhe von knapp 4,50 Metern (zur Höhe griechischer Befestigungsmauern vgl. F. E. WINTER, Greek Fortifications, London 1971, 127 mit Anm. 7, 130, 134 mit Anm. 32, 137f.); hier gelang es Aratos im Jahr 243, die makedonische Besatzung in einem nächtlichen Coup zu überrumpeln und Akrokorinth einzunehmen (Plut. Arat. 18,5.7; 21,1-22,9). Um wieviel einfacher war es da, umgekehrt von der Burg auf die Stadt überzugreifen, selbst wenn die Korinther die inneren Tore deckten! Wurde der Akrokorinth aber umsichtig bewacht und gab es keinen Verrat, dann war er kaum einzunehmen: 225/224 hielt eine achaiische Besatzung die Burg gegen die abgefallenen Korinther und Kleomenes von Sparta. Daß letzterer Palisaden und Mauern um Akrokorinth errichten ließ, diente vielleicht weniger der Belagerung als der Verteidigung (Plut. Arat. 40,6f.; Kleom. 19,7; Polyb. II 52,3). Zur Befestigung von Akrokorinth vgl. RH. CARPENTER / A. BON, The Defenses of Acrocorinth and the Lower Town, Cambridge, Mass., 1936, 1-43, 47f., 65. Jedenfalls kann, angesichts der weiteren in Griechenland stehenden Truppen, keine Rede davon sein, daß die Legionäre, ohne unmittelbare Kontrolle von Unterstadt und Hafen, ›Gefangene in ihrer Festung‹ gewesen seien (so AYMARD [1938b], 181). Zur strategischen Bedeutung von Akrokorinth als Fessel Griechenlands vgl. Plut. Arat. 16,5f.

41 Polyb. XVIII 45,7-12: οὐ μὴν ἀλλὰ τὸν μὲν Κόρινθον ὁ Τίτος ἔπεισε τὸ συνέδριον ἐλευθεροῦν παραχρῆμα καὶ τοῖς Ἀχαιοῖς ἐγχειρίζειν διὰ τὰς ἐξ ἀρχῆς ὁμολογίας, τὸν δ' Ἀκροκόρινθον καὶ Δημητριάδα καὶ Χαλκίδα παρακατέσχεν (12). Die Aitoler meinten natürlich ganz Korinth, als sie den Römern vorwarfen, sie wollten Κόρινθος für sich behalten (45,5f.), und auch die Vollmacht des Senats betraf ein ungeteiltes Korinth. Die einseitige Beschränkung der Vereinbarung auf die Unterstadt war vermutlich Flamininus' Idee, als er sah, daß er diese in ihrer ursprünglichen Form bei der Kommission nicht durchsetzen konnte.

chenlandpolitik zum Gegenstand. Er beweist also weder einen rückhaltlosen Einsatz Flamininus' für achaiische Interessen noch eine Feindseligkeit der Kommission. Die Legaten standen dem Bund vielmehr positiv gegenüber, denn sonst hätten sie sich auf die kosmetische Korrektur ihrer Entscheidung nicht eingelassen. Was ich oben zur wohlwollenden römischen Haltung des Jahres 196 gesagt habe, bleibt also durchaus gültig. Nur zeigt sich erneut, daß der kleine Achaiische Bund für die Republik viel unwichtiger war als umgekehrt. Während die Achaier alle ihre außenpolitischen Entscheidungen auf Rom ausrichteten, nahm dieses nur Rücksicht, wenn es andere, wichtigere Belange erlaubten, Wohlwollen hin oder her. Zu den anderen Belangen gehörten zweifellos sicherheitspolitische Überlegungen, zumal, wenn sie mit Großmächten zusammenhingen. Die öffentliche Meinung im Ausland zählte da wenig, auch einen Gesichtsverlust des obersten Repräsentanten Roms nahm man in Kauf. Flamininus machte sich darum zwar durchaus Sorgen, aber nur, weil er die Stationierung von Garnisonen in den Fußfesseln für militärisch bedeutungslos hielt, dem sicherheitspolitischen Aspekt der Diskussion also nur geringen Wert zumaß. Wenn er in dieser Frage nun zu dem gleichen Schluß wie die Legaten gelangt wäre? Wahrscheinlich hätten ihn der Schaden für sein Image, der Vertrauensverlust und der öffentlich werdende Wortbruch nicht sonderlich beschäftigt.[42]

Bei der Freiheitsproklamation jubelten die Achaier Flamininus begeistert zu. Den Betrug erkannten sie erst, als ihnen nach den Isthmien – zusammen mit Triphylien und den umstrittenen Orten – nur die Unterstadt Korinths zugesprochen wurde. Die Enttäuschung war zweifellos gewaltig. Wahrscheinlich versuchte Flamininus zu beruhigen: wie er sich persönlich bis zum äußersten eingesetzt hatte; wie unwahrscheinlich es war, daß die römische Garnison auf die Stadt übergreifen würde, angesichts der hoffnungsvollen Entwicklung der beiderseitigen Beziehungen; und wie unbedeutend die Mißhelligkeit im Grunde doch war, da die Legionen bald allesamt nach Italien zurückkehren würden. Doch dem ertappten Lügner glaubt man ungern. Die Achaier wußten weniger denn je, was Flamininus' Versprechungen wert waren. Alle sonst demonstrierte Wertschätzung konnte das nicht überdecken.[43]

Die gegenseitige Wahrnehmung von Römern und Achaiern entwickelte sich bis zum Sommer 197 recht gegensätzlich. Flamininus brachte zunächst

42 Zur Diskussion mit den Legaten s. u. S. 249f., 292-296.

43 Freiheitsproklamation: . . . ἐλευθέρους, ἀφρουρήτους, ἀφορολογήτους, νόμοις χρωμένους τοῖς πατρίοις, Κορινθίους, . . . (Polyb. XVIII 46,5). AYMARD (1938b), 180-182 mit Anm. 56, sieht in der Erwähnung der Korinther »un engagement tacite pour l'avenir«. So war sie von Flamininus zweifellos gemeint. Doch da er gerade ein offenes Versprechen gebrochen hatte, erschien sie den Achaiern nach dem Bekanntwerden der Wahrheit (Polyb. 47,10) wohl eher wie eine Verhöhnung.

nur wenig Interesse für seinen neuen Alliierten auf, dieser schien militärisch wie politisch von geringem Wert. Eine (wenigstens für uns) greifbare Änderung trat erst nach dem Sieg über Philipp ein: Die Mißachtung wich zunehmender Aufmerksamkeit. Der Grund dafür ist nicht in Taten der Achaier zu suchen – sie standen, im Rahmen ihrer Möglichkeiten, davor wie danach unverändert loyal zu Rom –, sondern im Verlust von Attalos und im Streit mit den Aitolern. Der Schlaganfall des Königs beraubte Flamininus zwar nicht der pergamenischen Allianz, aber seines wichtigsten, vielleicht einzigen Vertrauten unter den Griechen. Nach Kynoskephalai stand die Neuordnung Griechenlands an, und Rom konnte seine neugewonnene Hegemonie zur Not zwar auf die Waffen stützen, aber mit verläßlichen Partnern tat man sich natürlich einfacher. Spätestens der Bruch mit den Aitolern ließ deutlich werden, daß der Prokonsul nicht über allzu viele Optionen verfügte. Von den vier einigermaßen bedeutenden Mächten auf der Balkanhalbinsel hatte er mit der einen gerade Krieg geführt, mit der anderen hatte er sich zerstritten, die dritte – Sparta – schien zwielichtig und wenig zuverlässig. Es blieb nur die vierte. Eine Notlösung, gewiß, aber eine, die dem Achaiischen Bund eine gedeihliche Zukunft an der Seite Roms zu versprechen schien.[44]

Dieser Prognose hätten sich im Sommer 196 wohl nur die wenigsten Achaier angeschlossen. Mit einem Bild, wie man es von einem neuen Alliierten kaum finsterer haben kann, hatte die Bundesversammlung von Sikyon dem Bündniswechsel zugestimmt. Seitdem hatte es sich weiter verdüstert.[45] Den zahlreichen Kränkungen stand zwar inzwischen einiges an Lohn und Anerkennung gegenüber, aber das war durch die Vorenthaltung von Akrokorinth weggewischt. Es ist auf den ersten Blick erstaunlich, daß sich unter diesen Umständen keine politische Alternative bildete. Doch den noch verbliebenen Makedonenfreunden war das Objekt ihrer Anhänglichkeit inzwischen in unerreichbare Ferne entrückt, und am Beispiel der Aitoler ließ sich beobachten, wohin eine auf sich gestellte ›Los von Rom‹-Politik führte: ins Abseits. Da schien es noch am besten, stetig auf dem einmal eingeschlagenen Kurs zu bleiben. Immerhin bot er die Hoffnung, von der römischen Politik doch stärker profitieren und sie durch Kooperation bis zu einem gewissen Grad auch mitgestalten zu können.

Das war eine sehr kühle, rationale Linie, diejenige des Aristainos. Seit 198 war er der bestimmende Politiker, und auch zwei Jahre später gewann

44 AYMARD (1938b), 157-160 mit Anm. 6, 192f., betont ebenfalls die sich von den Aitolern abhebende Loyalität des Bundes. Allerdings glaubt er, Flamininus sei den Achaiern von Anfang an überaus positiv gegenübergestanden (»les plus sympathiques de ses alliès en Grèce propre«), habe dies aber wegen der Erfordernisse des Krieges nicht zeigen können. Er gibt selbst zu, daß sich dafür keine Anhaltspunkte finden lassen, und es scheint in der Tat besser, seine Verhaltensänderung nach Kynoskephalai mit den plötzlichen Lücken im römischen Bündnissystem zu motivieren.

45 Vgl. auch die Bemerkungen von AYMARD (1938b), 156f.

er für seine Sicht der Dinge breite Unterstützung: Trotz der verbreiteten Enttäuschung wählte ihn die Herbstversammlung des Achaiischen Bundes erneut zum Strategen.[46] Freilich brauchte er dringend vorzeigbare Erfolge. Weitere Rückschläge bedeuteten weiteren Mißmut, und war der erst einmal zu groß, würden auch Appelle an die Vernunft seiner Landsleute nichts mehr helfen. Aristainos' Macht stand und fiel mit der römischen Allianz. Scheiterte diese, folgte die Katastrophe, die persönliche genauso wie die allgemein achaiische.

Der Feldzug gegen Nabis

Für Aristainos' Ziele war ein guter Draht zum römischen Feldherrn unabdingbar. Der Achaier traf Flamininus das erste Mal in Lokris, dann in Theben, und vielleicht vertrat er den Bund auch im Tempetal und beim römischen Feldzug gegen die Boioter. Ausgiebige Gelegenheit, sich kennenzulernen, boten Frühjahr und Sommer 196, als Flamininus sich in Korinth aufhielt, aber auch die Zeit danach: Das römische Hauptquartier in Elateia war nicht allzuweit von der Peloponnes entfernt.[47] Leider berichten die Quellen nichts über die gegenseitige Einschätzung der beiden Männer. Nur eine Statuenbasis aus Korinth trägt vielleicht eine Ehreninschrift von Aristainos für Flamininus, doch die Identität der beiden Personen ist nicht völlig gesichert, die Datierung ohnehin vage.[48]

Das Thema ist deshalb ungemein wichtig, weil Aristainos während des Jahres 196 tatsächlich in ein vertrauteres Verhältnis zum Prokonsul trat. Seine Rolle ging dabei sogar über diejenige des Attalos hinaus, denn es gelang ihm, sich in grundsätzlichen Entscheidungen mit Flamininus abzustimmen: Nicht nur, daß er und Flamininus im Frühjahr und Sommer 195 in

46 Von dieser Versammlung wissen wir nichts, aber während des Feldzugs 195 agierte Aristainos als Stratege (Liv. XXXIV 24,1; 25,3). Sein unmittelbarer Vorgänger ist unbekannt.

47 Einige Überlegungen dazu bei AYMARD (1938b), 177 Anm. 48, 188 Anm. 17, der jedoch fälschlicherweise Korinth für Flamininus' üblichen Aufenthaltsort hält. Das römische Hauptquartier befand sich in Elateia, wo der Feldherr jeden Winter verbrachte (Liv. XXXII 39,2; XXXIII 1,1; 2,8; 3,6; 29,9; XXXIV 48,2; 50,9; Polyb. XVIII 43,1; 45,7), auch den von 196/195, wie Liv. XXXIV 41,7 impliziert (vgl. BRISCOE [1981], 114). Es wäre eine zusätzliche Brüskierung gewesen, wenn der römische Feldherr, nachdem er schon seine Truppen auf der Burg belassen hatte, auch noch seine Residenz nach Korinth verlegt hätte. Zur Beziehung der beiden Männer vgl. auch ECKSTEIN (1990), 59-63.

48 ISE 37 (vgl. auch J. DEININGER, Nachtrag zu »Aristainos von Megalopolis und Aristainos von Dyme«, Historia 15 [1966], 511). Erhalten ist nur ein Fragment mit den Namensbestandteilen Τίτον und᾽Αρίσταιν[. . . J. BOUSQUET, Inscriptions grecques concernant des Romains, BCH 88 (1964), 607-609, hat plausibel argumentiert, daß es sich um Flamininus und Aristainos handelt. Als Zeitpunkt der Ehrung schlägt er 196/195 vor, doch ist auch ein späteres Datum möglich. Noch in den achtziger Jahren könnte Aristainos so seine Politik gerechtfertigt haben.

geschickter Teamarbeit zusammenwirkten – ihre gemeinsame Absicht war, Nabis zu beseitigen und Sparta dem Bund einzuverleiben.[49]

Nach Aristainos' Gründen muß man nicht lange suchen. Die Spartaner waren seit Kleomenes' Tagen der Hauptfeind auf der Peloponnes, ihre Niederlagen bei Sellasia und Mantineia hatten ihr Potential zwar gemindert, jedoch blieben sie dem militärisch mittelmäßigen Bund allemal gewachsen. Nabis nun kontrollierte nicht bloß Argos – was den Achaiern ihre Ohnmacht Tag für Tag vor Augen führte –, er konnte jederzeit den Kampf wiederaufnehmen: Der Waffenstillstand von 198 war lediglich bis zum Ende des Krieges gegen Makedonien geschlossen worden.[50] Nabis nicht nur Argos zu entreißen, sondern ihn zu stürzen und Sparta zu gewinnen, das war zweifellos ein Maximalziel. Aber es schien die einzige Möglichkeit zu sein, eine immer wieder auflebende Bedrohung zu beseitigen.

Nicht ganz so einfach ist es mit Flamininus' Motiven. Gegenüber den griechischen Alliierten rechtfertigte er den Feldzug mit der Freiheit der Argiver. Ein zugkräftiger Slogan, aber er war nur ein Vorwand, kein Grund. Aus der Isthmischen Proklamation erwuchs weder Römern noch Griechen eine Verpflichtung zur Befreiung von Argos. Offensichtlich wird die Unaufrichtigkeit dieser Argumentation, wenn man bedenkt, daß Flamininus' eigentliches Ziel Sparta war. Nabis' Regime über seine Vaterstadt war allgemein anerkannt. Niemand sah hier, im Unterschied zu Argos, die objektive Notwendigkeit, eine unterdrückte Stadt zu befreien, geschweige denn sich daran zu beteiligen.[51]

Interessanter sind die Vorwürfe, mit denen der Aitoler Alexandros Isios auf Flamininus' Freiheitsrede antwortete. Er beschuldigte zunächst die Achaier, auf den Besitz von Argos hinzuarbeiten. Deren Bemühungen beim Feldherrn waren also keineswegs unbemerkt geblieben, nur war Alexandros der einzige, der das Interesse des Bundes beim Namen zu nennen wagte.[52] Die Römer aber, fuhr er fort, nähmen Argos und Nabis zum Vorwand, ihre Truppen weiter in Griechenland stehen zu lassen. Daran ist richtig, daß die Legionen tatsächlich bleiben sollten, bis man sich über Antiochos' Absich-

---

49 Das wird hier erst einmal behauptet. Den Beweis wird ihr Verhalten während des Feldzugs 195 geben.

50 Waffenstillstand: Liv. XXXII 39,11; 40,4. Vgl. AYMARD (1938b), 148 Anm. 54. Anders BRISCOE (1973), 245f. Zu den achaiischen Kriegsgründen vgl. AYMARD, 185-188.

51 Liv. XXXIV 22,10-13. S. dazu u. S. 302-304.

52 Liv. XXXIV 23,6. Alexandros spricht pauschal davon, daß die Achaier Korinth zurückerhalten hätten, obwohl diese nur die Unterstadt kontrollierten. Doch das stellt keine Ausnahme von der o. Anm. 39 aufgestellten Regel dar, das allein stehende Κόρινθος / *Corinthus* bezeichne die gesamte Stadt. Im Gegenteil will der Aitoler, jedenfalls in Livius' Darstellung, den Eindruck erwecken, die Römer hätten dem Bund ganz Korinth zugestanden, einschließlich der Burg: Die Achaier sollen als speichelleckerische Lieblinge Roms dastehen.

ten im klaren war.[53] Doch diese Klarheit gewann man bald: Schon im Frühjahr 195, vor dem Beschluß zum Krieg gegen Nabis, waren sich Feldherr, Kommission und Senat darin einig, daß von Antiochos keine unmittelbare Gefahr drohe. Sicherheitshalber trotzdem in Griechenland zu bleiben hätte bedeutet, sich auf ein unbefristetes militärisches Engagement einzulassen. Das aber wäre nicht nur der griechischen Öffentlichkeit schwer zu vermitteln gewesen – mit diesem Gedanken spielte auch kein Römer. Zweifellos war der ›Tyrann‹ Nabis ein ungleich billigeres Feindbild als der ferne Antiochos, aber als Motiv für einen Krieg und eine damit gerechtfertigte Truppenstationierung wurde es im Frühjahr 195 gar nicht gebraucht.[54]

Weiteren Aufschluß geben die Ereignisse in Rom. Eigentlich können es nur Flamininus' Berichte gewesen sein, die im Senat den Eindruck erweckten, nicht bloß Antiochos und die Aitoler, sondern auch Nabis seien ›verdächtig‹. Das brachte dem Prokonsul eine weitere Prorogation ein. Später malte die zurückgekehrte Zehnerkommission ein wahres Schreckensbild an die Wand: An Habgier und Grausamkeit komme Nabis allen berühmten Tyrannen gleich, nach dem Abzug der Römer werde er sich zum Gewaltherrscher über ganz Griechenland aufschwingen. Der Senat ließ sich davon zwar nur bedingt beeindrucken, trotzdem erhielt Flamininus freie Hand für seinen Feldzug.

Zweierlei wird klar: Ein weiteres Kommandojahr und ein neuer Krieg erhöhten Flamininus' Prestige und boten Gelegenheit zu neuem Ruhm. Dieses persönliche Motiv kann man gar nicht hoch genug schätzen. Andererseits traten die zehn Legaten, unter ihnen mindestens zwei Konsulare und ein Praetorier, nicht bloß als Flamininus' Erfüllungsgehilfen auf. Auch der Senat prüfte zwar lange, ob es überhaupt Grund genug für einen Krieg gebe, und er kam zu dem Schluß, daß die ganze Angelegenheit für Rom nicht von entscheidender Bedeutung sei. Aber das Ergebnis der schwierigen Debatte war eben der Beschluß zum Krieg. Nabis schien den Römern, nicht nur dem Prokonsul, tatsächlich eine Bedrohung zu sein. Befreit man die Analyse der Legaten von den gröbsten Übertreibungen, so bleibt die Furcht, der Spartaner werde die Ordnung von Korinth erschüttern. Sein erstes Opfer

---

53 Liv. XXXIV 23,10. In diesem Sinne HOLLEAUX (1930b), 376; BADIAN (1959), 121; ERRINGTON (1989b), 276; P. CARTLEDGE, Hellenistic Sparta, in: ders. / A. Spawforth, Hellenistic and Roman Sparta, London u. a. 1989, 75.

54 Zur Einschätzung der von Antiochos drohenden Gefahr s. u. S. 250f., zur Befristung der Truppenstationierung s. u. S. 288-292. AYMARD (1938b), 194-196, argumentiert mit Recht, daß die Furcht vor Antiochos ein schwaches Argument in der öffentlichen Debatte gewesen wäre, das die aitolische Agitation leicht als Vorwand entlarvt hätte. Doch deswegen bedurfte es noch nicht des Nabiskriegs. Übrigens ließen sich die Aitoler auch von dem Nabisargument nicht täuschen, eine entsprechende römische Absicht wäre also schon im Ansatz kläglich gescheitert. Anders GRUEN (1984), 451: »If Rome wished to retain her garrisons in the ›Fetters,‹ a potential menace from Antiochus would supply reason or pretext.«

wäre dabei, ganz zwangsläufig, der Achaiische Bund. Offenbar verstanden Flamininus und die Kommission einen Angriff auf die Achaier als Attacke auf die römische Autorität.[55]

Beim Aufbau von Feindbildern kommt es bekanntlich wenig darauf an, was der Gegner tatsächlich getan hat. Wesentlich ist, was er tun könnte. Aber doch ist es erstaunlich: hier ein Staat, der im Ersten Makedonischen Krieg gegen Rom gekämpft hatte und bis vor etwa zwei Jahren mit Philipp verbündet war, dort ein anderer, der in diesem Krieg auf römischer Seite gestanden und vor knapp zwei Jahren eine neue Allianz mit Flamininus geschlossen hatte – und der Prokonsul engagierte sich entschlossen für den ersteren. Nabis mochte ein zwielichtiger Charakter sein, seine Innenpolitik mochte ihn den Römern denkbar unsympathisch machen,[56] aber ihm und Sparta war kein ernsthafter Verstoß gegen römische Interessen vorzuwerfen.[57] Freilich hatte er sich auch nicht für sie eingesetzt. Gemäß der Vereinbarung hatte er Flamininus bei Kynoskephalai mit 600 kretischen Söldnern unterstützt,[58] danach hören wir nichts mehr von ihm. Weder bei den Friedensverhandlungen im Tempetal und in Rom noch bei der Freiheitsproklamation und der Neuordnung Griechenlands in Korinth scheint er vertreten gewesen zu sein. Nabis sah offenbar keinen Anlaß, bei den Römern zu antichambrieren und somit ihre Vormachtstellung anzuerkennen. Von seiner Position aus war das konsequent. Flamininus hatte seine Herrschaft über Argos ja hingenommen, es gab keinen Grund, sich für die Zukunft die Hände zu binden. Das heißt nicht, daß er Pläne gegen Rom schmiedete, Nabis war kein Hasardeur. Aber ohne Rom, das schon. Damit verkannte er die neue Zeit. Auf die politische Großwetterlage glaubte er nur Rücksicht nehmen zu müssen, wenn sie seinen Zielen nutzte. Im letzten Krieg gegen Ma-

---

55 Liv. XXXIII 43,6 (zit. o. S. 155 Anm. 63); 44,8-45,4. Vgl. SCHNEIDEWIND (1869), 23f.; ECKSTEIN (1987c), 303-305; ferner SCULLARD (1973), 114; DE SANCTIS (1923), 103f.; GUNDEL (1963c), 1077. Zur Zusammensetzung der Kommission s. u. S. 336 Anm. 21. Natürlich wird Flamininus die ›Nabisgefahr‹ schon wegen seiner Prorogation ins rechte Licht gerückt haben, aber das berechtigt nicht zu dem Schluß, er habe die Lage völlig verzerrt dargestellt (so U. SCHLAG, Regnum in senatu, Stuttgart 1968, 94f.; dagegen BRISCOE [1972], 31; ECKSTEIN, 303 Anm. 148).

56 Den Kern von Nabis' gesellschaftlichem Programm – stets im Dienst der Sicherung seiner Herrschaft – bildeten Sklavenbefreiung, Bürgerrechtsverleihung, Vermögensumverteilung und Bodenreform. Auch in Argos wurde es umgesetzt, mit dem zusätzlichen Element eines Schuldenerlasses. Vgl. D. MENDELS, Polybius, Nabis, and Equality, Athenaeum NS 57 (1979), 311-333; CARTLEDGE (1989), 67-72; SHIMRON (1972), 87-90, 94-96; TEXIER (1975), 32-36; H. BERVE, Die Tyrannis bei den Griechen, München 1967, 409f., 715. Ein Kriegsgrund, wie AYMARD (1938b), 190f., und LARSEN (1968), 400, annehmen, war dies alles jedoch nicht. Vgl. nur GRUEN (1984), 451; DENS., Philip V and the Greek Demos, in: Ancient Macedonian Studies in Honor of Charles F. Edson, Thessaloniki 1981, 177f. S. auch u. S. 269 Anm. 66.

57 Vgl. AYMARD (1938b), 140 Anm. 28, 190 Anm. 29, 223; BRISCOE (1981), 103. Anders THIEL (1946), 248f., 251.

58 Liv. XXXII 39,11; 40,4. Vgl. BRISCOE (1973), 252.

kedonien war er so zum Erfolg gekommen. Doch weiterhin in einer Splendid isolation zu verharren war einer Mittelmacht wie Sparta nur bei einem relativ freien Spiel der Kräfte möglich. Die griechischen Staaten begannen sich um das neue und alleinige Zentrum Rom zu formieren. Hier abseits zu stehen machte verdächtig. Nabis hätte die Konfrontation vielleicht vermeiden können, hätte er frühzeitig auf die politische Willensbildung im römischen Hauptquartier und in Rom selbst eingewirkt, mit Gesandten, Lobbyisten und Pressure groups. So aber wirkte Aristainos ungehindert. Sparta geriet in einen aussichtslosen Krieg, weil sein Herrscher nicht rechtzeitig erkannt hatte, daß es nach dem Sieg über Philipp nicht mehr genügte, nicht gegen Rom zu sein. Man hatte schon für Rom zu sein.[59]

In einer zentralen Angelegenheit stimmten also die Interessen des kleineren Alliierten mit denen der Hegemonialmacht überein. Flamininus diese Deckungsgleichheit vermittelt oder zumindest suggeriert zu haben, das war das größte Verdienst des Aristainos und seiner Politik. Eines sollte man aber nicht übersehen. Die beiden Männer hatten durchaus unterschiedliche Gründe für den gemeinsamen Krieg. Die Römer führten den Krieg nicht für die Achaier, sondern im eigenen Interesse. Hinsichtlich des Kriegsziels hieß dies: Für Aristainos war ohne die Eingliederung Spartas in den Bund wenig gewonnen, die Zwecke der Römer waren im Grunde aber erreicht, sobald Nabis besiegt und dauerhaft geschwächt war. Darüber zerbrachen sich im Moment weder der Stratege noch der Prokonsul den Kopf, zweifellos war auch im römischen Hauptquartier Nabis' Ende das Wunschziel. Nichtsdestotrotz gab es eine Sollbruchstelle.[60]

Flamininus wollte den Feldzug nicht allein mit den Achaiern führen, sondern als gemeinsame Angelegenheit der Alliierten behandeln. Denn die nominell unabhängigen griechischen Staaten sollten eingebunden und so an die Oberherrschaft Roms gewöhnt werden. Deshalb berief er im Frühjahr, sobald er vom Placet des Senats erfahren hatte, eine Konferenz nach Korinth ein, die er mit der oben erwähnten Freiheitsrede eröffnete. Der athenische Vertreter reagierte mit Lobhudeleien, wie es von ihm erwartet wurde,

---

59 Vgl. auch TEXIER (1975), 88. Nach AYMARD (1938b), 189f., fürchteten die Römer eine Kooperation zwischen Nabis, Antiochos und den Aitolern (ähnlich SCHNEIDEWIND [1869], 24; MUNDT [1903], 49; LEHMANN [1967], 227; ECKSTEIN [1987c], 305). Doch damit überträgt er die entsprechenden aitolischen Bemühungen im Vorfeld des Syrischen Krieges, die bezeichnenderweise scheiterten, auf den Nabiskrieg: Gemeinsame Interessen der drei Mächte ließen sich im Moment nicht erkennen. Ihre Romgegnerschaft besaß ja unterschiedliche Ausprägungen, in Nabis' Fall war sie sogar recht diffus. Vgl. auch GRUEN (1984), 451.

60 AYMARD (1938b), 193f., vermutet, die Achaier hätten sich, aus Furcht vor einer Abfuhr, nicht mit Flamininus über das exakte Kriegsziel abgesprochen. Doch dagegen spricht nicht nur die enge Abstimmung zwischen dem Prokonsul und dem achaiischen Strategen, wie sie während des Feldzugs zum Ausdruck kam, sondern auch der von Flamininus bald offen betriebene Sturz Nabis' – bis der schleppende Verlauf des Krieges zum Umdenken zwang.

Alexandros Isios aber äußerte für den Aitolischen Bund die erwähnte beißende Kritik. Darauf antwortete Aristainos mit heftigen Beschimpfungen und der Bitte an Flamininus, nicht bloß die spartanische Okkupation von Argos zu beenden, sondern auch Griechenland vor den Aitolern zu sichern. Seine Rede bewegte sich zwar auf beklagenswertem Niveau, aber sie demonstrierte öffentlich die völlige Übereinstimmung mit den Römern, nicht nur in der Nabis-, sondern auch in der Aitolerfrage. Den übrigen Griechen blieb nur, sich anzuschließen. Das unterstrich eindrucksvoll, daß der Achaiische Bund nunmehr der erste Alliierte war. Die Aitoler verließen die Konferenz. Einstimmig konnte dann der Krieg gegen Nabis beschlossen werden, »falls er Argos nicht den Achaiern zurückgebe«. Mit anderen Worten, dem Bund wurde die Wiedereingliederung von Argos offiziell garantiert. Dies war das Kriegsziel, und zwar das einzige. Kein Redner hatte darüber hinausgehende Absichten geäußert.[61]

Der Feldzug begann.[62] Das römische Heer brach aus Elateia auf, auf der Peloponnes stieß Aristainos mit 10 000 Infanteristen und 1000 Reitern dazu. Die Zahl war enorm, wahrscheinlich annähernd das Gesamtaufgebot des Bundes. 197 hatte Nikostratos beim Kampf gegen die Makedonen gerade 5000 Fußsoldaten und 300 Kavalleristen zusammengezogen. Die Achaier untermauerten ihren Anspruch eindrucksvoll.[63] In der argolischen Ebene bezog die vereinte Armee ein Lager, knapp sechs Kilometer von Argos entfernt. Der Stadtkommandant Pythagoras hatte die Stadt sorgfältig gesichert, doch die Unruhe war groß, bei der Besatzung wie bei der Bevölkerung. Es kam sogar zu einer Erhebung, aber schlecht vorbereitet und verraten, wurde sie von den Spartanern mühelos erstickt. Einige Verschwörer konnten sich in das alliierte Lager retten. Sie versicherten dem Prokonsul, es wäre zu einem allgemeinen Aufstand gekommen, wenn das römische Heer unmittelbar vor den Toren der Stadt gestanden hätte. Doch noch immer könne dieser Schritt die gewünschte Wirkung erzielen.[64]

Was folgte, war eine Posse. Flamininus ließ das Gelände sichern und bezog ein neues Lager, keine 500 Meter vor den Mauern. Einen Tag wartete er auf eine neue Revolte. Nichts geschah. Da berief er einen Kriegsrat aller Alliierten ein, um über den Angriff auf Argos zu beraten. Die Griechen wa-

---

61 Liv. XXXIV 22,5-24,7: . . . *nisi redderet Achaeis Argos* (24,6). Im Senat war auch nur von Argos die Rede gewesen. Doch bezeichnenderweise war das ›Nabisproblem‹ dort als Ganzes diskutiert und auch entsprechend entschieden worden.

62 Daß der Prokonsul Nabis ein Ultimatum stellte, halte ich nicht für so unwahrscheinlich wie AYMARD (1938b), 210f. Der Schein war wichtig, und ein abgelehntes Ultimatum stand einer späteren Ausweitung des Krieges nicht im Wege. Mit AYMARD, 199 Anm. 9, 214 Anm. 7, und ECKSTEIN (1987c), 305 Anm. 155, halte ich es freilich für abwegig, daß Flamininus sich mit Formalismen wie *rerum repetitio* und *indictio belli* aufhielt (so BRISCOE [1981], 88).

63 Liv. XXXIII 14,12; XXXIV 25,1.3. Vgl. AYMARD (1938b), 214f.

64 Liv. XXXIV 25,4-26,2.

ren sich einig, daß man den Kampf hier und jetzt beginnen müsse. Schließlich gebe es keinen anderen Grund für den Krieg. Nur einer war anderer Ansicht: Aristainos. Noch während dieser sprach, demonstrierte der Prokonsul in Mimik und Gestik seine Zustimmung. Er selbst meinte dann: Da man für die Argiver den Krieg gegen den Tyrannen auf sich genommen habe, was passe da weniger, als den Feind aus den Augen zu lassen und Argos anzugreifen? Er jedenfalls werde sich gegen das Haupt dieses Krieges wenden: Sparta und den Tyrannen. Flamininus beendete dann die Beratung und ließ Vorbereitungen für den Abmarsch treffen.[65]

Die griechischen Alliierten – von Aristainos abgesehen – dürften kaum verstanden haben, wie ihnen geschah. Daß der Prokonsul die Verbündeten bei der Verfolgung seiner Ziele gern überging, damit waren sie schon länger vertraut, aber nie hatte er seine Selbstherrlichkeit derart ungeniert gezeigt. Nach gerade 24 Stunden zu behaupten, ein Angriff mache keinen Sinn, ohne daß man auch nur den kleinsten Versuch gemacht hatte, das war einfach lächerlich. Mit einer erneuten Erhebung war so kurz nach der Niederschlagung der ersten nicht zu rechnen.[66] Auf Hilfe von innerhalb der Mauern konnte man nur hoffen, wenn die spartanische Besatzung hart bedrängt wurde. Ohnehin wäre sie bloß eine Zugabe gewesen. Die Alliierten waren ja nicht in der Erwartung eines sofortigen Verrats vor Argos gezogen, sondern mit der Perspektive einer längeren Belagerung. Flamininus war nicht gerade ein fähiger Poliorket, aber er verfügte über eine bedeutende Streitmacht. Angesichts der Größe allein des achaiischen Kontingents

65 Liv. XXXIV 26,2-8: *et ipse adiecit, cum pro Argivis adversus tyrannum bellum susceptum sit, quid minus conveniens esse quam omisso hoste Argos oppugnari?* (7) Livius' Bericht ist eigenartig knapp, besonders im Vergleich zu der Konferenz von Korinth wenige Kapitel zuvor. Es ist müßig zu spekulieren, ob Polybios mehr hatte. Vielleicht ging schon er schnell über eine Angelegenheit hinweg, die den achaiischen Strategen ins Zwielicht stellte. Jedenfalls ist die gestraffte Wiedergabe unverkennbar: Aristainos' Rede wird völlig übergangen, bis auf das bloße Faktum seines Widerstands gegen eine Belagerung von Argos; auch von Flamininus' Äußerung ist nur die Quintessenz überliefert. Livius' Schweigen beweist hier also noch weniger als sonst, daß etwas nicht geschehen ist. Man kann also schlecht argumentieren, Flamininus habe sich schon in der Art der Versammlungsleitung schroff gegenüber den Alliierten gezeigt: Es kann durchaus, wie in Korinth, zu einer Abstimmung über die neue Ausrichtung des Feldzugs gekommen sein, nur ließ Livius sie einfach weg, da sie einstimmig ausfiel und eine bloße Bekräftigung des Gesagten war (seltsam widersprüchlich in diesem Punkt AYMARD [1938b], 218 Anm. 22). Vielleicht wertete Flamininus aber auch einfach das Ausbleiben weiteren Widerspruchs als Zustimmung, formal nicht zu Unrecht. Der Knackpunkt lag jedenfalls nicht in der äußeren Gestaltung der Besprechung, sondern in ihrer inhaltlichen Brisanz.

66 Das genügt als Begründung. Man muß nicht mit AYMARD (1938b), 216f., und D. MENDELS, A Note on the Speeches of Nabis and T. Quinctius Flamininus (195 B.C.), SCI 4 (1978), 40 Anm. 13, Sympathien des überwiegenden Teils der Bevölkerung für Nabis bemühen, die, wie A. M. ECKSTEIN, Nabis and Flamininus on the Argive Revolutions of 198 and 197 B.C., GRBS 28 (1987), 227f., gezeigt hat, alles andere als gesichert sind. Vgl. auch LEHMANN (1967), 226 Anm. 165.

befanden sich keinesfalls weniger als 30 000 Mann unter seinem Kommando. Eventuelle Entlastungsangriffe von Nabis waren zum Scheitern verurteilt.[67] Man schrieb auch gerade Ende Mai oder Anfang Juni (jul.), hatte also noch einige gute Monate für die Kampagne übrig. Doch selbst wenn wir Flamininus und Aristainos zugestehen, daß sie die Erfolgsaussichten gering einschätzten: Was sie jetzt wußten, hatten sie auch schon in Korinth gewußt.[68] Bereits damals hätten sie den Alliierten eine entsprechende Strategie skizzieren können, ja müssen. Statt dessen hatten sie keinen Ton über Sparta oder den Sturz von Nabis gesagt.

Deshalb werden die Griechen schon überrascht gewesen sein, daß der Feldherr überhaupt einen Kriegsrat einberief. Es konnte höchstens um taktische Details gehen. Als sie erkannten, daß der Zweck der Beratung ein allgemeiner war, zogen sie sich auf die geltende Beschlußlage zurück. An den Umständen hatte sich ja nichts geändert. Die Logik von Flamininus' Argumentation blieb für die Griechen wahrscheinlich genauso dunkel wie für den modernen Leser. Sie war bestimmt von der Absicht, den Krieg auszuweiten, besser: ihn seinem eigentlichen Ziel zuzuführen. Flamininus' Verhalten vor Argos beweist, was ich oben nur behauptet habe. Von Anfang an plante er, Nabis in seiner Heimatstadt anzugreifen und nach Möglichkeit auszuschalten. Der Zug vor Argos diente nur dem Schein. Die Revolte war, so betrachtet, nur ein unwillkommenes Zwischenspiel, ja es wäre fatal für Flamininus' Absichten gewesen, wenn ihm Argos ohne weiteres in den Schoß gefallen wäre. Deshalb die seltsame Eile. Aristainos war in alles eingeweiht. Er stimmte dem Prokonsul nicht etwa eilfertig zu, sondern war vielmehr der erste, der eine völlig widersinnige Ansicht vertrat. Wäre er sich Flamininus' Einverständnisses nicht sicher gewesen, hätte sich der Stratege kaum so geäußert: Ablehnung und Argwohn hätten ihn isoliert. So aber bereitete er die Bahn für den Feldherrn.[69]

Warum hatten Flamininus und Aristainos ihren Alliierten aber nicht von Anfang an reinen Wein eingeschenkt? Offenbar fürchteten sie, keine Mehr-

---

67 Zu den 11 000 Achaiern stießen noch 1500 Makedonen und 400 thessalische Reiter (Liv. XXXIV 26,10). Die kleineren Kontingente der übrigen Verbündeten übergeht Livius, ein messenisches Korps bezeugt Polyb. XXIII 5,2 (vgl. AYMARD [1938b], 219 Anm. 25). Das Gros stellten natürlich die Römer mit ihrem Zweilegionenheer, auch wenn dieses, schon wegen der Garnisonsdienste, nicht vollständig zum Einsatz kam. Später, vor Sparta, zog Flamininus unter Aufbietung aller verfügbaren Kräfte sogar 50 000 Mann zusammen (Liv. 38,3). Vgl. THIEL (1946), 252f. mit Anm. 273; DE SANCTIS (1923), 106. Nabis verfügte über 2000 Kreter, 3000 Söldner und 10 000 Spartaner, insgesamt also 15 000 Mann; dazu kamen unter Waffen stehende Heloten (Liv. 27,2; vgl. aber MENDELS [1979], 323 Anm. 77). Liv. 27,1 bemerkt zu Nabis' Aussichten: . . . *prope nulla spes esset vere vires suas hostiumque aestimanti.*

68 Dies gegen die angeblichen militärischen Zwänge AYMARDS (1938b), 217f., die unvermittelt in seiner Darstellung und im alliierten Denken auftauchen.

69 Die Stelle ist völlig mißverstanden von GRUEN (1984), 452 mit Anm. 86.

heit für ihre Pläne zu finden. Allzu offensichtlich wäre geworden, daß es nicht um Freiheit, sondern um Macht und Territorien ging. Freilich wäre auch dann die Schwelle für ein Nein sehr hoch gewesen. Aber einem Krieg erst gar nicht zuzustimmen war einfacher, als aus einem laufenden auszuscheiden. Und die übrigen Griechen hätten sich vielleicht mit den Aitolern solidarisiert – ein Alptraum für Flamininus.[70] Vor Argos aber fehlte eine halbwegs bedeutende Mittelmacht, hinter deren Rücken Boioter, Athener, Messenier und die übrigen sich verstecken konnten. Ihre Kontingente hatten sich bereits mit den Legionen vereinigt oder waren auf dem Weg. Jetzt auszuscheren wäre dem Bruch der Allianz gleichgekommen, mit unüberschaubaren Konsequenzen. Die Disziplinierung war geglückt. Gemeinsam zog man nach Lakonien, die einen zufrieden, die anderen mit der Faust in der Tasche.[71]

Dort verliefen die Operationen nicht so, wie Flamininus gehofft hatte. Nabis hatte seine Armee aufgestockt, die Befestigungen Spartas verstärkt und die bloße Möglichkeit eines Aufstandes in einem präventiven Blutbad erstickt. Im Wissen um seine Unterlegenheit behielt er seine Truppen in der Stadt und wartete klug auf die Initiative des Feindes. Flamininus wußte nicht viel damit anzufangen. Er marschierte ziellos vor Sparta hin und her und gab Nabis zweimal die Gelegenheit zu erfolgreichen Ausfällen. Beim ersten geriet der Feldherr selbst in Gefahr, beim zweiten bedurfte es der energischen Unterstützung der Achaier. Vorsichtshalber ließ Flamininus dann von Sparta ab und begnügte sich mit der weitflächigen Verwüstung des Eurotastals.[72] Erfolge erzielte aber die Flotte unter seinem Bruder Lucius. Dieser eroberte, unterstützt von den Rhodiern und König Eumenes, eine lakonische Küstenstadt nach der anderen. Schließlich nahm er, gegen erbit-

70 AYMARD (1938b), 207f. mit Anm. 20, schätzt dieses Motiv gering und vermutet, Flamininus habe in Korinth aus Rücksicht auf die Unwägbarkeiten des Feldzugs nur ein Minimalziel propagiert. Doch warum steckte er es vor Argos dann plötzlich höher? Militärisch hatten die Römer nicht das mindeste erreicht. Auch läßt sich der Widerstand der Alliierten schlecht so interpretieren, daß sie nichts gegen eine Ausweitung des Krieges gehabt hätten, sondern nur dagegen opponierten, Argos in den Händen des Feindes zu lassen (ohnehin eine widersinnige Haltung). Sie sagten ja ausdrücklich, daß es keinen anderen Grund für den Krieg gebe als Argos (Liv. XXXIV 26,5). AYMARD, 218, nennt sie dafür ›naiv‹. Vgl. auch M. BONNEFOND-COUDRY, Mythe de Sparte et politique romaine : les relations entre Rome et Sparte au début du IIe siècle av. J.-C., Ktèma 12 (1987), 87.

71 Nach der Entscheidung vor Argos sammelte sich schnell eine beträchtliche Menge hoffnungsvoller spartanischer Verbannter im alliierten Lager, unter ihnen sogar ein Thronprätendent (Liv. XXXIV 26,12-14). Nie zuvor war von ihnen die Rede gewesen. Auch das zeigt, wie unerwartet Flamininus' Initiative gekommen war.

72 Liv. XXXIV 27f.; Zon. IX 18,1-3. Flamininus wußte nicht einmal Pythagoras daran zu hindern, mit 3000 Soldaten (zu diesen ECKSTEIN [1987a], 225) nach Sparta zu gelangen (Liv. 29,14).

terten Widerstand, den Haupthafen Gytheion ein.[73] Erst dies veranlaßte Nabis dazu, die Möglichkeiten für einen Frieden zu sondieren.

Er und Flamininus hielten bei dem Treffen längere Reden. So wie uns diese überliefert sind, stellen sie freilich eher Denkschriften über die Berechtigung der eigenen Haltung dar, von Verhandlungen kann man kaum sprechen.[74] Interessanter ist hier die Rolle des Aristainos. Bei der ersten Begegnung zwischen Nabis und dem Prokonsul, vor über zwei Jahren, hatte Nikostratos nichts zu sagen gehabt, Attalos war für ihn eingetreten. Vor Sparta traf ein ganz ähnlicher Kreis zusammen: die beiden Oberbefehlshaber, Lucius, der König von Pergamon und der achaiische Stratege (die beiden letzteren natürlich andere Personen), dazu der rhodische Vertreter Sosilas. Nach Nabis und Flamininus sprach jetzt aber Aristainos, als einziger griechischer Alliierter. Deutlicher konnte der Aufstieg der Achaier kaum vor Augen geführt werden. Auch Eumenes stand zurück.

Aristainos bot Nabis einen Kompromiß an. Er solle, wie einige peloponnesische Tyrannen des dritten Jahrhunderts, die Herrschaft niederlegen und Sparta die Freiheit wiedergeben. Dann könne er ein sicheres und ehrenvolles Alter unter seinen Mitbürgern verbringen. Damit war mehr gemeint als ein beschaulicher Lebensabend in einer Seniorenresidenz. Die Tyrannen, auf die Aristainos sich berief, hatten ihre Heimatstädte in den Achaiischen Bund überführt, zwei von ihnen, Lydiadas von Megalopolis und Aristomachos von Argos, gegen die Garantie, im politischen Leben weiterhin eine Rolle zu spielen: Beide bekleideten die Strategie. Das Angebot besaß aber nur bedingten Reiz. Für den Herrscher von Sparta war es weit weniger attraktiv als für einen Tyrannen von Megalopolis, ein Jahr lang den Achaiischen Bund zu führen. Die praktische Umsetzung war ohnehin ein Problem für sich. Angesichts der bisherigen Feindschaft und der Besetzung von Argos kann man sich nur schwer vorstellen, wie Nabis ein zweites Leben als angesehener achaiischer Politiker hätte führen sollen. Auch Aristomachos war am Schluß von den Achaiern ertränkt worden. Und, nicht zu vergessen: Die Annahme von Aristainos' Offerte wäre dem Eingeständnis gleichge-

---

73 Liv. XXXIV 26,11; 29,1-13. Eumenes' Beteiligung ist auch bezeugt Syll.[3] 595. Der Fall Gytheions war absehbar, als der Prokonsul in der letzten Phase der Belagerung mit 4000 Elitesoldaten zu Hilfe eilte. Schon eine unwesentliche Beschleunigung war aber wertvoll, denn Flamininus lief die Zeit davon (s. u.).

74 Liv. XXXIV 30-32. Nabis verwies auf die Freundschaft und die Allianz mit den Römern, die er niemals gebrochen habe; Flamininus bestritt das natürlich, vor allem aber suchte er seine recht schwache Position mit penetrantem Freiheitspathos zu untermauern. Während die Forschung sich dementsprechend lange darüber einig war, daß Livius den Spartaner als Sieger des Rededuells darstelle (vgl. etwa AYMARD [1938b], 222-225), setzt sich jetzt die gegenteilige Meinung durch. Die moderne Bewertung der vorgebrachten Argumente unterscheidet sich also erheblich von der antiken. Vgl. ECKSTEIN (1987a), 216-231; MENDELS (1979), 331; DENS. (1978), 38-44; PFEILSCHIFTER (2000), 123-126.

kommen, daß alles bisher Erreichte illegitim und Nabis selbst ein Tyrann war.[75]

Freilich besteht kein Grund, an der Ernsthaftigkeit von Aristainos' Vorschlag zu zweifeln. Seine Bereitschaft zu einem Arrangement kam nach den bisherigen Verteufelungen Nabis' überraschend, sie stand auch in beträchtlichem Gegensatz zur eben demonstrierten Rhetorik des Prokonsuls. Doch war schon die Bereitschaft zu dem Treffen ein Zeichen des Entgegenkommens gewesen. Offenbar begannen Aristainos und Flamininus Konsequenzen aus der bislang wenig durchschlagenden Kriegsführung zu ziehen.[76] Wie unterschiedlich diese ausfielen, zeigte aber erst das Folgende.

Nabis bot tags darauf den Rückzug aus Argos und die Übergabe der Gefangenen und Überläufer an. Über weitere Forderungen war er bereit zu verhandeln, aber es war klar, daß er seine Herrschaft über Sparta nicht niederlegen würde. Aristainos' Vorstoß war gescheitert. Für Flamininus hatte sich die Situation grundlegend geändert. Seit dem Einmarsch nach Lakonien waren drei Monate verstrichen, die gute Jahreszeit ging jetzt, Ende August, Anfang September (jul.), langsam zu Ende.[77] Um Sparta einzunehmen und die Siegesnachricht nach Rom zu melden, blieben höchstens drei weitere Monate, vielleicht bedeutend weniger. Die Iden des März fielen nämlich spätestens auf den 6. Dezember (jul.), und ein unvollendeter Krieg würde die Begehrlichkeit der neuen Konsuln wecken. Flamininus wußte wohl schon, daß Scipio Africanus erneut kandidieren wollte. Der Hannibalsieger würde sein zweites Konsulat kaum mit Routinegeschäften in Italien verbringen wollen.[78]

Diese Sorge ließ die Gründe zurücktreten, die vor wenigen Monaten noch für den Sturz Nabis' gesprochen hatten.[79] Und es war ja auch nicht so, daß der Feldzug nichts gebracht hatte. Nabis bot von sich aus Argos an, und er konnte kaum verhindern, daß die Römer die lakonischen Küstenstädte behielten. Diese Verluste würden Sparta auf die Stufe eines Kleinstaates hinabdrücken. Nabis wäre in Zukunft weder ›verdächtig‹ noch eine Gefahr für die Achaier. Würde nicht auch Flamininus' persönlicher Kredit weiter steigen? In Rom zweifellos, niemanden würde es interessieren, ob Nabis

75 Liv. XXXIV 33,1f. Vgl. AYMARD (1938b), 225f.; ferner DE SANCTIS (1923), 108f. Die anderen Tyrannen waren Iseas von Keryneia, Xenon von Hermione und Kleonymos von Phleius (vgl. BRISCOE [1981], 104; BERVE [1967], 390, 398-402, 711-713).

76 Vgl. auch AYMARD (1938b), 224 Anm. 44, 225 mit Anm. 46, der allerdings für Absicht hält, was in Wirklichkeit mangelndes militärisches Talent des Prokonsuls war.

77 Nach der Chronologie von AYMARD (1938b), 235 Anm. 32.

78 Liv. XXXIV 33,3f.14; Plut. Flam. 13,2. Ich folge der brillanten Argumentation FERRARYS (1988), 108-110, gegen AYMARD (1938b), 236f. Vgl. auch GELZER (1939), 27f.; LEHMANN (1967), 175-177; BRISCOE (1981), 17-26, 105; ECKSTEIN (1987c), 306f.; HARRIS (1991), 219.

79 Zwei von ihnen waren ohnehin obsolet geworden: Flamininus hatte sein weiteres Kommandojahr gehabt, und die Stationierung römischer Truppen war für 195 gerechtfertigt worden.

besiegt oder beseitigt worden war. In Griechenland freilich nicht so hoch wie erhofft. Die Achaier insbesondere wären enttäuscht. Der Prokonsul mußte mit einer schweren Belastung der Beziehungen rechnen. Doch der Bund hatte schon manche unangenehme Entscheidung geschluckt, ohne offen aufzubegehren. Warum sollte es diesmal anders sein? So gesehen, brachte die achaiische Loyalität zwar Flamininus' Wohlwollen ein, nicht aber seinen Respekt.

Doch der Feldherr wurde die Geister, die er gerufen hatte, nicht so einfach los. Der ganz überwiegende Teil der Alliierten wollte den Kampf fortsetzen: Es wäre besser gewesen, den Krieg gar nicht zu beginnen, als ihn nun plötzlich einzustellen. Nabis' Herrschaft wäre von den Römern legitimiert, vielleicht käme es sogar zu inneren Unruhen in den Poleis. Die Freiheit, die Flamininus ein paar Monate zuvor in Korinth beschworen hatte, wäre nicht sicher. So konnten natürlich diejenigen, die schon vor Argos opponiert hatten, ihre scheinbar widersprüchliche Haltung rechtfertigen. Von Aristainos ist nicht die Rede. Doch André Aymard hat völlig zu Recht angenommen, daß er unter den Opponenten sein mußte, ja ihre treibende Kraft, vielleicht ihr Wortführer war. Für ihn hatte sich ja nichts an der strategischen Ausgangslage geändert. Deshalb kam alles darauf an, Flamininus auf Kurs zu halten. Wahrscheinlich hatte Aristainos zuvor vertraulich auf seinen bisherigen Partner eingewirkt, in der Not stellte er sich dem Prokonsul aber auch offen entgegen. Dies gab den Vertretern der kleinen Staaten neues Selbstvertrauen.[80]

Wie verhärtet die jeweiligen Positionen waren, zeigte das Folgende. Flamininus versuchte zunächst mit Argumenten zu überzeugen und scheute dabei keineswegs den militärischen Offenbarungseid. Nur mit einer Belage-

---

80 Liv. XXXIV 33,5-8. AYMARD (1938b), 227: »il est certainement membre, bien plus l'inspirateur et peut-etre le porte-parole de cette majorité«. Er meint aber auch (227 Anm. 56), die Widerständler vor Argos hätten schlecht behaupten können: *satius multo fuisse non moveri bellum adversus eum quam omitti motum* (33,7). Die Formulierung deutet meiner Meinung nach gerade auf das Gegenteil hin. Völlig unklar ist, welche Rolle Eumenes und Sosilas spielten, die in Korinth und vor Argos nicht dabeigewesen waren. Wenn auch sie sich gegen Flamininus stellten, wird der plötzliche Mut der kleineren Alliierten des Festlandes besser verständlich. Auf der anderen Seite war es für Pergamon und Rhodos wenig bedeutsam, ob ein stark geschwächter Nabis an der Macht blieb oder gestürzt wurde. Insbesondere Eumenes hatte keine ideologischen Vorbehalte, im Gegenteil: Die Freiheitsrhetorik der Opponenten war ihm, der wie Nabis über Griechenstädte herrschte, alles andere als sympathisch (vgl. seine Rede vor dem Senat 189: Polyb. XXI 19,8-10). Außerdem grollten sie Flamininus nicht wegen dessen vorangegangener Kapriolen, die sie ja nicht miterlebt hatten. Es spricht also mehr für eine zweite Möglichkeit, nämlich, nur Pergamon und Rhodos unterstützten den Feldherrn oder widersprachen ihm zumindest nicht, während Aristainos die Fronde anführte. Doch Livius ist zu vage, als daß man in diesem Punkt Sicherheit erlangen könnte. Daß er XXXIV 34,1.7-9 nicht mehr weiter zwischen den Griechen unterscheidet, ja von *omnes* spricht, heißt nicht unbedingt, Flamininus habe mit seiner Meinung allein gestanden (so AYMARD 227 mit Anm. 57). Der Blick hat sich hier schon auf die Widerständler unter den Alliierten verengt.

rung sei Sparta zu überwinden, aber die habe keine großen Aussichten, solange eine Erhebung im Inneren ausbleibe.[81] Das erinnerte fatal an das römische Verhaltensmuster vor Argos. Aber auch so erntete der Prokonsul wohl mehr Ärger als Verständnis. Wie hatten die Römer nur den König von Makedonien besiegen können, wenn ihre Kriegsführung vornehmlich auf Verrat aufbaute? Angesichts dieses Unvermögens hätte sich Flamininus seinen großen Freiheitsfeldzug besser gespart. Die Griechen blieben bei ihrer Ansicht. Das war das erste Mal überhaupt, daß sich Flamininus mit seiner Meinung nicht ohne weiteres durchsetzen konnte. Er hatte deutlich überreizt.

Nur äußerster Druck half. Wenn die Alliierten eine Belagerung wollten, dann sollten sie eine bekommen. Allerdings müßten sie sich, erklärte Flamininus, schon mal auf die Überwinterung vor Sparta einstellen. Für Belagerungstechnik und Nachschub hätten die Griechen aufzukommen, deshalb wäre es das beste, ein jeder würde seine Heimatstadt entsprechend informieren. Die späteren Kämpfe zeigten, daß eine Eroberung Spartas noch vor dem Einbruch der schlechten Jahreszeit durchaus im Bereich des Möglichen lag – wenn die Römer nur wollten.[82] Flamininus machte aber von vornherein klar, daß er es keineswegs eilig hatte mit der Erstürmung der Stadt. Statt dessen beanspruchte er beträchtliche Ressourcen, ein Aufwand, der sich über die Monate potenzieren würde. Damit veränderte Flamininus erneut die Rahmenbedingungen für den Krieg, die nur einen zeitlich begrenzten Feldzug vorgesehen hatten. Die von den Griechen gewünschte Fortsetzung des Krieges wurde ihnen unmöglich gemacht. Denn in diesem Umfang Mittel aufzubringen war recht schwierig oder besser: unangenehm für die meisten Staaten. Ihre Vertreter mußten fürchten, zu Hause ins Kreuzfeuer der Kritik zu geraten. Denn sie allein, die Oberbeamten und bevollmächtigten Gesandten, würden vor der Öffentlichkeit die Verantwortung tragen. Der Feldherr hatte ja Frieden machen wollen. Angesichts solcher Überlegungen brach Aristainos' Ablehnungsfront in sich zusammen. Flamininus erhielt freie Hand, die Interessen aller Alliierten wahrzunehmen.[83]

Zwischen Römern und Achaiern war es zu keinem Bruch gekommen. Insofern läßt sich die Auseinandersetzung nicht dem Streit mit den Aitolern an die Seite stellen. Doch die enge und vertrauliche Kooperation, auf der dieser Feldzug ruhte, war öffentlich zu Ende gegangen. Aristainos hatte die Kräfteverhältnisse falsch eingeschätzt: Der übermächtige Partner ließ sich

81 Liv. XXXIV 33,9-13. Zu Flamininus' zweitem Argument, einem angeblich von Antiochos drohenden Angriff, s. u. S. 251f.

82 Vgl. AYMARD (1938b), 236f.

83 Liv. XXXIV 34. Die Achaier hätten Flamininus' Bedingungen vielleicht erfüllt, aber was half das, wenn sie völlig allein standen? LEHMANN (1967), 229f., überschätzt die politischen Optionen Aristainos' bei weitem.

nicht wirklich lenken. Flamininus andererseits betrachtete das Aufbegehren der Achaier als Illoyalität. In der Sache ließ sich ihre Empörung vielleicht nachvollziehen, doch den offenen Angriff auf seine Autorität konnte der Prokonsul nicht hinnehmen. Die Ungnade wurde schnell demonstriert. Die Friedensbedingungen legte Flamininus allein mit seinen Legaten und den Militärtribunen fest. Das richtete sich zunächst gegen alle Griechen, aber besonders wurde Aristainos getroffen, der bisherige Favorit. In der Vereinbarung über den Waffenstillstand wurde von den Achaiern beredt geschwiegen: Argos solle den Römern übergeben werden. Flamininus dachte zwar nicht daran, die Stadt dem Bund vorzuenthalten – dafür hatte er sich viel zu sehr festgelegt, und es lag kein militärischer Vorteil darin –, aber er machte klar, wer allein den undankbaren Achaiern wieder zu ihrem Besitz verholfen hatte.[84]

Zunächst blieb der Vertrag aber Papier. Die von Flamininus und seinem Stab aufgesetzten Bedingungen waren nämlich härter, als es die unübersichtliche militärische Lage rechtfertigte: abgesehen von dem Verlust von Argos und der lakonischen Küstenstädte im wesentlichen Aufgabe der Flotte, Verzicht auf Einfluß in Kreta, Unterlassen von Festungsbau, Eigentumsrestitutionen, Rückführung von befreiten Sklaven, Entlassung der Frauen verbannter Spartaner, die gegen ihren Willen festgehalten wurden, Stellung von Geiseln und Zahlung von 500 Talenten.[85] Nabis blieb außer der Herrschaft über Sparta nicht viel; ohne Flotte und Küstenstädte wurde er inmitten der Peloponnes eingeschnürt. Entscheidend aber wurde, daß gleich mehrere Bevölkerungsgruppen um den Status fürchten mußten, den sie Nabis' Brachialreformen zu verdanken hatten. Die sozialen Aufsteiger bangten um ihren Besitz, die Freigelassenen um ihre Freiheit, die Söldner um ihre Beschäftigung. Sie scharten sich dichter um Nabis als je zuvor, der Kampf ging weiter.[86] Die Römer mußten jetzt doch an die Belagerung Spartas gehen, genau wie Aristainos es gewollt hatte. Seine Konfrontation mit Flamininus schien im nachhinein völlig überflüssig.

Der Feldherr wählte diejenige Kampfesmethode, welche die geringste Phantasie erforderte. Er zog so viel Truppen zusammen wie nur möglich und ließ dann von allen Seiten angreifen, mit Konzentration auf drei günstige Punkte. Irgendwo würde der Durchbruch schon gelingen. Und er gelang. Die überlegene Ausrüstung und Nahkampftaktik der Legionäre bewährte

---

84 Liv. XXXIV 35,1-3. Vgl. auch ECKSTEIN (1987c), 307. Zur Erwähnung Eumenes' und der Rhodier im Präliminarfrieden vgl. die schlüssige Erklärung FERRARYS (1988), 90 Anm. 151.

85 Liv. XXXIV 35,2-11. Vgl. AYMARD (1938b), 230-234; BRISCOE (1981), 106-108. Was die Kriegskostenentschädigung betrifft, mußten die Aitoler später zwar genausoviel bezahlen, doch dem ungleich mächtigeren (und wohlhabenderen) Philipp hatte Flamininus nur 1000 Talente abverlangt (s. o. S. 113 Anm. 54).

86 Liv. XXXIV 36f.; Zon. IX 18,4. Vgl. AYMARD (1938b), 245 Anm. 3.

sich erneut, sie drangen in die Stadt ein, Nabis dachte schon an Flucht. Allein Pythagoras bewahrte kühlen Kopf: Er ließ die Gebäude im Rücken der Römer anstecken und zwang sie so zum Rückzug.[87]

Auch wenn Flamininus' Beitrag denkbar gering gewesen war: Fast wäre die Eroberung Spartas im ersten Anlauf geglückt. Die früheren Befürchtungen über die Langwierigkeit einer Belagerung waren weit übertrieben gewesen. Nabis schien militärisch am Ende. In die Stadt war eine breite Schneise geschlagen, es bedurfte bloß noch einer letzten, entschlossenen Anstrengung, um Sparta endgültig einzunehmen. Danach blieb noch genügend Zeit, den Sieg bis zum Amtsantritt der Konsuln nach Rom zu melden – man befand sich gerade in der zweiten Septemberhälfte. Flamininus dachte anders. Die nächsten drei Tage ließ er zwar immer wieder Gefechte austragen, setzte die Belagerungsmaschinen ein und verstärkte den Ring um die Stadt. Aber einen erneuten Großangriff versuchte er nicht. Nabis faßte diese plötzliche Gemächlichkeit so auf, wie sie wohl auch gemeint war: als neue Chance auf den schon vertan geglaubten Machterhalt.[88] Er schickte Pythagoras ins römische Lager. Nachdem dieser durch Kniefall und demütiges Flehen die Überlegenheit des Prokonsuls anerkannt hatte, erreichte er ohne weiteres Frieden zu den zuvor gestellten Bedingungen. Nabis war natürlich einverstanden. Denn was vor ein paar Tagen noch unverhältnismäßig hart erschienen war, stellte nun einen Glücksfall dar.[89]

Warum diese plötzliche Milde? Da es keine militärischen Gründe zu geben scheint, hat die Forschung nach politischen Motiven gesucht. Ein gängiges Erklärungsmodell geht von Flamininus' Wunsch nach einer Erhaltung des Gleichgewichts zwischen Sparta und den Achaiern aus.[90] Doch dieses

---

87 Liv. XXXIV 38f.

88 Liv. XXXIV 40,1f. sagt zu Flamininus' Lageeinschätzung nach dem Rückzug: *plus ex timore hostium quam ex re ipsa spei nactus*. Das ist Unsinn, denn die Spartaner hatten tapfer gekämpft und die Situation hatte sich unerwartet günstig entwickelt. Pythagoras' List schob das Unvermeidbare bloß ein wenig auf. Wenn Nabis schließlich *his comminationibus compulsus* um Frieden nachsucht, ist das eine zumindest irreführende Umschreibung dafür, daß der Spartaner auf Schlimmeres gefaßt sein mußte und in Flamininus' ›Drohungen‹ (oder ›Demonstration‹) ein verstecktes Angebot erkennen konnte. Offenbar verschleierte Livius lieber, daß ein römischer Feldherr einfach so auf die Eroberung einer feindlichen Stadt verzichtete. Vgl. auch AYMARD (1938b), 246 Anm. 8; W. IHNE, Römische Geschichte, Bd. 3, Leipzig 1872, 58; A. PASSERINI, Studi di storia ellenistico-romana, IV, Athenaeum NS 10 (1932), 328.

89 Liv. XXXIV 40,2-4. BRISCOE (1981), 113, wundert sich darüber, daß Flamininus eine zunächst von Pythagoras angebotene Dedition ablehnte und lieber Frieden zu den alten Bedingungen schließen wollte. Doch Pythagoras' Eröffnung, alles dem Urteil der Römer überlassen zu wollen, war nicht ernstgemeint, sondern gehörte noch zu seiner Unterwerfungsinszenierung. Nabis hatte ihn ja nicht geschickt, um zu kapitulieren, sondern um auszuloten, was von seiner Herrschaft noch zu retten war. Deshalb bewertete Flamininus diese Offerte richtig als *vana et sine effectu*, erst danach ging man zu wirklichen Gesprächen über.

90 Vgl. DE SANCTIS (1923), 108; PASSERINI (1932b), 329; GUNDEL (1963c), 1080; R. BERNHARDT, Imperium und Eleutheria, Diss. Hamburg 1971, 44; BRISCOE (1981), 104;

Gleichgewicht war durch den römischen Feldzug längst zerstört. Aymard dachte in eine allgemeinere Richtung: Nabis' Schonung hätte am ehesten der Stabilität auf der Peloponnes gedient. Doch war das von der Fortexistenz eines stark geschwächten Regimes wirklich zu erwarten, das nicht nur erbitterte außenpolitische Feinde hatte – neben den Achaiern zahlreiche spartanische Exilanten –, sondern aller Voraussicht nach auf eine Revision der Friedensregelung hinarbeiten würde? Ein politischer Neubeginn ohne Nabis oder gleich eine Eingliederung in den Achaiischen Bund wären zukunftsorientiertere Lösungen gewesen.[91] Diese Optionen hätten gleichzeitig die Freiheitsfanfaren vom Frühjahr in glaubwürdige Politik umgesetzt. Doch ohnehin lassen sich das Streben nach einer Balance of power und der Wunsch nach langfristiger Eindämmung innergriechischer Konflikte nicht als Stimuli in Flamininus' Denken nachweisen. Maßgeblich war vielmehr, neben der Befriedigung des eigenen Ehrgeizes, die Sicherung der römischen Hegemonie.[92]

Beide Ziele aber waren, um es noch einmal zu sagen, durch die Friedensbedingungen erreicht. Weiterzugehen hätte Flamininus' Ruhm bei den Griechen gemehrt – und den Achaiern genützt. Das erste zu erreichen war im Moment nicht so wichtig wie das zweite zu verhindern. Die Entscheidung des Prokonsuls ist meiner Ansicht nach am schlüssigsten aus dem zwischen den Alliierten Vorgefallenen zu erklären. Den persönlichen Af-

---

CARTLEDGE (1989), 76. Diese Hypothese wurde schon von AYMARD (1938b), 238-240 (mit Anm. 38 zur älteren Forschung), mit guten Gründen zurückgewiesen. Ablehnend auch GRUEN (1984), 454f.; LEHMANN (1967), 231; BASTINI (1987), 59.

91 AYMARDS (1938b), 240-244, Abneigung gegen diese Möglichkeiten rührt vermutlich davon her, daß ihre praktische Umsetzung nach Nabis' Ermordung tatsächlich zu einem Desaster nach dem anderen führte und die achaiische wie die römische Politik auf Jahrzehnte hinaus in Atem hielt. Doch das war 195 unmöglich vorauszusehen, während man sich die Konsequenzen von Nabis' halbherziger Schonung unschwer ausmalen konnte. LEHMANN (1967), 231f., der grundsätzlich AYMARDS These zustimmt, hat auf einige von ihnen bereits hingewiesen. Vgl. auch SHIMRON (1972), 92 Anm. 34; BADIAN (1958), 81 mit Anm. 3.

92 Flamininus selbst entschuldigte sich 194, während der letzten Konferenz von Korinth, damit, daß Nabis nur um den Preis von Spartas Zerstörung gestürzt hätte werden können (Liv. XXXIV 49,1-3; Plut. Flam. 13,4; Diod. XXVIII 13). Dieses Gutmenschenargument hat trotz AYMARDS (1938b), 244 Anm. 63, Ablehnung immer wieder moderne Anhänger gefunden, zuletzt LEHMANN (1967), 176. Doch der Umstand, daß von dem Motiv während des Feldzugs nicht die Rede ist, legt nahe, daß schon Livius und wohl auch Polybios es als nachträgliche Rechtfertigung ansahen. In dieselbe Richtung weist Plutarchs pointierte Bemerkung, dies sei Flamininus' eigene Erklärung. Dessen Verhalten vor Sparta ist auch gar nicht damit in Einklang zu bringen: Erst als die Legionäre längst vor dem Feuer und Rauch des brennenden Sparta zurückwichen, gab Flamininus den Befehl zum Rückzug. Träfe die Entschuldigung von Korinth zu, hätte er seine Soldaten sofort beim Ausbruch des Brandes zurückrufen müssen. Zu seiner üblichen Rücksichtslosigkeit gegenüber feindlichen Städten s. o. S. 97f. Zu Flamininus' angeblichem Phillakonismus, den zuletzt FERRARY (1988), 107, und BONNEFOND-COUDRY (1987), 87-91, vertreten haben, hat schon AYMARD, 240 Anm. 46, das Nötige gesagt. Zu keiner Lösung, was Flamininus' Motive betrifft, kommt ECKSTEIN (1987c), 308.

front durch Aristainos mochte Flamininus nicht bloß mit demonstrativer Nichtachtung strafen, es verlangte ihn nach einer spürbaren Sanktion. Auch auf politischer Ebene schien es gute Gründe für den Verzicht auf Nabis' Sturz zu geben. Die Achaier waren längst nicht so zuverlässig und ergeben, wie es zunächst den Anschein gehabt hatte. Wieso sie also unnötig fördern? Ganz persönliche und allzu simple politische Motive trieben den Feldherrn, nicht abstrakte, weit vorausschauende Kalkulationen.

Nachdem vor Sparta alles geregelt war, marschierte Flamininus zurück nach Argos. Die Einwohner hatten, unter dem Eindruck von Nabis' Niederlage, die Besatzung bereits selbst vertrieben. Zu Ehren der Römer wurden die Nemeischen Spiele nachgefeiert, die wegen des Krieges ausgefallen waren. Dabei ließ Flamininus, in Nachahmung der eigenen Inszenierung vom Jahr zuvor, die Argiver für frei erklären. Die Begeisterung in der Stadt war zweifellos echt, angesichts des Endes des spartanischen Regimes, das gerade für die Oberschicht die Züge einer Terrorherrschaft getragen hatte. Das erkannte auch der nun wieder größer gewordene Achaiische Bund an. Doch der Freude hielt die Enttäuschung über Nabis' Verbleib an der Macht die Waage.[93] Aristainos hatte sein ehrgeizigstes Ziel nicht erreicht. Der Bund war an der Seite Roms gerade zu dem Punkt gekommen, an dem er bereits 198 gestanden hatte, vor dem Abschluß der Allianz. Es gab keinen Grund, zu den Römern Vertrauen zu haben. Der einzige Unterschied zwischen ihnen und Philipp bestand in ihrer ungleich größeren Macht.[94]

Die Verstimmung war alles andere als vorübergehend. Im Frühjahr 194 inszenierte Flamininus mit großer Geste den römischen Abzug aus Akrokorinth, als Auftakt für die Räumung ganz Griechenlands. Damit erfüllte er sein Versprechen von 196. Trotzdem wurde die ansonsten gelungene Show von der griechischen, insbesondere achaiischen Unzufriedenheit über den Ausgang des Nabiskrieges überschattet. Sie war so groß, daß Flamininus es sich nicht leisten konnte, das Thema einfach zu ignorieren. Er versuchte zu

---

93 Liv. XXXIV 40,5-41,4; Plut. Flam. 12,5; ferner Syll.[3] 594 Z. 6-11. Vgl. AYMARD (1938b), 248-251. Wohl nur wenig später richteten die Argiver Flamininus zu Ehren Festspiele ein, Τίτεια (vgl. G. DAUX, Concours des *Titeia* dans un décret d'Argos, BCH 88 [1964], 570 Z. 14).

94 Daß der Prokonsul die lakonischen Küstenstädte unter eine Art Aufsicht des Bundes stellte, bot nur geringen Trost (Liv. XXXV 13,2; XXXVIII 31,2; vgl. zuletzt N. M. KENNELL, From *perioikoi* to *poleis*, in: S. Hodkinson / A. Powell [Hrsgg.], Sparta, London 1999, 191-193). Natürlich hatten sich die Achaier eine Annexion erhofft. AYMARD (1938b), 251-255, motiviert Flamininus' Entscheidung wiederum mit dem Wunsch nach Frieden und Stabilität auf der Peloponnes, doch dagegen sprechen die gleichen Gründe, die ich schon oben geltend gemacht habe. Ob Einverleibung in den Bund oder volle Souveränität (die wegen der Erleichterung eines Wiederanschlusses an Sparta freilich nicht in Frage kam) – jede Lösung wäre sauberer gewesen als die tatsächlich gewählte. Ausschlaggebend war auch hier Flamininus' Wunsch nach Bestrafung der Achaier.

beschwichtigen, aber es scheint unwahrscheinlich, daß sich viele davon beeindrucken ließen.[95]

Flamininus, Philopoimen und Diophanes

Die Beziehungen waren zerrüttet, Mißtrauen herrschte auf beiden Seiten, jeder wußte von der Enttäuschung des anderen.[96] Flamininus' Erwartungen hatten getrogen, in Zukunft galt es ein wachsames Auge auf den unsicheren Kantonisten zu haben. Nicht ganz so einfach war es bei den Achaiern, wo es um Existenzfragen der staatlichen Gemeinschaft ging. Die Aitoler nutzten den Abzug der Legionen dazu, eine Koalition gegen Rom aufzubauen. Die Achaier taten nichts dergleichen und traten 192 sogar erneut an der Seite der Römer in den Krieg ein. Warum dieses unterschiedliche Verhalten? Es gibt keinen Hinweis darauf, daß die Unzufriedenheit der Aitoler um ein entscheidendes stärker ausgeprägt war, nur weil sie weiter zurückreichte. Eher werden sich viele Achaier gedacht haben, wie recht der Nachbar im Norden doch schon seit langem habe.

Dafür verschaffte das Ende der römischen Besetzung den Achaiern einen erheblich größeren Handlungsspielraum. Dem Aitolischen Bund, einem offenen Gegner Roms, kam mit den Legionen nicht nur sein wichtigstes Propagandaargument abhanden, er besaß keinerlei Möglichkeiten zur Expansion etwa in Thessalien oder Akarnanien. Rom hatte dies ausdrücklich verweigert, ein Versuch in diese Richtung konnte zu einem unheilvollen Konflikt führen. Da jedes Ventil verschlossen war, entlud sich der aufgestaute Druck schließlich gewaltsam. Die Achaier dagegen hatten Akrokorinth wiederbekommen, sie waren, trotz aller Spannungen, immer noch ein

95 Liv. XXXIV 48,5-49,3; 50,8f. S. o. Anm. 92. Wenn Livius von *omnes circa civitates* spricht, die Nabis fürchten müßten, sind damit die Messenier und natürlich vor allem die Achaier gemeint. Vgl. auch AYMARD (1938b), 289 Anm. 9. Nichts zur Sache tut hier Plutarchs melodramatische Geschichte von den italischen Kriegsgefangenen aus dem Hannibalkrieg, die nach Griechenland verkauft worden waren: Die Achaier hätten sie überall in Griechenland losgekauft und dem Feldherrn als eine Art Überraschungsgeschenk übergeben, kurz bevor er sich nach Italien einschiffte; so habe der Bund ihm für seine zahlreichen Verdienste danken wollen (Plut. Flam. 13,5-8). Das Ganze entspricht lediglich Plutarchs Darstellungsabsicht: Flamininus' Wohltaten kann wenigstens eine der Griechen an die Seite gestellt werden. In Wahrheit, so Livius' nüchterner Bericht, hatte der Prokonsul selbst die Freilassung angeordnet, und zwar gegenüber allen Verbündeten. Die Achaier kümmerten sich lediglich um die Kriegsgefangenen auf ihrem Territorium (Liv. XXXIV 50,3-7). Von einer hier zutage tretenden Special relationship zwischen Flamininus und den Achaiern kann also keine Rede sein. Vgl. auch AYMARD, 259 Anm. 13, 260 Anm. 21; J. HATZFELD, Esclaves italiens en Grèce, in: Mélanges Holleaux, Paris 1913, 93-101; NISSEN (1863), 161.

96 Ein im großen und ganzen zutreffendes Bild von der achaiischen Stimmungslage zeichnet AYMARD (1938b), 287-292.

anerkannter Alliierter Roms, und ihnen schien die Freiheit unbenommen, das Bundesterritorium wenn schon nicht gegen Sparta, so doch gegen Elis oder Messenien hin zu erweitern. In einer solchen Lage führt man noch keinen Befreiungskrieg gegen die Hegemonialmacht.

Hinzu kam ein Glücksfall: Das Unbehagen an der Richtung des Aristainos, das gerade nach dessen offenkundigem Mißerfolg weitverbreitet war, stellte eine schwer kalkulierbare Gefahr für die innen-, aber auch die außenpolitische Stabilität dar. Bald aber wurde es in einer politischen Alternative aufgefangen und domestiziert. Alle Hoffnung auf Besseres kristallisierte sich nämlich in der Person Philopoimens, der 193 vom Söldnerdienst in Kreta zurückkehrte und ebenso berühmt wie politisch unbelastet war – während der ganzen Zeit der römischen Allianz war er außer Landes gewesen. Philopoimen suchte das Interesse des Bundes offensiv zu vertreten. Er hielt nichts von vorauseilendem Gehorsam, und schon gar nicht war er bereit, römische Anmaßungen, wie bisher, meist stillschweigend hinzunehmen; auf der Basis von Recht und Billigkeit solle man auch mit den Römern den Konflikt wagen. Doch Philopoimen war weder ein Radikaler noch ein Narr. Er wußte, daß ein Bruch der Allianz dem (durchaus wörtlich zu nehmenden) Selbstmord gleichkäme. Deshalb müsse man, ließe sich bei den Römern nichts erreichen, letztlich doch nachgeben.

Aristainos dagegen hielt an der von ihm begründeten Politik fest: so dicht wie möglich an der Seite der Vormacht bleiben, die eigenen Interessen an die Roms angleichen, am besten keinen Widerstand wagen. Im Nabiskrieg war Aristainos damit freilich spektakulär gescheitert. Die Gemeinsamkeit hatte nicht so weit gereicht, wie er gedacht hatte, ohne weiteres war er dann von Flamininus übergangen worden. In dieser Lage, als ihm die Dinge völlig entglitten, hatte er seine bislang peinlich beachteten Grundsätze über Bord geworfen und war Flamininus offen entgegengetreten – mit bekanntem Ergebnis. Das politische wie persönliche Fiasko hatte Aristainos offenbar eines gelehrt: für die Zukunft wieder bei der Linie der Nachgiebigkeit zu bleiben. Doch gerade sie war es, die ihn erst in jene verzweifelte Situation gebracht hatte. Aristainos dürfte sich darüber nicht hinweggetäuscht haben. Aber er konnte offenbar keine sinnvolle Alternative entdekken, deshalb setzte er in fast tragischer Weise eine überlebte, blutleere Politik fort. Da fiel es Philopoimen nicht schwer, eine ›Partei der Ehre‹ um sich zu scharen und die Initiative an sich zu reißen. Bezeichnenderweise wird Aristainos für die nächsten Jahre nicht einmal erwähnt, auch wenn seine politische Richtung einflußreich blieb. Im Rampenlicht standen Männer wie Philopoimen und Diophanes. Doch so erfrischend ihr Widerstand auf die Achaier auch gewirkt haben mag – praktiziert hatte ihn erstmals Aristainos.

Die unterschiedlichen Strategien im Umgang mit Rom sind bereits von Polybios skizziert worden.[97] Er urteilte freilich zusammenfassend über einen längeren Zeitraum, der wenigstens bis 187 reichte, und gerade Philopoimens Politik dürfte im Jahr 192 noch nicht fertig ausgebildet gewesen sein. Damals aber begannen die beiden widerstrebenden politischen Strömungen die bisherige Stabilität, Aristainos' Stabilität, deutlich zu beeinträchtigen, der Bund sprach immer öfter mit zwei Stimmen. Die moderne Forschung hat die grundsätzliche Richtigkeit von Polybios' Analyse immer wieder bestätigt.[98] Die Ereignisse während des Antiochoskrieges sollen hier deshalb nicht noch einmal unter diesem Gesichtspunkt betrachtet werden. Meine Aufmerksamkeit gilt vielmehr der Rolle des Flamininus. Sein Verhalten hatte die innenpolitischen Querelen nicht nur wesentlich mitverursacht, er versuchte sie jetzt auch nach Kräften zu nutzen und die eine Parteiung gegen die andere auszuspielen. So sollte der Bund, wie schon 195, in seine Schranken gewiesen werden.

Zunächst rückte die Peloponnes wieder einmal wegen Nabis in das römische Blickfeld. Angestachelt von den Aitolern, machte sich der Spartaner im Sommer 193 an die Rückeroberung der lakonischen Küstenstädte. Die Achaier versuchten ihn mit Gesandten aufzuhalten, natürlich vergeblich, sie warfen Hilfstruppen in das belagerte Gytheion, vor allem aber meldeten sie Nabis' Aggression nach Rom. Der Senat beschloß, eine Flotte unter dem Praetor A. Atilius Serranus zu schicken. Doch schon bis zu diesem Augenblick waren lange Monate verstrichen, und nun mußten die Schiffe erst instand gesetzt, vielleicht sogar gebaut werden. Deshalb stand die achaiische Bundesversammlung gegen Ende des Winters 193/192 vor einer schwierigen Entscheidung. Bislang, ohne Wissen um die Haltung des Senats, hatten es die Achaier nicht gewagt, offensiv gegen Nabis vorzugehen.[99] Die Erinnerung an die Konfrontation zwischen Flamininus und Aristainos mahnte offenbar zur Vorsicht. Jetzt freilich war Enttäuschung über die Entscheidung Roms nicht angebracht, und wir hören auch nichts davon: Die Entsen-

97 Polyb. XXIV 11-13; ferner XXXIX 3,4-8; Plut. Phil. 17,2-5; Paus. VIII 51,4. Vgl. WALBANK (1979), 264-267; FERRARY (1988), 294-299; LEHMANN (1967), 240-242; PÉDECH (1964), 417f.

98 Vgl. GELZER (1940), 148-150; DEININGER (1971), 109-115; LEHMANN (1967), 242f., 245-250; GRUEN (1984), 331-334. Anders ERRINGTON (1969), 223-226. AYMARD (1938b), 292f., hält die Strategie der ›Ehre‹ noch vor Philopoimens Rückkehr für ausgebildet und von einer ›Partei‹ getragen. Doch damit unterschätzt er die Bedeutung von Philopoimens Person und die Subtilität seines politischen Programms.

99 GRUEN (1984), 463, lehnt dieses Motiv ab, ohne jedoch auf die Bundesversammlung einzugehen, während der es offen zutage trat. Seine eigene Vermutung steht zu einer zunächst zögerlichen Haltung der Achaier nicht im Widerspruch, im Gegenteil: »Appeal to the Roman treaty might give the Spartan second thoughts, and the prospect of Roman backing for Achaea might discourage him altogether.«

dung von Bodentruppen hatten die Achaier, angesichts der doch recht bescheidenen Bedrohung, nicht ernstlich erwarten können. Aber die Flotte vermochte Nabis höchstens an der Eroberung Gytheions zu hindern, eine endgültige Entscheidung würde sie nicht erzwingen können. Und vor allem: Sie war noch nicht da, während Nabis ungehindert achaiisches Territorium verwüstete.[100]

Die Achaier erbaten eilig Rat von Flamininus, der inzwischen vom Senat erneut nach Griechenland geschickt worden war.[101] Doch in der Bundesversammlung war klar, daß eigentlich nur die sofortige Aufnahme einer aktiven Kriegsführung blieb. Alles andere war mit dem Selbstverständnis eines freien Staates kaum vereinbar, und die versprochene Hilfeleistung des Senats war ja durchaus als Ermunterung aufzufassen. Da traf Flamininus' Antwortschreiben ein: Man solle auf Praetor und Flotte warten. Die Verwirrung in der politischen Klasse war groß. Die einen beharrten auf ihrem Standpunkt, die anderen meinten, nachdem man den Rat dieses Mannes – und es war ja nicht irgend jemand – eingeholt habe, müsse man ihn nun auch befolgen. Letzteres hatte die Logik für sich, aber war in einer aufgeheizten Atmosphäre, mit dem Landesfeind auf dem eigenen Boden, den Mitbürgern immer schwieriger zu vermitteln. Philopoimen bekleidete damals zum ersten Mal seit seiner Rückkehr die Strategie. Bislang hatte er sich indifferent gezeigt, nun aber führte er mit einer geschickten Rede den Kriegsbeschluß herbei. Spätestens mit dieser Bundesversammlung war der innenpolitische Zwist geboren.[102]

Böse Absicht braucht dabei auf keiner Seite im Spiel gewesen zu sein. Philopoimen hielt Flamininus' Empfehlung nämlich nicht für abstrus: Nur mit Unterstützung der Römer könne eine kombinierte, erfolgversprechende Operation zu Wasser und zu Lande durchgeführt werden. Allein, Gytheion war mitsamt der achaiischen Schutztruppe vielleicht schon erobert, bevor die Flotte eintraf. Deshalb entschloß er sich zu einem riskanten Allein-

---

100 Liv. XXXV 12,7-9; 13,1-3; 20,12f.; 22,2; 25,2-4. Zu den Ereignissen AYMARD (1938b), 297-303, der darauf hinweist, daß der peloponnesische Krieg dem Senat einen guten Vorwand bot, zu rüsten und eine Flotte zu entsenden, die man vielleicht bald gegen Antiochos einsetzen konnte (so schon MUNDT [1903], 71). Vgl. auch ERRINGTON (1969), 94. Zur Größe und Zusammensetzung der Flotte THIEL (1946), 259f., 265-268.

101 Ich verstehe nicht, wie GRUEN (1984), 464, angesichts der Entsendung der Flotte und des in griechischen Angelegenheiten erfahrensten Mannes von einer ›relativen Indifferenz‹ des Senats sprechen kann.

102 Liv. XXXV 25,4-10. Zur innenpolitischen Auseinandersetzung LEHMANN (1967), 235f. Am Text vorbei geht BASTINIS (1987), 68, Interpretation, die Bundesversammlung habe zunächst einen Kompromiß gebilligt, indem sie zwar den Krieg beschlossen, Zeitpunkt und Methode aber dem Strategen überlassen habe – eine offensichtliche Mißdeutung einer allgemeinen Ermächtigungsformel –, dann habe Philopoimen zunächst abgewartet, bis ihn Nabis' Erfolge doch zum Kampf genötigt hätten.

gang.[103] Umgekehrt riet Flamininus möglicherweise nach bestem Gewissen. Nur war sein Informationsstand ein anderer als der Philopoimens – die militärische Situation verschlechterte sich offenbar rasch –, ganz davon abgesehen, daß sich in einer nervösen Volksversammlung manches anders darstellt als in der Ruhe eines Legatenquartiers.[104] Das Wesentliche dieser Begebenheit liegt also nicht in den Motiven, sondern im Ausgang: Die Achaier setzten sich über Flamininus' Willen hinweg. Erst einmal war das vorgekommen, und schnell war damals der Widerstand gebrochen. Der augenblickliche Stratege aber machte Flamininus schon im Moment des ersten, indirekten Kontakts einen Strich durch die Rechnung, und jetzt fehlten die Mittel, ihn in die Schranken zu weisen.

Philopoimens Seekrieg legte zunächst einmal Zeugnis ab von seiner Selbstüberschätzung und von der Richtigkeit des Flaminischen Rates. Der Stratege erlitt Schiffbruch, im Sinne des Wortes, wenig später fiel Gytheion. Doch schließlich gelang Philopoimen zu Lande die Wende. Er brachte Nabis eine derart empfindliche Niederlage bei, daß dieser sich hinter die Befestigungen Spartas zurückziehen und nun seinerseits die Verwüstung seines Landes hinnehmen mußte.[105]

»Aufgrund des Ruhms seiner Taten stellten ihn die Achaier dem römischen Feldherrn an die Seite, was den Krieg gegen die Spartaner betraf, so-

103 Liv. XXXV 25,11f. Vgl. M. HOLLEAUX, L'alliance de Rome et de l'Achaïe, in: ders., Rome et la conquête de l'Orient, Paris 1957, 123f., und V. M. WARRIOR, Evidence in Livy on Roman Policy Prior to War with Antiochus the Great, in: R. W. Wallace / E. M. Harris (Hrsgg.), Transitions to Empire, Norman u. a. 1996, 366, deren Vermutung, Flamininus und Serranus hätten den achaiischen Alleingang sogar begrüßt, mir allerdings unverständlich ist.

104 Vgl. die schöne Bemerkung F. RÜHLS, Der letzte Kampf der Achäer gegen Nabis, Jahrbücher für Classische Philologie 29 (1883), 34, der überlegt, »ob der vorschlag des Flamininus zu jener gattung weiser ratschläge gehörte, wie sie kühlsinnige mächtige leidenden zu geben pflegen . . .« ERRINGTON (1969), 95-102, gefolgt von WILL (1982), 209, liest allzuviel in die Stelle hinein, sowohl was die Komplexität von Flamininus' sinistren Motiven als auch was die Desillusionierung Philopoimens hinsichtlich des Flaminischen Patronats angeht (ablehnend schon DEININGER [1971], 110 Anm. 4, 127 Anm. 8; FERRARY [1988], 121).

105 Liv. XXXV 26,1-30,12; Plut. Phil. 14,2-12; 15,3; Paus. VIII 50,7-10. Bei Livius zieht sich Philopoimen, ohne eine Belagerung Spartas zu wagen, nach ausführlicher Verwüstung der Umgegend zurück, bei Plutarch und Pausanias vermittelt Flamininus eine Waffenruhe. Die zweite Version wird in der Forschung fast einmütig akzeptiert (vgl. nur RÜHL [1883], 37-39; AYMARD [1938b], 308-315; ERRINGTON [1969], 105f.), während NISSEN (1863), 172, und GRUEN (1984), 465 Anm. 161, mit schlagenden Gründen für die erste plädieren. Es sei hier nur hinzugefügt, daß man Plutarch nicht einen bloßen Irrtum unterstellen muß. Eher verschmolz er in bewußter kompositorischer Freiheit die Nabisfeldzüge von 195 und 192 zu einem einzigen, der Frieden von 195 wurde (scheinbar) zum Waffenstillstand von 192 (s. auch u. Anm. 119). Pausanias aber stützt sich gerade im Aufbau seines Philopoimenabrisses stark auf Plutarch (vgl. NISSEN, 287-290; ERRINGTON, 238-240; LEHMANN [1967], 267 Anm. 255). Übrigens wäre ein von Flamininus vermittelter Waffenstillstand nur schwierig mit Liv. XXXV 31,2 zu vereinbaren: Die Feindschaft zu Nabis bürgte den römischen Legaten für die Loyalität der Achaier.

gar darüber.«[106] Das war von der Sache her nicht gerecht, denn um Philopoimen wäre es schlecht bestellt gewesen, hätte nicht Flamininus vor zweieinhalb Jahren Nabis entscheidend geschwächt. Von der Intention der Feldherren her lagen die Achaier aber richtig. Doch es kam noch schlimmer für Flamininus. Einige Monate später beseitigte ein aitolisches Spezialkommando Nabis, scheiterte aber bei dem Versuch, Sparta unter seine Kontrolle zu bringen. Philopoimen nutzte das Chaos, brachte einen Großteil der führenden Spartaner auf seine Seite und gliederte Sparta dem Achaiischen Bund an. Damit gelang dem Strategen nicht nur, was Aristainos vergeblich versucht hatte – er tat es auch ohne Flamininus.[107] Der Vergleich zwischen den beiden Männern fiel jetzt noch klarer zugunsten des Achaiers aus. Flamininus war von all dem tief gekränkt. Er hatte den Griechen so viele Wohltaten erwiesen, und das war der Dank! Aus seiner Abneigung gegen Philopoimen machte er kein Hehl, und wie es in solchen Angelegenheiten zu gehen pflegt, wurde sie von diesem herzlich erwidert. Antiochos und die Aitoler glaubten sogar, hier einen Ansatzpunkt gefunden zu haben, die Achaier aus der römischen Allianz herauszubrechen.[108]

Diese Hoffnung nährte sich wahrscheinlich auch daraus, daß mit Nabis' Ende ein wesentlicher Grund für die achaiisch-römische Allianz wegfiel. Der Senat hatte den vier römischen Legaten, mit Flamininus an der Spitze, aufgetragen, die Loyalität der Griechen zu sichern. So waren sie von einer Polis zur nächsten gereist, nur um den Achaiischen Bund hatten sie sich kaum gekümmert: Der Konflikt mit Nabis hatte dessen prorömische Einstellung in ausreichendem Maße garantiert.[109] Jetzt war Nabis Geschichte. Daher verbot es sich von selbst, Philopoimen in den Arm zu fallen und die alte Ordnung – diejenige Flamininus' von 195! – wiederherzustellen. Ganz davon abgesehen, daß nicht klar ist, wie Flamininus das hätte anstellen sollen, das Risiko, die Achaier in die Arme des Feindes zu treiben, war zu groß. Somit blieb Flamininus nur die Ebene persönlicher Sottisen gegen Philopoimen.[110] Die römische Flotte aber, die spät, aber gerade passend zum Zeitpunkt von Philopoimens Coup vor Gytheion aufgekreuzt war, mußte

---

106 Liv. XXXV 30,13: *aequantibus eum gloria rerum Achaeis imperatori Romano, et quod ad Laconum bellum attineret, praeferentibus etiam*; ähnlich Iust. XXXI 3,4.

107 Liv. XXXV 37,1f.; Plut. Phil. 15,4f.; Paus. VIII 50,10-51,1. Zu den Aitolern s. o. S. 147 Anm. 39, 165 mit Anm. 91. Zu Flamininus' Rolle und derjenigen der Achaier AYMARD (1938b), 318-323, zu den Spartanern ERRINGTON (1969), 110f.

108 Liv. XXXV 47,2.4; Plut. Phil. 15,1f.; Flam. 13,2f.; 17,2.

109 Liv. XXXV 31,2.

110 Uns ist ein doppeldeutiger, leider undatierter Spott über Philopoimens körperliche Erscheinung überliefert (Plut. Phil. 2,5).

wohl oder übel als Drohkulisse für diejenigen Spartaner herhalten, die der Mitgliedschaft im Achaiischen Bund nicht viel abgewinnen konnten.[111]

Bis in den Herbst hinein verschlechterte sich die politische Großwetterlage weiter. Antiochos landete in Griechenland, um gemeinsam mit den Aitolern den Kampf gegen Rom aufzunehmen. Die Suche nach Verbündeten führte seine Gesandten bald auf die Peloponnes. Livius' Bericht über die Bundesversammlung im November 192, vor der ein seleukidischer und ein aitolischer Vertreter sowie Flamininus sprachen, ist wenig informativ. Großsprechereien, persönliche Polemik und billiger Spott prägten die niveaulose Debatte. Wichtig ist nur: Antiochos und die Aitoler forderten die Achaier zur Neutralität auf. Das entsprach ihrer auch sonst verfolgten politischen Strategie, bedeutete also nicht, daß man sich gar keine ernsthaften Hoffnungen auf einen Übertritt der Achaier machte. Flamininus' Konter mit der bewährten römischen *fides* war wenig geeignet, positive Assoziationen bei den Zuhörern zu wecken. Mehr bewirkte da schon die Schlußbemerkung: Die empfohlene Neutralität liege überhaupt nicht im achaiischen Interesse. »Vielmehr werdet ihr ohne Ansehen, ohne Ehre zur Beute des Siegers werden.«[112]

Aristainos hatte im Herbst 198 genauso gegenüber den Achaiern argumentiert. Aber was damals der drängende Rat eines besorgten Landsmannes gewesen war, wurde in Flamininus' Mund zu einer unverhüllten Drohung. So spricht kein Mann, der sich des Ausgangs einer Abstimmung sicher ist. Mit Recht, denn was hatten die Achaier schon von einem römischen Sieg über Antiochos zu erwarten? Nicht mehr als von einem Triumph des Königs. Nur äußerster Druck schien die Loyalität der Achaier sichern zu können. Die römischen Waffen machten natürlich mehr Eindruck als die römische Treue, und so hat Livius nicht unrecht, wenn er vom Wohlwollen der Zuhörer spricht. Aber wie war es zustande gekommen! Der Achaiische Bund beschloß einmütig den Kriegseintritt auf seiten Roms.

Auf Flamininus' Empfehlung hin, das heißt seine Weisung, schickten die Achaier je 500 Soldaten zum Schutz bzw. zur Ruhigstellung von Athen und

---

111 Liv. XXXV 37,3; Zon. IX 19,2. AYMARDS (1938b), 309-311 mit Anm. 13, Hypothese, Serranus habe schon früher eingegriffen (und sei ganz von Flamininus bestimmt worden), hängt ganz an seinem Glauben an einen von Flamininus geschlossenen Waffenstillstand (ablehnend schon ERRINGTON [1969], 94; GRUEN [1984], 465 Anm. 162). Wann genau ein pergamenisches Flottenkontingent erschien, ist unsicher, aber die Historizität seiner Präsenz scheint mir, trotz ERRINGTON, 104 Anm. 2, durch Syll.[3] 605 A gesichert.

112 Liv. XXXV 48,1-49,13: *quippe sine gratia sine dignitate praemium victoris eritis* (49,13). AYMARD (1938b), 325-328 mit Anm. 10, und DEININGER (1971), 115f. mit Anm. 9, sehen zwar – andes als etwa ERRINGTON (1969), 113f., oder GRUEN (1984), 466 – die Drohung, ohne jedoch rechte Konsequenzen daraus zu ziehen: An der achaiischen Loyalität habe es nicht den geringsten Zweifel gegeben. Mehr Gewicht geben dem Schlußsatz E. BADIAN, The Treaty between Rome and the Achaean League, JRS 42 [1952], 77f., und DAHLHEIM (1968), 262f.

Chalkis.[113] Als der Konsul Glabrio aber mit seinen Legionen nach Griechenland übersetzte, Anfang 191, war die kritische Phase für die römische Hegemonie fast überwunden.[114] Die Achaier wurden jetzt nicht mehr gebraucht: Bei den Thermopylen waren sie wie schon bei Kynoskephalai nicht dabei. Unlieb wird ihnen das nicht gewesen sein, denn der Bund hatte genug auf der Peloponnes zu tun.

Noch vor den Thermopylen, also vor Ende April 191, kam es im neugewonnenen Sparta zu inneren Unruhen, vielleicht sogar zu einem Umsturz. Diophanes, der Nachfolger Philopoimens in der Strategie, machte Anstalten, gegen die Stadt vorzugehen, aber zunächst erreichte er damit nur, daß ein offener Krieg mit Sparta drohte. Philopoimen versuchte ihn davon abzubringen, mit der seltsamen Begründung, daß er als der führende Mann mehr auf die kritische Weltlage, auf Antiochos und die Römer sein Augenmerk richten müsse, im Inneren aber keine Unruhe stiften dürfe, sondern über Fehler hinwegzusehen habe. Daß Diophanes sich um diesen pauscha-

---

113 Liv. XXXV 50,1-3. 198: Liv. XXXII 21,33f. Auch Philopoimen trug den Kriegsbeschluß mit (Polyb. XXXIX 3,8).

114 Einen Hinweis sowohl auf die Zweifelhaftigkeit der achaiischen Loyalität als auch auf das Mißtrauen der Römer scheint Plut. Cato mai. 12,3-5 zu geben: Glabrio habe Gesandtschaften in die Poleis geschickt, um der Agitation von Aufwieglern entgegenzuwirken. Die meisten habe Flamininus bei der Stange gehalten, Cato aber habe die Einwohner von Korinth, Patrai und Aigion auf die römische Seite gezogen. Die längste Zeit habe er sich dann in Athen aufgehalten. Im wesentlichen wird die Geschichte fast allgemein akzeptiert: vgl. etwa AYMARD (1938b), 329f.; M. GELZER, RE XXII 1 (1953), 117 s. v. Porcius 9; DEININGER (1971), 116 Anm. 10; D. KIENAST, Cato der Zensor, Darmstadt 1979², 49; GRUEN (1984), 466 Anm. 171; CH. HABICHT, Athen, München 1995, 211; Zweifel nur bei ASTIN (1978), 56f. Doch falsch ist schon die Gleichordnung von Flamininus und Cato. Ersterer bereiste Griechenland als Legat des Senats schon seit Anfang 192, Cato aber, Militärtribun unter Glabrio, setzte erst ein volles Jahr später über die Adria, sei es gemeinsam mit dem konsularischen Heer, sei es gleichzeitig mit diesem, aber auf einem anderen Schiffahrtsweg (zur chronologischen Einordnung DE SANCTIS [1923], 150 Anm. 68). Patrai – Aigion – Korinth – Athen klingt jedenfalls verdächtig nach bloßen Stationen einer Reiseroute. Wenn Cato auf einer Goodwilltour unterwegs war, wäre es wesentlich effizienter gewesen, vor der achaiischen Bundesversammlung oder wenigstens vor dem Bundesrat zu sprechen. Wollte Glabrio jede halbwegs bedeutende Polis von seinen Offizieren besuchen lassen, wäre er mit den Legionären bald allein im Lager zurückgeblieben (in diesem Sinne aber ERRINGTON [1969], 117f.). Unklar ist selbst, was Cato in Athen suchte: Die dortigen Unruhen, wegen der ja auch die 500 Achaier entsandt worden waren, wurden von Flamininus unterbunden, noch vor Catos Ankunft (Liv. XXXV 50,4). Ich vermute eher, Cato hatte einen rein militärischen Auftrag: Konsultationen mit Serranus, der mit der Flotte im Piraeus lag (Liv. XXXVI 20,8; vgl. BRISCOE [1981], 237), und mit Eumenes, der den Winter in Athen bzw. auf Aigina verbrachte (Liv. XXXV 39,2; XXXVI 42,6; vgl. DE SANCTIS, 150 Anm. 67). Besonders prestigereich war das nicht, und so dürfte Cato selbst, ein eifriger Lobredner der eigenen Taten, seine Rolle später ein wenig aufgewertet haben. Platt zu lügen brauchte er deshalb nicht. Cato wird, auch wenn er nur kurz Station in Patrai, Aigion und Korinth machte, von den örtlichen Behörden gebeten worden sein, ein paar Worte zur Bevölkerung zu sprechen, und es war selbstverständlich, der Aufforderung der Verbündeten zu entsprechen. Ein Beleg für die Stimmung im Achaiischen Bund ist das freilich nicht.

len Einwand nicht scherte, überrascht nicht.[115] Gemeinsam mit Flamininus marschierte er in Lakonien ein. Philopoimen aber, verärgert über die Mißachtung, erreichte Sparta vor ihnen, ließ Flamininus und dem Strategen den Zutritt verweigern und brachte die Unruhen in der Stadt auf eigene Verantwortung zu einem (vorläufigen) Ende. Sparta blieb Mitglied des Achaischen Bundes, Diophanes und Flamininus mußten das Fait accompli anerkennen und abziehen.[116]

Die Motive der Protagonisten gehen aus Plutarchs vagem Bericht nicht hervor. Diophanes wollte Ruhe und Ordnung wiederherstellen, und er sah wohl auch die Chance, die Special relationship, die Philopoimen im Vorjahr zu den Spartanern etabliert hatte, auf seine eigene Person zu übertragen. Genau deshalb dürfte Philopoimen ihm entgegengetreten sein. Wie dies genau mit den spartanischen Wirren zusammenhing, vor allem, welcher Achaier welche lakonische Parteiung unterstützte, ist ganz unklar und gehört auch nicht hierher.[117] Interessanter ist Flamininus' Beteiligung. Warum ließ er sich auf diese riskante Mission ein, statt in Korinth oder anderswo abzuwarten? Traute er Diophanes so wenig zu, oder wollte er ihn unter Kontrolle halten? Und was hoffte er überhaupt in Sparta zu erreichen? Die eigene Ordnung von 195, das heißt die Unabhängigkeit Spartas, konnte er nicht mehr ins Leben zurückholen: Weder Philopoimen noch Diophanes hätten das zugelassen. Vielleicht trieb ihn auch bloß die Eifersucht. Philopoimens Erfolge in Sparta hatten diejenigen Flamininus' in den Schatten gestellt, jetzt ließen sie sich wenigstens teilweise zunichte machen. Oder stand Flamininus mit einer der spartanischen Gruppierungen im Einverständnis, etwa mit Exilanten? Das Verbanntenproblem sollte ja bald die peloponnesische Politik beherrschen und in den achtziger Jahren mehrmals

---

115 Meinte Philopoimen damit, daß Diophanes und die Achaier lieber an der Seite Glabrios kämpfen sollten, also in einem wirklich wichtigen Krieg? Dazu paßt sein Diktum, er würde die disziplinlosen Syrer in den Kneipen zusammenhauen, wenn er nur Stratege wäre (Plut. Phil. 17,1). Doch das verfehlt den Kern des Problems: Diophanes dachte sicher nicht daran, die Heeresfolge zu verweigern. Es lag bei den Römern, Truppen anzufordern, und Glabrio wußte sehr gut, wen er im Feld dabeihaben wollte und wen nicht. Vielleicht ging es Philopoimen auch darum, innere Spannungen zu vermeiden bzw. möglichst wenig Aufmerksamkeit darauf zu lenken, um nicht Flamininus zum Eingreifen zu verlocken (so BASTINI [1987], 75). Wollte er das sagen, hätte er sich aber sehr dunkel ausgedrückt bzw. Plutarch seine Äußerung bis zur Unkenntlichkeit bearbeitet. Am wahrscheinlichsten scheint mir daher, daß Philopoimen nur einen gutklingenden Vorwand gebrauchte, um Diophanes von einer Intervention und damit einer Gefährdung seiner eigenen Interessen in Sparta abzubringen.

116 Plut. Phil. 16,1-3; Paus. VIII 51,1. Zur Datierung AYMARD (1938b), 332 Anm. 8. Über Diophanes' politisches Vorleben wissen wir nichts, trotz der Vermutungen AYMARDS, 323f., LEHMANNS (1967), 266, und ERRINGTONS (1969), 112f. Vgl. auch die abgewogene Stellungnahme GRUENS (1984), 466 Anm. 169.

117 Nähere Überlegungen dazu bei ERRINGTON (1969), 118-122. Vgl. auch AYMARD (1938b), 330-338; LEHMANN (1967), 268f.

den Senat beschäftigen. Alle diese Fragen müssen offenbleiben. Wir wissen einfach nicht genug, worauf sich eine halbwegs schlüssige Hypothese aufbauen ließe.[118] Es sei auch nicht verschwiegen, daß mir die Historizität von Flamininus' Beteiligung nicht über jeden Verdacht erhaben zu sein scheint.[119] Daher bleibt die Episode für die Beurteilung seiner Politik außer Betracht.

Diese Monate hielten aber auch Erfreulicheres für die Achaier parat. Im Windschatten des großen Krieges konnte sich der Bund an die Erweiterung seines Territoriums machen. Elis und Messene waren die letzten unabhängigen Staaten auf der Peloponnes. Nach Nabis' Tod schien etwas in greifbare Nähe gerückt zu sein, woran man vorher wohl nicht einmal zu denken gewagt hatte, was in unseren Quellen jedenfalls nicht als Ziel der achaiischen Politik zu fassen ist:[120] die Einverleibung der gesamten Peloponnes in den Achaiischen Bund.

---

118 Bei Pausanias werfen Flamininus und Diophanes den Spartanern vor, einen Aufruhr gegen die Römer zu planen. Darüber hat NISSEN (1863), 289, mit Recht geurteilt: »ein Schluß offenbar aus der Anwesenheit des Consuls Flaminin, wofür ihn der Gewährsmann Plutarchs fälschlich ausgiebt, gezogen« (anders AYMARD [1938b], 330 Anm. 1). Die oben im Text gestellten Fragen sind von den Spekulationen ERRINGTONS (1969), 119f., angeregt, aber letztlich fehlt diesen jeder Rückhalt in den Quellen.

119 Die Unsicherheit über Flamininus' Motive kann natürlich kein Grund sein, die Episode aus der Geschichte zu tilgen. Seltsam ist aber, daß Livius kein Wort über die Angelegenheit verliert, obwohl er Flamininus' Aktivitäten als Legat, auch die auf der Peloponnes, sonst recht ausführlich schildert. Zog Diophanes allein gegen Sparta, handelte es sich also um eine Auseinandersetzung nur zwischen Griechen, dann ist sein Schweigen ohne weiteres verständlich. Meine Skepsis gegenüber Plutarchs Schilderung – Pausanias hängt wohl von ihr ab (s. o. Anm. 105 u. 118) – gründet sich aber vor allem auf dessen synkritische Methode. In der Doppelvita *Philopoimen – Flamininus* hat Plutarch das einzige Mal die Gelegenheit, zwei Zeitgenossen vorzustellen. Hier braucht er sich also nicht darauf zu beschränken, die Protagonisten in der abschließenden Vergleichung aufeinandertreffen zu lassen; schon in den Lebensbeschreibungen können sie interagieren. Bedauerlicherweise gibt es nicht allzu viele historisch bezeugte Begegnungen, und diese sind wenig spektakulär. Die grundsätzlich interessanten Spannungen zwischen beiden treten nur in relativ komplizierten, für die biographische Darstellung unergiebigen Situationen hervor; es fehlt die eine Szene von symbolischer Aussagekraft, in der alle Animositäten schlaglichtartig zum Ausdruck kommen. In seiner Not hilft sich Plutarch mit leichten Retuschen: So verbindet er die Nabiskriege von 195 und 192 zu einem einzigen, und ähnlich geht er, denke ich, auch hier vor. Plutarchs Leser, der kaum den Polybios- oder gar Liviustext neben sich liegen hat, glaubt, Flamininus sei immer noch der Befehlshaber der römischen Truppen in Griechenland. Deshalb kann Plutarch ihn Konsul nennen und ihn zusammen mit Diophanes auf Kriegszug gehen lassen. Heraus kommt ein schönes Bild, der Römer vor Sparta, ausgesperrt vom Griechen: genau die Szene, die noch fehlt. Sieht man aber genauer hin, merkt man, daß Flamininus kein wesentlicher Bestandteil der Geschichte ist. Ohne ihn funktioniert sie ebenso.

120 Dies gegen die öfters geäußerte Ansicht, die Achaier hätten die ›Einigung‹ der Peloponnes im Achaiischen Bund als langfristiges Programm verfolgt: zum Beispiel HOLLEAUX (1930b), 398, 427; AYMARD (1938b), 18-24; GRUEN (1984), 446. Polybios' penetrantes Loblied auf Verfassung, Gesinnung und politische Ziele der Achaier (II 37,7-42,7) ist pure, rückwärtsgewandte Ideologie, die nichts zum Verständnis der historischen Wirklichkeit beiträgt. Vgl. dazu etwa GELZER

Wir wissen nicht viel über die politischen Zustände in Elis und Messene, aber ihre Anfang 196 zusammen mit den Aitolern unternommene, jedoch gescheiterte Intervention beim Senat hatte ihren Enthusiasmus für die römische Hegemonie gewiß nicht überborden lassen. In der Vergangenheit ohnehin öfters Partner der Aitoler, lagen ihre Sympathien auch jetzt eher auf dieser Seite, auch wenn sie sich hüteten, in den Krieg einzugreifen. An einem geeigneten Vorwand fehlte es den Achaiern also nicht. Die beiden Nachbarn wurden wahrscheinlich auch mit dem Zuckerbrot gelockt, sicher aber mit der Peitsche: In Furcht vor einer Invasion baten die Eleer Antiochos um eine Schutztruppe.[121]

Deswegen machten die Achaier erst wieder Fortschritte nach dem Zusammenbruch der seleukidischen Machtstellung in Europa. Elis signalisierte ›freiwillig‹, daß es einen Beitritt zum Bund ins Auge fassen würde. Die Messenier aber gaben den achaiischen Legaten nicht einmal eine Antwort, eröffneten den Krieg – und hatten wenig später den plündernden Feind im Land und Diophanes vor den Toren der Stadt. In ihrer Not schickten sie Gesandte zu Flamininus, der sich gerade in Chalkis aufhielt: Sie seien bereit, den Römern die Stadt zu übergeben, nicht aber den Achaiern. Flamininus reagierte mit beängstigender Geschwindigkeit; schon in Megalopolis angekommen, befahl er Diophanes, das Heer sofort von Messene zurückzuziehen und zu ihm zu kommen. Dieser ließ sich nicht mehr Zeit als der Legat, eilte den abrückenden Truppen voraus und traf sich bei Andania, zwischen Megalopolis und Messene, mit Flamininus. Dieser machte ihm Vorwürfe, ohne allerdings heftig zu werden: Diophanes hätte eine derartige Angelegenheit nicht ohne seine Autorisation in Angriff nehmen dürfen; nun solle er das Heer entlassen und nicht den zum Wohl aller gestifteten Frieden stören. Den Messeniern aber befahl er, die Verbannten wiederaufzunehmen und dem Achaiischen Bund beizutreten; wenn es dabei irgendwelche Probleme gebe, sollten sie sich erneut an ihn wenden.[122]

Die Episode scheint Flamininus im strahlendsten Licht zu zeigen. Doch der Kontrast zwischen der energischen, antiachaiischen Verhinderung und dem sanktionierenden, proachaiischen Beitrittsbefehl irritiert. Zunächst der negative Teil: Flamininus wußte natürlich von Diophanes' Feldzug – wie

---

(1940), 127-129; K.-E. PETZOLD, Studien zur Methode des Polybios und zu ihrer historischen Auswertung, München 1969, 94-99.

121 Polyb. XX 3,1.5.7; Liv. XXXVI 5,1-3. Es besteht kein Grund anzunehmen, daß sich beide Staaten von vornherein ganz offen auf aitolisch-seleukidischer Seite engagierten (so AYMARD [1938b], 339 mit Anm. 2f.; C. A. ROEBUCK, A History of Messenia from 369 to 146 B.C., Chicago, Ill., 1941, 91 mit Anm. 113). Vgl. ERRINGTON (1969), 115, 123; BRISCOE (1981), 226f.

122 Liv. XXXVI 31,1-9. In ihren Grundzügen wird diese Darstellung allgemein akzeptiert: etwa von AYMARD (1938b), 342-345; LEHMANN (1967), 105 Anm. 123, 182, 269f.; ERRINGTON (1969), 123; BRISCOE (1981), 268; K. HARTER-UIBOPUU, Das zwischenstaatliche Schiedsverfahren im achäischen Koinon, Köln u. a. 1998, 184f.

sollte sich dieser auch verheimlichen lassen? –, und er war außer sich vor Zorn über die angebliche Selbstherrlichkeit. Das zeigen nicht nur seine Vorhaltungen bei Andania, sondern auch die Schnelligkeit seines Handelns. Der messenische Hilferuf muß Flamininus wie ein Geschenk des Himmels vorgekommen sein. Und da er nicht ihm persönlich galt, konnte er die ganze Autorität der Republik in die Waagschale werfen. Flamininus machte Diophanes klar, ausdrücklich oder implizit, daß eine Fortsetzung der Belagerung die Allianz gefährden würde, mit allen damit verbundenen Folgen. Er riet nicht, empfahl oder wünschte etwas, sondern gab Befehle.[123]

Aber: Flamininus setzte sich im entscheidenden Punkt nicht durch. Die Messenier hatten den Eintritt in den Bund ja gerade vermeiden wollen, und nur darum kann es auch Flamininus gegangen sein. Mitgliedschaft auf römisches Geheiß – das machte zwar deutlich, daß ohne Rom keine größeren territorialen Veränderungen stattfinden durften. Aber es änderte nichts an den Umständen, an Diophanes' Feldzug, am erfolglosen Widerstand der Messenier und daß die Achaier letztlich bekamen, was sie gewollt hatten. Flamininus' Vorbehalt hinsichtlich der Beitrittsmodalitäten begründete keine dauernde Rechtsaufsicht, niemals leiteten die Römer irgendwelche Ansprüche daraus ab.[124] Wäre diese kosmetische Korrektur das ursprüngliche Ziel gewesen, bliebe Flamininus' übereifriges Engagement völlig unverständlich. Viel eher handelte es sich um ein Placebo für die Messenier, geeignet, für den Augenblick das Gesicht zu wahren.[125]

Diophanes ließ den Römer geschickt auflaufen. Der Stratege gehörte, wie die späteren Ereignisse beweisen sollten, nicht zu den feigen Jasagern, doch ein Dilettant war er auch nicht. Der Rückzug war mit äußerstem Nachdruck befohlen. Ihn zu ignorieren bedeutete den öffentlichen Konflikt mit Flamininus, vielleicht mit Rom. Ein Verzicht auf Messenien kam für Diophanes aber ebensowenig in Frage, sei es aus allgemeinen politischen Erwägungen, sei es, daß er seine Karriere zu eng mit diesem Ziel verknüpft

123 Zweimal verwendet Livius *iubere* (XXXVI 31,6.8), von Diophanes sagt er: *dicto paruit* (31,7). Gegenüber den Messeniern kommt sogar das härtere *imperare* zum Zug (31,9), aber diese hatten sich ja in Flamininus' Hand gegeben.

124 Vgl. AYMARD (1938b), 346 Anm. 14; NIESE (1899), 712 Anm. 5; ROEBUCK (1941), 93. Die Beitrittsbedingungen gestalteten sich, soweit wir sie kennen, vollauf zufriedenstellend für die Achaier: AYMARD, 347f.; ROEBUCK, 93f.

125 Wenig einleuchtend ist ERRINGTONS (1969), 123f., Argument, Flamininus habe Diophanes Messenien geben müssen, weil dieser für ihn nützliche Mann nicht dauerhaft verprellt werden durfte. Ohnehin habe die Gefahr gedroht, daß Philopoimen in seiner nächsten Strategie Messenien auf eigene Faust an den Bund anschließen würde, ohne daß Flamininus Gelegenheit erhielte, seine Klientel zu vergrößern. Doch selbst nach ERRINGTONS Darstellung war Diophanes bislang von geringem Nutzen für den Legaten gewesen, Philopoimens nächste Wahl zum Strategen war ungewiß, ganz zu schweigen von seiner Amtsführung, und was die Klientel betrifft: Die Achaier ebenso wie die messenische Regierung zu verprellen (zugunsten von Exilanten, die sich erst neu etablieren mußten) war eine eigenartige Methode, sie auszubauen.

hatte, als daß er jetzt noch zurückgekonnt hätte. Das Problem war unlösbar. Deshalb umging Diophanes es einfach. Er zog sich von Messene zurück und wahrte zunächst den Schein. Bei Andania begriff Flamininus dann, daß er zu früh triumphiert hatte. Der Stratege eröffnete ihm, daß er auf dem Beitritt Messeniens bestehe; Flamininus könne sich, da er sich nun schon einmal eingemischt hatte, aber aussuchen, was ihm lieber sei: entweder eine konstruktive Beteiligung als wohlwollender Schirmherr – oder der Eklat. Das achaiische Heer war nicht entlassen und stand immer noch auf messenischem Territorium. Kein Problem, es erneut kehrtmachen zu lassen.

Das war glänzend taktiert. Diophanes selber legte sich nicht fest, bürdete seinem Gegenspieler die Wahl auf und verschob dadurch den Handlungsspielraum. Die Möglichkeit des widerspruchslosen Gehorsams war jetzt vom Tisch genommen. Die Alternative lautete nicht mehr: Beitritt Messeniens, ja oder nein?, sondern: Beitritt Messeniens, mit oder ohne Rom? Die zu Flamininus' Ungunsten veränderte Fragestellung enthielt aber auch ein Angebot, denn neben der nach wie vor gültigen, extremen Option, Messenien gegen Flamininus' Willen zu erobern, stand nun ein Kompromiß: scheinbare römische Mitwirkung. Das war nicht viel, aber mehr als nichts. Denn mit achaiischem Ungehorsam hatte Flamininus wahrscheinlich nicht ernsthaft gerechnet. Bei näherer Betrachtung eröffnete er auch für ihn unkalkulierbare Risiken. Militärische Macht hielt der Legat nicht in Händen. Er hätte das Fait accompli zunächst hinnehmen müssen. Ob die Legionen ihm dann später Genugtuung verschaffen würden, war unsicher: Glabrio war durch die Aitoler gebunden, und in Asien wartete die Entscheidung gegen Antiochos. Daß man en passant auch noch gegen die Achaier vorgehen müsse, wäre in Rom nicht ohne weiteres verstanden worden.[126] Wäre Diophanes' Hartnäkkigkeit aber ungestraft geblieben, wäre Flamininus in den Augen der Grie-

---

126 Die Messenienaffäre ereignete sich im Sommer. Glabrio belagerte wahrscheinlich gerade Naupaktos, noch ohne durchschlagenden Fortschritt (vgl. WALBANK [1940], 344). Daß die Messenier sich nicht an den näheren Konsul wandten, sondern an den ferneren Legaten, zeigt, welche Autorität sie bei Flamininus vermuteten. Nicht zu Unrecht, denn sein Einfluß auf Glabrio ist wohlbezeugt (s. o. S. 127f. und u. S. 271). Flamininus wird sich bei der Intervention auch nicht lange um dessen sicher scheinendes Einverständnis gekümmert haben und ohne weiteres als maßgeblicher Repräsentant Roms auf der Balkanhalbinsel aufgetreten sein. Aber die Legionen gegen ein völlig neues Ziel zu wenden, noch dazu gegen einen Alliierten, der ebenfalls in den Krieg gegen Antiochos eingetreten war, war etwas anderes. Weder Glabrio noch der Senat wären von der Notwendigkeit eines militärischen Eingreifens leicht zu überzeugen gewesen. Auch GRUEN (1984), 468f., sieht, anders als etwa FERRARY (1988), 122 Anm. 262, die mangelnde Rückendeckung für den Legaten; er glaubt jedoch, Flamininus habe von sich aus zurückgesteckt (wegen einer angeblichen Unvermeidbarkeit der achaiischen Expansion, ähnlich wie ERRINGTON, s. o. Anm. 125). NOTTMEYER (1995), 175f., wundert sich über das Mißverhältnis zwischen Flamininus' mangelnder Autorisation und Diophanes' (scheinbarem) Gehorsam; er zieht daraus den eher kuriosen Schluß, Flamininus sei mit einem Imperium ausgestattet gewesen, ähnlich »wie es aus der spätrepublikanischen Zeit bei Pompejus bekannt ist«.

chen zum Papiertiger degeneriert. Gerade das vermied, nicht völlig, aber doch leidlich, Diophanes' Kompromißvariante. Da gab Flamininus lieber nach, und tatsächlich blieb von seiner Messenienintervention in der Überlieferung immerhin eine glanzvolle Hülle übrig.[127]

Daß das Verhältnis zwischen Diophanes und Flamininus durch die Ereignisse völlig zerrüttet worden war, kann ohne weiteres angenommen werden. Doch das war letztlich ein geringer Preis. Der Achaier hatte gepokert und gewonnen, bei hohem Risiko. Wie sehr die Situation auf des Messers Schneide gestanden hatte, wie unklar die Kräfteverhältnisse dadurch geworden waren, das zeigt der Umstand, daß Flamininus trotz seiner Düpierung den Strategen zur Einberufung einer Bundesversammlung nötigen konnte.[128] Diophanes war das sicher nicht recht, denn nach dem Vorgefallenen hatten er und der Bund weniger als je zuvor Gutes von Flamininus zu erwarten. Tatsächlich versuchte dieser, in einer neuen Runde den seltsam kraftlosen Eindruck, den er zuletzt gemacht hatte, vergessen zu machen. Das Mittel dazu war Zakynthos.

Die Insel vor der peloponnesischen Westküste hatte Amynander von Athamanien gehört. Auf Antiochos' Seite, war er zunächst von Philipp aus seinem Land vertrieben worden, dann hatten die Thermopylen jeglicher Hoffnung auf Rückkehr ein Ende gesetzt, jedenfalls für den Moment. Aus dieser Katastrophe hatte der Statthalter von Zakynthos das Beste zu machen versucht: Er suchte Kontakt zu Diophanes und verscherbelte die Insel, vermutlich zu einem günstigen Preis, an den Achaiischen Bund.[129]

Diese reichlich unbedeutende Geschichte – Zakynthos, seit dem Zweiten Attischen Seebund nicht mehr hervorgetreten, besaß keinen nennenswerten strategischen Wert[130] – wurde jetzt zum Politikum. Durch Betrug, so Flami-

---

127 Unklar ist, wie die Rückführung der Verbannten in dieses Bild einzuordnen ist. Flamininus' Erlaß sorgte noch Mitte der achtziger Jahre für Unruhe unter den Messeniern – interessanterweise in einer von Philopoimen abgeänderten Form – (Polyb. XXII 10,6), doch die Rückkehr von Exilanten ging ohnehin nie ohne Schwierigkeiten ab. Auf die Entscheidung von 191 wirft diese Nachricht wenig Licht. Trotz der Vermutungen AYMARDS (1938b), 345f., LEHMANNS (1967), 182f., und vor allem ERRINGTONS (1969), 124-127, wissen wir nicht, wer die Verbannten waren, wann sie ihre Heimat verlassen mußten, inwieweit die Weisung mit den Messeniern abgestimmt war – die Begeisterung der augenblicklichen Regierung dürfte sich wahrscheinlich in Grenzen gehalten haben –, ob sie auch in Diophanes' Interesse lag oder ob Flamininus sich in diesem Punkt durchsetzen konnte (vorsichtig auch WALBANK [1979], 193).

128 Liv. XXXVI 31,10. Wieder ist von *iubere* die Rede.

129 Liv. XXXVI 31,11-32,1.

130 Obwohl das gern behauptet wird: WEISSENBORN / MÜLLER (1906), 140f.; HOLLEAUX (1921b), 218; DE SANCTIS (1923), 171; AYMARD (1938b), 349; THIEL (1946), 293; HARRIS (1991), 94; GRUEN (1984), 470f. Die Römer verwüsteten die Insel zwar zweimal – 211 und eben noch, im Sommer 191 (Liv. XXVI 24,15; XXXVI 42,5; vgl. BRISCOE [1981], 282) –, aber bezeichnenderweise zogen sie sofort wieder ab. Zakynthos wurde weder als Flottenstützpunkt noch als Station für übersetzende römische Heere noch zum Schutz italischer Händler gegen Piraten je benötigt oder genutzt. Nichts deutet auf eine dauerhafte römische Besetzung hin (so auch

ninus, hätten die Achaier die Insel an sich gebracht; nun müsse sie den Römern übergeben werden. Zakynthos sei ihre Kriegsbeute, Glabrio und die Legionen hätten bei den Thermopylen schließlich nicht für Diophanes und die Achaier gekämpft.[131] Das war eine recht harsche Beweisführung gegenüber einem Alliierten, auf dessen Soldaten Flamininus gern zurückgegriffen hatte, als Glabrio noch fern in Italien war. Die Berufung auf das Siegerrecht war mehr als diffus, und nicht zufällig konterte Diophanes auch mit juristischen Argumenten. Doch natürlich handelte es sich nicht um eine Rechts-, sondern um eine Machtfrage. Der Stratege rechtfertigte sein Verhalten und das des Bundes, was ihm nicht schwergefallen sein dürfte. Der Betrugsvorwurf war in der Tat lächerlich. Diophanes und Flamininus scheinen für längere Zeit vor der Versammlung gestritten zu haben, keiner gab nach, der Ton verschärfte sich. Flamininus war die Erregung schon äußerlich anzumerken. Diophanes war offensichtlich bereit, es auch auf einen öffentlichen Eklat ankommen zu lassen. In dieser Situation griffen einige führende Achaier ein: Sie distanzierten sich von dem Kauf der Insel und verurteilten vor aller Ohren die Beharrlichkeit des Strategen. Von den eigenen Leuten majorisiert, konnte Diophanes seinen Widerstand nicht aufrechterhalten. Einmütig beschloß die Versammlung, Zakynthos den Römern zu überlassen.[132]

Diesmal hatte Flamininus die Verhältnisse richtig eingeschätzt. Da anzunehmen war, daß Diophanes sich nicht überrumpeln lassen würde, hatte er die Auseinandersetzung in das Forum der Bundesversammlung verlagert. Nicht alle Achaier waren so kaltblütig wie ihr Oberbeamter, vielen schien die alte Strategie des Aristainos, den Konflikt möglichst zu vermeiden, immer noch die richtige. Wie von Flamininus erhofft, verweigerten diese Politiker in der Stunde der Not Diophanes ihren Rückhalt. Damit schien die Scharte von Andania ausgewetzt. Die aus dem Lot geratenen Verhältnisse wieder geradezurücken und die eigene Autorität wiederherzustellen – das war der Sinn von Flamininus' erneuter Intervention.

Dabei ließ er es aber nicht bewenden. Der Zeitpunkt schien günstig, den Achaiern ein für allemal ihre Grenzen zu zeigen. Flamininus ergriff ein weiteres Mal das Wort: Wenn die Achaier irgendeinen Vorteil aus dem Be-

---

BRISCOE, 269). Erst die Flotte Mithradates' VI. zeigte 86 wieder Interesse an der Insel, aber auch ihr ging es vornehmlich ums Plündern (App. Mithr. 176).

131 Mit der gleichen Begründung hatte Glabrio kurz zuvor Philipp zum Abzug von Lamia gezwungen (s. o. S. 126 mit Anm. 98). Die Achaier waren also keine geschätzteren Alliierten als der mißtrauisch beäugte Philipp. Vgl. auch AYMARD (1938b), 350.

132 Liv. XXXVI 31,10; 32,2-5.9. Zum Ablauf der Versammlung A. AYMARD, Les assemblées de la Confédération achaienne, Bordeaux 1938, 394f. Unergiebig in ihrer Voreingenommenheit gegen Diophanes ist die Analyse LEHMANNS (1967), 269-271. ERRINGTON (1969), 127-129, glaubt Diophanes' Sache von vornherein verloren und untersucht die Szene deshalb lediglich unter dem Aspekt innerachaiischer Rivalitäten.

sitz von Zakynthos zögen, würde er selbst ihren Anspruch in Rom durchsetzen. In Wahrheit ginge es dem Achaiischen Bund aber wie einer Schildkröte, die sicher sei, solange sie in ihren Panzer (die peloponnesische Halbinsel) zurückgezogen sei. Wenn sie aber Körperteile herausstrecke (Expansion über die Peloponnes hinaus betreibe), riskiere sie Verletzung und Schwäche. Also sollten die Achaier sich mit der Einheit der Peloponnes zufriedengeben und von weiteren Eroberungen Abstand nehmen.[133]

Aymard glaubte, Flamininus habe die Achaier mit diesen Worten wieder freundlicher stimmen wollen.[134] Eine derart selbstgerechte Standpauke war dazu aber wenig geeignet. Flamininus räumte ja schon mit dem ersten Satz ein, daß seine Vorwürfe wegen Betrugs und wegen Kriegsrechts nur Theater gewesen waren. Und wer läßt sich schon gern mit einer Schildkröte vergleichen? Auch in der Sache kamen die Achaier nicht besser weg. Ausgesprochen war einmal ein klares Expansionsverbot; auf der anderen Seite gestattete Flamininus zwar die Herrschaft über die gesamte Peloponnes, aber das war keine Konzession, sondern eine Anerkennung des Faktischen. Elis, das letzte Nichtmitglied, hatte seinen Beitritt zum Bund bereits angekündigt. Zu verhindern gab es hier nichts mehr.[135] Flamininus wollte es dafür wenigstens so aussehen lassen, als habe sich, wie in Messenien, auch hier alles unter römischen Auspizien vollzogen.

Wie die Achaier die Ereignisse auf der Bundesversammlung aufnahmen, ist nicht überliefert, aber man kann es sich unschwer ausmalen. Auch die Politiker, die den Beschluß zur Übergabe von Zakynthos auf den Weg gebracht hatten, hatten schließlich unter Zwang gehandelt, von den übrigen Teilnehmern ganz zu schweigen. Man ist aber nicht ganz auf solche Schlußfolgerungen angewiesen, denn die Flaminininisch-achaiische Konfrontation des Jahres 191 wurde in einem dritten Akt fortgeführt. Nachdem Flamininus den Aitolern vor Naupaktos einen Waffenstillstand vermittelt hatte, kehrte er im Herbst auf die Peloponnes zurück, zusammen mit Glabrio. Erneut trat er vor die Bundesversammlung, in Aigion.[136] Livius' Bericht ist

---

133 Liv. XXXVI 32,5-8; Plut. Flam. 17,4.

134 AYMARD (1938b), 351; DERS. (1938a), 395. Ebenso GUNDEL (1963c), 1089; LEHMANN (1967), 271.

135 AYMARDS (1938b), 348f., Feststellung, die Römer hätten die achaiische Herrschaft über die Peloponnes ohne weiteres akzeptiert, gibt dem Vorgang eine falsche Konnotation: Denn eine Alternative zur Anerkennung des Geschehenen gab es gar nicht.

136 Ob es sich hierbei um eine Synkletos oder doch eher eine Synodos handelte (vgl. AYMARD [1938b], 352 Anm. 2; WALBANK [1979], 89; BRISCOE [1981], 272), ist nicht klar, spielt aber auch keine Rolle, solange wir nicht wissen, inwiefern sich die beiden Versammlungstypen unterschieden. Zum Stand dieser Diskussion WALBANK, 406-414; G. A. LEHMANN, Erwägungen zur Struktur des achaiischen Bundesstaates, ZPE 51 (1983), 240-245, 251-261. Daß Flamininus der maßgebliche Mann auf römischer Seite war, nicht der Konsul, hat AYMARD, 353, mit Recht betont.

von enttäuschender Kürze, aber die Einsilbigkeit ist verständlich angesichts des Debakels, das Flamininus erlitt. Die Eleer weigerten sich, nach römischer Maßgabe dem Bund beizutreten: Sie wollten »lieber von sich selbst aus als durch die Römer« Mitglied werden. Kein Wunder nach den Erfahrungen der Messenier.[137] Ein zweiter Punkt betraf die spartanischen Verbannten: Flamininus und Glabrio wünschten ihre Heimkehr, doch die Achaier gingen nicht darauf ein. Ihr Wortführer war Philopoimen, aber nicht, weil er in der Sache anderer Ansicht war, sondern weil der Dank und die Anerkennung ihm und den Achaiern gehören sollten, nicht Flamininus und den Römern. Als Stratege führte er die Exilanten zweieinhalb Jahre später selbst zurück.[138]

Es gelang Flamininus also kein weiteres Mal, die Achaier zu spalten. Der Verlust von Zakynthos hatte sie offenbar klug gemacht. Legat und Konsul fehlte es wohl auch an einem objektiven Anlaß, der ihre Intervention rechtfertigte. Weder hatte eine Partei sie gerufen noch half das Siegerrecht. Trotzdem ist bemerkenswert, daß die Versammlung sich auch dem Konsul, dem höchsten Beamten, widersetzte, daß sie es ohne weiteres zum Eklat kommen ließ und daß selbst die Eleer mitzogen. Sicher, das war nicht der erste öffentlich ausgetragene Konflikt – aber der erste, bei dem die Achaier Sieger blieben. Obwohl an Ressourcen bei weitem unterlegen, waren sie nicht mehr bereit, die dauernden Einmischungen und den Vorrang der römischen Interessen hinzunehmen, weder stillschweigend noch nach längerem Widerstand, um dann doch nachzugeben. War bisher nur Flamininus rück-

---

137 Liv. XXXVI 35,7: *Elei per se ipsi quam per Romanos maluerunt Achaico contribui concilio*. Unangenehme Auflagen, etwa die Rückführung von Verbannten, blieben Elis damit erspart. Vgl. De Sanctis (1923), 171, und Errington (1969), 131f., der das gemeinsame Interesse von Bund und Eleern betont. Unbefriedigend ist dagegen die Analyse Aymards (1938b), 354f. mit Anm. 12, der Elis, grundsätzlich Rom zugeneigt, nur auf Geheiß der Achaier handeln läßt, um im Gegenzug bessere Eintrittsbedingungen von diesen zu erhalten.

138 Liv. XXXVI 35,7; Plut. Phil. 17,6f.; Paus. VIII 51,4; Rückführung der Verbannten: Liv. XXXVIII 34,4f.; Plut. Phil. 16,4. Vgl. Aymard (1938b), 361-364; Errington (1969), 130f. Die momentane spartanische Regierung dagegen saß zwischen allen Stühlen, denn sie lehnte die Heimkehr der Verbannten ab. Vom Senat mußten sich ihre Gesandten dafür tadeln lassen – am Text vorbei geht Gruens [1984], 472 mit Anm. 204, ›ironische‹ Interpretation – (Polyb. XXI 1). Diese Mission fand im Sommer 191 (jul.) statt (vgl. Aymard, 336 Anm. 21, 356 Anm. 1; Walbank [1979], 88; anders [Anfang 190] Errington, 286f.). Wichtiger als die bisher vorgebrachten Argumente für diesen Zeitpunkt scheint mir der Umstand, daß Emissäre Philipps Anfang 190 (15. März 190 = 18. November 191 [jul.]) vor dem Senat empfangen wurden; gleichzeitig wurden die einst von Nabis geschickten Geiseln freigegeben (Polyb. XXI 3; zum Datum s. o. S. 129 Anm. 106). Der spartanischen Gesandtschaft, die zuvor darum ersucht hatte, hatte der Senat aber geantwortet, man müsse noch darüber beraten. Diese Auskunft muß also einige Zeit vor der Freilassung gegeben worden sein: im Sommer 191 (jul.). Wegen der zeitlichen Nähe zur Versammlung von Aigion muß unklar bleiben, ob Flamininus den Senat (Errington, 131 Anm. 1, 286, gefolgt von Bonnefond-Coudry [1987], 91f.) oder der Senat Flamininus (Aymard, 356-360) in der Exilantenfrage beeinflußte. Festzuhalten bleibt nur die Gemeinsamkeit der Intentionen.

sichtslos gewesen, so waren es jetzt auch die Achaier. So sah die Ernte seines politischen Wirkens aus. Das achaiische Verhältnis zu Flamininus persönlich und zur Republik im allgemeinen war auf einem Tiefpunkt angelangt.[139]

Hier einen Einschnitt zu machen rechtfertigt sich einmal natürlich aus dem Ende von Flamininus' Legatentätigkeit und damit seiner führenden Position im Umgang mit den Achaiern. Aber genauso wichtig ist, daß für volle zwei Jahre Funkstille zwischen Rom und seinem wichtigsten griechischen Alliierten herrschte.[140] Zugegeben ist das ein Eindruck, den vielleicht nur der fragmentarische Zustand unserer Überlieferung erweckt.[141] Doch als

---

139 AYMARD (1938b), 366-372, hat sich sehr darüber gewundert, daß der Senat die Niederlage von Aigion einfach hinnahm. Die wesentlichen Gründe dafür hat er freilich schon selbst genannt: 1) Flamininus, der eine Revanche gewünscht haben wird, war im Senat nicht allmächtig, und gerade zu dieser Zeit zeigte seine Schlappe in der Auseinandersetzung um den Aitolerfrieden (s. o. S. 178-180) die Grenzen seines Einflusses auf. 2) Der Streit war es weder der Sache noch der Form nach wert, durch ein römisches Nachkarten fortgesetzt zu werden. Dabei muß man aber nicht so weit gehen, mit AYMARD Überdruß und Indifferenz im Senat zu konstatieren (ähnlich GRUEN [1984], 472). Das Problem der Passivität rührt ja vor allem von AYMARDS Annahme her, Flamininus und Glabrio hätten in Aigion auf Weisung Roms gehandelt. Das ist aber ganz unsicher (s. o. Anm. 138; vgl. auch FEYEL [1943], 244-246). Der Senat selbst hatte in der Exilantenfrage nur seine Verwunderung gegenüber den Spartanern geäußert. Das kam zwar einem Verweis gleich, war aber noch weit von einer energischen Intervention entfernt. Zudem darf man nicht vergessen, daß sich die zunehmende Distanz zwischen den Alliierten für die Weltmacht Rom wesentlich undramatischer darstellte als für die existentiell gefährdeten Achaier. Das heißt nicht, daß im Senat Gleichgültigkeit herrschte. Sicherlich war man verärgert. Aber das war kein Grund, gleich wieder einen Legaten loszujagen (Ohnehin waren die personellen Ressourcen durchaus beschränkt). Die Peloponnes war nicht der Nabel der römischen Welt. Und schließlich gab es im Moment auch Wichtigeres im Osten: Der Krieg gegen Antiochos und die Aitoler war noch nicht beendet.

140 Vgl. nur AYMARD (1938b), 370 Anm. 8. Sowohl 190 als auch 189 verwüstete die Flotte der Achaier die aitolische Küste, doch das entsprach nur dem Kriegsbeschluß von 192, war mit geringem Risiko verbunden – eine aitolische Marine existierte nicht –, brachte Beute und schwächte einen strategischen Konkurrenten (Liv. XXXVII 4,6; XXXVIII 7,2f.; vgl. AYMARD [1938b], 373). Verhandlungen, die über militärische Konsultationen mit dem römischen Hauptquartier hinausgingen, erforderten diese Züge nicht. Die spektakuläre Beteiligung eines von Diophanes geführten achaiischen Kontingents am Krieg in Kleinasien ging nicht auf eine römische Anforderung zurück, sondern auf ein Abkommen mit Eumenes; bei Magnesia standen die Achaier in den pergamenischen Reihen (Polyb. XXI 3b; 9; Liv. XXXVII 20,1-21,4; 39,9; App. Syr. 125-131; 157; Syll.^{3} 606; vgl. AYMARD, 373-375). Anders stand es freilich mit den achaiischen Schleuderern, die M. Fulvius Nobilior während der Belagerung des kephallenischen Same herbeiholen ließ (Liv. XXXVIII 29,3-8). Doch zu diesem Zeitpunkt begann der Konsul ohnehin massiv in die peloponnesischen Angelegenheiten verwickelt zu werden (s. u.). ERRINGTON (1969), 140, spekuliert über die Entsendung einer römischen Gesandtschaft im Jahr 190, aber Polyb. XXI 1,3 spricht lediglich von einer Absicht des Senats – die womöglich nie ausgeführt wurde (zur Stelle WALBANK [1979], 89).

141 Insbesondere besteht die Möglichkeit, daß in dieser Zeit der Bündnisvertrag zwischen Rom und den Achaiern geschlossen wurde. Weder die Umstände noch der Inhalt sind überliefert. In der Konsequenz haben die spärlichen Hinweise in den Quellen eine größere Forschungskontroverse entfacht: Einen knappen Überblick gibt DAHLHEIM (1968), 261 Anm. 8, weitere Literatur

der Prokonsul M. Fulvius Nobilior Anfang 188 vor der Bundesversammlung sprach, machte er genau da weiter, wo Flamininus aufgehört hatte: bei den Spartanern und ihren Verbannten.[142]

❋

Schon weil sie sich am Schluß nicht in einem Krieg gegenüberstanden, muß das Urteil über Flamininus und die Achaier eigentlich günstiger ausfallen als das über seine Beziehungen zu den Aitolern. Auch kann man dem Feldherrn diesmal nicht vorwerfen, er habe eine bereits früher verfolgte politische Linie nur weiterverfolgt. Schließlich schlossen die Republik und der Achaiische Bund während seines Konsulats zum erstenmal eine Allianz. Doch die näheren Umstände dieses politischen Erfolges zeigen, daß hier derselbe Flamininus agierte, mit dem auch Philipp und die Aitoler zu tun hatten: Die Initiative ging nicht vom Feldherrn aus, die günstige Gelegenheit wurde ihm fast aufgedrängt, und auch, als klar war, welche Chance sich bot, überließ Flamininus die Angelegenheit soweit wie möglich seinem Bruder. Desinteresse und Mißachtung bestimmten Flamininus, jetzt und im weiteren Verlauf des Krieges.

---

nennen GRUEN (1984), 34 Anm. 108, und L. DE LIBERO, *›ut eosdem quos populus Romanus amicos atque hostes habeant‹*: die Freund-Feind-Klausel in den Beziehungen Roms zu griechischen und italischen Staaten, Historia 46 (1997), 272 Anm. 11. Der Vertrag muß meines Erachtens zwischen November 192 (Liv. XXXV 48,1-50,3; vgl. BADIAN [1952], 77f.) und Winter 189/188 (Liv. XXXVIII 32,8; vgl. – trotz BADIAN, 78 – HOLLEAUX [1921a], 135) geschlossen worden sein. Für eine genauere Festlegung fehlt jede Grundlage. Zum Inhalt – Hauptbestandteil war wohl, auf der Grundlage der Gleichberechtigung, eine gegenseitige Beistandsverpflichtung – vgl. AYMARD (1938b), 267-269, und J.-L. FERRARY, Traités et domination romaine dans le monde hellénique, in: L. Canfora u. a. (Hrsgg.), I trattati nel mondo antico, Roma 1990, 222f. All die Unsicherheit rührt nicht zuletzt davon her, daß der Vertrag wenig Bedeutung für die tatsächliche Ausgestaltung der römisch-achaiischen Beziehungen gewann. GRUEN, 34-38, hat mit Recht darauf hingewiesen, daß die Achaier zwar gelegentlich mit dem Vertrag argumentierten, die Römer sich aber wenig darum kümmerten, wenn ihre politischen Interessen woanders lagen. Umgekehrt berief sich Rom nie auf einzelne Klauseln, und auch in den achaiischen Überlegungen scheint die Erfüllung des Vertrags keine zentrale Rolle gespielt zu haben. Dessen negativer Einfluß auf das gegenseitige Verhältnis gerade im Jahr 191 (so BADIAN, 79f., und FERRARY, 223) ist moderne Fiktion.

142 Liv. XXXVIII 30,6-32,4. Vgl. AYMARD (1938b), 368 Anm. 4. Ich folge der von M. HOLLEAUX, Le consul M. Fulvius et le siège de Samé, in: ders., Rome et la conquête de l'Orient, Paris 1957, 263-294, etablierten Chronologie (vgl. auch WALBANK [1979], 136). Die Neudatierung von V. M. WARRIOR, The Chronology of the Movements of M. Fulvius Nobilior (cos. 189) in 189/188 B.C., Chiron 18 (1988), 325-356, bes. 342f., – Nobilior hielt sich bereits im Oktober 189 (jul.) auf der Peloponnes auf – scheitert schon daran, daß sie Liv. XXXVIII 29,10-30,1 so zu interpretieren sucht, als ob Nobilior während der viermonatigen Belagerung von Same auf die Peloponnes geeilt sei. Doch Livius konstatiert in nicht zu überbietender Deutlichkeit, daß Nobilior Kephallenia erst verließ, nachdem die Stadt, einschließlich der Burg, gefallen, die gesamte Bevölkerung in die Sklaverei verkauft und eine Besatzung zurückgelassen worden war.

Nach Kynoskephalai freilich änderte er sein Verhalten und trat den Achaiern wohlwollender gegenüber. Für die Sicherung der römischen Hegemonialstellung suchte Rom loyale Partner, und nachdem Flamininus die Aitoler verprellt hatte, kamen die Achaier am ehesten in Frage. In dieser Frage gab es zwischen dem Feldherrn und dem Senat bzw. der Zehnerkommission keinen Dissens. Die Zusammenarbeit fand ihren Höhepunkt im Krieg gegen Sparta. Die Römer unternahmen den Feldzug zwar nicht, um den Achaiern einen Gefallen zu tun. Aber sie handelten insofern für sie, als Nabis eine Gefahr für die römische Ordnung zu bilden schien, und das hieß zu diesem Zeitpunkt eben: eine Gefahr für das Gedeihen des Bundes. Doch die Harmonie war von Anfang an getrübt. Obwohl Flamininus den Achaiern als Lohn der Allianz Korinth versprochen hatte, blieb 196 vorerst eine römische Garnison auf der Burg. Zwar setzte sich in diesem Punkt die Kommission gegenüber Flamininus durch, der seine Zusage eingelöst hätte. Aber bei dem Streit ging es gar nicht um die Achaier, sondern um eine unterschiedliche Einschätzung sicherheitspolitischer Notwendigkeiten im Hinblick auf Antiochos. Der Aufbau einer vertrauensvollen Partnerschaft zählte da zunächst wenig, auch für den Prokonsul. Mit anderen Worten: Nur weil die Besetzung der Stadt in Flamininus' Augen keinen militärischen Sinn machte, wollte er Akrokorinth den Achaiern übergeben. Selbst der kooperative Flamininus ließ sich letztlich von Geringschätzung leiten.

Deshalb endete auch der Nabiskrieg mit einem Debakel für die Allianz. Als die militärische Entwicklung die Interessen der Partner kollidieren ließ, setzte sich Flamininus über den offenen, von Aristainos betriebenen Widerstand der Griechen hinweg und schloß Frieden nach seinem Gusto. Das war der Wendepunkt. Flamininus fühlte sich in seinen Erwartungen getrogen. Die Gegenleistung für seine stete Förderung, so mochte es ihm scheinen, waren grober Undank und ein persönlicher Affront. Offensichtlich waren die Achaier nicht geeignet, die ihnen 196 zugedachte Rolle zu spielen. Daraus zog der Prokonsul die Konsequenz, ihnen in Zukunft ihre Grenzen aufzuzeigen.

Die Achaier hatten sich ihrerseits schon im Ersten Makedonischen Krieg ein negatives Urteil über die Römer gebildet. Nichts, was Flamininus tat, war geeignet, es zu mildern. Der Allianzwechsel war keine Herzensangelegenheit, sondern Ergebnis politischer Ausweglosigkeit. Mit der Festigung der römischen Vorherrschaft wurde das Bündnis irreversibel, und Aristainos hielt den Bund mit einer Politik kühler Sachlichkeit auf dem eingeschlagenen Kurs. Aber auch ihm wurde während des Nabisfeldzugs bewußt, daß die Zusammenarbeit mit Rom nicht die erhofften Früchte tragen würde. Sein Versuch, Flamininus aufzuhalten, entsprang dem Wissen, daß er mit seiner Politik gescheitert war. Im Achaiischen Bund gewannen in der Konsequenz Politiker wie Philopoimen und Diophanes die Oberhand, die den

Römern entschlossener gegenübertreten wollten, ohne dabei die Allianz zu gefährden. Doch die Einsicht in die Ausgeliefertheit des eigenen Landes brachte Aristainos dazu, seine alte Politik wiederaufzunehmen. Denn was immer die Achaier anstellten, letztlich hing alles von Rom ab.[143] Keine politische Methode, wie sie auch aussehen und wie gut sie auch umgesetzt sein mochte, konnte auf Dauer Erfolg haben ohne die Gunst der Republik. Nur die Hoffnung darauf blieb den Achaiern angesichts ihrer erschreckenden Unterlegenheit an Ressourcen.

Selbst von dieser Hoffnung ließ ihnen Flamininus kaum etwas. Ohne Probleme hätte er die Interessen der Achaier in einem größeren Maß berücksichtigen können, und sei es nur dadurch, daß er noch vor Beginn des Nabisfeldzugs seine politische Marschlinie erläutert und Aristainos auf die Eventualität eines vorzeitigen Friedens vorbereitet hätte. Statt dessen verschwieg er, unter welchen Umständen er vom gemeinsamen Kriegsziel abgehen wollte. Ob absichtlich oder unabsichtlich, ist letztlich unerheblich. Die römisch-achaiische Kooperation scheiterte am politischen und militärischen Unvermögen des Prokonsuls.

Während des Antiochoskrieges erhielt Flamininus noch einmal Gelegenheit, sein Verlangen nach persönlicher Vergeltung wie nach politischer Beschränkung auszuleben. Dabei mußte er allerdings öfters Niederlagen gegen die renitenter gewordenen Achaier einstecken, bis hin zur öffentlichen Schlappe vor der Bundesversammlung. Denn anders als dem Prokonsul fehlte es dem Legaten an militärischer Macht, und im Moment hatten die Legionen anderes zu tun. Doch die Erfolge Philopoimens und Diophanes' ließen Flamininus' Widerwillen gegen die Achaier nur wachsen. Das stellte insofern ein vorübergehendes Problem dar, als der Legat nach seiner Heimkehr wieder ins Glied treten mußte und keinen bestimmenden Einfluß auf die römische Achaierpolitik auszuüben vermochte. Wesentlich schlimmer war, daß Flamininus' desaströse Politik den Achaiern jedes Vertrauen in die Vormacht genommen hatte – wer auch immer sie gerade repräsentierte. Die Debatten innerhalb des Bundes drehten sich nicht mehr darum, wie mit Rom auszukommen sei, sondern wie man den Druck seiner Herrschaft lindern könne.

Den zukünftigen römischen Legaten, die nach Flamininus' letzten Erfahrungen ohnehin wenig freundlich gestimmt waren, wurde durch die Distanz der Achaier die Erledigung ihrer Aufgaben erschwert. So schaukelten sich die Antipathien hoch. Fatalerweise hatte Flamininus während des Anti-

143 Daß die Widerstandspolitik Philopoimens zum Scheitern verurteilt war und nur auf eine unvorhersehbare äußere Entwicklung hoffen konnte, welche die römische Hegemonie beseitigte, hat AYMARD (1938b), 391-393, ferner 283f., mit Recht betont. Vgl. ferner DEININGER (1971), 125-127.

ochoskrieges auch schon die Instrumente eingesetzt, die seine Nachfolger bloß zu übernehmen brauchten: innenpolitische Querelen nutzen, um den eigenen Willen durchzusetzen, und bereitwillig Appelle Dritter aufnehmen, die im politischen oder militärischen Kampf gegen die Achaier bzw. ihre im Augenblick dominierenden Politiker unterlegen waren.

Sicher, Flamininus hatte keinen Krieg gegen den Bund geführt und auch keinen heraufbeschworen. Die Achaier hatten ihr Territorium im Gegenteil erheblich erweitern können. Doch am Schluß waren die römischen Beziehungen zum Achaiischen Bund kaum weniger zerrüttet als zum Aitolischen. Im letzteren Fall hatte Flamininus das von Anfang an gewollt, im ersteren hatte er sich eine Zeitlang um das Gegenteil bemüht. Was stellt seinem politischen Können das schlechtere Zeugnis aus?

Herausforderungen: Flamininus, die Griechen und Antiochos III.

Die Römer hatten im Jahr 200 wegen Makedonien die Adria überschritten, und als Siegespreis war ihnen die Hegemonie über Griechenland zugefallen. Antiochos III. hatte damit nichts zu tun gehabt, als unabhängiger, gleichrangiger König blieb er außerhalb des Herrschaftsbereichs der Republik. Das Verhältnis der Römer zu ihm war deshalb von vornherein ein ganz anderes als das zu den Mächten der Balkanhalbinsel, die sich nun an ihren Platz in der neuen Ordnung der Dinge gewöhnen mußten. Äußerlich zeigte sich das schon darin, daß Flamininus nie mit dem König zusammentraf, anders als mit Philipp oder den Führern des Aitolischen und Achaiischen Bundes. Statt dessen wurde Antiochos als Bedrohung von außen wahrgenommen, die das eben Erreichte zunichte zu machen drohte. So lag ein Schatten über Griechenland, von dem die Römer sich durchaus irritieren ließen. Aber zum Kompromiß oder gar zum Nachgeben waren sie, wie üblich, nicht bereit. Da das auch für die Gegenseite galt, beschränkten sich die sporadischen Verhandlungen auf einen monoton wiederholten Austausch der gegenseitigen Positionen. Erst als diese Diplomatie ihr wenig überraschendes Scheitern erlitten hatte, kam es zu einer nennenswerten politischen Interaktion. Denn Antiochos' Ankunft in Griechenland stellte nicht nur den Auftakt zum Krieg dar, mit ihr intensivierten sich auch die beiderseitigen Bemühungen um die Griechen. Erst jetzt wurden die bislang getrennten Handlungsräume miteinander verschmolzen, und so stand Flamininus zuletzt doch noch Antiochos im politischen Duell gegenüber. Auf dieser Konfrontation soll im Folgenden der Schwerpunkt liegen.

Der Weg in den Krieg

Die römisch-seleukidische Auseinandersetzung bis zum Herbst 192 läßt sich auch deshalb kürzer abhandeln, weil der Gang der Ereignisse schon aus den Quellen recht klar hervortritt und zudem des öfteren Gegenstand eindringlicher Analyse gewesen ist. Weniger eindeutig ist dafür die Gesamtinterpretation. Die einflußreichste Deutung stammt von Ernst Badian. Beide Mächte hätten zunächst keine aggressiven Absichten gehabt, aber durch eine Reihe von Mißverständnissen und den dadurch geschürten Verdacht sei es zu einem Zustand des ›Kalten Krieges‹ gekommen; immer schwieriger sei es geworden, dem Teufelskreis der dem Mißtrauen entspringenden Aktionen, die wieder Mißtrauen stifteten, zu entkommen, und zuletzt, als

Antiochos und den Römern die Kontrolle über die Ereignisse entglitt, seien es die Aitoler gewesen, die den König in den heißen Krieg genötigt hätten. »There are few cases in history of two great powers entering upon war with each other so unprepared and so demonstrably against their own (at least immediate) intentions.«[1] Was die Aitoler betrifft, so habe ich bereits oben gezeigt, daß sie nur eine Nebenrolle spielten und für Antiochos erst interessant wurden, nachdem er sich zum Kampf gegen die Römer entschlossen hatte. Ohnehin scheint es heute, bald fünfzig Jahre nach dem Erscheinen von Badians Aufsatz, zweifelhaft, ob der Begriff des ›Kalten Krieges‹ weiterhilft, der doch eher eine bestimmte Epoche bezeichnet als einen wiederkehrenden Aggregatzustand des Mächtesystems. Dieses Etikett verdeckt letztlich den Blick auf das Besondere an der römisch-seleukidischen Konfrontation.[2]

So ist es kaum ein Zufall, daß die knappe Skizze von John Briscoe, die in Auseinandersetzung mit Badian entstanden ist, auf moderne Begrifflichkeit verzichtet: Antiochos' Leitlinie war, alle Territorien wiederzuerobern, die irgendwann den Seleukiden gehört hatten. Im Ägäisraum bedeutete das: Westkleinasien und Thrakien gewinnen. Doch damit verzichtete Antiochos keineswegs darauf, über diesen Raum hinauszugreifen, wenn sich die Gelegenheit bot. Von daher war es nicht völlig unbegründet, wenn die Römer in Antiochos' thrakischen Expeditionen eine Vorbereitung für die Eroberung Griechenlands sahen. Dahinter stand noch die Furcht vor einer Invasion Italiens. Die Freiheit der Griechen Asiens spielte dagegen nur eine untergeordnete Rolle. Kern des Konflikts waren die sich überlappenden Interessensphären, und da hier keine Abgrenzung gelang, war ein bewaffneter Konflikt über kurz oder lang unvermeidlich. Der Beitrag der Aitoler bestand

---

1 Badian (1959), 129. Ähnlich Will (1982), 186-189, 193-204; Heftner (1997), 332-334, 336-340; Heidemann (1966), 60f.; Grainger (2002), 214, 354f. Gruen (1984), 620-636, akzeptiert grundsätzlich Badians These, doch er überschreitet die Grenze zum Absurden, wenn er bis 193 kategorisch jeden Beleg für zunehmende Spannungen verwirft und den Krieg eher zufällig mit dem Überfall von Delion Ende 192 ausbrechen läßt (vgl. dazu Rich [1985], 94; zur Nichtexistenz von Gruens ersatzweise angebotenem »rival sloganeering« über Freiheit und Autonomie Ma [2002], 100). Aus der älteren Forschung ragen De Sanctis (1923), 123-126, 129-132, 141-147, E. Bickermann, Bellum Antiochicum, Hermes 67 (1932), 47-76, und Petzold (1940), 97-109, heraus. Vgl. ferner A. Mehl, Zu den diplomatischen Beziehungen zwischen Antiochos III. und Rom, 200 – 193 v. Chr., in: Ch. Börker / M. Donderer (Hrsg.), Das antike Rom und der Osten, Erlangen 1990, 143-155.

2 So bleibt unklar, was Badian (1959), 127, unter »cold-war techniques« versteht. Freilich ist es recht einfach, einem Autor im Rückblick Zeitgebundenheit vorzuwerfen. Sich bei der historischen Analyse unmittelbar – über die Subjektivität des persönlichen geschichtlichen Standorts hinaus – von den Gegebenheiten der eigenen Zeit leiten zu lassen birgt natürlich ein hohes Risiko, doch werden gerade dadurch neue Einsichten gewonnen, die nicht immer von Dauer sein mögen, aber die weitere Diskussion wesentlich befruchten. Badians Aufsatz ist das beste Beispiel dafür, daß der Nutzen die Nachteile mehr als aufwiegen kann. Zu den Aitolern s. o. S. 161-167.

lediglich in einer gewissen Beschleunigung der Eskalation, zu der es ohnehin gekommen wäre, wahrscheinlich über Thrakien.

Briscoe hat, wie ich glaube, in allen wesentlichen Punkten richtig geurteilt, und zuletzt hat John Ma seine Analyse bestätigt und in manchem vertieft.[3] Ich beschränke mich daher darauf, einige Punkte herauszuarbeiten, die hier von besonderer Wichtigkeit sind.

Das römische Erweckungserlebnis in Hinsicht auf Antiochos war zweifellos, nach zuvor relativ unproblematischen Beziehungen,[4] dessen Vormarsch an der kleinasiatischen Küste, der ihn im Verlauf des Jahres 197 von Kilikien bis an den Hellespont führte. Im Jahr darauf brachte er dann die Unterwerfung des westlichen Kleinasiens zu einem gewissen Abschluß und begann mit der Eroberung Thrakiens.[5] Dies fiel aufs unglücklichste mit dem Höhepunkt und Abschluß des Makedonischen Krieges zusammen. Der König hatte geglaubt, im Windschatten der europäischen Auseinandersetzung ungestört das Reich Seleukos' I. wiederherstellen zu können, also der Verwirklichung seines Erbreichsplans näherzukommen. Damit lag er auch nicht falsch, aber seine Offensive mußte einen beängstigenden Eindruck auf die Sieger im Westen machen. Selbst wenn man den berühmten Geheimvertrag zwischen Makedonien und Syrien außer acht läßt[6] – es sah ganz so aus, als ob Antiochos in die Schlußphase des Krieges eingreifen bzw. bei der Festlegung der Nachkriegsordnung ein Wort mitreden könne. Nicht zuletzt deshalb schloß Flamininus nach Kynoskephalai so schnell wie möglich Frieden mit Philipp. Diese Sorge war keineswegs aus der Luft gegriffen: Hätten die Alliierten den Krieg bis zur Entthronung Philipps fortgesetzt – wie es die Aitoler wollten – oder diesen durch übermäßig harte Bedingungen zu weiterem Widerstand genötigt, dann hätte es noch einmal einen langen und schwierigen Kampf um Makedonien selbst gegeben, der sich aller Wahrscheinlichkeit nach bis ins Jahr 196 hingezogen hätte. Es scheint sehr zweifelhaft, ob Antiochos, auch wenn er zunächst andere Ziele verfolgt hatte, dann der Versuchung widerstanden hätte, von Kleinasien oder Thrakien aus wenigstens diplomatisch zu intervenieren und sich als Vermittlerlohn

---

3 BRISCOE (1981), 30-33; MA (2002), 94-102. Vgl. auch HARRIS (1991), 219-223.

4 Vgl. dazu BADIAN (1959), 113-116; BRISCOE (1973), 183, 219; SCHMITT (1964), 269f.; WILL (1982), 119-121, 179-181; GRUEN (1984), 615-617; MA (2002), 279-281; GRAINGER (2002), 21-29.

5 Liv. XXXIII 19,8-20,13; 38,1f.8-14; Polyb. XVIII 41a; App. Syr. 2-5; Porphyrius FGrHist 260 F 46. Vgl. SCHMITT (1964), 271-295; MA (2002), 82-89; WILL (1982), 181-185. Zur Rolle der Rhodier, die sich zeitweise gegen Antiochos stellten, vgl. zuletzt GRUEN (1984), 539f., 617f.; H.-U. WIEMER, Rhodische Traditionen in der hellenistischen Historiographie, Frankfurt 2001, 108-111; GRAINGER (2002), 41-45.

6 Dieser beeindruckte Rom, was Antiochos betrifft, nicht sonderlich: PETZOLD (1940), 37 Anm. 35.

einen fetten Beuteanteil zu sichern. Nur der rasche Friedensschluß bot Gewähr gegen eine derartige Ausweitung des Konflikts.[7]

Was blieb, war die Sorge um die neue Einflußsphäre Griechenland. Daß Antiochos den römischen Legaten 196, während der Konferenz von Lysimacheia, seinen Wiedereroberungsplan erläuterte, trug nicht zur Beruhigung bei. Denn nach diesem Konzept hätte Antiochos seine Hände auch nach dem vor achtzig Jahren kurzfristig zum Seleukidenreich gehörenden Makedonien ausstrecken können. Ohnehin bot der Erbreichsplan keine Garantie gegen Eroberungen über ihn hinaus, und daß Selbstbeschränkung kein Kennzeichen der auf Sieg ausgerichteten hellenistischen Herrschaftspraxis darstellte, schon gar nicht derjenigen Antiochos', das dürften auch die Römer gewußt haben.[8] Falls nicht, dann brachte sie die seleukidische Besetzung von Philipps kleinasiatischen Städten darauf. Nicht, daß die Römer diese für sich selbst gewollt hätten, aber als von Makedonien abzutretende Außenbesitzungen unterlagen sie zunächst einmal dem Verfügungsrecht der Republik – um das Antiochos sich keinen Augenblick kümmerte.[9] Warum sollte er es mit den Städten Europas dann anders halten?

Diesem zwielichtigen Verhalten des Königs, das vielleicht nicht von Aggressivität, aber doch von Mißachtung zeugte, begegneten die Römer von Anfang an offensiv. Zunächst taten sie das mit dem Schlagwort der Freiheit. Schon im Senatsbeschluß von 196 wurde festgelegt, daß alle griechischen Städte Asiens frei sein sollten – nicht nur die bisher Philipp untertänigen –, und auch später, in den wiederholten Verhandlungen mit Antiochos und seinen Ministern, machten die Römer viel Aufhebens von diesem Thema.[10] Doch handelte es sich hier nur um ein Mittel zum Zweck, um den Versuch, sich Verhandlungsmasse zu verschaffen, die man gerne gegen ein Entgegenkommen Antiochos' in den zentralen Fragen getauscht hätte. Genau das schlug Flamininus nämlich 193 in Rom vor, als er und die Mitglieder der alten Zehnerkommission mit Antiochos' Gesandten Menippos und Hegesianax verhandelten.

---

7 Polyb. XVIII 39,3f.; Liv. XXXIII 13,15; 19,6.11; Plut. Flam. 9,9-11. Vgl. DE SANCTIS (1923), 91. Nach Livius und Plutarch wollte Antiochos im letzten Moment Makedonien zu Hilfe eilen. Man beachte, daß Polybios in einer sorgfältig gewählten Formulierung Flamininus vielmehr glauben läßt, der seleukidische Vormarsch würde in Philipp Hoffnung auf Hilfe wecken. Ob diese berechtigt oder unberechtigt gewesen wäre, läßt Polybios offen. Vgl. auch WALBANK (1967), 603. Normalerweise wird die Möglichkeit einer Hilfeleistung Antiochos' für Philipp ohne weitere Differenzierung geleugnet: SCHMITT (1964), 261; BRISCOE (1973), 286; GRUEN (1984), 539, 618 Anm. 28.

8 Polyb. XVIII 51,3-6. Zum Erbreichsplan s. o. S. 119 Anm. 75. In Lysimacheia konfrontierten die Legaten den König auch offen mit ihrem Verdacht, sein Engagement in Europa bereite einen Krieg gegen Rom vor (Polyb. XVIII 50,8f.).

9 Polyb. XVIII 50,6.

10 Vgl. HARRIS (1991), 222: »This was a response to the king's campaign of 197 in western Asia Minor, but it was a provocative response.« S. dazu ausführlich u. S. 310-314.

Menippos und Hegesianax wollten ein Bündnis zwischen gleichberechtigten Partnern schließen, auf der Grundlage des Status quo, also unter Anerkennung der seleukidischen Herrschaft in Kleinasien und Thrakien durch Rom. Genau diese Tatsachen, die der König seit 197 geschaffen hatte, wollten die Römer nicht akzeptieren. Es war ihnen aber auch klar, daß ihr Beharren auf der Freiheit der Griechen Asiens zu einem sicheren Scheitern der Verhandlungen führen würde. Deshalb machte Flamininus ein Angebot, das durchaus einen Kompromiß darzustellen schien: Die Römer würden sich nicht in Kleinasien einmischen, wenn der König sich aus den europäischen Angelegenheiten heraushalte. Das hieß, die Römer ließen nicht nur ihre Forderungen bezüglich Philipps ehemaliger kleinasiatischer Besitzungen fallen, sie gaben überhaupt die dortigen Städte preis. Im Gegenzug erwarteten sie Antiochos' Rückzug aus Thrakien.[11]

Doch die seleukidischen Emissäre glaubten ihren König durch ein Bündnis auf dieser Grundlage übervorteilt. Schließlich hatte er erhebliche menschliche und materielle Ressourcen in die Eroberung und den Wiederaufbau Thrakiens investiert. Das alles wäre verloren gewesen. Schlimmer aber war, daß Antiochos wie ein Verlierer ausgesehen hätte. Nicht nur hätte er von seinem bei jeder Gelegenheit verkündeten Erbreichsplan abgehen müssen, er hätte auch Gebiete räumen müssen, während den Römern, wie sich Hegesianax echauffierte, Asien niemals gehört habe.[12]

Das sah Flamininus zweifellos anders (er ging auf dieses Argument gar nicht ein), schließlich verzichtete Rom darauf, in Asien die Nachfolge Philipps anzutreten. Zudem hatte er selbst vor wenigen Monaten die Legionen aus ganz Griechenland abgezogen. Was war da schon Thrakien?[13] So betrachtete wiederum Antiochos die Dinge nicht. Er setzte lieber Kleinasien mit Italien gleich, wo sowohl er wie die Republik über Griechenstädte herrschten. Und da er sich nicht um Italien kümmerte, habe das gleiche für die Römer und Kleinasien zu gelten.[14] Doch daß die Römer inzwischen Griechenland erobert, ihren Machtbereich also weit nach Osten vorgescho-

---

11 Liv. XXXIV 57,4-58,3; Diod. XXVIII 15,2f.; App. Syr. 23-25 (dazu BRODERSEN [1991], 98). Die andere Option, die Flamininus anbot, besaß nur rhetorischen Charakter (indem sie die erste Variante als einzig mögliche herausstellte): Wenn Antiochos sich weiterhin in Europa engagiere, nähmen die Römer das Recht in Anspruch, ihre Beziehungen zu den asiatischen Griechen aufrechtzuerhalten und auszubauen. Das war nur eine Umschreibung der augenblicklichen Situation – mit der sich keine der beiden Seiten abfinden mochte (anders WILL [1982], 197). Die Kritik MAS (2002), 98 Anm. 167, 99, an BRISCOES (1972), 35 Anm. 4, zugegeben brüsker Interpretation trifft insofern nicht zu, als MA Flamininus' Worte für einen ernstgemeinten Vorschlag zu halten scheint. Vgl. auch HOLLEAUX (1930b), 388; GRAINGER (2002), 135f.

12 Liv. XXXIV 58,4-7. Vgl. auch BALSDON (1967), 188.

13 Vgl. auch MA (2002), 98 Anm. 169: »that action [sc. the evacuation of Greece] . . . might explain the energy with which the evacuation of Europe was demanded from Antiochos in winter 194/3«.

14 Polyb. XVIII 51,2; Liv. XXXV 16,2-6. Vgl. MA (2002), 99f.; ERRINGTON (1989b), 276.

ben hatten, das thematisierten er oder seine Minister eigenartigerweise nie. Fast scheint es so, als ob sie diesen Umstand bewußt nicht zur Kenntnis nehmen wollten. Dieses Schweigen deuteten die Römer als Gefahr, und wahrscheinlich deshalb forderte Flamininus eben nicht bloß, Antiochos möge sich aus Thrakien zurückziehen, sondern er solle sich von Europa fernhalten.

Der römische Verdacht war nicht unbegründet, denn tatsächlich ging es Antiochos um mehr als Thrakien. Griechenland war immer noch der Mittelpunkt der hellenistischen Welt, auch für das Seleukidenreich war es ein ideeller Bezugspunkt genauso wie ein potentielles Reservoir für Mitarbeiter, Soldaten und Kolonisten. Daß Antiochos' Vorfahren während des dritten Jahrhunderts nur selten Einfluß auf das Mutterland nehmen konnten, wo Antigoniden und Ptolemaier dominierten, änderte nichts an dieser Ausrichtung. Ebensowenig tat es der Sieg der Römer, und wenn diese nun Griechenland räumten, aus welchem Grund auch immer, dann war das nur recht, aber ein Entgegenkommen oder gar eine Vorleistung konnte der König darin nicht erkennen. Auch auf Griechenland hatte er seine Rechte – auch wenn sie anderer Art waren als in Thrakien und Kleinasien –, und gewiß keine schlechteren als die Römer. Schon aus diesem Grund war die von Flamininus vorgeschlagene säuberliche Trennung der Einflußsphären Europa und Asien unannehmbar.[15]

Antiochos' Landkarte sah also anders aus als die der Römer. Das heißt nun nicht, daß die Kontrahenten sich schlicht nicht verstanden, es sich also eher um ein interkulturelles als ein politisches Dilemma handelte. Auch nicht, daß der Konflikt von vornherein unauflösbar war und nichts anderes an seinem Ende stehen konnte als der Krieg. Vielmehr kam es deshalb zum militärischen Konflikt, weil keine Seite bereit war, etwas von ihren als substantiell verstandenen Interessen zu opfern, das heißt: einen Kompromiß einzugehen. Die Position der Römer leuchtet einem, aufs Ganze gesehen, zwar zunächst mehr ein, nicht nur, weil ihnen die Quellen gewogen sind und weil die von ihnen vertretenen Maximen – Eintreten für die Freiheit, Abwehr einer Aggression – dem modernen Wissenschaftler in der Regel sympathischer sind als die von Antiochos verfochtenen – Königsrecht und

15 Zu Antiochos' Einstellung s. auch o. S. 119f. Gegenüber dem in der Tendenz richtigen, aber in dieser Form zu weit gehenden Versuch, das Zentrum des Seleukidenreiches im Nahen Osten, im Gebiet des Fruchtbaren Halbmonds, zu suchen, während Kleinasien nur die westliche Außengrenze gebildet habe – um von Griechenland ganz zu schweigen – (S. SHERWIN-WHITE / A. KUHRT, From Samarkhand to Sardis, London 1993, 1; DIESS., General Observations by the Authors of *From Samarkhand to Sardis*, Topoi 4 [1994], 453f.), hat sich berechtigter Protest erhoben: vgl. etwa P. BERNARD, L'Asie centrale et l'empire séleucide, Topoi 4 (1994), 473-511; É. WILL, Notes de lecture, ebd., 433-447; MA (2002), 7f.; J.-M. BERTRAND, Cités et royaumes du monde grec : espace et politique, Paris 1992, 151f.; dazu die weiteren Beiträge in Topoi 4 (1994), 455-471, 513-610.

Wiedereroberungspläne. Sondern auch, weil Flamininus' Angebot zu beweisen scheint, daß sie flexibel waren und auf die Bedürfnisse der anderen Seite einzugehen vermochten, während Antiochos stupide auf seinen immergleichen Ansprüchen beharrte. Doch eben dieser Eindruck ist falsch. Die Römer verfolgten ihre Ziele nicht minder hartnäckig als der König, nie ließen sie erkennen, daß ihnen weniger genügen könnte als die vollständige Eliminierung des seleukidischen Einflusses in Europa. Die Preisgabe der Freiheit der asiatischen Griechen war nur ein Bauernopfer.[16]

Das Nachspiel zeigt dies noch deutlicher. Nachdem Flamininus' Vorschlag an Menippos' Empörung gescheitert war, deckte er die seleukidischen Gesandten mit einem Wortschwall ein über die römische Verpflichtung, die Freiheit überall zu schützen, besonders in Asien. Als Hegesianax, wohl überrascht von dieser Wendung, nichts Schlagendes zu erwidern wußte, ergriff P. Sulpicius Galba das Wort und erneuerte einfach Flamininus' Vorschlag. Menippos und Hegesianax wußten wohl kaum, wie ihnen geschah. Die römischen Verhandlungsführer schienen zwischen Befreiungsrhetorik und kühler Realpolitik zu schwanken. Doch in Wirklichkeit wollten sie nur ihr Druckmittel behalten, das den König vielleicht doch noch zum Nachgeben zwingen könnte.[17]

Denn am nächsten Tag informierte Flamininus vor dem Senat, in Anwesenheit von Antiochos' Gesandten, die versammelten Griechendelegationen aus Europa und Asien über die beiderseitigen Standpunkte: Wie das römische Volk ihre Freiheit vor Philipp geschützt habe, so werde es sie auch vor Antiochos schützen – »wenn er Europa nicht verlasse«.[18] Da war sie also erneut, die eigenartige Melange des Vortags, diesmal sogar in einer einzigen Rede. Der seinen Ausführungen innewohnende Widerspruch scheint Flamininus nicht aufgefallen zu sein oder ihn nicht weiter bekümmert zu haben. Mit Recht. Er existierte nämlich nur in der Theorie. Priorität genoß das Ziel, Antiochos aus Europa zu entfernen. Alles andere konnte nach Belieben dafür instrumentalisiert werden. Flamininus ließ es sich dabei nicht nehmen, das gestrige Angebot vor aller Ohren auszuplaudern. Nicht die

16 Schon HOLLEAUX (1921b), 328 Anm. 1, vertrat diese Interpretation: »Peut-être le Sénat laisse-t-il apparaitre ici la raison vraie de la conduite que, depuis 196, il a tenue à l'égard des cités autonomes. Défenseur conditionnel de leur liberté, peut-être n'a-t-il vu dès le principe, dans cette liberté, qu'une ›monnaie d'échange‹, qui lui servirait, au besoin, à payer la renonciation d'Antiochos à la Thrace.« Noch deutlicher äußerte er sich (1930b), 388. Vgl. auch HEIDEMANN (1966), 58f.

17 Liv. XXXIV 58,8-59,3; Diod. XXVIII 15,4. Vgl. MA (2002), 99. Es ist nicht notwendig, eine sinnentstellende Ausschmückung der Polybianischen Version von Flamininus' Rede durch Livius anzunehmen (so BRISCOE [1981], 140).

18 Liv. XXXIV 59,4f.: . . . *nisi decedat Europa* . . .; Diod. XXVIII 15,4. Gegen BADIANS (1959), 137 Anm. 70, Versuch, den Konditionalsatz einfach zu tilgen, mit Recht BALSDON (1967), 188f.; BRISCOE (1972), 35f.; FERRARY (1988), 144-146; GRUEN (1984), 628 Anm. 75.

Griechen, sondern erneut Antiochos war der Adressat, dessen Entscheidungsprozeß durch den Gang an die Öffentlichkeit beschleunigt werden sollte. Die Griechen Europas werden keine Einwände gehabt haben, diejenigen Kleinasiens waren dafür vor den Kopf gestoßen. Doch die verheerende Wirkung auf sie kümmerte Flamininus wenig, wenn er denn überhaupt so weit dachte. Die asiatischen Griechen zählten für Rom nicht wirklich. Deshalb gab es auch keinen Anlaß zur Geheimhaltung.[19]

Antiochos spielte bei den Ereignissen zwischen 197 und 192 aber nicht nur als Verhandlungspartner eine Rolle, sondern auch, passiv, als tatsächliche oder vermeintliche Bedrohung, mit welcher der Prokonsul Flamininus von vornherein zu rechnen hatte. Am deutlichsten zeigte sich das 196, beim Streit zwischen Flamininus und der Kommission um die ›Fußfesseln‹. Der Feldherr wollte Korinth, Chalkis und Demetrias sofort von römischen Truppen räumen, um der aitolischen Propaganda die Spitze zu nehmen. Der Senat hatte in dieser Frage keine Entscheidung getroffen, sondern sie der Kommission übertragen, mit der ausdrücklichen Auflage, vor Ort nach dem Ausmaß der von Antiochos drohenden Gefahr zu urteilen. Mit anderen Worten: Falls eine Invasion Europas unmittelbar bevorstehe, sollten die Römer die besagten Städte mit eigenen Truppen sichern. Bekanntlich sahen die Legaten die Gefahr als gegeben und setzten sich gegenüber Flamininus auch durch.[20] Waren dem Prokonsul derartige Bedenken fremd, argumentierten er und die Kommission also aneinander vorbei?

---

19 WARRIOR (1996a), 359f. mit Anm. 17f., 369, mag recht damit haben, daß die Gespräche erst im März 193 (jul.) stattfanden, vier Monate nach dem Amtsantritt der Konsuln. Doch das berechtigt keineswegs zu dem Schluß, Flamininus habe den Aufbruch der Konsuln aus Rom abgewartet, um das ›politische Vakuum‹ zu einer neuen Initiative in der Antiochospolitik zu nutzen. Eine plausiblere Lösung liegt auf der Hand: Gerade weil die Iden des März in den November (jul.) fielen (vgl. BRISCOE [1981], 25), trafen wohl nur wenige der vielen erwarteten oder angekündigten Gesandtschaften aus dem Osten zu Beginn des Amtsjahres ein. Deshalb wartete der Senat bis zum Anbruch der Schiffahrtssaison – zur Eile gab es keinen Grund –, um in einem ›Aufwasch‹ sowohl die Verfügungen Flamininus' und der Kommission in Griechenland zu bestätigen als auch die Anliegen der nun vollständig versammelten Abgesandten anzuhören (Liv. XXXIV 57,1-3). Ohne jeden Rückhalt in den Quellen ist auch WARRIORS Vermutung, Flamininus' Verhalten sei von Rücksicht auf die Kandidatur seines Bruders für das Konsulat des Jahres 192 bestimmt gewesen: Bei einer weiteren Zuspitzung der Situation könne dieser vielleicht gegen Antiochos in den Krieg ziehen. Doch die Wahlen waren selbst nach WARRIORS Chronologie noch mindestens sechs Monate entfernt, und sie setzt voraus, was keineswegs offensichtlich ist: daß Flamininus die Verhandlungen vorsätzlich scheitern ließ. Auch wissen wir nichts davon, daß sich Flamininus während des Wahlkampfs eine Position für den eventuellen Feldzug erhoffte, wie sie mehr als zwei Jahre später (!) Scipio Africanus bei seinem Bruder einnahm. Unverständlich ist mir die Bemerkung: »The arrival of embassies from Carthage and Masinissa, which Livy notes as following hard upon the appointment of Roman envoys to Antiochus (34.60.1), is probably a result of Flamininus's initiative« (360).

20 Polyb. XVIII 45,8-12; Liv. XXXIII 31,7-11. Der Streit wird von SEAGER (1981), 110, völlig ignoriert. S. auch u. S. 292-296.

Davon kann keine Rede sein. Zwar sprach Flamininus lediglich von der Notwendigkeit, als Befreier glaubwürdig zu erscheinen, ohne über Antiochos auch nur ein Wort zu verlieren. Doch keine zwölf Monate zuvor hatte derselbe Mann auf einen schnellen Frieden hingearbeitet, aus Furcht vor einer Intervention eben dieses Antiochos. Wahrscheinlich waren es sogar seine Berichte gewesen, die den Senat für die Gefahr aus dem Osten sensibilisiert hatten.[21] Flamininus konnte in der Zwischenzeit nicht blind geworden sein für Antiochos' Aktivitäten. Die Einflußsphäre des Königs grenzte seit 197 unmittelbar an die römische, niemand hatte dies schneller verstanden als der Prokonsul. Es bleibt nur der Schluß, daß ihm die Bedrohung nicht akut zu sein schien. Und das war nicht ungerechtfertigt. Denn Antiochos war zwar inzwischen dabei, sich in Thrakien einzurichten, aber er rückte nicht weiter nach Westen vor. Um gegen die Römer vorzugehen, hatte er – im Moment! – nach Philipps Niederlage weder einen geeigneten Ansatzpunkt noch das militärische Instrument noch überhaupt die Absicht.[22] Stellte der König demnach nur ein mittelfristiges Problem dar, das in diesem Jahr, vielleicht auch im nächsten nicht aktuell werden würde, dann konnten zunächst andere Erwägungen in den Vordergrund treten. Und so gab Flamininus der imagefördernden Räumung der Fußfesseln den Vorzug vor ihrer schlechtbeleumundeten Besetzung. Das war aber nur eine aus der Situation geborene Entscheidung, keine grundsätzliche Präferenz gegenüber der militärischen Nützlichkeit.

Antiochos' weitere Unternehmungen brachten die Legaten interessanterweise zu einer ähnlichen Beurteilung der Lage wie Flamininus, denn nach den für Rom an sich wenig befriedigenden Gesprächen mit dem König in Lysimacheia zog dieser sich nach Syrien zurück.[23] Anfang 195 hielt der Senat, offenbar auf Flamininus' Bericht hin, Antiochos nach wie vor für ›verdächtig‹, aber nicht in höherem Maße als Nabis und die Aitoler: Das Imperium des Prokonsuls wurde abermals prorogiert, die Abgänge des Hee-

21 Vgl. etwa ECKSTEIN (1987c), 295 Anm. 109.

22 Vielleicht hatte es bereits informelle Kontakte mit Antiochos' Gesandten gegeben – mit ihnen wurde nach den Isthmien offiziell verhandelt –, die Flamininus eine unmittelbar bevorstehende Aggression unwahrscheinlich erscheinen ließen (zu dieser Gesandtschaft M. HOLLEAUX, Recherches sur l'histoire des négociations d'Antiochos III avec les Romains, in: ders., Rome et la conquête de l'Orient, Paris 1957, 160-163). Doch vielleicht war er schon zuvor zu einer weniger dramatischen Beurteilung der Lage gekommen. Ende 197 war er bereit gewesen, den Boiotern entgegenzukommen, um angesichts seiner Befürchtungen wegen Antiochos ihre Sympathien zu gewinnen (Polyb. XVIII 43,2; Liv. XXXIII 27,6). Das hört sich eher nach bewußter Eindämmung einer latenten Bedrohung an als nach einer hektischen Abwehrmaßnahme. Man beachte auch Livius' Formulierung vom *Antiochus suspectus*, die 43,6 für Anfang 195 wiederkehrt (s. u.) – zu einem Zeitpunkt, als niemand mehr an eine unmittelbare Gefahr glaubte (vgl. auch WALBANK [1967], 608). Zu Flamininus' schwindender Sorge vgl. auch SCHLAG (1968), 91f. (mit den Einschränkungen von BRISCOE [1972], 30).

23 Liv. XXXIII 41,5-9.

res wurden ausgeglichen, aber die Sollstärke nicht erhöht. Die Situation in Griechenland schien also überschaubar, obwohl man von Antiochos' Heimkehr vielleicht noch gar nichts wußte. Als einige Monate später die Kommission zurückkehrte, beschönigte sie zwar nichts an den Differenzen mit Antiochos, aber ein baldiger Krieg schien ihr jetzt, wo Antiochos fern war, unwahrscheinlich. Das Problem der Stunde war Nabis. Somit stufte die Kommission die Antiochosgefahr fast noch geringer ein als Flamininus, aber dieser hatte sie wahrscheinlich um seiner Prorogation willen übertrieben.[24]

Flamininus dürfte in seiner zurückhaltenden Einschätzung bestärkt worden sein, als im Frühjahr 195, unmittelbar vor dem Aufbruch in den Nabiskrieg, seleukidische Gesandte bei ihm vorstellig wurden: Sie wollten über ein Bündnis verhandeln. Flamininus verwies sie in der Sache, die recht geringe Aussichten hatte, nach Rom; aber zunächst konnte er sich beruhigt Nabis zuwenden.[25] Schon angesichts dessen ist seine spätere Aufrichtigkeit in diesem Feldzug anzweifelbar. Als der Krieg nicht nach Wunsch voranging und Flamininus Gründe für einen vorzeitigen Friedensschluß suchte, fiel ihm plötzlich die Antiochosgefahr ein. Wenn er die Legionen Sparta belagern lasse, erklärte er den widerwilligen Verbündeten, besäßen sie kei-

24 Liv. XXXIII 43,6 (zit. o. S. 155 Anm. 63); 44,6f.; 45,1f.: . . . *maior res quod ad Antiochum attineret, maturanda magis, quoniam rex quacumque de causa in Syriam concessisset, de tyranno consultatio visa est* (2). Daß gleichzeitig führende Senatoren gegen Hannibal vorgehen wollten, weil er in Verbindung mit Antiochos stehe, widerspricht der im Text gegebenen Deutung nicht. Im Gegenteil stellte die Vertreibung Hannibals aus Karthago einen präventiven Akt dar, geboren aus dem Mißtrauen gegen ihn wie gegen Antiochos, der eine auf lange Sicht mögliche Allianz zwischen Karthago und Syrien unmöglich machen sollte. Unmittelbar bevorstehehende Kampfhandlungen fürchteten nicht einmal die römischen Ankläger (Liv. XXXIII 45,6-8; 47,3-6; 49,1-3; zu 45,5 BRISCOE [1973], 334). Man kann unterschiedlicher Meinung sein, ob Livius eher eine Selffulfilling prophecy beschreibt – die Römer argwöhnten so lange über eine Zusammenarbeit von Hannibal und Antiochos, bis es tatsächlich zu dieser kam – oder sein Bericht vielmehr ex eventu geschrieben ist: Erst aus Hannibals Exil bei Antiochos hätten Livius und seine Quellen auf vorher bestehende Verbindungen geschlossen (vgl. BRISCOE, 336f.). Entscheidend ist aber Livius' Feststellung, die Römer seien im Grunde nicht von der Furcht vor einer karthagisch-seleukidischen Achse getrieben worden, sondern von ihrem Haß gegen Hannibal, der einen Vorwand brauchte (Liv. 45,8; 47,3-5; ferner Iust. XXXI 1,7-9). Vgl. auch GÜNTHER (1989), 246-249.

25 Liv. XXXIII 41,5; XXXIV 25,2. Vgl. AYMARD (1938b), 213 Anm. 4; BRISCOE (1981), 89. Wenig Chancen besaß ein Bündnis schon wegen der unausgeräumten grundsätzlichen Meinungsverschiedenheiten, aber auch wegen der römischen Abneigung, sich im Osten vertraglich zu binden (s. o. S. 197 Anm. 36). Doch wahrscheinlich machten sich die syrischen Gesandten gar nicht auf den Weg nach Italien (vgl. HOLLEAUX [1913], 164-166, 172, 174f.). Die Gründe dafür sind freilich unklar. Vielleicht faßten die Gesandten Flamininus' Auskunft als verklausulierte Absage auf – zu Recht oder zu Unrecht? –, vielleicht genügte es Antiochos für den Moment auch, guten Willen gezeigt zu haben (so BADIAN [1959], 121). Weit übertrieben ist jedenfalls J. D. GRAINGER, Antiochos III in Thrace, Historia 45 (1996), 340: »Antiochos was at pains to keep Flamininus informed as to his intentions and his progress«; noch ausführlicher in diesem Sinne DERS. (2002), 101-107.

ne Truppen, um sich gegen einen Angriff Antiochos' zu verteidigen. Dieser war nämlich inzwischen erneut nach Thrakien gekommen, mit stärkeren Land- und Seestreitkräften als je zuvor – sagte jedenfalls Flamininus. Doch an der Gesamtsituation hatte sich gegenüber dem Vorjahr nichts geändert, immer noch versuchte Antiochos seine neue Provinz unter Kontrolle zu bringen. Es gibt keinen Grund, warum der Prokonsul jetzt zu anderen Folgerungen hätte kommen sollen. Die Sorge vor einer Invasion durch Antiochos war nur ein mühsamer Vorwand – er machte wenig Eindruck –, der Flamininus' wesentliches Motiv verschleiern sollte: die Furcht vor einem Nachfolger.[26]

Soweit wir wissen, machte Flamininus keinen Versuch, unter Hinweis auf Antiochos eine weitere Prorogation zu erhalten. Ihm war wohl klar, daß sich dieses Schreckbild abgenutzt hatte, das durchaus nicht eingebildet war, aber beständig an Farbe verlor. Trotz der schwelenden Probleme mit dem Seleukiden zogen sich die Römer 194 aus Griechenland zurück. Nur einer widersetzte sich im Senat ausdrücklich dem Beschluß zum Abzug: Scipio Africanus, zum zweitenmal Konsul, sah einen großen Krieg mit Antiochos unmittelbar bevorstehen. Doch sein Argument – der König habe europäischen Boden betreten – war inzwischen altbekannt, und die Mitglieder der Zehnerkommission, die 196 ebenso wie jetzt Scipio argumentiert hatten, konnten schlecht leugnen, daß Flamininus die Lage damals richtiger beurteilt hatte. Antiochos in Thrakien, so unangenehm das auch war, unmittelbare Kriegsgefahr bedeutete es nicht. Scipios Besorgnis aber war derart offensichtlich nur vom eigenen Interesse motiviert – er beantragte, einem der Konsuln die Provinz Makedonien zuzuweisen –, daß der Senat nur kurz zögerte und dann beide Konsuln in Italien beließ.[27]

Durch seine nüchterne Einschätzung hatte Flamininus eine gewisse Ruhe in die römische Antiochospolitik gebracht. Das Problem war vorhanden, es wurde nicht gelöst, doch es schien zunächst unter Kontrolle. Jedenfalls war es Flamininus zu danken, daß der Konflikt nicht eskalierte und seine Legio-

---

26 Liv. XXXIV 33,12f. Anders urteilen HOLLEAUX (1930b), 377, und ECKSTEIN (1987c), 306. Als Gewährsmann für die Neuigkeiten von Antiochos nannte Flamininus P. Villius Tappulus, einen der zehn Legaten, der damals vielleicht erneut mit Antiochos oder seinen Vertrauten zusammengetroffen war (zu dieser völlig ungewissen Mission HOLLEAUX [1913], 166-175; BRISCOE [1981], 104f.). Was Tappulus auch immer in Erfahrung gebracht und an Befürchtungen geäußert haben mag – schon im Vorjahr hatte Flamininus die Aktivitäten Antiochos' milder beurteilt als die Kommission. Zu Antiochos' Thrakienexpedition von 195 (App. Syr. 21-23) vgl. BRISCOE, 27 Anm. 1; BRODERSEN (1991), 95; M. HOLLEAUX, La rencontre d'Hannibal et d'Antiochos le Grand à Éphèse, in: ders., Rome et la conquête de l'Orient, Paris 1957, 183 Anm. 4.

27 Liv. XXXIV 43,3-6.8f. Vom Verblassen der Antiochosgefahr spricht auch BICKERMANN (1932), 72. Nichts deutet darauf hin, daß Scipios Engagement Ausdruck einer grundsätzlich anderen Strategie für den Umgang mit Antiochos war (so SCULLARD [1973], 116f.; BADIAN [1959], 122; BRISCOE [1981], 116; WILL [1982], 177, 194f.; ECKSTEIN [1987c], 309, 314f.). Vgl. nur GRUEN (1984), 625 mit Anm. 65; HARRIS (1991), 223; FERRARY (1988), 98 Anm. 172.

nen nach Philipp und Nabis nicht noch gegen einen weiteren König ziehen mußten. In einem neuen Krieg hätte freilich aller Wahrscheinlichkeit nach ein neuer Feldherr kommandiert, der Prokonsul besaß also durchaus persönliche Gründe für sein Verhalten. An den Tatsachen ändert das jedoch nichts.

Zurück in Rom, war Flamininus jeder Sorge um irgendwelche Nachfolger entbunden. Deswegen wurde er freilich noch nicht zum Kriegstreiber. Sein Auftreten gegenüber Menippos und Hegesianax entsprach vielmehr der von Senat, Kommission und Feldherrn stets gleichermaßen vertretenen Grundposition. Daß die Verhandlungen letztlich ein entscheidender Schritt in den Krieg hinein waren, hatte weniger mit individuellem Übelwollen als der Tatsache zu tun, daß die starke Spannung zwischen den beiden Mächten auf Dauer nicht aufrechtzuerhalten war. Da sie sich nicht verringern ließ, mußte sie zur Entladung kommen.

Antiochos in Griechenland

Beim Amtsantritt der Konsuln des Jahres 192 glaubte man in Rom den Krieg schon so nah, daß der Senat den einen Konsul zurückbehielt, um ihn gegebenenfalls statt in seine oberitalische Provinz nach Griechenland schicken zu können. Erst der Bericht der letzten römischen Gesandtschaft, die mit Antiochos verhandelt hatte, – die Lage sei zwar kritisch, aber noch liege kein ausreichender Grund zum Krieg vor – verhinderte den offenen Ausbruch. Die Vorbereitungen liefen trotzdem weiter: Schon zuvor war dem einen Konsul die Aushebung neuer Legionen gestattet worden, zu praetorischen Provinzen waren Bruttium sowie die Flotte und Makedonien bestimmt worden, verbunden mit verstärktem Bau von Kriegsschiffen. Nun brach der Praetor A. Atilius Serranus mit der Flotte nach Griechenland auf, vorerst nur, um Nabis zu bekämpfen. Getrieben durch die allgemeine Unruhe, die sich in immer neuen Gerüchten niederschlug, beorderte der Senat wenig später den anderen Praetor, M. Baebius Tamphilus, mit seinen Truppen nach Tarent und Brundisium, um im Ernstfall nach Makedonien übersetzen zu können; Sizilien ließ er in Verteidigungsbereitschaft versetzen. Gleichzeitig, also wohl im Januar oder Februar 192 (jul.), wurden Flamininus, Cn. Octavius, Cn. Servilius Caepio und P. Villius Tappulus als Legaten nach Griechenland geschickt: »denn nicht nur Truppen, sondern auch persönlicher Einfluß waren nötig, um die Alliierten bei der Stange zu halten«.[28]

28 Liv. XXXV 20,1-4.9-21,1; 22,1-3; 23,1-9: *quia non copiis modo sed etiam auctoritate opus erat ad tenendos sociorum animos* (5); Zon. IX 19,1. Zum Bericht der Gesandtschaft BRISCOE (1981), 32f. Die einzelnen Phasen der römischen Rüstungen analysiert WARRIOR (1996a), 361-363. Zur Chronologie AYMARD (1938b), 301 mit Anm. 40; WALBANK (1940), 327. Zu Nabis als Vorwand für die Flottenexpedition s. o. S. 223 Anm. 100.

Flamininus und die übrigen – die in Livius' Darstellung fast völlig zurücktreten – hatten also keinen Auftrag mehr, mit Antiochos Kontakt aufzunehmen. Dafür war die Zeit ausgelaufen. Vielmehr sollten sie der für das Frühjahr 191 zu erwartenden Wiederkehr von Konsul und Legionen den Boden bereiten und einer Invasion Antiochos' von vornherein die Unterstützung entziehen. Auch die Aitoler waren nicht gemeint, als der Senat von den Alliierten sprach. Diesen Status hatten sie verloren, nachdem sie 195 die Konferenz von Korinth verlassen hatten, und schon längst sahen die Römer sie im feindlichen Lager. Trotzdem dachte Flamininus ihnen eine Rolle zu: nicht indem er die Aitoler neutral hielt oder gar auf die römische Seite zurückbrachte, sondern indem er ihrem Kriegseintritt auf Antiochos' Seite kräftig nachhalf. Damit war nicht nur sichergestellt, daß seine alten Widersacher und ewigen Störenfriede der militärischen Vergeltung nicht entkommen würden. Gleichzeitig hoffte Flamininus eine Polarisation in Griechenland einzuleiten, mit Antiochos und den Aitolern auf der einen Seite und möglichst dem ganzen Rest der Halbinsel auf der anderen.

Ich habe oben bereits beschrieben, wie das im Fall der Achaier gelang: aufs Ganze zwar erfolgreich, aber unter großen Schwierigkeiten, die sich in persönlichen Reibereien zwischen Flamininus und Philopoimen äußerten, letztlich jedoch in der Entfremdung seit dem Nabiskrieg 195 begründet lagen. Nur der momentane Konflikt der Achaier mit Nabis garantierte deren Loyalität einigermaßen. Als dieser Faktor nach dessen Tod aber wegfiel, nahm Flamininus lieber die Annexion Spartas durch den Bund hin, als die Verbündeten mit dem Versuch einer Intervention gegen Rom aufzubringen. Notgedrungen hatte er die Aufhebung der von ihm 195 begründeten peloponnesischen Ordnung zu akzeptieren. So ersetzten Wegschauen und Laisser-faire eine politische Strategie.[29]

Die Legaten besuchten in den ersten Monaten ihrer Mission auch Athen, Chalkis, Thessalien und Demetrias. An den ersten drei Stationen gelang es, der tatsächlichen oder vermeintlichen aitolischen Agitation entgegenzutreten: Athen war so loyal, daß es wenig später in Flamininus' Auftrag eine Delegation zur Panaitolischen Bundesversammlung schickte, um für die römischen Anliegen zu sprechen. Noch weiter gingen die Thessaler, deren Stratege Eunomos auf eine ähnliche Anforderung hin die Jungmannschaft zur Verfügung stellte. In Chalkis aber kamen die Römer nicht um einen tiefgreifenden innenpolitischen Eingriff herum. Euthymides, der Führer der antirömischen Richtung, wurde von seinen politischen Gegnern in die Verbannung getrieben, auf Flamininus' Geheiß; die strategisch wichtige Stadt befand sich jetzt in der Hand loyaler Parteigänger. Freilich war Euthymi-

---

29 S. o. S. 170-174, 223-226. Zur Chronologie von Flamininus' Mission WARRIOR (1996a), 364-367.

des' Partei bloß geschwächt, nicht vernichtet – offenbar mußte nur er allein Chalkis verlassen –, und nach dem Geschehenen radikalisierte sie sich. Schon wurden Vorbereitungen zum Verrat an die Aitoler getroffen.[30]

Die größten Probleme hatten die Legaten, nimmt man die Ausführlichkeit von Livius' Darstellung als Hinweis auf das Ausmaß des zu überwindenden Widerstandes, jedoch in Demetrias. Philipp verhandelte mit Rom über seine Beteiligung am Krieg, und sein Preis war die Überlassung dieser Stadt und des gesamten Magnesischen Bundes. Zu einem Abschluß war es noch nicht gekommen, aber Gerüchte liefen um. Die Magneten waren natürlich alarmiert, und schon dachten Teile der Elite an Antiochos und die Aitoler. So stand Flamininus vor der schwierigen Aufgabe, den König nicht durch ein klares Dementi vor den Kopf zu stoßen, gleichzeitig aber die Befürchtungen der Griechen zu beschwichtigen. Er löste sie durch einen Griff in die Vergangenheit. Die Legaten erinnerten die Versammlung der Magneten an das Freiheitsgeschenk, das ganz Griechenland den Römern verpflichte, besonders aber ihr Gemeinwesen: In Demetrias habe Philipp ja nicht nur eine Besatzung unterhalten, sondern auch einen Palast besessen. Vergeblich sei alles gewesen, wenn die Aitoler Gelegenheit erhielten, Antiochos in die verwaiste Residenz zu führen. Der Oberbeamte des Bundes, Eurylochos, war auch der wichtigste Romskeptiker. Doch selbst in Anbetracht dessen fiel seine Erwiderung unerwartet heftig aus. Er und die Magneten hätten sehr wohl von den römisch-makedonischen Gesprächen gehört; alles würden sie tun, eine Rückkehr Philipps zu verhindern. Eurylochos hatte ausgesprochen, was bislang niemand zu sagen gewagt hatte. Dadurch war es unmöglich geworden, wenigstens einen äußeren Konsens zu wahren. Doch den Magnetarchen kümmerten die Bedrängnisse der Gegenwart nicht weniger als die Drohungen für die Zukunft: Schon jetzt sei Demetrias nur dem Schein nach frei, in Wahrheit geschehe alles nach dem Willen der Römer.[31]

Die Menge war überrascht und auch uneins. Einigen mißfiel der Inhalt des Gesagten, anderen wohl nur Zeitpunkt und Gelegenheit. Aber der Zuspruch für Eurylochos war so groß, daß Flamininus die Katastrophe vor Augen glaubte, den sofortigen Abfall des Bundes. Weitere Worte und Beschwichtigungen schienen nutzlos, und deshalb griff Flamininus zur Ul-

---

30 Liv. XXXV 31,1.3; 32,6f.12-14; 33,2; 37,4f.; 39,4.8. Eunomos amtierte nur für die letzten vier Monate des thessalischen Amtsjahres, als Nachfolger des Hippodromos (Eus. Caes. Chron. 115 Karst). Daß dieser durch eine Intervention Flamininus' aus der Strategie gedrängt worden war, ist eine naheliegende, doch angesichts des Fehlens weiterer Indizien nicht verifizierbare Vermutung (weitergehender jedoch H. KRAMOLISCH, Die Strategen des Thessalischen Bundes vom Jahr 196 v. Chr. bis zum Ausgang der römischen Republik, Bonn 1978, 47f.). Jedenfalls blieben die Thessaler loyal, auch als Antiochos einmarschierte, und beugten sich nur der Gewalt. Zu Euthymides vgl. BRISCOE (1981), 200.

31 Liv. XXXV 31,3-12 (zit. u. S. 319 Anm. 91). Zu den Gesprächen mit Philipp s. o. S. 122f.

tima ratio des Redners, zu einer zwingenden Geste: Er erhob die Hände zum Himmel und rief die Götter zu Zeugen für die Undankbarkeit und Treulosigkeit der Magneten an. Diese Theatralik sorgte nicht nur für augenblickliche Aufmerksamkeit – es war vielleicht gar nicht so einfach, sich bei der aufgepeitschten Menge noch einmal Gehör zu verschaffen –, sie führte auch zu allgemeiner Betroffenheit. Die Stimmung kippte. Die Romfreunde nutzten die Gelegenheit, die Flamininus ihnen verschafft hatte, und brachten die Initiative an sich. Zenon machte sich daran, das zerrissene Band neu zu knüpfen. Ein bißchen Abwiegelung reichte freilich nicht mehr, nach dem Auftritt des Legaten bedurfte es einer ebenso starken Reaktion. So brach Zenon in Tränen aus und flehte die Römer an, vom Verhalten eines einzelnen nicht auf den gesamten Bund zu schließen. Nicht bloß die Freiheit, sondern alles, was ihnen lieb und heilig sei, verdankten die Magneten Flamininus und dem römischen Volk; von den unsterblichen Göttern könnten sie nicht mehr erbitten, und eher würden sie sich in Raserei selber verstümmeln, als die Freundschaft mit den Römern zu verletzen. Das war nicht simple Servilität. Vielmehr war das schwere Zerwürfnis, das Flamininus in die religiöse Sphäre gehoben hatte, nur durch eine Argumentation auf derselben Ebene wiedergutzumachen – indem die Magneten die Römer den Göttern gleichsetzten.

Die Menge, völlig eingeschüchtert, schloß sich Zenons Flehen an. Flamininus wird großmütig verziehen haben. Eurylochos aber akzeptierte die Niederlage. Er scheint erst gar nicht versucht zu haben, noch einmal zu Wort zu kommen; er verließ die Versammlung und floh gleich aus der Stadt. Livius bemerkt, der gestürzte Magnetarch habe Schleichwege benutzt. Offenbar verloren seine innenpolitischen Gegner keine Zeit bei dem Versuch, seinen Kopf den Römern zu bringen. Eurylochos' Ziel war Aitolien.[32]

In der Versammlung des Magnetenbundes hatte sich Flamininus als Meister der politischen Kommunikation bewährt, doch der äußere Glanz konnte die katastrophale Bilanz seiner Politik als Prokonsul nicht verbergen. Es war noch keine zwei Jahre her, daß er die römische Besatzung aus der Hauptstadt des neugegründeten Magnesischen Bundes abgezogen hatte. Zweifellos hatte er hier, angesichts der Nähe zu Makedonien, besonders auf die Loyalität der maßgebenden Politiker geachtet.[33] Und tatsächlich befürwortete Eurylochos die neuen Verhältnisse. Ohne Rücksicht trat er für die Wahrung der Eigenstaatlichkeit und gegen eine Rückkehr der Makedonen ein. Insofern war er auch ein Anhänger Roms. Die Republik hätte, seltsame Wendung, im Moment freilich eher die Makedonenfreunde gebrauchen

32 Liv. XXXV 31,13-32,1. Vgl. BRISCOE (1981), 191.
33 Liv. XXXIV 51,3.

können, die nach Kynoskephalai ausgeschaltet worden waren. Daß Eurylochos aber den plötzlichen Schwenk der römischen Politik nicht mitmachte, kann angesichts seiner politischen Grundüberzeugungen nicht ernstlich überraschen. Auffallend ist vielmehr, daß er sich von einem Gerücht im Glauben an Rom irremachen ließ. Der Wahrheitsgehalt war ja zunächst zweifelhaft, und tatsächlich waren Rom und Philipp noch zu keinem Abschluß gekommen. Trotzdem beschäftigten sich der Magnetarch und die Seinen schon vor der Ankunft der Legaten mit der Aitoleroption.

Als die Römer aber da waren, gossen sie keineswegs Wasser auf Eurylochos' Mühlen. Sie sprachen von sich aus von Freiheit, vor allem brachten sie selber die Rede auf Philipp und seinen Palast: Zeiten, die nicht wiederkehren sollten. Die Menge blieb darauf zunächst ruhig, und deshalb sah sich Eurylochos zu seiner Provokation gezwungen. Er wollte seine Landsleute aufrütteln und eine Entscheidung herbeiführen. Denn die Worte der Gesandten hatten die momentanen Gespräche mit Philipp zwar nicht ausdrücklich geleugnet, aber sie waren doch als implizite Garantie des Status quo zu verstehen – von wohlwollenden Zuhörern. Dieses Wohlwollen fehlte aber, und damit hatte Flamininus nicht gerechnet, beim Magnetarchen und, wie der Erfolg von dessen Erwiderung schnell zeigen sollte, im Grunde auch bei einem großen Teil der Magneten. Keiner wollte die Makedonen zurück, aber den Römern traute man ebenfalls nicht so recht. Ein Verdacht genügte, und schon war ein großer Teil der Bevölkerung bereit, offenbar quer durch die sozialen Schichten, an Revolution und Abfall zu denken. Flamininus hatte es nicht geschafft, sich ein positives Image bei den Einwohnern von Demetrias aufzubauen. Seine Freiheitsbeschwörungen beeindruckten niemand ernstlich. Wenn die Magneten, als wieder Ruhe eingekehrt war, noch einmal über die Geschehnisse dieses Tages nachdachten, dann konnte ihnen Eurylochos' Satz bestätigt erscheinen: Nur dem Schein nach war Demetrias frei, in Wahrheit geschah alles nach dem Willen der Römer.

In der Konsequenz waren die Magneten eine leichte Beute, als Eurylochos und die Aitoler wenig später die bestehende Ordnung umzustürzen versuchten. Zenons Partei bezahlte ihre Loyalität zu Rom mit der Vernichtung, jedenfalls was ihre Führer betraf.[34] Doch selbst bei ihr läßt sich fragen, ob ihr Verhalten nicht mehr aus dem innenpolitischen Gegensatz zu Eury-

34 Liv. XXXV 34,6-12. Eurylochos wurde zunächst von einer freien Volksversammlung der Magneten zurückgerufen: Er sei ja unschuldig. Auch wenn es zunächst nur um die Restitution des Privatmanns ging, waren die politischen Implikationen offensichtlich. Auch der Empfang für den Heimkehrenden war herzlich (34,11: *multis occurentibus gratulantibusque*), und niemand dachte an Widerstand gegen die mit ihm kommenden aitolischen Soldaten. Die äußeren Umstände der Besetzung erinnern, wie DEININGER (1971), 78, mit Recht bemerkt, an die Besetzung Thebens durch Flamininus, fünf Jahre zuvor (Liv. XXXIII 1). Doch damals hatte die Bevölkerung den Angreifern weniger freundlich gegenübergestanden als jetzt in Demetrias.

lochos als aus der Freundschaft mit Rom heraus zu erklären ist. Wie auch immer, der Fall von Demetrias bot für Antiochos den Anlaß, die Ägäis zu überqueren. Die Schuld daran trug Flamininus, nicht wegen seines Verhaltens als Legat, sondern wegen seiner Versäumnisse als Prokonsul.

Er hatte übrigens keinen weiteren Versuch gemacht, in Demetrias einzugreifen. Nach dem (von Flamininus kräftig geförderten) Bekenntnis der Aitoler zu Antiochos hatten er und seine Kollegen sich nach Korinth zurückgezogen und die weiteren Schritte des Gegners abgewartet.[35] Nichts könnte deutlicher zeigen, wie sehr sich die Legaten auf die Defensive beschränkten. Sie hatten einen Großteil Griechenlands bereist, wo nötig und wo möglich in die innere Machtbalance der Staaten eingegriffen und ansonsten mit ihrem vermeintlich wertvollsten Pfund gewuchert: dem römischen Verdienst um Griechenland. Aber keine diplomatischen Offensiven, keine kühnen Versprechungen, keine aufsehenerregenden Initiativen gegen Antiochos, nichts. Die Legaten ruhten sich auf den Lorbeeren der Vergangenheit aus. Wie die Ereignisse in Demetrias gelehrt hatten, konnte das zuwenig sein.

Dafür drängten die Aitoler vorwärts. Ihr dreifacher Schlag hatte Erfolg in Demetrias, scheiterte knapp in Sparta (das dem römischen Zugriff aber ohnehin entzogen war) und mißlang von vornherein in Chalkis. Letzteres konnte sich Flamininus an die Fahnen heften, denn er hatte Mikythion und Xenokleides an die Regierung gebracht, die durch eine kühne Initiative ihre militärische Unterlegenheit ausglichen und die Aitoler zum kampflosen Abzug nötigten. Anders als Eurylochos in Demetrias kam Euthymides in seiner Heimatstadt nicht mehr zum Zug. Seine Anhänger in Chalkis waren zu schwach, um aus eigener Kraft etwas bewirken zu können.[36]

Dieser Erfolg, meinte Flamininus, würde vielleicht auch auf die Magneten Eindruck machen. Doch der Versuch, sie zurückzugewinnen, scheiterte kläglich im Hafen von Demetrias, wo sich Eurylochos, wieder Magnetarch, und Tappulus gegenseitig beschimpften.[37] Weder die Legaten noch die Ai-

35 Liv. XXXV 34,1. Der Text ist nicht sicher (s. o. S. 165 Anm. 90).

36 Liv. XXXV 37,4-39,2. Flamininus ließ daraufhin Eumenes 500 Soldaten nach Chalkis schicken, zur Deckung gegen zukünftige Attacken. Die Führer der chalkidischen Opposition waren nach Euthymides' Verbannung wohl Eubulides und Philon (Polyb. XXI 17,7; 43,11; vgl. NIESE [1899], 695 Anm. 2; DEININGER [1971], 85f.).

37 Liv. XXXV 39,3-8. Die Festung Demetrias war so gut wie uneinnehmbar. Die einzige Hoffnung lag daher in einem Wiederausbruch der Stasis. Doch die Reste von Zenons Partei rührten sich nicht: Ihre Führer waren ja ermordet. Auch das angeforderte thessalische Aufgebot, das den Romfreunden beistehen sollte, vermochte diese nicht aus der Reserve zu locken. So recht glaubte Flamininus ohnehin nicht an einen Erfolg. Denn sonst hätte er kaum Tappulus nach Demetrias vorausgeschickt. So aber blieb er vornehm im Hintergrund und ersparte sich die Blamage. – Im wesentlichen korrekt faßt Zon. IX 19,4 Flamininus' Tätigkeit bis zur Landung Antiochos' in Griechenland zusammen.

toler unternahmen danach nennenswerte weitere Anstrengungen. Alles schien auf Antiochos' Ankunft zu warten.

Für nichts ist dieser König derart heftig und einhellig getadelt worden wie für seine Überfahrt nach Griechenland. Die Historiker sind sich weitgehend einig, von Livius bis in die Gegenwart: Antiochos habe sich durch den Gewinn von Demetrias blenden lassen, allzuleicht habe er sich im Gewirr der aitolischen Lügen fangen lassen, und so sei er im Oktober 192 ohne Not, unvorbereitet, ja gegen sein eigentliches Interesse in den Krieg gegen die Römer aufgebrochen. Nichts beweise dies besser als seine lächerliche Streitmacht von 10 000 Infanteristen, 500 Reitern und sechs Elefanten: »kaum genug Truppen, um ein unverteidigtes Griechenland zu besetzen, geschweige denn, um einen Krieg gegen die Römer durchzuhalten«.[38]

Doch ich habe schon oben gezeigt, daß die Aitoler keineswegs den ihnen nachgesagten Einfluß auf den König besaßen. Zum Krieg hatte sich der König bereits 193 entschlossen, nach den letzten Verhandlungen mit den Römern in Apameia und Ephesos.[39] Nur der Zeitpunkt war offengeblieben, denn im Moment war man weder vorbereitet noch schien der Krieg dringend noch die Voraussetzungen in Griechenland günstig. Was letzteres betraf, kamen die Bemühungen der Aitoler gerade recht: Antiochos ging auf Thoas' Werben ein und trug ihm und seinen Landsleuten auf, zunächst einmal für gute Rahmenbedingungen in Griechenland zu sorgen. Ein Jahr später, nach der Eroberung des für Antiochos strategisch günstig gelegenen Demetrias, konnten die Aitoler Vollzug melden.[40] Doch wichtiger war, daß auch die ersten beiden Bedingungen nun hinreichend erfüllt waren.

---

38 Liv. XXXV 42,4-6; 43,2.6: *vix ad Graeciam nudam occupandam satis copiarum, nedum ad sustinendum Romanum bellum*; App. Syr. 48. An der Richtigkeit der in den Quellen genannten Zahlen ist nicht zu zweifeln (vgl. BRISCOE [1981], 207, gegen BAR-KOCHVA [1979], 15-18). Von Antiochos' modernen Kritikern seien nur genannt DE SANCTIS (1923), 141, 147, BADIAN (1959), 133f., und ERRINGTON (1989b), 281f. Ausgewogener urteilt HOLLEAUX (1930b), 389, 391, 394-397, der Antiochos den Vorwurf mangelnder Vorbereitung freilich ebenfalls nicht erspart.

39 Liv. XXXV 15,1f.7-17,9; 19,7. Zum Kriegsbeschluß BRISCOE (1981), 32, und s. o. S. 162f. und u. S. 312f. Schon als die Gespräche mit Tappulus in Apameia ähnlich verliefen wie die mit Flamininus in Rom (zu Antiochos' damals neuformuliertem, in der Sache aber kompromißlosem Angebot [App. Syr. 45] vgl. MA [2002], 97 Anm. 163), begann Antiochos den Glauben an einen Ausgleich zu verlieren. Bei einer vertraulichen Besprechung mit seinem wichtigsten Minister Minnion wurde nicht mehr bloß über die Streitfragen mit den Römern gesprochen, sondern schon über die Siegeschancen in einem Krieg. Antiochos hatte auch gar keine Lust mehr zu weiteren Verhandlungen, vielleicht aus Trauer um seinen eben verstorbenen Sohn, vielleicht aber auch, so Livius, in der Erwartung, daß dabei ohnehin nichts herauskommen werde. Deshalb vertrat ihn Minnion in Ephesos. Doch auch dieser legte keinen Wert auf wirkliche Gespräche und beschränkte sich darauf, eine vorbereitete Rede vorzutragen. In Antiochos' anschließender Beratung mit seinen φίλοι wurde formell der Krieg beschlossen, wegen der arroganten Zumutungen der Römer und ihres Bestehens auf der Freiheit der kleinasiatischen Griechen. Diese Entscheidung hatte sich schon länger vorbereitet.

40 S. o. S. 163-167.

Zunächst zur Dringlichkeit. Antiochos war zweifellos darüber informiert, daß die Römer den Krieg zur Not schon im Frühjahr 192 eröffnet hätten. Seitdem hatten sich ihre Vorbereitungen intensiviert. In Italien wurde gerüstet, eine Flotte operierte in griechischen Gewässern, ein Praetor konnte jederzeit mit einigen tausend Mann die Adria überqueren, und Flamininus bereitete den Krieg diplomatisch vor. Wahrscheinlich hatte Antiochos gehört, daß der Wahltermin für die Konsuln von 191 vorverlegt worden war, vielleicht hatte ihn auch schon die Nachricht von der Wahl selbst erreicht – und von dem Marschbefehl an den Praetor Tamphilus.[41] Es konnte keinen Zweifel daran geben, daß im nächsten Frühjahr ein konsularisches Heer nach Griechenland zurückkehren würde. Eine Besetzung durch den Feind galt es um jeden Preis zu verhindern. Die Balkanhalbinsel durfte den Römern nicht als Aufmarschfeld dienen, von dem aus sie in aller Ruhe ihre Angriffe auf Thrakien und Kleinasien vortragen konnten. Alles sprach für eine eigene Invasion. Sein Reich würde unbeeinträchtigt bleiben, sein militärischer Vorstoß würde ihm politischen Rückenwind geben, er hätte mehrere Monate Zeit, Griechenland gegen die Römer zu sichern, und er könnte es, nach dem entscheidenden Sieg über Rom, auch gleich behalten.[42]

Schließlich zur Vorbereitung. Es ist von vornherein unwahrscheinlich, daß ein Herrscher, der sich zum Krieg entschlossen hat und der immer neue Nachrichten von den Rüstungen der Feinde erhält, selber untätig ist. Vermutlich traf Antiochos ebenfalls seit dem letzten Herbst seine Dispositionen. Immerhin bestand seine Flotte nicht nur aus 40 Deckschiffen und 60 ohne Deck, sondern auch aus 200 Transportschiffen mit Kriegsgerät und Nachschub aller Art.[43] Die 10 000 Infanteristen stellten keineswegs eine derart geringe Streitmacht dar, wie man häufig annimmt. Flamininus hatte lediglich ein Zweilegionenheer kommandiert, bei Kynoskephalai hatte er mit nur etwa 16 000 Römern und Italikern der makedonischen Hegemonie ein Ende gesetzt.[44] Klein war Antiochos' Truppe bloß in Hinsicht auf die aitolischen Erwartungen, die nicht zuletzt durch die seleukidische Propaganda in die Höhe getrieben worden waren; deshalb mußte sich der König

---

41 Liv. XXXV 24. Antiochos erreichte Griechenland im späteren Oktober. Die Chronologie der römischen Ereignisse ist nicht sicher, aber es spricht einiges dafür, daß die Wahlen bis Ende September stattfanden. Vgl. WARRIOR (1996a), 367f.; WALBANK (1940), 328.

42 KROMAYER (1907), 132, spricht mit Recht von einer beschränkten Offensive. Denn es ging Antiochos ja nicht um eine Vernichtung des Feindes (ebensowenig wie Rom), sondern um die Anerkennung seines Machtbereichs – natürlich zuzüglich der Eroberungen, die er im Laufe des Krieges machen würde. Vgl. auch DE SANCTIS (1923), 141-145; HOLLEAUX (1930b), 389-391.

43 Liv. XXXV 43,3. Vgl. THIEL (1946), 273; GRAINGER (2002), 195.

44 Dazu waren natürlich noch die Streitkräfte der griechischen Alliierten gekommen, vor allem der Aitoler. Doch gerade auf letztere konnte auch Antiochos setzen. Zu den Truppenstärken bei Kynoskephalai vgl. WALBANK (1967), 584f.

erst einmal bei seinen Verbündeten entschuldigen.[45] Zudem, und das ist entscheidend, sollte seine Armee ja gar nicht gegen die Römer kämpfen. Ihre Aufgabe war die Besetzung Griechenlands, und dafür reichten die 10 000, wie selbst Livius in seiner Attacke einräumt. Tamphilus kommandierte ein Vorauskommando von höchstens 5000 Mann; er würde keinen offenen Kampf wagen.[46] Erst im Frühjahr war mit dem Heer des Konsuls zu rechnen. Bis dahin hoffte Antiochos aber nicht nur günstige Stellungen bezogen zu haben, vor allem sollte seine Armee Zuzug durch erhebliche Verstärkungen aus Asien erhalten.[47] Die größere römische Schlagkraft würde er dann durch seine zahlenmäßige Überlegenheit mehr als ausgleichen.

Bekanntlich kam es anders. Antiochos wurde im Frühjahr vom ebenso frühen wie jähen Vormarsch des Konsuls M'. Acilius Glabrio überrascht; seine Besatzungen in Thessalien, insgesamt wohl 3000 Mann, gerieten in Gefangenschaft. Doch das hätte wenig ausgemacht, wenn er über genügend Verstärkungen verfügt hätte. Diese kamen zwar, aber zu langsam und in viel zu geringer Zahl. So konnte Antiochos gerade die Verluste ausgleichen und wieder nur 10 000 Mann ins Feld stellen. Jetzt war das in der Tat zuwenig, angesichts der zweieinhalbfachen Übermacht des Konsuls. An den Thermopylen verlor der König Schlacht, Heer und Europa. Wegen Livius' Desinteresse an den inneren Verhältnissen des Seleukidenreiches erfahren wir nichts über die Gründe für das Ausbleiben der asiatischen Verstärkungen. Es scheint unwahrscheinlich, daß Antiochos, der sich in seinen drei Jahrzehnten auf dem Thron stets als geschickter Organisator erwiesen hatte, die Ressourcen seines Reiches schlicht überschätzte. Menschliches Versa-

---

45 Liv. XXXV 32,3; 44,2.4-7; 48,2-7; 49,4f. Antiochos' Äußerung vor der aitolischen Bundesversammlung, er sei unzureichend gerüstet, war nur eine Schutzbehauptung (Liv. 44,3). So hoffte er die propagandistisch wertvolle Legende von seinen unendlichen Ressourcen am Leben zu erhalten; im Moment konnte er zudem seine Treue unterstreichen, da er trotz der schlechten Vorbereitung ohne Zögern dem aitolischen Ruf gefolgt sei.

46 Zur von Livius widersprüchlich angegebenen Stärke von Tamphilus' Heer BRISCOE (1981), 37f. (mit Lit.), ignoriert von GRAINGER (2002), 204, 359-361, der eine überhöhte Zahl von 26 800 Mann annimmt, die mit dem Verlauf der militärischen Ereignisse bis zum nächsten Frühjahr nicht in Einklang zu bringen ist.

47 Auch das kündigte er, wenngleich maßlos übertrieben, vor der Bundesversammlung an: Liv. XXXV 44,4-7. Zu Antiochos' Strategie vgl. vor allem KROMAYER (1907), 134. Auch GRAINGER (1999), 444-446, betont, daß die mitgebrachte Armee für den Winterfeldzug völlig ausreichte. Daß die Römer, aufs Ganze gesehen, über wesentlich größere Ressourcen verfügten als die Seleukiden (vgl. AFZELIUS [1944], 105-108; BRINGMANN [2002], 53f.), war weder den Griechen noch den kriegführenden Mächten klar (vgl. nur Liv. XXXVII 51,9). So konnte dieser Umstand zunächst keine Rolle spielen, und er tat es auch später nicht. Denn zu einem Durchhaltekrieg wie gegen Hannibal wurde Rom nicht gezwungen. Antiochos verlor den asiatischen Krieg wegen der strategischen und taktischen Überlegenheit des Feindes. Sein Heer aber war bei Magnesia dreimal so groß wie das römische, die Alliierten nicht mitgerechnet (Liv. XXXVII 37,9; 39,7; 40,1-14; App. Syr. 157f.; 161f.; vgl. KROMAYER, 207 mit Anm. 2, 209-212; BRISCOE [1981], 344f.).

gen anderer ist wahrscheinlicher, doch es muß offenbleiben, ob Antiochos entscheidende Ämter mit inkompetenten Leuten besetzt hatte oder ob es sogar eine gewisse Opposition gegen den König gab, die ihn mit Vergnügen in Europa scheitern sah. Antiochos jedenfalls war außer sich vor Zorn und Enttäuschung über seine zurückgebliebenen Minister.[48]

Dieser Ausgang war im Oktober 192 aber nicht vorhersehbar und, wichtiger, er war keineswegs schon in Antiochos' Landung in Griechenland angelegt. Die Bewertung der Invasion hängt daher einzig und allein an den Erfolgen des Königs bis zur Offensive Glabrios, also an der Frage, ob er die gesteckten Ziele erreichte. Ebenso ist die Tätigkeit seines wichtigsten Gegenspielers, des Legaten Flamininus, nach wie vor danach zu beurteilen, wieweit er Griechenland gegen den König zusammenhalten konnte. Doch natürlich änderten sich die Rahmenbedingungen für dessen Wirken, das deshalb in zwei Phasen zu gliedern ist, vor und nach Antiochos' Ankunft. Vor dem Oktober 192 bestanden Flamininus' Vorteile vor allem in zweierlei. Einmal herrschte ein militärisches Patt, besser: ein Vakuum. Der Gesandte hatte lediglich die Flotte und ein pergamenisches Expeditionskorps im Rücken, auf der anderen Seite standen nur die Aitoler, deren Militärmaschinerie Griechenland nicht gerade in Aufregung versetzte. Erst mit Antiochos' 10 000 Mann neigte sich die Waage deutlich auf eine Seite. Flamininus' anderer Trumpf war der Umstand, daß er viereinhalb Jahre Gelegenheit gehabt hatte, auf die griechischen Regierungen einzuwirken. Wieviel dieser in Wahrheit wert war, erfuhr er allerdings mehr als einmal, bei den Achaiern, in Chalkis und natürlich in Demetrias. Das ließ Schlimmeres für eine Zukunft fürchten, die von Antiochos' Initiative geprägt sein würde.

Zunächst Flamininus' Erfolge. Die Achaier erklärten sich dank seiner Intervention für die Römer, aber der Ausgang war, wie ich oben gezeigt habe, keineswegs so sicher, wie man oft angenommen hat. Flamininus kam um öffentlich ausgesprochene Drohungen nicht herum.[49] Nach dieser Entscheidung ließ Flamininus die Achaier schleunigst 500 Soldaten in den Piraeus entsenden. In Athen drohte nämlich der Umsturz: Die Gegner des Regimes, das während Flamininus' letztem Besuch noch stabil gewesen zu sein schien, drohten dank finanzieller Versprechungen an weite Bevölkerungs-

---

48 Thessalien: App. Syr. 72; Liv. XXXVI 14,5.11; Verstärkungen: Liv. XXXVI 8,1; 15,3.5; 20,7; Diod. XXIX 3; App. Syr. 59; 74; Thermopylen: Liv. XXXVI 15,3; App. Syr. 75. Vgl. KROMAYER (1907), 135-137, 208, 224. Vielleicht steht die zeitgenössische Verwunderung über das Ausbleiben der asiatischen Verstärkungen am Anfang der Legende vom pflichtvergessenen Flitterwöchner Antiochos (Polyb. XX 8; Liv. XXXVI 11,1-5; 15,1; 17,7f.; Diod. XXIX 2; App. Syr. 69f.; zur antiseleukidischen Verzerrung der Überlieferung HEYDEN [1873], 29-49, 52-55; KROMAYER, 135; WILL [1982], 206; A. MASTROCINQUE, Manipolazione della storia in età ellenistica: I Seleucidi e Roma, Roma 1983, 140-144).

49 S. o. S. 226.

kreise die Oberhand zu gewinnen. Die achaiische Truppe sorgte wahrscheinlich für militärische Stabilität, nicht aber für politische. Flamininus mußte selbst nach Athen gehen, erst dadurch gewannen die Parteigänger Roms wieder Oberwasser. Apollodoros, der Führer der Opposition, wurde angeklagt und ins Exil geschickt. Flamininus hatte gewonnen, doch wieder unter erheblichen Anstrengungen. Dabei hatten weder Antiochos noch die Aitoler unmittelbar in die Athener Politik eingegriffen. Der König hatte sich um wichtigere Staaten zu kümmern.[50]

Und das tat er mit durchschlagender Wirkung. An erster Stelle ist Chalkis zu nennen, eine für die Verbindung nach Kleinasien günstig gelegene Stadt. Ein erster Anschlag, unternommen gleich nach der Landung in Griechenland, scheiterte freilich. Der König hatte mehr auf Überrumpelung als auf Eroberung gesetzt, doch Mikythion zeigte sich der Situation erneut gewachsen. Wahrscheinlich gerade wegen der bescheidenen seleukidisch-aitolischen Streitmacht wagten sich Euthymides' Anhänger in Chalkis erneut nicht aus der Deckung.[51] Die innenpolitische Situation spitzte sich aber weiter zu. Mikythion bat Flamininus persönlich um Schutztruppen. So ließ dieser – wie für Athen und zum selben Zeitpunkt – 500 Achaier in Marsch setzen, ihnen folgte eine ebenso große Zahl von römischen Soldaten. Ihre Ankunft in Chalkis hätte das Aus für Antiochos' Hoffnungen bedeutet. Deshalb suchte er den Alliierten mit allen verfügbaren Truppen zuvorzukommen. Antiochos war nicht nur weit überlegen – insgesamt hatte er über 9000 Mann und die Flotte zur Verfügung –, die Römer waren auch noch unaufmerksam. Bei Delion überfiel sie der seleukidische Feldherr Menippos und vernichtete ihre Abteilung. Diese Niederlage schlachtete Flamininus zwar glänzend für die römische Propaganda aus, da die Römer sich in einem Heiligtum aufgehalten hatten – aber Chalkis ging verloren. Alle Gegenwehr von Mikythion und Xenokleides half nichts. Angesichts der militä-

---

50 Liv. XXXV 50,3f.

51 Liv. XXXV 46. Erstmals brachten die Aitoler, die in Antiochos' Auftrag verhandelten, ein Argument vor, das der König noch öfters gebrauchen sollte: Die Freundschaft der Chalkidier zu den Römern bleibe unberührt, wenn sie Antiochos ebenfalls als Verbündeten und Freund annähmen. Dieser wolle ja keinen Krieg, sondern komme als Befreier; die doppelte Freundschaft schütze die Chalkidier vor Unrecht von beiden Seiten (ebenso zu den Achaiern: Liv. XXXV 48,8-10; Boiotern: Liv. XXXVI 6,4; Thessalern: Liv. XXXVI 9,4-6). Hinter diesem Gedankengang stand keine tiefere politische Strategie (so etwa DEININGER [1971], 86; GRAINGER [2002], 198, 217). Es ging lediglich darum, die Hemmschwelle für die Adressaten herabzusetzen und ihnen einen plausiblen Vorwand zu verschaffen, sowohl nach innen wie nach außen. Doch niemand glaubte, soweit wir wissen, je an das Märchen von der beidseitigen Freundschaft. Flamininus hob später, vor der achaiischen Bundesversammlung, mit Recht hervor, daß eine solche Haltung, tatsächlich praktiziert, den jeweiligen Staat zwischen die Fronten führen würde (Liv. XXXV 49,13 [zit. o. S. 226 Anm. 112]). Wie wenig ernst das Ganze gemeint war, verrieten schon die Worte der Aitoler: Wenn die Chalkidier ihren neuen Freund nicht freiwillig in ihren Mauern willkommen heißen wollten, dann werde dieser sie zu zwingen wissen; römische Hilfe sei nämlich fern.

rischen Lage öffnete die Stadt ohne weiteres die Tore, vielleicht wäre es gar nicht nötig gewesen, daß Antiochos seinen diplomatischen Vorstoß mit verstärkten Drohungen erneuerte. Mit Chalkis fiel ganz Euboia. Schon drohte die Ägäis zum seleukidischen Binnenmeer zu werden.[52]

Ebenfalls in der Anfangsphase der Invasion wurde Amynander von Athamanien gewonnen. Diesen König trieb die Aussicht, sein Schwager Philipp von Megalopolis werde den makedonischen Thron besteigen. Erste Konturen der Antiochischen Nachkriegsordnung werden hier sichtbar. Der regierende Philipp, der ohnehin nicht für eine Kooperation zu gewinnen war, jedenfalls nicht zu einem akzeptablen Preis, sollte durch eine seleukidische Marionette ersetzt werden. Das in diesem Zusammenhang Bemerkenswerte ist aber, daß Amynander, einer der ältesten griechischen Verbündeten Roms überhaupt, derart schnell auf die seleukidisch-aitolischen Avancen einging. Eine unsichere Perspektive zählte mehr als die Allianz mit der westlichen Großmacht.[53]

In diesen Tagen fühlte Antiochos auch bei den Boiotern vor. Diese antworteten erst einmal ausweichend, aber nicht unfreundlich: Wenn Antiochos nach Boiotien komme, werde man über seine Vorschläge beraten. Das kam einer Einladung gleich. Erst hier fällt auf, daß sich Flamininus zuvor kein einziges Mal beim Boiotischen Bund blicken hatte lassen, obwohl er bei seinen Reisen mehrmals dessen Territorium durchquert hatte. Das römisch-boiotische Verhältnis war nach der Konfrontation des Winters 197/196 immer noch zu vergiftet, als daß auch bloß eine kleine Aussicht auf Erfolg bestanden hätte. Gerade auf diese Feindschaft spekulierte Antiochos. Als er im Winter der boiotischen Aufforderung folgte, fiel ihm das Land ohne Mühe zu. Mit Antiochos konnte es Boiotien auch gar nicht übler treffen als mit Flamininus.[54]

---

52 Liv. XXXV 50,3.6-51,10; Diod. XXIX 1: Φλαμίνιος περὶ Κόρινθον διατρίβων ἐπεμαρτύρατο πάντας ἀνθρώπους τε καὶ θεοὺς ἐπὶ τῷ προκατῆρχθαι τοῦ πολέμου τὸν βασιλέα; App. Syr. 49. Flamininus' Verhalten erinnert an seine Theatralik in Demetrias. Dabei hatten sich die römischen Soldaten die Schuld selbst zuzuschreiben, angesichts ihrer fahrlässigen Unaufmerksamkeit in der Nähe des Feindes.

53 Liv. XXXV 47,5-8. Zum feindseligen Verhältnis zwischen Philipp und Antiochos sowie zur Philipp von Megalopolis-Episode s. o. S. 117-121 mit Anm. 73. S. I. OOST, Amynander, Athamania, and Rome, CPh 52 (1957), 8f., versucht Amynanders Verhalten anderweitig zu motivieren, ohne freilich über allgemeine Überlegungen hinauszukommen. So bleibt nur, Amynanders Seitenwechsel zu konstatieren, obwohl er 196 alle Eroberungen hatte behalten dürfen, die er im Krieg gegen Makedonien gemacht hatte (Polyb. XVIII 47,13; vgl. WALBANK [1967], 619). Vgl. auch BOHM (1989), 21f.

54 Polyb. XX 2; 7,3-5; Liv. XXXV 47,2f.; 50,5; XXXVI 6,1-5; App. Syr. 52. Anders DEININGER (1971), 88f.; GRUEN (1984], 477; BADIAN (1959), 139 Anm. 103. Polybios behauptet, nicht aus Haß gegen Flamininus hätten die Boioter Rom feindlich gegenübergestanden, sondern wegen der politisch-moralischen Zerrüttung ihres Landes. Bei diesem willkürlichen Diktum bewegte Polybios wohl weniger der Wunsch, Flamininus reinzuwaschen, als sein Vorurteil gegen

Der Kriegseintritt der Achaier führte, in einem gewissen Automatismus, dazu, daß die letzten unabhängigen Staaten der Peloponnes auf die seleukidische Seite getrieben wurden. Tatsächlich baten die Eleer um eine Schutztruppe, und auch Messene dürfte dem König nicht unfreundlich gegenübergestanden haben.[55]

Antiochos blieb unermüdlich: Obwohl einige im Kriegsrat zu einem Aufschub ins Frühjahr rieten, marschierte er nach Thessalien, mitten im Winter. Dort schlug Antiochos hartnäckiger Widerstand entgegen wie zuletzt nur in Chalkis. Die Thessaler hatten 196 die Unabhängigkeit zurückgewonnen, und sie wußten, wie leicht sie wieder verlorengehen konnte: Philipp war ihr Nachbar und seit neuestem, in Demetrias, auch Antiochos. Zudem hatte Flamininus noch 194 in erheblichem Umfang in die inneren Verhältnisse des neugegründeten Thessalischen Bundes eingegriffen.[56] All das schien sich jetzt auszuzahlen. Den Widerstand der Thessaler wird aber nicht zuletzt der Gedanke angespornt haben, daß Antiochos zwar im Land, aber auch Tamphilus' Truppe nicht fern war. Freilich hatte man der seleukidischen Übermacht wenig entgegenzusetzen. Antiochos eroberte Ort für Ort, verzichtete klug auf jede Art von Übergriffen und setzte unbeirrt auf eine versöhnliche Politik. Auch das widerstrebende Larisa, die wichtigste Stadt Thessaliens, wäre gefallen, doch der Legat Ap. Claudius schlug mit einem eilends herbeigeschickten Detachement von 2000 Mann Antiochos zwar nicht zurück, aber konnte ihn über die Größe seiner Abteilung täuschen. Im Glauben, es mit Tamphilus und Philipp zu tun zu haben, zog Antiochos sich lieber zurück. Noch war die Zeit zum Kampf nicht gekommen. Weite Teile Thessaliens blieben ohnehin in seiner Hand.[57]

Nach einem kurzen Winterlager wandte sich der König gegen Akarnanien. Vertrauliche Diplomatie hatte das Terrain bereitet: Der Stratege Klytos stand insgeheim auf seiner Seite. Freilich war es auch für diesen nicht einfach, seine Landsleute in Antiochos' Lager zu führen. Die Akarnanen, insbesondere die Leukadier, nahmen Rücksicht auf Rom. Doch nicht etwa, weil sie besondere Sympathien für die Republik empfanden – hier sei noch einmal daran erinnert, daß die Akarnanen 197 bis zum Ende an Philipps Seite gekämpft hatten –, sondern weil ein Teil von Serranus' Flotte vor Kephallenia lag. Man kann allgemeiner hinzufügen, daß Akarnanien als nach Westen blickendem Land Italien und seine Legionen eben besonders nahe waren. Als der König sich Medion näherte, wurde die Bevölkerung

---

Boiotien (zu letzterem D. HENNIG, Der Bericht des Polybios über Boiotien und die Lage von Orchomenos in der 2. Hälfte des 3. Jahrhunderts v. Chr., Chiron 7 [1977], 119-127, 138-140).

55 S. o. S. 230 mit Anm. 121.

56 S. u. S. 300 mit Anm. 44.

57 Liv. XXXVI 6,8-10; 8,2; 9,1-10,15; App. Syr. 53; 66; 68f. Zum Feldzug DECOURT (1990), 114-116; DEININGER (1971), 91-94.

freilich schnell unschlüssig, zu wem man halten solle. Eine Rolle spielte wohl auch, daß Medion etwas weiter im Landesinneren lag, dem römischen Zugriff im Moment also nicht so ausgesetzt war wie die Hauptstadt Leukas. Trotzdem mußte Klytos einiges an Betrug und Landesverrat aufwenden, um dem König Medion in die Hände zu spielen. Antiochos' wiederum mildes Auftreten erzeugte prompt das gewünschte Resultat: den Übertritt weiterer Orte. Tyrrheion, Antiochos' nächstes Ziel, blieb freilich hart: Nur auf das Geheiß der Römer hin werde man neue Allianzen schließen. Diese Entschlossenheit kam freilich nicht von ungefähr. Inzwischen nahten nämlich die Römer. Octavius, Flamininus' Kollege in der Gesandtschaft, landete auf dessen Weisung hin in Leukas, begleitet von einer Schutztruppe und wenigen Schiffen. Wichtiger war aber, daß er die Nachricht von Glabrios Landung in Griechenland und dessen Einmarsch in Thessalien mitbrachte. Das war zwar nicht bestätigt, aber es schien nicht unglaubhaft. Ob Antiochos trotzdem Akarnanien erobern hätte können, muß offenbleiben. Auch der König hörte nämlich von den beunruhigenden Neuigkeiten und zog sich nach Chalkis zurück, um seine Vorbereitungen zu treffen.[58] Wie sich bald herausstellen sollte, Vorbereitungen für eine Niederlage.

Bis dahin aber war Antiochos das meiste geglückt und nur wenig mißlungen. Angesichts dieses Resultats ist nur schwer nachvollziehbar, wie man in der Forschung von einem frühen Scheitern des Königs sprechen konnte. Abgesehen von Athen, dem pergamenischen Aigina und dem Achaiischen Bund – freilich eine bedeutende Ausnahme – befand sich Süd- und Mittelgriechenland unter Antiochos' Kontrolle oder sympathisierte zumindest offen mit ihm. Nach Norden und nach Westen zu hatte er zuletzt, in seinen Thessalien- und Akarnanienfeldzügen, diese Basis ausgebaut. Wäre Glabrio unterlegen, dann wären mit einiger Sicherheit die letzten römischen Bastionen gefallen, auch der Achaiische Bund. Antiochos hätte dann ganz Griechenland bis nach Illyrien und Makedonien kontrolliert. Und er hätte Zeit gehabt, bevor im Frühjahr 190 das unvermeidlich nächste konsularische Heer eingetroffen wäre, Philipp entweder unschädlich zu machen oder zu einem Bündnis zu zwingen.[59]

---

58 Liv. XXXVI 11,6-12,11: [sc. *Clitus*] *cum Leucadios . . . non facile ad defectionem posse cerneret impelli propter metum Romanae classis* . . . (11,9); App. Syr. 70. Vgl. auch OOST (1954), 61f.; GRUEN (1984), 476. DANY (1999), 193, mißt der zitierten Stelle zuwenig Gewicht bei, wenn er statt dessen von einer »weitverbreiteten Furcht vor Antiochos und seinen Aitolern« spricht. Die Aitoler waren an dem Feldzug auch gar nicht beteiligt (s. o. S. 168 Anm. 98). Zur Chronologie KROMAYER (1907), 222-224.

59 Als noch vor den Thermopylen gescheitert sehen Antiochos an: DE SANCTIS (1923), 149, 154f., 160; HOLLEAUX (1930b), 397-405; BADIAN (1958), 79; HEIDEMANN (1966), 66-69; DEININGER (1971), 87, 96; BERNHARDT (1971), 50; WILL (1982), 204f.; MASTROCINQUE (1983), 137-139; ERRINGTON (1989b), 283f. Günstig urteilen dagegen KROMAYER (1907), 135, GRUEN (1984), 636f., ECKSTEIN (1987c), 314, und GRAINGER (2002), 203, 216-218.

Antiochos lockte dabei meist, in ungemein gekonnter Weise, mit dem Zuckerbrot, selten griff er zur Peitsche. Nie forderte er den Eintritt in den Krieg gegen die Römer, er behauptete, lediglich als Freund und Befreier zu kommen. Geschickt schürte er Hoffnungen (bei Amynander), nutzte vorherrschende Stimmungslagen aus (in Boiotien), gewann, notfalls mit Geld, Politiker in Schlüsselstellungen (in Akarnanien), profitierte von innenpolitischen Verwerfungen (in Athen) und erzielte mit relativ bescheidenem militärischen Einsatz große Erfolge (Chalkis und Thessalien). Eine Folge war freilich, daß die neuen Freunde keine militärische Verstärkung brachten. Im Gegenteil: Das seleukidische Heer wurde durch die sprunghafte Vermehrung von weit auseinanderliegenden Schutz- und Besatzungstruppen geschwächt. Doch Antiochos wird sich von der griechischen Wehrkraft, zersplittert und brachliegend wie sie war, ohnehin wenig versprochen haben. Kriege zwischen Großmächten entschieden deren Heere. Das war vor sechs Jahren so gewesen, und es würde auch diesmal so sein.

Nur von den Aitolern erhoffte sich der König größere militärische Unterstützung, doch bezeichnenderweise auch erst unmittelbar vor der Katastrophe bei den Thermopylen. Ich habe oben gezeigt, wie sich die Partner nach Antiochos' Landung entfremdeten: Den Aitolern wuchs der Helfer, den sie sich ins Haus geholt hatten, schnell über den Kopf, und der König wurde mit zunehmendem Erfolg immer selbstsicherer. So zogen sich die einen zurück, und der andere ließ sich nicht beirren. Bei den Thermopylen war dann der Schaden groß.[60] Doch wenn das seleukidische Heer ausreichenden Ersatz aus dem Osten bekommen hätte, wäre die aitolische Verärgerung irrelevant gewesen, nur eine Fußnote für Historiker. Antiochos verlor seinen europäischen Feldzug nicht in Griechenland, sondern in Italien – wo schnelle, umfassende Gegenmaßnahmen eingeleitet wurden und der richtige Mann zum Konsulat gelangte –, vor allem aber in Asien.

Flamininus' Erfolgsbilanz fiel entsprechend erschütternd aus. Antiochos' Initiative versuchte er anfänglich entgegenzuwirken, mit Erfolg bei den Achaiern und den Athenern. Doch für Chalkis kam jede Hilfe zu spät. Danach verschwindet Flamininus aus unseren Quellen.[61] Wohl von Korinth aus mußte er zusehen, wie Antiochos eine Landschaft nach der anderen einsammelte. Seine Gegenmaßnahmen, wenn es denn welche gegeben haben sollte, fielen zu unbedeutend aus, als daß sie Eingang in die Überlieferung gefunden hätten. Erst für den Akarnanienfeldzug hören wir wieder von ihm. Sein bzw. Octavius' Erfolg war aber schon dem Vormarsch der Legionen

---

60 S. o. S. 167-170.

61 So vollständig, daß GUNDEL (1963c), 1087, eigens hervorheben muß, daß Flamininus während des Winters 192/191 »höchstwahrscheinlich nicht nach Rom zurückgekehrt, sondern in Hellas geblieben« ist.

zu danken. Diese Monate können nur eine schwere Enttäuschung gewesen sein für einen Mann, der zweieinhalb Jahre zuvor Griechenland unter einem Jubel verlassen hatte, wie er Eroberern selten zuteil wird.[62] Alles war offenbar nur ephemer gewesen, die Flamininische Ordnung war nicht auf festen Grund gebaut. Warum aber sagten sich so viele Griechen derart schnell von ihrer Hegemonialmacht los?

Weiter hilft der Blick auf einen Staat, den ich bislang nicht erwähnt habe. Denn er entschied sich bis zu den Thermopylen weder für die eine noch für die andere Seite. Zur selben Zeit, als die Eleer bei Antiochos in Chalkis vorsprachen, erschien auch eine Delegation aus Epeiros; die Gespräche mit ihr gestalteten sich schwieriger. Angeführt wurden die Epeiroten von Charops, demselben, der 198 Flamininus am Aoos geholfen hatte. Er machte den König auf die exponierte Lage seiner Heimat aufmerksam und stellte ihn vor die Alternative: Entweder garantiere Antiochos für die Sicherheit von Epeiros, dann würden er und seine Truppen mit offenen Armen empfangen werden. Oder der König sehe sich dazu nicht imstande, dann möge er auch nicht versuchen, sie in den Krieg gegen die Römer hineinzuziehen. Antiochos soll nicht recht gewußt haben, was er auf diese etwas naive Eröffnung antworten könnte, und versprach nur, Gesandte nach Epeiros zu schikken.[63]

Der König hatte gute militärische Gründe für seine Zurückhaltung.[64] Doch eigentlich kann es nur Charops' Freimut gewesen sein, der ihn verblüffte, nicht der Inhalt. Denn die Eleer forderten ja ebenfalls militärischen

---

62 Ganz anders stellen sich die Ereignisse bei Plut. Flam. 15,1-4 dar: Antiochos und die Aitoler suchen die Griechen aufzuwiegeln, bis Glabrio und sein Legat Flamininus erscheinen (!). Dieser macht in einem großartigen Rollback fast alle Rückschläge wieder wett. Die Passage ist literarisch interessant, aber historisch wertlos.

63 Polyb. XX 3,1-4.6; Liv. XXXVI 5,1.3-8. Ob nun das, was Livius gegenüber Polybios mehr hat an Motiven und Wertungen, seine eigene Zutat ist oder letztlich doch auf diesen zurückgeht (vgl. dazu BRISCOE [1981], 225f.): Das gehässige Urteil, daß sich die Epeiroten bei Antiochos und den Römern nur für jede Eventualität sichern wollten, trifft nicht zu. Im Gegenteil setzten sie sich ins Zwielicht. Was Antiochos betraf, konnte ihm die allzu sorgfältig vorgetragene Kalkulation kaum Zutrauen einflößen. Auch deshalb seine verhaltene Reaktion. Für die Römer aber – die Epeiroten konnten nicht ernsthaft damit rechnen, daß ihr Vorstoß geheim blieb – sah es so aus, als habe Charops den noch fernen Antiochos begeistert ins Land gerufen. Entsprechend kühl reagierten sie nach dem Sieg auf die epeirotischen Versöhnungsversuche (Liv. XXXVI 35,8-11). Im Jahr 198 hatten die Epeiroten ebenfalls zwischen den Fronten laviert, dann aber hatte Charops durch eine eindeutige Initiative den Grundstein für ein Auskommen mit Rom gelegt (Liv. XXXII 6,1; 11,1-5). Diesmal taktierte er weniger geschickt. Anders OOST (1954), 59f.; N. G. L. HAMMOND, Epirus, Oxford 1967, 623. Vgl. auch CABANES (1976), 280f.; DANY (1999), 191.

64 Antiochos operierte zu diesem Zeitpunkt nur in Mittelgriechenland. Die Feldzüge in Thessalien und Akarnanien standen erst bevor. Jetzt war Epeiros noch zu weit entfernt, dorthin entsandte Truppen – die der König in der benötigten Anzahl vielleicht auch gar nicht hatte – wären isoliert gewesen. Die Landung der Legionen östlich der Adria war ohnehin nicht zu verhindern. Vgl. auch OOST (1954), 62f.

Schutz, und die Forderung der Boioter nach Antiochos' persönlichem Erscheinen war zweifellos von dem Wunsch motiviert, ihn so besser auf ihre Anliegen und Sicherheitsbedürfnisse verpflichten zu können. Wie den Epeiroten ging es eigentlich allen Griechen. Sie bemühten sich vorauszusehen, welche Großmacht im bevorstehenden Krieg triumphieren würde, und trafen entsprechend ihre Dispositionen. Im Normalfall war dies natürlich nicht der einzige Faktor, der die Wahl für eine der beiden Seiten beeinflußte. Innenpolitische Rücksichten bzw. Auseinandersetzungen, außenpolitische Freundschaften und Antipathien sowie momentaner Zwang – eine Armee vor den Mauern der Stadt! – bestimmten die Entscheidung nicht minder, meistens wohl mehr.[65] Das Besondere bei den Epeiroten war nur, daß sie für den Augenblick frei von letzteren Einwirkungen waren oder sich freigemacht hatten: Ein Heer war nicht in Sicht, die politischen Gruppierungen hatten sich auf einen Burgfrieden verständigt, und keiner Kriegspartei fühlte man sich entscheidend verpflichtet oder abgeneigt. So konnte Charops nüchtern nach dem Vorteil für seine Heimat suchen. Die Offenheit, mit der er den König mit seinen Schlußfolgerungen konfrontierte, findet man selten in der Politik (und sie war auch keineswegs klug). In ihr spiegelt sich die Schwierigkeit, zu einem Entschluß zu kommen.

Charops vertrat in einer außergewöhnlichen historischen Situation das grundsätzliche außenpolitische Prinzip der kleineren hellenistischen Staaten: zwischen den Großmächten die Unabhängigkeit bewahren oder zumindest so wenig wie möglich von ihr aufgeben, und das zu einem hohen Preis. Erich S. Gruen hat recht damit, daß die Griechen mit dem Kommen der Republik aus dem Westen keine neue Epoche heraufziehen sahen. Es war eben nur ein neuer Spieler in einem ansonsten unveränderten Spiel erschienen.[66]

---

65 Hingewiesen sei nur auf die Not der romtreuen Larisaier, als Antiochos sich ihrer Stadt näherte: . . . *incerti fluctuarentur animi magnae partis Larisaeorum inter metum praesentem hostium et verecundiam absentium sociorum* (Liv. XXXVI 10,4). Zur Unbeständigkeit von Dankesverpflichtungen gegenüber königlichen Wohltätern in einem Zeitalter dauernder politischer Umwälzungen vgl. etwa K. BRINGMANN, Geben und Nehmen, Berlin 2000, 169-172.

66 Vgl. GRUEN (1984), bes. 475-479. Wenig weiter hilft die lange in der Forschung gängige Annahme, die Römer hätten sich in den griechischen Poleis auf die Oligarchen gestützt, während der Widerstand von den Demokraten ausgegangen sei. Weder dieses Phänomen noch überhaupt die Begrifflichkeit finden einen Rückhalt in den Quellen, worauf nachdrücklich DEININGER (1971), 12-17 (mit der Lit.), hingewiesen hat (zu Flamininus' Eingriffen in Thessalien s. u. S. 300 mit Anm. 44). Dieser Einwand gilt zwar nicht für die statt dessen gern aufgegriffenen Spannungen zwischen Reich und Arm bzw. der Führungsschicht und der ›Masse‹. Doch läßt sich daraus kein permanenter Klassenkampf konstruieren, der die Poleis destabilisiert habe, und schon gar nicht ein fester Gegensatz hinsichtlich der Außenpolitik: Die Oberschicht habe die Hilfe Roms gesucht, die Armen hätten auf dessen hellenistische Gegner gesetzt. Letztlich nur eine Variante davon ist DEININGERS, bes. 17-20, 263-267, These, die *principes* hätten sich bis 168 in prorömische und antirömische Gruppierungen geschieden (vgl. dazu DEROW [1972], 303-311). Das heißt nun nicht zu leugnen, daß es Spannungen zwischen den gesellschaftlichen Schichten und Kämpfe innerhalb der Oberschicht gab und daß man, wie in der Stasis seit jeher üblich, äußere Hilfe suchte, um den

Einen wesentlichen Unterschied gab es aber doch: Anders als meist die hellenistischen Könige hatten die Römer über drei Jahre, von 197 an, Gelegenheit gehabt, die griechischen Verhältnisse in ihrem Sinn umzugestalten, etwas Neues zu bauen, unangefochten, ohne Einmischungsversuche von außen. Offensichtlich hatte Flamininus dabei keinen Erfolg gehabt. Denn bei keinem der betrachteten Staaten, die Thessaler vielleicht ausgenommen, spielte Sympathie für die Römer, das heißt: Verbundenheit mit der von ihnen geschaffenen Ordnung und Bereitschaft, sich dafür einzusetzen, eine größere Rolle.[67] Viel eher nahm man sie hin. Welche Wahl hatte man denn schon? Mit Antiochos' Erscheinen aber bildete sich erneut eine Alternative, das Spiel wurde zu den ursprünglichen Bedingungen wiederaufgenommen, so als ob es die Flamininische Ordnung nie gegeben hätte. So war man schnell bereit, dem nächsten Rattenfänger ein Stück Wegs zu folgen, auch wenn er die alte Melodie spielte: Freiheit.

Instruktiv ist das Schicksal von Chalkis. Mikythion unterlief die Antiochische Freiheitsverheißung mit der Behauptung, daß die Chalkidier schon frei seien und in Frieden lebten, dank dem römischen Volk. Deshalb würden sie keine neue Allianz schließen, außer auf Geheiß der Römer.[68] Mikythion war freilich ein Parteigänger Roms, der wußte, daß ein Sieg Antiochos' gleichbedeutend mit seinem Sturz war. Seine Machtstellung brach ohne weiteres in sich zusammen, als der König nach dem Gefecht bei Delion militärisch in Vorteil geriet. Nur die exponierten Anhänger Mikythions, die jetzt kompromittiert waren, flohen aus der Stadt. Die anderen begrüßten den König, sei es, daß sie in der Stasis jetzt die Oberhand gewannen, sei es, daß sie vom neuen Herrn Neues, in jedem Fall mehr Freiraum erhofften, sei es, daß ihnen der eine wie der andere war, ob Römer oder Seleukide. Für

---

inneren Feind zu vernichten. Doch dabei handelten die Griechen nicht nach ideologischen Präferenzen, sondern nach den jeweiligen Umständen, also danach, von welcher Seite man sich mehr versprach bzw. von welcher mehr Druck ausging. Die Sympathien für oder gegen Rom konnten dabei quer durch alle sozialen Schichten und politischen Gruppierungen gehen, und, was wichtiger ist, sie konnten sich schnell ändern: Zwar repräsentierte Brachylles schon in der dritten Generation die Bindung seiner Familie an Makedonien (Polyb. XX 5,5-14), aber Charops orientierte sich eben innerhalb weniger Jahre neu, und selbst ein Thoas wandelte sich nach der Niederlage Aitoliens zum Parteigänger Roms (Polyb. XXVIII 4,10-12; Diod. XXIX 31). Vgl. vor allem E. S. GRUEN, Class Conflict and the Third Macedonian War, AJAH 1 (1976), 29-60; DANY (1999), 176f. mit Anm. 24, 221-230. Den Gang der neueren Forschung stellt BERNHARDT (1998), 50-58, dar. Allgemein zum Phänomen der Stasis H.-J. GEHRKE, Stasis, München 1985, bes. 277-308. D. MENDELS, The Attitude of Antiochus III towards the Class Struggle in Greece (192-191 B.C.), RSA 8 (1978), 27-38, glaubt zwar an den Klassenkampf und die Hoffnung der Massen auf Antiochos, nicht aber an eine ›demagogische‹ Politik des Königs.

67 Die Magneten, die mit den Thessalern eine gemeinsame Vergangenheit teilten, hätten sich für den Status quo wohl genauso eingesetzt wie ihre westlichen Nachbarn. Doch da ihn die Römer selbst gefährdeten, blieb ihnen nur die Flucht nach vorn, zu Antiochos.

68 Liv. XXXV 46,9-13 (zit. u. S. 318 Anm. 89). Zur Antiochischen Argumentation s. o. Anm. 51.

Rom regte sich keine Hand. Antiochos versuchte dann seinerseits, die innere Zustimmung der Chalkidier zu gewinnen. Im Winter heiratete er eine junge Bürgerstochter, trotz ihres widerstrebenden Vaters Kleoptolemos, der in der verwandtschaftlichen Bindung an den König nur Nachteile erkennen konnte. Antiochos in seiner Heimatstadt war eine Sache, Antiochos als Schwiegersohn eine andere. Doch dieser brachte den Schwiegervater zum Nachgeben und verband das Angenehme mit dem Nützlichen. Er heiratete nicht nur, sondern gab der Braut auch einen programmatischen neuen Namen: Euboia. Tatsächlich gewann er dadurch erheblich an Akzeptanz. Nach Plutarch sollen die Chalkidier begeisterte Königsanhänger geworden sein.[69] Nach den Thermopylen blieb nichts davon. Die Tore von Chalkis standen offen, niemand leistete dem einmarschierenden Glabrio Widerstand. Wegen der Hochzeit waren der Konsul und die Mitglieder seines Stabes natürlich besonders erbittert. Gerade eine solche Wendung hatte Kleoptolemos wahrscheinlich befürchtet. Zu leugnen gab es nichts. Es war Flamininus, der Glabrio so lange bearbeitete, bis dieser sich wieder beruhigte. Die Chalkidier kamen, soweit wir wissen, ungeschoren davon. Und auch Flamininus, der die Chance gesehen hatte, etwas für sein Image zu tun, konnte zufrieden sein: Noch Plutarch sah die Weihinschriften zu seinen Ehren, und noch immer gab es einen Priester, der den Kult des Flamininus versah, gipfelnd in einem Paian, in dem Rom, die Treue der Römer und der Retter Titus gefeiert wurden.[70] Ihre Langlebigkeit verdankten diese Ehrungen aber nur der Endgültigkeit des römischen Sieges. Nichts wäre von ihnen geblieben, hätte Antiochos den Krieg doch noch gewonnen.[71]

Dabei waren die Akzeptanzbedingungen für die römische Herrschaft bei den kleineren Gemeinwesen von vornherein besser als bei Mittelstaaten wie dem Aitolischen oder Achaiischen Bund. Letztere wurden durch Rom in ihrer außenpolitischen Bewegungsfreiheit bald eingeengt; jene aber besaßen von Haus aus weniger Spielraum und konnten ihn durch Anlehnung an den

---

69 Polyb. XX 8,1-5; Liv. XXXV 51,6f.; XXXVI 11,1f.; Plut. Flam. 16,1f.: τοῦτο τοὺς Χαλκιδεῖς ἐποίησε βασιλίσαι προθυμότατα (2); App. Syr. 91. Zur politischen Absicht HOLLEAUX (1930b), 402; J. SEIBERT, Historische Beiträge zu den dynastischen Verbindungen in hellenistischer Zeit, Wiesbaden 1967, 61f.; GRUEN (1984), 637.

70 Plut. Flam. 16,1-7; Liv. XXXVI 21,1-3. Der Vorfall paßt zum Charakter Glabrios, der gewöhnlich überaus besonnen und maßvoll auftrat, jedoch nicht frei von Jähzorn war. Vgl. ECKSTEIN (1995a), 278-280; GRUEN (1982), 66f.; TRÄNKLE (1977), 177. Mit der Einrichtung eines Kultes für den σωτήρ Flamininus (bezeugt auch IG XII 9, 931) wollten die Chalkidier, etwas übertrieben, zum Ausdruck bringen, daß sie ihm die Fortexistenz ihres Gemeinwesens zu verdanken hatten. Als σωτήρ feierten die Griechen Flamininus auch nach der Freiheitserklärung bei den Isthmien und beim Abzug aus Korinth 194 (Polyb. XVIII 46,12; Liv. XXXIV 50,9 [vgl. BRISCOE (1981), 127]). Zur Bezeugung in Gytheion s. u. Vgl. allgemein CH. HABICHT, Gottmenschentum und griechische Städte, München 1970², 156-171; M. GELZER, Die Nobilität der römischen Republik, in: ders., Kleine Schriften, Bd. 1, Wiesbaden 1962, 133 Anm. 617.

71 Vgl. auch BADIAN (1959), 134.

Protektor Rom eher vergrößern: zum Schutz gegen Zumutungen der Mittelstaaten. Um so ernüchternder fällt die Bilanz aus, nicht nur bei Betrachtung des Antiochoskrieges: Dem mit Rom seit 200 recht stabil verbundenen Athen steht Boiotien gegenüber, dem Flamininus ausschließlich die Schattenseiten römischer Herrschaft zeigte – mit bekanntem Ergebnis. In Gytheion, das 195 Nabis entrissen worden war, wurde nicht nur bald nach den Ereignissen der Retter Flamininus inschriftlich geehrt, sondern noch unter Tiberius wurde ein Festtag der Kaiserspiele, der Kaisareia, nach ihm benannt, während die übrigen Mitgliedern des julisch-claudischen Herrscherhauses zugesprochen wurden; Messenien, das Flamininus den Achaiern überließ, dürfte solche Ehrungen kaum hervorgebracht haben.[72] Thessalien erlangte durch die Römer 196 die Unabhängigkeit, war dankbar und loyal; ebenso Demetrias und die Magneten, aber sie wurden 191 an Philipp verkauft. Roms Parteigänger in Chalkis versuchte Flamininus so lange wie möglich zu stützen; die in Opus, welche die Stadt 198 für ihn gehalten hatten, gegen die Aitoler, überantworteten Senat und Kommission 196 – den Aitolern.

Eine einheitliche Linie ist nicht erkennbar. Flamininus und Rom handelten im Sinne mancher kleinerer Staaten bzw. ihrer führenden Politiker, aber gegen den anderer, und öfters passierte ein und demselben Gemeinwesen beides. Gegenüber der vollständigen Durchsetzung römischer Interessen bei der Herrschaftsetablierung spielte das Bemühen um vertrauensvolle Stabilisierung der gegenseitigen Beziehungen kaum eine Rolle. Das Gesamtbild ist zwar positiver als bei den Mittelstaaten, aber nur wegen der weitgehenden Bedeutungslosigkeit der ›Kleinen‹: Widersetzlichkeit von ihrer Seite störte die Kreise Roms nur selten, und so vermochten einige von ihnen, im Guten wie im Schlechten, im Windschatten der Großmacht zu verbleiben. Das große Integrationspotential, das sich den Römern hier zur Festigung ihrer Hegemonie anbot, wurde von ihnen aber nur zu einem geringen und eher zufälligen Grade ausgeschöpft – wenn es denn überhaupt erkannt wurde.

---

72 Ehrendekret: Syll.³ 592; Kaisareia: S. B. Kougeas, Ἐπιγραφικαὶ ἐκ Γυθείου συμβολαὶ εἰς τὴν ἱστορίαν τῆς Λακωνικῆς κατὰ τοὺς χρόνους τῆς Ῥωμαϊκῆς αὐτοκρατορίας, Ἑλληνικά 1 (1928), 18 Z. 11f., 24f.; S. Eitrem, Zur Apotheose, SO 10 (1932), 47f. Die Aussagekraft der meist inschriftlich dokumentierten Ehrungen für Flamininus (höchstens etwa 15 verschiedene Maßnahmen, s. o. S. 13 Anm. 3) darf freilich nicht überschätzt werden. Schon wegen der Zufälligkeit ihrer Auffindung taugt ihre geographische Verbreitung nicht als Gradmesser für die unterschiedliche Popularität Roms und seines Feldherrn in den kleinen und großen Staaten Griechenlands. Vor allem aber waren die Statuen, Feste und Münzen nicht Ausdruck tatsächlicher Anhänglichkeit oder bloßen Sentiments, sondern Bemühungen, den Geehrten politisch festzulegen und in die Pflicht zu nehmen, also nicht nur eine Reaktion auf Wohltaten, sondern der Versuch, diese für die Zukunft zu sichern. Dieser Wechsel wurde, wie der obenstehende Befund zeigt, von Flamininus und den Römern nur sporadisch eingelöst.

Daß die Loyalität der griechischen Städte gegenüber der Republik schwankend war, wird so besser verständlich. Recht eigenartig mutet aber immer noch der Gleichmut an, mit dem die Römer den allgemeinen Abfall im Antiochoskrieg hinnahmen. Nach dem Sieg hätte man eigentlich ein Strafgericht erwartet – jedenfalls taten es die Chalkidier. Tatsächlich gab es ein paar Verweise und Mißmutsbekundungen, doch spürbare Sanktionen wurden über keine griechische Stadt verhängt, hatte sie sich erst reumütig ergeben. Das erste Beispiel ist gleich das beste. Nach den Thermopylen marschierte das siegreiche Heer durch Boiotien. Die Bevölkerung wußte, was sie zu erwarten hatte, zudem besaß sie seit 196 einschlägige Erfahrung mit den Legionen. Als Schutzflehende warteten die Boioter vor ihren Stadttoren. Doch Glabrio verhielt sich nicht anders wie im Frieden, niemandem wurde, wie Livius hervorhebt, etwas zuleide getan. Doch dann entdeckte der Konsul im Tempel der Athena Itonia, im Gebiet von Koroneia, ein Standbild des Antiochos. Im ersten Zorn befahl er, die Umgegend zu verwüsten. Als er sich jedoch klarmachte, daß die Statue nicht von den Koroneiern allein, sondern auf einen Beschluß des Boiotischen Bundes hin aufgestellt worden war, schien es ihm unangemessen, allein deren Gebiet zu verwüsten. In der Logik dieses Gedankenganges liegt die Ausweitung der Plünderungen auf ganz Boiotien. Niemand hätte daran Anstoß genommen, und es war ja eben das, was die Boioter erwarteten. Statt dessen ließ Glabrio die Legionäre sofort einhalten. »Nur mit Worten wurden die Boioter gezüchtigt wegen ihres Undanks gegen die Römer, angesichts so großer und erst unlängst gewährter Wohltaten.«[73]

So ging es weiter. Den Euboiern passierte bekanntlich nichts; die Eleer bekamen es nicht mit den Römern, sondern mit den Achaiern zu tun, und noch im selben Jahr wagten sie es, sich im Vertrauen auf diese gegen Flamininus und den Konsul zu stellen; die Messenier wandten sich umgekehrt an Flamininus um Hilfe gegen den Bund, als wäre nichts geschehen; die freimütigen Epeiroten hatten es schwerer, Glabrio ließ sie schmoren, der Senat behandelte sie mit ausgesuchter Ungnade – und verzieh ihnen; Amynander wollten die Römer zunächst ausgeliefert haben, doch dann durfte er 189 erfolgreich den Fürsprecher für die Aitoler spielen und wurde zweifellos wieder in Gnaden aufgenommen. Selbst den Aitolern gab Glabrio nach den Thermopylen noch eine Chance: Sie bräuchten nur den Senat um Verzeihung bitten, dann würden sie trotz ihrer prominenten Rolle im Krieg heil davonkommen. Immerhin hätten die Römer auch den anderen

73 Liv. XXXVI 20,1-4: *castigati tantum verbis Boeoti ob ingratum in tantis tamque recentibus beneficiis animum erga Romanos* (4).

Griechen verziehen, da sich diese nach der Niederlage des Königs nicht auf weiteren Widerstand versteift hätten.[74]

Ein erster Grund für die römische Milde liegt natürlich in der Person des Konsuls.[75] Doch offensichtlich ist das, auch ohne in eine Erörterung darüber einzutreten, wieviel Spielraum Glabrio zur Verfügung hatte, noch nicht befriedigend: Der Senat vertrat ja die gleiche Linie, ebenso wie Glabrios Nachfolger und ebenso wie Flamininus selbst, der in Chalkis schnell zur Milde riet, statt eventuellen persönlichen Vergeltungsgelüsten freien Lauf zu lassen. Weiter führt schon die Kürze des Abfalls. Der König hielt sich keine sieben Monate in Griechenland auf. Ebenso schnell wie die Griechen zu ihm übergetreten waren, kehrten sie zu den Römern zurück. Es gab keine jahrelange Hängepartie wie im Dritten Makedonischen Krieg, die Nervosität und Verdacht keimen ließ. Auch wurde nirgends eine römische Besatzung massakriert. Der Treuebruch, den die Römer beklagten, blieb im Grunde ein virtueller, keiner, der der Republik tatsächlichen Schaden zugefügt hätte. Im nachhinein mochte Antiochos' europäischer Feldzug Römern und Griechen wie ein böser Traum erscheinen, unangenehm zwar, aber vorübergehend und ohne Auswirkung.

Das hilft, die Römer besser zu verstehen. Aber es bleibt, daß Flamininus vor den Trümmern seiner Politik stand. Jedenfalls wird das heute weithin angenommen. In den Quellen findet sich davon freilich nichts. Kein Entsetzen im Senat oder bei den Feldherren. Kein Ärger über Flamininus. Keine schnellen Gegenmaßnahmen. Keine Umstrukturierung der Herrschaftsmethode. Keine Stationierung von Truppen. Keine Tributerhebung. Keine nennenswerten Annexionen. Nur große Gebietsgewinne für Makedonien, die dem Senat das nächste Jahrzehnt über Kopfzerbrechen bereiten sollten. Doch um Philipp hatte man sich schon Sorgen gemacht, als Griechenland noch gar nicht in politischer Sichtweite war. So lief im Grunde alles in denselben Geleisen weiter, und niemand schien ein Problem darin zu sehen.

Im Winter 192/191 hatte Hannibal, obgleich kaltgestellt, im seleukidischen Kriegsrat seine Meinung darlegen dürfen. Er hatte darauf gedrungen, Philipp als Verbündeten zu gewinnen. Das Bemühen um kleinere griechische Staaten wie Chalkis, Boiotien und Thessalien aber sei überflüssig. Diese seien ohne eigene Ressourcen. Stets unterwürfen sie sich derjenigen Großmacht, die gerade vor Ort agiere. Sobald die Legionen in Griechenland

---

74 Eleer: Liv. XXXVI 31,1-3; 35,7; Messenier: Liv. 31,1f.4-9; Epeiroten: Liv. 35,8-11 (vgl. HAMMOND [1967], 623f.; überinterpretiert von CABANES [1976], 282f.); Amynander: Polyb. XX 10,5; XXI 25,1f.; 29,2f.6-8.14 (vgl. OOST [1957], 11f.; GRUEN [1984], 476f.); Aitoler: Liv. XXXVI 22,1-3. Das Verhalten von Glabrios Heer rühmt Liv. XXXVI 21,3: *multo modestia post victoriam quam ipsa victoria laudabilior*.

75 Diesen Punkt betont ECKSTEIN (1995a), 279f. FERRARY (1988), 147, sieht Glabrio dagegen von Flamininus gelenkt.

auftauchten, würden sie sich wieder Rom zuwenden. Und diese Furcht, der bestimmende Zug ihres politischen Handelns, werde ihnen auch dann von Nutzen sein. Denn unter Berufung auf die seleukidische Übermacht könnten sie Gnade von den Römern erlangen.[76] Diese Hannibal in den Mund gelegten Worte sind eine gehässige, aber korrekte Analyse. Auch die Römer wußten um ihre Richtigkeit.[77] Ihre Macht beruhte von 200 bis 194 auf ihrer überlegenen Armee, in den zwei Jahren danach auf der Erinnerung daran. Vor den realen Waffen des Königs konnte sie keinen Bestand haben. Ebenso sicher war aber ihre Erneuerung, wenn nur die Legionen zurückkehrten und die Oberhand behielten. Und so kam es auch.

All das ist fast zu elementar, um es niederzuschreiben. Aber es macht deutlich, daß mit den Thermopylen die wesentlichen Probleme gelöst waren. Nicht daß die Römer den Abfall der Alliierten als natürlich und unvermeidbar ansahen. Der Vorwurf der Undankbarkeit war nicht geheuchelt. Aber das Verhalten der Griechen war doch nachvollziehbar, da es in der Abwesenheit der Legionen geschehen war. Und da die Römer vor allem auf diese vertrauten, nahmen sie – mit Recht – an, daß alle anderen es genauso taten. Auf dieser Basis gelangten Griechen und Römer zu einer schnellen Aussöhnung. Es gab keinen Grund, für die Zukunft etwas zu ändern. Der Störfall war zu problemlos behoben worden, als daß er eine dauerhafte Stationierung von Truppen erforderlich gemacht hätte. Zudem war jetzt weit und breit kein Konkurrent mehr sichtbar, der den Römern die Herrschaft über Griechenland streitig machen konnte.

❋

Die Vorgeschichte des Antiochoskrieges scheint auf den ersten Blick der beste Beweis für römische Besonnenheit. Äußere Herausforderungen wurden angenommen, aber nicht übertrieben. Man vermied eine Eskalation und suchte Kompromisse zu finden. Doch der Schein trügt. Sobald die Römer einen Feind ausgemacht hatten, ließen sie ihn nicht mehr los, außer um den Preis von dessen Selbstaufgabe. Fünf Jahre vergingen bis zum Ausbruch des Antiochoskrieges, die Römer hatten es nicht eilig. Aber ebensowenig wie sie den Konflikt forcierten, entschärften sie ihn. Kein einziges Mal boten sie ein substantielles Zugeständnis an. Antiochos verhielt sich nicht an-

---

76 Liv. XXXVI 7,1-5; App. Syr. 54.

77 Flamininus sagte das sogar 194 in Korinth, bei seinem Abschied vor den versammelten Griechen. Nur hob er die innenpolitische Seite hervor und drückte sich, der Situation entsprechend, möglichst positiv aus: *concordiae in civitatibus principes et ordines inter se et in commune omnes civitates consulerent. adversus consentientes nec regem quemquam satis validum nec tyrannum fore: discordiam et seditionem omnia opportuna insidiantibus facere, cum pars quae domestico certamine inferior sit externo potius se adplicet quam civi cedat* (Liv. XXXIV 49,9f.).

ders. So verbissen sich die Kontrahenten wie zwei Hofhunde ineinander, regungslos verharrend, aber mit dem Wissen, daß weichen mußte, wer als erster von der Kehle des anderen ließ.

Auch Flamininus hatte sich keineswegs der Deeskalation verschrieben. Als Prokonsul hatte er kein Interesse an einem Krieg. Seinen Sieg hatte er ja schon gehabt, ein neuer, unmittelbar anschließender Kampf hätte ihm wohl einen Nachfolger eingebracht und, schlimmer noch, den Sieg über Makedonien als bloßes Vorspiel zu Größerem erscheinen lassen. So wirkte Flamininus den Schreckensszenarien entgegen, die in Rom bereits entworfen wurden. Freilich hinderte ihn das keineswegs, die Antiochosgefahr in Erinnerung zu halten, sei es um einer Prorogation willen, sei es, um die Verbündeten einzuschüchtern. So richtig seine Einschätzung von Antiochos' Verhalten war, so wenig entsprang sie grundsätzlichen Überlegungen für den Umgang mit der zweiten Supermacht. Den Beweis lieferte er 193, als er gegenüber den seleukidischen Gesandten in den Kernpunkten hart blieb, sich also ganz auf der Linie des Senats und der Legaten bewegte. Mit dem scheinbar großzügigen Angebot, auf jeden Anspruch in Kleinasien zu verzichten, legte er lediglich erneut Zeugnis von seinem situativen Geschick ab, ebenso wie mit der darauffolgenden Show im Senat. Nichts spricht dafür, daß Flamininus einem neuen Krieg ablehnend gegenüberstand. Seinen eigenen hatte er ja beendet, und er war heimgekehrt, ohne einen Nachfolger erhalten zu haben, an der Spitze seiner Legionen.

Vielleicht wünschte sich Flamininus aber manchmal, als dieser Krieg längst ausgebrochen war, er hätte ihn verhindert. Denn trotz all seiner Bemühungen brach die römische Hegemonie recht geräuschlos in sich zusammen. Das lag zu einem guten Teil natürlich daran, daß Antiochos überaus geschickt agierte und kaum politische Fehler beging. Noch wichtiger war die grundsätzliche Bereitschaft der griechischen Staaten, sich im Kampf der Großmächte an die vielversprechendste anzuschließen, notfalls ohne Rücksicht auf vorhandene Bindungen. Ganz zu schweigen von den Hoffnungen der innenpolitischen Opposition. Man könnte von daher argumentieren, daß der Rückschlag von 192/191 ohnehin nicht zu verhindern gewesen wäre, und vielleicht ist das auch nicht falsch. Doch ganz so einfach stellen sich die Dinge nicht dar. Dem Abfall von Philipps Verbündeten, insbesondere dem der Achaier, war seinerzeit ein langer Entfremdungsprozeß vorausgegangen, und er hatte erst dann eingesetzt, als Philipps Niederlage sehr wahrscheinlich geworden war. Im Winter 192/191 aber war nicht einmal eine Tendenz des Kriegsglücks erkennbar. Es standen kaum römische Truppen auf der Balkanhalbinsel, aber das würde sich bald ändern. Mit der Ungewißheit über den Kriegsausgang nahmen die zu Antiochos abgefallenen griechischen Staaten also die Möglichkeit eines römischen Strafgerichts in Kauf.

Zwar hatte die makedonische Hegemonie ungleich länger angedauert als die römische, hatte also erheblich festere Wurzeln schlagen können. Doch mit einer solchen Machtfülle wie die Römer hatten Philipp und seine Vorfahren nie über die Balkanhalbinsel geboten. Man muß schon zu Alexander dem Großen und Philipp II. zurückgehen, um Vergleichbares zu finden. Entsprechend groß waren also die Möglichkeiten, durch konstruktive Politik und weiterführende Maßnahmen vielleicht nicht alle Griechen zu gewinnen, aber doch einige verläßliche Stützen der Herrschaft. Die vorhergehenden Kapitel haben gezeigt, daß diese Chance bei den größeren griechischen Staaten vergeben wurde. Die europäische Phase des Antiochoskrieges lehrt: Bei den kleineren war es nicht anders.

Philipp II. war auf den Perserkrieg verfallen. Dieser sollte seinem Bund ein positives Ziel geben und den Unterworfenen die Identifikation mit ihrem neuen Herrn erleichtern. Der Erfolg des Konzepts, zumindest in der von Alexander umgesetzten Form, blieb bescheiden. Aber der Ansatz und seine Durchführung waren dagewesen. Was hatten die Römer in dieser Hinsicht anzubieten? Oben habe ich die erstaunliche Milde nach den Thermopylen mit dem römischen Vertrauen in die Legionen erklärt. Expandierende Großmächte bauen im Kern natürlich auf ihre militärische Stärke. Doch das kann nicht schon der ganze Gehalt der römischen Griechenlandpolitik gewesen sein. Es ist kaum vorstellbar, daß die Römer den Besiegten keinen anderen ›Anreiz‹ boten als die eigene, permanente Sieghaftigkeit.

Andererseits wäre dies die einfachste Lösung für den eigenartigen römischen Gleichmut. Niemand regte sich über das Scheitern von Flamininus' Politik auf, niemand versuchte Konsequenzen für die Zukunft zu ziehen, weil eine solche Politik einfach nie existiert hatte. Das hieße, Flamininus hätte zu keinem Zeitpunkt eine langfristige Strategie im Umgang mit den Griechen verfolgt. Doch das scheint offensichtlich falsch. Schließlich verkündeten Flamininus und die übrigen Römer 196 die griechische Freiheit, und spätestens 194 ließen sie diese Freiheit Wirklichkeit werden. Ein weitgehenderes Angebot einer Vormacht, großzügiger bemessene Grenzen, eine überzeugenderes Konzept zur Gewinnung innerer Zustimmung scheinen gar nicht vorstellbar.

Ein politisches Konzept? Flamininus und die Freiheit

Den Krieg gegen Philipp führten die Römer, um sich zu rächen und um eine potentielle Bedrohung auszuschalten. Griechenland interessierte sie zunächst nicht, und zu keinem Zeitpunkt versuchten die Feldherren Galba, Tappulus und Flamininus, den König mit dem Schlagwort der Befreiung der Griechen in die politische Defensive zu treiben. Die Beziehungen der Achaier zur neuen Hegemonialmacht Rom waren von erheblichen Anpassungsschwierigkeiten geprägt, aber um die Freiheit ging es dabei nicht. Die Aitoler propagierten zwar, daß die Römer falsche Befreier seien, aber das war nur eine Reaktion auf ihre Zurücksetzung durch Flamininus, kein Ansatz zu einer widerstreitenden Konzeption. Politisch bewegten die Aitoler damit nichts. Was Antiochos betrifft, wollten die Römer mit der Forderung nach der Freiheit Kleinasiens nur ein Druckmittel in die Hand bekommen, um ihre eigentlichen Anliegen durchzusetzen. Und die kleineren Staaten orientierten sich weniger an römischen oder seleukidischen Freiheitsparolen als an machtpolitischen Interessen und Zwängen. Es scheint so, als könne die Geschichte dieser Jahre geschrieben werden, ohne das Wort ›Freiheit‹ mehr als ein-, zweimal in den Mund zu nehmen – wenn überhaupt. Doch das verschärft nur das Dilemma, das am Ende des vorhergehenden Kapitels offensichtlich geworden ist. Auf der einen Seite die Wirkungslosigkeit des Freiheitsslogans, auf der anderen nicht nur die wiederholte rhetorische Bekräftigung durch Flamininus und andere Römer, sondern vor allem scheinbar unwiderlegbare Beweise für die Wirksamkeit des römischen Freiheitskonzepts: die seleukidische Befreiungspolitik während des Feldzugs 192/191, als Reaktion auf die römische, der Abzug 194 und natürlich die Freiheitsproklamation 196. Diese Beweise gilt es zu überprüfen.

Die Entdeckung der Freiheit

Da zur Aufnahme des Wortes ›Freiheit‹ in den außenpolitischen Wortschatz der Römer schon vieles, und vor allem viel Richtiges, gesagt wurde, kann ich mich kurz fassen. In Reaktion auf Ernst Badians These, die Römer hätten auf Griechenland ihre eigene, im Westen längst entwickelte und erprobte Vorstellung von Freiheit übertragen, haben vor allem Erich S. Gruen und Jean-Louis Ferrary ihren griechischen Ursprung erwiesen. Nicht nur, daß schon in klassischer Zeit die Polis ohne die Freiheit nicht auskommen konnte, nicht nur, daß die Gewährung von Freiheit für Unterworfene seit langem zum Repertoire hellenistischer Herrscher gehörte – es gab auch Präzedenzfälle für die Isthmische Proklamation: die allgemeinen Freiheitsverkündungen von Polyperchon 319 und von Antigonos Monophthalmos 314 sowie den 220 unter dem Vorsitz Philipps V. gefaßten Kriegsbeschluß des Hellenenbundes, in dem den zwangsweise dem Aitolischen Bund einverleibten Gemeinwesen die Freiheit versprochen wurde.[1]

Das erklärte römische Ziel im Zweiten Makedonischen Krieg war die Eliminierung von Philipps Einfluß in Griechenland. Mit dieser Forderung hatten die Römer den Krieg begonnen und bis zum Sieg bei Kynoskephalai durchgefochten. Von Philipp zu verlangen, sich aus ganz Griechenland zurückzuziehen, hieß aber noch nicht, den Griechen die Freiheit zu geben. Ersteres war eine notwendige Vorbedingung für letzteres, keineswegs eine hinreichende. Ein punktueller Akt, mit dem die Vergangenheit abgeschlossen wurde, stand einer Perspektive für die Zukunft unverbunden gegenüber. Freilich war der Abstand nicht unüberbrückbar. Den Schritt von der Vertreibung des Feindes zum ausdrücklich deklarierten eigenen Herrschaftsverzicht tun Sieger zwar recht selten, aber es wohnt ihm eine gewisse Konsequenz inne. Vor allem liegt er dann nahe, wenn der Krieg nur wegen der Schwächung eines Gegners geführt wird, nicht aus dem Wunsch nach Annexionen heraus. Dies trifft auf den Krieg gegen Philipp zu. So betrachtet, läßt sich durchaus sagen: Die Rückzugsforderung war die negative Seite der Medaille, die Freiheit die positive. Angesichts dieser Voraussetzung und der Bedeutung der Freiheit im politischen Instrumentarium des Hellenismus bedurfte es keines Genies, um die Befreiung der Griechen auf die Tagesordnung zu setzen.

Welcher Römer war dieses Nichtgenie? Man nimmt gern an, es sei Flamininus gewesen. Natürlich machte der Feldherr bald nähere Bekanntschaft mit der politischen Kultur Griechenlands. Also habe er zunächst eine aus dem Kreis der Alliierten kommende Anregung aufgenommen – genannt wird der Name Aristainos –, dann die Freiheit der Griechen zu seinem Anliegen gemacht und, da er auch den Senat davon überzeugen konnte, zum

---

1 GRUEN (1984), 132-145; FERRARY (1988), 83-86. Vgl. auch SHERWIN-WHITE (1973), 175f.; HEUSS (1963), 216-221; BERNHARDT (1971), 10-18; PETZOLD (1992), 215-219. Der Versuch, einem bestimmten Ereignis unmittelbaren Vorbildcharakter für die Isthmische Proklamation zuzusprechen – Favorit ist der Beschluß von 220 (Polyb. IV 25,7) – (so FERRARY mit zahlreicher Literatur; abwägend ECKSTEIN [1990], 65-67), scheint mir müßig; wahrscheinlich ist er ohnehin zum Scheitern verurteilt: HEUSS (1933), 95 Anm. 1; s. auch u. Anm. 9. An einer ursprünglich römischen Konzeption im Sinne BADIANS (1958), 37, 73f., halten dagegen fest BRISCOE (1972), 42f.; SEAGER (1981), 107; WILL (1982), 173f.; RICH (1985), 91f.; T. YOSHIMURA, Zum römischen *libertas*-Begriff in der Außenpolitik im zweiten Jahrhundert vor Chr., AJAH 9 (1984), 11-14. Zur symbolträchtigen Wahl von Ort und Gelegenheit für die Proklamation vgl. FERRARY, 86-88.

Kern eines römischen Programms für die Nachkriegszeit.[2] Unsere Quellen wissen davon freilich nichts. Der erste Beleg dafür, daß die Römer sich mit der griechischen Freiheit identifizierten, ist nämlich der Senatsbeschluß von Anfang 196 über die Neuordnung Griechenlands. Natürlich war dieser der Schlußpunkt einer längeren Entwicklung, aber es gibt kein Anzeichen dafür, daß Flamininus an ihrem Anfang stand. Im Gegenteil. Als sich die Alliierten im Tempetal berieten, nach Kynoskephalai und vor den Friedensverhandlungen mit Philipp, konnte er mit der griechischen Freiheit noch nicht viel anfangen. Der Aitoler Alexandros Isios versuchte Flamininus von einem Friedensschluß abzubringen. Anders würden weder der Frieden für die Römer noch die Freiheit für die Griechen Bestand haben. Wenn Flamininus die römischen Absichten und seine eigenen Versprechungen, die er allen Griechen gemacht habe, erfüllen wolle, müsse er den Krieg bis zum Sturz des Königs fortsetzen. In seiner ausführlichen Antwort sagte der Prokonsul weder etwas von der griechischen Freiheit noch von etwaigen Versprechungen in dieser Hinsicht. Zwar sprach er mehr von den römischen (und den eigenen) Methoden als von den Zielen, aber gleich zu Anfang bescheinigte er Alexandros, im Irrtum über die römische Politik wie über seine eigenen Absichten zu sein. Am Schluß versprach Flamininus nur, den Vertrag so zu gestalten, daß Philipp keine Gelegenheit mehr bekommen werde, den Griechen Unrecht zu tun. Das war eine bloße Bekräftigung des Kriegsziels, Makedonien aus Griechenland auszuschließen. Falls der Prokonsul sich zu diesem Zeitpunkt Gedanken über die griechische Freiheit gemacht haben sollte, so waren sie noch nicht so weit gediehen, daß er Alexandros' Vorlage aufzunehmen vermochte.[3]

---

2 Vgl. ECKSTEIN (1990), 48-71, der 45f. auch einen knappen Forschungsüberblick gibt; DENS. (1987c), 296f.; WALSH (1996). Schon HOLLEAUX (1921b), 307f. mit Anm. 2, kritisierte diese Ansicht, doch er ging davon aus, daß Rom schon seit 200 ein Freiheitskonzept vertreten hatte (so auch [1930b], 342, 367).

3 Polyb. XVIII 36,6-37,12: τοῖς δ' ὅλοις πράγμασιν ἀγνοεῖν [sc. ὁ Ἀλέξανδρος] ἔφη καὶ παραπίπτειν αὐτόν [sc. τὸν Τίτον], εἰ πέπεισται διαλύσεις ποιησάμενος πρὸς Φίλιππον ἢ Ῥωμαίοις τὴν εἰρήνην ἢ τοῖς Ἕλλησι τὴν ἐλευθερίαν βέβαιον ἀπολείψειν· οὐδέτερον γὰρ εἶναι τούτων δυνατόν, ἀλλ' εἰ βούλεται καὶ τὴν τῆς πατρίδος πρόθεσιν ἐπιτελῆ ποιεῖν καὶ τὰς ἰδίας ὑποσχέσεις, ἃς ὑπέσχηται πᾶσι τοῖς Ἕλλησι, μίαν ὑπάρχειν ἔφη διάλυσιν πρὸς Μακεδόνας τὸ Φίλιππον ἐκβάλλειν ἐκ τῆς ἀρχῆς (36,6f.). Liv. XXXIII 12,9 läßt Flamininus von der Freiheit sprechen, doch selbst bei ihm ist dieser Zusatz zur Polybianischen Vorlage nur eine Nebenbemerkung. Vgl. WILL (1982), 165. WALSH (1996), 353f., nimmt die Auseinandersetzung als Beweis, daß Flamininus den Griechen schon längst die Freiheit zugesichert hatte. Doch Alexandros behauptet keineswegs, der Prokonsul habe ein Freiheitsversprechen abgegeben; er sagt lediglich, daß ein vorzeitiger Friedensschluß die Freiheit nicht garantieren werde und daß Flamininus Versprechungen gemacht habe, die nicht näher definiert werden. Man kann das in WALSHS Sinne deuten, muß es aber nicht. Wahrscheinlich machte Alexandros eher einen Versuch, den Feldherrn auf die Freiheit festzulegen und ihn so in die Enge zu treiben; die spätere aitolische Agitation bereitete sich vor. Entscheidend ist aber das Fehlen der Freiheit in Flamininus' Antwort, was nach Alexandros' Emphase einem Dementi gleichkommt. Es kann also keine Rede

Auf der anderen Seite hatte der Senat sich ein halbes Jahr zuvor selber ein Bild von der Bedeutung der Freiheit in der griechischen Welt machen können, ohne Vermittlung des Feldherrn. Die Gesandten der Alliierten, die nach dem Waffenstillstand von Lokris nach Rom geeilt waren, bemühten sich nach Kräften, den Senat zur Fortführung des Krieges zu bewegen. Da Flamininus' Freunde inzwischen dessen Prorogation durchgesetzt hatten, ließen sie die Griechen gern gewähren: Wenn Philipp die drei Fußfesseln Korinth, Chalkis und Demetrias behalten dürfe, könne er jederzeit seine Hegemonie über Griechenland wiederaufrichten. Dieser Hinweis entschied die Angelegenheit im gewünschten Sinne. Die Gesandten garnierten ihren Appell noch mit Hilfsargumenten. Einmal mit dem Hinweis, daß das Gröbste geschafft sei und die Makedonen fast am Boden lägen. Zum andern könne Griechenland, solange Philipp nicht niedergerungen sei, an die Freiheit nicht einmal denken. Der Senat möge die diesbezüglichen Hoffnungen der Griechen nicht enttäuschen, mit der Befreiung sei schließlich auch – ein nicht unbedeutender Hinweis – der schönste Ruhm verbunden. Diese Rhetorik dürfte den Senat nicht entscheidend beeinflußt haben, aber es mag der Moment gewesen sein, in dem einige seiner Mitglieder auf das Potential des Slogans aufmerksam wurden.[4]

Sicherheit über den ›Erfinder‹ der Freiheit läßt sich nicht gewinnen. Es kann durchaus sein, daß Flamininus in dem Halbjahr zwischen der Tempekonferenz und der Verabschiedung des Senatsbeschlusses die Initiative er-

davon sein, daß Flamininus seine Verpflichtung zur Befreiung Griechenlands ausdrücklich anerkannt habe.

4 Polyb. XVIII 11,2-12. WALSH (1996), 350-353, glaubt, Flamininus habe hinter der Freiheitsargumentation der griechischen Gesandten gestanden. Tatsächlich hatte Flamininus König Amynander auch deshalb nach Rom geschickt, weil er von seinen dortigen Freunden leicht zu lenken wäre (Polyb. 10,7). Und diese Freunde und Flamininus' Gesandte dürften, nachdem die Prorogation erreicht war, die Griechen, nicht nur Amynander zu einem scharfen Auftreten vor dem Senat ermuntert haben (vgl. nur HOLLEAUX [1923], 70f. mit Anm. 4; WALBANK [1967], 563). Viel Überzeugungskraft brauchten sie freilich nicht aufzubringen, hatten die Alliierten sich doch schon in Lokris gegen den Waffenstillstand gesträubt (Polyb. 9,6-10,1). Deren Hauptsorge war, Philipp jeden Einfluß auf Griechenland zu nehmen – genau wie die des Senats. Hier gab es also nicht viel zu soufflieren. Die Römer rieten nur eindringlich zur Konzentration der Argumentation auf die drei Fußfesseln – denn auf die Forderung nach der Aufgabe dieser Städte würde Philipp nicht vorbereitet sein. So hatte Flamininus nämlich die Sache eingefädelt (s. o. S. 199 Anm. 39). Doch warum sollten er oder seine Vertrauten auf die Verwendung der Freiheitsparole drängen? WALSH selbst sagt, daß der Senat sich noch nicht dafür interessierte. Flamininus und den Seinen fehlte jedes Motiv. Zudem hatte Flamininus eben noch, während der Konferenz von Lokris, kein Wort von der griechischen Freiheit gesagt. Auch WALSH, 349f., vermerkt ihr Fehlen ausdrücklich. Kaum zu erwarten, daß sie von einem Tag auf den anderen ins Zentrum von Flamininus' Überlegungen trat. Angesichts des Fehlens jedes Hinweises und jeder Wahrscheinlichkeit ist es fast überflüssig zu wiederholen, daß Flamininus noch nach Kynoskephalai nichts von der Freiheit wußte (s. o. Anm. 3). Man kann den griechischen Gesandten also getrost zutrauen, daß sie aus eigener Initiative handelten, und das taten sie ganz in den Bahnen traditioneller hellenistischer Politik. Vgl. auch AYMARD (1938b), 130 Anm. 59.

griff und Rom zu überzeugen wußte. Ebensogut können aber ein paar Senatoren auf die entsprechende Formulierung hingewirkt haben, in der Hoffnung, ihrem Feldherrn und der Senatskommission damit Rückhalt zu verschaffen.[5] Daß Flamininus die Anregung aufgriff und sich für die Befreiung Griechenlands entschiedener einsetzte als die zehn Legaten, beweist noch nicht seine Urheberschaft. Eher würde ein solches Verhalten gut zu der schon öfters bemerkten Passivität des Feldherrn passen, gerade in den ersten Jahren seiner Tätigkeit im Osten. Gern ließ er die Dinge auf sich zukommen, um dann das Beste daraus zu machen.

Viel wichtiger als die Genese des römischen Freiheitsslogans ist aber: Was bedeutete die griechische Freiheit überhaupt? Die Isthmische Proklamation hat folgenden Wortlaut: »Der römische Senat und der Konsul Titus Quinctius, die Sieger über König Philipp und die Makedonen, gewähren Freiheit, Verzicht auf Besatzungen, Verzicht auf Tribut und den Gebrauch der väterlichen Gesetze den Korinthern, Phokern, Lokrern, Euboiern, phthiotischen Achaiern, Magneten, Thessalern und Perrhaibern.«[6] Gegeben wurde also nicht Freiheit schlechthin, sondern ein Bündel von Privilegien. Besatzungs- und Tributfreiheit bedürfen keiner Erläuterung. Die Eleutheria ist der Ober- oder besser Gesamtbegriff, neben die anderen Begriffe gestellt, meint sie am ehesten die außenpolitische Souveränität. Mit dem Gebrauch der väterlichen Gesetze ist die Selbstverwaltung und Verfassungsfreiheit umschrieben, dem Wortsinn nach die Autonomia. Eine strikte Abgrenzung zur Eleutheria ist aber nicht möglich, die Begriffe können füreinander eintreten, und auch die Autonomia kann allgemein stehen. Es gab also mehrere ›Freiheiten‹. Freiheit war, wie Hatto H. Schmitt mit Recht gesagt hat, im Hellenismus interpretierbar.[7]

5 In letzterem Sinne SEAGER (1981), 109; GRUEN (1984), 145f. Ablehnend ECKSTEIN (1987c), 275 Anm. 25, 296.

6 Polyb. XVIII 46,5: Ἡ σύγκλητος ἡ Ῥωμαίων καὶ Τίτος Κοίντιος στρατηγὸς ὕπατος, καταπολεμήσαντες βασιλέα Φίλιππον καὶ Μακεδόνας, ἀφιᾶσιν ἐλευθέρους, ἀφρουρήτους, ἀφορολογήτους, νόμοις χρωμένους τοῖς πατρίοις, Κορινθίους, Φοκέας, Λοκρούς, Εὐβοεῖς, Ἀχαιοὺς τοὺς Φθιώτας, Μάγνητας, Θετταλούς, Περραιβούς; Plut. Flam. 10,5 (fast identisch); Liv. XXXIII 32,5; App. Mac. 9,4.

7 SCHMITT (1964), 98. Vgl. HEIDEMANN (1966), 94 Anm. 4, 114 Anm. 6. Schon in klassischer Zeit war eine klare Scheidung von ἐλευθερία und αὐτονομία kaum möglich, doch zielte der erstere Begriff vor allem auf ›äußere Unabhängigkeit‹, der letztere auf ›Selbstbestimmung‹ (vgl. RAAFLAUB [1985], 193-203; ferner W. SCHULLER, Die Herrschaft der Athener im Ersten Attischen Seebund, Berlin u. a. 1974, 109-111 mit Anm. 184; SMARCZYK [1986], 70-72, 100-104; OSTWALD [1982], 41-43; P. KARAVITES, The Political Use of Ἐλευθερία and Αὐτονομία in the Fourth Century among the Greek City-States, RIDA 31 [1984], 178-191; M. JEHNE, Koine Eirene, Stuttgart 1994, 271-273). Im Hellenismus kamen die Begriffe annähernd zur Deckung, sie konnten einander ersetzen, ohne daß dies einen erkennbaren Bedeutungsunterschied ausgemacht hätte: HEUSS (1963), 221; LEHMANN (1967), 115 mit Anm. 150; GRUEN (1984), 135 Anm. 16; MA (2002), 161f.; etwas anders W. ORTH, Königlicher Machtanspruch und städtische Freiheit, Mün-

Das kam daher, daß die hellenistischen Herrscher ihren Griechenstädten keine völlige Freiheit zugestanden – sonst wären diese ja aus ihrem Machtbereich ausgeschieden –, sondern nur Teilaspekte, also Freiheiten.[8] Da die Polis aber grundsätzlich nach Unabhängigkeit strebte, war hier ein Gegensatz angelegt, der überdeckt und gemildert werden konnte, nie aber beseitigt. Die Königreiche waren zu instabil, um eine Gewaltherrschaft dauerhaft aufrechtzuerhalten, und diese wäre auch gar nicht sinnvoll gewesen. Denn die Herrscher brauchten die Akzeptanz der Poleis: Deren Wirtschaftskraft und Manpower waren unverzichtbar. Auch im Hellenismus blieb die Polis die mit Abstand effizienteste Organisationsform staatlicher Gemeinschaft. Dies erkannten die Könige nicht zuletzt dadurch an, daß sie selbst, besonders die Seleukiden, weitere griechische Städte gründeten. Auf diese neuen Poleis konnten sie natürlich viel unbekümmerter Einfluß nehmen als auf die jahrhundertealten Städte Griechenlands und Kleinasiens. Doch die Neugründungen boten keinen Ersatz für letztere. Nicht zu vergessen ist, daß in den Poleis das Image des Herrschers geprägt wurde. Zeigte er gegenüber den Unterworfenen nicht ein Mindestmaß an Entgegenkommen, verdunkelte dies sein Bild, und weitere Erfolge wurden recht schwierig. Philipp V. hatte dies bei seinen Ägäisexpeditionen, die letztlich in den zweiten Krieg mit den Römern mündeten, erfahren müssen.[9]

---

chen 1977, 4. Wohl deshalb griff man lieber zur Wendung ›die väterlichen bzw. eigenen Gesetze gebrauchen‹, wenn neben der ἐλευθερία der Aspekt der inneren Freiheit betont werden sollte.

8 Zum Folgenden vgl. neben der o. Anm. 1 genannten Literatur etwa GEHRKE (2003), 63-65, 70-72, 184-187 (mit Lit.); SCHMITT (1964), 96-99; DENS., KLH, 757 s. v. Staat; DENS., KLH, 766-774 s. v. Stadt; E. S. GRUEN, The Polis in the Hellenistic World, in: R. M. Rosen / J. Farrell (Hrsgg.), Nomodeiktes, Ann Arbor 1993, 339-354, bes. 340-342; HEUSS (1963), 208-215, 224-244, 294; BRINGMANN (2000), 107-125, 134-142; HEIDEMANN (1966), 12-14; SEAGER (1981), 106f.; anders, mit Überbetonung der Verfügungsgewalt der Herrscher über die Städte, P. GREEN, Alexander to Actium, Berkeley u. a. 1990, 196-198. Das hier entworfene Bild der Beziehungen zwischen Polis und Herrscher ist natürlich vereinfachend und auch ausschnitthaft. Wenn ich die grundsätzliche Unsicherheit von Herrschaft betone, will ich damit nicht leugnen, daß die Könige auch dauerhaftere Strukturen etablieren konnten, die einen hohen Grad an Kontrolle über die unterworfenen Städte aufwiesen. Gleichzeitig gilt das im Text Gesagte vor allem für das Mutterland mit seiner durchgängig hohen Konzentration an Poleis (und deren teilweisem Zusammenschluß in Bundesstaaten), die von vornherein recht schwer in den Griff zu bekommen waren, nicht nur von dem relativ schwachen Makedonien, sondern vor allem von den allzuweit entfernten Ptolemaiern und Herrschern Asiens. In geringerem Maße trifft es, um von den vereinzelten Poleis im restlichen Mittelmeerraum ganz zu schweigen, auf die Städte im westlichen Kleinasien zu, die ein relativ kleines, peripheres Siedlungsgebiet einnahmen und einem Flächenstaat wie dem Seleukidenreich weniger entgegenzusetzen hatten – wenn dieses, und das ist wieder bezeichnend, nicht gerade eine seiner Phasen innerer Schwäche durchmachte. Zu den Seleukiden vgl. MA (2002), 106-178, bes. 150-174; BIKERMAN (1938), 133-163; D. MUSTI, Syria and the East, in: CAH 7,1, 1984^2, 204-209; ORTH (1977), bes. 178-187 (mit der Rez. von S. M. SHERWIN-WHITE, JHS 103 [1983], 214f.).

9 Man vergleiche nur die bitteren Bemerkungen, die Polyb. XV 24,4-6 anläßlich der Einnahme von Thasos durch makedonische Truppen 202 über das Freiheitsverständnis der Könige und besonders das Philipps macht. S. auch o. S. 88 mit Anm. 66. Philipps schlechter Leumund

Andererseits waren die meisten Poleis viel zu schwach (und zu uneinig), als daß sie über momentane Erfolge gegen die ungeliebten Könige hinausgekommen wären. Sich dauerhaft dem Einfluß der hellenistischen Reiche zu entziehen gelang nur den wenigsten. Rhodos ist hier zu nennen. Aber selbst ein Staatenbund wie der Achaiische Bund, der in der Konfrontation mit Makedonien groß geworden war, mußte in der Spartanernot Hilfe bei Antigonos Doson suchen. Die großen Reiche waren eben nicht nur unwillkommen. Sie boten Schutz gegen äußere Bedrohungen, mit denen eine Stadt allein nicht fertig werden konnte, und sei es nur ein anderer Herrscher. Daneben boten sie Gruppierungen innerhalb der Polis die Chance, durch einen (mitunter bestellten) Ruf nach Unterstützung, dem die Könige gerne nachkamen, ihrer innenpolitischen Gegner Herr zu werden, sei es, daß diese vertrieben, sei es, daß sie umgebracht wurden. Und den neuen Machthabern lag dann, wenigstens zunächst, an einer Erhaltung des Bündnisses, das sie an die Regierung gebracht hatte. Denn ein erneuter äußerer Umschwung würde mit einer gewissen Wahrscheinlichkeit auch ihren Sturz herbeiführen.[10]

So konnten Herrscher und Stadt ohne ein Mindestmaß an gegenseitiger Rücksichtnahme nicht miteinander auskommen. Zu befreien lag daher durchaus im Interesse der Könige – wenn es nur nicht zu weit ging. Im Grunde war es abstrus: Als Gegenleistung für die Gewährung von Freiheit oder besser Freiheiten wurde Wohlverhalten erwartet, also das gerade Gegenteil des Gewährten. So stand Freiheit immer im Spannungsverhältnis zwischen Herrscher und Stadt. Der Begriff war unscharf, wesentlich verschwommener, als er es heutzutage in der westlichen Gesellschaft ist. Wohl nur in der Begegnung mit anderen Kulturkreisen erfahren wir ähnliches.[11] Von interkulturellen Verständigungsschwierigkeiten blieben die Griechen freilich verschont. Sie wußten sehr wohl, wieviel Schönsprecherei in den Freiheitsverheißungen und -gewährungen enthalten war, in welchem Maße diese Rhetorik aus ›Worthülsen‹ bestand, und sie vermochten auf derselben Ebene zu antworten. Deswegen war die Verkündung der Freiheit noch kein inhaltsleerer Gemeinplatz, nur rechneten die Polisbürger wie selbstverständlich mit der großen Differenz zwischen Ideal und Realität.

---

während dieser Jahre macht es höchst unwahrscheinlich, daß Flamininus sich ausgerechnet ihn als Vorbild für seine Freiheitspropaganda wählte (so WALSH [1996], 358-362). WALSH betont, daß kein anderer Herrscher derart häufig die viergliedrige Isthmische Freiheitsformel verwandte. Doch neben dem Beschluß des Hellenenbundes von 220 vermag er nur ein Angebot an die Eleer zu nennen (Polyb. IV 84,5), keine zwei Jahre später und in eben dem Krieg, der damals erklärt worden war: ein offensichtliches Selbstzitat. Das einzige weitere Beispiel ist ausgerechnet das gebrochene Versprechen gegenüber Thasos (Polyb. XV 24,2f.). Inschriftliche Belege fehlen völlig.

10 S. nur o. S. 268-275 zum Schwanken der Poleis zwischen Rom und Antiochos. Das Phänomen wird von MA (2002), 173, ohne weiteres geleugnet.

11 Vgl. dazu PFEILSCHIFTER (2000), 113.

Wenn nun die Römer von Freiheit sprachen, war dies weder neu noch spektakulär. Und vor allem wußten die Griechen um die wahren Absichten der Befreier. Freiheitspolitik war also eine durchaus konventionelle Politik, ich möchte sagen, eine Politik der mittleren Linie: von der Gewährung völliger Freiheit ebenso entfernt wie von ihrer Negierung. So waren Befreier in den Augen der Griechen noch keineswegs diskreditiert, wenn sie die Freiheit nur halbherzig umsetzten. Das war ja die Regel. Im Umkehrschluß bedeutet das aber: Hätte jemand ein Freiheitsprogramm auf neue, radikale Art umgesetzt, ohne Kompromisse und Rücksichten, so hätte er damit durchschlagenden Erfolg bei den Befreiten haben können. Sieht man sich den Jubel an, mit dem die Griechen die Isthmische Freiheitserklärung aufnahmen, dann drängt sich der Schluß auf: Genau das taten die Römer.

Die Isthmischen Spiele

Im Frühjahr 196 traf die Zehnerkommission zur Neuordnung Griechenlands ein. Sie brachte den Senatsbeschluß mit, der neben den Ausführungsbestimmungen für den Frieden mit Philipp in groben Zügen die Nachkriegsordnung festlegte. Das war die erste offizielle Äußerung Roms zur Zukunft der Griechen und damit offenbar der Beginn einer römischen Griechenlandpolitik. Die Hauptpunkte waren: »Alle übrigen Griechen, in Asien wie in Europa, sollen frei sein und ihre eigenen Gesetze gebrauchen. Seine Untertanen und die Städte, in denen er eine Besatzung unterhält, soll Philipp bis zu den Isthmischen Spielen den Römern übergeben, Euromos, Pedasa, Bargylia, Iasos, ebenso Abydos, Thasos, Myrina und Perinthos soll er freilassen und seine Besatzungen abziehen.«[12] Der erste Satz war gleich der überraschendste. Denn er bezog sich nicht auf die von Philipp kontrollierten Gebiete, sondern eben auf die anderen Griechen. Diese aber, zumindest soweit es Europa betraf, waren schon frei. Der Senatsbeschluß bestimmte also nichts Neues, sondern bestätigte den Status quo, im Sinne einer politischen Absichtserklärung, nicht als rechtliche Garantie.[13] Niemand hatte den Senat zu dieser Stellungnahme gezwungen oder sie auch nur erwarten können. Der Beschluß begann also mit einem Paukenschlag. Die nächsten beiden

12 Polyb. XVIII 44,2-4: τοὺς μὲν ἄλλους Ἕλληνας πάντας, τούς τε κατὰ τὴν Ἀσίαν καὶ κατὰ τὴν Εὐρώπην, ἐλευθέρους ὑπάρχειν καὶ νόμοις χρῆσθαι τοῖς ἰδίοις· τοὺς δὲ ταττομένους ὑπὸ Φίλιππον καὶ τὰς πόλεις τὰς ἐμφρούρους παραδοῦναι Φίλιππον Ῥωμαίοις πρὸ τῆς τῶν Ἰσθμίων πανηγύρεως, Εὔρωμον δὲ καὶ Πήδασα καὶ Βαργύλια καὶ τὴν Ἰασέων πόλιν, ὁμοίως Ἄβυδον, Θάσον, Μύριναν, Πέρινθον, ἐλευθέρας ἀφεῖναι τὰς φρουρὰς ἐξ αὑτῶν μεταστησάμενον. Zu den Abweichungen bei Liv. XXXIII 30,1-3 vgl. BRISCOE (1973), 304f.

13 S. o. S. 111 Anm. 51 und vgl. GRUEN (1984), 146 mit Anm. 85.

Klauseln galten dann Philipps Besitzungen, unterschieden nach Europa auf der einen und Asien bzw. dem Ägäisgebiet auf der anderen Seite. Die asiatischen Städte wurden alle namentlich genannt: Philipp mußte sie räumen und in die Freiheit entlassen; ihr Status würde also der gleiche sein wie derjenige der übrigen Griechen. Blieb die erste, europäische Gruppe von Philipps Untertanen. Auch wenn sie anonym blieb, war klar, daß Korinth, Demetrias und die euboiischen Städte Chalkis, Oreos und Eretria gemeint waren.[14] Sie wurden als einzige nicht in die Freiheit entlassen, sondern von den Römern übernommen.

Der Senat hatte seinen Beschluß unter dem Eindruck der anscheinend von Antiochos drohenden Gefahr verabschiedet. Deshalb wurde pauschal die Freiheit der asiatischen Städte bekräftigt. Es war schon davon die Rede, und es wird weiter unten noch einmal zu thematisieren sein, daß man so einen Ansatzpunkt zu gewinnen hoffte, mit dessen Hilfe Antiochos politisch in die Defensive gedrängt werden konnte. Gleiches galt für Euromos und Philipps übrige Städte in dieser Region.[15] Hier soll es aber zunächst nur darum gehen, was die Aufnahme der Freiheitsparole überhaupt zu bedeuten hatte und warum einige europäische Städte, insbesondere natürlich die Fußfesseln, gleich wieder davon ausgenommen wurden.

Polybios gibt die Antwort: wieder wegen Antiochos. Der Senat hatte das Schicksal dieser Städte absichtlich offengelassen und der Kommission übertragen, die im Hinblick auf die momentane Lage entscheiden sollte. Flamininus und die Legaten gerieten darüber in Streit. Die in der Forschung gängige Interpretation des Ganzen lautet etwa folgendermaßen: Der Senat versuchte zwar Freiheitspolitik zu betreiben, aber er entlarvte seine Halbherzigkeit, als er den Fußfesseln die Freiheit nicht zugestand. Flamininus jedoch wollte aufs Ganze gehen. Besorgt wegen des fatalen Eindrucks, den der Senatsbeschluß auf die Griechen machte, kümmerte er sich nicht weiter um Antiochos und rang der widerstrebenden Kommission eine Grundsatzentscheidung ab. Ganz Griechenland wurde für frei erklärt, und damit verpflichtete sich die Republik zum Abzug ihrer Legionen. So geschah es auch, zwar nicht sofort, aber doch nach zwei Jahren. Dies erreicht zu haben war allein Flamininus' Verdienst. Er hatte als einziger Römer begriffen,

14 Denn alle übrigen Territorien Philipps, also weite Teile Thessaliens, Phokis und Lokris, befanden sich längst in römischer Hand, konnten also schlecht bis zu den Isthmien übergeben werden. Strenggenommen wurden sie also im Senatsbeschluß überhaupt nicht erwähnt, aber es kommt hier nicht auf juristische Stringenz an (anders DAHLHEIM [1968], 89; vgl. auch BERNHARDT [1971], 36). Es stand nie in Zweifel, daß die Römer mit ihrem dazu ohnehin viel zu geringen Truppenaufgebot nicht ganze Regionen besetzen oder annektieren würden. Zur Debatte standen nur einige befestigte Punkte, von denen aus sich mit relativ geringem Aufwand weite Teile Griechenlands kontrollieren ließen: von Chalkis aus etwa Phokis und Lokris, von Demetrias aus Thessalien (Polyb. XVIII 11,6f.).

15 S. o. S. 245 und u. S. 311f. mit Anm. 71f.

welche Verpflichtung die Freiheitspolitik mit sich brachte. Seiner Meinung nach war die römische Hegemonie durch die Dankbarkeit der Griechen für das Freiheitsgeschenk leichter aufrechtzuerhalten als mit den Waffen, gerade gegen Antiochos. Überhaupt stand er damit am Beginn einer neuen Phase römischer Außenpolitik.[16]

Nun habe ich oben schon gezeigt, daß Antiochos dem Prokonsul keineswegs gleichgültig war. Dem Konflikt zwischen Feldherrn und Legaten lag vielmehr eine unterschiedliche Bewertung dieses Faktors zugrunde, in dem Sinne, daß Flamininus die aus dem Osten drohende Gefahr geringer einschätzte als die Kommission.[17] Das schließt freilich keineswegs aus, daß man auch über den Stellenwert der griechischen Freiheit über Kreuz lag. In der Tat läßt sich die eben vorgetragene Deutung ohne weiteres mit den Quellen vereinbaren. Trotzdem halte ich sie nicht für richtig. Um das zu begründen, ist noch einmal ein Blick auf das Rom des Jahres 200 erforderlich.

Das Kriegsziel war gewesen, Vergeltung für den Hannibalpakt zu üben und Philipp für die Zukunft jede Möglichkeit zu nehmen, Rom noch einmal in den Rücken zu fallen. Auf Eroberungen war man aber nicht aus. Damit will ich nicht leugnen, daß die Römer nach Kräften rauben und plündern, bei Gelegenheit auch ihre illyrische Einflußsphäre erweitern wollten. Aber um eine organisierte Erweiterung des unmittelbaren römischen Herrschaftsbereichs ging es nicht. Es besteht kein Grund, Flamininus' Behauptung in Zweifel zu ziehen, daß Rom nicht einen Augenblick an den Sturz Philipps oder gar an die Zerschlagung Makedoniens gedacht habe.[18] Das Königreich konnte bestehen bleiben, freilich in ausreichendem Maße geschwächt. Griechenland war, wie ich in den Kapiteln über die Vorgeschichte des Krieges und den Konflikt mit Philipp betont habe, nur insofern wichtig, als es eben die Basis der makedonischen Großmachtstellung bildete. Deswegen verlangten die römischen Gesandten 200 Philipps Rückzug aus Griechenland. Aber ebensowenig wie sich Rom damals Gedanken um eine Befreiung der Griechen machte, beschäftigte es sich mit ihrer Unterwerfung. Das stand

---

16 Vgl. BADIAN (1958), 73; DENS. (1959), 122-126; DENS. (1973), 325f.; ECKSTEIN (1987c), 299f., 311f., 315; DENS. (1990), 48-51; WALSH (1996), 354-358; BERNHARDT (1971), 36-39; FERRARY (1988), 82, 96-99; OOST (1954), 52f.; SCULLARD (1973), 107f.; BRISCOE (1972), 44f.; WILL (1982), 166-173; AYMARD (1938b), 179 Anm. 50, 256f., 285f.; HEIDEMANN (1966), 35; DAHLHEIM (1968), 94-96; PETZOLD (1992), 234; BASTINI (1987), 55. FERRARY, 81f., betrachtet den Senatsbeschluß als scheinbaren Rückschritt hinter die Forderungen von Lokris; in Wirklichkeit aber habe er dazu gedient, die Aitoler als Konkurrenten in der Befreiung Griechenlands auszustechen, indem er das alleinige Verfügungsrecht der Römer über Griechenland festschrieb. Dieser komplizierten Interpretation vermag ich schon deswegen nicht zu folgen, weil ich FERRARYS Sichtweise der Konferenz von Lokris nicht teile (s. o. S. 102 Anm. 28, 139 Anm. 16).

17 S. o. S. 249f.

18 Polyb. XVIII 37,1-7.

nicht auf der Tagesordnung. Vorerst ging es nur darum, den Krieg zu gewinnen und dann die Truppen zum Triumphzug nach Hause zu bringen. Kriegführende Staaten machen ja nur selten, über das unmittelbare Kriegsziel hinaus, genauere Pläne für die Zeit nach dem Sieg.[19]

Freilich lehrte die Geschichte des vergangenen Jahrhunderts, daß Rom keinen Boden mehr preisgab, den es einmal betreten hatte. Das war vielleicht nicht gerade eine Maxime, aber doch eine Konstante der römischen Außenpolitik. Übrigens ist damit keineswegs ein Charakteristikum der römischen Republik erfaßt – das lag vielmehr in der dauernden Sieghaftigkeit –, sondern nur eine allgemeine Regel. Kaum eine Großmacht zieht sich isolationistisch aus einem Territorium zurück, in dem sie siegreich gekämpft hat; statt dessen wahrt sie dort weiterhin die Interessen, die sie zum Eingreifen bewogen haben, oder im Laufe der Kämpfe bilden sich neue heraus, die weiteres Engagement fordern.[20] So konnte im Jahr 200 auch Griechenland dem Schatten Roms nicht mehr entkommen. Um Philipp in Zukunft unschädlich zu halten, mußte ihm die Wiedergewinnung seiner Vormachtstellung auf der Balkanhalbinsel unmöglich gemacht werden. Das würden keine Vertragsklauseln garantieren, sehr wohl aber eine Aufrechterhaltung des römischen Einflusses. Das Schicksal Griechenlands war also zu einem gewissen Grad doch vorherbestimmt, obwohl es im Senat kein einziges Mal zur Debatte gestanden hatte.

Welche Form der römische Einfluß aber annehmen würde, das war tatsächlich unklar. Es wäre auch sinnlos gewesen, hätte ein Senator sich darüber den Kopf zerbrochen. Die Antwort darauf lag nämlich, um es etwas melodramatisch auszudrücken, im Schoß der Zukunft begraben. Präziser: Sie hing vom Verlauf des Krieges ab. 200 bot die römische Geschichte mehrere Möglichkeiten an. Erstens die indirekte Einflußnahme auf militärisch ungesicherte, unabhängige, aber nunmehr Rom zugewandte Gemeinwesen; diesen Weg war man in Illyrien gegangen.[21] Zweitens die Einset-

---

19 Vgl. auch BADIAN (1958), 72: »the Senate was not given to facing problems of organization before they arose«; AYMARD (1938b), 383f.

20 S. auch o. S. 78 Anm. 35.

21 S. o. S. 69 Anm. 3. App. Ill. 22 schreibt anläßlich der römischen Neuordnung nach dem Ersten Illyrischen Krieg sogar: Κέρκυραν μὲν καὶ ᾿Απολλωνίαν ἀφῆκαν ἐλευθέρας. Deshalb haben J. A. O. LARSEN, Was Greece Free between 196 and 146 B.C.?, CPh 30 (1935), 198-200, und BADIAN (1952a), 9f., DERS. (1958), 74, eine direkte Verbindung zu den Isthmien gezogen (ebenso COPPOLA [1993], 123; vgl. auch OOST [1954], 40). Das ist überzogen, da wir einmal zu wenig über den tatsächlichen Status der illyrischen Poleis wissen, zum anderen Appian zweifellos keine Freiheitserklärung in einem technischen Sinne meint, sondern nur das Ergebnis der römischen Maßnahmen konstatiert. Römische Freiheitspropaganda bzw. -politik hat es im dritten Jahrhundert nicht gegeben (vgl. GRUEN [1984], 144 mit Anm. 76; FERRARY [1988], 41f.). Aber läßt man die Freiheit einmal beiseite, dann bleibt eine römische Hegemonie ohne militärische Präsenz vor Ort. Allzuweit sollte man die Parallelisierung selbst hier nicht treiben, da Griechenland doch andere Anforderungen an die Herrschaftsorganisation stellte als die kleinräumige illyrische Ein-

zung eines besonders vertrauenswürdigen Alliierten als Wächter; gemäß dieser die eigenen Ressourcen gleichfalls schonenden Methode hatte Rom eben das Reich Masinissas vergrößert und zum mächtigen Nachbarn Karthagos gemacht. Drittens die unmittelbare Herrschaftsaufrichtung, die Provinzialisierung oder besser: die dauerhafte Entsendung von Soldaten und Imperiumsträgern;[22] das stellte die sicherste, aber auch die aufwendigste Form der Kontrolle dar. Nicht nur hätten Truppen vor Ort bleiben müssen, Rom hätte sich um jede Kleinigkeit kümmern müssen und wäre noch in den unbedeutendsten Konflikt hineingezogen worden. Gerade in diesen Jahren schlug sich die Republik mit Spanien herum, dem Siegespreis Scipios. Einfach aufgeben konnte und wollte man dieses Land nicht mehr, aber vor seiner endgültigen Inbesitznahme schreckte man auch zurück. Schließlich war es viel weiter entfernt als die Inseln vor der italischen Küste. Bis 201 erforderte die Schlußphase des Hannibalkrieges eine militärische Sicherung der den Karthagern eben erst entrissenen Gebiete. Doch erst die wiederkehrenden Aufstände unter den Iberern, vor allem aber die Macht des Faktischen ließen die Erkenntnis reifen, daß an einer unbefristeten Truppenstationierung nichts vorbeiführen würde. Denn je länger man mit dem Rückzug wartete, je mehr Interessen sich vor Ort und in Rom mit dem neuen Herrschaftsbereich verbanden, desto schwieriger wurde es, ihn durchzuführen. Deshalb ging man für 197 von der provisorischen Verwaltung mit Hilfe von *homines privati cum imperio* ab und schuf zwei neue Praetorenstellen für die spanischen Provinzen.[23] Diese Maßnahme war aber ebenso aus dem Wunsch geboren, eine normierte Ämterlaufbahn zu schaffen.[24] In Griechenland kommandierten freilich bis auf weiteres Konsuln und Prokonsuln. Zudem hätte die Schaffung zumindest einer weiteren Praetorenstelle den Konkurrenzkampf um das Konsulat, den man ja ebenfalls zu regulieren beabsichtigte, weiter verschärft.

---

flußsphäre. Freilich bleibt genug, um eine ›illyrische Herrschaftsmethode‹ von den beiden anderen im Text skizzierten zu unterscheiden. FERRARY, 24-33, 97, verwirft diese Option nur deshalb von vornherein, weil er von einer sehr straffen Herrschaft der Republik in Illyrien ausgeht.

22 Der Begriff der Provinzialisierung ist insofern irreführend, als sich mit ihm die Vorstellung eines punktuellen juristischen Aktes mit der Einführung spezifischer Verwaltungs- und Herrschaftsstrukturen in einem genau definierten Territorium verbindet. In Wirklichkeit war der Weg von der erstmaligen Vergabe einer Provinz an einen Imperiumsträger bis zur Schaffung einer Provinz im territorialen Sinne, wie sie ausgebildet in der späten Republik und in der Kaiserzeit existierten, ein sehr langer, er nahm Jahrzehnte und teilweise noch mehr Zeit in Anspruch. Dies gilt insbesondere für Spanien, aber auch für Makedonien und Griechenland. Die permanente Stationierung von Truppen bildet in dieser Perspektive zwar einen wichtigen Schritt auf dem Weg, aber eben nur einen Schritt. Vgl. RICHARDSON (1986), 178-180; R. M. KALLET-MARX, Hegemony to Empire, Berkeley u. a. 1995, bes. 1-5, 18-29; HARRIS (1991), 105f.

23 Liv. XXXII 27,6. Zu der schwierigen Übergangsphase vgl. RICHARDSON (1986), 62-79; R. C. KNAPP, Aspects of the Roman Experience in Iberia, 206-100 B. C., Alava u. a. o. J., 62-64.

24 S. o. S. 61 Anm. 124.

Die dauerhafte Vergabe einer Provinz Griechenland wäre also nur eine Notlösung gewesen. Die politischen Fortschritte im Krieg ersparten dem Senat aber Planungen in diese Richtung. Denn unter dem Eindruck der militärischen Erfolge schlug sich der größte Teil Griechenlands auf die offensichtlich siegreiche Seite. Galba fing, von Pergamon und Rhodos abgesehen, mit Athen, Amynander, dem Illyrier Pleuratos und dem Dardaner Bato an. Dann trat der Aitolische Bund in den Krieg ein. 198 folgten die Epeiroten und die Achaier, 197 Sparta und die Boioter. Elis und Messenien hatten sich vorsichtshalber herausgehalten. Neutrale und Alliierte konnte man schlecht von Legionen besetzen lassen. Der einzige Verbündete Philipps, den die Römer mit Gewalt niederringen mußten, war Akarnanien gewesen. Daneben konnte die Republik nur noch über Philipps unmittelbare Untertanen außerhalb Makedoniens verfügen: eben die im Senatsbeschluß von 196 angesprochenen Städte, von denen Korinth freilich schon den Achaiern versprochen war. Und der wichtigste europäische Alliierte, Aitolien, mußte auch belohnt werden, nach dem Stand der Dinge wenigstens mit Phokis und Lokris. Lohnte der Rest die Stationierung von Truppen? Thessalien und Euboia im Osten und Akarnanien im Westen. Letzteres wäre Italien schon näher gewesen, hätte aber auch nur einen isolierten Brückenkopf gebildet, den man mit der illyrischen Einflußsphäre bereits in weit besserer Lage besaß. Die geostrategischen Voraussetzungen schlossen also eine dauerhafte Militärpräsenz aus.

Zudem war sie gar nicht notwendig. Rom hatte den Krieg mit einer nur mäßigen Kraftanstrengung gewonnen. Flamininus' zwei Legionen standen in keinem Verhältnis zu den Soldatenmassen, welche die Republik kurz zuvor gegen Hannibal bewegt hatte. Der Unterschied zwischen der starken Großmacht Rom und der schwachen Großmacht Makedonien wird hier besonders offensichtlich. Während Philipp nur mit Hilfe seiner Stützpunkte in der Lage gewesen war, eine halbwegs stabile Hegemonie zu behaupten, gewannen die Römer den Krieg in drei Bewegungsfeldzügen, ohne, ja gegen die Fußfesseln. Genausowenig würde Rom sie zur Aufrechterhaltung der eigenen Vorherrschaft benötigen. Bei einer Krise, also einem Rückeroberungsversuch Makedoniens oder dem Eingreifen einer anderen Macht, würden die Legionen zurückkehren, und zwar unter deutlich verbesserten Umständen: Kein Gegner würde die Zeit haben, Griechenland ähnlich wie Philipp zu sichern.[25] Die Vorteile einer militärischen Kontrolle standen also in keinem vernünftigen Verhältnis zum Aufwand. Sie würde nur Ressour-

25 Vgl. HARRIS (1991), 142: »Rome's military resources were so great that a lightning return to Greek soil was always possible«. Zur bescheidenen strategischen Bedeutung von Chalkis im Zweiten Makedonischen Krieg vgl. nur O. PICARD, Chalcis et la Confédération eubéenne, Paris 1979, 281, 284.

cen binden, die man in Italien und wohl auch Spanien besser gebrauchen konnte.

Kein Senator wird darüber gegrübelt haben, ob nicht ohnehin die innere Zustimmung der Griechen durch den Verzicht auf eine Truppenpräsenz leichter gewonnen werden konnte. So weit brauchte er gar nicht zu denken. Auch die eben angestellten Betrachtungen werden wahrscheinlich nicht Gegenstand von Überlegungen in den Führungszirkeln gewesen sein. Sie sollten nur verdeutlichen, was Ende des Jahres 197 in der Kurie und im Hauptquartier des Prokonsuls offensichtlich war: Griechenland war Teil des römischen Machtbereichs geworden, der in Zukunft ohne weitere Truppenpräsenz zu sichern war. Das war nicht nur unumgänglich, es war den Römern auch am liebsten.

Die dritte der Optionen des Jahres 200 war damit unversehens ausgeschieden. Auch die zweite, eine Neuordnung nach afrikanischem Vorbild, kam nicht ernsthaft in Betracht. Das Problem lag weniger darin, daß es mit dem Aitolischen und dem Achaiischen Bund gleich zwei konkurrierende Mittelmächte in Griechenland gab. Ähnlich stellte sich ja 189 die Situation in Kleinasien dar, wo man Pergamon einfach so weit vergrößerte, daß es die ihm zugedachte Rolle spielen konnte und von Rhodos nichts zu befürchten hatte.[26] Der Achaiische Bund kam für eine solche Erweiterung zwar nicht in Frage, da er über zu geringe militärische Schlagkraft verfügte, zudem auch im besten Falle auf die Peloponnes begrenzt bleiben würde. Aitolien aber lag überaus zentral. Ihm hätten Thessalien, Akarnanien, Phokis, Lokris und Euboia zugeschlagen werden können, ohne daß der territoriale Zusammenhang zerrissen worden wäre. Die Probleme lagen woanders. Ein Bundesstaat konnte nicht auf einen Schlag beliebig erweitert werden, ohne daß dies erhebliche Folgen für die innere Struktur nach sich zog. Was ein König von Pergamon beherrschen konnte, hätten die Aitoler integrieren müssen. Ein aitolischer Superstaat wäre für lange Zeit mit sich selbst beschäftigt gewesen, anstatt Griechenland insgesamt zu sichern – wenn er nicht ohnehin an zentrifugalen Tendenzen zerbrochen wäre. Die Aitoler betrieben ja selbst keineswegs eine Gebietserweiterung, die dem eben Skizzierten auch nur nahekam. Ihre führenden Politiker wußten um die Grenzen des Wachstums. Doch jede römische Überlegung in diese Richtung hinderte schon der Umstand, daß die Aitoler als unsichere Kantonisten galten. Und Flamininus sorgte gleich nach Kynoskephalai endgültig dafür, daß eine enge, vertrauensvolle Kooperation zwischen den beiden Alliierten unmöglich wurde.[27]

---

26 Zum Ergebnis HOLLEAUX (1930b), 425: »Eumènes fut comme un Masinissa oriental, opposé aux Séleucides«.

27 Auch FERRARY (1988), 96f., sieht die Aitoler als ungeeignet für eine derartige Rolle an, gibt die Schuld dafür aber diesen selbst. Daß Galba während seines Kommandos eine Masinissalösung ins Auge faßte (FERRARY, 58), ist ebenso möglich wie spekulativ.

Also blieb nur die erste Alternative: ein von römischen Truppen freies Griechenland, dessen Grenzen etwas revidiert, aber nicht gänzlich neu gestaltet werden sollten; über das die Römer nur kraft ihrer Autorität Einfluß nähmen, die auf der Erinnerung an ihre militärische Überlegenheit und auf dem Interesse ihrer Parteigänger in den Poleis ruhte. Das würde, wie gesagt, das militärische Potential schonen und es den Römern ersparen, sich um die Kleinigkeiten der griechischen Staatenwelt zu kümmern. Politisch war diese Variante natürlich die anspruchsvollste: Ihrem Willen könnte die Republik bloß mittelbar Geltung verschaffen, gefährlichen Entwicklungen nur mit Verzögerung steuern.

Doch der Weg, der nun beschritten werden mußte, war unstrittig. Bei der oben schon gestreiften Besprechung der Alliierten im Tempetal forderte Amynander, im Friedensvertrag Vorkehrungen zum Schutz seines Reiches vor der Rache Philipps zu treffen. Diese Gefahr sei besonders groß, wenn die Römer erst aus Griechenland abgezogen seien. Amynanders Bemerkung ist nicht sonderlich überraschend, agierte er doch bei der Besprechung als Sprachrohr des Prokonsuls. Eigenartig ist aber, daß Alexandros Isios in seiner folgenden Stellungnahme mit keinem Wort auf den Abzug einging. Statt dessen schien er ihn ebenfalls vorauszusetzen, da sein Eintreten für die griechische Freiheit ausschließlich auf Philipps verbliebenes Machtpotential zielte, nicht auf eine permanente römische Präsenz; letztere wäre aber eine sehr viel größere Gefahr für die Freiheit der Griechen gewesen als ersteres – wenn man in dieser Hinsicht irgendeinen Grund zur Befürchtung gesehen hätte.[28]

Wenn der römische Abzug spätestens im Jahr 197 als selbstverständlich angesehen wurde, dann läßt sich auch die oben wiedergegebene Deutung der Ereignisse um den Senatsbeschluß und die Isthmische Erklärung nicht aufrechterhalten. Vielmehr kam irgendein Römer – es ist jetzt ohne Belang, ob ein Senator oder der Prokonsul – im Verlauf des Jahres auf den Einfall, die griechische Freiheitsparole zu übernehmen. Das hörte sich gut an, griff eine lange Tradition auf, und vor allem kostete es wenig. Denn Freiheit stellte zwar eine schöne Propagandaphrase dar, aber in ihrer schillernden Bedeutung stand sie nicht im Widerspruch zum Ziel der indirekten Kontrol-

28 Polyb. XVIII 36,3-8. Vgl. auch ECKSTEIN (1990), 49 Anm. 16. Im Winter darauf fürchteten die boiotischen Parteigänger Roms für sich und ihre Angehörigen die politische und physische Vernichtung, wenn die Legionen Griechenland erst einmal geräumt hätten. Diesen Rückzug hielten sie offenbar für derart unabwendbar, daß sie Flamininus nicht etwa zum Bleiben zu bewegen versuchten, sondern ihm das Mordkomplott gegen Brachylles unterbreiteten (Polyb. 43,5-9). Etwa zur selben Zeit mißlang es dem Konsul Marcellus, der nach dem Kommando in Griechenland strebte, den Senat vom Friedensschluß mit Philipp abzuhalten. Der immer noch zu mächtige König, so seine Argumentation, würde sich von neuem erheben – wenn das römische Heer aus Griechenland abgezogen sei (Liv. XXXIII 25,5).

le. Rom verpflichtete sich, aber es beschränkte sich nicht. Makedonien hatte man geschlagen, Griechenland gewonnen, reiche Beute gemacht. Aber der Senat brauchte keine dauernden Abgaben der Griechen – konnte also Tributfreiheit gewähren. Er interessierte sich wenig für die inneren Verhältnisse der griechischen Staaten – also Autonomie. Die Legionen verschwanden ohnehin – also Besatzungsfreiheit. Und niemand dachte an regelmäßige Weisungen an die Griechen, solange diese sich wohlverhielten. Das heißt, solange sie nicht die Grenzen dessen überschritten, was mit der römischen Konkurrenzlosigkeit auf der Balkanhalbinsel vereinbar war. Diese Art der Hegemonie paßte recht gut zur diffusen Eleutheria.[29]

Unter dem Eindruck von solcherlei Überlegungen wurde der Senatsbeschluß gefaßt.[30] Das einzige andere Moment, das für die Anfangsklauseln noch eine Rolle spielte, war die Antiochosgefahr. Deshalb wurde die Freiheit auch auf Kleinasien ausgedehnt, und deshalb hielt der Senat es für das beste, die europäischen Besitzungen Philipps nicht sofort in die Freiheit zu entlassen. Die Betonung liegt auf ›nicht sofort‹. Natürlich würden auch sie geräumt werden, wenn die Legionen abzögen. Da es im Moment aber so aussah, als sei Antiochos schon halb auf dem Weg nach Korinth, wäre es Unsinn gewesen, ihm durch einen Abzug auch noch freie Bahn zu geben. Die Präsenz römischer Truppen inmitten der Griechen würde deren Loyalität auf dem kurzen Weg vom alten in den neuen Krieg am sichersten garantieren, und Demetrias und Chalkis stellten gutgelegene Sicherungen gegen einen Angriff von der Ägäis her dar. Die makedonischen Herrscher hatten ihre Fußfesseln nicht ohne Bedacht gewählt. Die letzte Entscheidung überließ der Senat aber seinen zehn Legaten, die den Grad der Gefahr vor Ort besser einschätzen konnten. Für Demetrias, Chalkis, Korinth und die übrigen Städte wurde deshalb nur die Übergabe an Rom bestimmt.

Aus dem beschränkten römischen Handlungsspielraum wie aus dem griechisch-römischen Konsens über den Abzug der Legionen geht hinreichend deutlich hervor, daß die Freiheit für die in Frage stehenden Poleis nur kurzfristig suspendiert werden konnte, keinesfalls aber grundsätzlich in Frage gestellt. Auf denselben Schluß führt auch eine andere Überlegung: Die Propaganda mit der griechischen Freiheit wäre unsinnig gewesen, ja kontraproduktiv, hätten die Römer doch an Annexionen gedacht. Durch sie

29 GRUEN (1984), 146, urteilt in gewisser Weise ähnlich, freilich gemäß seiner These vom römischen Desinteresse an Herrschaft: »From the senate's standpoint this Greek convention was entirely welcome and suitable: not a cynical distortion in order to advance imperialistic aims, but a convenient mode of expressing magnanimity and evading direct commitments.«

30 Nach Polyb. XVIII 42,5 trug der Senat den zehn Legaten sogar ausdrücklich auf, den Griechen die Freiheit zu sichern. Doch das dürfte aus dem Senatsbeschluß herausgesponnen sein. Liv. XXXIII 24,7 bemerkt zu ihrer Mission nur: *decem legati more maiorum, quorum ex consilio T. Quinctius imperator leges pacis Philippo daret, decreti . . .*

wäre der Kontrast zwischen unbesetzten und garnisonierten Städten in entlarvender Weise herausgestellt worden.

Sosehr die Römer all dies wußten – im Senatsbeschluß stand es nicht. Dieser stellte schließlich kein Memorandum über politische Entscheidungsprozesse dar, sondern eine knappe Handlungsanweisung für Flamininus und die Legaten. Als administrative Vorgabe war er zunächst für den internen Gebrauch bestimmt, und im Zusammenhang mit den zu treffenden Einzelmaßnahmen würden ihn die Legaten den Griechen erläutern. Zwar unterlag er kaum der Geheimhaltung. Warum auch? Er enthielt ja nichts Schlimmes und verbrämte die römischen Maßnahmen aufs schönste mit der Freiheit.[31] Doch zur öffentlichen Diskussion und Exegese war er eben auch nicht bestimmt. Die Senatoren, an Sachauseinandersetzungen nur in der Kurie und in Hinterzimmern gewöhnt, hatten einen Text redigiert, der für die Kühle der Kabinettszimmer bestimmt war, nicht für hitzige Debatten auf der Agora.

Wer den Beschluß mit gutem Willen las, freute sich. Mehr konnten die Griechen nicht erwarten. So löste das Bekanntwerden des Beschlusses überall positive Reaktionen aus. Nur bei den Aitolern nicht. Ob sie den Text bewußt mißverstanden oder nach ihren jüngsten Erfahrungen mit den Römern tatsächlich das Schlimmste annahmen, ist ungewiß. Fest steht aber, daß ihre Interpretation mit dem Text vereinbar war, und nicht nur das: Sie mußte als die einzig mögliche erscheinen, je länger man sich nur mit den Buchstaben beschäftigte, nicht mit dem politischen Kontext. Daß die Freiheit der europäischen Städte Philipps nicht ausdrücklich festgelegt war, konnte so als Vorenthaltung der Freiheit gedeutet werden. Die Römer wollten, so die Argumentation der Aitoler, die Fußfesseln für sich behalten, Griechenland wechsle den Herrscher, anstatt Freiheit zu erlangen. Der Senatsbeschluß bestehe also aus bloßer Rhetorik, über die tatsächlichen Verhältnisse müsse man sich zwischen den Zeilen informieren.[32]

Diese Lesart fand binnen kurzem weithin Verbreitung, und sie wurde von immer mehr Griechen geglaubt. Die Römer wurden vom Umschwung in der öffentlichen Meinung kalt erwischt. Für die Kommission mußte das ebenso ärgerlich sein wie für Flamininus. Die Neuordnung Griechenlands sollte auf das Entgegenkommen einer dankbaren Bevölkerung treffen, nicht einem Volk von Widerstrebenden oktroyiert werden. Die Legaten zogen aber andere Konsequenzen daraus als der Feldherr. Zwar waren auch sie für

---

31 Vielleicht steckt eine gewisse propagandistische Absicht in dem Umstand, daß die Freiheitsklauseln am Anfang des Beschlusses genannt werden, vor den bloßen Ausführungsbestimmungen über den Frieden mit Philipp. Doch da Polybios erklärtermaßen nur die Hauptpunkte wiedergibt, ist es denkbar, daß er das für ihn Entscheidende an die Spitze gesetzt hat.

32 Polyb. XVIII 45,1-7; Plut. Flam. 10,2.

die Gewährung der Freiheit.[33] Doch wegen des Wohlwollens der Griechen auf die Besetzung der Fußfesseln zu verzichten schien ihnen zu riskant. Trotz des Gegenwinds wollten sie die vom Senat eingeräumte Option nutzen. Eine Richtigstellung hinsichtlich der endgültigen Befreiung der Städte mußte ausreichen.

Flamininus dagegen glaubte nicht mehr an einen baldigen Krieg gegen Antiochos. Das gab ihm mehr Raum, den Griechen entgegenzukommen. Er argumentierte, nur Taten könnten das Mißtrauen vertreiben, das die Worte gesät hatten. Eine längere Besetzung schien ihm unter dem Druck der öffentlichen Meinung nicht mehr opportun. Wollten die Römer glaubwürdig als Befreier auftreten, müßten sie alle griechischen Städte räumen. Praktisch lief das wohl darauf hinaus, die Legionen bis zum endgültigen Abzug im Westen der Balkanhalbinsel, in Illyrien oder Epeiros, zu konzentrieren und in Zentralgriechenland höchstens Vorposten zu belassen, in ›unverdächtigen‹ Orten wie Elateia. Im Bedarfsfall könnte Griechenland immer noch vor Antiochos gesichert werden.

Dieses Risiko war den Legaten zu hoch. Trotz aller Bemühungen des Feldherrn blieben sie hart. Nur der sofortigen Aufgabe der Stadt Korinth stimmten sie zu, unter dem Eindruck des zwischen Flamininus und den Achaiern geschlossenen Abkommens. Aber selbst hier sollte das strategisch entscheidende Akrokorinth besetzt bleiben. Die Sicherung des Eroberten war wichtiger als die innere Zustimmung der Eroberten.[34]

Der große Streit vor den Isthmischen Spielen drehte sich also keineswegs um die grundsätzliche politische Frage, ob man Griechenland in der Hand behalten oder räumen solle. Der Dissens beschränkte sich auf die Wahl von Stationierungsorten, auf Garnisonen, die man selbst im schlechtesten Fall in

33 Das zeigt sich schon darin, daß sie nichts gegen die unmittelbar auf die Auseinandersetzung mit Flamininus folgende Isthmische Erklärung einzuwenden hatten, die auch im Namen des Senats verkündet wurde.

34 Polyb. XVIII 45,7-12. GRUEN (1984), 146 Anm. 85, faßt den Konflikt in einen Satz: »But the issue centered upon how best to show Rome's sincerity while still protecting against the potential threat of Antiochus«. Die Schilderung des Streits und der vorhergehenden öffentlichen Debatte bei Liv. XXXIII 31 geht zweifellos auf Polybios zurück, weist aber einige bemerkenswerte Zusätze auf: 1) Die Aitoler erklären die Befreiung von Philipps asiatischen Städten mit deren zu großer Entfernung (s. u. Anm. 71). 2) Livius äußert Verständnis für die aitolischen Anschuldigungen: *nec tota ex vano criminatio erat* (31,4). (Polyb. XVIII 45,2 ist keine Parallele dazu, wie BRISCOE [1973], 308, annimmt.) Er begründet es ausdrücklich mit der Ambivalenz des Senatsbeschlusses. 3) Auf Flamininus' Überzeugungsversuch reagieren die Legaten so: *nihil contra ea de libertate urbium alii dicebant: ceterum ipsis tutius esse manere paulisper sub tutela praesidii Romani quam pro Philippo Antiochum dominum accipere* (31,10). Damit hält Livius nicht nur ausdrücklich fest, daß man in der Frage der griechischen Freiheit grundsätzlich übereinstimmte, sondern auch, daß die Legaten von vornherein nur an eine kurzfristige (*paulisper*) Besetzung dachten. Auch wenn nichts davon bei Polybios steht, braucht man nicht an zusätzliche Quellen zu denken. Der allzu lakonische Polybiostext bedarf der Interpretation. Livius hat sie vorgenommen – völlig korrekt. Vgl. auch AYMARD (1938b), 179 Anm. 49.

zwei Jahren aufgeben würde. Anders ausgedrückt: Sollte man sich für eine kurze Übergangszeit in den strategisch günstigsten Plätzen einrichten oder aus Imagegründen weniger geeignete wählen?[35] Noch einmal ist hier daran zu erinnern, daß im eben gewonnenen Krieg die Fußfesseln die Republik nicht weiter aufgehalten hatten, überhaupt Rom nicht auf einen Stellungskrieg angewiesen war. Um so weniger würde es umgekehrt Chalkis, Demetrias und Korinth gegen Antiochos benötigen. Schon der Senat hatte sich unter dem Eindruck der Argumentation der alliierten Gesandten etwas zu sehr auf die Fußfesseln konzentriert. Aber vor allem den Legaten muß man den Vorwurf machen, daß sie an diesem Schema starr festhielten, obwohl Flamininus ihnen eine militärisch machbare Alternative vorschlug, die keineswegs eine komplette Räumung beinhaltete, sondern eine ausreichend schnelle Rückkehr des römischen Heeres erlaubte. Aber eben nicht so schnell, wie wenn man schon da war. Also wurden aus militärisch-politischen Erwägungen heraus, die keineswegs unumstritten waren, die aber in jedem Fall, auch wenn sie korrekt sein sollten, nur auf einen leichten Stellungsvorteil im Kriegsfall zielten, die Erfordernisse einer überzeugenden Freiheitspolitik oder auch nur Freiheitspropaganda mißachtet. Die Konkurrenz zwischen Realpolitik und Freiheit endete mit einem klaren Sieg ersterer.

Nach der Niederlage auf der Führungsebene hatte Flamininus das PR-Debakel vor Augen. Eine bloße Richtigstellung, wie sie wohl den Legaten vorschwebte, würde nicht reichen, es abzuwenden. Ich vermute, daß erst in dieser schwierigen Situation die Idee zur Proklamation bei den Isthmischen Spielen geboren wurde. Dafür spricht jedenfalls, daß in Korinth nur die europäischen Untertanen Philipps für frei erklärt wurden, nicht auch die asiatischen und die übrigen Griechen. Dabei hätte das bei Spielen, zu denen die gesamte griechische Welt zusammenkam, am ehesten Sinn gemacht. Und daß Senatsbeschluß und Freiheitserklärung nicht als von langer Hand vor-

35 Dies ist durchaus gesehen worden, aber es hat in der Forschung keinen Widerhall gefunden, wohl deshalb, weil die entsprechenden Wissenschaftler rigoros das Prinzip vertraten, Rom habe eine defensive Politik betrieben bzw. das Prinzip der Freiheit spätestens seit 200 verfochten. Der erste, soweit ich sehe, war L. HOMO, Flamininus et la politique romaine en Grèce (198-194 av. J.-C.), RH 121 (1916), 276-278; RH 122 (1916), 32: »Mais la contestation, il faut le remarquer, ne porte nullement sur le fond même de la politique romaine. Flamininus et les dix commissaires, dépositaires de la pensée sénatoriale, sont parfaitement d'accord pour évacuer tout le pays : [Es folgt ein Zitat von Liv. XXXIII 31,10.] Il s'agit simplement d'une question d'opportunité qui a son importance, mais que cependant on serait mal fondé à grossir.« Ihm folgten HOLLEAUX (1921b), 307 Anm. 2, und B. SCHLEUSSNER, Die Legaten der römischen Republik, München 1978, 51 Anm. 141, 90f. Vgl. auch AYMARD (1938b), 173 Anm. 31. Auch daß der Konflikt nicht mit einem Sieg Flamininus' oder mit einem Kompromiß endete, sondern die Kommission das letzte Wort behielt, ist die Meinung einer kleinen Minderheit: HOMO, 268, 277f.; PASSERINI (1932a), 112.

bereitete komplementäre Verlautbarungen zu betrachten sind,[36] dürfte aus dem oben Gesagten klar geworden sein. Statt dessen griff Flamininus jetzt das Detail aus dem Beschluß heraus, welches seit Wochen im Zentrum des Interesses stand und die anderen Klauseln völlig überdeckte. Der Ausgang der einen Sache würde über die Aufnahme der gesamten römischen Neuordnung entscheiden.

Der Erfolg war ungeheuer. Selbst wenn man einiges von Polybios' emphatischem Bericht abzieht, bleibt eine immense Wirkung auf die Zeitgenossen. Viele der Anwesenden werden diese Isthmischen Spiele als das Ereignis ihres Lebens angesehen haben, schon jetzt und stärker noch im verklärenden Rückblick. Das war der sorgfältigen Inszenierung zu verdanken, vor allem aber der aufgestauten Nervosität. Der unklare Senatsbeschluß und die unwidersprochen gebliebenen Vorwürfe der Aitoler hatten viele Griechen verunsichert. Der römische Abzug, den niemand bezweifelt hatte, war plötzlich prekär geworden. Diese Sorgen um das Schicksal Griechenlands, um die Zukunft der eigenen Polis und um die persönlichen Lebensumstände wurden mit einem Schlag beendet. In der Sache enthielt die Proklamation zwar nichts, was die Römer nicht schon eingeräumt hatten. Nach dem Vorgefallenen aber erschien sie wie eine Wendung aus heiterem Himmel, als Glücksgeschenk, das niemand erwartet, kaum mehr einer erhofft hatte. Der erste Tag der Isthmischen Spiele brannte sich als Tag der Befreiung ins kollektive Gedächtnis der Griechen ein.[37]

Und so bewertete ihn Polybios: »Ein Wunder war es nämlich, daß die Römer und ihr Führer Titus zu einer derartigen politischen Einstellung kamen, daß sie wegen der Freiheit der Griechen jeden Aufwand, jede Gefahr auf sich nahmen. Groß war, daß sie eine Streitmacht aufbrachten, die diese Politik umsetzen konnte. Das größte aber war, daß das Schicksal dem Plan gewogen war und alles in einem Augenblick zusammentraf, so daß durch einen einzigen Heroldsruf alle Griechen in Asien und in Europa die Freiheit erlangten, unter Verzicht auf Besatzungen, unter Verzicht auf Tribut, im

36 Als Beweis für diese Entsprechung sieht FERRARY (1988), 82, die Klausel des Senatsbeschlusses, Philipp müsse seine europäischen Besitzungen bis zu den Isthmien übergeben. Doch das belegt nur, daß die Römer bei dieser Gelegenheit ihre Entscheidung über das weitere Schicksal der Städte fällen bzw. bekanntgeben wollten – nicht, welche Form diese annehmen würde. Lediglich der Zeitpunkt der Neuordnung Griechenlands war also lange im voraus festgelegt; schließlich mußten die Vertreter der Griechen rechtzeitig einbestellt werden.

37 Polyb. XVIII 46,1-13; Liv. XXXIII 32,1-33,4; Plut. Flam. 10,4-11,3; App. Mac. 9,4. Vielleicht unter dem unmittelbaren Eindruck der Proklamation verfaßte Alkaios von Messene sein Entschuldigungsepigramm auf Flamininus, in dem er ihn aufs vorteilshafteste mit Xerxes verglich: Ἄγαγε καὶ Ξέρξης Περσᾶν στρατὸν Ἑλλάδος ἐς γᾶν / καὶ Τίτος εὐρείας ἄγαγ' ἀπ' Ἰταλίας / ἀλλ' ὁ μὲν Εὐρώπᾳ δοῦλον ζυγὸν αὐχένι θήσων / ἦλθεν, ὁ δ' ἀμπαύσων Ἑλλάδα δουλοσύνας (Anth. Pal. XVI 5 = HE S. 4f.).

Gebrauch ihrer eigenen Gesetze.«[38] Diese Sicht prägte alle spätere Überlieferung bis zu den Darstellungen der Moderne. Der Senatsbeschluß und das Jahr zwischen Kynoskephalai und Korinth wurden in der Erinnerung bald in den Hintergrund gedrängt. Und als der Disput zwischen Flamininus und den Legaten mit der Zeit bekannt wurde, wurde er in der Rückschau nicht mehr als das angesehen, was er nicht sein durfte, als eine Desavouierung von Freiheitspolitik aus zweifelhaften Gründen, sondern als Grundsatzkonflikt, der mit einem Triumph der von Flamininus vertretenen Freiheit endete.

Zunächst hielt Flamininus die negative Entscheidung über die Fußfesseln sowie Oreos und Eretria sicher geheim, um der Freiheitserklärung nicht die gewünschte Wirkung zu nehmen. Nachdem der Jubel abgeklungen war, mußte der Prokonsul die Griechen aber darüber aufklären, daß die Legionen die eben befreiten Städte nicht sofort verlassen würden, sondern erst beim endgültigen Abzug aus Griechenland. Nach der Unsicherheit im Vorfeld und der deshalb um so euphorischer aufgenommenen Proklamation konnte diese Nachricht nur ernüchternd wirken. Gewiß, daß die Römer sich über ihre eben gegebene Zusicherung hinwegsetzen und doch auf Dauer bleiben würden, befürchtete jetzt kaum noch einer ernsthaft. Doch ein Rest an Verunsicherung blieb. Und zunächst einmal war das Mißverhältnis zwischen der Isthmischen Erklärung und der vorerst unterlassenen Befreiung eklatant. Gerade die Achaier, die ja ein Anrecht auf die Rückgabe ganz Korinths hatten, fühlten sich düpiert, dann natürlich die Betroffenen, zweifellos aber auch die übrigen Griechen.[39] Daß die Quellen von diesem enttäuschenden Nachspiel nichts berichten, braucht einen nicht zu wundern. In der Rückschau verschmolzen der Befreiungsakt von 196 und die tatsächliche Freilassung 194 immer mehr. Die beiden Jahre dazwischen verblaßten zu einem bloßen Übergangsstadium. Dem Versprechen folgte ohne weitere Schwierigkeiten die Einlösung, der zunächst verbreiteten Unzufriedenheit wurde nachträglich der Boden entzogen. Gegeben muß es sie aber haben. Nicht nur, daß man ihr Fehlen nicht plausibel erklären könnte, es ist auch ein indirekter Beleg erhalten geblieben: Die aitolische Agitation gegen die römische Besetzung ging weiter und fand immer noch Aufmerksamkeit. Das

---

38 Polyb. XVIII 46,14f.: θαυμαστὸν γὰρ ἦν καὶ τό ῾Ρωμαίους ἐπὶ ταύτης γενέσθαι τῆς προαιρέσεως καὶ τὸν ἡγούμενον αὐτῶν Τίτον, ὥστε πᾶσαν ὑπομεῖναι δαπάνην καὶ πάντα κίνδυνον χάριν τῆς τῶν ῾Ελλήνων ἐλευθερίας· μέγα δὲ καὶ τὸ δύναμιν ἀκόλουθον τῇ προαιρέσει προσενέγκασθαι· τούτων δὲ μέγιστον ἔτι τὸ μηδὲν ἐκ τῆς τύχης ἀντιπαῖσαι πρὸς τὴν ἐπιβολήν, ἀλλ' ἁπλῶς ἅπαντα πρὸς ἕνα καιρὸν ἐκδραμεῖν, ὥστε διὰ κηρύγματος ἑνὸς ἅπαντας καὶ τοὺς τὴν ᾿Ασίαν κατοικοῦντας ῞Ελληνας καὶ τοὺς τὴν Εὐρώπην ἐλευθέρους, ἀφρουρήτους, ἀφορολογήτους γενέσθαι, νόμοις χρωμένους τοῖς ἰδίοις. Ähnlich Liv. XXXIII 33,5-8; Plut. Flam. 11,3-7. Vgl. BRISCOE (1973), 312.

39 Zu den Achaiern s. o. S. 201.

wäre nicht der Fall gewesen, hätte ihr in den Augen Griechenlands jegliche Berechtigung gefehlt.[40]

Keine Probleme bereitete dagegen die unmittelbar nach den Isthmischen Spielen verkündete territoriale Umgestaltung Griechenlands. Daß die Römer die Thessaler, Perrhaiber, Magneten, Doloper und Oresten nicht nur in die Freiheit entließen, sondern ihnen eine eigene staatliche Existenz vorschrieben (ihnen also von vornherein die Möglichkeit zu einem größeren Zusammenschluß nahmen) und damit auch die Grenzen weitgehend festlegten, wird dem Interesse der Betroffenen weitgehend entsprochen haben, und es war auch kein innerer Widerspruch. Die begrifflich unscharfe Eleutheria vertrug derlei Eingriffe ›von oben‹ durchaus. Genauso konnten die Legaten den Aitolern die eben befreiten Phoker und Lokrer zuweisen, den Thessalern die phthiotischen Achaier; Mitgliedschaft in einem Bundesstaat bedeutete schließlich keine Unfreiheit.[41]

Damit war die Arbeit noch lange nicht getan. Über die nächsten zwei Jahre waren die Römer mit der Ausführung und den Details des in Korinth grob Festgelegten beschäftigt, zunächst Flamininus und die Kommission, nach der Heimkehr letzterer der Feldherr allein. Dazu traten Probleme des Wiederaufbaus nach dem Krieg, und schon wandten sich die Griechen selber an den Vertreter der Hegemonialmacht, um ihre Interessen durchzuset-

---

40 S. o. S. 156-160.

41 Polyb. XVIII 47,5-9. Vgl. GRUEN (1984), 146f., 448f.: »Ἐλευθερία had for a long time been quite consistent with the suzerainty of larger powers over smaller« (146). S. auch u. S. 279 mit Anm. 53. Wir hören von keinen Sezessionsbestrebungen innerhalb der Bundesstaaten, die durch die Freiheitsparole ermuntert worden wären, auch später nicht, als sich die römischen Beziehungen zum Aitolischen und zum Achaiischen Bund drastisch verschlechtert hatten. Lediglich die von Diophanes angegriffenen Messenier appellierten 191, wenn ich Liv. XXXVI 31,5 recht deute, an Flamininus als *auctor libertatis*. Aber hier handelte es sich um die verzweifelte Abwehr eines militärischen Annexionsversuches durch ein unabhängiges Gemeinwesen, nicht um einen mehr oder minder freiwilligen, auf diplomatischem Wege vollzogenen Beitritt. Trotz des Hilferufs wurde Messenien dem Achaiischen Bund angeschlossen, und als es sich in den Achtzigern wieder aus ihm zu lösen versuchte, war von der Freiheit keine Rede mehr (Liv. XXXVI 31,9; Polyb. XXII 10,6; XXIII 5); gleiches gilt für den achaiisch-spartanischen Konflikt. Für gewöhnlich nämlich blieben die Interessen der Poleis in den größeren Verbünden weitgehend gewahrt, der Schutz wog die Einschränkungen in der Handlungsfreiheit auf, und auf Bundesebene konnten sich die Gemeinden jederzeit einbringen. Die Mitglieder fühlten sich also durchaus frei, und die Römer erkannten das insofern an, als sie innere Querelen zwar durchaus zu nutzen versuchten, aber nicht daran gingen, mit Hilfe der Freiheitsparole den inneren Zusammenhalt von Bundesstaaten zu schwächen. Einen Widerspruch zur Freiheitsproklamation sehen in der Umgestaltung von 196 dagegen DE SANCTIS (1923), 101; HOLLEAUX (1930b), 382, 384; FERRARY (1988), 104 mit Anm. 189; HEIDEMANN (1966), 39, 46; BERNHARDT (1971), 39f.; WILL (1982), 170; DANY (1999), 182-184 (mit antiaitolischem Ressentiment); DAHLHEIM (1968), 91-93. Zu den Dolopern s. o. S. 148 Anm. 44, zu den Oresten s. o. S. 113 Anm. 57. Bereits 196 beginnt die Strategenliste des Thessalischen Bundes (vgl. KRAMOLISCH [1978], 7-9, 45). Man verlor also keine Zeit mit dem staatlichen Neubeginn. Allgemein zum Charakter der Neuordnung FERRARY, 105f. Zur Neuordnung Euboias PICARD (1979), 287-289.

zen. Die Eigendynamik der Herrschaft verschaffte der Republik also noch mehr Einfluß.[42] Ohnehin wußten die Römer die Lösung von Sachproblemen zweifellos aufs beste mit der Förderung ihrer eigenen Interessen zu verbinden. Details kennen wir kaum, sieht man von Zufallsfunden wie Flamininus' Brief an das perrhaibische Chyretiai und vereinzelten Bemerkungen in den literarischen Quellen ab.[43]

Im Jahr 194 mußte Flamininus, schon auf dem Weg nach Italien, in die inneren Verhältnisse des neubegründeten Thessalischen Bundes eingreifen, den unüberbrückbare Interessengegensätze verschiedener Gruppierungen nicht zur Konsolidierung kommen ließen. Der Prokonsul versuchte die innere Ruhe durch konstitutionelle Eingriffe herzustellen, die den Kreis der politisch Aktiven auf wohlhabendere Bürger einengten. Von einem Aufbegehren gegen Einschränkungen der Freiheit hören wir nichts. Im Gegenteil, eine Starthilfe dieser Art hätte auch ein hellenistischer König geben können, und er wäre dafür als Bewahrer der Freiheit geehrt worden. Freilich wird Flamininus gerade die Politiker gefördert haben, die ihm die Loyalität zu Rom zu verbürgen schienen – und so, wie diese keinen Grund hatten zu klagen, bekam die Opposition wohl gar keine Gelegenheit dazu. Doch auch das war nur eine Facette der vielgestaltigen Freiheit.[44]

---

42 Gleichzeitig begann die Republik freilich in Angelegenheiten verwickelt zu werden, die nur lokales oder höchstens regionales Interesse verdienten und die später, als ein römischer Repräsentant im Osten fehlte, dem Senat in großer Zahl vorgelegt wurden, durchaus zu dessen Mißvergnügen. So weit war man in den Neunzigern aber noch nicht.

43 Zum Brief an die Chyretier s. o. S. 159f. Liv. XXXIV 48,2 bezeugt Flamininus' Tätigkeit für den Winter 195/194: *Eodem hoc anno T. Quinctius Elatiae, quo in hiberna reduxerat copias, totum hiemis tempus iure dicendo consumpsit, mutandisque iis quae aut ipsius Philippi aut praefectorum eius licentia in civitatibus facta erant, cum suae factionis hominum vires augendo ius ac libertatem aliorum deprimerent.* Das gleiche verbirgt sich wohl hinter dem Hymnus auf Flamininus für den vorhergehenden Winter (Liv. XXXIV 22,4f.). Einen pauschalen Hinweis gibt Plut. Flam. 12,6. ARMSTRONG / WALSH (1986), 38f., 44, stellen plausible Vermutungen zu Flamininus' Maßnahmen an. Vgl. auch ECKSTEIN (1987c), 310.

44 Liv. XXXIV 51,3-6. ARMSTRONG / WALSH (1986), 39-42, weisen mit Recht darauf hin, daß Flamininus' Regelungen keine grundsätzliche Neuordnung der konstitutionellen Verhältnisse im Sinne der Etablierung eines timokratischen Systems darstellen konnten; ein solches gab es in Thessalien schon seit jeher. Auch in der Folgezeit deutet nichts auf eine extreme Oligarchie hin. Vgl. GRUEN (1976), 39; DENS. (1981), 178f.; J. J. WALSH, The Disorders of the 170s B.C. and Roman Intervention in the Class Struggle in Greece, CQ NS 50 (2000), 300-303. Anders DEININGER (1971), 92, KRAMOLISCH (1978), 23, BRISCOE (1981), 127f., ECKSTEIN (1987c), 312, und die bei WALSH, 300 Anm. 1, genannte Literatur. Freilich müssen sich die Eingriffe des Prokonsuls nicht so harmonisch gestaltet haben, wie ARMSTRONG / WALSH glauben. Einen vereinzelten Hinweis auf Flamininus' Beziehungen zur thessalischen Oberschicht gibt die Statue, die Praylos von Skotussa, thessalischer Stratege von 190/189, für ihn aufstellen ließ. Erhalten ist nur die Ehreninschrift, die aus den Jahren nach 194 stammt (ISE 98; vgl. E. MASTROKOSTAS, Inscriptions de Locride et de Thessalie, REA 66 [1964], 309f.; G. DAUX, Notes de lecture, BCH 89 [1965], 301f.). Mit Flamininus' Gesetzen für Thessalien, die um 140 in einem Senatsbeschluß erwähnt werden, ist nicht der Eingriff von 194 gemeint, sondern die Neugründung des Bundes 196 (RDGE 9 Z. 50-53).

Nur ein einziges Mal gingen Neuordnung und Freiheit nicht Hand in Hand. Nach den Isthmien wollte eine Mehrheit der Legaten Oreos und Eretria dem König von Pergamon geben. Flamininus wandte sich dagegen. Die Frage wurde an den Senat verwiesen, der die Städte dann für frei erklärte. Oreos war 199, Eretria 198 gemeinsam von der römischen und der pergamenischen Flotte erobert worden. Die Beute war so geteilt worden, daß die Einwohner und die beweglichen Güter an die Römer fielen, die Städte selber aber an Attalos. Später gerieten sie zwar wieder in Philipps Hand, wo sie bis zum Ende des Krieges blieben.[45] Aber es war naheliegend, nun Attalos' Sohn mit eben diesen Städten zu belohnen, die günstige Stützpunkte abgaben. Doch Oreos und Eretria hatten zusammen mit den Fußfesseln zu der Gruppe gehört, deren Schicksal in den zurückliegenden Wochen so intensiv diskutiert und um deretwillen die Isthmische Proklamation inszeniert worden war.[46] Ihre Befreiung nicht bloß zu verschieben – was fatal genug war –, sondern sie einem Königreich einzuverleiben würde zu einem weiteren Debakel in der öffentlichen Meinung führen. Die Übergabe an Eumenes würden die Griechen zweifellos mit der Vorenthaltung der Freiheit gleichsetzen.[47] Im Umkehrschluß bedeutet das, daß eine Mehrheit der Kommission bereit war, eine glaubwürdige Freiheitspropaganda – von Freiheitspolitik will ich gar nicht mehr reden – nicht nur zugunsten eines leichten militärischen Vorteils hintanzusetzen, sondern auch gegenüber der Versorgung wertvoller Alliierter.

---

45 Polyb. XVIII 47,10f.; Liv. XXXI 46,6-16; XXXII 16,8-17. Vgl. Briscoe (1973), 196, 308; Niese (1899), 615; Aymard (1938b), 11 Anm. 29; anders Thiel (1946), 238 mit Anm. 199, 242. Der Senat bestätigte auch die Freiheit von Karystos, von dem zuvor nicht die Rede gewesen war; Eumenes hatte wahrscheinlich nachträglich Ansprüche angemeldet (so Briscoe, 315). Die Stadt war 198 unmittelbar nach Eretria erobert worden, doch die Einwohner hatten Bedingungen aushandeln können (Liv. XXXII 17,1-3). Wahrscheinlich war es zu keiner Beuteteilung zwischen Attalos und Rom gekommen (vgl. auch Thiel, 242 mit Anm. 223).

46 Im Streit zwischen Flamininus und den Legaten vor den Isthmien war zwar explizit nur von den Fußfesseln die Rede gewesen (Polyb. XVIII 45,10.12), doch Briscoe (1973), 309, hat recht damit, daß Polybios sich nur um der Hervorhebung willen auf diese drei Städte beschränkt hat.

47 Vgl. Walbank (1967), 618; Passerini (1932a), 112f. Die hellenistische Praxis lehrt zwar, daß Freiheit mit einer Königsherrschaft nicht unvereinbar war. Doch angesichts der aufgeheizten Stimmung in Griechenland hätten die Römer die Übergabe an Eumenes auch mit dem größten Interpretationsaufwand nicht als Vollzug der Befreiung verkaufen können. Sie hätte auch in fataler Weise an das Schicksal Aiginas erinnert, das als Folge der römischen Eroberung 210 an Attalos gefallen war – was lange unvergessen blieb (s. o. S. 137 Anm. 13). Mit Orten, die weniger im Blickpunkt der Öffentlichkeit standen, konnte man großzügiger verfahren: Amynander durfte seine Kriegseroberungen ebenso behalten wie Eumenes selbst das 199 ebenfalls gemeinsam von den Alliierten eroberte Andros (Polyb. XVIII 47,13; Liv. XXXI 45,2-8; vgl. M. Holleaux, Le décret des Ioniens en l'honneur d'Eumenès II, in: ders., Études d'épigraphie et d'histoire grecques, Bd. 2, Paris 1938, 169 Anm. 1; Larsen [1937], 17 Anm. 7; Briscoe [1972], 34). Daß Amynander und Eumenes dieses neue Eigentum bereits kontrollierten, während Oreos und Eretria erst übergeben hätten werden müssen, halte ich demgegenüber nicht für wesentlich.

Warum konnte Flamininus diesmal ein Patt erreichen? Seine inhaltliche Überzeugungskraft kann es nicht gewesen sein, denn die Legaten blieben ja bei ihrer Meinung. Aber sie hatten den Boden des Senatsbeschlusses verlassen. Während ihnen Rom in der Stationierungsfrage freie Hand gelassen hatte, konnten sie sich nun nicht auf eine ausdrückliche Autorisierung berufen. Zudem waren die Gesandten nicht einer Meinung: Polybios spricht von einer Mehrzahl. Also gab es mindestens einen Legaten, wenn nicht sogar vier, die Flamininus' Meinung waren oder für eine Senatsentscheidung plädierten. Für Eumenes wirkte sich besonders nachteilig aus, daß er, anders als sein Vater, keinen aktiven Anteil mehr am Schluß des Krieges genommen hatte und sich auch jetzt offenbar in Kleinasien aufhielt. Entweder mußte er um die Konsolidierung seiner Herrschaft kämpfen, oder er unterschätzte die Wichtigkeit von persönlicher Präsenz.[48] Vor allem aber hatten Flamininus' Opponenten beim ersten Streit ein unmittelbares römisches Interesse vertreten, nämlich den militärischen Vorteil. Jetzt aber ging es um den Lohn für einen Alliierten. Diesen bei der Stange zu halten war natürlich nicht unwichtig, doch Eumenes besaß damals für Rom längst noch nicht die gleiche Bedeutung wie später, während und nach dem Antiochoskrieg. Gerade der letzte Aspekt machte es dem Senat leicht, in Flamininus' Sinn zu entscheiden. Als Votum für eine unbedingte Freiheitspolitik darf dieser Entschluß freilich nicht verstanden werden.

Immerhin, zumindest einen Fall gibt es, in dem die Freiheit Vorrang vor anderen Überlegungen erhielt. Für ein Volk, dessen Wirken Flamininus so aufgefaßt wissen wollte, daß es nicht um seines Vorteils, sondern um der Befreiung der Griechen willen die Adria überschritten hatte,[49] war das jedoch bitter wenig.

Der Befreiungskrieg gegen Nabis

Freilich war Flamininus noch am ehesten bereit gewesen, den Bedürfnissen der Freiheitsparole Rechnung zu tragen. Unklar ist aber, wie weit er dabei gehen wollte, ob er bereit war, die römische Politik auch in grundlegenderen Fragen als der Festlegung von Stationierungsorten darauf abzustimmen. Eine Antwort können wir am ehesten dann erhalten, wenn wir den Feldherrn einmal frei in seiner Entscheidung agieren sehen, ohne Einmischung anderer römischer Autoritäten. Gelegenheit dazu gibt der Feldzug gegen Nabis von Sparta im Jahr darauf. Die Legaten waren damals bereits nach

48 Falls letzteres zutrifft, hatte er seine Lektion gelernt, als es nach dem Antiochoskrieg in Rom erneut Beute zu verteilen gab.

49 Polyb. XVIII 45,9.

Rom zurückgekehrt, der Senat hatte Flamininus ausdrücklich freie Hand gelassen.[50]

In der Forschung ist wiederholt die Ansicht geäußert worden, es habe sich um einen Krieg im Dienst der Freiheitsparole gehandelt. Nach den Isthmien habe Flamininus Nabis' brutales Regime über Argos nicht mehr tolerieren können, hier liege also das klarste Beispiel für die Befreiungspolitik und ihre Zwänge vor.[51] Doch maßgebend waren andere, machtpolitische Gründe. Insbesondere paßte es schlecht zu einem Kreuzzug für die Freiheit, daß das wahre Kriegsziel die Eroberung Spartas war. Niemand, nicht einmal die Achaier, sah Sparta als besetzte Stadt an, die dringend befreit werden mußte. Argos hatte Nabis bei Nacht und Nebel besetzt, gegen den erklärten Willen seiner Einwohner. In seiner Heimat aber war er als Sieger aus der Stasis hervorgegangen, und deshalb hatte sein Regime auch Anspruch auf Anerkennung und Legitimität. Insofern bestand ein großer Unterschied zwischen der Gewaltherrschaft in der einen und derjenigen in der anderen Stadt.[52]

Aber auch was Argos betraf, ergab sich aus der Freiheitserklärung keine Verpflichtung für eine bewaffnete Intervention. Nicht nur, daß die Argiver nicht in ihr erwähnt wurden, auch als Abstraktum verlangte die Isthmische Freiheit keineswegs die politische Atomisierung Griechenlands. Flamininus und die Kommission hatten ja keine Bedenken gehabt, ihre Alliierten 196 mit eben ›befreiten‹ Städten und Völkerschaften zu belohnen. Niemand regte sich darüber auf, nicht einmal die Aitoler, die selbst von der römischen Vergabe profitierten. Und wenn Nabis' Regime über Argos ein Ende gemacht werden mußte, dann hätte auch Aigina von Eumenes II. befreit werden müssen. Eine Aggression gegen diesen Verbündeten war natürlich un-

---

50 Zu den einzelnen Belegen hier und im Folgenden s. die Darstellung des Nabiskrieges o. S. 156-158, 203-220.

51 Vgl. SCHNEIDEWIND (1869), 24f.; MUNDT (1903), 48; HOLLEAUX (1930b), 376; AYMARD (1938b), 191f.; WALBANK (1940), 187; LEHMANN (1967), 226; BRISCOE (1972), 31. S. auch u. Anm. 57.

52 Flamininus selbst erkannte das in Korinth nicht nur an, als er von der Unterdrückung Argos' als der einer einzigen, das heißt der letzten Stadt sprach. Er meinte auch, ein befreites Argos würde sich in der gleichen Lage befinden wie die übrigen Städte der Peloponnes und Griechenlands (Liv. XXXIV 22,11f.). Nabis trug den Titel eines Königs und war als solcher international anerkannt, bis 197 auch von den Römern: IG V 1, 885; S. GRUNAUER-VON HOERSCHELMANN, Die Münzprägung der Lakedaimonier, Berlin 1978, Taf. 6 Nr. 17; Syll.^{3} 584 Z. 2f., 8f.; Liv. XXXIV 31,12f.; vgl. etwa BERVE (1967), 408f. Auch AYMARD (1938b), 142 Anm. 35, 149 Anm. 55, akzeptiert dies vorsichtig. Davon ist die schlechte Reputation zu trennen, die Nabis zweifellos auch im außerachaiischen Griechenland genoß. Sie reichte aber kaum hin, alle Griechen zu einem Befreiungskrieg für Sparta zu motivieren, wie AYMARD, 207, 209, 211, 215, 218 Anm. 22, 239 Anm. 40, will.

denkbar. Doch Nabis war ebenfalls ein Alliierter Roms.[53] Die Freiheitsparole schrieb also weder für die eine noch für die andere Stadt die Selbständigkeit fest. Die Griechen konnten mit solchen Widersprüchen leben, sie stellten nur wenig Erwartungen an eine vollständige Umsetzung des hehren Prinzips in der Praxis. ›Freiheit‹ spielte keinerlei Rolle bei Flamininus' Entschluß zum Krieg.

Trotzdem nahm sie der Prokonsul zum Vorwand vor seinen Alliierten: Sollte nicht Argos, eine *nobilissima vetustissimaque civitas*, die Freiheit wiedererlangen und die gleichen Rechte genießen wie die übrigen Städte der Peloponnes und Griechenlands? Die Befreiung Griechenlands und der damit verbundene römische Ruhm seien nicht komplett, solange noch eine einzige Gemeinde unterdrückt werde.[54] Das war das erste und auch das letzte Mal während dieser Jahre, daß Flamininus, überhaupt ein Römer, ein konkretes Vorhaben mit den Erfordernissen der Freiheitsparole begründete. Wozu diente diese Rhetorik?

Hätten Römer und Achaier allein gekämpft, wären keine wohlklingenden Worte nötig gewesen. Beide Mächte besaßen ihre eigenen Motive für den Feldzug. Flamininus wollte aber auch die übrigen Alliierten beteiligen, das heißt so ziemlich alle Staaten des griechischen Mutterlandes. Ein militärischer Zweck verband sich damit nicht, auf zahlreiche kleine Kontingente hätte man ebensogut verzichten können. Aber eine politische Integration gab den Griechen das Gefühl der Bedeutung, eventuelle Kritik sich übergangen Fühlender wurde von Anfang an ausgeschlossen. Vor allem aber waren die Alliierten in eine klare Hierarchie eingebunden: Zwar gab es Gelegenheit zu Diskussion und gemeinsamer Beschlußfassung, aber das letzte Wort besaß der mit Abstand stärkste Alliierte, der den Feldzug ja initiiert hatte. Es würde, so stand zu erwarten, nicht nur nichts gegen, sondern alles gemäß Flamininus' Willen geschehen. Die Organisationsstruktur des Feldzugs mochte einer griechischen Symmachie ähneln, aber es fehlte nicht an einem Hegemon, wie es ihn in dieser Überlegenheit seit Philipp II. und Alexander nicht mehr gegeben hatte. So sollten die Griechen an die neue

---

53 Vgl. ECKSTEIN (1987c), 304: »The Isthmian Declaration did not mandate the total political atomization of European Greece: . . . Flamininus and the senatorial commission had not hesitated previously to turn over ›freed‹ cities, and even whole ›freed‹ regions, to Rome's Greek allies.«

54 Liv. XXXIV 22,11f. . . . *an aequum censeatis nobilissimam vetustissimamque civitatem, in media Graecia sitam, repeti in libertatem et eodem statu quo ceteras urbes Peloponnesi et Graeciae esse. haec consultatio, ut videtis, tota de re pertinente ad vos est: Romanos nihil contingit, nisi quatenus liberatae Graeciae unius civitatis servitus non plenam nec integram gloriam esse sinit.*

Ordnung gewöhnt werden, wichtig gerade für die Zeit, in der keine Legionen mehr östlich der Adria stehen würden.[55]

Beim Kriegsbeschluß während der Konferenz in Korinth war zweierlei wichtig für den Erfolg: eine scheinbar gleichberechtigte Teilhabe der Alliierten – deshalb betonte Flamininus penetrant das römische Desinteresse und die alleinige Entscheidungsgewalt der Griechen[56] – und ein einigendes Kriegsziel. Nichts war besser geeignet als die Freiheitsparole. Nicht nur, weil sich Flamininus nach dem mäßigen Eindruck im letzten Jahr bemühen mußte, die Römer doch noch als wahrhaftige Verfechter der Freiheit zu erweisen. Sowenig die Griechen vom Eifer angetrieben wurden, überall der Freiheit zum Sieg zu verhelfen, sosehr gehörte diese zur politischen Werteordnung der Polisbewohner. Es war unmöglich, sich gegen Freiheit auszusprechen, wollte man nicht mit Tyrannen auf eine Stufe gestellt werden. Flamininus aber propagierte sie laut und ungeschmälert. Die Alliierten konnten sich dem schlecht entziehen und wollten es wohl auch gar nicht. Ein laues Jein, und schon stünden sie als Feinde der Freiheit da.[57]

Daher bestand die einzige Möglichkeit zum Widerstand in Fundamentalopposition: Flamininus als Lügner entlarven und sich selbst als besseren Hüter der Freiheit empfehlen. Eben das versuchte der Aitoler Alexandros: Die Römer seien Betrüger, denn sie spielten sich auf mit dem Vorwand der Freiheit, während sie die Fußfesseln besetzt hielten. Statt ihrer würden die Aitoler Nabis zur Räumung von Argos zwingen.[58] Damit aber schoß Alexandros, notgedrungen, weit übers Ziel hinaus. Die gewählte Aufgabe war für die Aitoler eine Nummer zu groß, und der Frontalangriff auf die Römer führte bei den übrigen Anwesenden nur zu erschreckter Solidarisierung mit diesen. Alexandros war in die Freiheitsfalle gelaufen. Es mag sein, daß Flamininus sie ihm mit Bedacht gestellt hatte.

So folgten die Alliierten Flamininus in einen Feldzug, der als Kampf für die Freiheit firmierte, in Wirklichkeit aber ein hegemonialer Ordnungskrieg war – eine Ordnung, in die auch die Verbündeten eingepaßt werden sollten.

---

55 Besonders FERRARY (1988), 88-94, betont den ›griechischen Charakter‹ der Organisation und sieht im Hellenenbund Antigonos Dosons ein unmittelbares Vorbild. Das kann gut sein, doch letztlich scheint mir wenig damit gewonnen, den Nabiskrieg als »nouvelle guerre sociale« zu bezeichnen und Flamininus' Verhalten gegenüber den Alliierten mit den Taten Philipps vor einem Vierteljahrhundert zu parallelisieren. Die historischen Situationen sind zu unterschiedlich.

56 Liv. XXXIV 22,7-13; 24,6f.

57 Eine exakt entgegengesetzte Sicht der Dinge vertritt GRUEN (1984), 451-455: Der Krieg sei um der Griechen willen unternommen worden, deren Wünsche auch währenddessen stets respektiert worden seien. Flamininus' Interesse habe in der Wahrung von Image und römischem Prestige gelegen, das heißt: der Glaubwürdigkeit der Freiheitsparole. Freiheit also als Grund, nicht als Vorwand. Die tatsächlichen Machtverhältnisse und -interessen scheinen mir hier nicht angemessen gewürdigt.

58 Liv. XXXIV 23,8-11: *insimulavit fraudis Romanos quod vano titulo libertatis ostentato Chalcidem et Demetriadem praesidiis tenerent* (8).

Die Freiheit hatte sich aber als zwingendes Argument der Mächtigen erwiesen. Freilich bestand stets die Gefahr, daß sie sich gegen einen wandte, und Flamininus' Sorgfalt ließ bald nach.

Vor Argos angekommen, erfuhren die Verbündeten, daß sie bislang nur auf einem Alibiausflug unterwegs gewesen waren. Der Prokonsul eröffnete ihnen, das eigentliche Ziel des Krieges sei Sparta. Vermutlich bereits bei dieser Gelegenheit, aber in jedem Fall kurz darauf wurde wieder die Freiheit zur Legitimierung bemüht. Als Befreier ganz Griechenlands müßten die Römer schließlich auch Sparta die alte Freiheit und seine Gesetze wiedergeben. Nun sah der Prokonsul nicht mehr bloß die Unterdrückung von Argos, sondern auch diejenige Spartas als Makel auf dem römischen Ruhmesschild an.[59] Damit wahrte Flamininus eine einheitliche Argumentationslinie, und er konnte sich weiterhin als Befreier stilisieren. Nabis' Gewaltherrschaft über Sparta wurde freilich, wie gesagt, nicht als illegal angesehen. Mit moralisierender Freiheitsrhetorik ließ sich diese Schwierigkeit vielleicht überspielen, aber es mußte schon sehr auffallen, daß dieser ethische Imperativ in Korinth noch nicht gegolten hatte. Offensichtlich bewegten den Prokonsul andere Motive mehr, seine Freiheitsreden klangen hohler als zuvor.[60]

Die schleppende Entwicklung des Krieges führte schließlich zum Debakel. Im Herbst sah Flamininus sich gezwungen, einen Kompromißfrieden ins Auge zu fassen, der Nabis seinen Thron beließ. Mit der Freiheit Spartas

---

59 Liv. XXXIV 32,4f.10-13: *nobis vero . . . liberantibus omnem Graeciam Lacedaemon quoque vindicanda in antiquam libertatem erat, atque in leges suas . . . an ut ab Iaso et Bargyliis praesidia Philippi deducantur curae erit nobis, Argos et Lacedaemonem, duas clarissimas urbes, lumina quondam Graeciae, sub pedibus tuis relinquemus, quae titulum nobis liberatae Graeciae servientes deforment?* (4f.) Diese Worte sind nicht für den Kriegsrat vor Argos bezeugt, sondern erst für Flamininus' Begegnung mit Nabis, mehr als vier Monate später. Trotzdem scheint es mir aus mehreren Gründen legitim, sie bereits hier anzuführen: 1) Livius' Bericht über die Beratung vor Argos ist auf das Notwendigste konzentriert, gerade was die Reden von Flamininus und Aristainos betrifft (s. o. S. 209 Anm. 65). Wenigstens einer von beiden könnte also mit der Freiheit argumentiert haben. 2) Nach Flamininus' großer (und erfolgreicher) Freiheitsrede für Argos lag nichts näher, als den Zug gegen Sparta genauso zu begründen. 3) Die sonstigen Vorwürfe in der Unterredung mit Nabis (kein Bestehen einer früheren Allianz mit Nabis, dessen Verletzung der *amicitia*) waren für die Griechen irrelevant. Die Freiheit Spartas war das einzige Argument, das Flamininus auch ihnen gegenüber vorbringen konnte. 4) Nur wenn er sich auch vor Argos auf die Freiheit berief, gewinnt der darauffolgende Streit unter den Alliierten Sinn: Die griechische Fronde wandte die Freiheit gegen den Prokonsul, und dieser mußte sich dem eigenen Argument beugen. 5) Letztlich ist es nicht entscheidend, wann genau Flamininus den Angriff auf Sparta mit der Freiheit rechtfertigte, schon vor Argos oder erst im Lauf der nächsten Monate. Wesentlich ist, daß er es überhaupt tat.

60 Vgl. schon SCHNEIDEWIND (1869), 27: »Freilich trat damit der Vorwand des Kriegs, die Befreiung jener Stadt [sc. Argos], in den Hintergrund, der eigentliche Zweck, den die Römer im Auge hatten, die Demüthigung beziehungsweise Beseitigung des mächtigen Herrschers, trat unverhüllt hervor.«

war ein derartiges Arrangement nach dem Vorgefallenen nicht mehr vereinbar, auch nicht mit größtem argumentatorischen Aufwand. Deshalb tat Flamininus das einzige, was er machen konnte: Er schwieg die bisherige Rhetorik tot. Fast zwangsläufig führte dies aber zu einer Reaktion bei denjenigen griechischen Alliierten, die den Krieg weiterführen wollten. Sie besetzten nun, wahrscheinlich mit Aristainos an der Spitze, das Thema, das Flamininus so auffällig preisgab: Die Freiheit Griechenlands sei nicht sicher, solange Nabis an der Macht bleibe. Im Gegenteil würde seine ungerechte Herrschaft von den Römern legitimiert, ein solches Exempel könnte dann andere anregen, in ihren eigenen Gemeinden einen Anschlag auf die Freiheit ihrer Mitbürger zu unternehmen.[61] Kein Grieche hatte im Frühjahr solche Befürchtungen gehegt. Erst Flamininus hatte das Thema auf die Agenda gesetzt, und jetzt, da er es fallengelassen hatte, machte es sich selbständig. Seine Opponenten instrumentalisierten die Freiheit gegen ihn. Die Situation von Korinth hatte sich erneut eingestellt, aber unter umgekehrten Vorzeichen. Aristainos schien dem Römer im Spiel zwischen Ideologie und Politik plötzlich einen Schritt voraus zu sein. Flamininus, ganz Zauberlehrling, vermochte die Konsequenzen seiner Rhetorik nicht mehr zu kontrollieren.[62]

Der Prokonsul versuchte mit Sachargumenten zu kontern, doch er hatte damit ebensowenig Erfolg wie die widerstrebenden Griechen vor Argos. Nun war eigentlich der Moment gekommen, die römische Macht auszuspielen und die Alliierten wissen zu lassen, daß er tun werde, was er für richtig halte. Vor Argos hatte er das schon getan, und auch jetzt würde die Opposition aller Voraussicht nach überwunden werden. Aber die Lage hatte sich geändert. Damals hatte er die Freiheit auf seiner Seite gehabt, jetzt stand sie gegen ihn. Setzte er seinen Willen mit Gewalt durch, dann stand er nicht bloß als Hegemon da, der seine Interessen an die erste Stelle setzte. Das war nichts Neues für die Alliierten. Er wäre ein Hegemon, der die Ideale des Bundes, den er zusammengebracht hatte, mit Füßen trat und sich durch sein Paktieren mit Tyrannen selbst als Gewaltherrscher erwies. Widerstand dagegen wäre legitim und erwünscht.

Deshalb blieb Flamininus nichts anderes übrig, als sich dem Willen der Alliierten zu fügen und ihre Argumentation zu übernehmen, die ursprünglich seine eigene gewesen war.[63] Nur mit einem Trick – die Forderung von

61 Liv. XXXIV 33,6-8: *nunquam aliter tutam libertatem Graeciae fore* (6).

62 Vgl. auch die in diese Richtung weisenden, doch allzu knappen Ausführungen BERNHARDTS (1971), 44.

63 Die Erklärung ist schon bei W. SCHORN, Geschichte Griechenlands von der Entstehung des ätolischen und achäischen Bundes bis auf die Zerstörung Korinths, Bonn 1833, 264, angelegt: »Flamininus, welcher als Befreier Griechenlands nicht offen dagegen ankämpfen wollte, stellte sich, als pflichte er ihnen bei«. AYMARD (1938b), 227 Anm. 58, dagegen erklärt Flamininus' un-

Leistungen für die Belagerung, welche die Griechen nicht erbringen konnten – brachte er die Verbündeten doch noch auf Linie. Natürlich empfanden diese den Zwang und waren verärgert, aber der Diskurs über die Freiheit hatte sich zu einer Diskussion über Machtpotentiale verwandelt. Letztere barg entschieden weniger Sprengstoff als ersterer.

Flamininus war knapp an einem Desaster vorbeigeschrammt. Er hatte es vermeiden können, das Odium des Freiheitsfeindes auf sich zu ziehen, seine Symmachie hatte er, mit Ach und Krach, zusammengehalten. Auch Nabis war letztlich besiegt worden, aber ansonsten war der Feldzug ein eklatanter Fehlschlag gewesen. Das Modell eines gemeinsamen alliierten Feldzuges hatte keineswegs zu einer weiteren Akzeptanz der römischen Hegemonie geführt. Ferrary hat mit Recht darauf hingewiesen, daß es die Römer, aus Schaden klug geworden, kein zweites Mal zum Einsatz brachten.[64] Flamininus' Image als Freiheitsbringer hatte erhebliche Blessuren davongetragen. Bei der Frühjahrskonferenz in Korinth hatte Flamininus alles richtig gemacht, Sympathie und Zustimmung waren ihm zuteil geworden. Nur hätte er sich darüber im klaren sein müssen, daß er den Prestige- und Machtgewinn nur dann auf Dauer halten konnte, wenn er seine Politik halbwegs konsequent auf die Freiheit ausrichtete. Anders ausgedrückt: Er setzte sich Grenzen, die er in Zukunft nicht einfach überschreiten durfte. Freiheit war ein dehnbarer Begriff, aber plötzliche Hundertachtziggradwendungen, wie im Umgang mit Nabis, verkraftete sie nicht. Freiheitspropaganda hätte zu Freiheitspolitik werden müssen.[65]

Das versäumte Flamininus. Statt sich und Rom untrennbar mit der Freiheitsparole zu verbinden, erwiesen sich die diesbezüglichen Beteuerungen als belanglos und aufgesetzt. Im Jahr zuvor war Flamininus nicht recht aus der ideologischen Defensive herausgekommen, nun aber blies ihm der Wind der öffentlichen Meinung in Orkanstärke ins Gesicht. Zufrieden zeigten sich nur die Argiver; bei den Nemeischen Spielen konnte Flamininus seine Freiheitstheatralik von 196 wiederholen. Aber die Achaier waren enttäuscht und verärgert, und die Aitoler hatten ein neues Thema gefunden:

---

terschiedliche Verhandlungstaktiken vor Argos und vor Sparta mit einem unterschiedlichen Grad an Ge- und Entschlossenheit bei den Opponenten. Das ist durchaus richtig, erklärt das Verhalten des Prokonsuls aber noch nicht ausreichend. Beide Male war es undenkbar, daß die Griechen abzogen und die Legionen allein ließen. Für den Moment hätte sich Flamininus auch brachial durchsetzen können. Entscheidend wären die Nachwirkungen eines derartigen Verhaltens gewesen.

64 FERRARY (1988), 94f., 147. Flamininus selbst unternahm während des Antiochoskrieges keinerlei Anstrengungen in diese Richtung.

65 Es war eben nicht ganz so einfach, wie ECKSTEIN (1987c), 308 Anm. 167, meint: »It is, of course, another comment on the elasticity of Flamininus's program that, despite his threats at Livy 34.32.4, it turned out in the end that the general's judgment of the principle of ›the freedom of the Greeks‹ did *not* require the overthrow of Nabis's regime at Sparta.« Ähnlich WILL (1982), 175.

Das römische Volk sei zum Komplizen von Nabis' Regime geworden. Darauf ließ sich schlecht etwas erwidern.[66]

Größeren Eindruck machte die Tat. Im Frühjahr 194 bestellte Flamininus die Alliierten erneut nach Korinth und eröffnete ihnen diesmal nicht Kriegspläne, sondern die bevorstehende Heimkehr der Legionen. Doch sosehr sich das auch propagandistisch ausschlachten ließ, gegen die Aitoler und hinsichtlich der unbefriedigenden Ergebnisse des Nabiskrieges – ursächlich war nichts davon für den Abzug. Daß es zu ihm so bald wie möglich kommen würde, war ja schon 197 beschlossene Sache gewesen. Nun waren die Regelungen von 196 umgesetzt, Nabis die Machtmittel genommen, und Antiochos stellte eine latente, aber eben keine akute Gefahr dar. Es gab schlicht keine Veranlassung, länger zu bleiben. Der Prokonsul bewies ein letztes Mal sein Geschick für öffentlichkeitswirksame Inszenierungen großen Stils, mit dem er heute ohne weiteres als Wahlkampfleiter reüssieren könnte. Nach seiner eindringlichen Ansprache verließ die römische Garnison vor den Augen der Griechen Akrokorinth, als letzter folgte ihr der Feldherr. Da in Zeiten ohne mediale Dauerpräsenz die Abnutzungseffekte durch Wiederholung geringer sind, konnte Flamininus den Abzug aus Chalkis und Demetrias nach dem gleichen Muster gestalten. Nachdem er dann in einem letzten unmittelbaren Eingriff die politischen Verhältnisse in Thessalien stabilisiert hatte, setzte der Prokonsul mit allen Truppen von Orikos nach Brundisium über, dem Triumph entgegen.[67]

In seiner Korinther Rede hatte Flamininus die Zuhörer aufgefordert, maßvollen Gebrauch von der Freiheit zu machen. Auf sich gestellt, ohne die Hilfe, aber auch ohne die Einmischung Roms, müßten die Griechen sie jetzt allein sichern. »Die durch fremde Waffen gewonnene, durch auswärtige Redlichkeit zurückgegebene Freiheit sollten sie in eigener Verantwortung behüten und bewahren, damit das römische Volk wisse, daß es Menschen, die ihrer würdig seien, die Freiheit gegeben habe und daß seine Gabe gut angelegt sei.«[68]

Wie es jedoch tatsächlich um die Freiheit der Griechen bestellt war, zeigt der Wunsch, den Flamininus gleich darauf vorbrachte: die Freigabe der ita-

---

66 Vgl. nur die Einschätzung der im Frühjahr 194 in Korinth versammelten Griechen: *id minime conveniens liberanti Graeciam videbatur, tyrannum reliquisse non suae solum patriae gravem, sed omnibus circa civitatibus metuendum, haerentem visceribus nobilissimae civitatis* (Liv. XXXIV 48,5f.). Zu Flamininus' Versuch einer Rechtfertigung s. o. S. 218 Anm. 92.

67 Liv. XXXIV 48,3-50,2.8-52,2; Diod. XXVIII 13. Zu Antiochos und den Aitolern s. o. S. 158-160, 182, 252f.

68 Liv. XXXIV 49,8.11: *libertate modice utantur: temperatam eam salubrem et singulis et civitatibus esse, nimiam et aliis gravem et ipsis qui habeant praecipitem et effrenatam esse.* (8) . . . *alienis armis partam externa fide redditam libertatem sua cura custodirent servarentque, ut populus Romanus dignis datam libertatem ac munus suum bene positum sciret* (11). Das Dazwischenstehende ist zitiert o. S. 275 Anm. 77.

lischen Kriegsgefangenen, die während des Hannibalkrieges nach Griechenland verkauft worden waren. Selbst die Formulierung bei Livius verschleiert kaum, daß es sich mehr um einen Befehl als um eine Bitte handelte. Die Alliierten sollten die ehemaligen Soldaten zusammenschaffen und zu Flamininus nach Thessalien schicken. Dafür hätten sie zwei Monate Zeit. Die Entschädigung der jetzigen Eigentümer war, wie der Feldherr stillschweigend voraussetzte, das Problem der Griechen. Etwaigen Renitenten oder Begriffsstutzigen half Flamininus mit einem deutlichen Hinweis auf: Der jetzige Zustand, die Sklaverei von Befreiern im befreiten Land, sei ja nicht einmal für die Griechen selbst ehrenvoll. Jeder verstand, und alle überschlugen sich darin, Flamininus für seine Erinnerung an eine »so fromme, so notwendige Pflicht« zu danken. Allein die Achaier wandten für den Freikauf der Sklaven auf ihrem Territorium 100 Talente auf, eine große Summe. Und wozu das Ganze? Weniger, weil Flamininus das Schicksal seiner Landsleute so bewegte – während der vier Jahre zuvor hatte er sich auch nicht um sie gekümmert –, sondern weil sie eine glanzvolle Staffage für seinen Triumphzug abgaben.[69]

Die Freiheit Asiens

Die Freiheit der Griechen Asiens war für die Römer und insbesondere für Flamininus ein Mittel zum Zweck, ein Drohpotential, um die eigentlichen Ziele durchzusetzen: Antiochos' Rückzug aus Thrakien und seine Nichteinmischung in das römische Hegemonialgebiet, das heißt das griechische Mutterland. Ich habe in diesem Zusammenhang bereits auf Flamininus' entsprechendes, unverblümt vorgetragenes Angebot von 193 hingewiesen.[70] Doch scheint es immerhin möglich, daß die Römer nicht von Anfang an so dachten und daß sie erst, als die Verhandlungen feststeckten, durch die Preisgabe eines ursprünglich wichtigen Ziels ein noch zentraleres zu erreichen suchten. Flamininus hätte seinen Vorschlag also schweren Herzens gemacht. Um hier Klarheit zu gewinnen, muß die Argumentation mit der Freiheit der Griechen Asiens einer näheren Betrachtung unterzogen werden.

---

69 Liv. XXXIV 50,3-7: *tam pio tam necessario officio* (4); 52,12; Diod. XXVIII 13; Plut. Flam. 13,5-9 (s. o. S. 220 Anm. 95); reg. apophth. 197b; Val. Max. V 2,6; Oros. hist. IV 20,3. Vgl. AYMARD (1938b), 259f. Noch 189 befand sich eine größere Anzahl von Römern und Bundesgenossen in kretischer Sklaverei (Liv. XXXVII 60,3-6). Aber das heißt nicht, nur die Achaier hätten Flamininus' Anweisung befolgt (so HATZFELD [1913], 100f.): In Korinth waren bloß die verbündeten Staaten repräsentiert (vgl. AYMARD, 258 Anm. 5), und Kreta gehörte nicht zum römischen Einflußbereich. Deshalb erlangten auch die Italiker in Aitolien nicht die Freiheit, zudem ist nicht auszuschließen, daß nicht alle Eigentümer bereit waren, sich von ihren Sklaven zu trennen.

70 S. o. S. 245-249.

In dem Senatsbeschluß von 196 war festgelegt, daß nicht nur Philipps asiatische, ägäische und hellespontische Besitzungen, sondern auch alle übrigen Städte Europas und Asiens frei sein sollten.[71] Das könnte man in erster Linie als Ausdruck einer damals initiierten Freiheitspolitik werten, die unglaubwürdig geworden wäre, hätte man sie auf Europa beschränkt. Doch das römische Vorgehen nach den Isthmien weist in eine andere Richtung.[72] Denn Flamininus und die Kommission forderten syrische Gesandte, die nach Korinth gekommen waren, auf, ihr König möge sich von den freien Griechenstädten Kleinasiens fernhalten, die bislang makedonischen (und ptolemaiischen) räumen und nicht mit einem Heer nach Griechenland übersetzen. Das wurde zwar mit der ebenso pauschalen wie wohlklingenden Formel begründet, kein Grieche dürfe nunmehr bekriegt werden oder einem anderen untertan sein. Die Instrumentalisierung der Freiheitsformel wurde durch die Melange aus Freiheitsrhetorik und der Kernforderung, der König möge Europa verlassen, aber nur offensichtlich.[73] Es erhebt sich sogar der Verdacht, daß die plötzlichen Freiheitsbeschwörungen, wenigstens soweit sie Asien betrafen, nicht einem allgemeinen Konzept entsprangen, sondern nur ihrer Eignung, als argumentative Waffe gegen den expandierenden Seleukidenkönig eingesetzt zu werden.

---

71 Polyb. XVIII 44,2.4. Vgl. Holleaux (1930b), 367f.; Badian (1958), 72f.; Walbank (1967), 610f.; Will (1982), 186; Ferrary (1988), 141 mit Anm. 33; Errington (1989b), 270, 272. Einige von Philipps kleinasiatischen Städten waren zu diesem Zeitpunkt wohl schon von Antiochos besetzt (zu Euromos vgl. Errington [1986], und Ma [2002], 338), aber das hatte der Senat bei der Bestimmung ihrer Befreiung vielleicht noch nicht gewußt. Die Verfügung an sich, notwendig geworden durch die Abtretung aller makedonischen Außenbesitzungen an den Sieger, trug zunächst der Tatsache Rechnung, daß Rom derart weit entfernte Städte gar nicht selber zu kontrollieren vermochte (dazu Liv. XXXIII 31,3). Etwas anderes als Freilassung kam für sie gar nicht in Frage. Sie ist also nur als Beleg für das römische Desinteresse an direkter Herrschaft in Kleinasien zu werten, nicht als Ausdruck einer antiseleukidischen Tendenz. Diese gewinnt sie erst, im Sinne einer Warnung, wenn man sie zusammen mit der Freiheitserklärung für die übrigen Städte Kleinasiens betrachtet. Letztere richtete sich nämlich eindeutig gegen den für Antiochos günstigen Status quo. Insofern ist der Vorbehalt von Briscoe (1973), 306, unbegründet. Anders Mehl (1990), 148f. Ma, 95, spricht statt von einer Warnung lieber davon, daß die Römer Antiochos und seinen Interessenbereich ignoriert hätten; doch nach Lage der Dinge lief das auf dasselbe hinaus.

72 Damit will ich natürlich nicht leugnen, daß es ein ebenso naheliegender wie konsequenter Schritt war, nach der Befreiung der Griechen Europas das Schlagwort auf Kleinasien anzuwenden (vgl. nur Seager [1981], 110). Doch innere Logik dieser Art ist für den politischen Prozeß bedeutungslos. Den nötigen Druck schuf erst Antiochos.

73 Polyb. XVIII 47,1f. Zu Liv. XXXIII 34,2-4 vgl. Briscoe (1973), 313. Römische Legaten wiederholten ihre Forderung gegenüber dem König persönlich, in Lysimacheia (Polyb. XVIII 50,5-9). Bei der Konferenz von Ephesos drei Jahre später, dem letzten diplomatischen Kontakt vor dem Krieg, ging es dann tatsächlich nur um die Freiheit der Griechen. Doch damals glaubte die seleukidische Seite schon nicht mehr an eine Einigung (s. o. S. 259 Anm. 39), und auch die Römer beschränkten sich auf Geplänkel, nachdem P. Villius Tappulus' Treffen mit Antiochos, kurz zuvor in Apameia, ähnlich verlaufen war wie die Verhandlungen, die Flamininus Anfang des Jahres in Rom geführt hatte (Liv. XXXV 15,2.9-17,2). Vgl. auch Bickermann (1932), 68-70; Heidemann (1966), 56.

Zugegeben beließen es die Römer nicht bei Rhetorik. Wir wissen von drei Städten, die sich Antiochos' Siegeslauf widersetzten und weder gewaltsam noch mit guten Worten zur Unterwerfung gebracht werden konnten: Alexandreia Troas, Smyrna und Lampsakos. Zumindest die beiden letzteren wandten sich in ihrer Not an die einzige andere Großmacht, an Rom, und das nicht ohne Wirkung. Die Römer machten sich zu ihren Fürsprechern und ließen die Smyrnaier und Lampsakener zweimal, 196 in Lysimacheia und 193 in Ephesos, ihre Beschwerden vor dem König bzw. seinem Minister Minnion vorbringen. Allerdings – das war es auch schon. Mit dem verzweifelten Kampf der beiden Städte ließen sich die römischen Vorwürfe gegen Antiochos schön illustrieren, ansonsten standen diese allein. Beim zweiten Mal, vor der Konferenz mit Minnion, scheuten die römischen Legaten sogar die Mühe, sich persönlich mit den Griechen abzustimmen, und überließen diese Aufgabe Eumenes.[74]

Überhaupt verausgabten sich die Römer nicht allzusehr beim Werben um neue Freunde. Wenn sich eine günstige Gelegenheit bot, nutzten sie sie, aber selbst scheinen sie niemals die Initiative ergriffen zu haben.[75] Zwar hatten sie 196 die Freiheit Kleinasiens auf die Agenda gesetzt, aber es genügte ihnen vollkommen, damit gegenüber dem König und seinen Ministern zu argumentieren, hinter den verschlossenen Türen des Kabinetts. Von einer öffentlichen Kampagne – hier die römischen Befreier, dort der Unterdrücker Antiochos – hören wir nichts. Diese wäre durchaus erfolgversprechend gewesen, zumindest fürchteten das einige Berater des Königs. Nach der Konferenz von Ephesos äußerten sie in einer Besprechung mit dem König den Verdacht, die Römer verfolgten mit ihrem Einsatz für Smyrna und Lampsakos, zwei letztlich nicht ins Gewicht fallenden Städten, ein höheres Ziel: mit ihrer Befreiung einen Präzedenzfall zu schaffen, der auch die anderen Gemeinden Asiens zum Übertritt auf die Seite des Volkes verlocken sollte, das die Freiheit brächte. Grundsätzlich war der König zwar bereit,

74 Widerstand gegen Antiochos: Liv. XXXIII 38,3-7; XXXV 42,2 (dazu WALBANK [1979], 106); Hilfsgesuch an die Römer: IK Lampsakos 4 (dazu FERRARY [1988], 133-141); Polyb. XVIII 49,1 (?); XXI 13,3; Diod. XXIX 7; App. Syr. 5 (dazu BRODERSEN [1991], 81); Tac. ann. IV 56,1; Lysimacheia: Polyb. XVIII 52,1-4; Ephesos: Liv. XXXV 17,1f.6. Vgl. GRUEN (1984), 542-544; MA (2002), 95f.

75 Menippos, einer der beiden seleukidischen Gesandten von 193, bat im Namen des kleinasiatischen Teos, das sich schon seit 204 oder 203 in Antiochos' Hand befand, um die Anerkennung der Asylie der Stadt. Die Römer entsprachen diesem Wunsch, gewährten auch pointiert Abgabenfreiheit gegenüber dem römischen Volk, doch alles nur unter der Bedingung, daß die Stadt auch weiterhin eine wohlwollende Haltung gegenüber der Republik einnehme (RDGE 34 Z. 23f.: διατηρούντων ὑμῶν καὶ εἰς τὸ | μετὰ ταῦτα τὴν πρὸς ἡμᾶς εὔνοιαν). Deutlicher konnte ein Wink mit dem Zaunpfahl nicht ausfallen als mit dieser im hellenistischen Urkundenformular ungebräuchlichen Wendung. Vgl. R. M. ERRINGTON, Rom, Antiochos der Grosse und die Asylie von Teos, ZPE 39 (1980), 279-284; P. HERRMANN, Antiochos der Große und Teos, Anadolu 9 (1965), 140-143; MA (2002), 100-102.

›Freiheit‹ zu gewähren – aber nur als Gunsterweis für bereits Unterworfene. Sie durfte weder von den Städten selbst erkämpft noch von außen gebracht werden. Die Bedrohung für die innere Struktur des Seleukidenreiches schien beängstigend, und nicht zuletzt deshalb entschied sich Antiochos am Ende der Besprechung für den Krieg.[76]

Im Grunde entwickelten die Berater das römische Konzept bis zu einem Stadium, das die Römer in der Praxis längst nicht erreicht hatten. Ja, es scheint zweifelhaft, ob diesen die potentielle Sprengkraft ihres Ansatzes überhaupt klar geworden war. Für sie war er eben nur ein Mittel, einen gewissen Druck am grünen Tisch ausüben zu können. Mag sein, daß die Römer weitergegangen wären, wenn der Kriegsausbruch sich um ein paar Jahre verzögert hätte. So aber waren sie jederzeit bereit, die Freiheit unter den Tisch fallen zu lassen, wenn Antiochos ihre wesentlichen Forderungen erfüllte. Doch die betrafen nicht Asien, sondern Europa.

Der Grund für diese Beschränkung der eigenen politischen Möglichkeiten liegt vielleicht darin, daß sich die Römer nicht klargemacht hatten, daß die Voraussetzungen für den Einsatz der Freiheitsparole in Kleinasien ungleich günstiger waren als in Griechenland. Als bereits etablierte Vormacht mit ›Freiheit‹ zu experimentieren stellte von vornherein ein schwieriges Unterfangen dar, mit ›Freiheit‹ aber eine andere Hegemonialmacht angreifen, das war leicht. Diese Spielart der Freiheitspropaganda war den Römern jedoch unvertraut. Flamininus hatte frühestens nach Ende des Makedonischen Krieges die Freiheitsparole aufgenommen, und im Nabiskrieg hatte er sie zur Festigung der eigenen Allianz genutzt, nicht zur Beeinflussung des Feindes. Sonderlich innovativ wäre eine solche Zielsetzung freilich nicht gewesen, und es hätte auch keiner überragenden staatsmännischen Fähigkeiten bedurft, eine entsprechende Strategie auszuarbeiten. Vielleicht hinderten die Römer auch die Niederlagen, die Flamininus in der öffentlichen Debatte Griechenlands hinnehmen hatte müssen, einen asiatischen Propagandafeldzug überhaupt in Betracht zu ziehen. Jedenfalls zeigt der zunächst forsche, dann aber zögerlicher werdende und ideenlos bleibende Umgang mit den Griechen Kleinasiens einmal mehr, daß ›Freiheit‹ nicht im Zentrum des politischen Denkens Flamininus' und seiner Landsleute stand, nicht

---

76 Liv. XXXV 17,7-9; 19,7. Zuvor hatte Minnion den Römern vorgeworfen: *specioso titulo . . . uti vos, Romani, Graecarum civitatium liberandarum video* (Liv. 16,2). Zum Kriegsbeschluß s. auch o. S. 162f., 259 mit Anm. 39. Schon 196 hatte Antiochos die Sorge umgetrieben, Smyrna und Lampsakos könnten Nachahmer finden, falls ihr Kampf um die Freiheit Erfolg hätte. Die vom König in Ausicht gestellte, von ihm gewährte ›Freiheit‹ genügte den beiden Städten nicht (Liv. XXXIII 38,3-7). Dann trat der Machtfaktor Rom hinzu. Während der Konferenz von Lysimacheia erklärte Antiochos den Legaten: τὰς δ' αὐτονόμους τῶν κατὰ τὴν ᾿Ασίαν πόλεων οὐ διὰ τῆς ῾Ρωμαίων ἐπιταγῆς δέον εἶναι τυγχάνειν τῆς ἐλευθερίας, ἀλλὰ διὰ τῆς αὐτοῦ χάριτος (Polyb. XVIII 51,9). Ein Beispiel für Antiochische Freiheitsverleihung: IK Iasos 4 Z. 8f., 47f. Vgl. MA (2002), 100, 102, 111-113, 152-154; SCHMITT (1964), 96-99; BICKERMANN (1932), 65f.

einmal als bloße Werbeparole.[77] So blieben naheliegende Optionen ungenutzt.[78]

Auch die Scipionen machten während ihres asiatischen Feldzuges keinen Gebrauch von der Freiheitspropaganda.[79] Angesichts der ganzen Vorgeschichte würde man sich wundern, hätten die Römer nach dem Sieg bei Magnesia der Befreiung der kleinasiatischen Griechen plötzlich Priorität eingeräumt. Antiochos mußte im Frieden von Apameia alle Gebiete diesseits des Tauros abtreten. Den Löwenanteil davon gaben die Römer Eumenes, aber auch Rhodos erhielt mit Lykien und Karien eine ordentliche Portion. Darin inbegriffen waren alle griechischen Städte, die am Tag vor der Schlacht bei Magnesia noch zu Antiochos gestanden hatten. Diejenigen Städte, die bis zu diesem Stichtag zu Rom übergegangen waren, erhielten die Freiheit. Kaum der Erwähnung wert ist, daß diejenigen, die dem König ohnehin widerstanden hatten, wie Smyrna und Lampsakos, frei blieben. Soweit ist alles konsequent und vorhersehbar. Eumenes wurden aber auch die Städte zugesprochen, die von Antiochos rechtzeitig abgefallen waren, früher aber seinem Vater Attalos gehört hatten. Das heißt, Städte, die im Moment frei waren, wurden dem Königreich Pergamon einverleibt. Befreit wurde hier also gar nichts mehr, das Gegenteil fand statt. Das Prinzip der Belohnung der Alliierten genoß eindeutigen Vorrang gegenüber der Freiheit der Griechen.[80]

---

77 Nach den Isthmien hatte P. Cornelius Lentulus Caudinus an der karischen Küste Bargylia in die Freiheit entlassen, L. Stertinius Hephaistia auf Lemnos sowie Thasos und thrakische Städte (Polyb. XVIII 48,2). Danach erschienen römische Legaten in diesem Raum nur noch zu Verhandlungen mit dem König.

78 FERRARY (1988), 142-144, stellt eine andere Kausalität her: Die Römer hätten aufgegeben, für die Freiheit der kleinasiatischen Griechenstädte zu werben, weil nicht nur das europäische, sondern auch das asiatische Echo schwach gewesen sei. Das ist nicht von der Hand zu weisen, reicht aber als Begründung nicht aus. So richtig hatten die Römer, vom Senatsbeschluß abgesehen, ja gar nicht damit angefangen. Die Smyrnaier und Lampsakener wandten sich nicht wegen etwaiger Freiheitsversprechungen an Rom, sondern weil sie schon im offenen Konflikt mit Antiochos standen. Da die seleukidische Herrschaft sich ansonsten relativ problemlos etablieren hatte lassen, war gar nicht damit zu rechnen, daß sich recht viele kleinasiatische Griechen von sich aus bei den Römern einfinden würden. Deshalb hätte es der entschiedenen Agitation bedurft. Daß die Römer diese Möglichkeit nicht sahen oder sehen wollten, ist das eigentliche Problem.

79 Der Konsul und sein Bruder erklärten Herakleia am Latmos für frei (RDGE 35 Z. 10-12 mit MA [2002], 366f.). Doch das war nur die Gegenleistung dafür, daß die Stadt auf die römische Seite übertrat. Der Brief an die Herakleier, geschrieben noch vor der Entscheidung von Magnesia, bewegt sich ganz im Rahmen hellenistischer Vorbilder und spricht nirgends von einem Kriegsziel der Befreiung Kleinasiens. Sonstige Belege für Freiheitspropaganda fehlen. Vgl. FERRARY (1988), 151-156 mit Anm. 98; HEIDEMANN (1966), 71-74 mit Anm. 24f.; anders SEAGER (1981), 112.

80 Die Neuordnung Kleinasiens bereitet der Forschung seit jeher große Schwierigkeiten, denn die römischen Beschlüsse sind in drei verschiedenen Versionen überliefert, die hier mit A, B und C bezeichnet sind. A: Polyb. XXI 24,7f.; Liv. XXXVII 55,5f.; B: Liv. XXXVII 56,2-6; C: Polyb. XXI 46,2-11; Liv. XXXVIII 39,7-17. A und B überliefern den 189 gefaßten Senatsbeschluß, C die Entscheidung des Prokonsuls und der Senatskommission 188 in Apameia. Unter dem

Die römischen Eingriffe gingen also sehr viel weiter als nach dem ersten Sieg im Osten, der Schlacht von Kynoskephalai. Die Differenz liegt aber weniger in einer Änderung der römischen Politik, in einer Abkehr von einem Flaminischen Freiheitskonzept hin zu rücksichtsloser Beuteteilung, sondern in den Umständen. Beide Male zeigte Rom keinerlei Ambitionen, für sich Gebiete zu annektieren oder auch nur im Land zu bleiben.[81] Beide Male wurde der Sieg mit Alliierten erkämpft. Und beide Male gestalteten Senat, Feldherr und Zehnerkommission die Landkarte neu. Damit enden die Parallelen aber auch. Daß die Neuordnung 189/188 wesentlich rabiater ausfiel, läßt sich auf mehrere Gründe zurückführen: Antiochos hatte über viel mehr Griechen unmittelbar geherrscht als Philipp, zudem war ein Großteil treu geblieben; die Beutemasse war also von vornherein viel größer. Rom verfügte über zwei Verbündete, mit denen es keine größeren Konflikte gegeben hatte, denen man also stärker verbunden war als dem Hauptalliierten von 197, Aitolien. Pergamon und Rhodos zeigten auch großen Appetit auf Gebietserweiterungen, der eine Staat unverhohlen und unmäßig, der andere versteckt und bescheidener. Aber nicht einmal mit den rhodischen Ambitionen lassen sich die aitolischen Hoffnungen auf ein paar Gebiete in Thes-

---

Eindruck von E. BIKERMAN, Notes sur Polybe. I, REG 50 (1937), 217-239, hat die Lösung weithin Anerkennung gefunden, B den Vorzug vor A und C zu geben (vgl. den Überblick bei WIEMER [2001], 137-147). Erst in jüngster Zeit hat man mit Recht versucht, A und B zu kombinieren: D. W. BARONOWSKI, The Status of the Greek Cities of Asia Minor after 190 B.C., Hermes 119 (1991), 450-463; MA (2002), 282f.; WIEMER, 147f.; ferner FERRARY (1988), 150 mit Anm. 76. Allgemeine Einigkeit herrscht aber in der hier entscheidenden Frage, daß die Befreiung der Griechen hinter der Belohnung für Pergamon und Rhodos zurückstand. Nur knapp sei deshalb meine eigene Interpretation der drei Versionen skizziert, die bisher, soweit ich sehe, nicht vorgeschlagen worden ist: In A werden pauschal Antiochos' sämtliche Untertanen Pergamon bzw. Rhodos unterstellt, einschließlich seiner loyalen Griechenstädte; freie Städte, die früher zum Seleukidenreich gehörten, bleiben frei, falls sie aber einst in Attalos' Besitz waren, fallen sie jetzt an Eumenes. Die Schwierigkeit liegt hier lediglich darin, daß Polybios oder sein Exzerptor nicht ausdrücklich vermerken, daß die zweite Klausel nicht seleukidische Untertanen, sondern freie Städte meint. Doch gibt Livius' *ceterae civitates*, in Abgrenzung zu den anderen, bereits in der allgemeinen Klausel subsumierten Städten, einen deutlichen Hinweis (und ist nicht als Mißverständnis zu werten, wie etwa BRISCOE [1981], 385, und BARONOWSKI, 462, meinen). B, nur von Livius überliefert, gibt nicht übergreifende Regelungen wieder, sondern die Bestimmungen für die einzelnen Landschaften mitsamt etwaigen Griechenstädten. Im Ergebnis existiert aber kein Unterschied zu A, außer daß die freien Städte genauer definiert werden als solche, die am Tag vor Magnesia frei waren, und daß die einen Teil von ihnen betreffende Attalosklausel fehlt. C wiederholt A und B, nun aber in wünschenswerter Deutlichkeit und ohne Ausfälle. Hinzugesetzt ist eine Bestimmung über Städte, die zunächst zu Rom abfielen, dann aber zu Antiochos zurückkehrten und jetzt natürlich Pergamon einverleibt werden; sie bringt nichts Neues, sondern dient lediglich der Verdeutlichung. Anders als oft angenommen, wurde der Senatsbeschluß von 189 vor Ort also nicht verschärft. Die Feldherren und die Kommission trafen nicht wenige Einzelfallentscheidungen, welche die Härte der römischen Neuordnung milderten (s. C; vgl. BERNHARDT [1971], 54-69; WALBANK [1979], 167-173). Doch diese bleiben außer Betracht, da es hier nur auf die Grundsätze des römischen Eingreifens ankommt.

81 Zum Desinteresse an Annexionen vgl. HARRIS (1991), 143.

salien, Phokis und Lokris vergleichen; die Achaier waren mit Korinth ohnehin zum Sonderpreis eingekauft worden. Für Gebietsverteilung in großem Stil waren die Voraussetzungen also jetzt viel günstiger als 197. Das scheint mir der wesentliche Unterschied zu sein, nicht Geringschätzung einer früher konsequent praktizierten Freiheitspolitik.[82]

So brachte es Eumenes dahin, sogar freie Städte wiederzugewinnen. Sein Argument, die Wiederherstellung des väterlichen Reiches, das durch Antiochos' Expansion verkleinert worden war, war auch nicht völlig aus der Luft gegriffen. Für die betroffenen Griechen war das zwar nicht schön, aber Rom war ja keineswegs mit einem Freiheitsversprechen in den Krieg gegangen. Für eine Proklamation nach Art der Isthmien gab es 188 jedenfalls keinen Anlaß. Aber das hätte der Prokonsul Cn. Manlius Vulso, wäre er darauf angesprochen worden, wohl nur als äußerlichen Unterschied erklärt, nicht als grundsätzlichen Kurswechsel. Wahrscheinlich empfand kein Römer anders, auch nicht Flamininus. Die Freiheit hatte 196 nicht im Zentrum der römischen Neuordnung gestanden, und das tat sie auch jetzt nicht.

Das Schwinden der Freiheit

Die römische Nachlässigkeit im Vorfeld des Krieges nutzte Antiochos. Denn weitgehend verschont von öffentlichen Vorwürfen wegen seiner kleinasiatischen Herrschaftspraxis, konnte er sich seinerseits zum Befreier der Griechen stilisieren, freilich der europäischen.[83] Maurice Holleaux hat mit Recht bemerkt, daß damit die Taktik der Römer gegen sie selbst eingesetzt wurde.[84] Doch diese Waffe war in den Händen der Republik stumpf geblieben. Ironischerweise hatte sie nur in den seleukidischen Kalkulationen eine furchterregende Bedrohung dargestellt. Und Antiochos besaß in der Handhabung nicht mehr Erfahrung: Freiheit hatte er bislang als Herrscher verliehen, nicht als Eindringling versprochen.

Vor der Panaitolischen Bundesversammlung des Frühjahrs 192 sprach sein Gesandter Menippos erstmals von der Befreiung Griechenlands.[85] Damit nahm er deren unermüdlich wiederholten Vorwurf auf, Griechenland sei von den Römern in Wahrheit gar nicht befreit worden. Die Aitoler,

---

82 Diese hat vor allem WILL (1982), 232-236, betont. Vgl. auch BERNHARDT (1998), 22.

83 Dabei ist allerdings zu überlegen, inwiefern sich die Griechen Europas überhaupt von einer derartigen römischen Kampagne beeindrucken hätten lassen. Schließlich verzichtete Antiochos, anders als Philipp bei seinen ägäischen Expeditionen, auf die aufsehenerregende Zerstörung bedeutender griechischer Städte. Das bedeutet keineswegs, daß er nicht regelmäßig Gewalt angewandt hätte (vgl. MA [2002], 108-111) – aber eben im Rahmen des Üblichen.

84 HOLLEAUX (1930b), 390, 394f.; ähnlich HEIDEMANN (1966), 63; SEAGER (1981), 112.

85 Liv. XXXV 32,8-11 (zit. o. S. 164 Anm. 87). Zur Stelle vgl. auch HEIDEMANN (1966), 64.

längst gläubig, sollten also nicht etwa bekehrt werden. Indem Menippos aussprach, was sie hören wollten, ermutigte er sie zu weiteren Taten im Sinne der seleukidischen Kriegsvorbereitung. Deutlicher äußerte sich Antiochos, als er nach der Landung seinerseits vor die Bundesversammlung trat: Er werde die römische Herrschaft beseitigen, Griechenland befreien und die Aitoler zu den Ersten darin machen.[86] Antiochos wußte, daß seine Zuhörer unter Befreiung vor allem Wiedergutmachung für die von Flamininus erlittenen Demütigungen verstanden. Beim Entschluß zur Aufnahme des Freiheitsslogans spielte also weniger die Notwendigkeit eine Rolle, die Aitoler zu überzeugen, als vielmehr der Glaube an Synergieeffekte: Antiochos bräuchte nur die Früchte eines Feldes zu ernten, das die Aitoler schon jahrelang beackert hatten.

Der König hatte sich von den Aitolern ausdrücklich zur Befreiung Griechenlands herbeirufen lassen. Nach seiner Landung im Oktober 192 begann er dann, sich entsprechend gegenüber den übrigen Griechen zu stilisieren. Darin liegt ein wesentlicher Unterschied zur römischen Situation. Deren Freiheitspropaganda hatte nicht einmal die Stufe der diplomatischen Vorbereitung eines eventuellen Krieges erreicht. Antiochos aber führte ihn bereits. Das macht es freilich sehr schwierig, den Erfolg zu beurteilen. Weite Teile Griechenlands wechselten während des nächsten Halbjahrs in das seleukidische Lager, doch dabei sahen sie natürlich mehr auf die Soldaten des Königs als auf seine Worte. Antiochos wurde der Befreiung jedenfalls nicht müde: Chalkidier, Achaier, Thessaler und wahrscheinlich auch die übrigen Staaten, die mit ihm unterhandelten, deckte er mit entsprechenden Parolen ein.[87] Für Antiochos' Kriegspraxis bedeutete das keine großen Einschränkungen. Er durfte natürlich nicht raubend, mordend und plündernd durch die Lande ziehen, um sich nicht unglaubwürdig zu machen. Doch das kam in einem Stadium, in dem es darum ging, die Unentschlossenen und Abgeneigten auf seine Seite zu ziehen, ohnehin nicht in Frage. Die Kunde von der Freiheit hinderte Antiochos auch keineswegs daran, Besatzungen in die

---

86 Liv. XXXV 44,6: ... *nec impensae nec labori nec periculo parsurum, donec depulso cervicibus eorum imperio Romano liberam vere Graeciam atque in ea principes Aetolos fecisset*. S. auch o. S. 141 Anm. 24.

87 Polyb. XX 8,1 (allgemein); Liv. XXXV 33,8 (aitolischer Ruf); 46,6 (Chalkis); 48,8 (Achaier); XXXVI 9,4 (Larisa); 9,5f. (Pherai). Polyb. III 7,3 bezeichnet die Befreiung der Griechen als Vorwand für den Krieg: πρόφασιν δ' ἡγητέον τὴν τῶν Ἑλλήνων ἐλευθέρωσιν, ἣν ἐκεῖνοι [sc. οἱ Αἰτωλοὶ] περιπορευόμενοι μετ' Ἀντιόχου τὰς πόλεις ἀλόγως καὶ ψευδῶς κατήγγελλον (ähnlich Plut. Flam. 15,1; Cato mai. 12,3). Nur der Anteil der Aitoler ist hier, gemäß Polybios' Konzeption von ihrer Kriegsschuld, übertrieben (s. o. S. 162). Antiochos ließ sich nicht einfach ins aitolische Schlepptau nehmen. PÉDECH (1964), 173-176, glaubt, Freiheit sei nicht nur ein Vorwand, sondern auch eine Ursache für den Krieg gewesen. Doch er übersieht dabei, daß die europäische Freiheit eben nicht Gegenstand der römisch-seleukidischen Verhandlungen gewesen war.

Städte zu legen. Schließlich war Krieg, die Befreiung mußte erst einmal gegen die Römer gesichert werden. Die Freiheit kostete ihn wenig.

Zweifellos brachte sie auch etwas ein. Aber von begeisterten Reaktionen der Griechen hören wir nichts, schon gar nichts von Ovationsstürmen, wie sie die Proklamation von 196 ausgelöst hatte. Man reagierte eher kühl, registrierte das Bekenntnis des Königs zu moderatem Vorgehen und maß der ›Freiheit‹ des Königs so wenig Gehalt bei, wie es die Griechen seit mehr als einhundert Jahren zu tun pflegten. Der Vorteil lag vor allem darin, daß Antiochos sich nicht selbst durch übermäßige Härte von vornherein ›unwählbar‹ machte. Keine Polis sah einen Grund, der Übermacht des Königs bis zum Äußersten standzuhalten. Statt dessen setzten die üblichen Überlegungen der zwischen den Großmächten Stehenden ein: Auf welcher Seite lag die militärische Überlegenheit? Mit wem war auf Dauer am wenigsten schlecht auszukommen? Welche innenpolitischen Perspektiven bot ein außenpolitischer Umschwung?[88] Dieses Tor aufgestoßen zu haben war nicht nur, aber auch das Ergebnis der Freiheitspropaganda.

Fielen diese Überlegungen aber gegen Antiochos aus, half ihm auch die Freiheit nichts. Mikythion von Chalkis, ein Parteigänger Roms, der im Falle einer Allianz mit dem Seleukidenreich seinen Sturz zu erwarten hatte, antwortete auf die Behauptung, der König komme nicht, um Krieg zu führen, sondern um Griechenland die Freiheit zu bringen, recht schlicht: Es gebe nichts zu befreien, da Chalkis und ganz Griechenland schon frei seien.[89] Freiheit war eine Sache des politischen Standpunkts.[90]

---

88 S. dazu o. S. 268-275. Vgl. auch GRUEN (1984), 150f. Da für HEIDEMANN (1966), 69f., Antiochos schon vor den Thermopylen politisch-militärisch gescheitert ist, sieht sie konsequent auch seine Freiheitspolitik als wirkungslos an. FERRARY (1988), 146f., beurteilt die propagandistische Auseinandersetzung losgelöst von den militärischen Entwicklungen und den Interessen der Poleis. So kommt er zu dem unbefriedigenden Ergebnis, Antiochos und die Römer seien als Befreier gescheitert, weil die Griechen sich an das Ideal einer ›absoluten‹ Freiheit der klassischen Zeit erinnert hätten. Das Bedeutungsspektrum des Begriffs, vor allem aber der flexible Umgang mit ihm scheinen mir hier unterschätzt.

89 Liv. XXXV 46,6.9-11: *mirari se dixit ad quos liberandos Antiochus relicto regno suo in Europam traiecisset; nullam enim civitatem se in Graecia nosse quae aut praesidium habeat, aut stipendium Romanis pendat, aut foedere iniquo adligata quas nolit leges patiatur; itaque Chalcidenses neque vindice libertatis ullo egere, cum liberi sint, neque praesidio, cum pacem eiusdem populi Romani beneficio et libertatem habeant* (9-11). Mikythions abschließende Weigerung, mit Antiochos ein Bündnis zu schließen, wenn nicht auf Geheiß der Römer (Liv. 46,13), kann man nicht einfach als dem widersprechende Demonstration faktischer politischer Unfreiheit werten (so DEININGER [1971], 83). Zugrunde liegt ja nicht der moderne, sondern der vage griechische Freiheitsbegriff.

90 Die Aitoler vertrauten so wenig auf die Kraft ihrer in Antiochos' Auftrag vorgebrachten Worte, daß sie Mikythion für den Fall seines Widerstandes von vornherein mit Gewalt drohten (Liv. XXXV 46,8). Dieser Pessimismus erklärt sich wohl auch aus der ähnlichen Abfuhr, die ihnen die Chalkidier bei ihrem ersten Eroberungsversuch, damals noch ohne Antiochos, erteilt hatten: *respondit Thoas, dux Aetolorum, non ad oppugnandos sed ad liberandos ab Romanis venire sese;*

Flamininus hatte einige Monate zuvor in Demetrias genau das Umgekehrte zu hören bekommen. Die umständliche Argumentation der Legaten – wegen der Wohltat der Freiheit sei ganz Griechenland den Römern zu Dank verpflichtet, besonders aber der Bund der Magneten, die unmittelbar unter Philipps Herrschaft gestanden hätten – hatte der Magnetarch Eurylochos knapp gekontert. Schon jetzt sei Demetrias nur dem Schein nach frei, in Wahrheit geschehe alles nach dem Willen der Römer.[91]

Bemerkenswerterweise verzichtete Flamininus danach gegenüber den Griechen auf das Schlagwort Freiheit: Er setzte es in der Auseinandersetzung mit Antiochos nicht mehr ein. Livius gibt relativ ausführliche Versionen seiner Reden vor der aitolischen und vor der achaiischen Bundesversammlung wieder. Doch obwohl Menippos bereits das königliche Programm verkündet hatte, obwohl die Aitoler sich eben anschickten, Antiochos zur Befreiung Griechenlands herbeizurufen, und obwohl der seleukidische Gesandte gegenüber den Achaiern die Freiheitsverheißung seines Herrn wiederholte – Flamininus schwieg. Auch die übrigen Römer waren verstummt. Als sein Kollege Tappulus versuchte, die inzwischen abgefallenen Magneten zurückzugewinnen, rief ihm Eurylochos zu, er solle sie in Eintracht und Freiheit leben lassen. Der Legat schimpfte zwar auf die undankbaren Magneten, aber auf Eurylochos' Bemerkung ging er nicht ein.[92]

Überhaupt argumentierten die Römer jetzt lieber mit ihren Wohltaten und warfen den Griechen gegebenenfalls ihre Undankbarkeit und Treulosigkeit vor.[93] Mit den Wohltaten meinten sie zwar auch die Freiheit, aber ebenso den Sieg über Philipp, Verzicht auf Bestrafungen, territoriale Erweiterungen, Einsatz für die Alliierten und zuletzt die Verteidigung gegen Antiochos. In Demetrias hatte Flamininus die Freiheit noch hervorgehoben, jetzt wurde sie subsumiert. Das heißt nun nicht, daß die Szene in Demetrias eine Art Damaskuserlebnis dargestellt hätte, geeignet, Flamininus von der Untauglichkeit der Freiheitsparole zu überzeugen. Beim Nabisfeldzug hatte

---

splendidiore nunc eos catena sed multo graviore vinctos esse quam cum praesidium Macedonum in arce habuissent. se vero negare Chalcidenses aut servire ulli aut praesidio cuiusquam egere (Liv. 38,9f.; zum Kontext s. o. S. 166). Thoas' prägnantes Bild von der glänzenderen, aber schwereren Kette, mit der die Chalkidier jetzt, nach der makedonischen Herrschaft, gefesselt seien, geht vielleicht auf einen Ausspruch Philipps zurück (Plut. Herod. malign. 855a; zu Plut. Flam. 10,2 vgl. JONES [1971], 97 mit Anm. 65).

91 Liv. XXXV 31,8-12: *tum quoque specie liberam Demetriadem esse, re vera omnia ad nutum Romanorum fieri* (12).

92 Liv. XXXV 33,4-6 (Aitoler); 39,5-7 (Magneten); 49 (Achaier).

93 Liv. XXXV 33,4; 49,12; XXXVI 20,4 (zit. o. S. 273 Anm. 73); 22,2. Auch den bittflehenden, in Naupaktos belagerten Aitolern hielt Flamininus nur ihre Undankbarkeit vor, obwohl ihn zuvor das Schicksal der *liberata ab se Graecia* bewegt haben soll (Liv. XXXVI 34,3f.; 35,4; zit. o. S. 178 Anm. 121). Letzteres mag sein, doch Livius kann nicht wirklich Kenntnis von den Gedanken gehabt haben, die Flamininus damals bewegten.

er ja schon erfahren, daß Freiheit ein schönes Versatzstück für Deklamationen war, sich aber als Argument im politischen Kampf allzu leicht gegen einen selbst richten konnte. In Rom hatte er, als die eigentlichen Verhandlungen bereits am Rande des Scheiterns standen, die verdutzten seleukidischen Gesandten mit einem Vortrag über die römische Freiheitsverpflichtung in Grund und Boden reden können.[94] Diese hatten freilich gar nicht überzeugt werden sollen. Die Magneten schon. Eurylochos machte den Versuch zunichte. Erneut mit den Risiken dieser Taktik konfrontiert, entschloß sich Flamininus offenbar, in Zukunft darauf zu verzichten. So liefen die römischen Taten nicht länger Gefahr, am Ideal römischer Worte gemessen zu werden. Wolkige Formeln von Verpflichtungen für Wohltaten waren unverfänglicher und nicht so leicht gegen Rom zu wenden.[95]

So hallte Griechenland allein von Antiochos' Freiheitsparolen wider. Daß der König derart problemlos mit seinem neuen Image reüssierte, beweist aber, wie richtig Flamininus' Entscheidung gewesen war. Denn seine eigene Freiheitspropaganda der vergangenen Jahre hatte offensichtlich nur ephemere Wirkung gezeigt. Führte man sie trotzdem fort, mußte sie nur noch wirkungsloser werden. Zudem bestand Hoffnung, daß es Antiochos nicht anders gehen würde, wenn der erste Überschwang seiner Offensive erst einmal vorüber war und seine Verbündeten sich an ihren neuen Partner gewöhnt hatten. Das überraschend schnelle Ende des europäischen Krieges ließ es so weit zwar nicht kommen. Doch immerhin hatte die aitolische Absetzbewegung schon begonnen. Wie hätten die Aitoler wohl argumentiert, wenn Antiochos sich länger hätte halten können? Wahrscheinlich damit, daß auch er nur ein falscher Befreier war. An Antiochos' Überlegenheit hätte das allein wenig geändert. Aber an innerer Zustimmung hätte er verloren. Expandierende Großmächte eignen sich vielleicht als Befreier, selten aber als Wahrer der Freiheit im befriedeten Untertanengebiet. Flamininus hätte Antiochos über letzteres einiges erzählen können.

Freiheit wurde über alldem nicht zum Tabuwort. An Flamininus selbst und an die Römer allgemein appellierten die Griechen als *auctores liberta-*

---

94 S. o. S. 248.

95 Der Konsul Glabrio sprach, laut unserer Überlieferung, einmal während dieses Feldzuges doch von der Freiheit, aber nicht zu Griechen, sondern zu seinen Soldaten. Am Schluß seiner Rede vor der Thermopylenschlacht führte er den Legionären vor Augen, wofür sie ihr Leben einsetzten. Sie kämpften nicht nur für die Freiheit Griechenlands, obwohl es durchaus ehrenvoll sei, das von Philipp befreite Land nun von Antiochos und den Aitolern zu befreien; auch nicht bloß um die Beute, die das königliche Lager bot; sondern um die Schätze Kleinasiens, Syriens und aller Reiche bis zum Aufgang der Sonne. So könne das römische Gebiet den ganzen Erdkreis umfassen, wenn die Soldaten nur die Schlacht gewönnen (Liv. XXXVI 17,13-16). Die nachrangige Bedeutung der griechischen Freiheit im Wertespektrum römischer Soldaten ist deutlich und wenig überraschend – mag Livius' Version auch um einiges von der tatsächlich gehaltenen Rede abweichen (vgl. dazu HARRIS [1991], 109 Anm. 1; TRÄNKLE [1977], 129-131).

tis,[96] und diese selbst gewährten weiter griechischen Städten die Freiheit.[97] Daß die Argumentation der Griechen nur dann Erfolg hatte, wenn sie sich mit anderen, wichtigeren Absichten der Vormacht traf, war dabei nichts Neues. Rhodos versuchte 189 vergeblich, den Senat auf die Freiheit der kleinasiatischen Städte festzulegen: Befreiung sei nicht nur für alle Menschen das schönste, sondern für die Römer auch das würdigste. Einziger Zweck des Philippkrieges sei die Befreiung Griechenlands gewesen, an Bereicherung und Eroberung habe Rom nicht gedacht. Doch dieser Ruhm werde unvermeidlich verdunkelt, wenn der Senat in Kleinasien nicht ebenso verfahre. Das hörten die Senatoren gern, spiegelte es doch die Interpretation der Vergangenheit wider, die Flamininus seit 196 bei den Griechen gestreut hatte. Doch sie wußten auch, was not tat: nicht befreien, sondern die Alliierten belohnen. Der wichtigste Verbündete war Eumenes gewesen, und er ließ sich am liebsten in griechischen Städten bezahlen. Er bekam sie, und auch die Rhodier erhielten ihren (kleineren) Anteil. Diese hatten ja keineswegs aus lauter Selbstlosigkeit an den Senat appelliert, sondern um ihren Rivalen Eumenes auszustechen. Frei ließen sie ihre Griechen natürlich nicht.[98]

---

96 Die von den Achaiern bedrängten Messenier scheinen sich an Flamininus als Begründer der griechischen Freiheit gewandt zu haben (Liv. XXXVI 31,5). Das entsprang offenbar nicht nur dem Versuch, nach Antiochos' Scheitern wieder gut Wetter bei den Römern zu machen, sondern zielte auch auf das entwickelte Selbstbewußtsein des Legaten. Der Erfolg gab den Messeniern recht, aber wir wissen nicht, ob Flamininus auf diesen speziellen Punkt einging. Lykortas bat 189 vor dem Senat darum, dem Achaiischen Bund die Freiheit, deren Urheber die Römer seien, unvermindert zu erhalten – ohne seine politischen Ziele damit durchsetzen zu können (Liv. XXXVIII 32,8-10). Bei der Konferenz im Tempetal 185 nannten die Thessaler in ihrer Rede gegen Philipp die Römer ebenfalls *libertatis auctores*. Gebraucht hätte es diese Schmeichelei nicht, denn die Legaten schenkten jeder Anklage gegen den König ohnehin bereitwillig Gehör (Liv. XXXIX 25,11; 26,7.13 [Philipps Erwiderung]). Wenig später erinnerten pergamenische Gesandte die Legaten an die Freiheit von Ainos und Maroneia, verbanden sie aber gleich mit dem Gedanken, daß die Städte am besten unter Eumenes' Herrschaft aufgehoben seien (Liv. XXXIX 27,2-6).

97 Im Jahr 190 erklärten die Scipionen Herakleia am Latmos für frei (s. o. Anm. 79). Der Praetor Q. Fabius Labeo ließ 189 die zurückgebliebenen seleukidischen Besatzungen aus den thrakischen Städten Ainos und Maroneia abziehen und verschaffte diesen so die Freiheit; damit war sichergestellt, daß sie Philipp nicht in die Hände fielen (Liv. XXXVII 60,7; XXXIX 27,10; Wiederholung 184: Liv. XXXIX 33,4; 34,3). Später kümmerte sich der Senat nicht weiter um die selbst verliehene Freiheit und übertrug die Städte Eumenes (Polyb. XXIII 3,3; vgl. GRUEN [1974b], 233 Anm. 40). Delphi erhielt im selben Jahr vom Senat Freiheit, Autonomie und Abgabenfreiheit (RDGE 1 Z. 5-8). Der Konsul M. Aemilius Lepidus ließ 187 wegen seiner Feindschaft zu M. Fulvius Nobilior die von diesem genommene Stadt Ambrakia durch den Senat für frei erklären (Liv. XXXVIII 44,4). Weitere Stellen, bis zum Ende des zweiten Jahrhunderts, nennt GRUEN (1984), 151-156, der sie unter der passenden Überschrift »›Freedom‹ as Convention« anführt.

98 Polyb. XXI 22,7-23,10. Parallele 196: Polyb. XVIII 45,9. Vgl. auch FERRARY (1988), 156f. Den Rhodiern war durchaus klar, daß eine rein ideologische Argumentation an den Forderungen der Realpolitik zerschellen würde. Deshalb schlugen sie als Kompromiß vor, Eumenes vornehmlich ausgedehnte Landschaften im Inneren Kleinasiens zuzusprechen – ohne die Griechenstädte. Doch gerade die interessierten den König von Pergamon als Zentren ökonomischer,

Die Entscheidung von 189 hätte auch Flamininus treffen können, und er wirkte im Senat vielleicht tatsächlich an führender Stelle mit. Der wesentliche, und soweit ich sehe, einzige Unterschied lag woanders. Die Römer verzichteten auf die Emphase, mit der Flamininus, 196, 195 und 194 in Korinth, die Freiheit fast zelebriert hatte. Jetzt ging man nüchterner, geschäftsmäßiger mit ihr um.[99] Ähnlich, wie es die hellenistischen Herrscher seit mehreren Generationen taten. Flamininus selbst hatte diese Wende herbeigeführt. Am Inhalt und an den Zielen der römischen Politik änderte sich freilich nichts. Freiheit war stets nur eine kosmetische Zutat gewesen.

Im Jahr 200 war nur eines klar gewesen: Rom würde, wenn es denn siegte, in Zukunft bestimmenden Einfluß über Griechenland ausüben. Daß er dann die Form einer indirekten Herrschaft über ein unbesetztes, territorial nur soweit wie nötig neugeordnetes Land annahm, entsprang aber keineswegs einer bewußten Gestaltung der Verhältnisse. Das Herausschälen dieser Option war das Nebenprodukt der rechtzeitigen Übertritts der meisten griechischen Staaten, der in erster Linie einen schnellen Sieg ermöglicht hatte.

Freiheit spielte dabei nur eine Nebenrolle. Die Römer nahmen mit ›Freiheit‹ eine konventionelle Formel der griechischen Welt auf, nicht als Grundlage einer neuen Strategie, sondern weil der Begriff und vor allem die damit verbundenen, recht beschränkten Erwartungen hervorragend zur Form der römischen Hegemonialstellung zu passen schienen. Der Wolf wurde in einen hübschen Schafspelz gesteckt. Konflikte blieben freilich nicht aus, und in diesen mußte die Freiheit regelmäßig hinter den machtpolitischen Erfordernissen oder auch nur Interessen zurückstehen. Die zehn Legaten, die den freiheitsverkündenden Senatsbeschluß mitbrachten und zweifellos mittrugen, sorgten sich, wie der Senat selber, mehr um militäri-

---

materieller und menschlicher Ressourcen. Eumenes hatte zuvor bereits erklärt, daß die Rhodier darauf hofften, durch die Freilassung aller kleinasiatischen Griechen ihren Einfluß über sie ausbauen, ja zu ihrer Führungsmacht werden zu können. Statt dessen hatte er den Senat auf die dann auch umgesetzte Lösung verwiesen, die Städte gemäß ihrem Verhalten im Krieg zu behandeln (Polyb. XXI 19,3-12; 21,10f.). Zum Grad der Authentizität der Reden vgl. M. GELZER, Über die Arbeitsweise des Polybios, in: ders., Kleine Schriften, Bd. 3, Wiesbaden 1964, 186-189; GRUEN (1984), 547; WILL (1982), 227f.; WIEMER (2001), 130-137. Zur Neuordnung Asiens s. o. Anm. 80. Zum rhodischen Herrschaftsanspruch gegenüber den neuen Untertanen s. nur Polyb. XXII 5; vgl. dazu V. GABRIELSEN, The Naval Aristocracy of Hellenistic Rhodes, Aarhus 1997, 48-53.

99 Nirgends kommt dies deutlicher zum Ausdruck als in der Senatsrede, mit der Cn. Manlius Vulso 187 seinen Anspruch auf einen Triumph anmeldete: [sc. *hoc tempus*] *quo finem imperii Romani Taurum montem statuistis, quo libertatem immunitatem civitatibus datis, quo aliis fines adicitis alias agro multatis aliis vectigal imponitis, regna augetis minuitis donatis adimitis, curae vestrae censetis esse ut pacem terra marique habeant* (Liv. XXXVIII 48,4). Die Verleihung der Freiheit wird neben den übrigen Verwaltungstätigkeiten aufgezählt.

sche Planung als um ein glaubwürdiges Image als Befreier. Nur Flamininus argumentierte bei dieser Gelegenheit für letzteres, und deshalb wird er gern als Archeget einer Freiheitspolitik angesehen. Aber im Laufe des Feldzuges gegen Nabis wurde offensichtlich, daß Freiheit auch für den Prokonsul nur eine nützliche Propagandaformel war, die er schnell vergaß, wenn sie nicht mehr ins Konzept paßte. Bezeichnenderweise bemühte er sich nicht einmal, seinen Richtungswechsel während der Kampagne, oder besser: die Offenlegung seiner wahren Ziele, mittels einer neuen Interpretation mit der ›Freiheit‹ zu versöhnen. Flamininus nahm das Wort einfach nicht mehr in den Mund. Nun war er der alleinige Urheber der schlechten Presse bei den Griechen, die er 196 noch zu vermeiden gesucht hatte. Die Freiheit der Griechen Asiens aber hatte man nie ernsthaft verfolgt, sie war nur ein Druckmittel, das sofort in die politische Rumpelkammer gewandert wäre, hätte es seinen Zweck erfüllt. Gegenüber den europäischen Griechen wurde Flamininus dann recht wortkarg, was die Freiheit betraf, obwohl sich Antiochos 192/191 seinerseits als deren Befreier stilisierte. Zwar verzichteten die Römer auch in Zukunft nicht auf das Schlagwort, aber sie gingen behutsamer damit um. Der Begriff hatte allzu große Probleme gemacht.

Flamininus wußte mit dem ideologischen Instrumentarium nicht so geschickt umzugehen wie seine hellenistischen Vorgänger. Dies nicht nur deshalb, weil er Römer war, nicht aufgewachsen in den Gewohnheiten griechischer Diplomatie, und weil aller Anfang eben schwer ist. Es gibt noch einen tieferen Grund: Rom war schlicht zu mächtig, als daß es sich um die Nuancen im Umgang mit einem heiklen Begriff wie Freiheit ernsthaft zu kümmern brauchte. Die Interpretierbarkeit ging weit, aber sie besaß ihre Grenzen. Die Könige mußten peinlich auf das rechte Maß bedacht sein, denn so wie zuviel Freiheit einem Herrschaftsverzicht gleichkam, zog zuwenig Prestige- und Akzeptanzverlust bei den Poleis nach sich. Die Römer aber waren auf derlei Rücksichten nicht angewiesen. Sie konnten den Griechen in einem Ausmaß Freiheit gewähren, das für einen hellenistischen Herrscher undenkbar war. Das kostete die Republik nämlich nichts: Ihre Machtbasis lag in Italien, auf die Poleis war sie nicht existentiell angewiesen. Nur deshalb zogen sich die Römer 194 militärisch aus dem Osten zurück, ebenso wie später nach dem Antiochoskrieg.

Umgekehrt war das Wohlwollen der Griechen erwünscht und von einer gewissen Wichtigkeit, aber nicht wirklich notwendig. Auch waren die Römer es nicht gewohnt, auf die Bedürfnisse einer öffentlichen Meinung, die erst gewonnen werden wollte, Rücksicht zu nehmen. Vor allem daraus erklären sich ihre Ungeschicklichkeit im propagandistischen Umgang und, schlimmer, ihre fast provokativ zur Schau gestellte Gleichgültigkeit. Auf diese Arroganz der Macht reagierten nicht nur die Aitoler, sondern alle

Griechen, als sie beim Nabisfeldzug die Freiheitsparole gegen Flamininus wandten.

Über das gewohnte Spektrum der griechischen Freiheit gingen die Römer also hinaus, sowohl in die eine wie in die andere Richtung. Die Griechen registrierten das aufmerksam. Trotzdem sollte man die Auswirkungen nicht überschätzen. Als mit Antiochos der nächste Befreier nach Griechenland kam, brach die römische Herrschaft zwar wie ein Kartenhaus zusammen, aber nicht weil Antiochos der glaubwürdigere Befreier, sondern weil er der mächtigere Herrscher zu sein schien. Als die Legionen wider Erwarten die Oberhand behielten, kehrten die Griechen reumütig ins römische Lager zurück. Wäre die Katastrophe des Winters 192/191 zu vermeiden gewesen, wenn die Römer nicht lässige Freiheitspropaganda, sondern tatsächliche Freiheitspolitik betrieben hätten? Wenn sie ihr politisches Einflußstreben also ganz unter die Auspizien der Befreiung Griechenlands gestellt hätten, wozu sie ja, anders als die Könige, die Möglichkeit besaßen? Vielleicht nicht: Dankbarkeit und Verpflichtung sind in der Geschichte eine sehr vergängliche Größe, militärische und politische Macht haben allemal größeres Gewicht. Aber Flamininus versuchte es nicht einmal ernsthaft.

Vom Gesichtspunkt des Erfolgs her, und das ist nun einmal der entscheidende, sind die Römer jedoch freizusprechen. So betrachtet, hätten sie sich ihr etwas grobschlächtiges Hantieren mit der Freiheitsparole von vornherein sparen können. Ohne sie, die Freiheit, hätte die Geschichte dieser Jahre nämlich kaum anders ausgesehen. Im Grunde blieb Griechenland permanent im Stadium militärischer Unterwerfung. Die Römer schafften es nicht, ihre Herrschaft auf eine ideologische Grundlage zu stellen, sie mittels einer Idee den Untertanen schmackhaft zu machen. Dies sollte ihnen, die fast autistisch immer nur auf sich und auf ihr Rom blickten, während der ganzen Zeit der Republik nicht gelingen. Erst im Prinzipat wurden die Griechen allmählich mit der dann schon Jahrhunderte währenden Herrschaft Roms versöhnt. Zur Zeit des Flamininus aber machten die Römer eine Erfahrung, die andere auch zu anderen Zeiten machten: daß es sehr schwer ist, Herrschaft mit Freiheit zu begründen.

Die Freiheit des Feldherrn: Flamininus und Rom

Für ein politisches Konzept Flamininus' scheint auf den ersten Blick die bloße Länge seines Aufenthalts im Osten zu sprechen. Über vier Jahre behielt er das Kommando: Dreimal wurde er prorogiert, dann, ohne einen Nachfolger zu erhalten, mit der Armee nach Hause gerufen. Das war in den Neunzigern, in denen ein Konsul normalerweise nur eine Prorogation erreichen konnte, eine spektakuläre Ausnahme.[1] Lediglich Q. Minucius Thermus, dem Konsul von 193, gelang annähernd ähnliches. Zweimal wurde sein Imperium in Ligurien prorogiert. Thermus berief sich dabei auf die kritische militärische Lage, und offenbar verfügte er zunächst über großen Rückhalt im Senat. Als er jedoch 190 zurückkehrte, siegreich und in der Erwartung des sicheren Triumphs, wurde ihm dieser verweigert. M. Porcius Cato beschuldigte ihn des militärischen Versagens und einer unangemessenen Amtsführung. Thermus sollte nicht das letzte Opfer dieses Mannes bleiben, aber es ist vielleicht kein Zufall, daß gerade dem Prokonsul der Triumph versagt wurde, der am längsten Zeit gehabt hatte, ihn sich zu verdienen – und damit anderen einen attraktiven Aufgabenbereich weggenommen hatte.[2] Wie dem auch sei, der Fall Thermus macht Flamininus' Ausnahmestellung nur um so erklärungsbedürftiger. Nach 197 gab es nämlich keine zwingenden militärischen Gründe mehr, sein Imperium zu verlängern, und nach der Heimkehr triumphierte er, wie selbstverständlich.

Natürlich war das Kommando in Griechenland kein Selbstläufer. Vor allem Erich S. Gruen hat darauf hingewiesen, daß jede Prorogation für sich betrachtet werden muß. Flamininus besaß keinen pauschalen, unbefristeten Auftrag, sondern mußte sich jedes Jahr um einen positiven Bescheid aus Rom bemühen. Daß dies gelang, soll, so Gruen und Arthur M. Eckstein, an zweierlei gelegen haben: dem weitgehenden Desinteresse des Senats an den Verhältnissen vor Ort und der entsprechend großen Entscheidungsfreiheit des Feldherrn. Diese habe es dem Senat nämlich noch erleichtert, sich sel-

1 Dieser Ausnahmecharakter ist von BRENNAN (2000), 214f., verkannt, wenn er behauptet, erst die langjährige Besetzung der attraktivsten Kommandopositionen durch Flamininus und seinen Bruder habe zu einer direkten Änderung der senatorischen Politik im Syrischen und im Dritten Makedonischen Krieg geführt, als jedes Jahr neue Feldherren bestellt wurden. Erläuterungsbedürftig ist vielmehr Flamininus' langjähriges Imperium, während in den späteren Kriegen nur der Norm entsprochen wurde. Durchaus in diesem Sinne äußert sich BRENNAN an anderer Stelle: »the Senate decided to waive administrative principles . . . rather than replace this successful combination [sc. of Flamininus and Lucius]« (243). Aber warum?

2 Liv. XXXIV 55,6; 56,3-7; XXXV 3,1-6; 6,1-4; 11,1-13; 20,6; 21,7-11; XXXVI 38,1-4; 39,7; 40,2; XXXVII 2,5; 46,1f.; ORF^4 8 Cato frg. 58 (vgl. ASTIN [1978], 59 mit Anm. 27, 63, 65, 69, 73). Vgl. GRUEN (1995), 68.

ber aus den Angelegenheiten des Ostens herauszuhalten. Am weiten Handlungsspielraum römischer Feldherren ist in der Tat nicht zu zweifeln. Er ergab sich ganz zwangsläufig, einmal aus den Kompetenzen ihres Amtes, zum anderen, im Laufe der Errichtung eines Weltreiches, aus der zunehmenden Entfernung zwischen dem Operationsgebiet und der Hauptstadt.[3] Flamininus selber lieferte dafür genügend Beispiele. Er schloß einen Präliminarfrieden mit Philipp, als er es für richtig hielt, und er führte und beendete den Nabiskrieg in eigener Verantwortung. Mit Maßnahmen auf ›unterer Ebene‹, wie dem Vergeltungszug gegen die Boioter 196, wurde der Senat wohl nicht einmal nachträglich behelligt. Ebenso offensichtlich ist allerdings die Existenz eines von Rom vorgegebenen Handlungsrahmens. Es besteht Grund zu der Annahme, daß die boiotischen Repressalien aus Furcht vor der Ankunft der Zehnerkommission, der Delegation des Senats, gestoppt wurden.[4] Ebenso diskutierte und stritt man in Rom engagiert über den Frieden mit Philipp und den Krieg gegen Nabis. Es ging nicht nur um Personalien, sondern auch um sachliche Probleme. In dem Maße, wie Gruen annimmt, war der Senat, bei allem freiwilligen oder notgedrungenen Laisser-faire, vielleicht doch nicht desinteressiert.

Entscheidend für die Bewertung von Flamininus' politischer Leistung ist, inwiefern er das Geschehen im Osten zu formen vermochte. Das vorhergehende Kapitel hat gezeigt, daß seine Bilanz recht bescheiden ausfiel. Doch das ist ihm um so weniger anzulasten, je mehr er von Direktiven des Senats abhängig war. Das Maß seiner strukturell vorgegebenen Abhängigkeit ist aber nicht nur für das Urteil über Flamininus selber von Bedeutung. In den Vordergrund tritt die Frage, warum nicht der Senat eine konstruktivere Ostpolitik formulierte.

Prorogationen

Kurz vor dem Ablauf von Flamininus' Konsulat trafen seine Gesandten sowie die Emissäre der Alliierten und Philipps in Rom ein. Nach der erfolgreichen Konferenz von Lokris ging es für Flamininus nun darum, entweder seine Prorogation durchzusetzen und dann den Krieg bis zu einer Entscheidungsschlacht weiterzuführen oder, im Falle der Abberufung, einen Friedensschluß zu erreichen, der für Philipp recht günstig ausfallen würde. Maurice Holleaux hat mit Recht betont, daß Flamininus nicht nur bereit war, die Verbündeten zu betrügen, sondern zur Not auch das römische Ziel

---

3 Vgl. GRUEN (1984), passim, bes. 215-217 (zu Flamininus); ECKSTEIN (1987c), passim, bes. 319-324; ferner FEIG VISHNIA (1996), 190.

4 S. o. S. 195.

geopfert hätte, Makedonien auf den Status einer Mittelmacht zu reduzieren.[5] Ein solches Verhalten war durchaus mit dem Leistungs- und Ruhmethos römischer Aristokraten vereinbar. Sicher war dieses auf Verdienste um die *res publica* bezogen, aber das heißt nicht, daß ein abstrakt definiertes Gemeinwohl den Vorrang vor der eigenen *gloria* gehabt hätte. Übergab ein Konsul das Heer an einen Nachfolger und errang dieser den entscheidenden Sieg, dann war das gut für den Nachfolger, gut für Rom, aber schlecht für den Konsular. Schloß er dagegen selber Frieden, vor einer eindeutigen Entscheidung, dann stand Rom schlechter da, der Konsul aber besser. Wer so handelte, stellte sich nicht ins moralische Zwielicht. Wir hören nie etwas davon, daß ein Befehlshaber in dieser Hinsicht Bedenken hatte oder daß ihm zu Hause Vorwürfe gemacht wurden. In der nobilitären Gesellschaft setzte sich das gemeine Wohl eher zufällig aus der Summe individueller Bestrebungen zusammen. Einen strikten Unterschied zwischen kollektivem und einzelnem Interesse kannte man nicht. So gibt es auch genügend Beispiele für rasche und (relativ) maßvolle Friedensinitiativen und -schlüsse, um nur ja nicht Heer und Ruhm an einen Nachfolger übergeben zu müssen: M. Atilius Regulus verzichtete 255 auf eine Belagerung Karthagos und nahm statt dessen überraschend Verhandlungen auf; C. Lutatius Catulus nutzte 241 eine karthagische Friedensinitiative; nicht anders handelte, wiederum gegenüber den Karthagern, 202 und wohl auch schon 203 Scipio; M. Claudius Marcellus setzte 152 und 151 alles daran, den Krieg gegen die Keltiberer unter seinem Kommando zu beenden, und überging dabei den Willen des Senats; Scipio Aemilianus ließ sich 146 immerhin zu gewissen Konzessionen gegenüber Hasdrubal bewegen.[6]

Flamininus' Verhalten zeugte also keineswegs von besonderer Initiative und einer Ausweitung des magistratischen Spielraums. Es scheint aber so, als ob der Senat ein Spielball äußerer Einflüsse gewesen wäre, beliebig formbar, ohne die Möglichkeit, Initiative zu entwickeln. Eckstein sieht das Gremium sogar weitgehend ahnungslos und unvorbereitet. Erst die griechischen Gesandten hätten dem Senat eine ›Geographiestunde‹ gegeben, als sie die Bedeutung der drei Fußfesseln Chalkis, Demetrias und Korinth hervorhoben. Sofort sei es zu einem krassen Meinungsumschwung gekommen, die Senatoren fixierten sich völlig auf die drei Städte und forderten kategorisch deren Räumung durch Philipp. Deshalb seien die Verhandlungen ge-

---

5 Vgl. HOLLEAUX (1923), 72-75. Zur Konferenz s. o. S. 100-103.

6 Regulus: Polyb. I 31,4 (vgl. BLECKMANN [2002], 162-168; abwägend WALBANK [1970], 90). Lutatius: Zon. VIII 17,3 (dazu BLECKMANN, 219-221; WALBANK, 126). Africanus: Liv. XXX 36,11; 44,3; App. Lib. 245 (vgl. ECKSTEIN [1987c], 248f., 256f., 260). Marcellus: App. Ib. 206-208; 212-214. Aemilianus: Polyb. XXXVIII 8,3f. Vgl. BADIAN (1973), 295, 317f.; HARRIS (1991), 34; LEHMANN (1967), 177f.; FERRARY (1988), 66f.; ECKSTEIN (1987c), 287, 306f.; DENS., Moral Vision in *The Histories* of Polybius, Berkeley u. a. 1995, 92-96.

scheitert. Sich die Senatoren als gelehrige Schüler griechischer Gesandter vorzustellen fällt schwer. Tatsächlich ist das Bild irreführend. Es mag durchaus sein, daß nur wenige Senatoren etwas über die strategische Bedeutung der Fußfesseln wußten – viele hatten wahrscheinlich nie etwas von ihnen gehört. Doch das lag schlicht daran, daß sie für die römische Kriegsführung bedeutungslos waren. Ich habe im vorhergehenden Kapitel darauf hingewiesen, daß das militärisch überlegene Rom einen Bewegungskrieg führen konnte. Die Legionen sollten Philipp in einer Entscheidungsschlacht schlagen, nicht ihm eine Festung nach der anderen entwinden, wie es die Griechen zu tun pflegten. Weder Chalkis noch Demetrias noch Korinth standen im Zentrum militärischer Überlegungen, kein Konsul führte eine Operation gegen sie durch. Warum sollte sich dann ein Senator, der in Rom saß, der Mühe unterziehen, makedonische Militärstrategie zu studieren? Chalkis, Demetrias und Korinth waren nichts anderes als Synonyme für Philipps Herrschaft über Griechenland. Das klargemacht zu haben war das Verdienst der Griechen. Zu einer senatorischen ›Stampede‹, wie Eckstein schreibt, kam es nicht. Der Senat hielt nur an dem negativen Ziel fest, das er seit langem verfolgte: Philipps Macht brechen.[7]

Polybios schreibt, daß der Senat aus Furcht vor den Kelten beide Konsuln in Italien behalten wollte. Damit sei auch Flamininus' Prorogation gesichert gewesen, und seine Freunde in Rom hätten nun die Waffenstillstandsverhandlungen scheitern lassen. Dem senatorischen Desinteresse für den Osten habe also, schließt Eckstein daraus, große Aufmerksamkeit für Oberitalien gegenübergestanden. Nur deshalb sei Flamininus ans Ziel gekommen. Die Konzentration des Senats auf die Kelten war in dieser Sichtweise ursächlich für die Schlacht von Kynoskephalai. Doch Polybios' Bemerkung ist nur eine Feststellung der Tatsachen, keine Darlegung des Hergangs. Daß im Winter 198/197 die Furcht vor den Kelten ein beherrschendes Thema der römischen Politik war, ist nicht zu bezweifeln. Es gibt sogar deutliche Hinweise darauf, daß diese Gefahr nicht bloß übertreibender Keltenhysterie entsprang, sondern in größeren Kämpfen beseitigt werden mußte.[8] Doch daraus folgt noch keineswegs eine enge Verknüpfung zwischen dem makedonischen und dem oberitalischen Kriegsschauplatz,

---

7 Polyb. XVIII 11,4-9. Vgl. ECKSTEIN (1987c), 284f.: »a lesson in the basic political geography of Greece« (284). Ablehnung äußerte schon S. P. OAKLEY, AJPh 109 (1988), 612, in seiner Rezension. S. auch o. S. 102 mit Anm. 26. Freilich merkte sich der Senat die Argumentation der Griechen – was nicht gerade auf Desinteresse am Osten hindeutet – und erkor die drei Städte 196 zu Garnisonsorten. S. o. S. 290, 293, 295f.

8 Polyb. XVIII 11,2. Keltengefahr: Liv. XXXII 9,5; 26,2; 28,9; 31,6; Zon. IX 16,6f. Vgl. ECKSTEIN (1987c), 63-67, 282, 284. GRUEN (1984), 215f., hat als erster die Verbindung zwischen Makedonien und Oberitalien hergestellt. Gegenüber einem Vorrang Oberitaliens vor Makedonien im Denken des Senats hat sich J. W. RICH, Rez. Eckstein (1987c), CR 38 (1988), 317, kritisch geäußert.

oder wenn doch, dann in einer für Flamininus recht unangenehmen Weise: Wenn der Senat glaubte, im Norden verstärkte Anstrengungen unternehmen zu müssen, brauchte er neue, starke Truppen. Falls daran Mangel geherrscht hätte, hätte man den makedonischen Krieg beenden und die freigewordenen Legionen nach Oberitalien beordern müssen. Doch diese Notwendigkeit bestand nicht. Es gab keinerlei Rekrutierungsschwierigkeiten.

Nach Ecksteins These bestand vielmehr Mangel an Imperiumsträgern. Davon konnte aber erst recht keine Rede sein. Mit Sex. Aelius Paetus und C. Helvius standen bereits zwei Promagistrate in Gallien, der eine Konsul, der andere Praetor des Vorjahres. Hätte man die beiden dort belassen und nur einen Konsul nachgeschickt, wäre die Liktorendichte zweifellos hoch genug gewesen. Oder man hätte beide abberufen und sie durch einen Konsul und einen Praetor ersetzt. Praetoren waren dieses Jahr in einer Zahl wie nie zuvor verfügbar: Wegen Spanien waren zum erstenmal sechs gewählt worden. Eine kritische Entwicklung in Oberitalien wäre Grund genug gewesen, einem von ihnen kurzfristig eine neue Provinz zuzuweisen. Alle Imperiumsträger abzuberufen und durch beide Konsuln zu ersetzen war also keineswegs die einzige Möglichkeit und sicher nicht die nächstliegende. Die Konsuln selber, die natürlich ein gewichtiges Wort in dieser Angelegenheit hatten, wollten lieber um Makedonien losen. Die Kelten gaben keinen zwingenden Grund ab, sie daran zu hindern.[9]

Wenn also die gallische Gefahr als hinreichendes Motiv für Flamininus' Prorogation ausscheidet, gleichzeitig aber nichts auf einen uninformierten und in den Angelegenheiten des Ostens passiven Senat hindeutet – warum wurde Flamininus dann im Kommando bestätigt? Als die Konsuln des neuen Jahres, C. Cornelius Cethegus und Q. Minucius Rufus, um die Provinzen Gallien und Makedonien losen wollten, wurden sie von den zwei Volkstribunen L. Oppius Salinator und Q. Fulvius gehindert: Das entscheidende Hindernis für einen Durchbruch im Makedonischen Krieg sei der jährliche Wechsel der Feldherren, der die kontinuierliche Verfolgung einer Strategie erschwere. Die Details der Argumentation sind durchaus anfechtbar, aber grundsätzlich hatten Salinator und Fulvius schon recht.[10] Nur, ließen sich die Senatoren, die den Disput zu entscheiden hatten, von den Einwänden der Volkstribunen überzeugen, hätten sie auch über ein neues Regierungssystem nachdenken müssen. Denn nicht nur wurde die Annuität ausdrücklich in Frage gestellt, implizit bestritten die Tribunen auch den Anspruch eines jeden Angehörigen der herrschenden Schicht, wenigstens einmal im

---

9 Liv. XXXII 8,5; 9,5; 26,2; 27,6f.; 28,3.9-11.

10 Liv. XXXII 28,3-9. Galba, der nach Meinung der Volkstribunen schon im Anlauf zur Kriegsführung abberufen worden war, hatte immerhin 199 als Prokonsul eine volle Feldzugssaison gehabt. Doch der Verweis der Tribunen auf ihn mag weniger mit der historischen Situation als mit Livius' chronologischer Unsicherheit zu tun haben (vgl. BRISCOE [1973], 222).

Leben seine Chance auf Ruhm, Ehre und Beute zu nutzen. Salinator und Fulvius wiesen ja gerade nicht darauf hin, daß Gallien ein viel drängenderes Problem und damit ein lohnenderes Objekt magistratischen Strebens sei. Der Senat entschied die Angelegenheit im Sinne der Volkstribunen, aber man kann sich nicht vorstellen, daß dies ausschließlich oder auch nur vornehmlich wegen deren sachlichen Anliegens geschah. Nur in Verbindung mit anderen Gründen kann es eine gewisse Wirkung gezeigt haben.

Diese Gründe bestanden aber in der erfolgreichen Lobbyarbeit von Flamininus' Freunden und Verwandten. Genau das sagen Polybios und Livius.[11] Wie die Überzeugungsarbeit im Detail aussah, wissen wir nicht. Die Hinterzimmer und Kungelrunden der Senatoren bleiben uns verschlossen. Das ist unbefriedigend, aber Spekulationen über gentilizische Parteien oder Mutmaßungen über Sachzwänge schaffen keine Abhilfe. Im Grunde war der Vorgang banal. Es ging um ein höchst attraktives Kommando, das Flamininus behalten und die Konsuln des nächsten Jahres für sich haben wollten. Der Sieg über den König Makedoniens versprach nämlich größeren Ruhm als eine gewonnene Schlacht gegen keltische Stämme, die zwar gefährlich sein mochten, aber über weit weniger klangvolle Namen verfügten. Ungeachtet der Tatsache, daß nur einer von ihnen nach Griechenland gehen konnte, taten sich die designierten Konsuln zusammen, um erst einmal Flamininus die Provinz zu entreißen. Nach den Konsularkomitien bzw. der Ankunft von Flamininus' Gesandten – je nachdem, was später lag – setzte das Tauziehen ein. Beide Parteien werden dabei alte Verpflichtungen ausgegraben, neue Versprechungen gemacht, Druck ausgeübt und um eine Gefälligkeit nachgesucht haben. Natürlich fanden auch abstraktere Ansätze Berücksichtigung. Die designierten Konsuln entdeckten die Wichtigkeit des überseeischen Kriegsschauplatzes, Flamininus' Unterstützer beschworen die gallische Gefahr, die Rom nur mit Aufbietung aller Mittel – sprich: zwei Konsuln – zurückweisen könne. So betrachtet, gewinnt auch der Einspruch der Volkstribunen Sinn. Es würde zu weit führen, die sachlichen Anliegen als bloßen Vorwand zu bezeichnen. Aber sie wurden eben entsprechend den persönlichen Interessen aufgegriffen und verfochten.

---

11 Polyb. XVIII 10,7; 11,2: πεπεισμένων δὲ τῶν τοῦ Τίτου φίλων μένειν τοὺς ὑπάτους ἀμφοτέρους κατὰ τὴν Ἰταλίαν διὰ τὸν ἀπὸ τῶν Κελτῶν φόβον . . . Liv. XXXII 32,7: . . . *an, quod summa vi ut tenderent amicis et propinquis mandaverat, imperium prorogaretur*; Plut. Flam. 7,3. ECKSTEIN (1987c), 65, interpretiert den ersten Satz folgendermaßen: »And what Polybius tells us is that the friends of Flamininus *perceived* that the sentiment in the senate favored keeping both consuls in Italy the next summer, not that they *created* such sentiment by means of political agitation.« Polybios sagt freilich nicht, daß die Freunde ›wahrgenommen‹ hatten, als ob sie einen äußeren Vorgang beobachteten, sondern daß sie ›die Überzeugung gewonnen‹ hatten. Das war nur möglich durch informelle Vorgespräche und Fühlungnahmen, und dabei beschränkten Flamininus' Unterstützer sich kaum aufs Aushorchen, sondern agierten als Pressure group.

So lief die Meinungsbildung des Senats in diesem Fall ab, und diese Form war wahrscheinlich eher die Regel als die Ausnahme. In den meisten modernen Interpretationen werden Flamininus' Freunde dem Senat einfach gegenübergestellt, als ob sie eine von außen auf das Gremium einwirkende Personengruppe gebildet und, weiter noch, individuelle Bestrebungen in ein Gremium eingeführt hätten, das nur dem Gemeinwohl verpflichtet war. Dabei waren auch die Freunde Senatoren, ebenso die Konsuln und deren zweifellos vorhandene Alliierte. So arbeiteten zwei Gruppierungen gegeneinander, zwischen ihnen das nicht festgelegte, deswegen aber nicht desinteressierte Gros des Hauses. Die Freundschaften auf beiden Seiten waren natürlich politische Allianzen, und ebenso schnell konnten sie wieder zerbrechen. Vielleicht war es Flamininus' Vorteil in diesen Jahren, daß er seine Unterstützer bei der Stange zu halten vermochte. Den Erfolg, der Anhänger schafft, hatte er ja.[12]

Wie schwierig sich aber der Kampf von Flamininus' Freunden gestaltete, läßt sich an dem öffentlichen Teil der Auseinandersetzung ablesen. Zu Jahresanfang hatten die Konsuln noch nicht aufgegeben, aber die Stimmung im Senat war Flamininus günstig. Deshalb setzten die Freunde auf Krieg und ermunterten die alliierten Gesandten entsprechend. Nach dem Scheitern der Friedensverhandlungen führten die Konsuln ihren letzten, nicht ungeschickten Angriff: Sie beantragten, Italien und Makedonien zu konsularischen Aufgabenbereichen zu machen. Nur die Initiative der Volkstribunen verhinderte eine Abstimmung und erzwang, daß die Frage in neutraler Form vor den Senat gebracht wurde.[13] Das, was sich schon abgezeichnet hatte, wurde jetzt bestätigt: Die Konsuln mußten in Italien bleiben, Flamininus wurde im Kommando prorogiert.[14]

---

12 Von den Freunden sind nur die Namen von Flamininus' Gesandten – Q. Fabius, Q. Fulvius, Ap. Claudius Nero (Polyb. XVIII 10,8) – und von den zwei Volkstribunen bekannt: L. Oppius Salinator und Q. Fulvius (Liv. XXXII 28,3). Die Identität der meisten ist unsicher. Vgl. WALBANK (1967), 561; BADIAN (1973), 314f. mit Anm. 57; BRISCOE (1973), 222; MRR III 55. Vor allem handelte es sich um jüngere Offiziere und Beamte. Die eigentlichen Strippenzieher müssen in der Hierarchie des Senats weiter oben gestanden haben. Vgl. auch BRUNT (1988), 448.

13 Ich folge der Interpretation von KUNKEL / WITTMANN (1995), 222 Anm. 424, nach der *consulibus Italiam Macedoniamque sortiri parantibus* (Liv. XXXII 28,3) auf den Antrag der Konsuln im Senat zu beziehen ist, woraufhin die Volkstribunen mit ihrem Veto drohten. MOMMSEN (1887) I, 55 Anm. 2, III, 1086 Anm. 1, gefolgt von HOLLEAUX (1923), 67 Anm. 3, dagegen nahm an, die Konsuln hätten den Senat übergangen und aus eigener Machtvollkommenheit schon um die Provinzen selbst losen wollen, als die Tribunen eingriffen.

14 Polyb. XVIII 11,1-12,1; Liv. XXXII 28,1-9. Nach dem Amtsantritt der Konsuln wurde gewöhnlich sofort über die Provinzen verhandelt und gelost, auswärtige Gesandte wurden erst später vor den Senat geführt (vgl. MOMMSEN [1887] III, 1100f., 1155). Doch bei Friedensverhandlungen machte man sinnvollerweise Ausnahmen, wenn von ihrem Ausgang die Verteilung der Provinzen betroffen war. Beim Abschluß des Nabisfriedens 194 handelte der Senat so (Liv. XXXIV 43,2f.), während des Aitolerkrieges, zu Anfang der Jahre 190 und 189 (Liv. XXXVII 1,1.7; 49,1; 50,1), und zweifellos auch jetzt: In Abweichung vom üblichen Procedere wurde zu-

Noch komplizierter wäre die Durchführung des Notfallplans gewesen. Holleaux hat am Schluß seiner Abhandlung über die Konferenz von Lokris auf einen Fehler in Flamininus' Rechnung hingewiesen: Falls von vornherein keine Aussicht auf eine Prorogation bestanden hätte, also noch vor dem Amtsantritt der Konsuln klar gewesen wäre, daß einer von ihnen mit Sicherheit nach Makedonien gehen würde, hätte auch keine Chance bestanden, im Senat einen Friedensschluß durchzusetzen. Diese These ist, soweit ich sehe, einhellig zurückgewiesen worden. Doch die Kritik setzte an Details von Holleaux' Argument an, nicht am Grundsätzlichen.[15] Es ist richtig, daß der Senat Friedensschluß und Prorogation nicht in einem Aufwasch abhandelte, weder zeitlich noch inhaltlich. Flamininus' Freunde hätten durchaus Gelegenheit gehabt, nach vergeblichem Druck in der Prorogationsfrage ihre Strategie halbwegs glaubwürdig umzustellen. Flamininus hätte kaum für diesen Fall geplant, wäre ein solches Vorgehen unmöglich gewesen. Aber es war ihm und seinen Leuten in Rom wohl klar, daß die Erfolgsaussichten recht düster waren. Nicht deswegen, weil Flamininus, hatte er eben eine Niederlage im Senat erlitten, nicht kurz darauf einen Sieg erringen konnte. Sondern weil die Konsuln gewonnen hatten. Einer von ihnen würde nach Makedonien eilen, mit dem Potential für einen großen Sieg. Entsprechend würden sich Hoffnungen und Interessen an seinen Erfolg knüpfen, es gab Stabsstellen zu verteilen, man konnte über Beute sinnieren, und vielleicht dachte der eine oder andere schon an den siegreichen Feldherrn, der mit vermehrter Autorität heimkehren und dann diejenigen nicht vergessen würde, die ihm am Anfang seines Konsulats geholfen hatten.

Hinzu kommt etwas anderes. Ganz unabhängig von dem Problem, wieviel der Senat über den griechischen Osten überhaupt wußte: Er war entschlossen, Philipps Niederlage herbeizuführen. Sicher, es wäre möglich gewesen, einen Friedensschluß, der Makedonien nur die Stützpunkte Chalkis und Demetrias und damit einen verminderten Einfluß in Griechenland zugestanden hätte, als Erfüllung des Kriegsziels zu verkaufen, da Rom eindeutig der Sieger, Philipp eindeutig der Verlierer gewesen wäre. Aber die Interpretation hätte schon bemerkenswert kreativ ausfallen müssen, und es gab zumindest zwei Senatoren, die sie lauthals kritisiert hätten: die Kon-

---

nächst nur über die Provinzen der Praetoren bestimmt (dazu D. BARONOWSKI, A Reconsideration of the Roman Approval of Peace with Macedonia in 196 B.C., Phoenix 37 [1983], 222). Vgl. auch BRISCOE (1973), 222; HOLLEAUX (1923), 68, 71 mit Anm. 1.

15 HOLLEAUX (1923), 75-77. Ihm folgten nur FEYEL (1943), 238, und BALSDON (1967), 181, die aus Flamininus' Fehler jedoch auf die Unhaltbarkeit von HOLLEAUX' gesamter Interpretation der Konferenz von Lokris schlossen. Kritik: AYMARD (1938b), 115 Anm. 4, 121 Anm. 24; LEHMANN (1967), 174; BRISCOE (1972), 28f.; BADIAN (1973), 316f.; P. MARCHETTI, La marche du calendrier romaine de 203 à 190 (années varr. 551-564), AC 42 (1973), 492f.; ECKSTEIN (1987c), 282-284; FERRARY (1988), 66 Anm. 77.

suln, die bald um Makedonien losen würden. Der schwache Punkt in Flamininus' Kalkül, den Holleaux aufgespürt hat, ist vorhanden.

Das bedeutet aber auch, daß Flamininus' Manöver viel schwieriger war, als man ihm heute meist zugestehen will. Er hatte es nicht mit einem passiven, nur auf Italien konzentrierten Senat zu tun, sondern mit einer kritischen, erwartungsvollen Körperschaft, in der es nicht an Verfechtern für seine Abberufung fehlte. Das Verhalten des Senats war unmöglich vorauszusehen, schon gar nicht von Griechenland aus. Trotzdem lief alles nach Wunsch. Das Verdienst dafür gebührt dem geschickten Taktieren der Freunde in Rom nicht weniger als der Überlegung des Konsuls.

Ein Jahr darauf war der Krieg entschieden. Der Senat billigte Flamininus' Präliminarien in vollem Umfang. Doch das impliziert keineswegs, daß der Vertrag einfach durchgewunken wurde.[16] Der Senat hatte sich bereits festgelegt, als sich die Konsuln L. Furius Purpureo und M. Claudius Marcellus gegen die Ratifizierung des Friedens durch das Volk stemmten: Sie wollten um Makedonien losen. Man hat den Eindruck, daß sie ihre Kampagne spät, viel später als ihre Vorgänger begannen. Denn nicht nur hatte der Senat den Vertrag gebilligt, er hatte auch bereits bestimmt, daß beide Konsuln in Italien bleiben sollten. Marcellus, der besonders erpicht war auf das Kommando im Osten, blieb – neben nachträglicher Agitation im Senat – nur noch, einen Beschluß der Komitien zu verhindern. Er argumentierte, der Frieden sei nur vorgetäuscht und Philipp werde sich von neuem erheben, wenn die Legionen Griechenland verlassen hätten. Deshalb, so die Implikation, müsse der Kampf fortgesetzt werden. Auf die politische Lage paßte dieses Argument jedoch nicht. Philipp war vernichtend geschlagen worden, das römische Kriegsziel offenbar erreicht. Eine Wiederaufnahme des Kriegs wäre auf eine Eroberung Makedoniens und eine Absetzung Philipps hinausgelaufen. Das gleiche wollten die Aitoler – aber die waren in Rom alles andere als gerngesehen.

Trotzdem machten die Ausführungen des Konsuls einigen Eindruck im Senat. Livius meint sogar, daß der Konsul sich durchgesetzt hätte, wenn nicht zwei Volkstribunen die – positive – Abstimmung der Tributkomitien erzwungen hätten. Das mag etwas übertrieben sein, doch es besteht kein Grund zu bezweifeln, daß die Dinge sich im Sinne des Konsuls entwickelten. Gerade dieser Umstand wird die Intervention der Tribunen, die offenbar zu Flamininus' Lobby gehörten, herbeigeführt haben. Da Marcellus' Argument an sich bescheidene Zugkraft hatte, sein persönliches Interesse

---

16 So ECKSTEIN (1987c), 293f.: »The senate's acceptance of Flamininus' peace with Philip, despite the opposition of the consul Marcellus and of the Aetolians, is simply more confirmation of the strong senatorial tendency to support the judgments and volition of the Roman commander in the field« (294).

zudem offensichtlich war, wird der Kampf um die Mehrheit im Senat wie im Vorjahr primär um die Verteilung der Provinzen geführt worden sein, nicht um das nachgelagerte Problem einer makedonischen Wiederauferstehung. Doch auch wenn man die Debatte eher von sachlichen Gesichtspunkten geprägt sieht: Marcellus forderte nicht eine Wendung der Politik oder einen Neuansatz, sondern er stellte in Zweifel, daß das Kriegsziel überhaupt erreicht worden sei. Der Senat blieb interessiert am Osten, und zwar in der gleichen Form wie bisher: Gab es im Osten prestigereiche Kommandos zu verteilen? War Philipp noch eine Gefahr?[17]

Zu Anfang des Jahres 195 konnten sich Flamininus' Freunde zurücklehnen. Mit Cato gelangte zwar nicht gerade ein bescheidener oder politisch ungefährlicher Mann zum Konsulat, aber da in Spanien ein großer Krieg ausgebrochen war, wurde die Citerior zur konsularischen Provinz erklärt. Zudem stand im Osten gar kein Krieg an. Flamininus wurde erneut im Kommando bestätigt, da man wegen der unklaren Entwicklung vor Ort noch nicht an einen Rückzug der Legionen dachte: Antiochos, die Aitoler und Nabis waren ›verdächtig‹, aber ein Krieg gegen einen von ihnen schien noch nicht unmittelbar bevorzustehen. Für einen ehrgeizigen Konsul war in diesem Jahr Spanien das richtige Ziel. Angesichts des Fehlens von Aspiranten – ein Konsul mußte, schon wegen der Wahlen, in Italien bleiben – war Flamininus' Verbleib im Osten unumgänglich.[18]

Ein Jahr später wurde der Friede, der den doch ausgebrochenen Krieg mit Nabis beendete, im Senat ohne Widerstand angenommen. Es wäre lächerlich gewesen, hätte ein Konsul gefordert, den Krieg bis zur Vernichtung des Provinzkönigs fortzusetzen. An Ehrgeiz fehlte es freilich nicht: Scipio Africanus bekleidete sein zweites Konsulat. In Italien war seiner Ansicht nach nicht viel zu holen, die Lage in Spanien hatte sich entspannt. So blieb nur Makedonien. Das Problem war nur, daß weit und breit kein Krieg in Sicht war. Scipio bemühte noch einmal die Aitoler und Antiochos, aber einen Kampf hatte man schon im Vorjahr nicht befürchtet, und inzwischen hatte sich die Lage entspannt oder wenigstens nicht zugespitzt. Flamininus

---

17 Polyb. XVIII 42,1-5; Liv. XXXIII 24,5-7; 25,4-7. Die beiden Versionen weisen im Detail einige Unterschiede auf: So entscheidet der Senat bei Livius noch vor den Iden des März über den Frieden (was ein Grund für Marcellus' späte Agitation sein könnte), bei Polybios danach (was wahrscheinlicher ist). Im Kern stimmen Polybios und Livius aber überein bzw. widersprechen einander nicht. Vgl. die überzeugende Chronologie BARONOWSKIS (1983), 218-223; ferner WALBANK (1967), 605; BRISCOE (1973), 294. Zur Prorogation und zum Friedensschluß vgl. auch GRUEN (1984), 216; FEIG VISHNIA (1996), 124f. Nichts deutet darauf hin, daß Flamininus' Kommando im Hinblick auf einen Krieg gegen Antiochos verlängert worden wäre (so SCHLAG [1968], 88-91; dagegen BRISCOE [1972], 30).

18 Liv. XXXIII 43,1-4.6 (zit. o. S. 155 Anm. 63). Vgl. GRUEN (1984), 216. Über den Krieg gegen Nabis wurde erst mindestens drei Monate später beraten (s. o. S. 155 Anm. 63). Mit der Prorogation hatte er nichts zu tun und wird deshalb weiter unten behandelt.

verlangte auch gar nicht mehr nach einer weiteren Prorogation, sondern wollte heimkehren. Das hatte der Senat seit jeher gewünscht, und wenn man die Legionen jetzt nicht zurückholte, wo alles ruhig schien, wann dann? Der Senat neigte der Meinung zu, beide Konsuln in Italien zu belassen. Freilich war Scipio nicht irgendein Konsul: Er brachte es dahin, daß die Entscheidung zunächst ausgesetzt und erst die praetorischen Provinzen verlost wurden. Das hatte er, wie Marcellus, zweifellos nicht seinem dürftigen Sachargument, sondern seinem persönlichen Einfluß zu verdanken. Der Senat war an diesem Tag vielbesucht, ein Zeichen, daß schon seit längerem hinter den Kulissen gekämpft wurde. Scipios Macht reichte letztlich aber nicht dazu aus, die Stimmungslage im Senat zu ändern. Der Hannibalsieger mußte sein zweites Konsulatsjahr in Italien verbringen.[19]

An drei von vier Jahreswechseln setzte sich Flamininus nur gegen heftigen Widerstand durch. Seine Freunde, die wir uns nicht allzu zahlreich vorstellen dürfen, mußten stets von neuem um Unterstützung werben, und es ist nur wahrscheinlich, daß die jeweilige Mehrheit, die für Flamininus stimmte, nicht aus einem identischen Personenkreis bestand. Diese Mehrheiten gruppierten sich zunächst um einen einzelnen, nicht um ein sachliches Anliegen. Daß die Inhalte den Individuen folgten, nicht umgekehrt, ist im Zusammenhang mit Prorogationen aber nicht sonderlich überraschend. Interessant ist vielmehr, daß Sachfragen sehr wohl aufgenommen werden konnten, es wahrscheinlich sogar mußten, um die eigene Position glaubwürdig zu untermauern. Das senatorische Interesse an außenpolitischen Problemen, selbst wenn sie den Osten betrafen, fällt noch stärker ins Auge, wenn man den Blick von den erregten Debatten zu Jahresanfang abwendet.

Der Wille des Senats

Rom ließ seine Amtsträger vor Ort, waren sie erst einmal entsandt oder prorogiert, keineswegs nach Belieben schalten und walten. So konnte der Senat dem Feldherrn bestimmte Mitglieder des Hauses als Legaten beigeben. Anfang 197 wurden Flamininus' Vorgänger im Kommando, Galba und Tappulus, nach Makedonien geschickt. Das geschah nicht, weil eine Senatsmehrheit dem Prokonsul mißtraute – immerhin war dieser gerade im Kommando bestätigt worden – oder ihn ›überwachen‹ wollte. Die beiden Legaten sollten Flamininus unterstützen, und dazu schienen sie besser geeignet als jeder andere. Freilich war eine gewisse Einschränkung des Spielraums damit ver-

19 Liv. XXXIV 43. S. o. S. 252 mit Anm. 27. Zu Flamininus' Verzicht auf Bemühungen um eine weitere Prorogation vgl. BRISCOE (1972), 31f. ECKSTEIN (1987c), 310, glaubt wiederum an senatorisches Desinteresse.

bunden. Zwei ältere Konsulare würden kein Blatt vor den Mund nehmen, wenn sie an der Handlungsweise des Feldherrn etwas auszusetzen hätten. Dieser war auf ihre Zustimmung nicht angewiesen, aber er mußte damit rechnen, daß die beiden, waren sie erst einmal verprellt, später im Senat Front gegen ihn machten. Nicht wegen der in Frage stehenden Entscheidung – die bis dahin längst irreversibel sein würde –, sondern ganz allgemein, aus Anlaß irgendwelcher anderer Probleme. Es wäre also unklug gewesen, sich derart mächtige Männer zu Gegnern zu machen. Insofern stellten Galba und Tappulus durchaus ein Korrektiv dar oder besser eine Instanz, vor der Flamininus im eigenen Interesse am besten bestand.[20]

Mutatis mutandis gelten diese Bemerkungen auch für die Zehnerkommission, die ein Jahr darauf gebildet wurde. Nur war diese im Besitz eines offiziellen Auftrags, mit dem Feldherrn zusammen Griechenland zu ordnen; sie verfügte über ein unabhängiges Mandat. Die Besetzung war hochrangig: Der Kommission gehörten wieder Galba und Tappulus an, also zwei Konsulare – vielleicht auch mehr, leider haben wir keine vollständige Liste der Mitglieder –, dazu mindestens ein Praetorier. Die Kommission sollte auf Augenhöhe mit dem Prokonsul sein.[21] Die Bildung einer solchen Gesandtschaft war kein Zeichen für senatorische Passivität, im Gegenteil. In erster Linie trug das dreihundertköpfige Gremium damit dem Umstand Rechnung, daß es schlecht selber die Detailarbeit vor Ort erledigen konnte. Auch die gelegentlich ad hoc gebildeten Kommissionen, die in Rom agierten, erfüllten Aufgaben, für welche die Gesamtheit des Senats einfach zu groß war. So verhandelten Flamininus und die Mitglieder der (zu diesem Zeitpunkt längst nicht mehr bestehenden) Zehnerkommission 193 mit Antiochos' Gesandten, die nach Rom gekommen waren, und später, im Jahr 183, gehörte Flamininus einer Dreierkommission an, die eine Lösung in der verwickelten

20 Liv. XXXII 28,12. Vgl. KUNKEL / WITTMANN (1995), 300f. GRUEN (1984), 223, denkt daran, daß Galba und Tappulus den Auftrag im Osten als eine Art Trostpflaster bekamen, da ihre Tätigkeit in Griechenland während des Kampfs um Flamininus' Prorogation scharf angegriffen worden war. Doch die Kritik der Volkstribunen hatte nicht Personen gegolten, sondern den Umständen (s. auch o. Anm. 10). Zur Vergeblichkeit aller Spekulationen über grundsätzliche politische Meinungsverschiedenheiten und über gentilizische Parteien vgl. EBD., 223 Anm. 97; BALSDON (1967), 185f. Vgl. auch AYMARD (1938b), 131 Anm. 61.

21 Polyb. XVIII 42,5; Liv. XXXIII 24,7 (zit. o. S. 293 Anm. 30). Vgl. GRUEN (1984), 224; ferner SCHLEUSSNER (1978b), 91-93. Wir können nur fünf Mitglieder mit Sicherheit identifizieren. Galba (cos. 211, 200) und Tappulus (cos. 199) wurden bereits vom Senat zu Mitgliedern bestimmt, die übrigen ernannte einer der Konsuln (zum Procedere MOMMSEN [1887] II, 677): P. Cornelius Lentulus (pr. 203), L. Terentius Massaliota (pr. 187), L. Stertinius. Die Identität von Cn. Cornelius ist unsicher (vgl. SCHLEUSSNER, 24 Anm. 48), die Teilnahme von P. Aelius Paetus (cos. 201) und M. Caecilius Metellus (pr. 206) fraglich. Vgl. MRR I 337-339. Gegen die Vermutung, die Legaten seien aus Mißtrauen gegen Flamininus ernannt worden, vgl. AYMARD (1938b), 173 Anm. 31; ECKSTEIN (1987c), 313 Anm. 180.

spartanischen Verbanntenfrage suchte.[22] Daß man dabei zum Teil Männer auswählte, die auch etwas von der Sache verstanden, war selbstverständlich. Aber deshalb verließ der Senat sich noch nicht blind auf ›Experten‹. Er behielt stets das letzte Wort.[23] Im Grunde bildeten derartige Kommissionen nur eine Art Minisenat, der zur Erfüllung des jeweiligen Zwecks geschaffen wurde, aber stets von dem eigentlichen Gremium abhängig blieb. Es sei daran erinnert, daß, bei aller Verschiedenheit, auch im Deutschen Bundestag der Großteil der Arbeit in Ausschüssen erledigt wird, ohne daß man der Gesamtkörperschaft deshalb den Vorwurf der Passivität oder des Desinteresses machen könnte.

Auch die Kommission von 196 hatte alles andere als freie Hand: Der Senat hatte ihr einen Beschluß mitgegeben – von dem Polybios nur die Hauptpunkte mitteilt! –, in dem die Ausführungsbestimmungen über den Frieden mit Philipp niedergeschrieben waren. Ebenso war die Neuordnung Griechenlands in ihren wesentlichen Zügen bereits festgelegt: Alle Griechen sollten letztlich die Freiheit erhalten, und es existierte sogar eine Klausel, die Philipp zur Übergabe der europäischen Städte noch vor den Isthmien verpflichtete. Polybios hebt hervor, daß der Senat über alles beraten und den Zehn ausdrückliche Weisungen mitgegeben hatte. Nur in einer Frage hatten die Legaten größere Freiheit erhalten: dem Umgang mit den drei Fußfesseln. Doch es ging dabei, wie ich im vorhergehenden Kapitel gezeigt habe, lediglich um die mittelfristige Stationierung römischer Truppen, und immerhin hatte Rom auch das Entscheidungskriterium vorgegeben: die Antiochosgefahr. Grundsätzlich war auch für Chalkis, Demetrias und Korinth die Freiheit bestimmt.[24]

Innerhalb dieses Rahmens mußte nicht nur die Kommission agieren. Auch der Feldherr konnte nicht ausbrechen. Was die drei Fußfesseln betraf, war er anderer Meinung als die Zehn. Aber er vermochte sie weder zu überzeugen noch sich über ihr Votum hinwegzusetzen. Die Weisung des Senats war eindeutig. Als es später zu einer weiteren Meinungsverschiedenheit über Oreos und Eretria kam, setzte sich Flamininus durch. Aber das nur, weil der Senat, dem die Frage erneut vorgelegt worden war, in seinem Sinne entschied. Daß dem Rat des Feldherrn dabei fast automatisch gefolgt

---

22 S. o. S. 245 und u. S. 349f. BONNEFOND-COUDRY (1987), 102f., hat aus der bloßen Existenz der beiden Kommissionen auf senatorisches Desinteresse geschlossen; ähnlich ECKSTEIN (1987c), 313 Anm. 181.

23 Zu den Ostexperten s. o. S. 83-85.

24 Polyb. XVIII 44,1-7 (zum Senatsbeschluß s. o. S. 110 Anm. 50); 45,10: περὶ μὲν τῶν ἄλλων ἐν τῇ Ῥώμῃ προδιειλῆφθαι καὶ ῥητὰς ἔχειν τοὺς δέκα παρὰ τῆς συγκλήτου τὰς ἐντολάς. Diese Bemerkung ist zu Unrecht so verstanden (und deshalb verworfen) worden, als habe der Senat jedes Detail festgelegt (so AYMARD [1938b], 173 Anm. 32; WALBANK [1967], 612). Vgl. auch SCHLEUSSNER (1978b), 51f. Anders bewertet den Senatsbeschluß ECKSTEIN (1987c), 295f.

wurde, ohne daß man sich mit der Sache selbst näher beschäftigte, kann angesichts der bisherigen Ergebnisse schlecht behauptet werden.[25]

Der Senat hätte sich mit Oreos und Eretria nicht befassen müssen, wenn Feldherr und Kommission nicht unterschiedlicher Meinung gewesen wären. Ansonsten einig, bestimmten Flamininus und die Zehn allein über die territoriale Umgestaltung Griechenlands. Doch das waren eben keine grundsätzlichen Fragen, sondern Modi der Umsetzung. Nur in der Perspektive des Polybios war es ein bedeutender Entschluß, Thessalien in verschiedene Bundesstaaten aufzuspalten oder Phokis und Lokris dem Aitolischen Bund einzuverleiben. Rom hatte zweifellos anderes zu tun, als sich mit derartigen Quisquilien zu beschäftigen. Wozu hatte man schließlich eine Kommission gebildet? Freilich mußten die Zehn auch über diese Maßnahmen nach ihrer Rückkehr Bericht erstatten, und Flamininus selber mußte 193 seine Regelungen ebenfalls vom Senat billigen lassen.[26]

In die wichtigste politische Angelegenheit der damaligen Ostpolitik, den Umgang mit Antiochos, wurde Flamininus aber nur beiläufig involviert. Zwar spielten seine Berichte eine große Rolle bei der Entscheidungsfindung des Senats, doch die Verhandlungen mit dem König bzw. seinen Vertretern führten einige Kommissionsmitglieder oder eigens von Rom ernannte Legaten. Nur bei zwei Gelegenheiten war Flamininus während seines Prokonsulats selber an Gesprächen beteiligt: einmal nach den Isthmien, dann vor dem Aufbruch in den Nabiskrieg. Das erste Mal war freilich die Kommission anwesend und wohl auch federführend, das zweite Mal suchten die seleukidischen Emissäre von sich aus Flamininus auf – der sie an den Senat verwies.[27]

Auch den Nabiskrieg, das beste Beispiel für die magistratische Freiheit, brach Flamininus nicht auf eigene Faust vom Zaun. Im Frühjahr 195 kehrte die Kommission nach Rom zurück. Vor dem Senat zeichnete sie ein düsteres Bild der Lage im Osten: Antiochos, Nabis und die Aitoler gefährdeten die römische Hegemonie. Der Senat hatte davon schon einige Monate zuvor erfahren, von Flamininus, und ihm deswegen eine weitere Prorogation gewährt. Doch der Augenzeugenbericht der Legaten machte natürlich noch mehr Eindruck als die Depesche des Prokonsuls und die Berichte seiner

---

25 Zu den Konflikten s. o. S. 294-296, 301f., zu weiteren, vermeintlichen Streitpunkten s. o. S. 113 mit Anm. 57 und S. 150f. mit Anm. 50. Zu den wechselseitigen Kompetenzen von Feldherrn und Legaten vgl. SCHLEUSSNER (1978b), 53-55; anders ECKSTEIN (1987c), 302.

26 Liv. XXXIII 44,6 (dazu BRISCOE [1973], 333); XXXIV 57,1 (dazu – trotz SCHLEUSSNER [1978b], 47f. – AYMARD [1938b], 266 Anm. 15). Zur Neuordnung Griechenlands s. o. S. 299f. Anders urteilt AYMARD, 174, über die Bedeutung der Legaten: »Ce sont donc des juges tout-puissants qui sont ainsi commis aux affaires grecques.« Zur vermutlichen Arbeitsweise der Kommission gegenüber den Griechen vgl. ebd., 177 Anm. 48.

27 Polyb. XVIII 47,1-4; Liv. XXXIV 25,2. Zu den auf der Konferenz von Lysimacheia vertretenen Römern Polyb. XVIII 49,2-50,1; vgl. WALBANK (1967), 621.

Offiziere. Und während die Senatoren aus eigener Erfahrung wußten, daß Amtsträger um ihrer Prorogation willen dazu neigten, Risiken zu übertreiben, und diesen Umstand in die Bewertung von Flamininus' Bericht wahrscheinlich einfließen ließen, konnte man den Zehn ein solches Motiv nicht unterstellen. Es kann gut sein, daß die Darstellung der Kommission noch dramatischer ausfiel als die des Prokonsuls. Antiochos, der gefährlichste Gegner von den dreien, hatte sich zwar nach Syrien zurückgezogen, aber Nabis, der mitten in Griechenland herrschte, kümmerte sich nicht im geringsten um die Römer. Nach dem Abzug der Legionen, so stand zu erwarten, würden sich die Achaier, die treue Alliierte zu sein schienen, nur mühsam gegen ihn behaupten können. Eine offene Aggression hatte der Spartaner bislang freilich nicht begangen, was die Angelegenheit nicht unbeträchtlich erschwerte.[28]

Am Ende der Senatsberatung stand der Beschluß, Flamininus freie Hand zu geben: Er solle tun, was im Interesse des Staates liege. Letztlich sei die Angelegenheit, so die Ansicht des Senats, nicht von entscheidender Bedeutung für den Staat, ob sie nun eilig vorangetrieben oder verschoben würde. Diese Entscheidung interpretieren Gruen und Eckstein als offensichtlichsten Beleg für das Desinteresse eines Senats, der sogar die Entscheidung über Kriege ohne weiteres seinen Feldherren überließ.[29] Doch die Beratungen in Rom beweisen das gerade Gegenteil. Livius setzt uns zum Glück grob ins Bild. Zunächst wurde beschlossen, in Hinblick auf Antiochos vorerst nichts zu unternehmen. Damit folgten die Senatoren wohl einer (impliziten oder ausdrücklichen) Empfehlung der Kommission. Mit Nabis beschäftigte man sich ausführlicher. Wäre der Senat wirklich so passiv gewesen, wie angenommen wird, wäre er auch in diesem Punkt den Gesandten gefolgt und hätte Flamininus ohne weiteres zum Krieg ermächtigt. Denn auf einen solchen Präventivschlag lief das Gerede vom »gewaltigen Übel« Nabis, das sich bald zum Tyrannen über ganz Griechenland aufschwingen werde, ja hinaus.[30]

Statt dessen wurde lange – das bemerkt Livius ausdrücklich – diskutiert, was zu tun sei. Gab es schon ausreichend Grund zum Krieg? Die Mehrheit sah die Angelegenheit nüchterner als die Legaten und wohl auch Flamini-

---

28 Liv. XXXIII 44,5-45,1. Zu den einzelnen Gegnern s. o. S. 155f. mit Anm. 63, 205-207, 250f.

29 Liv. XXXIII 45,2-4: *cum diu disceptatum esset utrum satis iam causae videretur cur decerneretur bellum, an permitterent T. Quinctio, quod ad Nabim Lacedaemonium attineret, faceret quod e re publica censeret esse, permiserunt, eam rem esse rati quae maturata dilatave non ita magni momenti ad summam rem publicam esset* (3f.). Vgl. GRUEN (1984), 216f.; ECKSTEIN (1987c), 303f.: »We could hardly have a better indication of the basic senatorial indifference to the ›details‹ of the situation in Greece.«

30 Liv. XXXIII 44,8: *haerere et aliud in visceribus Graeciae ingens malum, Nabim, . . .*

nus selber. Freilich dachte niemand daran, den Prokonsul bei der Abwendung einer Gefahr – alle waren sich einig, daß eine solche bestand – zu behindern. Deshalb wählte man eine bescheidenere Formel: Flamininus solle tun, was im Interesse des Staates liege. Die Senatoren waren sich natürlich im klaren darüber, daß das eine verklausulierte Ermächtigung zur Kriegsführung war.[31] Auch konnten sie sich denken, daß der Prokonsul, der den Senat vor einigen Monaten zum erstenmal auf seine Befürchtungen hingewiesen hatte, von der Vollmacht Gebrauch machen würde. Sie ermahnten ihn aber dazu, gemäß der aktuellen Situation zu handeln, die ihnen selber ja nicht bekannt sein konnte. Das war das gleiche Muster, nach dem man 196 den Legaten die Entscheidung über die Fußfesseln übertragen hatte. Diese Freiheit glaubten sie ihrem Mann vor Ort geben zu können, weil Nabis eben keine Gefahr für den Bestand oder die grundsätzlichen Interessen der Republik darstellte. Dieser Einschätzung konnte auch Flamininus schlecht widersprechen. Nabis war kein Hannibal, nicht einmal ein Philipp.[32]

Flamininus durfte also einen Krieg führen, wie er es für richtig hielt. Aber nicht, weil er Narrenfreiheit besaß und wußte, daß sich in Rom niemand für die östlichen Weltgegenden interessierte. Vielmehr machte er Gebrauch von einer Vollmacht, die ihm nach langer, sorgfältiger Beratung übertragen worden war. Die Erkenntnis von Nabis' Harmlosigkeit stand erst am Schluß der Debatte, nicht an ihrem Anfang. Von einem ›Abwälzen der Verantwortung‹ kann keine Rede sein.[33] Es war nicht so, daß der Senat nur die Wahl zwischen Desinteresse und Verfolgung höchster Interessen des Staates hatte. Dazwischen gab es eine ganze Skala von Graden der Aufgeschlossenheit. Der Nabiskrieg erreichte auf dieser einen höheren Wert. In Wirklichkeit stellt die Senatsberatung über Nabis den offensichtlichsten Beleg für ein großes Engagement des Senats dar.

Der Einfluß des Senats läßt sich nicht nur an Einzelentscheidungen ablesen. In den vorhergehenden Kapiteln war immer wieder festzustellen, in

---

31 Deshalb heißt es auch, als Flamininus von den Neuigkeiten aus Rom hört: *senatus consultum quo bellum adversus Nabim Lacedaemonium decretum erat adfertur* (Liv. XXXIV 22,5). Livius gibt den Beschluß, den er am Ende der Senatsberatung wohl annähernd wörtlich zitiert, hier so wieder, wie ihn Flamininus auffaßte (und wie er letztlich auch gemeint war). Vgl. AYMARD (1938b), 201f.; SCHLEUSSNER (1978b), 46. Überlegungen über unterschiedliche Quellen sind daher gegenstandslos: so aber DE SANCTIS (1923), 105 Anm. 209; BRISCOE (1973), 334; DERS. (1981), 85. Abwägend NISSEN (1863), 157. Für eine bloße Erfindung hält die Senatsdebatte PETZOLD (1940), 103 Anm. 72.

32 Deshalb stellt es auch keinen Widerspruch zur engagierten Debatte über Nabis dar, wenn gleich darauf die Aktivitäten Hannibals und der Karthager als beunruhigender beurteilt werden und der Senat eine Gesandtschaft nach Afrika schickt (Liv. XXXIII 45,5; 47,4-7). Hannibal war wichtiger, aber deswegen war Nabis nicht unwichtig. Zudem hatte man ja in Griechenland einen Feldherrn stehen, der die Angelegenheiten im Sinne des Senats lenken konnte.

33 So ECKSTEIN (1987c), 304: »The senate thus explicitly abandoned responsibility for Nabis to Flamininus«.

welch erstaunlichem Umfang Flamininus innerhalb vom Senat vorgezeichneter Bahnen blieb. Die Aufnahme der Freiheitsparole war vielleicht gar nicht seine Idee; jedenfalls war es ein Senatsbeschluß, durch den sie zum erstenmal Eingang in die römische Ostpolitik fand. Auch Flamininus' Versuche in regelrechter Freiheitspolitik blieben bescheiden, über den Ansatz des Senats kam er letztlich nicht hinaus. Den Philippkrieg brachte er so zu Ende, wie er 200 konzipiert worden war (mit dem Intermezzo des möglichen Verständigungsfriedens im Winter 198/197). Die allgemein ablehnende Haltung gegenüber den Aitolern übernahm er und verschärfte sie noch; zwischen ihm und dem Senat bestanden keine Differenzen, wie die größtenteils vergeblichen Bemühungen der Aitoler um territorialen Zugewinn nach Kriegsende zeigen. An der Antiochospolitik war der Feldherr, wie erwähnt, nur mittelbar beteiligt.

Lediglich gegenüber den Achaiern zeigte er größere Initiative. Hier war er es, der die römische Politik prägte, und es war der Senat, der sie übernahm. Das zeigt: Bei allem Interesse und allem Herrschaftswillen des Senats war der einem Feldherrn in Übersee verbleibende Spielraum immer noch groß. Flamininus nutzte ihn nur nicht zum Positiven hin.

❋

Unter den Bedingungen vormoderner Nachrichtenübermittlung gelangten Informationen aus dem Osten meist recht spät und öfters überhaupt nicht bis nach Rom.[34] Dieses sachliche Problem darf man aber nicht mit einem Desinteresse des Senats daran gleichsetzen, was sein Feldherr im Osten trieb. Er setzte durchaus allgemeine Vorgaben und wachte über ihre Einhaltung, er prüfte kritisch alle wesentlichen Entscheidungen, und er behielt sich stets vor, Flamininus abzuberufen. Daß uns der Senat besonders in Fragen der Prorogation als handelndes Organ entgegentritt, heißt keineswegs, daß er gegenüber der sonstigen strategischen und politischen Entwicklung gleichgültig geblieben wäre. Schon in Konflikten um Personen kamen inhaltliche Fragen zur Sprache, und durchaus konnten diese auch für sich breiteren Raum auf der Agenda einnehmen.

So läßt sich der Senat kaum als desinteressiert bezeichnen. Freilich, passiv war er durchaus, in dem Sinne, daß er ein reagierendes Organ war, das mit großer Sorgfalt seine Routineaufgaben wahrnahm, etwa die Prorogationen, und an ihn herangetragene Angelegenheiten erledigte. Inititativen gingen weniger von ihm aus. Der Stetigkeit von politischer Entwicklung ist diese Art der Problembehandlung nicht günstig. Der Senat beantwortete

---

34 Zu den beschränkten Informationsmöglichkeiten vgl. etwa GALSTERER (1976), 137 mit Anm. 73.

stets aufs neue politische Fragen, aber er machte keine Politik. Die allgemeinen Richtlinien, die er vorgab, blieben bezeichnenderweise meist im negativen Bereich. Das heißt, man beschloß, tatsächliche oder vermeintliche Gegner im Auge zu behalten oder niederzuwerfen, und in solchen Angelegenheiten bewies der Senat dann auch ungeheure Zähigkeit. Der Zweite Punische Krieg ist das beste Beispiel. Was die destruktive Seite der Politik betraf, ließ sich offenbar relativ leicht ein Konsens im Senat herstellen und, wichtiger noch, erhalten. Da Kriege Ehre und Beute versprachen, braucht einen das nicht zu überraschen. Auf konstruktive, gestaltende Politik, die sehr viel schwieriger zu entwerfen ist, konnte man sich dagegen nur selten verständigen. Dazu gab es zu geringen Zusammenhalt im Haus, die Mehrheitsverhältnisse waren zu fließend, und vor allem, es gab eben nur wenige Politiker, die sich dauerhaft mit Sachinhalten identifizierten.[35]

Von daher hatte Flamininus seine Freiheit, auch wenn sie nicht so groß war, wie Eckstein und Gruen annehmen. Doch je weniger er eine Marionette Roms war, um so offensichtlicher ist sein persönliches Unvermögen zur politischen Gestaltung: Einbinden, Integrieren, Konsensherstellung unter den Untertanen, all das fand nicht statt. Das große Potential, das sich zur Durchdringung des griechischen Hegemonialraumes anbot, wurde in der zustimmenden Reaktion auf die Verkündung der Freiheit deutlich. Letztlich blieb es aber ungenutzt, von Senat wie Feldherr gleichermaßen. Flamininus war keine Ausnahme. Der Prokonsul erhob sich kaum über seine Standesgenossen, er war in dieser Hinsicht kaum mehr als ein durchschnittlicher Vertreter der herrschenden Schicht. Das mag als Entschuldigung durchgehen, ein Kompliment ist es freilich auch nicht.

35 Zum letzten Punkt vgl. auch GRUEN (1984), 244-247.

Dritter Teil: Das Nachspiel (nach 190 v. Chr.)

Griechenland ohne Flamininus

Nach den beiden großen Kriegen der neunziger Jahre geriet die römische Ostpolitik in ruhigeres Fahrwasser. Um die Herrschaft mußten die Römer nicht mehr kämpfen, die Dominanz der Republik war unbestritten. Das macht die Frage nach der Kontinuität besonders interessant. Denn ohne das Risiko militärischen Widerstands, in noch umfangreicherem Besitz aller Gestaltungsmöglichkeiten konnten die Römer sich eigentlich an die politische Durchdringung ihres auf dem Schlachtfeld gewonnenen Hegemonialraumes machen. Es ist denkbar, daß die römischen Aktivitäten nun etwas mehr Struktur und Ziel gewannen, die Schlacht von Magnesia also auch einen inneren Wendepunkt gegenüber den Flamininischen Jahren bezeichnete. Für diesen Fall sind grundsätzliche Konflikte zu erwarten zwischen einer Mehrheit im Senat und Flamininus selber. Diesem fehlte zwar jetzt die herausgehobene Funktion, welche seine beständige Mitsprache in den Angelegenheiten des Ostens ermöglicht hatte. Doch als angesehener Konsular versuchte er weiterhin seinen Einfluß geltend zu machen, und öfters trat er in einzelnen Episoden hervor. Auf diesen soll im Folgenden das Schwergewicht liegen.

Das Ende der Kriege bringt leider ein schwindendes Interesse der Quellen mit sich. Der ›normale Geschäftsgang‹ ist für die historische Darstellung eben wenig reizvoll. Eine durchgehende Geschichte von Roms Beziehungen zu den hellenistischen Staaten läßt sich nicht mehr schreiben. Von den vier im zweiten Teil dieses Buches behandelten Mächten treten die Aitoler und die Seleukiden nach 189 und 188 zurück. Nur über Philipp und die Achaier wissen wir genug, um wenigstens eine lückenhafte Skizze entwerfen zu können.

Peloponnesische Schwierigkeiten

Trotz der zweijährigen Pause, die zwischen Flamininus' und Glabrios Scheitern vor der Bundesversammlung in Aigion und der erneuten Intervention M. Fulvius Nobiliors lag, herrschte im Streitgegenstand Kontinuität: Fast immer rangen Achaier und Römer während der Achtziger um den rechten Umgang mit Sparta, insbesondere den Verbannten; hinzu trat noch der Konflikt um Messenien.[1] Ob und in welcher Weise diese lange unabhängigen Staaten Mitglieder des Achaiischen Bundes sein sollten, war aber nicht der Kern des Problems. Wie in den späten Neunzigern ging es um die Ausgestaltung des Verhältnisses zwischen Hegemonialmacht und Verbündetem, und zwar unter eindeutig negativem Vorzeichen. Dies war Flamininus' Erbe. Nach den Erfahrungen des Nabis- und des Antiochoskrieges strebten die achaiischen Politiker danach, die als drückend empfundene römische Herrschaft etwas leichter zu machen, Philopoimen und Lykortas durch begrenzten Widerstand, Aristainos, Diophanes[2] und später Kallikrates durch (fast) unbedingten Gehorsam. Die Römer aber sahen den Bund mit Flamininus' Augen an, als einen Alliierten von zweifelhaftem Wert und bedingter Loyalität.

Selbst das Instrumentarium blieb unverändert. Die römischen Gesandten, ob Q. Caecilius Metellus, Ap. Claudius Pulcher[3] oder Q. Marcius Philippus, stützten sich wie der Senat als Ganzes auf die Flamininischen Methoden. Gern wurden Appelle der Unterlegenen aufgegriffen, also der Gegner des Achaiischen Bundes, der nun einmal die Vormacht auf der Peloponnes war. Und ebenso nutzte man Streitigkeiten innerhalb der achaiischen Führung, dies um so eher, als die Gegner Philopoimens immer weniger der Versuchung widerstehen konnten, die Römer in die internen Machtkämpfe hineinzuziehen und sich so ein Übergewicht zu verschaffen. Die römischen Interventionen fanden auch deshalb leichter Ansatzpunkte, weil Flamininus aus dem Rampenlicht getreten war, der bestgehaßte Mann, der es zuletzt, gegen Ende 191, geschafft hatte, die Achaier ihre Differenzen vergessen zu lassen und in der gemeinsamen Ablehnung seiner Person zu einen.

---

1 Einen guten Überblick gibt P. S. DEROW, Rome, the Fall of Macedon and the Sack of Corinth, in: CAH 8, 1989², 291, 295-301. Vgl. auch WILL (1982), 242-246; DEININGER (1971), 119-124, 136-143; DE SANCTIS (1923), 229-231, 238-248; CARTLEDGE (1989), 80-84; ERRINGTON (1969), 141-158, 165-189, 198-205; SHIMRON (1972), 102-118, 138-150; LEHMANN (1967), 245, 255-265, 275-292; NOTTMEYER (1995), 15-28, 39-52.

2 Diophanes' Bereitschaft, 188 die Entscheidung über Sparta völlig dem Senat zu überlassen (s. u. Anm. 4), bedeutet nicht, daß er plötzlich zu einem Quisling geworden war. Er glaubte wohl, so mehr zu erreichen als Lykortas mit seiner ungenierten Opposition (vgl. auch NOTTMEYER [1995], 40; anders LEHMANN [1967], 276). In der Konsequenz näherte er sich mehr und mehr Aristainos. Daß der Schein Diophanes wenig interessierte, wenn er nur ans Ziel kam, hatte schon der Kampf um Messenien bewiesen. Vgl. auch die interessanten Bemerkungen GRUENS (1984), 474. Mit seiner Beschwerde über Philopoimen freilich lieferte er Q. Caecilius Metellus 185 eine Steilvorlage – wahrscheinlich auch mit dem Kalkül, einen innenpolitischen Gegner zu schwächen (Polyb. XXII 10,4-7).

3 Oder Ap. Claudius Nero? Da die Quellen kein Cognomen nennen, läßt sich hier keine Gewißheit erlangen (vgl. WALBANK [1979], 196).

Neu war freilich in den Achtzigern, daß die römische Politik immer vager und unentschlosssener zu werden schien.[4] Der Senat zögerte und wirkte in seinen Reaktionen manchmal indifferent, vor allem aber nahm er es hin, daß seine Willensäußerungen oder die seiner Legaten ignoriert oder nur sehr schleppend befolgt wurden. Gerade deshalb zog sich der Konflikt um Sparta über einen derart langen Zeitraum hin und wurden teils immer wieder die gleichen Fragen verhandelt. Doch das bedeutet noch nicht, wie Erich S. Gruen annimmt, daß der Senat an den Entwicklungen im Osten desinteressiert war und alles seinen Gesandten überließ.[5] Sonst hätte man sich in Rom einfach für unzuständig erklärt, anstatt sich jedesmal von neuem der Problematik anzunehmen. In erster Linie erzeugten strukturelle Gegebenheiten den Anschein der Passivität. In den Neunzigern hatte es in der Person des Flamininus eine hohe Stetigkeit in der Achaierpolitik gegeben, die jetzt nicht mehr annähernd zu erreichen war. Statt dessen wurde jedesmal ein anderer Senator auf die Peloponnes geschickt, der zwar von seinen Vorgängern darauf vorbereitet worden war, was ihn erwarten könnte, der sich aber noch nicht selbst mit sturen Achaiern und ihren seltsamen Gesetzen herumschlagen hatte müssen. So bedeutete jede Mission einen neuen Anfang, mit entsprechender Orientierungsphase und Unsicherheit.[6]

In der Konsequenz hing jetzt sehr viel mehr von den Vorgaben des Senats ab, an denen sich der persönlich unerfahrene Legat orientieren konnte. Dieser Aufgabe genügte der Senat aber nur bedingt. Nicht daß es grundsätzlich an Interesse gefehlt hätte – Langeweile kann man durchaus einzelnen Senatoren unterstellen, aber nicht der Körperschaft in ihrer Gesamtheit –, aber eine einheitliche und konsequent durchgehaltene Linie ist von einem Gremium von einigen hundert Köpfen von vornherein viel schwieriger zu vertreten als von einem einzelnen. Das fällt weniger ins Gewicht, wenn es

---

4 All das bündelte sich erstmals schon 189/188. Appelle aus Sparta und Aigion an Nobilior: Liv. XXXVIII 30,1.6; 31,5f.; vgl. auch Polyb. XXII 10,14; mangelnde Abstimmung zwischen Diophanes und Lykortas in Rom: Liv. 32,6-8; Unentschlossenheit Nobiliors und des Senats: Liv. 32,4.9f.: *magnae auctoritatis apud Romanos tum gens Achaeorum erat* (9) – trotz dieser angeblichen Stimmungslage im Senat raffte sich dieser bezeichnenderweise zu keiner klaren Stellungnahme für die Achaier auf.

5 Gruen (1984), 221, 481-502 (eine bestechende Darstellung). Bonnefond-Coudrys (1987), 91-110, im Grunde ähnliche Analyse wird beeinträchtigt von der Suche nach ›lakonophilen Ostexperten‹ und von ihrem Glauben an einen großen Einfluß des ›Mythos Sparta‹ auf römische Entscheidungen – weder das eine noch das andere können wir in unseren Quellen fassen. Den Kern der damaligen Auseinandersetzungen bildete der Gegensatz zwischen Rom und dem Achaischen Bund. Ihre Begeisterung für die Spartaner entdeckten Flamininus und in seinem Gefolge der Senat und die übrigen Legaten nur, weil sich hier ein Ansatzpunkt zum Vorgehen gegen die Achaier bot. – Ebensowenig ist das zögerliche Verhalten des Senats so zu interpretieren, daß er das machiavellistische Konzept verfolgt habe, den Gegner über seine Absichten im unklaren zu lassen und so zu verunsichern.

6 Insbesondere M. Fulvius Nobilior trat sehr zurückhaltend auf (s. o. Anm. 4).

sich um eine überragend wichtige oder eilige Frage handelt – Druck steigert die Entscheidungs- und Konsensfähigkeit – oder wenn sich das Problem als recht überschaubar erweist, die Lösung also auf der Hand zu liegen scheint. Nichts davon war hier der Fall. Kein existentielles Interesse des römischen Volkes stand auf dem Spiel, die Sache schien gut Weile zu haben und vor allem – sie war furchtbar kompliziert.

Die Schwierigkeiten, die sich der modernen Forschung bei der Analyse der Ereignisse stellen, liegen nicht nur in der fragmentarischen Quellenlage begründet, sondern auch in der Undurchschaubarkeit der peloponnesischen Verhältnisse. Nicht bloß die Schuldfrage war kaum zu beantworten, es ließ sich schon nicht nachvollziehen, welche achaiische Richtung gerade was wollte, mit welchen spartanischen Verbannten sie in Verbindung stand, wie sich wiederum diese überhaupt zusammensetzten – es gab zuletzt vier verschiedene politische Richtungen, teils in Sparta, teils im Exil – und was schließlich deren aktuelles Anliegen war. Daß der Senat angesichts dieser verzwickten Verhältnisse zur Ratlosigkeit neigte, ja manchmal zu einer ›Macht-doch-euren-Dreck-alleine‹-Haltung, ist nur verständlich. Doch immer wieder nahm er sich der Anliegen der Spartaner und Achaier an, wenn diese in Rom eintrafen. Das Verlangen nach Kontrolle über den Herrschaftsbereich war letztlich stärker.[7]

Freilich darf man dieses nicht mit Gestaltungswillen oder gar Gestaltungskraft verwechseln. Denn der Senat versuchte die Situation nicht mit weiterführenden Ansätzen zu entschärfen, sondern probierte es mit Repression. Die Römer griffen nämlich keineswegs für jemanden ein, sondern sie intervenierten gegen eine der beiden Parteien. Da die Spartaner sich unterwürfiger verhielten, während die Achaier penetrant auf ihre Selbständigkeit, ihre Gesetze und ihre Handlungsfreiheit pochten, in ihrer Mehrzahl also Rom ablehnend gegenüberzustehen schienen – ein durchaus richtiger Eindruck –, entlud sich der römische Ärger vor allem gegen letztere. Schon seit dem Nabiskrieg, so schien es im Rückblick, hatten sie ja Schwierigkeiten gemacht. Unter diesen Umständen spitzte sich die Lage natürlich weiter zu, und der Senat wurde von Mal zu Mal dünnhäutiger. Die Dimensionen der Auseinandersetzung wuchsen: Flamininus und Diophanes hatten sich noch um die territoriale Erweiterung des Bundes gestritten, Metellus und Claudius forderten schon bedingungslosen Gehorsam, 182 stellte der Senat dann die territoriale Integrität in Frage, und schließlich griff man in die inneren Verhältnisse der Achaier ein.[8] So wohnte den römisch-achaiischen Beziehungen eine gewaltige Dynamik zum Negativen hin inne, doch es handelte sich nur um eine quantitative Steigerung, nicht um eine qualitative. Denn

---

7 Vgl. auch AYMARD (1938b), 388.

8 Polyb. XXII 10,2-13; XXIII 9,13; XXIV 10,7; Liv. XXXIX 37,19.

sie war das Ergebnis von Flamininus' Politik, die zunächst ein Mißtrauen gesät hatte, das die Gedanken und Taten beider Seiten bestimmte, die es dann aber nicht vermocht hatte, die Achaier mit Zwang im Gehorsam zu halten. Bereits hier, nicht erst in der Mission des Kallikrates von 180, wie Polybios meinte, liegen die Ursachen für die Katastrophen des Achaiischen Bundes: die Deportation eines Großteils der Führungsschicht 167 und den Untergang von 146, mitsamt der Zerstörung von Korinth, wo Flamininus fünfzig Jahre zuvor die Freiheit proklamiert hatte.[9]

Flamininus selbst war nur noch in wenigen Stadien an diesem Prozeß beteiligt. Nicht einmal gewann sein Wirken größere Bedeutung, im Gegenteil, er scheiterte jedesmal. Aber das lag nicht daran, daß jetzt ein anderer Politikstil en vogue war.

Im Jahr 187 oder 186 betrieb Flamininus die Heimkehr des Boioters Zeuxippos. Dieser war 197 einer der Parteigänger Roms gewesen, die Flamininus die Ermordung Brachylles' vorgeschlagen hatten. Als die Hintergründe des Attentats bekannt geworden waren, hatte er aus seiner Heimat fliehen müssen (und damit mehr Glück gehabt als manche politische Freunde, die hingerichtet worden waren). Die Boioter hatten auch davor und danach schlechte Erfahrungen mit den Römern gemacht, insbesondere mit Flamininus, und wohl deshalb bestimmten noch jetzt, nach dem Antiochoskrieg, die Makedonenfreunde die Politik. Zeuxippos' Rückführung konnte sich unter diesen Umständen nur schwierig gestalten. Inwiefern der heimgekehrte Mörder Rom überhaupt von Nutzen hätte sein können, ist unklar: Er war verhaßt und konnte in der Heimat keinesfalls auf Unterstützung hoffen. Wollte die Republik eine ihr freundlich gesonnenere Regierung installieren, wäre es klüger gewesen, auf neue, unbelastete Männer zu setzen. Doch darum ging es gar nicht. Zeuxippos hatte Flamininus im Makedonischen und im Syrischen Krieg oft geholfen, wie Polybios erzählt, leider ohne zu sagen, worin diese Unterstützung außer der Ermordung des Brachylles bestanden hatte. Jedenfalls war der Boioter noch in der Verbannung ein nützlicher Helfer gewesen, und Flamininus bemühte sich schon seit langem, den erhofften Lohn zu entrichten – die Heimkehr.

Strenggenommen handelte es sich also weniger um ein öffentliches Interesse als um ein privates des Flamininus. Dennoch gelang es ihm, vom

---

9 Kallikrates: Polyb. XXIV 8-10. Daß Kallikrates' Auftritt vor dem Senat keinen Wendepunkt bedeutete, betont auch GRUEN (1984), 497-500 – freilich im Kontext einer konträren Argumentation. FERRARY (1988), 300-306, sieht ebenfalls keinen Einschnitt; doch seine Überlegungen zu einer überragenden Rolle des Ap. Claudius Pulcher, der bei den Vorgängen von 180 Flamininus' Politik fortgeführt habe – während Q. Marcius Philippus ein brutaleres Vorgehen befürwortet habe –, haben in Paus. VII 9,6 eine zu schmale und schwankende Grundlage, als daß sie überzeugen könnten (in manchem ähnlich BONNEFOND-COUDRY [1987], 99f., 102, 106-109). Vgl. ferner LARSEN (1968), 459f.; NOTTMEYER (1995), bes. 27f., 51f., 161f.

Senat ein Schreiben an die Boioter zu erwirken, das die Rückführung Zeuxippos' und seiner mitverbannten Anhänger anordnete. Die führenden Boioter fürchteten, das Wohlwollen Makedoniens zu verlieren, und das heißt wohl auch: die eigene Macht. Diese Perspektive gab ihnen die Courage, ein lange verschlepptes Verfahren gegen Zeuxippos und die Seinen rasch zu Ende zu bringen, mit Todesurteilen wegen Tempelraubs und des Mordes an Brachylles, und dann in Rom zu erklären, nach Recht und Gesetz getroffene Maßnahmen könne man nicht außer Kraft setzen. Ähnlich pflegten auch die Achaier um Philopoimen und Lykortas zu argumentieren, doch waren sie nie so dreist, Urteile nur zu sprechen, um sie den Römern entgegenhalten zu können. Der Senat gab sich mit dieser Antwort auch nicht zufrieden, nachdem er von Zeuxippos selbst die Hintergründe erfahren hatte. Die Aitoler und die Achaier, die beiden bedeutendsten Mächte der Nachbarschaft, wurden über den Vorfall in Kenntnis gesetzt und angewiesen, Zeuxippos zurückzuführen.[10] Die Achaier gehorchten, versuchten aber zunächst auf diplomatischem Weg zum Erfolg zu kommen. Das war bloß vernünftig. Doch die Boioter wurden nicht nur aufgefordert, den römischen Wünschen zu gehorchen – sie wurden auch mit dem Wunsch konfrontiert, in Boiotien anhängige, von Achaiern angestrengte Prozesse zu Ende zu führen. Diese waren nämlich, wie das Zeuxipposverfahren, wegen schwerer Störungen in der Rechtsprechung ausgesetzt oder faktisch zum Stillstand gekommen. Diese zweite Forderung stand von nun an im Zentrum des Geschehens. Als die Boioter nämlich nicht darauf eingingen, erteilte Philopoimen, damals Stratege, seinen unmittelbar betroffenen Landsleuten das Recht zu Repressalien. Bald stand man am Rande des Krieges, und es wäre auch dazu gekommen, so Polybios, wenn der Senat auf seinem Wunsch bestanden hätte; aber er schwieg. Die Auseinandersetzung wurde dann friedlich beigelegt.[11]

Der Senat hatte wohl erkannt, daß die Achaier recht geschickt seinen Wunsch nutzten, um eigene Interessen durchzusetzen. Insofern stellt die Zeuxipposaffäre ein schönes Beispiel für optimale Nutzung des noch verbliebenen Handlungsspielraumes unter einer unangefochtenen Hegemonialmacht dar. Doch von Belang ist weniger, daß der Senat die Sache fallen ließ, sondern daß er sie so lange betrieb. In Roms ursächlichem Interesse lag Zeuxippos' Heimkehr ja nicht, besser gesagt: Das Ganze war Flamininus' Steckenpferd, nicht das des Senats. Trotzdem verfolgte man die Angelegenheit recht hartnäckig. Erst als ein regelrechter Krieg drohte, schien das

10 Von den Aitolern hören wir nichts weiter. Vermutlich lag die Federführung der ganzen Angelegenheit bei den Achaiern; Rom konnte kaum Interesse daran haben, die Aitoler zu neuen Interventionen in Nachbarstaaten zu ermunten. Allzugroß wird der Enthusiasmus, für die Römer den Vollstrecker zu spielen, in Aitolien ohnehin nicht gewesen sein.

11 Polyb. XXII 4,4-17. Vgl. GRUEN (1984), 484f.; ERRINGTON (1969), 153f.; FERRARY (1988), 301 mit Anm. 119; DE SANCTIS (1923), 237. Zur Chronologie WALBANK (1979), 9f.

Risiko in keinem Verhältnis mehr zum Zweck zu stehen. Am Ende wäre möglicherweise eine bewaffnete Intervention Roms notwendig geworden. So viel Aufwand war die Rückkehr von ein paar politisch überlebten Griechen dann doch nicht wert. Flamininus war nicht mehr der Mann vor Ort, der sich nach eigenem Gutdünken über die Renitenz des Boiotischen Bundes hinwegsetzen oder das Selbstbewußtsein des Achaiischen brechen konnte. Von einem Gremium von 300 Männern war die Verfolgung seines persönliches Interesses bis zur letzten Konsequenz gar nicht zu erwarten. Erstaunlich ist aber, daß sich dieses nicht schon früher anderen Prioritäten unterordnen mußte. Offenbar existierten diese nicht. An Flamininus' Art, Politik zu treiben, nahm niemand grundsätzlichen Anstoß.

Erst im Jahr 183 taucht Flamininus' Name wieder im Zusammenhang mit achaiischen Angelegenheiten auf. Nach dem Amtsantritt der Konsuln wurden Abgesandte der erwähnten vier spartanischen Gruppierungen vor den Senat geführt. Über ihre Anliegen galt es nun zu entscheiden; denn im Jahr zuvor hatten sich die Achaier geweigert, den römischen Beschwerden über die Behandlung Spartas stattzugeben, und Rom aufgefordert, die Dinge selbst in die Hand zu nehmen, wenn es sich schon nicht von diesem Thema abbringen ließ.[12] Doch schnell erwies sich die Angelegenheit als zu komplex, um von einem dreihundertköpfigen Gremium entschieden werden zu können. Beauftragt wurden drei Männer, die sich besser auskannten als der Durchschnitt, Ostexperten, wenn man so will: Flamininus, Caecilius Metellus und Ap. Claudius.[13]

Über die Arbeit dieser Kommission läßt sich schon deshalb schwer urteilen, weil wir weder über den Status der spartanischen Gruppierungen noch über die Details ihrer Forderungen genau Bescheid wissen. Doch so viel scheint klar zu sein: Die einvernehmlich getroffene Entscheidung der Kommission, die Verbannten zurückzuführen und Sparta im Achaiischen Bund zu belassen, war weder willkürlich noch hinterhältig. Die Rückkehr der Exilanten konnte den momentanen, proachaiischen Machthabern in Sparta nicht recht sein, dafür wurde die Mitgliedschaft im Bund sanktioniert, was zumindest bei den Heimkehrern, die von den Achaiern vertrieben worden waren, auf schwere Bedenken stoßen mußte. Das Erreichte wurde dennoch – oder besser: gerade deshalb – sofort in einem von allen beurkundeten Dokument niedergelegt. Zudem forderte Flamininus eine achaiische Gesandtschaft, die sich damals in Rom aufhielt, zu deren nicht geringer Überraschung auf, ebenfalls beizutreten. Nach kurzem Zögern (und römi-

12 Liv. XXXIX 37,21.

13 Claudius' Name – wieder ist unsicher, ob es sich um Pulcher oder Nero handelt (s. o. Anm. 3) – ist Polyb. XXIII 4,7 ausgefallen, doch läßt er sich mit einiger Wahrscheinlichkeit aus Paus. VII 9,5 konjizieren (vgl. WALBANK [1979], 219).

schem Druck) schien ihr der Kompromiß akzeptabel. Damit wurden auch die Achaier in den neuen Konsens eingebunden und der Eklat vom Vorjahr überdeckt. Es handelte sich letztlich um einen klassischen Kompromiß, der keine der Parteien wirklich zufriedenstellte, aber dennoch eine Basis für ein zukünftiges Auskommen bilden konnte – bei gutem Willen der Betroffenen.[14]

Aber gerade dieser fehlte. Denn über die Entschädigung der jetzt oder früher im Exil Lebenden wurde keine Einigung erzielt. Die eine, von Lysis geführte Gruppe der ›alten Verbannten‹ – die schon von Nabis und seinen Vorgängern vertrieben worden waren – verlangte die vollständige Rückerstattung ihres Vermögens, was auf eine Aufhebung der sozialen Reformen der letzten Könige hinausgelaufen wäre. Eine andere um Areus und Alkibiades sprach sich zwar für eine maßvollere Entschädigung in Höhe von jeweils einem Talent aus, der Rest der Gelder aber sollte an neu aufzunehmende Bürger gehen. Die Vorstellungen beider Gruppen widersprachen sich zwar, aber gemeinsam war ihnen der Widerspruch der zwei übrigen Delegationen, auf deren Kosten eine solche Restitution gegangen wäre. Ebenso verhärtet waren die Fronten freilich auch in den Fragen gewesen, über die gleichzeitig Einigkeit erzielt wurde. Dort aber hatte die einvernehmlich handelnde Kommission den Widerstand überwunden. Das heißt im Umkehrschluß, daß in der Entschädigungsfrage dieses Einvernehmen zwischen den drei Römern nicht bestand.[15] Und es scheint Flamininus gewesen zu sein, der auf der Seite der ›alten Verbannten‹ stand.

Dafür spricht zum einen, daß er vielleicht schon 191, vor der achaiischen Bundesversammlung in Aigion, ihre Sache vertreten hatte.[16] Doch das ist nicht ganz sicher, und selbst wenn, wissen wir zuwenig von Flamininus' Wirken in den Achtzigern, als daß wir von einer durchgängigen politischen Linie sprechen könnten. Schwerer wiegt die spätere Enttäuschung der ›alten Verbannten‹. Offenbar bald nach dem Beschluß der Kommission wurden sie aus Sparta vertrieben, zweifellos wegen ihres Beharrens auf voller Restitution ihres Eigentums. Ihre Hoffnungen auf einen erneuten Umschwung

14 Polyb. XXIII 4,1-15; Liv. XXXIX 48,2-4. Paus. VII 9,5 nennt unter den Maßnahmen der Kommission auch Eingriffe in das Rechtswesen (Übertragung von Kapitalprozessen an auswärtige griechische Richter) und eine Erneuerung der spartanischen Stadtmauer. Vgl. WALBANK (1979), 216-220; ERRINGTON (1969), 179-183.

15 Vielleicht will Polyb. XXIII 4,8-10 dies auch zum Ausdruck bringen, aber es ist unklar, wer in dieser Passage die jeweils Handelnden sind und wer mit πάντες (vgl. nur die Unsicherheit WALBANKS [1979], 219) gemeint ist: die Kommissionsmitglieder oder alle Beteiligten? Und wo verliefen die Fronten?

16 Diejenigen, die jetzt ›alte Verbannte‹ genannt wurden, waren wohl wenigstens zum Teil mit den Exilanten identisch, deren Rückführung Flamininus 191 betrieben hatte (s. o. S. 236). Der Senat jedenfalls sprach im selben Jahr von den ἀρχαῖοι φυγάδες (Polyb. XXI 1,4, nach einer sicheren Konjektur). Vgl. WALBANK (1979), 89.

setzten sie aber nicht auf Q. Marcius Philippus, der vom Senat zur Umsetzung der Kommissionsentscheidung auf die Peloponnes entsandt worden war, sondern auf Flamininus, der sich noch vor Philippus einmischte. Auch Flamininus reiste im Auftrag des Senats, aber sein Ziel waren Bithynien und Syrien, nicht Griechenland. Auf dem Weg aber wollte er bei den Achaiern etwas für die ›alten Verbannten‹ erreichen. Eigentlich kann sie nur Flamininus selbst, ob mittelbar oder unmittelbar, von seiner inoffiziellen Absicht unterrichtet haben; es scheint also ein gewisser kommunikativer Austausch existiert zu haben. Ohnehin wäre die Hoffnung auf Flamininus widersinnig gewesen, wenn er nicht schon in Rom der Sache der ›alten Verbannten‹ wohlwollend gegenübergestanden hätte.[17]

Flamininus begünstigte also diejenigen Spartaner, die am schwersten mit der momentanen Ordnung zu versöhnen waren, und das ausgerechnet in extremen, unerfüllbaren Forderungen. Eine Rückkehr zum kleomenischen oder vorkleomenischen Sparta war ausgeschlossen. Wenn Flamininus die ›alten Verbannten‹ in Rom schon nicht offen unterstützt hatte, so hatte er zumindest nicht mäßigend auf sie eingewirkt. Der Kommission wurde es damit unmöglich gemacht, gemeinsamen Druck auszuüben, ein zentraler Punkt blieb offen, und damit war der gesamte Kompromiß von vornherein zum Scheitern verurteilt.[18]

Dabei lag eine abschließende, durchsetzbare Regelung durchaus in Flamininus' Interesse. Denn zum erstenmal seit 195 erhielt er die Gelegenheit, die spartanischen Angelegenheiten umfassend zu ordnen, die römische Hegemonie angemessen zu betonen und dem Ganzen den Stempel seiner Person aufzudrücken. Bis zu einem gewissen Punkt war ihm offenbar auch klar geworden, daß er keinen Erfolg haben konnte, wenn er den Achaiern nicht entgegenkam. Schließlich verzichtete er darauf, Sparta wieder als unabhängigen Staat zu konstituieren. Dauerhaftigkeit war aber letztlich nur zu erreichen, indem man nicht zu sehr an der momentanen inneren Verfaßtheit der Polis rüttelte und damit neue Gräben aufriß. Diese Ordnung war seit Philopoimens brutaler Intervention von 188 eine achaiische, und die wollte Fla-

---

17 Polyb. XXIII 4,16-5,1.18. ERRINGTONS (1969), 288f., und LEHMANNS (1967), 280f. mit Anm. 285, Rekonstruktion der Ereignisse in Sparta ist plausibler als die SHIMRONS (1972), 146-149. Vgl. auch WALBANK (1979), 217, 223. Ob Flamininus beide Gruppen der ›alten Verbannten‹ unterstützte – was nicht ganz einfach gewesen wäre wegen deren unterschiedlicher Interessen – oder nur eine, und wenn letzteres zutrifft, welche, das ist unklar; ebenso, ob beide gemeinsam vertrieben wurden.

18 Vgl. in dieser Richtung wohl schon GRUEN (1984), 490 Anm. 36: »In fact, the Spartans who had hopes in Flamininus were the ›old exiles‹ . . . Yet their representatives, Areus and Alcibiades on the one hand and Lysis on the other, got nothing concrete out of the settlement. It was precisely their demands, on the issue of property, which found the commissioners at odds with one another.« BONNEFOND-COUDRYS (1987), 92, Konstruktion einer ›lakonophilen Gruppe‹, die aus den drei Kommissionsmitgliedern bestanden habe, scheitert schon an diesem Gegensatz.

mininus nicht hinnehmen, sei es, daß er sie als unvereinbar mit den wiederholten römischen Protesten und der eigenen Politik ansah, sei es, daß er Philopoimen diesen Triumph nicht gönnte. So verspielte er den Ausgleich auf der Peloponnes, der Kampf um Sparta ging weiter. Es sollte keine weitere Gelegenheit mehr kommen, ein Flamininisches System zu oktroyieren.

Der Senat aber ließ Flamininus schalten und walten, wie er wollte. Entweder sah er die Gelegenheit nicht, oder es herrschte keinerlei Konsens über die Notwendigkeit einer tragfähigen Lösung für Sparta. Über die Rolle der beiden anderen Kommissionsmitglieder läßt sich nur spekulieren. Nicht ausgeschlossen, daß sie weiter sahen. Doch da sie sich als Legaten ganz auf Flamininus' Spuren bewegt hatten, müßte man annehmen, sie hätten seitdem den Wert eines positiven Ansatzes entdeckt. Wahrscheinlich waren auch sie von partikularen Interessen bestimmt, nur daß diese anders aussahen als diejenigen Flamininus'.

Flamininus' Zwischenstop in Griechenland diente noch einem anderen Ziel: einem erneuten Eingriff in die Beziehungen Messeniens zum Bund. Flamininus ging dabei im Einvernehmen mit Deinokrates vor, den er seit dem Nabisfeldzug von 195 kannte und der zu ihm offenbar in einem ähnlichen Nahverhältnis stand wie Zeuxippos. Mit dem Unterschied freilich, daß Deinokrates nicht verbannt, sondern der führende Politiker seiner Heimat war. Die Messenier hatten sich mit ihrem erzwungenen Eintritt in den Bund offenbar nie abgefunden, und Philopoimen hatte zumindest einmal die Notwendigkeit gesehen zu intervenieren.[19] Deinokrates arbeitete nun auf die Sezession hin, und er suchte ausgerechnet die Hilfe des Mannes, der Messenien schon einmal enttäuscht hatte. Andererseits griff Flamininus wohl gerade deshalb nach einer Gelegenheit, die damalige Niederlage ungeschehen zu machen und die Achaier zu schwächen. Die Gemeinsamkeit der beiden Männer bestätigt noch einmal, daß Flamininus bei den gleichzeitigen Entscheidungen über Sparta von allem anderen als Wohlwollen gegenüber den Achaiern geleitet war.

Deinokrates jedenfalls glaubte Flamininus' Hilfe garantiert, dank seiner Freundschaft zu ihm und dessen Abneigung gegen Philopoimen. Das war schon richtig, aber offenbar fragte er sich nicht, ob Flamininus auch über die nötige Macht verfügte. Hier hätte er aus Zeuxippos' Schicksal lernen können. Flamininus forderte die achaiischen Beamten von Naupaktos aus auf, eine Bundesversammlung für ihn einzuberufen. Es ist unklar, ob er – neben der Intervention zugunsten der ›alten Verbannten‹ – die Aufgabe Messeniens erzwingen wollte, wie vor acht Jahren die von Zakynthos, oder ob er sich, bescheidener geworden, mit geringeren Forderungen begnügt

---

19 S. o. S. 233 Anm. 127. Zu Deinokrates' Karriere vgl. auch WALBANK (1979), 220f.

hätte.[20] Philopoimen und seine Parteigänger aber hatten längst Wind bekommen von Flamininus' Absicht – der Nachrichtendienst funktionierte offenbar –, und sie wußten auch, daß er keinen offiziellen Auftrag in dieser Sache hatte. So wurde Flamininus mit Formalien souverän ausgebremst. Die Achaier ließen zunächst fragen, worüber er mit ihnen sprechen wolle; eine Bundesversammlung könne nur wegen eines bestimmten Zweckes einberufen werden. Da erkannte Flamininus seine Niederlage und antwortete nicht einmal. Das Moment der Überraschung, auf das er vielleicht gehofft hatte, war verloren, vor allem aber hätte er eingestehen müssen, daß er keinen Auftrag vom Senat hatte. Denn längst hatten die Achaier, nicht zuletzt in Reaktion auf Flamininus' ungezwungene Interventionen während des Antiochoskrieges, die Einberufung einer Bundesversammlung davon abhängig gemacht, ob der Legat, der sie wünschte, in offizieller Mission unterwegs war. Flamininus hatte in seiner Selbstüberschätzung wohl geglaubt, an solchen Kleinigkeiten nicht scheitern zu können, wenn er erst da war. Diese Episode zeigt noch einmal, daß die gegenseitige Abneigung ungebrochen war. Flamininus' letzter Kontakt zum Achaiischen Bund endete unspektakulär, aber demütigend für ihn.[21]

Einen Senatsauftrag hatte Flamininus aber deswegen nicht erlangt – wenn er es denn überhaupt versucht hatte –, weil Philippus mit der Mission auf die Peloponnes betraut war.[22] Entweder hatte Flamininus dessen Ernennung nicht verhindern können, oder sie war bereits vollzogen, als er den Entschluß zur persönlichen Intervention faßte. Für die Entsendung eines weiteren Legaten aber gab es keinen triftigen Grund. Die fehlende Autorisierung beweist also keineswegs, daß der Senat in der Sache anderer Meinung war. Er hätte sich vielleicht in ähnlicher Weise lenken lassen wie in der Zeuxipposaffäre, ohne das Extrem der Sezession Messeniens zu betreiben.

Der enttäuschte Deinokrates freilich handelte wenig später auf eigene Faust. Flamininus' Scheitern war vielleicht überhaupt das entscheidende Aufbruchssignal für die Messenier, die es als letzten Beweis für die Unbelehrbarkeit der achaiischen Bundesführung interpretieren konnten.[23] Ob

---

20 Für letzteres spricht sich FERRARY (1988), 124 Anm. 265, aus. Nicht zu belegen ist ERRINGTONS (1969), 184, 245, Vermutung, Flamininus habe Deinokrates in Italien beim Erwerb und Transport von kriegswichtigen Gütern (Waffen und Getreide) unterstützt.

21 Polyb. XXIII 5; Plut. Flam. 17,6. Zu den Formalia vgl. AYMARD (1938a), 348f.; WALBANK (1979), 223; LEHMANN (1967), 184 mit Anm. 76.

22 Philippus war nicht nur zur Umsetzung der Kommissionsentscheidung über die spartanischen Verbannten entsandt, sondern pauschal wegen der peloponnesischen Angelegenheiten (Polyb. XXIII 4,16).

23 Oder im Sinne von DEROW (1989), 298: »Yet the Messenians cannot but have inferred that there was sympathy for their cause at Rome, feeling against the Achaeans, and they would not have been mistaken.«

Flamininus irgendeinen Anteil an dem Aufstand nahm, wissen wir nicht. Zumindest wird er ihn gebilligt haben, und daß Philopoimen während seiner Niederschlagung den Tod fand, reute ihn wahrscheinlich nicht. Aber Lykortas gliederte 182 Messenien wieder ein. Nichts blieb von Flamininus' Intervention, außer neuer Bitterkeit im römisch-achaiischen Verhältnis. Doch die hatte er von jeher in Kauf genommen.

Der Tod des Demetrios

In der Behandlung Makedoniens sind die Kontinuitäten, falls das überhaupt möglich ist, noch ausgeprägter als bei den Achaiern. Philipp hatte als Alliierter an der Seite Roms gekämpft, und zuletzt hatte er die Scipionen bei ihrem Marsch durch Thrakien eskortiert. Doch schon nach den Thermopylen hatten Glabrio und Flamininus versucht, den König an weiteren Eroberungen zu hindern, die ihn ihrer Ansicht nach erneut zu einer Gefahr gemacht hätten. Von dieser Vorstellung blieb die römische Politik der achtziger Jahre besessen. Man versuchte nun sogar, Philipp bereits eroberte Territorien wegzunehmen. Den Anstoß gaben die Beschwerden von einigen Nachbarn im Süden. Dazu kamen Eumenes' Vorwürfe, dessen Reich seit Apameia bis nach Thrakien reichte. Diese Klagen hätte der Senat übergehen können, aber sie trafen auf geneigte Ohren. Vermutlich wären sie gar nicht erhoben worden, hätten die Griechen nicht um das nach wie vor wache Mißtrauen Roms gegen Philipp gewußt.[24]

Im Tempetal wurde 185 über Philipps Eroberungen in Mittelgriechenland entschieden. Livius mag übertreiben, wenn er davon spricht, daß die Legaten als Schiedsrichter fungierten, die Griechen als Ankläger auftraten, der König aber sich rechtfertigen mußte. Am Schluß aber entschieden die Römer in allen Punkten zuungunsten Philipps: Makedonien sollte gegenüber Thessalien, Perrhaibien und Athamanien auf seine alten Grenzen beschränkt werden. Die Eroberungserlaubnis, die einst vom Senat erteilt und von den Feldherren Tamphilus und Glabrio genauer definiert worden war, war nichts mehr wert – obwohl Tamphilus selbst unter den Legaten war. Bindende Abmachungen kümmerten die Römer wenig, wenn sie nur ihrem potentiellen Feind schaden konnten. Dabei ging es nur um einige Städte und Landstriche in den erwähnten Regionen, die aus der Mittelmacht Makedonien in keinem Fall wieder eine Großmacht gemacht hätten.[25]

In Thessalonike wurde das Tribunal fortgesetzt, nun mit Eumenes anstelle der griechischen Gemeinden. Aus den thrakischen Poleis Ainos und Ma-

---

24 Polyb. XXII 6,1-6; Liv. XXXIX 24,6-13.

25 Liv. XXXIX 24,14-26,14. Zur Eroberungserlaubnis s. o. S. 123-127 mit Anm. 90f.

roneia hatten die Römer 189 die seleukidischen Garnisonen entfernt. Ausdrücklich hatten die Städte die Freiheit erlangt, aber eine Garantie war damit natürlich ebensowenig verbunden wie mit der Isthmischen Erklärung. Eine Verpflichtung zu handeln bestand also nicht. Die inneren Kämpfe in beiden Orten versuchte danach nicht nur Philipp, sondern auch Eumenes auszunutzen. Es war aber der makedonische König, der Besatzungen in die Städte legen konnte. Philipp hatte keinen Rechtstitel auf die thrakischen Städte. Um ihn aber nicht erneut vor den Kopf zu stoßen, hätte man es zumindest hier beim Status quo belassen können. Eine bedeutende Erweiterung Makedoniens stellten diese Städte ja noch weniger dar als die mittelgriechischen. Tatsächlich schoben die Legaten, beeindruckt von einer glänzenden Verteidigungsrede Philipps, die Entscheidung auf. Doch nicht viel später traf die Entscheidung des Senats ein: Die makedonischen Besatzungen sollten Ainos und Maroneia räumen. Rom war letztlich zu keinem Schritt Entgegenkommen bereit.[26]

Die Lage komplizierte sich weiter, als Philipp in Maroneia ein Massaker an den Führern der ihm feindlichen Partei anrichten ließ. Falls dies als ›Befreiungsschlag‹ gedacht war, blieb der Erfolg aus. Über den römischen Aufklärungsversuchen, die weniger den Maroneiern Gerechtigkeit verschaffen als Munition gegen Philipp liefern sollten, kam es zum Eklat. Philipp konnte eine weitere Eskalation nicht riskieren, zumal seine griechischen Nachbarn, die den Untergang Makedoniens schon vor Augen hatten, inzwischen in Scharen nach Rom strömten. Im Moment schien es fast so, als könne jeder seine Anwartschaft auf Stücke aus dem makedonischen Kadaver anmelden.[27]

Deshalb schickte der König seinen jüngeren Sohn Demetrios 184 nach Rom: Dieser sollte ihn vor dem Senat gegen die griechischen Vorwürfe verteidigen. Demetrios schien für diese Aufgabe besonders geeignet, weil er über sechs Jahre lang als Geisel in Rom gelebt hatte, als Freund der Republik galt und, vor allem, recht beliebt in den Kreisen der Nobilität war. Das Kalkül ging auf: Der Senat billigte Philipps Position zwar nicht vollständig – Ainos und Maroneia sollten an Eumenes fallen –, aber die Klagen der übrigen Griechen wurden en bloc abgewiesen; die endlose Schlange der Beschwerdeführer riß ab. Freilich machte der Senat deutlich, daß dieses Entgegenkommen nur Demetrios zu verdanken sei. Dies kränkte Philipp und seinen älteren Sohn Perseus im selben Maße, in dem es Demetrios' Selbstgefühl förderte.[28]

---

26 Polyb. XXII 6,7; 11,1-4; Liv. XXXVII 60,7; XXXIX 23,13; 27,1-29,2; 33,1-4; Diod. XXIX 16.

27 Polyb. XXII 13,1-14,8; XXIII 1,1-4; Liv. XXXIX 34,1-35,2; 46,6-9.

28 Polyb. XXII 14,9-11; XXIII 1,5-3,6; Liv. XXXIX 35,2f.; 47,1-48,1 (zur Stelle TRÄNKLE [1977], 152f.). Zu Ainos und Maroneia vgl. GRUEN (1974b), 233 Anm. 40.

Gruen hat mit Recht den Erfolg der Mission betont. Die Römer reagierten so, wie es Philipp erhofft hatte. Zwar kam der Senat dem König nicht ganz soweit entgegen wie gewünscht, und er lobte Demetrios derart, daß das Mißtrauen gegen dessen Vater um so deutlicher wurde. Tatsächlich leitete Demetrios' Mission keinen Neuanfang in den römisch-makedonischen Beziehungen ein, ein wesentlicher Grund für ihr Gelingen war die Unzahl der kleinen und kleinsten Beschwerden der Griechen, die schon anzuhören offenbar eine Qual war. Statt noch über den letzten Weiler zu richten, entschied der Senat, von Eumenes abgesehen, pauschal gegen die Griechen. Doch daß er es nicht andersherum tat, war dem ausschlaggebenden Einfluß Demetrios' zu verdanken. Somit stabilisierte sich das römisch-makedonische Verhältnis, wie Polybios ausdrücklich bemerkt, auf leidlicher Grundlage.[29] Denn daß die Römer ihn nicht mochten, das hatte Philipp schon vorher gewußt.

Man kann Gruen deshalb nur zustimmen, wenn er die Existenz eines Plans zur systematischen Schwächung Makedoniens bestreitet. Statt dessen ließen die Römer Philipp beträchtlichen Handlungsspielraum und bestanden nie auf der sofortigen Durchsetzung ihres Willens. Schwieriger ist aber Gruens Bild von recht unproblematischen Beziehungen zwischen Rom und Makedonien zu akzeptieren. Welchen Platz können die dauernden Legatenreisen und die negativen Bescheide darin finden? Der römische Wille mußte irgendwann ja doch erfüllt werden. Der Langmut von Senat und Legaten erklärt sich weniger aus einer Haltung des Laisser-faire heraus als aus einer gewissen Ermüdung angesichts der – wenigstens von Rom aus gesehen – Belanglosigkeiten, um die in Griechenland gestritten wurde. Unter diesen Umständen ist es bemerkenswert, daß immer wieder Gesandtschaften in den Osten abgingen, die Philipp entgegenzutreten versuchten. Das läßt sich nur aus dem tiefen Mißtrauen gegenüber dem König erklären, das seit den neunziger Jahren nicht nachgelassen hatte. Nur leicht gezügelt während des Antiochoskrieges, kam es jetzt, wo man Philipp nicht mehr als Verbündeten brauchte, erneut zur Entfaltung. Das Thema Makedonien blieb ein Dauerbrenner, weil man immer Grund zu haben glaubte, etwas fürchten zu müssen. Aus einem solchen Geist wurde der bewußte Affront der ausdrücklichen Zurücksetzung Philipps gegenüber seinem jüngeren Sohn geboren. Gruen hat recht damit, daß die Absichten der Römer hier nicht mit den desaströsen wie unvorhersehbaren Konsequenzen in Makedonien – wir kommen darauf noch – vermengt werden dürfen. Aber ebensowenig kann man aus der einen Episode auf insgesamt harmonische Beziehungen schließen

29 Polyb. XXIII 3,4: καὶ τῆς μὲν Φιλίππου καὶ Ῥωμαίων παρατριβῆς ἐπὶ πολὺ προβαινούσης ἐπίστασις ἐγενήθη κατὰ τὸ παρὸν διὰ τὴν τοῦ Δημητρίου παρουσίαν.

und dabei die Atmosphäre aus Verdacht und Schuldzuweisungen auf beiden Seiten einfach beiseite lassen.[30]

In anderer Hinsicht ist die Behandlung des Prinzen bezeichnend für die römische Art zu regieren. Demetrios war nur der Vertreter seines Vaters, und die Senatoren dürften unschwer erraten haben, warum der König eine derart wichtige Angelegenheit einem politisch unerfahrenen, etwa 23 Jahre alten Mann anvertraute. Auch in der Sache hatte Demetrios nichts Neues vorzubringen. Trotzdem ließ der Senat von der makedonischen Hetzjagd ab: »In allen Dingen, die Demetrios vorgetragen und vorgelesen hat, schenkt er ihm das Vertrauen, daß geschehen ist oder geschehen werde, was recht ist.«[31] Der Senat vermochte also nicht bloß keine konstruktiven Ansätze einzubringen, nicht einmal im Negativen verfolgte er beständig ein Ziel. Die Absicht, Makedonien zu schwächen, wurde unversehens, ohne Zwang fallengelassen. Philipp kannte sich inzwischen ganz gut aus mit den Römern. Er wußte um die Konzeptionslosigkeit ihrer Politik und die daraus resultierende Chance, anderen, für einen selbst günstigeren Impulsen Geltung zu verschaffen. Manchmal konnten diese sogar in guten Erinnerungen an einen Teenager und in dem sympathischen Auftreten eines jungen Mannes bestehen.

An ein derart lässiges, beliebig wirkendes Verhalten des Senats hat die Forschung nicht geglaubt. In der Tat markierte Demetrios' Reise nach Rom nicht nur eine gewisse Entspannung in den gegenseitigen Beziehungen, sondern auch den Auftakt zu einem makedonischen Fiasko: dem Streit im Königshaus, der mit Demetrios' Ermordung endete, auf Befehl seines Vaters Philipp. Diese Auseinandersetzung muß einbezogen werden, um Gewißheit über die Absichten des Senats zu erlangen. Zudem ist hier erneut ein Vergleich mit der persönlichen Politik des Flamininus möglich, der jetzt zum letztenmal eine prominente Rolle in den Angelegenheiten Makedoniens spielte.

Die Feindschaft zwischen den Brüdern Perseus und Demetrios, die Bildung zweier Parteien am Hof, die gegenseitigen Anschuldigungen, das immer größer werdende Mißtrauen Philipps, sein Glaube, daß Demetrios ein Verräter sei, dann die Katastrophe, zuletzt die Entdeckung von Perseus' Komplott und die zu späte Reue des Königs – all dies sind Versatzstücke eines typisch höfischen Intrigenspiels, prall gefüllt mit Lüge, Täuschung, Verrat und Gewalt, das für den Historiker kaum zu entwirren ist. In diesem besonderen Fall stößt eine Analyse auf zusätzliche Schwierigkeiten. Der

---

30 GRUEN (1974b), 228-234, 237-239; DERS. (1984), 399-402. Vgl. dagegen die nüchternen Bemerkungen BADIANS (1958), 92f.

31 Polyb. XXIII 2,9: περὶ πάντων καὶ τῶν εἰρημένων ὑπ' αὐτοῦ καὶ τῶν ἀνεγνωσμένων Δημητρίῳ πιστεύει διότι τὰ μὲν γέγονε, τὰ δ' ἔσται, καθάπερ δίκαιόν ἐστι γίνεσθαι. Zu Demetrios' Alter vgl. Liv. XL 6,4.

Zusammenbruch der makedonischen Monarchie 168 formte die Überlieferung des antigonidischen Familiendramas entscheidend, einmal, indem die noch lebenden Augenzeugen alle Schuld auf den unglücklichen Perseus schoben,[32] zum andern, weil unsere Hauptquelle Polybios die Ereignisse in seine Theorie vom Ausbruch des Dritten Makedonischen Krieges einordnete: Philipp habe den Krieg vorbereitet, Perseus ihn geführt, Demetrios aber sei diesen Plänen im Weg gewesen.[33] Schließlich faßte Polybios das Ganze sogar noch als moralisches Lehrstück auf, mit Philipp als ›tragischem Helden‹. Die Tyche habe diesen für seine Frevel und Verbrechen gestraft, indem sie dem alten Mann schwerstes Unglück im eigenen Haus bescherte.[34]

Eine detaillierte Klärung der Ereignisse in Makedonien ist also kaum möglich, allerdings hier auch gar nicht nötig. Aber während Gruen die Römer wiederum von bösen Absichten freispricht, hat der Großteil der Forschung an die Stelle von Polybios' Interpretation ein anderes Erklärungsmuster gesetzt, nach dem die Römer allgemein und Flamininus im besonderen für die Katastrophe des Demetrios verantwortlich seien.[35] Denn die bewußt übertriebene Auszeichnung des jungen Mannes sollte diesen zu Hause verdächtig machen. Flamininus setzte eins drauf: In einer vertraulichen Unterhaltung horchte er den jungen Mann aus und machte ihm Hoffnungen, mit der Hilfe Roms bald auf den makedonischen Thron zu kommen. Außerdem reizte er Philipp durch einen Brief, in dem er ihn bat, Demetrios wieder nach Rom zu schicken. Doch schon der eine Romaufenthalt war, so die Meinung der Forschung, der Anfang allen Übels. Zwei politische Richtungen hätten sich formiert, eine prorömische um Demetrios und eine nationale um Perseus, zu der letztlich auch der Vater gezählt habe. Später versuchte der alarmierte Philipp herauszufinden, was Inhalt des Gesprächs in Rom gewesen war. In dieser Sache soll Flamininus ihm noch einmal geschrieben haben: Er entschuldigte Demetrios, wenn dieser, von der Begierde zu herrschen getrieben, mit ihm gesprochen habe; Philipps Sohn werde aber nichts gegen seine Verwandten unternehmen, und er

32 Vgl. GRUEN (1974b), 224f., 240-242; ferner CH. F. EDSON, Perseus and Demetrius, HSPh 46 (1935), 196, 201f.; PÉDECH (1964), 132f., der Polybios' Darstellung allerdings eine hohe Glaubwürdigkeit zumißt.

33 Diese These wird von der Forschung einmütig zurückgewiesen. Vgl. zuletzt etwa F. W. WALBANK, The Causes of the Third Macedonian War: Recent Views, in: Ancient Macedonia, Bd. 2, Thessaloniki 1977, 81-94; W. L. ADAMS, Perseus and the Third Macedonian War, in: ders. / E. N. Borza (Hrsgg.), Philip II, Alexander the Great and the Macedonian Heritage, Washington, D.C., 1982, 237-256. Livius folgt im wesentlichen Polybios, nur daß er noch mehr Licht auf Demetrios und Flamininus fallen läßt. Vgl. GRUEN (1974b), 223f.

34 Polyb. XXIII 10. Vgl. F. W. WALBANK, ΦΙΛΙΠΠΟΣ ΤΡΑΓΩΙΔΟΥΜΕΝΟΣ: A Polybian Experiment, in: ders., Selected Papers, Cambridge u. a. 1985, 210-223.

35 Die grundlegende Studie stammt von EDSON (1935). Weitere Literatur nennt GRUEN (1974b), 222 Anm. 2. Vgl. zuletzt ADAMS (1982), 242-244; DEROW (1989), 295.

selbst, Flamininus, sei schließlich kein Mann, der zu einer derartigen Tat anstiften würde. Damit bestätigte Flamininus aber den Inhalt der vertraulichen Unterredung. Philipp sah nun keine Alternative mehr und ordnete Demetrios' Tod an.[36]

Freilich soll der König später herausgefunden haben, daß dieser letzte Brief von Vertrauten Perseus' gefälscht worden war. Flamininus' moderne Ankläger verwerfen diese Überlieferung einfach, während sie nur zu gern an das Vorhergehende glauben.[37] Aber zunächst ist zu fragen, weswegen Flamininus einen solchen Brief geschrieben haben sollte. Entweder um Demetrios zu vernichten: Doch warum versuchte er seinem angeblichen Schützling plötzlich zu schaden? Einem Mann, der immerhin – selbst wenn man das Verhältnis zwischen beiden für weniger vertraut hält – der größte Freund der Römer am makedonischen Hof war?[38] Oder um ihn tatsächlich zu verteidigen:[39] Das scheint auf den ersten Blick äußerst unwahrscheinlich, denn man müßte annehmen, daß Flamininus nur sehr wenig über die Verhältnisse in Pella wußte. Recht eigenartig, wenn er sich zuvor energisch darum bemüht hatte, diese Verhältnisse im römischen Sinn zu ändern. Man sollte Flamininus eine derartige Naivität nicht ohne weiteres unterstellen. Freilich werden wir noch sehen, daß er in der ganzen Affäre recht unüberlegt handelte, wozu dieses Schreiben gut passen würde. Andererseits diente der Brief Perseus' Plänen so perfekt, daß er selbst ihn nicht besser hätte schreiben können. So spricht, aufs Ganze gesehen, vieles für eine Fälschung, aber eine Entscheidung ist angesichts der schwierigen Quellenlage nicht möglich. Für die Beurteilung von Flamininus' Absichten ist eine solche aber auch gar nicht erforderlich. Schließlich stand, wie Charles Farwell Edson mit Recht betont hat, in dem Brief nichts Neues, nur war es etwas netter formuliert als in dem Gespräch zwischen Demetrios und Flamininus.[40] An dieser Unterredung hängt also alles.

Der Senat zeigte sich gegenüber Demetrios mit dem Status quo zufrieden, und dabei blieb es vorerst auch. Zwar wurde Q. Marcius Philippus in den Osten entsandt, um zu überprüfen, ob der König die früheren Senats- und Kommissionsentscheidungen umgesetzt hatte. Er stellte fest, daß Philipp nur widerwillig die thrakischen Städte aufgab – aber er gab sie auf.

---

36 Polyb. XXIII 3,7-9; 7,1-7; Liv. XXXIX 53,1-11; XL 11,1; 20,3; 23,5-24,4: *maxime falsae litterae T. Quincti urgebant* (1); App. Mac. 9,6f.

37 Liv. XL 54,4-55,7. Vgl. etwa EDSON (1935), 199f.; WALBANK (1938), 223 Anm. 58; BRISCOE (1972), 25f.; DEROW (1989), 295 Anm. 12. Abwägend GRUEN (1974b), 243f. Sollte die Erzählung erfunden sein, dann mit großem Geschick. Sie zeichnet sich nämlich durch Detailreichtum und die (für Livius ungewöhnliche) Nennung zahlreicher griechischer Namen aus, Varianten gibt es nur in Nebensächlichkeiten.

38 Vgl. WALBANK (1940), 251; PÉDECH (1964), 130.

39 Das vermutet GRUEN (1974b), 244.

40 EDSON (1935), 198.

Neuen Unfrieden stiftete der Legat nicht. Daraufhin belobigte der Senat 182 den König und mahnte nur, in Zukunft den Anschein von Widersetzlichkeit zu vermeiden. Diesen Rat konnte Philipp nur als Hohn empfinden. Doch das Kesseltreiben gegen ihn hatte ein Ende gefunden. Rom gedachte sich nicht in die inneren Angelegenheiten Makedoniens einzumischen oder gar Philipp durch einen willfährigeren Herrscher zu ersetzen. Nichts deutet auf eine derartige Absicht hin.[41]

Außer eben Flamininus' Versprechungen. Das legt den Verdacht nahe, daß Flamininus nur für sich selbst sprach, nicht als offiziöser Mittelsmann, der vertrauliche Zusicherungen geben konnte. Tatsächlich blieb Rom während des makedonischen Machtkampfes untätig. Gruen vermutet, daß die Überlieferung über dieses Gespräch, das wahrscheinlich unter vier Augen stattfand, später verzerrt wurde.[42] Das ist nicht ausgeschlossen, doch war es mit den Versprechungen, so wie sie uns erhalten sind, ohnehin nicht so weit her. Zunächst manipulierte Flamininus den unerfahrenen Mann, bis dieser ihm seine geheimsten Gedanken anvertraute. Dabei muß es um die Thronfolge gegangen sein, denn sonst würde das Folgende keinen Sinn machen. Es gab also schon vor Demetrios' Reise nach Rom Spannungen zwischen den Brüdern, und sei es nur, daß der jüngere sich im stillen für den geeigneteren Kronprinzen hielt.[43] Dann aber »verleitete er ihn zu dem Glauben, daß die Römer ihm sofort die Krone verschaffen würden«. Das bedeutet aber nicht: ›Flamininus versprach, daß . . .‹, sondern nur, daß Demetrios die Worte seines Gegenübers so verstand. Das ist ein kleiner, aber wichtiger Unterschied.[44] Demetrios wälzte schon länger unruhige Gedanken, und er machte den Fehler, dem Erzfeind seines Vaters davon zu erzählen. Dieser

41 Polyb. XXIII 2,10; 4,16; 8,1f.; 9,4-7; Liv. XXXIX 53,10; XL 3,1.

42 GRUEN (1974b), 234-236 (mit Anm. 49 zur angeblichen Rückendeckung durch den Senat), argumentiert, daß Polybios seine Informationen aus zweiter Hand bezogen habe. Das stimmt, aber es trifft auch für den allergrößten Teil von Polybios' im allgemeinen als verläßlich geltendem Geschichtswerk zu. Weiter sei von dem Gespräch in einem »Macedonian context« die Rede, deshalb gehe die Überlieferung auf makedonische Informanten zurück, die sie angesichts der Folgen aufgebauscht hätten. Mag sein, aber römische Gewährsmänner sind keineswegs ausgeschlossen: Was Flamininus trieb, war auch in der Nobilität Gesprächsstoff, und so dürftig war Polybios' literarisches Talent nicht, daß man den Seiten seines Werkes ohne weiteres die jeweiligen Quellen ansieht (vgl. auch H. J. DELL, The Quarrel between Demetrius and Perseus: A Note on Macedonian National Policy, in: Ancient Macedonia, Bd. 3, Thessaloniki 1983, 69 Anm. 7). Um nicht mißverstanden zu werden: GRUENS Einwände sind keineswegs grundlos, aber sie sind auch nicht schlagend. Deshalb ist, trotz der problematischen Überlieferungssituation, die Anekdote zunächst so zu interpretieren, wie sie dasteht; erst wenn sie sich nicht sinnvoll in das historische Geschehen einordnen läßt, kann man über ihre Geschichtlichkeit nachdenken.

43 Anders EDSON (1935), 200.

44 Polyb. XXIII 3,7f.: τόν τε γὰρ νεανίσκον ἐψυχαγώγησεν, ὡς αὐτίκα μάλα συγκατασκευασόντων αὐτῷ Ῥωμαίων τὴν βασιλείαν . . . (8).

bestärkte ihn in seinen Absichten, ja stellte römische Unterstützung vage in Aussicht. Von da an trug Demetrios den Kopf höher.

Liest man in die Stelle nicht mehr hinein, als dasteht, gewinnt man ein nüchterneres Bild von Flamininus' Rolle. Er war weder der Anstifter noch der Hauptschuldige an der makedonischen Tragödie, er nahm nur im, wie sich herausstellen sollte, denkbar ungünstigsten Moment Einfluß auf einen Mann, der naiv genug war, Flamininus' Worte als Versprechungen zu interpretieren. So war dieses Gespräch nur ein Faktor neben anderen, die zur Katastrophe führten. Entscheidend waren aber die offenbar schon länger schwierigen antigonidischen Familienverhältnisse.

Damit stellen sich auch Zweifel ein, ob die Überlieferung über Flamininus und Demetrios wirklich so entstellt ist, wie Gruen glaubt. Denn in diesem Fall würde man ein weniger differenziertes Bild erwarten. Wer hätte ein Interesse daran gehabt, dem Römer einen durchaus sinistren Part zu geben, den Makedonen aber als potentiellen Verräter darzustellen? Polybios steht Flamininus wohlwollend gegenüber, und die demetriosfreundliche Tradition, aus welcher er schöpfte, hätte ihren Helden nicht ohne Not in ein solches Zwielicht gesetzt. Apologien für Perseus aber gab es nach 168 nicht mehr. Noch ein weiteres Argument spricht für die Geschichtlichkeit. Flamininus handelte keineswegs ›out of character‹, es war ja seine übliche Methode, Hoffnungen zu wecken, ohne sich später um ihre Erfüllung zu scheren.[45] Das erfuhr etwa gleichzeitig Deinokrates, und auch Philipp hätte seinem Sohn von den Enttäuschungen bei der Konferenz von Lokris 198 und nach dem Waffenstillstand 197 erzählen können.[46]

Im Unterschied zu damals stand hinter Flamininus aber nicht mehr die Autorität Roms. Entscheidend ist nicht, ob er seine Verheißungen wahrmachen wollte, sondern daß er es gar nicht mehr konnte. Alle Senatoren waren sich in ihrem Mißtrauen gegen Philipp einig. Wir hören auch nichts davon, daß es jetzt oder später größere Auseinandersetzungen über die Makedonienpolitik gab. Aber gerade als Flamininus seine Intrige spann, hatte der Senat um Demetrios' willen einen Gang zurückgeschaltet. Das Thema stand auf der ostpolitischen Agenda nicht mehr obenan.

Warum führte Flamininus dann das verhängnisvolle Gespräch mit Demetrios? Die Hoffnungen in dem Prinzen hatte er als routinierter Diplomat sicher nicht unabsichtlich oder zufällig geweckt. Dem Sieger über Philipp mußte es eine besondere Genugtuung sein, sich bevorzugt um dessen Sohn zu kümmern, ja als Ratgeber zu fungieren. Nichts konnte seine unbedingte Überlegenheit, seine besondere Zuständigkeit für alle griechischen Belange besser unterstreichen. Was für ein Triumph mußte es sein, diesen Sohn, ei-

---

45 Vgl. etwa WALBANK (1979), 216.
46 S. o. S. 103, 113f., 199 Anm. 39.

nen Freund Roms, gegen den Willen Philipps den makedonischen Thron besteigen zu sehen! Deshalb spornte er Demetrios in seinen Plänen an. An der ›Aufrichtigkeit‹ seiner Ermunterung zu zweifeln gibt es also keinen Grund. Wieder waren es rein persönliche Motive, die Flamininus antrieben.

Aber anders als in den Neunzigern verkannte Flamininus die politischen Möglichkeiten. Er überschätzte seinen Einfluß im Senat bei weitem, ebenso denjenigen Roms auf die makedonische Thronfolge.[47] Dagegen läßt sich einwenden, daß ihm das durchaus klar gewesen sein kann und er Demetrios mit der römischen Hilfe bewußt Unmögliches in Aussicht stellte, nur um ihn anzutreiben. Selbst dann bleibt ein entscheidender Fehler: Demetrios' Position war von dem Moment an schwierig, als er den Feind seines Vaters ins Vertrauen zog. Flamininus hätte ihn demonstrativ von sich fernhalten, ihm nach außen hin abweisend begegnen müssen, nur das hätte Demetrios' Renommee zu Hause gesteigert. Statt dessen war Pella über das gute Verhältnis beider völlig im Bilde;[48] Flamininus führte Gespräche mit dem Prinzen, über deren Existenz und Inhalt bald Nachrichten kursierten; schließlich provozierte er Philipp mit seinem unmittelbar nach Demetrios' Besuch geschriebenen Brief. Sicher, es handelte sich dabei der Form, wohl auch der Absicht nach um eine bloße Höflichkeit, aber daß sie von Flamininus ausging, machte sie zu einer Beleidigung. Flamininus verkannte seine Außenwirkung maßlos, oder er war vom eigenen Nimbus so eingenommen, daß er sich über seinen Handlungsspielraum gar keine Gedanken mehr machte.

So jagte nicht nur der junge Makedone Hirngespinsten nach, auch der römische Machtpolitiker zeigte sich von fast rührender Naivität. Diese war sein wesentlicher Beitrag zum Untergang des Demetrios. Gruen unterscheidet, gerade für Flamininus, genau zwischen den verheerenden Folgen und den, wie er wenigstens meint, harmlosen Absichten der Römer.[49] Mit Recht. Doch auch wenn sein Urteil über die Motive zutreffen sollte: Spricht das Flamininus von der Verantwortung selbst für die gröbsten Fehler frei?

✻

Die achtziger Jahre bezeichneten keinen Neuanfang. Die römisch-achaiischen Beziehungen setzten vielmehr bruchlos die von Flamininus ge-

47 Vgl. EDSON (1935), 201, der freilich von einer einheitlichen römischen Haltung ausgeht: »But nothing more clearly demonstrates the utter unreality of Roman policy than the belief, cherished by Flamininus and the Senate, that the Antigonid monarchy could be induced to accept a king at Roman dictation.«

48 Vgl. etwa Liv. XL 11,2f.; 12,17. Es kann eigentlich nur sarkastisch gemeint sein, wenn GUNDEL (1963c), 1093, schreibt, man könne »aus der Wirkung des angeblichen Schreibens des T.[itus] dessen in Makedonien noch immer sehr hohes Ansehen erkennen«.

49 GRUEN (1974b), 234, 236, 244.

prägte Periode fort, sowohl inhaltlich als auch in den Methoden. Im nachhinein ist man fast versucht zu behaupten, die schweren Auseinandersetzungen dieser Zeit seien die zwangsläufige Folge der von Flamininus während des Antiochoskrieges betriebenen Politik gewesen. Es war schlicht nichts mehr da an Vertrauen und Hoffnung, worauf man Konstruktiveres hätte bauen können – wenn man denn gewollt hätte.

Noch deutlicher, weil einen längeren Zeitraum umfassend stellen sich die Dinge für Makedonien dar. Überblickt man die Geschichte des Landes von der Thronbesteigung Philipps bis zur Schlacht bei Pydna, so gewinnt man den Eindruck, daß Makedonien den Makel des Sündenfalls, des Paktes mit Hannibal, nie los wurde, auch nicht, als Frieden herrschte, auch nicht, als Philipp gestorben war. In den achtziger Jahren entschieden die Römer Philipps Streitigkeiten mit den Griechen regelmäßig zugunsten letzterer, und auch wenn sich die Beziehungen nach der Gesandtschaft des Demetrios leidlich stabilisierten, schlief der Verdacht doch nie ein. Perseus versuchte einen Krieg nach Kräften zu vermeiden, trotzdem legte der Senat ihm jede Tat im antirömischen Sinn aus, und gegen Ende der siebziger Jahre hatte Rom den Untergang Makedoniens beschlossen. Die Antigoniden waren dabei keine bloßen Opfer. Natürlich suchten sie ihre Machtstellung zu stärken, und die römische Neigung, nur das Schlechteste anzunehmen, wurde von ihnen im Laufe der Zeit, als sie immer wieder von den Römern enttäuscht wurden, vollauf erwidert. Doch das heißt nicht, daß sie an der römischen Hegemonie zu rütteln wagten oder gar eine Konfrontation suchten. Aber da war eben die Aggression des ersten Krieges. Der zweite war die Rache der Römer dafür, und noch im letzten bezahlte Perseus für den großen Fehler seines Vaters. Somit hat Polybios mit seiner These, daß der Keim für den Dritten Makedonischen Krieg schon zur Zeit Philipps gelegt wurde, nicht unrecht: zwar nicht in dem Sinne, daß Perseus nur ausführte, was sein Vorgänger geplant hatte, aber doch so, daß die ererbte Hypothek des römischen Mißtrauens zu schwer auf seiner Regentschaft lastete.

Fünfzig Jahre lang betrieben die Römer gegenüber einem der wichtigsten Staaten der Welt Politik nach der Maßgabe ihrer ersten, bösen Erfahrung, während eines knappen Drittels davon war Flamininus der wichtigste ›Partner‹ der Antigoniden. Das gab ihm Gelegenheit, zu so etwas wie dem bösen Geist Makedoniens zu werden. Denn das Interessanteste an der Demetriosaffäre ist weniger, was er tat, sondern was allein sein Name auslöste. Sein gutes Verhältnis zu Demetrios genügte, diesen in Verdacht geraten zu lassen, und letztlich trug es zum Untergang des jungen Mannes bei.

Innovativ war Flamininus auch in den Achtzigern nicht. Genau wie der Senat hielt er an der negativen Linie, ja der Konzeptionslosigkeit des vorhergehenden Jahrzehnts fest. Was die Details, also die Bewertung einzelner Situationen angeht, gab es natürlich Differenzen. Hier mußte Flamininus nun erfahren, daß er selbst innerhalb seines überschaubaren Motivationshorizonts nicht mehr so schalten und walten konnte, wie er wollte. Die Zeiten des unumschränkten Feldherrn waren vorbei, ebenso die des mächtigen Legaten. Flamininus konnte nur noch von Rom aus wirken. Die informelle Macht eines Privatmanns, auch wenn er Flamininus hieß, war jedoch bescheiden. Dies zeigte sich am deutlichsten, als er vor der achaiischen Bundesversammlung sprechen wollte: Die Autorisation durch den Senat fehlte.

Wenn er seine Interessen zur Geltung bringen wollte, mußte er also den Weg durch den Senat gehen. Das gelang nur selten. Im Falle der achaiischen Bundesversammlung scheiterte er an dem formalen Umstand, daß die Kollegen einen anderen Senator auf die Peloponnes geschickt hatten. An den Interventionen für Zeuxippos und Demetrios besaß Flamininus vor allem persönliches Interesse. Den Standesgenossen, die ja in den gleichen Kategorien dachten, blieb das nicht verborgen, und es gab auch gar nichts dagegen einzuwenden. Doch das Einzelinteresse zum kollektiven zu erheben wurde dadurch eher schwerer. Sein vergeblicher Versuch Anfang 190, den Aitolern einen Frieden zu vermitteln, war Flamininus' erste Erfahrung auf diesem Gebiet gewesen. In der makedonischen Thronfrage erreichte er, soweit wir wissen, nicht das Geringste. Weit kam er bei seinem Einsatz für Zeuxippos, wahrscheinlich, weil der Aufwand sich in Grenzen hielt und die Sache dem Senat läppisch erscheinen mußte. Als jedoch darüber ein Krieg im Osten auszubrechen drohte, zuckte das Gremium doch zurück. Die Meinungen von 300 Senatoren tarierten sich in diesem Fall so aus, daß sich letztlich ein Interesse der Allgemeinheit durchsetzte.

Doch das geschah nicht immer, und es ist zu bezweifeln, ob es die Regel war. Der tragfähig erscheinende Ansatz zur Lösung des spartanischen Verbanntenproblems kam über das theoretische Stadium nicht hinaus. Statt dessen triumphierte Flamininus' Individualismus. Der Senat hätte sein selbstherrliches Mitglied in die Schranken weisen und einer weiterführenden Perspektive zum Durchbruch verhelfen können. Das wäre insofern für Rom von Vorteil gewesen, als es seinen Einfluß dann in konstruktiverer Weise hätte geltend machen können und ein Krisenherd vielleicht befriedet worden wäre. Doch zu einer solchen Sicht der Dinge gelangte man nie. Das kollektive Regiment des Senats vermochte zwar persönlichen Abenteuern im staatlichen Gewand entgegenzutreten. Aber, und das ist wichtiger, die Kraft zur politischen Gestaltung über die Einzelinteressen hinweg ging ihm ab. Verhindern war möglich, formen nicht. Für letzteres hätte man öfters auch dann in den Angelegenheiten Griechenlands das römische Gemeinwohl entdecken müssen, wenn es nicht gerade einen Feind auszuschalten galt. Vielleicht war die Vorstellung vom Gemeinwohl aber generell zu schwach ausgeprägt.

Der Feldherr im Ruhestand

Flamininus' herausragende Stellung während der Neunziger hatte auf Ämtern und Funktionen beruht. Es gelang ihm nicht, sie später in eine unbestrittene, informelle Autorität in Fragen der Ostpolitik umzusetzen. Das Prestige eines Konsulars und Triumphators, der mehr als vier Jahre lang kommandiert hatte, verschaffte Flamininus keineswegs eine Prärogative in seinem früheren Aufgabenbereich. Doch wie gingen die Standesgenossen überhaupt mit einem Mann um, der die Leistungen der meisten von ihnen weit übertroffen hatte? Und wie gelang es Flamininus, sich mit der Rolle des Senators und *privatus* abzufinden? Schließlich hatte er fast 15 Jahre lang, ohne große Unterbrechungen, Ämter bekleidet, in Kommissionen mitgewirkt und Gesandtschaften geleitet. Die Umstellung kann nicht leichtgefallen sein.

Ein Beispiel dafür, wie so etwas ablaufen konnte, hatte Flamininus vor Augen: Scipio. Nach dem Triumph über Hannibal hatte dieser noch die Zensur bekleidet, danach wurde es still um ihn. Welche Ziele sollte sich ein Mann, der alles erreicht hatte, noch setzen? In Frage kamen am ehesten militärische Lorbeeren. 194 gelangte Scipio zu seinem zweiten Konsulat und wollte Flamininus im makedonischen Kommando nachfolgen. Doch der Senat beließ ihn in Italien, wo er mit seiner Armee dann recht lustlos bei den Boiern und Ligurern plünderte.[1] Einen weiteren Rückschlag versetzte ihm Flamininus selbst: Für das Konsulat von 192 kandidierten unter anderem Lucius Flamininus und Scipios gleichnamiger Cousin mit dem Cognomen Nasica. Letzterer hatte eben in Spanien einen größeren Sieg errungen; außerdem trug er seit dem Jahr 204, als die Magna Mater nach Rom geholt worden war, das Senatsprädikat, der beste Mann der Bürgerschaft zu sein.[2] Obwohl Lucius' Flottenkommando daneben etwas bescheiden aussah, sicherte sich dieser die patrizische Konsulstelle. Ausschlaggebend war der Wahlkampf der beiden großen Verwandten. Livius' ausgezeichneter Analyse ist kaum etwas hinzuzufügen. Flamininus warb für seinen Bruder, Scipio für einen nicht so nahen Angehörigen. Scipios Taten waren größer, aber er hatte auch mehr Lohn erhalten: Zensur und zweites Konsulat. Vor allem aber war sein Ruhm nach zehn Jahren welk geworden. Längst war er vom umjubelten Helden zur gewöhnlichen politischen Größe geschrumpft. Flamininus dagegen war erst ein Jahr zurück, an seinen Triumph konnte sich

---

1 Liv. XXXII 7,1-3; XXXIV 42,3; 43,3-6.8f.; 44,4; 48,1 (dazu HARRIS [1991], 258; BRISCOE [1981], 124); 54,1.

2 Magna Mater: Liv. XXIX 11,6.8; 14,6-11. Spanien: Liv. XXXV 1,3-12.

jeder gut erinnern.[3] Der Sieg über Scipio markierte Flamininus' größten innenpolitischen Erfolg. Er stand im Zenit seiner Macht.[4] Obwohl er kein Amt mehr bekleidete, war er zu diesem Zeitpunkt wohl der mächtigste Mann im Senat und damit der gesamten Mittelmeerwelt. Scipios Beispiel aber zeigte, auf welch unsicheren Grund diese Stellung gebaut war. Eigentlich konnten nur permanente militärische Erfolge einen überragenden Einfluß stabilisieren. Die aber verbot das römische Regierungssystem.

Der Streit mit Cato

Der Antiochoskrieg gab Flamininus Gelegenheit zu neuer Aktivität. Doch die Schlachten gewannen jetzt andere. Gleich nach seiner Rückkehr mußte er erfahren, daß eine Legatenstelle nicht ausreichte, den Einfluß des Triumphators zu wahren: Er konnte für die Aitoler keinen Frieden erreichen, was ihn selber mindestens genauso konsterniert haben dürfte wie die Griechen.[5] Doch im Jahr darauf, Anfang oder Ende 189,[6] wurde er zum Zensor

---

3 Liv. XXXV 10,1-9. Vgl. GRUEN (1984), 209; überkritisch gegenüber Livius DEVELIN (1985), 165f. Insgesamt kämpften drei Bewerber um die patrizische Stelle, vier um die plebejische. Die diesmal gescheiterten gelangten später allesamt zum Oberamt. Vgl. R. J. EVANS, Candidates and Competition in Consular Elections at Rome between 218 and 49 BC, AClass 34 (1991), 113f. mit Anm. 16.

4 Liv. XXXV 10,9 resümiert den Wahlkampf so: *his obtinuit ut praeferretur candidato quem Africanus frater ducebat, quem Cornelia gens Cornelio consule comitia habente, quem tantum praeiudicium senatus, virum e civitate optimum iudicatum qui matrem Idaeam Pessinunte venientem in urbem acciperet.* Für J. BRISCOE, Political Groupings in the Middle Republic : a Restatement, in: C. Deroux (Hrsg.), Studies in Latin Literature and Roman History, Bd. 6, Bruxelles 1992, 75, impliziert die Stelle, »that the united support of the *gens Cornelia* might normally have been expected to secure the election of their candidate«. Diese Interpretation ist keineswegs zwingend. BRISCOE (1981), 159, sagt selbst, daß *ducebat* für *Africanus* im wörtlichen Sinne gebraucht sei, für *praeiudicium senatus* aber übertragen (vgl. auch WEISSENBORN / MÜLLER [1906], 16). Beide Möglichkeiten können für das dazwischenstehende *Cornelia gens* zutreffen. Entweder warben tatsächlich alle Cornelier persönlich für den Kandidaten, wie BRISCOE es will, oder es empfahl ihn seine Zugehörigkeit zu einer berühmten, wenn nicht der damals berühmtesten *gens* überhaupt: ein Vorzug also wie die Auszeichnung des Senats, nur daß der eine ererbt, die andere persönlich erworben war. Individuelles Engagement der übrigen Cornelier wäre dann nicht gemeint, nicht einmal ihre Einigkeit. Der Wortlaut läßt keine Entscheidung zu. Da wir aber sonst nie von einvernehmlichem Handeln einer *gens* hören, ist der zweiten Interpretation der Vorzug zu geben. Vgl. auch V. M. WARRIOR, A Technical Meaning of *ducere* in Roman Elections?, RhM 123 (1990), 150 mit Anm. 22, die unentschieden bleibt, und BRUNT (1988), 451, der die Stelle zwar genauso interpretiert wie BRISCOE, aber gerade deswegen sofort ihre Singularität betont.

5 S. o. S. 178-180.

6 Zensoren wurden normalerweise im Frühjahr gewählt: MOMMSEN (1887) II, 352 mit Anm. 1. WARRIOR (1988), 338f., verweist jedoch auf Liv. XXXVII 50,1-7: Zu Anfang des Amtsjahres 189 (8. November 190 [jul.], vgl. BRISCOE [1981], 25) wurde beschlossen, beiden Konsuln Provinzen außerhalb Italiens zu geben, Aitolien und Asien. Der eine Konsul sollte gegen Jahresende zurückkehren, nicht nur wegen der Konsularkomitien, sondern auch zur Wahl von Zensoren.

gewählt, offenbar unangefochten und zum frühestmöglichen Zeitpunkt. Bei den letzten Wahlen 194 hatte er sich ja noch in Griechenland aufgehalten. Der Ruhm von Kynoskephalai war frisch genug, um ihm zum Sieg zu verhelfen. Auch in dieser Hinsicht zog er also mit Scipio gleich. Der Wahlkampf wurde von einer Schlammschlacht zwischen den Plebejern M'. Acilius Glabrio und M. Porcius Cato geprägt. Es deutet nichts darauf hin, daß Flamininus darin verwickelt war. Er und Cato waren politische Konkurrenten, aber, soweit wir wissen, keine persönlichen Feinde.[7]

Flamininus und sein Kollege M. Claudius Marcellus folgten der von den beiden vorhergehenden Zensorenpaaren bezeichneten Linie. Die *recensio*

Letztere verschob der Senat nicht, wie WARRIOR annimmt, um dem potentiellen Wahlleiter einen ›zusätzlichen Anreiz‹ zur rechtzeitigen Rückkehr zu geben. Es ist kaum anzunehmen, daß diesen – M. Fulvius Nobilior – die Zensoren heimgelockt hätten, wenn es schon nicht die nächsten Konsuln taten. Es gibt ein glaubwürdigeres Motiv: Da die Kriege gegen Antiochos und die Aitoler noch nicht entschieden waren, schien ein rascher Aufbruch in die Provinzen wünschenswert. Deshalb wurden die Zensorenwahlen kurzerhand auf das Ende des Jahres verschoben. So weit ist WARRIORS Chronologie glaubwürdig. Leider übersieht sie aber Livius' Bemerkung zum Lustrum, von dem es für Anfang 188 heißt: *lustro perfecto consules in provincias profecti sunt* (XXXVIII 36,10). Nichts deutet darauf hin, daß sich die Konsuln nach ihrem Amtsantritt, dem 19. November 189 (jul.), ungewöhnlich lange in Rom aufgehalten hätten. Akzeptiert man beide Liviusstellen, kommt man demnach auf eine Zensorenwahl kurz vor dem Jahreswechsel und ein Lustrum spätestens im März (jul.). Das heißt, den Zensoren wären höchstens fünf Monate geblieben zur Erledigung einer Aufgabe, für die sie offiziell 18 Monate Zeit hatten und die in der Praxis nach etwas über einem Kalenderjahr vollendet war (vgl. MOMMSEN, 353f.). Das ist angesichts der vielfältigen und zeitraubenden Pflichten der Zensoren unmöglich. An einer Stelle muß sich Livius geirrt haben, und es scheint mir kaum möglich zu entscheiden, wo.

7 Liv. XXXVII 57,9-58,2. Es bewarben sich je drei Kandidaten um die patrizische und die plebejische Stelle. Flamininus' Konkurrenten waren L. Valerius Flaccus und P. Cornelius Scipio Nasica, Lucius' Gegner von 193. Dem populären (weil freigebigen und erst vor kurzem gegen Antiochos siegreichen) Glabrio, der schon auf der Siegerstraße schien, wurde ein Prozeß angehängt, der sein Image beschädigen sollte. Angeklagt wegen Unterschlagung von Beute aus dem Antiochoskrieg, belastete ihn sein früherer Militärtribun Cato schwer. Glabrio war gezwungen, seine Kandidatur niederzulegen, freilich nicht ohne den Vorwurf des Meineids gegen Cato; dieser habe sich, obgleich *homo novus* wie er, zum Handlanger nobilitären Dünkels gemacht. Der Prozeß verlief nach Glabrios Aufgabe bezeichnenderweise im Sande, Cato aber hatte sich so sehr ins Zwielicht gesetzt, daß er bei der Wahl M. Claudius Marcellus unterlag. Die ältere Forschung sah hinter allem ein Catonisches Komplott (so etwa SCULLARD [1973], 137f.), doch nach Livius erregte Glabrios Erfolg zunächst den Ärger vieler *nobiles*. Das heißt jedoch noch nicht, daß die Volkstribunen, die Anklage erhoben, auf deren Geheiß handelten. Ebensogut können sie die Initiative ergriffen haben, um sich auf Kosten eines Kandidaten zu profilieren, der immer stärker den Unwillen des Establishments auf sich zog. Flamininus' Name fällt nirgends, und als Patrizier hatte er ohnehin kein Motiv, Glabrios Erfolg zu fürchten; in Griechenland war er 191 recht gut mit ihm ausgekommen. Es besteht also kein Grund, in Flamininus den Hintermann der Anklage zu sehen, zusammen mit Marcellus (so KIENAST [1979], 53; dagegen ASTIN [1978], 60 Anm. 28). Übrigens wird aus Cato, nur weil er nicht der Anstifter war, keineswegs ein selbstloser Kämpfer für ethische Praxis (so J. B. CHURCHILL, Cato *Orationes 66* and the Case against M.' Acilius Glabrio in 189 B.C.E., AJPh 121 [2000], 554-556); er suchte rücksichtslos seinen politischen Vorteil. Vgl. die ausgewogene Beurteilung ASTINS, 63f., 69f., 73; ferner DEVELIN (1985), 172f.; FEIG VISHNIA (1996), 128f.

equitum verlief überaus milde, aus dem Senat wurden nur vier Männer ausgestoßen, keiner von ihnen kurulischen Ranges; Scipio Africanus wurde als *princeps senatus* bestätigt. Bei den Baumaßnahmen beschränkten sich die Zensoren auf notwendige Verbesserungen der Infrastruktur.[8] Für Aufregung sorgte lediglich ein Plebiszit, das der Volkstribun Terentius Culleo gegen den Willen des Senats verabschieden ließ. Darin war vermutlich festgelegt – der Inhalt ist nicht klar überliefert –, daß die Bürger *sine suffragio* durch den Eintrag in die Tribus das volle Stimmrecht erhalten sollten. Flamininus und Marcellus haben diese Maßnahme zwar widerwillig, aber offenbar loyal umgesetzt. Eine weitere öffentliche Zuspitzung des Konflikts vermieden sie.[9] Flamininus setzte keinen Ehrgeiz darin, neue, kontroverse Projekte anzustoßen oder sich in innenpolitischen Kämpfen aufzureiben. Er wollte die Zensur als Höhepunkt seiner politischen Laufbahn zelebrieren. Streitereien hätten da nur gestört. Zu seinem Glück dachte Marcellus nicht anders als er. So blieb als größte Enttäuschung, daß Flamininus diesmal weniger glücklich loste als 199: Marcellus durfte das Lustrum vollziehen.[10]

8 Liv. XXXVIII 28,1-3; Plut. Flam. 18,1-3. Vgl. CASSOLA (1960), 113. Zur Milde bzw. Strenge von Zensuren s. u. Anm. 18.

9 Darauf deutet der Umstand hin, daß Livius die Angelegenheit als offenbar unbedeutend übergeht. Wir wissen von ihr nur durch Plut. Flam. 18,2, der der Zensur seines Helden zumindest mit einer halbwegs aufregenden Begebenheit Kontur verleihen wollte. Plutarch bemerkt freilich recht vage, daß die Zensoren gezwungen wurden, alle Söhne freier Eltern in die Zensuslisten aufzunehmen. Da genau dies der Sinn des Zensus war, also schlecht Kontroversen hervorrufen konnte, muß das Plebiszit auf etwas Spezielleres gezielt haben, das Plutarch entgangen ist. Die im Text gegebene Deutung ist am ehesten mit dem Wortlaut zu vereinbaren. Sie wurde vorgeschlagen von M. HUMBERT, Municipium et civitas sine suffragio, Rome 1978, 351f.; ebenso J. CELS SAINT-HILAIRE, Citoyenneté et droit de vote : à propos du procès des Scipions, in: Ch. Bruun (Hrsg.), The Roman Middle Republic, Rome 2000, 191f. Wesentlich mehr Interpretationsaufwand erfordert die klassische Interpretation MOMMSENS (1887) III, 436f.: Die Söhne von Freigelassenen, die bislang wie ihre Väter in die vier städtischen Tribus eingetragen wurden, sollten nun auf sämtliche Tribus verteilt werden (so auch TAYLOR [1960], 138f.; KUNKEL / WITTMANN [1995], 403, 427 Anm. 117). MOMMSEN glaubte daneben auch uneheliche Kinder von der Maßnahme begünstigt. In der Form, daß das allein der Inhalt des Plebiszits gewesen sei, hat diese Deutung ebenfalls Anhänger gefunden. Vgl. E. BADIAN, Rez. Taylor (1960), JRS 52 (1962), 207; FEIG VISHNIA (1996), 154-156 (mit Lit.). ELSTER (2003), 324f., wiederum glaubt, die Bürger, die in der Hausgewalt eines anderen standen, seien unabhängig von ihrem *pater familias* eingetragen worden; doch solche Listen existierten ohnehin schon – für die Aushebung (vgl. KUNKEL / WITTMANN, 430) –, und es ist nicht klar, inwiefern eine solche Änderung der eigentlichen Zensusliste dem betreffenden Personenkreis zu einer ›gewissen Selbständigkeit‹ hätte verhelfen können. Gegen die öfters geäußerte Vermutung, Scipio habe hinter Culleos Initiative gestanden, vgl. mit Recht BADIAN, 205. Ebensowenig geben die Quellen umgekehrt einen Hinweis darauf, daß ihm die Maßnahme schaden sollte.

10 Liv. XXXVIII 36,10: *M. Claudius Marcellus censor, sorte superato T. Quinctio, lustrum condidit.* Weitere Fragen, die im Zusammenhang mit dem Zensus aufkamen, wurden von den Zensoren weder gestellt noch beantwortet. Die unglücklichen Kampaner, die durch ihren Abfall im Zweiten Punischen Krieg alles verloren hatten, wurden auf ihre Anfrage hin vom Senat zur Schätzung nach Rom befohlen; später erlangten sie dann das *conubium*. Über die Bewohner von Formiae, Fundi und Arpinum kam es zum Streit zwischen den Volkstribunen, aber der Senat entschied,

In den fünf folgenden Jahren verschwindet Flamininus fast völlig aus dem Gesichtskreis unserer Quellen. Das ist aber nicht als allmählicher Rückzug aus dem politischen Leben zu werten, sondern erklärt sich aus der relativen Ereignislosigkeit jener Jahre. Seine Bemühungen um die Heimkehr des Boioters Zeuxippos – die einzige Gelegenheit, bei der er erwähnt wird – zeigen ihn, trotz der letztlichen Erfolglosigkeit, als eines der Schwergewichte im Senat.[11] Im Jahr 187 verließ Scipio Africanus die politische Bühne. Es ist hier nicht der Ort, auf die sogenannten Scipionenprozesse einzugehen, ein ebenso vielbehandeltes wie wegen der schwierigen Quellenlage kaum vollauf zu lösendes Problem der Alten Geschichte. Aber so viel ist klar: Einer der Hintermänner, wenn nicht der Hintermann der Attacke war Cato;[12] die vorgebrachten Anklagen dienten weniger der Beseitigung eines Mißstandes als der Beschädigung der Scipionen; der Angriff richtete sich zunächst gegen den Bruder Scipios, galt in erster Linie aber diesem selber; er erreichte sein Ziel, das vielleicht nicht gerade in der politischen Vernichtung des Africanus bestand, aber doch in der Beschneidung von dessen Einfluß.[13] Seltsam ist nur, daß dieser Einfluß keineswegs so

---

daß diese das volle Bürgerrecht erhalten sollten, wenn es das Volk so bestimme. In einer *lex Valeria* wurden dann die Tribus festgelegt, in welche die neuen Vollbürger eingeschrieben wurden (Liv. XXXVIII 28,4; 36,5-9). Vgl. HUMBERT (1978), 312 Anm. 96, 350, 352 Anm. 55; TAYLOR (1960), 18; KUNKEL / WITTMANN (1995), 400; FEIG VISHNIA (1996), 156f. BADIANS (1962), 205, Vorbehalt gegen eine Rolle Scipios gilt auch hier.

11 S. o. S. 347-349.

12 Catos Rolle wird mehrmals in den Quellen bezeugt: Liv. XXXVIII 54,1f.11; Plut. Cato mai. 15,1f.; comp. Arist. Cato mai. 5,4; Gell. IV 18,7; Cass. Dio XIX frg. 65,1. Allgemein zum Gegensatz zwischen Scipio und Cato ASTIN (1978), 70-73.

13 An der Überlieferung verzweifelte schon Liv. XXXVIII 56f. SCULLARD (1973), XXXI-XXXIII, 142f., 151f., 290-303, gibt einen Überblick über die Quellenlage, nennt die relevante Literatur und versucht eine Rekonstruktion der Ereignisse, die inzwischen als gängig gelten kann. Die wichtigste seither erschienene Abhandlung ist GRUEN (1995) (mit Lit.), der erneut und meines Erachtens zu Recht dafür plädiert, von einer einzigen Attacke im Jahr 187 auszugehen, anstatt den Prozeß gegen Lucius 187 anzusetzen und Publius' letzten Kampf drei Jahre später, 184. GRUEN weist mit Recht darauf hin, daß die Auseinandersetzungen um die Scipionen nicht isoliert zu betrachten sind, sondern als Teil des Konflikts zwischen individueller Autorität und kollektiver Staatsführung, der in der Umbruchszeit nach dem Zweiten Punischen Krieg besonders heftig ausgetragen wurde. Er schüttet aber das Kind mit dem Bade aus, wenn er mit der berechtigten Ablehnung einer Interpretation in den Kategorien gentilizischer Parteien auch persönliche Absichten und Gegensätze weitgehend zurückweist. Es sei gar nicht um die Scipionen selber gegangen, sondern um die Begrenzung der Machtfülle staatlicher Repräsentanten, die fern von Italien kämpften. Eine solch strikte Trennung zwischen Persönlichem und Sachlichem, ohnehin schwierig, scheint mir für die römische Politik unmöglich zu sein. Natürlich wurde um die Rolle des einzelnen gestritten, aber das geschah deshalb so erbittert und fand derart großes Interesse, weil Scipio der Angegriffene war. Wäre es nur um den Verbleib der Gelder aus dem Antiochoskrieg gegangen, bliebe die Verwicklung Scipios in die Angelegenheit rätselhaft. Lucius hatte schließlich das Kommando geführt. Familienehre, Stolz, Mißgunst und die Grenzen und Möglichkeiten des Scipionischen (nicht irgendeines individuellen) Einflusses spielten nicht nur eine Rolle, über sie wurden oft auch

groß war, wie behauptet wurde. Von einem Scipionischen *regnum in senatu* konnte keine Rede sein, und es deutete auch nichts darauf hin, daß Scipio etwas in dieser Art anstrebte. Anfang 188 waren die Brüder aus dem Osten zurückgerufen worden, so daß sie nicht, wie einst Flamininus, Gelegenheit erhielten, nach dem Sieg auf dem Schlachtfeld auch das eroberte Gebiet neuzuordnen.[14] Scipios Einfluß war groß, wahrscheinlich größer als der eines jeden anderen. Aber er vermochte nicht nur nichts gegen einen einigen Senat, sondern konnte auch gegen eine Koalition einiger Konkurrenten wenig ausrichten, es sei denn, er besorgte sich seinerseits Verbündete, was dann aber wieder Kompromisse und Rücksichten verlangte. Schon daß Flamininus ohne ihn groß geworden, zum zweiten Mann Roms aufgestiegen war, belegt die Grenzen der Scipionischen Macht. Der Africanus war dem Namen nach *princeps senatus*, der Sache nach tatsächlich der Erste unter mehr oder weniger Gleichen. Das gehörte zu einem aristokratischen System, und das Roms hielt eine derartige, bedingte Vorrangstellung eines einzelnen normalerweise aus. Das Vorgehen gegen Scipio ist also erklärungsbedürftiger, als es auf den ersten Blick den Anschein hat. Noch problematischer ist, daß sich im Senat kaum eine Hand für Scipio rührte. Man hätte erwarten können, daß die Senatoren sich geschlossen hinter ihr vornehmstes Mitglied stellten und so den Anklägern den Boden unter den Füßen wegzögen. In Krisensituationen verständigte man sich immer wieder auf solches kollektive Handeln.

Daß Flamininus dem Ganzen bloß zusah, ist leichter zu motivieren. Ein Machtverlust Scipios weitete den eigenen Spielraum aus. Und als dieser dann, enttäuscht und trotzig, in Liternum privatisierte, kann in Rom nur Flamininus zur Nummer eins aufgerückt sein. Das brachte noch mehr Einfluß, freilich auch, wie ja eben zu beobachten gewesen war, zusätzliche Mißgunst. Wir wissen nicht, ob Flamininus eine ähnliche Attacke wie auf Scipio fürchtete. Als sie dann kam, und zwar aus derselben Ecke, war er jedenfalls unvorbereitet.

Lucius Flamininus hatte während seines Konsulats 192 in Gallien gekämpft, im Gebiet der Ligurer und dem der Boier, durchaus erfolgreich, aber nicht sonderlich spektakulär. Ein Triumph hatte nie zur Debatte gestanden.[15] Da die Amtspflichten den Konsul keineswegs ununterbrochen in Anspruch nahmen, hatte er viel Zeit für eine mitgebrachte Geliebte von zweifelhaftem Ruf. Um ihr zu imponieren, fing er einmal beim Essen in Placentia davon an, wie streng er seine Untersuchungen führe und wie viele

---

erst sachliche Anliegen definiert. Man darf die römischen Politiker nicht in Kategorien denken lassen, die aufzustellen erst Recht und Pflicht des Historikers ist.

14 Liv. XXXVIII 54,6: *regnum in senatu Scipionum*. 188: Liv. 50,1-3; 51,10. Vgl. SCHLAG (1968), 165-167; SCULLARD (1973), 133, 136; GRUEN (1995), 69.

15 Liv. XXXV 20,2.7; 22,3f.; 40,2.4.

zum Tode Verurteilte er im Keller habe, die er mit dem Beil hinrichten lassen werde. Die Frau, durchaus beeindruckt, sagte, eine Hinrichtung dieser Art habe sie noch nie gesehen, wolle das aber gern nachholen. Lucius faßte diese Äußerung ernster auf, als sie vielleicht gemeint war. Sofort ließ er einen der Todeskandidaten herbeischaffen und während der Mahlzeit exekutieren. Mit dieser Tat beging Lucius kaum einen Rechtsverstoß, schließlich wurde eine beschlossene Hinrichtung bloß vorgezogen. Den Charakter des Konsuls zeigte sie freilich im düstersten Licht, und, was wichtiger war, mit dem von einem Magistrat erwarteten Verhalten war sie unvereinbar. Schon die bloße Anwesenheit der Geliebten während eines Feldzugs mußte anstößig erscheinen. Freilich sind Wertvorstellungen das eine, tatsächliches Handeln das andere. Angesichts der unumschränkten Machtfülle eines Konsuls und Praetors in seiner Provinz, angesichts des Fehlens einer Kontrolle durch den Senat – die sich höchstens auf das Militärische und die hohe Politik bezog – wird man annehmen dürfen, daß auch andere Amtsträger ihren Launen und Neigungen ohne jede Rücksicht folgten. Lucius' Verhalten stellte vielleicht, so kann man zugunsten der Römer annehmen, eine besondere Roheit dar, aber eine isolierte Ausnahme war es gewiß nicht.[16]

---

16 Liv. XXXIX 42,7-43,4. Livius gibt zwei Versionen wieder. Die im Text ausgeführte ist diejenige des Valerius Antias, die andere stammt aus Catos Rede gegen Lucius (s. u.). Bei Cato hat Lucius einen Geliebten, den Punier Philippus, den er mit der Aussicht auf große Geschenke von Rom nach Gallien gelockt hat. Öfters zieht der Junge den Konsul damit auf, daß er, nur um ihm zu folgen, in Rom einen Gladiatorenkampf verpaßt habe. Während einer Mahlzeit wird dem schon angetrunkenen Konsul gemeldet, ein vornehmer Boier sei da, der sich mit seinen Kindern auf die römische Seite geschlagen habe. Vom Konsul wolle er persönlich *fides*, also Sicherheit und Schutz, erlangen. Während der Boier den Konsul mit Hilfe eines Dolmetschers anspricht, fragt Lucius den Geliebten, ob er zur Entschädigung für den entgangenen Gladiatorenkampf einen sterbenden Gallier sehen wolle. Als dieser, kaum im Ernst, zustimmt, greift der Konsul persönlich zum Schwert, trifft den sprechenden Boier am Kopf, stellt dem Fliehenden nach, der an die *fides* des römischen Volkes und der Umstehenden appelliert, und tötet ihn mit einem Hieb in die Seite. Das Szenario ist bei Cato lebendiger gestaltet als bei Antias, doch das mag an Livius' Zusammenfassung liegen. Die Hauptunterschiede sind: Lucius hat ein homosexuelles Verhältnis, er greift selbst zur Waffe, und sein Opfer ist ein schutzsuchender Ausländer. Diese Version ist für Lucius natürlich erheblich nachteiliger. Livius verwirft Antias' Darstellung, weil dieser Catos Rede nicht gelesen habe und einer unverbürgten Erzählung folge. Der Hinweis auf die Primärquelle Cato ist auch nach heutiger Methodik völlig korrekt. Cicero, der den Ereignissen am nächsten steht, spricht neutral vom *scortum*, legt sich also nicht auf das Geschlecht von Lucius' Liebschaft fest, im Kern folgt er aber Antias: Ein verurteilter Verbrecher wird mit dem Beil erschlagen (Cato 42). Plutarch gibt Flam. 18,5-10 in manchem eine Mischung, er hat in den Hauptpunkten einen Geliebten (wie Cato) und einen vom Henker hingerichteten Verbrecher (wie Antias). Ausdrücklich nennt Plutarch aber die abweichenden Versionen und beruft sich auf seine Liviuslektüre. Er wendet sich gegen die Zurücksetzung des Antias, weil Cato die Anklage in seiner Rede sicherlich verschärfte. Der Hinweis auf die Parteilichkeit einer zentralen Quelle ist methodisch ebenfalls völlig korrekt. Weniger zwingend ist freilich Plutarchs nächstes Argument, daß Cicero in der Identität des Opfers mit Antias übereinstimme; immerhin erfahren wir hier, daß noch viele andere Quellen (ἄλλοι πολλοί) diese Version vertreten (zu den sich aus einer anderen biographischen Perspektive ergebenden, die Substanz nicht berührenden Unterschieden im Cato mai. 17,1-5 vgl. F. MOYA, Per-

Mehr als sieben Jahre lang interessierte sich niemand für Lucius' Tat. Wie das Folgende zeigt, wurde sie nicht öffentlich bekannt. Höchstens sprach man hinter vorgehaltener Hand davon, pikiert oder amüsiert, entsprechend der eigenen charakterlichen Disposition. Erst der Zensor Cato brachte sie an die Öffentlichkeit. Cato hatte im Wahlkampf, der noch heftiger war als der von 189, bereits angekündigt, ein freier und mutiger Zensor sein zu wollen, der die neuen Schandtaten bestrafen und die alten Sitten erneuern wolle. Wahlprogramme waren äußerst ungewöhnlich in Rom, und derartige konnten der Nobilität nur Angst machen. Trotzdem, oder eher deswegen, gewann Cato den nötigen Rückhalt bei der Wählerschaft und setzte sich zusammen mit seinem Kompagnon L. Valerius Flaccus durch.[17] Beunruhigt erwartete das Establishment den Vollzug des ersten Amtsgeschäfts, der *lectio senatus*. Tatsächlich brachen Cato und Flaccus mit der milden Verfahrensweise ihrer Vorgänger, auch, was die Zahl der Ausgestoßenen betraf – sieben –, vor allem aber hinsichtlich deren Ranges. Denn

spectivismo en Plutarco: *Cato Maior* 346 a-c y *Titus Flamininus* 379 b-d, in: M. García Valdés [Hrsg.], Estudios sobre Plutarco: Ideas religiosas, Madrid 1994, 475-486). Antias folgen auch Val. Max. II 9,3 und vir. ill. 47,4. Die Variationen bei Sen. contr. IX 2 bezeugen die Beliebtheit des Themas in den Rhetorenschulen, tragen aber nichts zum historischen Verständnis bei. Welche Fassung verdient mehr Vertrauen? NISSEN (1863), 226, hatte keine Zweifel: »Daß . . . die Rede Cato's den größten Anspruch auf Glaubwürdigkeit hat, braucht kaum bemerkt zu werden«. Diesem Urteil ist die Forschung meist stillschweigend gefolgt, schon aus Abneigung gegen Valerius Antias. Doch löst man sich von dieser, wiegt Plutarchs Vorbehalt gegen Cato schwer. Dieser hatte als Zensor allen Grund, die Dinge so darzustellen, daß sie Lucius' Ausschluß aus dem Senat rechtfertigten. Entscheidend scheint mir, daß Catos boiischer Adeliger – der plötzlich Latein zu sprechen scheint – laut an die *fides populi Romani* appelliert. Das klingt seltsam aus dem Mund eines Galliers, perfekt zugeschnitten auf eine römische Zuhörerschaft. Antias' Version ist frei von solchen Auffälligkeiten. W. SUERBAUM, Sex and Crime im Alten Rom: von der humanistischen Zensur zu Cato dem Censor, WJA 19 (1993), 92, verweist in Aufnahme von Ausführungen PETRARCAS auf die generelle Zuverlässigkeit des Gewährsmannes Cato und den Umstand der öffentlichen Auseinandersetzung, der es Cato unmöglich gemacht habe, vor den Ohren des Beschuldigten die Wahrheit zu verfälschen. Das erste Argument, an sich schon wenig beweiskräftig, kann bei einem so streitlustigen Mann wie Cato nicht verfangen. Das zweite wiegt schwerer. Nicht gangbar ist der Ausweg, die später redigierte Rede, die Livius vorlag, habe sich von der tatsächlich gehaltenen stark unterschieden, wie dies bei manchen Ciceroreden der Fall ist. ASTIN (1978), 134-137, nimmt mit guten Gründen an, daß die schriftlichen Versionen von Catos Reden sich nicht allzusehr von den mündlich vorgetragenen unterschieden. Ich werde unten zu zeigen versuchen, daß Cato tatsächlich eine in einigen wesentlichen Details von der Wahrheit abweichende Version vortrug, ohne daß Lucius viel dagegen machen konnte. Zum Quellenproblem vgl. auch P. FRACCARO, Ricerche storiche e letterarie sulla censura del 184/183 (M. Porcio Catone L. Valerio Flacco), in: ders., Opuscula, Pavia 1956, 422f., 426-433; ferner F. MÜNZER, Atticus als Geschichtschreiber, Hermes 40 (1905), 73f.; E. M. CARAWAN, Cato's Speech against L. Flamininus: Liv. 39.42-3, CJ 85 (1989/1990), 316-322, 324-329; C. THEANDER, Plutarch und die Geschichte, Lund 1951, 76f.; E. VALGIGLIO, Alcuni aspetti di Cicerone come fonte di Plutarco, in: Studi in onore di Aristide Colonna, Perugia 1982, 283-287.

17 Liv. XXXIX 40,1-3; 41,1-4: *liberam et fortem censuram* (3) . . . *castigare se nova flagitia et priscos revocare mores* (4); Plut. Cato mai. 16,1.4-8. Vgl. ASTIN (1978), 75-77. Zu römischen Wahlprogrammen s. o. S. 64 Anm. 133.

zum ersten Mal seit 275 (und zum letzten Mal, soweit wir wissen, bis 115) wurde ein Konsular aus dem Senat entfernt: eben Lucius.[18]

Was Cato und Flaccus hinter verschlossenen Türen festgelegt hatten, gaben sie bei der öffentlichen Verlesung der Senatsliste bekannt. Die Flaminini waren geschockt. Der Grund für die Maßnahme blieb zunächst unklar. Zwar wurden die Namen der ausgestoßenen Senatoren mit einer erklärenden *nota* versehen, aber diese gab nicht den speziellen Fall an, sondern nur die Art des Verstoßes: in Lucius' Fall wohl Mißbrauch der Amtsgewalt. So herrschten zunächst Erstaunen und Rätselraten vor. Lucius' Tat war offenbar nie zum Stadtgespräch geworden. Kurz darauf holten die Flaminini zum Gegenschlag aus, vielleicht nur wenige Stunden später, vielleicht am nächsten Tag. Lange zu zögern konnten sie sich nicht leisten. Die Brüder zeigten sich niedergeschlagen und weinend vor dem Volk. Die Geste verfehlte ihre Wirkung nicht. Die Flaminini fanden allgemeine Zustimmung mit ihrer Forderung nach einer näheren Begründung für Lucius' Ausstoßung. Cato mußte vor einer Contio Rede und Antwort stehen. Doch der vermeintliche Erfolg geriet zum Debakel. Der Zensor fragte Flamininus, ob er von dem Essen wisse. Als dieser verneinte, erzählte Cato die Geschichte, im wesentlichen korrekt, aber mit einigen Ausschmückungen im Detail. Am Schluß seiner Rede bot er Lucius eine gerichtliche Untersuchung an, falls dieser seine Ausführungen bestreite. Doch Lucius schwieg. Damit war die Sache entschieden. Das Volk gab Cato das Ehrengeleit.[19]

18 Liv. XXXIX 42,5; Plut. Cato mai. 17,1.7; Flam. 19,1. Ob 184 auch ein Praetorier notiert wurde, ist unsicher (vgl. ASTIN [1978], 80 mit Anm. 7). Im Jahr 199 wurde kein Senator ausgestoßen, 194 drei, 189 vier, kein einziges Mal jemand von kurulischem Rang; 179 waren es wieder nur drei, 174 aber neun, darunter ein Praetor und ein Praetorier, und 169 sieben (Liv. XXXII 7,3; XXXIV 44,4; XXXVIII 28,2; XL 51,1; XLI 27,2; XLIII 15,6). 275 wurde der Konsular P. Cornelius Rufinus notiert (Liv. per. XIV), 115 C. Licinius Geta (Cic. Cluent. 119; Val. Max. II 9,9). Man beachte jedoch, daß uns für einen Großteil des dritten Jahrhunderts ebenso wie für die 48 Jahre zwischen 164 und 115 Angaben über Zahl und Rang der Ausgestoßenen fehlen. Vgl. A. E. ASTIN, *Regimen morum*, JRS 78 (1988), 27-30 (mit tabellarischer Übersicht über die Notierungen); FRACCARO (1911), 483f.; KUNKEL / WITTMANN (1995), 443f.

19 Plut. Flam. 19,1-5; Cato mai. 17,5f.; Liv. XXXIX 42,6; 43,5. Livius übergeht die öffentliche Konfrontation der Flaminini mit Cato fast völlig. Der im Text geschilderte Verlauf entspricht Plutarchs *Flamininus*. Im knapperen *Cato maior* tritt Flamininus allein vor das Volk, doch bei Catos Rede ist dann auch Lucius dabei. Zunächst versucht dieser Catos Darstellung des Sachverhalts zu leugnen, als ihm dann aber eine gerichtliche Klärung angeboten wird, gibt er auf. In der Substanz besteht kein Unterschied zwischen den Viten. Eine überzeugende Rekonstruktion des äußeren Ablaufs gibt W. J. TATUM, The *Lex Clodia de censoria notione*, CPh 85 (1990), 36-39, 43, bes. 39 mit Anm. 27. Jedoch gibt es keinen Grund, mit TATUM an Plutarchs Bemerkung zu zweifeln, Cato habe am Schluß seiner Rede Lucius Gelegenheit zur Erwiderung gegeben. Zum Ablauf vgl. auch FRACCARO (1911), 432f.; SCULLARD (1973), 158; CARAWAN (1989), 323f.; J. CROOK, *Sponsione provocare*: Its Place in Roman Litigation, JRS 66 (1976), 133, der passim die Bedeutung von Catos Aufforderung zur *sponsio* analysiert. Vgl. auch MOMMSEN (1887) II, 378, 421f.; KUNKEL / WITTMANN (1995), 406 mit Anm. 46; ASTIN (1988), 21. Zur Bedeutung von Bitt- und Trauergesten vor dem Volk vgl. FLAIG (2003), 116-120.

Was motivierte Cato zu seiner *nota*? Es besteht kein Grund zu bezweifeln, daß ihn Lucius' Verhalten empörte. Amtsmißbrauch war ein Thema, das Cato sein Leben lang beschäftigte und das ihn immer wieder zu öffentlichen Anklagen veranlaßte. Doch die politischen Implikationen sind zu offensichtlich, als daß man Cato zu einem rücksichtslosen Streiter für Moral und Ordnung stempeln müßte.[20] Der Betroffene war nicht irgendein Senator, sondern ein Konsular. Und er war auch nicht ein Konsular wie zwanzig andere, sondern der Bruder des mächtigsten Mannes im Senat. Dessen Renommee konnte von Lucius' politischem Absturz nicht unbeeinträchtigt bleiben. Nicht ohne Grund fragten die Flaminini vor dem Volk, warum Cato ein berühmtes Haus in Schande stürze. Flamininus und Lucius waren in den Augen der Öffentlichkeit ohnehin enger verbunden als andere Brüderpaare, da sie beide zusammen im Osten gekämpft hatten. Die Spielart der politischen Intrige, einen mächtigen, unangreifbar scheinenden Mann zunächst durch Attacken gegen enge Mitarbeiter oder Verwandte zu treffen, ist wohlvertraut. Es hieße die Gutgläubigkeit überzustrapazieren, hielte man es für einen Zufall, daß Cato erst einen Angriff auf Scipios Bruder führte, drei Jahre später einen auf Flamininus'. Die Opfer waren nicht ohne Bedacht gewählt.

Cato war ein streitbarer Mann. Seine politische Profilierung suchte er vor allem in der Auseinandersetzung mit Mitgliedern der Nobilität. Als *homo novus* konnte er das besonders glaubwürdig tun, und als Kritiker der seiner Ansicht nach mehr ruhm- als leistungsbezogenen familiären Traditionen der großen Geschlechter war er sogar auf diesen Weg verwiesen.[21] Je gewichtiger der Gegner, desto höher die allgemeine Aufmerksamkeit und desto größer, im Erfolgsfall, der Prestigegewinn. Daß Cato die Attacke gegen Scipio dirigiert hatte, war nicht geheim geblieben und sollte es sicher auch nicht. Selber hervorzutreten war Cato damals zu riskant gewesen – eine völlig berechtigte Besorgnis –, und als *privatus* hatte ihm die entsprechende Stellung gefehlt. Für den Zensor sahen die Dinge anders aus. Lucius' Vergehen war ohnehin am ehesten mit dem *regimen morum* zu greifen. Cato hatte eine strenge Amtsführung versprochen. Die hochgespannten Erwartungen wurden um so überzeugender erfüllt, je prominentere Politiker ihr zum Opfer fielen. Man würde sich nicht wundern, wenn Cato gezielte Nachfor-

20 Dieser Versuchung erliegt ASTIN (1978), 86-90, 324f., da er allzu bereitwillig Catos Selbstdarstellung folgt. Vgl. dagegen etwa die abwägende Darstellung FRACCAROS (1911), 484-486.

21 Cato stand der nobilitären Rechtfertigung politischer Ansprüche durch Herausstellung der eigenen *maiores* grundsätzlich ablehnend gegenüber; statt dessen betonte er die Traditionen des gesamten römischen Volkes. Vgl. W. BLÖSEL, Die Geschichte des Begriffes *mos maiorum* von den Anfängen bis zu Cicero, in: B. Linke / M. Stemmler (Hrsgg.), *Mos maiorum*, Stuttgart 2000, 53-59; ferner FLAIG (2003), 94.

schungen hätte anstellen lassen. In Flamininus' Vergangenheit ließ sich offenbar nichts Passendes finden – die Ermordung des Brachylles war nicht so spektakulär und im Augenblick vielleicht auch noch ein gutgehütetes Geheimnis –, aber ein Angriff auf den weniger bedeutenden Lucius war ohnehin geschickter. Bei Flamininus hätte nämlich ein größeres Risiko bestanden, daß sich die Nobilität mit ihm solidarisierte. Über den Bruder aber war er genauso zu treffen.

Dies wird noch klarer, wenn man sich Flamininus' Handlungsmöglichkeiten ansieht. Hätte er nicht reagiert oder seinen Bruder allein opponieren lassen, wäre ihm dies als schwerer Bruch seiner familiären Verpflichtungen angerechnet worden. Den daraus entstehenden Schaden konnte nichts übertreffen, was eine Konfrontation mit Cato bringen mochte. Auch in der Art des Vorgehens hatte Flamininus keine Wahl. Als Ausdruck des *regimen morum* stellte die zensorische *nota* keinen juristischen Akt war, konnte also nicht auf dem Rechtsweg angefochten werden.[22] Es blieben informelle Methoden. Daß man im Senat viel erreichen würde, stand nicht zu erwarten. Cato war mit solchem Druck bekanntlich kaum beizukommen. Es blieb nur der Appell ans Volk, und tatsächlich hatte Flamininus, der sich mit politischen Gesten ja gut auskannte, damit Erfolg. Ziel der Aktion konnte nur sein, Cato in der Contio zum Eingeständnis eines Fehlers und zur Rücknahme der Notierung zu zwingen. Gleichzeitig wäre die großangekündigte freie Zensur früh gescheitert, Catos Karriere hätte einen empfindlichen Knacks bekommen. Doch der Zensor zeigte sich der Herausforderung gewachsen. Die Schritte seiner Gegner waren weitgehend vorauszusehen gewesen, und so konnte er in Ruhe seine Rede vorbereiten. Sein größter Trumpf war natürlich die Unbestreitbarkeit von Lucius' Vergehen. Angesichts der schlechten Ausgangslage fragt man sich, mit welcher Taktik die Flaminini eigentlich zum Erfolg kommen wollten.

Die eine Möglichkeit ist, daß die Brüder bis zuletzt im unklaren über den Anlaß für die *nota* blieben. Lucius hielt den Vorfall schlicht für zu unbedeutend, als daß er ihm einfiel. Doch das würde bedeuten, daß sein eigenes Normempfinden wesentlich von dem durchschnittlichen der Gesellschaft abwich und er sich in der Konsequenz öfters derartige Eskapaden erlaubte. In der Überlieferung wird ihm jedoch keine weitere Verfehlung zur Last gelegt, obwohl Catos Rede noch Livius vorlag. Der Zensor hätte es kaum versäumt, weitere scharfe Munition abzufeuern, wenn er sie denn gehabt hätte.[23] Aber selbst wenn die Flaminini nicht von selber auf den Grund kamen, sollte es ihnen möglich gewesen sein, sich die Information zu besor-

22 Vgl. FRACCARO (1911), 430-432; ASTIN (1988), 20 mit Anm. 25.

23 Liv. XXXIX 42,8; 43,5 spricht nur davon, Cato habe Flamininus *inter cetera* die Tat in Gallien vorgeworfen. Offenbar waren die übrigen Vorwürfe ohne Substanz.

gen. Cato muß sich genaue Kenntnis über das Ereignis verschafft haben, was nicht unbemerkt geblieben sein kann. Ohnehin sollte man Flamininus nicht ohne weiteres die Unbedarftheit zusprechen, zum Gegenschlag auszuholen, ohne die Waffen des Feindes überhaupt gesehen zu haben.

Trotzdem antwortete er auf Catos Frage nach seinem Wissen um Lucius' Tat mit Nein. Etwas anderes als diese Lüge blieb ihm freilich nicht übrig, da er eben noch vor dem Volk seine Unkenntnis beklagt hatte. Ein Ja hätte ihn dem bohrenden Verdacht ausgesetzt, daß er das Verhalten seines Bruders für einen geringfügigen Verstoß hielt. Das setzt freilich voraus, daß die Flaminini den empörenden Vorfall weder als solchen noch in seinem Ablauf in Frage stellten. Nur wenn sie das getan hätten, hätte Flamininus glaubwürdig mit Ja antworten, sich Catos Darstellung anhören und dann überrascht seine eigene, viel harmlosere Version erzählen können. Das wäre der überzeugendste Weg gewesen, Cato ins Unrecht zu setzen. Der Zensor hatte sich aber gut informiert. An den Tatsachen gab es nichts zu bezweifeln. Deshalb wollten sich die Brüder erst gar nicht auf eine Diskussion über das Unbestreitbare einlassen. Ihre Absicht kann demnach nur gewesen sein, nach Catos unvermeidbarer Präsentation der Realien auf einer anderen, höheren Ebene zu antworten. Vermutlich wäre es um Lucius' Verdienste um die *res publica* gegangen, seine Erfolge in Griechenland und vor allem in Gallien, die Schmach für den Bruder, der nach den schönsten Siegen nun eine solche Entehrung hinnehmen müsse etc. Eine derartige Argumentation hätte vielleicht verfangen, da Lucius' Tat zwar anstößig und unwürdig war, aber im Kern privaten Charakter trug. Das Gemeinwesen war nur insofern betroffen, als der Beschuldigte Senator und Konsul gewesen war. Der *res publica* war kein unmittelbarer materieller oder immaterieller Schaden entstanden.[24]

Auf diese Taktik war der glänzend vorbereitete Cato aber gefaßt. Um sie zu unterlaufen, stellte er den Ablauf des vor sieben Jahren Geschehenen in Details anders dar. Aus der Geliebten wurde ein Liebhaber, und der Konsul vollbrachte die Bluttat selber. Schlimm genug, doch das stellte noch keine qualitative Änderung dar. Entscheidend war: Getötet wurde nicht mehr ein verurteilter Häftling, um dessen Schicksal sich niemand scherte, sondern ein übergelaufener boiischer Adeliger, der den Schutz des Konsuls suchte und, schon sterbend, die *fides* des römischen Volkes anrief. Nun fiel Lucius' Verhalten plötzlich auf alle zurück, jeder Römer war von dem Frevel betroffen. Der Argumentation der Flaminini war damit von vornherein der Boden entzogen. Cato krönte seine rhetorische Meisterleistung mit der frechen Frage an Lucius, ob er gelogen habe. Dieser schwieg, wohl nicht nur

24 Der Ciceronische Cato deutet das an: *tam flagitiosa et tam perdita libido, quae cum probro privato coniungeret imperi dedecus* (Cic. Cato 42).

aus Verblüffung. Catos Version zu bestreiten hätte zu eben dem Streit über die Fakten geführt, den die Brüder vermeiden wollten. Lucius hätte absurderweise argumentieren müssen, er habe gar keinen Boier, sondern nur einen Sträfling beim Essen getötet, und er habe auch keinen Lustknaben beim Feldzug dabeigehabt, sondern eine Frau. Aus seinem eigenen Mund hätte das nur lächerlich gewirkt. Lucius tat gut daran zu schweigen, denn zu sagen gab es nichts mehr. Die Flaminini hatten verloren.[25]

Flamininus war bislang beim Kampf um die Gunst des Volkes nie unterlegen, und daraus hatte sich wohl zu einem guten Teil die Gewißheit gespeist, die Dinge auch jetzt wenden zu können. Nun fand er aber seinen Meister. Neben der Schmach für die Familie mußte er den öffentlichen Prestigeverlust hinnehmen. Es ist nachvollziehbar, aber auch bezeichnend für seinen Charakter, daß Flamininus sich nicht in die Niederlage fügte, sondern sich mit allen Mitteln rächen wollte. Er tat sich mit Catos alten, nicht wenigen Feinden zusammen – ein Hinweis darauf, daß er bislang nicht zu ihnen gehört hatte – und ermunterte einige Volkstribunen, Cato vor dem Concilium plebis auf eine Zahlung von zwei Talenten zu verklagen. Dieser Multprozeß, dessen sich Cato selbst gegen Scipios Bruder bedient hatte, scheiterte freilich, wahrscheinlich schon in den Anfängen. Auch den Bau der Basilica Porcia, der aus öffentlichen Geldern finanziert wurde, versuchte Flamininus zu verhindern. Doch sein Widerstand gegen ein öffentliches Nutzbauwerk mußte absurd erscheinen.

Erfolg hatte er zunächst nur bei seinem Widerstand gegen andere ökonomische Maßnahmen der Zensoren. Cato und Flaccus hatten die routinemäßig zu vergebenden öffentlichen Arbeiten zu einem sehr niedrigen Preis verdingt, die Staatseinkünfte aber zu einem sehr hohen verpachtet. Nach dem Abschluß begannen die *publicani* sich bald Gedanken um ihre niedrigeren Profite zu machen. Bedenken der Wirtschaft fanden in Rom nicht ganz so leicht Gehör, wie es in der heutigen Politik der Fall zu sein pflegt. Aber Flamininus nutzte die Gelegenheit und vertrat die Angelegenheit der *publicani* vor dem Senat. Tatsächlich wurden die zensorischen Abschlüsse pauschal kassiert, der Senat ordnete eine neue Ausschreibung an. Flamininus setzte sich durch, weil er sein Interesse mit dem der *publicani* verbinden konnte. Dadurch gewann der private Rachefeldzug erheblich an Substanz. Der Ausgang war freilich enttäuschend. Cato und Flaccus schlossen diejenigen *publicani*, die sich an Flamininus gewandt hatten, einfach von der Versteigerung aus und vergaben alles zu nur unwesentlich günstigeren

25 Der grundsätzliche Tenor der Geschichte änderte sich ja nicht, wie Liv. XXXIX 43,4 ausdrücklich bezeugt: *facinus, sive eo modo, quo censor obiecit, sive, ut Valerius tradit, commissum est, saevum atque atrox* (43,4). Die Variante im *Cato maior* (s. o. Anm. 19) läuft auf dasselbe hinaus: Lucius streitet zunächst rundweg alles ab, ohne sich in eine Diskussion über die Einzelheiten einzulassen, und gibt dann auf.

Preisen an andere Unternehmer, die wahrscheinlich froh waren, überhaupt zum Zug zu kommen.[26]

Von einer weiteren Intervention Flamininus' hören wir nichts. Vielleicht sah er jetzt die Vergeblichkeit seiner Bemühungen ein, die ein ums andere Mal die eigene Demontage beförderten. Wahrscheinlich war die Stimmung ohnehin gekippt. Das Volk war jedenfalls ganz auf Catos Seite,[27] und auch im Senat werden sich die Kollegen nicht mehr so dicht wie früher um den permanent Erfolglosen geschart haben. Weitere Anstrengungen hätten Flamininus wohl den Vorwurf eingebracht, den Zensor an der Erledigung seiner Amtsgeschäfte zu hindern. Doch Cato stützte nicht nur die Autorität seines Amtes, er hatte sich auch als überlegener Politiker erwiesen.

Zum ersten Mal hatte Flamininus einen deutlichen Karriereknick erlitten, als Mittvierziger, nach bald dreißig Jahren öffentlicher Tätigkeit. Immer noch war er ein einflußreicher Mann, wie seine führende, wenn auch destruktive Rolle in der Kommission für die spartanischen Verbannten zeigt. Das Fehlen eines Senatsauftrages für die Peloponnes, das wenig später Philopoimen gegen ihn nutzte, beweist noch nicht das Gegenteil. Aufschlußreicher ist seine Privatintrige um Demetrios, die er im Gegensatz zur vorherrschenden Stimmung im Senat betrieb. Flamininus war kein Meinungsführer in einer zentralen Frage der Ostpolitik, und dies gibt immerhin ein Indiz für eine wachsende Isolierung. Bislang war, soweit wir wissen, keine offene Kritik an seiner Person laut geworden. Aber die Ressentiments waren schon so groß, daß ihm seine letzte große öffentliche Aufgabe, obwohl äußerlich erfolgreich, zu Hause Anfeindungen in bislang unbekanntem Ausmaß eintrug.

Auf Hannibaljagd

Im Jahr 183 wurde Flamininus noch einmal in den Osten entsandt. Im vorhergehenden Kapitel war schon die Rede von seinem Zwischenstop auf der Peloponnes, aber Flamininus' Auftrag bezog sich auf Bithynien und Syrien. Was er bei Seleukos IV. zu erledigen hatte, wissen wir nicht. Prusias I. hatte von den Scipionen während des Antiochoskrieges beruhigende Zusicherungen erhalten, dann aber hatte Rom bei der Neuordnung Asiens die von ihm besetzte Phrygia Epiktetos dem König von Pergamon zugesprochen. Dar-

26 Plut. Cato mai. 19,1-3; Flam. 19,6f.; Liv. XXXIX 44,7f. Vgl. ASTIN (1978), 84-86; E. BADIAN, Zöllner und Sünder, Darmstadt 1997, 37-39; FRACCARO (1911), 499-501. Die Aufhebung der zensorischen Abschlüsse durch den Senat war ein singulärer Akt (vgl. KUNKEL / WITTMANN [1995], 400). Zum Multprozeß gegen Magistrate vgl. EBD., 634-636. Nach Plin. nat. VII 100 hatten Anklagen gegen Cato niemals Erfolg.

27 Plut. Cato mai. 19,4.

über war es zum Krieg zwischen den Herrschern gekommen. Flamininus brachte Prusias nun dazu, die Kampfhandlungen einzustellen und Eumenes das Streitobjekt zu überlassen. Diese Aufgabe war offenbar weniger schwierig, als man zunächst annehmen würde, zumindest verlieren unsere Quellen kaum ein Wort darüber.[28] Auf Flamininus' Politik im Osten wirft diese Gesandtschaft kein Licht. Berühmt ist sie aber geworden, weil durch ihre Intervention Hannibal zum Selbstmord gezwungen wurde.

So breit Hannibals Ende überliefert ist, so schwierig ist die Quellenlage. Polybios ist für dieses Ereignis verloren. Die Überlieferung ist von mehreren Tendenzen geprägt, die einer Analyse von Flamininus' Rolle nicht günstig sind: Alles Licht fällt natürlich auf den berühmten karthagischen Feldherrn, der unter kläglichen Umständen, aber tapfer in den Tod geht; Flamininus kommt nur die Rolle des Jägers zu. Entsprechend schlecht kommen die Römer weg, da sie einen alten und ungefährlichen Mann nicht in Ruhe sterben lassen. Insbesondere trifft dieses Urteil natürlich Flamininus, dessen Verhalten mit der Großzügigkeit Scipios gegenüber Hannibal kontrastiert wird. Diese Sichtweisen haben die Quellen in unterschiedlichem Maße geprägt. Das Flamininusbild ist diffus. Unklar ist insbesondere, wer auf römischer Seite die Verantwortung für Hannibals Tod trägt.

Zunächst aber das, was sicher ist oder worüber zumindest weitgehende Einigkeit herrscht. Flamininus war nicht der einzige Legat, aber der Führer der Gesandtschaft.[29] Bei Prusias drängte er auf die Auslieferung Hannibals. Dieser gab nach und ließ Hannibals Haus von Soldaten umstellen.[30] Flücht-

---

28 Polyb. XXI 11,1-12; 46,10 (dazu WALBANK [1979], 171f.); XXIII 5,1; Liv. XXXVIII 39,15; XXXIX 51,1; Iust. XXXII 4,8; Strab. XII 4,3. Vgl. CH. HABICHT, Über die Kriege zwischen Pergamon und Bithynien, Hermes 84 (1956), 90-100; DENS., RE XXIII 1 (1957), 1097-1103 s. v. Prusias 1. Anders GRUEN (1984), 112f., 552.

29 Liv. XXXIX 56,7 schreibt, Valerius Antias habe L. Cornelius Scipio und P. Cornelius Scipio Nasica, den Bruder und den Cousin des Africanus, als Flamininus' Kollegen genannt. Plut. Flam. 21,14 schweigt von Antias, bemerkt aber, daß einige Quellen von Lucius' Beteiligung und von einem Senatsauftrag zur Ermordung Hannibals berichten. Diese Nachricht wird gewöhnlich ohne weiteres verworfen (vgl. nur NISSEN [1863], 230; GRUEN [1984], 226 Anm. 111). F. MÜNZER, RE IV 1 (1900), 1483 s. v. Cornelius 337, vermutet, die Erfindung sollte den politischen Einfluß der Familie auch nach den Scipionenprozessen belegen. Eine andere Erklärung wird u. S. 383 gegeben. G. BANDELLI, I figli dell'Africano, Index 5 (1979), 127f., hält die Beteiligung, wenigstens soweit sie Lucius betrifft, für historisch, da die Scipionen 190 mit Prusias verhandelt hatten. Doch angesichts der unbefriedigenden Entwicklung seines Verhältnisses zu Rom und der jetzigen Intervention zugunsten Eumenes' mußten Prusias gerade die Scipionen suspekt sein, die in seinen Augen nicht Wort gehalten hatten.

30 Prusias' Verhalten wird in verschiedenen Varianten berichtet: Er sträubt sich anfänglich unter Verweis auf das Gastrecht (Nep. Hann. 12,3f.; Plut. Flam. 20,5), läßt sich ohne großen Widerstand unter Druck setzen (Liv. XXXIX 51,2f.) oder kommt von sich aus auf die Idee, Hannibal auszuliefern (Liv. 51,3). Trotz der Unterschiede ist ein Grundmuster erkennbar: Prusias hatte keine Wahl. Er war wegen des Krieges derart in Bedrängnis, daß er sich keinen weiteren Konflikt mit den Römern erlauben konnte. Vielleicht spekulierte er auch darauf, durch Entgegenkommen die

linge sind immer mißtrauisch, deshalb hatte Hannibal mehrere Geheimausgänge anlegen lassen. Doch die fand er jetzt alle besetzt. Um nicht nach Rom verschleppt zu werden, nahm er ein schnell wirkendes Gift ein. Flamininus konnte die erhoffte Beute nicht nach Hause bringen.[31]

Plutarch und Appian lassen Flamininus aus eigener Initiative handeln,[32] Livius hält sich mit einem Urteil zurück, impliziert aber einen Senatsauftrag in dieser Sache,[33] Plutarch spricht in einem Nachbericht von Versionen, in denen Hannibals Tod der einzige Zweck der Mission gewesen sei,[34] und Cornelius Nepos erzählt sogar davon, wie der Senatsbeschluß über Hannibals Auslieferung gefaßt wurde – auf Flamininus' Antrag.[35] Die übrigen, knapperen Quellen sprechen pauschal von der römischen Verantwortung oder derjenigen des Senats, ohne auf Flamininus' Rolle näher einzugehen. Sie geben für diese Frage nichts her.[36] Man hat Licht ins Dunkel zu bringen versucht, indem man die Quellen der Quellen aufspürte, vor allem Polybios, und dessen Darstellung von annalistischen Versionen isolierte, insbesondere derjenigen des Valerius Antias.[37] Diese Bemühungen haben keine wesentlichen Ergebnisse erbracht, und selbst wenn, wäre damit die Frage nach dem Hergang der Ereignisse nicht beantwortet.

Erfolgversprechender ist die Frage nach den historischen Wahrscheinlichkeiten. Die Römer hatten 195 Hannibal aus seiner Heimat vertrieben. Das ist noch verständlich, da er damals der leitende Politiker Karthagos war, also ein beträchtliches Machtpotential in Händen hielt. Der Umstand, daß er nicht blieb und sich verteidigte, zeigt, daß er nicht nur seine Amtsenthebung fürchtete, sondern auch in Sorge um seine Sicherheit war: Gefängnis, Tod oder Auslieferung nach Rom waren zu erwarten. Nach der

---

Römer in der Hauptfrage zugänglicher zu machen; darauf läuft die letzte Version hinaus. Doch auch sie macht nur dann Sinn, wenn die Römer ihre Wünsche bezüglich Hannibals bereits deutlich durchblicken hatten lassen. Die Drecksarbeit vor Ort erledigten natürlich die Männer des Königs (Liv. 51,3.6f.; Plut. Flam. 20,8). Die Legaten führten keine militärische Bedeckung in der erforderlichen Stärke mit sich. Es soll nur die Dramatik erhöhen, wenn Nep. Hann. 12,3f. Flamininus selber Hannibal aufspüren läßt.

31 Zum Zeitpunkt von Hannibals Tod (Ende 183 oder Anfang 182) vgl. WALBANK (1979), 235-239.

32 Plut. Flam. 20,4-21,6; App. Syr. 38-45.

33 Liv. XXXIX 51,1-12: (Hannibal spricht) *hi legatum consularem, qui auctor esset Prusiae per scelus occidendi hospitis, miserunt* (11); 56,7.

34 Plut. Flam. 21,7-14.

35 Nep. Hann. 12.

36 Varro Men. frg. 407 Bücheler / Astbury; Val. Max. IX 2 ext. 2; Iust. XXXII 4,8; Eutr. IV 5,2; vir. ill. 42,6; 51,5; Oros. hist. IV 20,29; Ampel. 34,2; Zon. IX 21,7. Von Phantasie zeugt Paus. VIII 11,11: Hannibal fleht Prusias persönlich um Schutz an, setzt sich dann aufs Pferd, verletzt sich dabei mit einem Dolch unglücklich am Finger und stirbt ein paar Tage später am Wundfieber.

37 Vgl. etwa NISSEN (1863), 227-229; DE SANCTIS (1923), 259 Anm. 44; E. GABBA, Sul *Libro Siriaco* di Appiano, RAL (Ser. 8) 12 (1957), 340-342; TRÄNKLE (1977), 153f.; BRODERSEN (1991), 108f.

Schlacht von Magnesia mußte sich Antiochos dann tatsächlich verpflichten, Hannibal auszuliefern. Freilich ließ ihn der König rechtzeitig warnen. Kreta, den nächsten Zufluchtsort, verließ der Karthager lieber, als ein Praetor eintraf. Bei Artaxias von Armenien hielt es ihn auch nicht mehr, als dieser sich mit den Römern arrangierte. Es blieb nur Prusias übrig, der deshalb zuverlässig schien, weil er sich von den Römern wegen der Phrygia Epiktetos getäuscht glaubte und im Krieg mit ihrem engsten östlichen Alliierten Pergamon stand. Doch als Prusias sich beugen mußte, wurde es auch für Hannibal wieder brenzlig. Von der Gesandtschaft des Flamininus hatte er ohnehin das Schlimmste gefürchtet. Wahrscheinlich blieb er nur deshalb im Lande, weil er nicht wußte, wohin er sich noch wenden konnte.[38]

Zugegeben ist nur für den Aufenthalt bei Antiochos das römische Bestreben nachweisbar, Hannibal in die Hand zu bekommen. Alles andere sagt nur etwas über dessen Befürchtungen aus. Aber diese scheinen eben nicht unbegründet gewesen zu sein. Nach Zama steigerten sich die Römer in eine fast pathologisch zu nennende Furcht hinein, Hannibal werde sie erneut angreifen. Daß diesem spätestens nach Magnesia jede Möglichkeit dazu fehlte, änderte daran nichts. Was das Individuum Hannibal tat oder nicht tat, war nicht entscheidend. Längst war aus einer Person eine abstrakte Bedrohung geworden, die man nur dann beherrschen zu können glaubte, wenn man dieser Person habhaft geworden war. Die Römer lebten im Glauben, daß Hannibal Tag und Nacht über nichts anderes nachdenke als über ihre Vernichtung. Manche Reaktionen nach seinem Tod zeigen, wie ausgeprägt dieses Empfinden noch in den Achtzigern war. Plutarch, der davon berichtet, sagt an einer anderen Stelle, die Römer hätten sich schon lange nichts mehr aus dem alten Mann gemacht.[39] In Wirklichkeit hatten sie ihrem Erzfeind weder verziehen noch ihn vergessen.

Anfang 183 hielten sich Gesandte Prusias' in Rom auf. Von ihnen soll Flamininus, als sie bei ihm zum Essen waren, vom Aufenthalt Hannibals in ihrem Land erfahren haben. Am nächsten Tag, so berichtet Nepos, setzte Flamininus den Senat davon in Kenntnis, der daraufhin beschloß, von Prusias die Auslieferung des ewigen Feindes zu verlangen.[40] Daß die Römer nicht gewußt haben sollen, wo sich Hannibal aufhielt – er war seit etwa fünf Jahren in Bithynien –, ist schwer zu glauben. Das Problem war vielmehr, daß Hannibal sich außerhalb ihres Machtbereichs befand. Nun schien sich das zu ändern, und es mag sehr wohl sein, daß beim informellen Gespräch

38 Polyb. XXI 17,7; 43,11; Liv. XXXIII 47,7-10; 49,1-4; Nep. Hann. 7,6f.; 9,1; Iust XXXI 2,1-3; XXXII 4,3; Plut. Luc. 31,4. Vgl. SEIBERT (1993b), 503-505, 510, 521-525 mit Anm. 9, und zum Folgenden vor allem GÜNTHER (1989), 246-250.

39 Plut. Flam. 20,4; 21,7-9. DE SANCTIS (1923), 259f., sieht Hannibal immer noch als Gefahr für Rom an und rechtfertigt von daher die Hannibaljagd. Ähnlich BREDEHORN (1968), 175-177.

40 Nep. Hann. 12,1f.

in Flamininus' Haus das Schicksal Hannibals angesprochen wurde. Bithynien war auf römisches Wohlwollen angewiesen. Flamininus brachte dann das Thema im Senat zur Sprache, stieß, wenig überraschend, auf keinen Widerstand und sicherte sich auch gleich die Ausführung der Operation. Das versprach mehr Ruhm als eine bloße Friedensvermittlung am Hellespont. Flamininus würde erreichen, was Scipio versagt geblieben war: Roms Todfeind gefesselt in die Hauptstadt schaffen und den Römern vorführen. Eine große Sorge wäre der Republik genommen, dank seiner Anstrengungen. Flamininus sah die Gelegenheit zur Krönung seiner Karriere – bei ziemlich geringem Aufwand. Nepos' Bericht ist also durchaus vertrauenswürdig. Ein Senatsbeschluß ist wahrscheinlich, ebenso wie Flamininus' führende Rolle von Anfang an.

Freilich endete die Hatz mit einem eklatanten Fehlschlag. Hannibal zu töten lautete weder der Auftrag, noch hatte Flamininus das vor.[41] Nachdem man sich ausreichend an dem Gefangenen delektiert hätte, wäre er wahrscheinlich in mehr oder weniger ehrenvoller Haft gehalten worden, wie später Perseus. Das hatte Hannibal durch den rechtzeitigen Griff zum Gift verhindert. Sein letzter Sieg über die Römer. Es fiel aber nicht nur der Showeffekt weg. Auch die Hannibalphobie war ausgelöscht. Jetzt sah man deutlicher, daß Hannibal den Römern gar nichts mehr entgegenzusetzen gehabt hatte. Und es wurde offensichtlich, was für ein klägliches Bild die Römer zuletzt abgegeben hatten. Ein Stimmungsumschwung setzte ein. Plutarch berichtet von den ambivalenten Reaktionen, welche die Todesnachricht im Senat auslöste. Diese zeigen zwar deutliche Spuren der Plutarchischen Bearbeitung, aber an ihrer Geschichtlichkeit zu zweifeln besteht kein Grund. Die zeitgenössische Polemik bezog sich bald nicht nur auf die Wertung, sondern auch auf die Fakten. Von hier erklären sich die Varianten der Überlieferung.[42]

Die Kritik schoß sich natürlich auf den Hauptakteur Flamininus ein. Dieser habe maßlos und grausam gehandelt. Niemand habe den Tod Hannibals gewollt, Flamininus allein habe die Tat in falsch verstandenem Ehrgeiz verübt. Der tote Scipio wurde als Beispiel für andersgeartetes römisches Verhalten bemüht. Geschickt machte man sich also die Diskrepanz zwischen

41 Plut. Flam. 20,5 und App. Syr. 43 übertreiben, wenn sie von einer Mordabsicht Flamininus' sprechen (vgl. auch Liv. XXXIX 51,3.11). Nep. Hann. 12,2f. spricht korrekt von einem Auslieferungsbegehren.

42 Plut. Flam. 21,1-14. Insbesondere das Gespräch zwischen Hannibal und Scipio und natürlich die Betrachtung über plötzliche Umschläge des Schicksals am Beispiel von Aristonikos, Mithradates und Marius sind Plutarchs eigene Zutat (im ersteren Fall vielleicht auch die seiner Quellen). Vgl. BRISCOE (1972), 24: »It looks as if Plutarch is reporting comments on Flamininus made at the time, quite possibly from Polybius, who was fond of such discussions of acts of Roman imperialism«; B. SCARDIGLI, Die Römerbiographien Plutarchs, München 1979, 53f.

dem Senatsbeschluß und den Ereignissen zunutze, um die Verantwortung einem einzelnen aufzubürden.[43] Andere dachten anders. Hannibal sei noch als alter Mann eine Gefahr gewesen, erst jetzt sei man wieder sicher. Flamininus habe also richtig gehandelt. Wer so dachte, konnte darauf verweisen, daß Flamininus Hannibals Ausschaltung erreicht hatte, was durchaus dem Auftrag des Senats entsprach. Daß es ein wenig anders gekommen war als ursprünglich gedacht, machte in dieser Sichtweise gar nichts.[44] Um dem ungünstigen Scipiovergleich entgegenzuwirken, behauptete man später, L. Scipio und P. Scipio Nasica, der Bruder und der Cousin des Africanus, seien ebenfalls an der Gesandtschaft beteiligt gewesen. Also, so die implizite Logik, hätte Scipio kaum anders gehandelt, wäre er an ihrer Stelle gewesen.

Bei Flamininus' Verteidigern ist die Absicht deutlich, die Verantwortung auf mehrere Schultern zu verteilen. Die öffentliche Meinung war offensichtlich gegen sie und gegen Flamininus. Das Bemerkenswerte an der Debatte ist ja, daß der Legat derart heftig ins Kreuzfeuer der Kritik geriet, und zwar nicht nur, was sein Handeln in diesem Einzelfall betraf, sondern auch hinsichtlich seines Charakters. Selbstsucht und Maßlosigkeit wurden ihm vorgeworfen. Die Vorwürfe waren durchaus berechtigt, wie manche in diesem Buch geschilderte Episode zeigt. Aber diese charakterlichen Eigenschaften waren im leistungsbezogenen System der *res publica* nicht gerade vereinzelt anzutreffen. Die Kritik war nur zum Teil (und vor allem anfänglich) aus moralischer Empörung gespeist. Bald verlagerte sich die Debatte auf die Person Flamininus. Diese Entwicklung war durchaus nicht selbstverständlich, angesichts des Senatsbeschlusses und des zwar unangenehmen, aber letztlich verkraftbaren Malheurs in Bithynien. Die Vorwürfe wären kaum in dem Ausmaß losgebrochen, wäre Flamininus' Position unangefochten gewesen. Als führender Politiker hatte er sich während seiner Laufbahn viele Feinde gemacht. Das brauchte ihn aber nicht weiter zu kümmern, solange er sich keine Blößen gab, keine schweren politischen Fehler machte und über ausreichenden Rückhalt verfügte. Doch Cato hatte den wunden Punkt gefunden, Flamininus' desaströser Rachefeldzug hatte die Grenzen seines Einflusses aufgezeigt, und deshalb hatte er an Unterstützung verloren. Solche Veränderungen werden meist erst bei der nächsten Krise sichtbar, so auch hier. Zunächst blieb alles beim alten. Doch nach Hannibals Tod machten die einen ihrem lange aufgestauten Unmut Luft, und die anderen versuchten aus Flamininus' Schwäche politischen Profit zu ziehen. So stürzte sich die Meute auf den Verletzten.

---

43 In diese Richtung SEIBERT (1993b), 527: »Die unterschiedlichen Versionen mögen dadurch entstanden sein, daß später jeder die Schuld am Selbstmord Hannibals von sich weisen wollte.«

44 Deshalb behaupteten die Apologeten später auch, die Legaten hätten einen Befehl zur Ermordung gehabt.

Leider erlauben die Quellen keinen näheren Einblick in die Folgen der Kontroverse. Vielleicht ist es kein Zufall, daß nach dieser Episode Flamininus als politisch Handelnder aus unseren Quellen verschwindet. Plutarch bemerkt ausdrücklich, daß es aus den letzten Lebensjahren nichts Bemerkenswertes mehr zu berichten gibt.[45] Es besteht kein Grund anzunehmen, daß Flamininus sich wie Scipio völlig aus dem öffentlichen Leben zurückzog. Aber er war nun ein Mann von gestern, der von der nächsten Politikergeneration verdrängt worden war. Vielleicht mußte Flamininus auch aus gesundheitlichen Gründen kürzertreten. Ein derartiger Zwang würde jedenfalls besser als eigene Einsicht zu einem Mann passen, den unmäßiger Ehrgeiz immer weiter trieb, obwohl er alles erreicht hatte, was ein Römer erreichen konnte.

Flamininus' Tod, wohl im Jahre 174, ist uns nicht überliefert. Livius berichtete von ihm wohl in einer der Lücken im 41. Buch. Sein gleichnamiger Sohn ehrte ihn im selben Jahr, vier Tage lang, mit Gladiatorenspielen, einer Fleischspende an das Volk, einem Ehrenmahl und szenischen Spielen.[46] Dieser Sohn ist vielleicht identisch mit dem Konsul T. Quinctius Flamininus von 150, und der gleichnamige Oberbeamte von 123 könnte der Enkel gewesen sein. Daneben wissen wir noch von einem Münzmeister, von dem man deshalb annimmt, er sei ein Flamininus gewesen, weil er den Apex des Flamen und den makedonischen Schild auf seine Denare prägen ließ. Danach schweigt die Überlieferung. Einen ähnlich berühmten Mann brachte die Familie nicht mehr hervor, und im ersten Jahrhundert starb sie wohl aus.[47]

Im Jahr 193 stand Flamininus im Zenit seines Einflusses bei Senat und Volk, 189 wurde diese Position eindrucksvoll bestätigt, und seit 187 besaß er keinen ernsthaften Konkurrenten mehr. Doch drei Jahre später wurde er in der Auseinandersetzung mit Cato beschädigt (und beschädigte sich selber). Danach konnte Flamininus weniger im Senat bewegen, was er sich allerdings, wie die Demetriosaffäre zeigt, nicht so recht klarmachte. 182 erreichte er den Schlußpunkt einer Karriere, die zuletzt eine jähe Wendung nach unten genommen hatte. Schon die Chronologie zeigt, daß die Enttäuschungen in keiner Beziehung zu Flamininus' Wirken im Osten standen.

---

45 Plut. Flam. 21,15. Später als die Hannibalaffäre kann höchstens der zweite Brief an Philipp eingeordnet werden, aber dessen Echtheit ist unsicher (s. o. S. 358f.).

46 Liv. XLI 28,11. Vgl. MÜNZER (1920), 118.

47 MRR I 456, 512f., II 450, III 180; RRC 267,1. Vgl. MÜNZER (1920), 120f. Es kann sich jedoch auch um Lucius' Nachfahren handeln.

Was Flamininus aus Griechenland mitgenommen hatte und was später in erhebliche Mitleidenschaft gezogen wurde, war seine Autorität als Konsular, Triumphator und Makedoniensieger.[48] Sie beruhte nicht auf politischen Inhalten. Selbst wenn der Senat und die Legaten der achtziger Jahre die von Flamininus beschrittenen Bahnen verlassen hätten – was sie nicht taten –, wäre seine Macht dadurch nicht gemindert worden. Die Rückschläge erklären sich allein aus innenpolitischen Konstellationen.

Flamininus' Abstieg ist nicht mit dem moderner Politiker zu vergleichen, die sich nach dem Verlust des Spitzenamtes oft nur mühsam in die neue Bedeutungslosigkeit fügen. Als Rechtfertigung für eine Führungsstellung im Senat reichte es, die höchsten Ämter gehabt zu haben. Freilich erforderte das ›An-der-Macht-Bleiben‹ Fingerspitzengefühl. Keine herrschende Aristokratie erträgt es, daß eines ihrer Mitglieder zu sehr über die übrigen hinauswächst. Ausreißer ziehen Neid und Haß auf sich. Entgehen kann dem nur der Politiker, der Maß hält, seine Überlegenheit nicht zu sehr spüren läßt, darauf verzichtet, seinen Willen jedesmal durchzusetzen, und den anderen einen nicht zu kleinen Anteil am Kuchen läßt. M. Aemilius Lepidus, grundsätzlich ein streitbarer Mann, schaffte dieses Kunststück. Er bekleidete 175 ein zweites Konsulat, triumphierte über die Ligurer, war seit 180 Pontifex maximus und wurde sechsmal zum *princeps senatus* ernannt, das heißt, er nahm die Spitzenposition im Senat von 179 bis zu seinem Tod im Jahr 153 oder 152 ein. Auf seinem Sterbebett aber ordnete er an, seine Söhne sollten ihn ohne Purpur zu Grabe tragen und nicht mehr als eine Million Asse für die Bestattung ausgeben.[49] Das ist zwar nur eine Äußerlichkeit, doch sie weist deutlich auf eine Fähigkeit hin, unabdingbar für denjenigen, der sich über einen längeren Zeitraum an der Spitze halten wollte: sich einordnen.

Flamininus scheint über diese Fähigkeit nur bedingt verfügt zu haben. Plutarch erzählt, er habe allgemeine Anerkennung gefunden, solange er sich in den großen Kriegen der Neunziger auszeichnen konnte. Als er älter wurde, bot sich dazu nicht mehr die Gelegenheit, doch Flamininus vermochte es nicht, seine jugendliche Ruhmgier zu zügeln. Das brachte ihm viel Kritik ein. Plutarch berichtet dann das beste Beispiel dafür, die Jagd nach Hannibal. Man kann Plutarchs Worte nicht auf die Goldwaage legen. Die ganze Flamininusvita steht unter dem Leitmotiv des Ehrgeizes, und darin besteht

48 Vgl. die schöne Bemerkung GRUENS (1984), 221: »He got away with arrogance abroad through influence at home and gained standing at home through success abroad.«

49 Liv. XL 42,12; 51,1; XLI 27,1; XLIII 15,6; per. XLVIIf.; Plut. Aem. 38,9; MRR I 401f. Zum Todesjahr vgl. F. X. RYAN, Rank and Participation in the Republican Senate, Stuttgart 1998, 181. Mit seinem alten Feind M. Fulvius Nobilior söhnte er sich 179 aus, zu Beginn der gemeinsamen Zensur – auf Druck der führenden Senatoren. Lepidus wußte seine persönliche Abneigung sehr wohl der politischen Opportunität unterzuordnen (Liv. XL 45,6-46,15; 51,1).

auch das verbindende Element zur Parallelbiographie *Philopoimen*.[50] Aber die Interpretation ist nicht unplausibel, und es ist interessant, daß Plutarch in diesem Zusammenhang auf ein Militärtribunat hinweist, das Flamininus nach dem Konsulat bekleidete. Mehr wissen wir nicht, die sonstige Überlieferung schweigt vollkommen. Die Übernahme eines Militärtribunats durch Konsulare war ungewöhnlich, aber sie kam vor – allerdings, soweit wir wissen, nur in großen Kriegen wie dem Antiochos- oder dem Perseuskrieg. Flamininus kann nur zwischen 188 und 184 noch einmal als Militärtribun gedient haben.[51] In diesen Jahren gab es aber nirgends nennenswerte Kämpfe, und es wurden auch keine erwartet. Flamininus scheint sich in der Hoffnung auf eine zufällige Großtat auf einen zufälligen Schauplatz begeben zu haben. Doch die magere Bezeugung zeigt: Er hatte kein Glück. Niemand erwartete eine solche Tätigkeit von ihm, und, so Plutarch, niemand drängte ihn dazu. Man wunderte sich wohl über den Zensorier. Doch Flamininus tat sich leichter damit, Ruhm im Feld zu erwerben als in der Kurie zu bewahren.

Es gibt aber noch einen tieferen Grund für Flamininus' Unfähigkeit, sich in der Senatsaristokratie zu behaupten: seine Jugendlichkeit. Durch sein Überspringen der mittleren Ämter wurde er mit 30 Jahren Konsul, mit 31 Philippsieger, mit 34 Triumphator und mit 39 Zensor. Die Ochsentour sah anders aus. Lepidus, ein ungefährer Altersgenosse, mußte bis 187 auf das Konsulat warten. Er war damals über 40.[52] Noch besser ist das Beispiel des L. Aemilius Paullus. Da dieser den Höhepunkt seiner politischen Laufbahn dreißig Jahre nach Flamininus erreichte, macht man sich kaum einmal klar, daß der Altersunterschied zwischen beiden höchstens einige Monate be-

---

50 Plut. Flam. 20,1f.: τὸ δ' οὖν φύσει τοῦ Τίτου φιλότιμον; vgl. 1,3: φιλοτιμότατος δὲ καὶ φιλοδοξότατος ὤν. Vgl. C. B. R. PELLING, Synkrisis in Plutarch's Lives, in: F. E. Brenk / I. Gallo (Hrsgg.), Miscellanea Plutarchea, Ferrara 1986, 84-89; J. J. WALSH, Syzygy, Theme and History, Philologus 136 (1992), 218-220; S. SWAIN, Plutarch's *Philopoemen and Flamininus*, ICS 13 (1988), 339-347.

51 Plut. Flam. 20,1: καὶ γὰρ ἐχιλιάρχησεν αὖθις μετὰ τὴν ὑπατείαν, οὐδενὸς ἐπείγοντος. Vor der Rückkehr aus dem Osten ist schlicht kein Platz für ein Militärtribunat. Die erste Gelegenheit ist der Sommer 190, doch wir wüßten zweifellos davon, wenn Flamininus die Scipionen in den Osten begleitet hätte. Durch die Zensur fallen die Jahre 189 und 188 weg, 184 war Flamininus mit Cato beschäftigt, und 183 brach er schon zu Prusias auf. Daß Plutarch das Militärtribunat vor der Hannibalmission erwähnt, ist zwar noch kein Beweis für eine entsprechende Chronologie, aber 21,15 sagt er, daß aus der Zeit nach dem Tod Hannibals nichts mehr in Erfahrung zu bringen war. Im Jahr 191 dienten die Konsuln von 195, Cato und L. Valerius Flaccus, als Militärtribunen unter Glabrio, im ersten Jahr des Perseuskriegs kämpften in dieser Funktion C. Claudius Pulcher (cos. 177) und Q. Mucius Scaevola (cos. 174) (Cic. Cato 32; Polyb. XX 10,10; Liv. XLII 49,9; vgl. ASTIN [1978], 56 mit Anm. 15).

52 S. o. S. 60 Anm. 121.

trug.[53] Als Flamininus zum Konsul gewählt wurde, kandidierte Paullus noch nicht einmal für die Quaestur; als jener triumphierte, führte dieser seine Wahlkampagne für die Aedilität; als der eine das Lustrum vollzog, hatte es der andere gerade zum Praetorier gebracht; und als Flamininus von der Hannibaljagd heimkehrte, bekleidete Paullus sein erstes Konsulat. Einen Altersgenossen so weit vor sich zu sehen führte zwangsläufig zu Ressentiments, wenn nicht bei Paullus selber, dann bei vielen anderen, die sich mühsam nach oben kämpfen mußten. Ihnen fehlte ja die Möglichkeit, die Flamininus 199 genutzt hatte. Denn nach dessen umstrittener Wahl regulierte der Senat die Ämterlaufbahn immer stärker. So hatte man in ihm und in Scipio – der im gleichen Alter das Konsulat erreichte[54] – *exempla* vor sich, die man nie nachahmen konnte. Eine unschöne Situation.

Doch es war noch schlimmer. Plutarch bedachte bei seiner Bemerkung über Flamininus' gleichbleibenden Ehrgeiz in höherem Alter nicht, daß dieses Alter so fortgeschritten gar nicht war. Junge Konsulare zeigten natürlich mehr Hunger nach neuen Aufgaben und Ämtern als gesetztere Kollegen, die zum Teil schon physische Gründe hinderten. Damit minderten sie den Nachrückenden die Chancen auf Ehren und Privilegien. Auch Flamininus hätte wohl nichts gegen ein zweites Konsulat gehabt. Und es war abzusehen, daß diese Begehrlichkeiten nicht so schnell ihr Ende finden würden. Ein Konsul, der, wie es sich jetzt einpendelte, mit einem Alter um die 40 ins Amt gelangte, hatte in der Regel zehn, 15 Jahre vor sich, dann war mit seinem Ableben oder zumindest seiner Unfähigkeit zu weiterer politischer Tätigkeit zu rechnen. Der Kreis der Konsulare wurde wieder enger, die Exklusivität des Zirkels blieb gewahrt. Aber was war von einem dreißigjährigen Konsul zu erwarten? Er würde, so stand zu erwarten, noch eine halbe Ewigkeit mitmischen, er würde immer vor dem gleichaltrigen Quaestor bleiben, selbst wenn dieser es irgendwann auch ins Oberamt geschafft hatte. Ein guter Teil der Autorität, die man einmal selber zu erlangen hoffte, war dauerhaft von einem einzelnen okkupiert. Flamininus und Scipio waren Fossilien aus dem dritten Jahrhundert. Es entsprach nur den Regeln des aristokratischen Machtkampfes, daß man ihre Leistung feierte, ihnen lange Respekt zollte und dann ihrem politischen Ende nachhalf.

---

53 Zu Flamininus' Geburtsdatum (Ende 229 / Anfang 228) s. o. S. 33 Anm. 10, zu dem Paullus' (229/228) vgl. MÜNZER (1920), 166. *Cursus honorum*: 195 (?) Quaestur, 193 Aedilität, 191 Praetur, 182 und 168 Konsulat, 164 Zensur (vgl. MRR I 340, 347, 352f., 381, 439).

54 S. o. S. 58 Anm. 114. Zur Altersstruktur der Magistrate zwischen 200 und 180, insbesondere derjenigen der Konsulare, vgl. DEVELIN (1979), 71-80.

Schluß: eine eiserne Zeit

Je detaillierter ein längerer Zeitraum analysiert wird, desto widersprüchlicher fällt oft der Befund aus. Flamininus errang zwei große Siege auf dem Schlachtfeld, am Aoos und bei Kynoskephalai; aber vor der zweiten Schlacht wäre er um ein Haar gefangengenommen worden, und vor Sparta dilettierte er hilflos. Brillante politische Manöver gelangen ihm, in Lokris 198 und vor der aitolischen Bundesversammlung 192; doch die Ermordung des Brachylles geriet zum Debakel, und während des Nabisfeldzugs verfing er sich im selbstgesponnenen Netz. Kraft seiner Autorität überzeugte er den Konsul Glabrio und scheiterte am Strategen Diophanes. Er schien der bedeutendste Römer seiner Zeit, als er Scipio Africanus bei der Wahlkampagne für seinen Bruder übertrumpfte; doch Cato brachte ihm mit dem Ausschluß eben dieses Bruders aus dem Senat die bitterste politische Niederlage bei. Er zeigte beachtliche Initiative bei seiner unerwarteten Kandidatur für das Konsulat; als sich aber die Aussicht auf einen Übertritt des Achaischen Bundes bot, mußte man ihn zum Jagen tragen.

Die Antithesen ließen sich fortsetzen. Flamininus war nicht das politische Wunderkind, als das er manchmal hingestellt wird. Er verfügte über beachtliche Fähigkeiten, doch nicht immer kam er deswegen zum Erfolg. Angetrieben wurde er von Ehrgeiz und enormem Selbstbewußtsein, Standardeigenschaften, die ein römischer Aristokrat brauchte, wollte er nach oben kommen. Sie führten ihn zu Konsulat, Triumph und Zensur, doch auch zu Maßlosigkeit, Unnachgiebigkeit und Rachsucht. Gegen Ende seiner Laufbahn geriet er selbst in Rom immer stärker in die Kritik. Poleis erwiesen ihm kultische Ehren, und zweifellos empfanden viele Griechen tiefe Dankbarkeit ihm gegenüber. Doch was, wenn man einen alten Thebaner im Jahr 180 gefragt hätte, was seine Heimat Flamininus verdanke? Die politische Bilanz war durchwachsen. Sein Wirken wie überhaupt das römische Eingreifen im Osten ließen sich von den Zeitgenossen kaum in ein allseits anwendbares Schema einordnen, zu groß schienen die Gegensätze, zu verwirrend die zahlreichen Facetten.

Der Historiker genießt das Privileg, einen Schritt von den Ereignissen und auch von den Personen zurücktreten zu dürfen. Widersprüche verlieren sich ins Unwesentliche, klare Linien scheinen hervorzutreten. Das Bild wird dadurch aber nicht erfreulicher. Der eingangs geäußerte Verdacht hat sich bestätigt. Den Römern fehlte ein umfassendes Konzept für ihre Ostpolitik.

Sie besaßen nicht einmal ein festes Ziel. Die Struktur der römischen Gesellschaft mochte aggressiv sein, ausgelöst wurde diese Angriffslust aber erst von schnell vorübergehenden Impulsen. Philipp wurde der Krieg erklärt, weil sich gerade eine günstige Gelegenheit bot, ihn unschädlich zu machen. Die Herrschaft über Griechenland war das zwar nicht ungewollte, aber doch notwendige und insofern unvermeidbare Ergebnis des Sieges. An ihr festzuhalten gebot der Wunsch, Philipp keine Gelegenheit zur Revanche zu geben, sie abzugeben machten die binnen kürzester Frist sich vervielfachenden Bindungen und Verpflichtungen im eben gewonnenen Griechenland, kurz: die Eigendynamik der Herrschaft unmöglich. Deswegen glaubten die Römer auch dem Konflikt mit Antiochos nicht ausweichen zu dürfen. Wie die Hegemonie über Griechenland aber auszugestalten sei, das wußten weder der Senat noch sein Feldherr. Die offensichtlichste Möglichkeit, die dauerhafte Besetzung, schied wegen der Selbstverständlichkeit, die Legionen heimzuholen, von vornherein aus. Ein Wächter nach Art Masinissas bot sich ebenfalls nicht an. Weiter wußte man nicht, weiter dachte man nicht. Der Versuch, die größeren Staaten weitgehend zu schwächen, um Griechenland ohnmächtig zu halten, die Schaffung eines politischen Gleichgewichts, die Verpflichtung der Griechen durch starke formelle oder informelle Bande – keine diese von späterer Wissenschaft vorgeschlagenen subtilen Methoden wandte die Republik an. Die Römer forderten später lediglich die Dankbarkeit der Griechen für die erwiesenen Wohltaten ein. Aber gibt es im politischen Leben eine vergänglichere Größe?

Das Fehlen einer strategischen Konzeption berechtigt jedoch nicht dazu, über Flamininus und die Römer schon negativ zu urteilen. Kurzfristigkeit ist in der Politik die Regel, Mittelfristigkeit eine bewunderte Kühnheit und Langfristigkeit eine exotische Rarität. Die großen Pläne, die gefeierte Staatsmänner von Anfang an verfolgt haben sollen, fallen meist den Nachgeborenen ein – oder den Helden selbst, nach dem Erfolg natürlich. In politischen Systemen zumal, die nicht monarchisch oder diktatorisch verfaßt sind, ist das längere Durchhalten einer bestimmten Konzeption fast eine Unmöglichkeit. Der Erbreichsplan Antiochos' III. war vielleicht eine der seltenen auf Dauer gültigen Leitideen. Sieht man sich allerdings die Katastrophe an, in die Antiochos' Regierung mündete, dann bekommt man Zweifel, ob langfristige Politik auch bessere Politik ist. Flexibilität stellt ebenfalls ein Gut dar.

Das Unerfreuliche, ja Erschreckende ist vielmehr das fast völlige Fehlen konstruktiver Komponenten in der römischen Politik. So gegenüber Makedonien. Natürlich wurden die Beziehungen nach Kynoskephalai nicht von selbst einfacher, und selbstverständlich trug Philipp schwer an der Niederlage. Doch daß diese Gemengelage zu einem erneuten Krieg führen mußte, war keineswegs ausgemacht. Makedonien bildete selbst bei pessimistischster Kalkulation keine Gefahr mehr. Es fehlte auch nicht an hoffnungsvollen Perspektiven: Flamininus sah die Bollwerkfunktion des Landes gegen die Balkanstämme, und, wichtiger, die Römer wollten den König im befürchteten Krieg gegen Syrien auf ihrer Seite haben. Doch als dieser entschieden war, ließen Glabrio, Flamininus und letztlich der ganze Senat Philipp fallen. Es geht nicht darum, ob eine Integration Makedoniens in die römische Hegemonie möglich gewesen wäre. Rom machte nicht einmal einen Versuch dazu, obwohl die Gelegenheit bestanden hätte. Statt Makedonien die paar gewonnenen Gebiete zu lassen und so das Fundament für eine stabilere Zukunft zu legen, verbreiterte man mutwillig die Kluft. Der zweite große Feind, Antiochos, beharrte zugegeben stur auf seinen Territorien und Ansprüchen. Die Römer aber nicht minder. Keine der beiden Parteien plante von langer Hand den Krieg, aber jede nahm ihn lieber in Kauf, als einen Kompromiß anzustreben.

Noch deutlicher wird das römische Unvermögen bei den Verbündeten. Gegenüber den aitolischen ›Verrätern‹ schlug Flamininus einen harten Konfrontationskurs ein, der diesen nicht einmal erlaubte, vor der griechischen Öffentlichkeit das Gesicht zu wahren. Ohne Not entfremdete er der Republik den zweitwichtigsten Staat Griechenlands so weit, daß dieser meinte, sich mit der neuen Ordnung nicht kampflos abfinden zu können. Die ungleich braveren Achaier, denen er zunächst wenig Interesse entgegengebracht hatte, begann Flamininus zwar eine Zeitlang als wertvolle Stütze der römischen Herrschaft anzusehen. Doch als die erste große Bewährungsprobe im Nabisfeldzug mißlang, vornehmlich wegen der unzureichenden Interessenabstimmung zwischen den Alliierten, ließ Flamininus den Achaiischen Bund nicht nur fallen, er verfolgte ihn bis in die achtziger Jahre hinein.

Die kleineren Griechenstaaten vermochten Rom kaum etwas entgegenzusetzen und wären gerade deshalb durch ein generöses Verhalten zu gewinnen gewesen. Doch nie zögerten Flamininus und die Römer, der momentanen Durchsetzung ihrer machtpolitischen Interessen den Vorzug vor dem Aufbau dauerhafterer Loyalitätsstrukturen zu geben. Die römische Hegemonie schien unberechenbar, auch für diejenigen Griechen, die selber bislang noch keine unangenehmen Erfahrungen gemacht hatten. So fielen die meisten bei der ersten Gelegenheit ohne weiteres zu Antiochos ab.

Um es noch einmal zu sagen: Es geht mir jetzt nicht mehr um großangelegte Strategien. Vielmehr suche ich nach Ansätzen, Tendenzen oder einzelnen Ereignissen, in denen so etwas wie guter Wille erkennbar ist. Dieser kann ja für sich schon eine gewisse Perspektive für die Zukunft bieten. In den Beziehungen zu den Einzelstaaten ist aber kaum etwas zu finden außer den politischen Flitterwochen mit den Achaiern, und selbst diese verliefen, man denke nur an die fortdauernde Besetzung Akrokorinths, keineswegs in Harmonie. Wenn Flamininus die einen Griechen vor den Kopf stieß, dann hätte er wenigstens die anderen bevorzugt behandeln müssen. Statt dessen entfremdete er der Republik mit seiner irrlichternd wirkenden Politik jede halbwegs bedeutende Macht. Die Römer waren 200 über die Adria gesetzt, um etwas zu verhindern, nicht um etwas zu erreichen. Sie hatten keine Freunde auf dem griechischen Festland, und sie machten sich auch keine. Denn Rom kümmerte sich nicht weiter um politische Interessen potentieller Verbündeter oder gar Neutraler – es sei denn, militärische Notwendigkeit ließ keine andere Wahl.

Ebensowenig gab es Ideen dafür, Gesamtgriechenland an die römische Hegemonie heranzuführen. Oder besser: Eine Idee gab es schon, bloß wurde sie nicht umgesetzt. Die Befreiung Griechenlands war nur insofern ernstgemeint, als sie genau das verlangte, was die Römer ohnehin zu tun gedachten. Als Flamininus sich aber für die Räumung der drei Fußfesseln Korinth, Chalkis und Demetrias einsetzte, schien für einen Moment der Übergang von Freiheitspropaganda zu Freiheitspolitik nah. Auch wenn der Prokonsul die Antiochosgefahr ohnehin gering einschätzte, auch wenn er sich gegenüber der Zehnerkommission nicht durchzusetzen vermochte: Hier bot sich eine Perspektive für die Zukunft an. Sein Einsatz für die Freiheit von Oreos und Eretria bestätigte die Tendenz. Doch das nächste Jahr enthüllte die Wahrheit über Flamininus und seine politische Gestaltungskraft. Der panhellenische Freiheitsfeldzug gegen Nabis, den der Prokonsul in Korinth so effektvoll eingeleitet hatte, entpuppte sich schon in Argos als Charade. Gewiß fehlte es Flamininus nicht am Willen, gegenüber den Alliierten die Freiheit wenigstens zu propagieren und diese so besser in die römische Hegemonie zu integrieren, doch ebenso sicher mangelte es am erforderlichen Können und an der nötigen Konsequenz. Nur mit Mühe konnte er einen vollständigen Prestigeverlust vermeiden. Freiheitspolitik hatte es nicht gegeben.

Natürlich verlieh Flamininus während der über acht Jahre, in denen er an vorderster Front stand, der römischen Ostpolitik individuelle Züge. Eigentlich nur individuelle. Flamininus nahm alles recht persönlich. Einem Dichter nahm er ein gutgemeintes Epigramm übel. Den Achaiern die Verfolgung eigener Interessen. Den Aitolern, scheint es, ihre Existenz. Das überlegte, kühle Handeln, das man auch an ihm beobachten konnte, wurde oft verdeckt oder besser: stand oft im Dienst archaischer, fast urtümlich zu nennender Reflexe, die nach moderner Definition un- oder vielleicht eher vorpolitische Entscheidungsfindung auszeichnen. Flamininus' Vorgehen gegen die Achaier und Aitoler wurde von Vergeltung und Rachsucht getrieben, Philipps Sohn wurde ein Opfer seines überspannten Ehrgeizes, und Antiochos rettete wahrscheinlich nur, daß die Verhandlungen mit ihm in der Hand des Senats oder der von Legaten lagen. Was uns erstaunt, war bei Römern und Griechen bekanntlich keineswegs ungewöhnlich: Derartige

Motive besaßen im politischen Raum einen hohen und anerkannten Stellenwert. Nicht zuletzt aus dieser Perspektive erklärt sich Flamininus' lange Zeit recht ungehinderter Karriereverlauf.

Sein Hauptproblem in der Senatsaristokratie war ein anderes: daß er mit gerade 30 ins Oberamt gelangt war, wie Scipio Africanus. Dieser, bei dem freilich fast alles eine Nummer größer zu sein scheint, hatte deshalb mit scharfem inneren Widerstand zu kämpfen gehabt. In den achtziger Jahren bekam auch Flamininus Schwierigkeiten. Für einen noch jungen Konsular und Zensorier, der nach den Regeln des Zweiten Punischen Krieges aufgestiegen war, war im fortschreitenden zweiten Jahrhundert einfach kein Platz mehr. So empfand man die Hitzigkeit, mit der Flamininus auf Hannibaljagd ging, als unangemessen für einen Mann seines Ranges. Mit der Erosion seines Einflusses verlor die Ostpolitik jetzt manche persönliche Schärfe, die sie Flamininus zu verdanken gehabt hatte – blieb aber ansonsten unverändert. Trotz der Niederlagen, die Flamininus jetzt in ungekanntem Maße hinnehmen mußte, wurde nie Kritik an seiner politischen Leistung im Osten laut. Gegen Ehrgeiz, Neid und Rachsucht als Grundlage der äußeren Beziehungen hatten die Römer wenig einzuwenden.

Hier sind die Strukturdefizite der römischen Ostpolitik deutlich zu greifen. Flamininus brachte kein neues, jedenfalls kein neues positives Element in die römische Ostpolitik ein. Er übernahm im Hinblick auf Philipp und die Aitoler die negativen Muster des dritten Jahrhunderts, gab selber aber keine weiterführenden Impulse. Den großen Handlungsspielraum, den er als Konsul und Prokonsul besaß, nutzte er keineswegs aus, er blieb in ausgetretenen Bahnen und bescherte Rom keine Konflikte, die über das systembedingt selbstverständliche Maß – Prorogationen – hinausgingen. Für den Senat als zentrale Körperschaft des römischen Verfassungslebens war er ein Feldherr nach Wunsch.

Natürlich ist es einfach, Flamininus im nachhinein seine strategischen Defizite vorzuwerfen. Aber es ist berechtigt. Denn er hätte durchaus anders handeln können, ohne große, innovative Pläne, ohne die Welt, die er vorfand, zu einer anderen machen zu müssen. Die Rahmenbedingungen für integratives Handeln gegenüber den Griechen waren nach Kynoskephalai ja überaus günstig. Flamininus war im Besitz aller Gestaltungsmöglichkeiten. Der Freiheitsparole hätte die tatsächliche Befreiung folgen, die Aitoler hätten die von ihnen beanspruchte Anerkennung ohne weiteres erhalten, der Feldzug gegen Nabis hätte mit dessen Sturz beendet werden können, und so weiter. Für ein günstigeres Urteil hätte der Feldherr nicht alles anders, nur vieles besser machen müssen. Schon kleine Korrekturen hätten den Römern ein anderes Image bei den Unterworfenen verschafft. Sie hätten wenig gekostet, aber die Atmosphäre deutlich verbessert. Die Herrschaftsausübung wäre nicht uneffektiver geworden, vielleicht wären den Römern sogar die gewaltsamen Eruptionen erspart geblieben, die über die nächsten Jahrzehnte immer wieder ihre Beziehungen zur griechischen Welt erschütterten.

Das Hauptproblem war eines des politischen Bewußtseins. Flamininus sah die Chancen meist gar nicht, und mit ihm auch kein anderer Römer, kein Senator, kein Legat, kein Konsul. Fähigkeit und Willen zu politischer Integration gingen den Römern weitgehend ab, nicht nur in diesem Fall: Während der neunziger Jahre hatten die Römer mit Aufständen in Spanien zu kämpfen. Auch hier hatten sie es nicht vermocht, sich über den gemeinsamen Kampf gegen die Karthager hinaus eine Legitimation zu verschaffen, die für die Iberer ihre Herrschaft auf Dauer akzeptabel machte.

So paßte Flamininus ins Rom des frühen zweiten Jahrhunderts. Ebenso simpel und konzeptlos wie die Ostpolitik war der Feldherr. Der Mann entsprach seiner Aufgabe. Eine mittelmäßige militärische Begabung, Glück und ein zugegeben nicht unbeträchtliches taktisches Geschick in der Politik reichten, sie zu erfüllen. Alles in allem ragte er zwar über den Durchschnitt seiner aristokratischen Standesgenossen hinaus, aber nicht wesentlich. Zugegeben war das einiges, denn in diesen Jahrzehnten wurde ein Weltreich begründet. Die politischen Defizite, die Flamininus' Wirken anhafteten, waren auch nicht nur seine individuellen, sondern im großen und ganzen kollektive des römischen Gemeinwesens. Insofern läßt sich über sein persönliches Wirken milder urteilen. Denn wem will man es schon zum Vorwurf machen, daß er den Denk- und Handlungsgewohnheiten seines Kulturkreises treu bleibt? So gibt Flamininus' Agieren letztlich weniger Aufschluß über seine persönliche Befähigung als über die Grenzen römischer Staatskunst.

Noch einen weiteren Schritt zurück. Vergessen wir Wünsche, Ziele, Ansätze, Konzeptionen und betrachten wir nur die Ereignisse selbst und ihre Bedeutung für den Gang der antiken Geschichte. Trotz aller griechischen Initiative bedeuteten diese Jahre das Ende der selbstbestimmten hellenistischen Welt. Am Abend der Schlacht von Magnesia war Rom die Herrscherin über das gesamte Mittelmeergebiet. Daß die Republik diese Hegemonie dann nicht überall und nicht immer wahrnahm, daß es auch viel Widerstand gab, widerspricht dem nicht. Ungehorsam kann es nur da geben, wo ein Herr ist. Flamininus, dem führenden Ostpolitiker der Epoche, war also großer, größter Erfolg beschieden. Doch verdankt wurde er den römischen Waffen, die nicht unbesiegbar waren, aber unbesiegt blieben. Tatsächlich war Rom mit seinen gewaltigen Ressourcen allen anderen Mächten über kurz oder lang überlegen, und mit jedem Erfolg vertiefte sich bei den Senatoren der Glaube daran. Nach Zama und Kynoskephalai war dieser Prozeß schon weit fortgeschritten. Militärische Schlagkraft ist politischer Sorgfalt jedoch nicht günstig, von Planung und neuen Ideen ganz zu schweigen. Was immer auf dem diplomatischen Parkett schieflaufen mag, auf dem

Schlachtfeld kann es notfalls in Ordnung gebracht werden. Dieses Wissen ist beruhigend, aber es verleitet zu Nachlässigkeit und Sorglosigkeit. Wenn die Gegner militärisch dann doch gleichziehen, ist es schnell um die führende Position geschehen. Die Römer hatten Glück. Niemand bedrängte sie. In aller Ruhe fraßen sie die hellenistische Welt auf. Es war eine eiserne Zeit.

Wollte man eine politische Geschichte dieser Epoche schreiben, reduziert auf das Wesentliche, so würde sie zu weiten Teilen mit einer Kriegsgeschichte zusammenfallen. Die Legitimation der römischen Herrschaft, soweit man hier von Legitimation sprechen will, ruhte im wesentlichen auf der jederzeit möglichen Realisierung des überlegenen militärischen Potentials. Für den Erfolg war es irrelevant, daß Flamininus kein brillanterer Staatsmann war. Man muß sich sogar fragen, ob es nicht geschadet hätte. Sicher, die Griechen wären begeistert gewesen, aber in Rom hätten Visionen wohl eher für Verwirrung gesorgt. Vielleicht wäre Flamininus dann eine der berühmtesten Gestalten der römischen Geschichte geworden – aber eine gescheiterte. Individuen erreichen zu ihren Lebzeiten gewöhnlich am meisten, wenn sie die strukturellen Vorgaben akzeptieren, wenn sie nicht zu viel über neue Ufer nachgrübeln, wenn sie nicht mehr wollen, als die Umstände vorgeben. Anders ausgedrückt: wenn die Person zum Geist der Epoche paßt. So wurde Flamininus ein mediokrer und erfolgreicher Politiker.

Eines seiner größten Talente war freilich die Kunst der Inszenierung. Deshalb beeindruckte die Freiheitsproklamation der Isthmischen Spiele die Griechen so ungeheuer, auch wenn, oder eher: weil die meisten sonst weniger positive Erfahrungen mit den Römern machten. Noch mehr setzte sich diese Begeisterung in der Überlieferung fest, und so gelangte Flamininus zu einer zwar unverdienten, aber noch Jahrhunderte später lebendigen Anhänglichkeit in der griechischen Welt. Eingangs habe ich aber bereits die Diskrepanz im Nachleben meines Titelhelden festgestellt: In Rom war er schon zur Zeit Ciceros eine blasse Gestalt, ohne markante Konturen und außergewöhnliche Taten. Hier ging seine Leistung als tüchtig in die Erinnerung ein, aber nicht als wegweisend. Flamininus stellte keines der staunenswerten Vorbilder der Vergangenheit dar. Die Römer hatten recht.

Anhang

Literaturverzeichnis

Accame, Silvio (1947), Alceo di Messene, Filippo V e Roma, RFIC 75, 94-105.
– (1949), Elatea e la nuova epigrafe di Stinfalo, RFIC 77, 217-248.
– (1982), Il decreto di Elatea in onore degli Stinfali, RFIC 110, 286-292.
Adams, Winthrop Lindsay (1982), Perseus and the Third Macedonian War, in: ders. / Eugene N. Borza (Hrsgg.), Philip II, Alexander the Great and the Macedonian Heritage, Washington, D.C., 237-256.
– (1993), Philip V, Hannibal and the Origins of the First Macedonian War, in: Ancient Macedonia, Bd. 5: Papers Read at the Fifth International Symposium Held in Thessaloniki, October 10-15, 1989, Thessaloniki, 41-50.
Afzelius, Adam (1944), Die römische Kriegsmacht während der Auseinandersetzung mit den hellenistischen Großmächten. Studien über die römische Expansion II (Acta Jutlandica 16,2), København.
Antonetti, Claudia (1990), Les Étoliens. Image et religion (Centre de Recherches d'Histoire Ancienne 92; Annales Littéraires de l'Université de Besançon 405), Paris.
Armstrong, David / Walsh, Joseph J. (1986), *SIG*[3] 593: The Letter of Flamininus to Chyretiae, CPh 81, 32-46.
Astin, Alan E. (1958), The Lex Annalis before Sulla (Collection Latomus 32), Bruxelles.
– (1978), Cato the Censor, Oxford.
– (1988), *Regimen morum*, JRS 78, 14-34.
Austin, M. M. (1986), Hellenistic Kings, War, and the Economy, CQ NS 36, 450-466.
Aymard, André (1938a), Les assemblées de la Confédération achaienne. Étude critique d'institutions et d'histoire, Bordeaux.
– (1938b), Les premiers rapports de Rome et de la Confédération achaienne (198-189 avant J.-C.) (Bibliothèque des Universités du Midi 22), Bordeaux u. a.

Badian, Ernst (1952a), Notes on Roman Policy in Illyria (230-201 B.C.), in: ders., Studies in Greek and Roman History, Oxford 1964, 1-33 [erstmals in: PBSR 20 (1952), 72-93].
– (1952b), The Treaty between Rome and the Achaean League, JRS 42, 76-80.
– (1958), Foreign Clientelae (264-70 B.C.), Oxford.
– (1959), Rome and Antiochus the Great: A Study in Cold War, in: ders., Studies in Greek and Roman History, Oxford 1964, 112-139 [erstmals in: CPh 54 (1959), 81-99].
– (1962), Rez. Taylor (1960), JRS 52, 200-210.
– (1971), The Family and Early Career of T. Quinctius Flamininus, JRS 61, 102-111.
– (1973), Titus Quinctius Flamininus. Philhellenism and *Realpolitik*, in: C. G. Boulter / D. W. Bradeen u. a. (Hrsgg.), Lectures in Memory of Louise Taft Semple. Second Series, 1966-1970 (University of Cincinnati Classical Studies 2), Cincinnati, 271-327.
– (1984a), Hegemony and Independence. Prolegomena to a Study of the Relations of Rome and the Hellenistic States in the Second Century B.C., in: János Harmatta (Hrsg.), Proceedings of the VIIth Congress of the International Federation of the Societies of Classical Studies, Bd. 1, Budapest, 397-414.
– (1984b), The House of the Servilii Gemini. A Study in the Misuse of Occam's Razor, PBSR 52, 49-71.

– (1997), Zöllner und Sünder. Unternehmer im Dienst der römischen Republik, Darmstadt [englisch: Publicans and Sinners, Oxford 1972].
Balsdon, J. P. V. D. (1953), Some Questions about Historical Writing in the Second Century B.C., CQ NS 3, 158-164.
– (1954), Rome and Macedon, 205-200 B.C., JRS 44, 30-42.
– (1967), T. Quinctius Flamininus, Phoenix 21, 177-190.
Balty, Jean Ch. (1978), La statue de bronze de T. Quinctius Flamininus *ad Apollinis in circo*, MEFRA 90, 669-686.
Bandelli, Gino (1979), I figli dell'Africano, Index 5, 127-139.
Bar-Kochva, Bezalel (1979), The Seleucid Army. Organization and Tactics in the Great Campaigns (Cambridge Classical Studies), 2. Aufl. Cambridge u. a.
Baronowski, Donald W. (1983), A Reconsideration of the Roman Approval of Peace with Macedonia in 196 B.C., Phoenix 37, 218-223.
– (1991), The Status of the Greek Cities of Asia Minor after 190 B.C., Hermes 119, 450-463.
Bastini, Andreas (1987), Der achäische Bund als hellenische Mittelmacht. Geschichte des achäischen Koinon in der Symmachie mit Rom (Europäische Hochschulschriften III 335), Frankfurt am Main u. a.
Bernard, Paul (1994), L'Asie centrale et l'empire séleucide, Topoi 4, 473-511.
Bernhardt, Rainer (1971), Imperium und Eleutheria. Die römische Politik gegenüber den freien Städten des griechischen Ostens, Diss. Hamburg.
– (1998), Rom und die Städte des hellenistischen Ostens (3.–1. Jahrhundert v. Chr.). Literaturbericht 1965-1995 (Historische Zeitschrift Sonderhefte 18), München.
Bernstein, Frank (1998), *Ludi publici*. Untersuchungen zur Entstehung und Entwicklung der öffentlichen Spiele im republikanischen Rom (Historia Einzelschriften 119), Stuttgart.
Bertrand, Jean-Marie (1992), Cités et royaumes du monde grec : espace et politique, Paris.
Berve, Helmut (1967), Die Tyrannis bei den Griechen, 2 Bde., München.
Bickermann [Bikerman], E. (1932), Bellum Antiochicum, Hermes 67, 47-76.
– (1935), Les préliminaires de la seconde guerre de Macédoine, RPh 9, 59-81, 161-176.
– (1937), Notes sur Polybe. I. Le statut des villes d'Asie après la paix d'Apamée, REG 50, 217-239.
– (1938), Institutions des Séleucides (Bibliothèque Archéologique et Historique 26), Paris.
Billows, Richard (1989), Legal Fiction and Political Reform at Rome in the Early Second Century B.C., Phoenix 43, 112-133.
Bingham, William (1986), The Assignment of the Consular *Provinciae* in 168 B.C., in: Carl Deroux (Hrsg.), Studies in Latin Literature and Roman History, Bd. 4 (Collection Latomus 196), Bruxelles, 184-209.
Bleckmann, Bruno (2002), Die römische Nobilität im Ersten Punischen Krieg. Untersuchungen zur aristokratischen Konkurrenz in der Republik (Klio Beihefte NF 5), Berlin.
Bleicken, Jochen (1964), Rez. Badian (1958), Gnomon 36, 176-187.
– (1968), Das Volkstribunat der Klassischen Republik. Studien zu seiner Entwicklung zwischen 287 und 133 v. Chr. (Zetemata 13), 2. Aufl. München.
– (1981), Das römische Volkstribunat. Versuch einer Analyse seiner politischen Funktion in republikanischer Zeit, Chiron 11, 87-108.
– (1999), Geschichte der römischen Republik (Oldenbourg Grundriss der Geschichte 2), 5. Aufl. München.
Blösel, Wolfgang (2000), Die Geschichte des Begriffes *mos maiorum* von den Anfängen bis zu Cicero, in: Bernhard Linke / Michael Stemmler (Hrsgg.), *Mos maiorum*. Untersuchungen zu den Formen der Identitätsstiftung und Stabilisierung in der römischen Republik (Historia Einzelschriften 141), Stuttgart, 25-97.
Bohm, Claudia (1989), Imitatio Alexandri im Hellenismus. Untersuchungen zum politischen Nachwirken Alexanders des Großen in hoch- und späthellenistischen Monarchien (Quellen und Forschungen zur Antiken Welt 3), München.

Bonnefond-Coudry, Marianne (1987), Mythe de Sparte et politique romaine : les relations entre Rome et Sparte au début du IIe siècle av. J.-C., Ktèma 12, 81-110.
Bousquet, Jean (1964), Inscriptions grecques concernant des Romains, BCH 88, 607-615.
Boyce, Aline Abaecherli (1962), The Gold Staters of T. Quinctius Flamininus in History, in: Marcel Renard (Hrsg.), Hommages à Albert Grenier (Collection Latomus 58), Bruxelles, 342-350.
Bredehorn, Uwe (1968), Senatsakten in der republikanischen Annalistik. Untersuchungen zur Berichterstattung über den römischen Senat bei den annalistischen Vorgängern des Livius unter besonderer Berücksichtigung der römischen Ostpolitik zwischen 205 und 171 v. Chr., Diss. Marburg.
Brennan, T. Corey (1989), C. Aurelius Cotta, Praetor iterum (*CIL* I^2 610), Athenaeum NS 67, 467-487.
– (2000), The Praetorship in the Roman Republic, 2 Bde., Oxford.
Bringmann, Klaus (1986), Das ›Licinisch-Sextische‹ Ackergesetz und die gracchische Agrarreform, in: Jochen Bleicken (Hrsg.), Symposion für Alfred Heuß (Frankfurter Althistorische Studien 12), Kallmünz, Opf., 51-66.
– (2000), Geben und Nehmen. Monarchische Wohltätigkeit und Selbstdarstellung im Zeitalter des Hellenismus. Mit einem numismatischen Beitrag von Hans-Christoph Noeske (Schenkungen hellenistischer Herrscher an griechische Städte und Heiligtümer 2,1), Berlin.
– (2002), Geschichte der römischen Republik. Von den Anfängen bis Augustus, München.
Briscoe, John (1972), Flamininus and Roman Politics, 200-189 B.C., Latomus 31, 22-53.
– (1973), A Commentary on Livy. Books XXXI-XXXIII, Oxford.
– (1977), Polybius' Winter, Historia 26, 248-250.
– (1981), A Commentary on Livy. Books XXXIV-XXXVII, Oxford.
– (1986), Rez. Gruen (1984), CR 36, 91-96.
– (1992), Political Groupings in the Middle Republic : a Restatement, in: Carl Deroux (Hrsg.), Studies in Latin Literature and Roman History, Bd. 6 (Collection Latomus 217), Bruxelles, 70-83.
Brodersen, Kai (1991), Appians Antiochike (Syriake 1,1-44,232). Text und Kommentar nebst einem Anhang: Plethons Syriake-Exzerpt (Münchener Arbeiten zur Alten Geschichte 3), München.
Broughton, T. Robert S. (1991), Candidates Defeated in Roman Elections: Some Ancient Roman »Also-Rans« (Transactions of the American Philosophical Society 81,4), Philadelphia.
Brunt, P. A. (1982), *Nobilitas* and *novitas*, JRS 72, 1-17.
– (1987), Italian Manpower 225 B.C.-A.D. 14, 2. Aufl. Oxford.
– (1988), The Fall of the Roman Republic and Related Essays, Oxford.
Burckhardt, Leonhard A. (1990), The Political Elite of the Roman Republic: Comments on Recent Discussion of the Concepts *nobilitas* and *homo novus*, Historia 39, 77-99.
Burton, Paul J. (2003), *Clientela* or *Amicitia*? Modeling Roman International Behavior in the Middle Republic (264-146 B.C.), Klio 85, 333-369.

Cabanes, Pierre (1976), L'Épire de la mort de Pyrrhos à la conquête romaine (272-167 av. J.C.) (Centre de Recherches d'Histoire Ancienne 19; Annales Littéraires de l'Université de Besançon 186), Paris.
– (1983), Notes sur les origines de l'intervention romaine sur la rive orientale de la mer Adriatique 229-228 avant J.-C., in: L'Adriatico tra Mediterraneo e penisola balcanica nell'antichità (Lecce - Matera, 21-27 ottobre 1973), Taranto, 187-204.
Carawan, Edwin M. (1988), *Graecia liberata* and the Role of Flamininus in Livy's Fourth Decade, TAPhA 118, 209-252.
– (1989), Cato's Speech against L. Flamininus: Liv. 39.42-3, CJ 85 (1989/1990), 316-329.
Carpenter, Rhys / Bon, Antoine (mit A. W. Parsons) (1936), The Defenses of Acrocorinth and the Lower Town (Corinth. Results of Excavations III 2), Cambridge, Mass.
Cartledge, Paul (1989), Hellenistic Sparta, in: ders. / Antony Spawforth, Hellenistic and Roman Sparta. A Tale of Two Citites (States and Cities of Ancient Greece), London u. a., 1-90.

Cassola, Filippo (1960), La politica di Flaminino e gli Scipioni, Labeo 6, 105-130.
Cels Saint-Hilaire, Janine (2000), Citoyenneté et droit de vote : à propos du procès des Scipions, in: Christer Bruun (Hrsg.), The Roman Middle Republic. Politics, Religion, and Historiography c. 400 – 133 B.C. (Papers from a Conference at the Institutum Romanum Finlandiae, September 11-12, 1998) (Acta Instituti Romani Finlandiae 23), Rome, 177-194.
Churchill, J. Bradford (2000), Cato *Orationes 66* and the Case against M.' Acilius Glabrio in 189 B.C.E., AJPh 121, 549-557.
Clemente, Guido (1976), «Esperti», ambasciatori del senato e la formazione della politica estera romana tra il III e il II secolo a.C., Athenaeum NS 54, 319-352.
Coppola, Alessandra (1993), Demetrio di Faro. Un protagonista dimenticato (Problemi e ricerche di storia antica 15), Roma.
Crook, John (1976), *Sponsione provocare*: Its Place in Roman Litigation, JRS 66, 132-138.

Dahlheim, Werner (1968), Struktur und Entwicklung des römischen Völkerrechts im dritten und zweiten Jahrhundert v. Chr. (Vestigia 8), München.
Dany, Oliver (1999), Akarnanien im Hellenismus. Geschichte und Völkerrecht in Nordwestgriechenland (Münchener Beiträge zur Papyrusforschung und antiken Rechtsgeschichte 89), München.
Daube, David (1946), Two Early Patterns of Manumission, JRS 36, 57-75.
Daux, Georges (1936), Delphes au IIe et au Ier siècle depuis l'abaissement de l'Étolie jusqu'à la paix romaine 191-31 av. J.-C. (Bibliothèque des Écoles françaises d'Athènes et de Rome 140), Paris.
– (1964), Concours des *Titeia* dans un décret d'Argos, BCH 88, 569-576.
– (1965), Notes de lecture, BCH 89, 301-306.
Decourt, J.-Cl. (1990), La vallée de l'Énipeus en Thessalie. Études de topographie et de géographie antique (Bulletin de Correspondance Hellénique Supplément 21), Athènes u. a.
Deininger, Jürgen (1966), Nachtrag zu »Aristainos von Megalopolis und Aristainos von Dyme«, Historia 15, 511.
– (1971), Der politische Widerstand gegen Rom in Griechenland 217-86 v. Chr., Berlin u. a.
Dell, Harry J. (1967), Antigonus III and Rome, CPh 62, 94-103.
– † (1983), The Quarrel between Demetrius and Perseus: A Note on Macedonian National Policy, in: Ancient Macedonia, Bd. 3: Papers Read at the Third International Symposium Held in Thessaloniki, September 21-25, 1977, Thessaloniki, 67-76.
Derow, P. S. (1972), Rez. Deininger (1971), Phoenix 26, 303-311.
– (1973), Kleemporos, Phoenix 27, 118-134.
– (1979), Polybius, Rome, and the East, JRS 69, 1-15.
– (1989), Rome, the Fall of Macedon and the Sack of Corinth, in: A. E. Astin / F. W. Walbank / M. W. Frederiksen / R. M. Ogilvie (Hrsgg.), The Cambridge Ancient History, Bd. 8: Rome and the Mediterranean to 133 B.C., 2. Aufl. Cambridge, 290-323.
De Sanctis, Gaetano (1916), Storia dei Romani, Bd. 3,2: L'età delle guerre puniche, Torino.
– (1923), Storia dei Romani, Bd. 4,1: La fondazione dell'impero. Dalla battaglia di Naraggara alla battaglia di Pidna, Torino.
Develin, Robert (1977), The Elections of 207 B.C., Athenaeum NS 55, 423-425.
– (1979), Patterns in Office-Holding 366-49 B.C. (Collection Latomus 161), Bruxelles.
– (1985), The Practice of Politics at Rome 366-167 B.C. (Collection Latomus 188), Bruxelles.
Devine, A. M. (1987), Rez. Gruen (1984), AJPh 108, 781-787.
Dorey, Thomas Alan (1957), Macedonian Troops at the Battle of Zama, AJPh 78, 185-187.
– (1961), Scipio Africanus as a Party Leader, Klio 39, 191-198.
Dreyer, Boris (2001), DNP 10, 41-48 s. v. Polybios 2.
– (2002a), Der »Raubvertrag« des Jahres 203/2 v. Chr.: das Inschriftenfragment von Bargylia und der Brief von Amyzon, EA 34, 119-138.
– (2002b), Die Thrasykrates-Rede bei Polybios (11, 4–6) und die Bezeichnung der »Opfer« im römisch-aitolischen Vertrag von 212 v. Chr. Zur inhaltlichen Ergänzung der Inschrift von

Thyrrheion (Akarnanien) IG IX 1^2, 2 Nr. 241 = StVA III 536 vor der sog. Klausel a, ZPE 140, 33-39.
Dyck, Andrew R. (1996), A Commentary on Cicero, *De Officiis*, Ann Arbor.

Eckstein, Arthur M. (1976), T. Quinctius Flamininus and the Campaign against Philip in 198 B.C., Phoenix 30, 119-142.
– (1987a), Nabis and Flamininus on the Argive Revolutions of 198 and 197 B.C., GRBS 28, 213-233.
– (1987b), Polybius, Aristaenus, and the Fragment ›On Traitors‹, CQ NS 37, 140-162.
– (1987c), Senate and General. Individual Decision Making and Roman Foreign Relations, 264-194 B.C., Berkeley u. a.
– (1990), Polybius, the Achaeans, and the ›Freedom of the Greeks‹, GRBS 31, 45-71.
– (1995a), Glabrio and the Aetolians: A Note on *Deditio*, TAPhA 125, 271-289.
– (1995b), Moral Vision in *The Histories* of Polybius (Hellenistic Culture and Society 16), Berkeley u. a.
– (1999), Pharos and the Question of Roman Treaties of Alliance in the Greek East in the Third Century B.C.E., CPh 94, 395-418.
– (2002), Greek Mediation in the First Macedonian War, 209-205 B.C., Historia 51, 268-297.
Edson, Jr., Charles Farwell (1935), Perseus and Demetrius, HSPh 46, 191-202.
– (1948), Philip V and Alcaeus of Messene, CPh 43, 116-121.
Eilers, Claude (2002), Roman Patrons of Greek Cities (Oxford Classical Monographs), Oxford.
Eitrem, S. (1932), Zur Apotheose, SO 10, 31-56.
Elster, Marianne (2003), Die Gesetze der mittleren römischen Republik. Text und Kommentar, Darmstadt.
Errington, R. Malcolm (1969), Philopoemen, Oxford.
– (1980), Rom, Antiochos der Grosse und die Asylie von Teos, ZPE 39, 279-284.
– (1986), Antiochos III., Zeuxis und Euromos, EA 8, 1-7.
– (1989a), Rome and Greece to 205 B.C., in: A. E. Astin / F. W. Walbank / M. W. Frederiksen / R. M. Ogilvie (Hrsgg.), The Cambridge Ancient History, Bd. 8: Rome and the Mediterranean to 133 B.C., 2. Aufl. Cambridge, 81-106.
– (1989b), Rome against Philip and Antiochus, in: A. E. Astin / F. W. Walbank / M. W. Frederiksen / R. M. Ogilvie (Hrsgg.), The Cambridge Ancient History, Bd. 8: Rome and the Mediterranean to 133 B.C., 2. Aufl. Cambridge, 244-289.
– (1990), Neue Forschungen zu den Ursachen der römischen Expansion im 3. und 2. Jahrhundert v. Chr., HZ 250, 93-106.
– (1991), Rez. Ferrary (1988), Gnomon 63, 119-124.
– (1999), Philhellenismus und praktische Politik, in: Gregor Vogt-Spira / Bettina Rommel (mit Immanuel Musäus) (Hrsgg.), Rezeption und Identität. Die kulturelle Auseinandersetzung Roms mit Griechenland als europäisches Paradigma, Stuttgart, 149-154.
Evans, Richard J. (1991), Candidates and Competition in Consular Elections at Rome between 218 and 49 BC, AClass 34, 111-136.

Feig Vishnia, Rachel (1996), State, Society and Popular Leaders in Mid-Republican Rome 241-167 BC, London u. a.
– (1998), The Refusal of the Centuriate Assembly to Declare War on Macedon (200 BC) – A Reappraisal, SCI 17, 34-44.
Ferrary, Jean-Louis (1988), Philhellénisme et impérialisme. Aspects idéologiques de la conquête romaine du monde hellénistique, de la seconde guerre de Macédoine à la guerre contre Mithridate (Bibliothèque des Écoles françaises d'Athènes et de Rome 271), Rome.
– (1990), Traités et domination romaine dans le monde hellénique, in: Luciano Canfora / Mario Liverani / Carlo Zaccagnini (Hrsgg.), I trattati nel mondo antico. Forma. Ideologia. Funzione (Saggi di storia antica 2), Roma, 217-235.

– (1997), The Hellenistic World and Roman Political Patronage, in: Paul Cartledge / Peter Garnsey / Erich Gruen (Hrsgg.), Hellenistic Constructs. Essays in Culture, History, and Historiography (Hellenistic Culture and Society 26), Berkeley u. a., 105-119.

Ferro, Beatrice (1960), Le origini della II guerra macedonica (Atti della Accademia di Scienze Lettere e Arti di Palermo, Serie quarta, Bd. 19,2), Palermo.

Feyel, Michel, (1943), T. Quinctius Flamininus, Philippe et les Achéens, REG 56, 235-246.

Fine, John van Antwerp (1936), Macedon, Illyria, and Rome, 220-219 B.C., JRS 26, 24-39.

Finley, M. I. (1983), Politics in the Ancient World, Cambridge u. a.

Flacelière, Robert (1937), Les Aitoliens à Delphes. Contribution à l'histoire de la Grèce centrale au IIIe siècle av. J.-C., Paris.

Flaig, Egon (2003), Ritualisierte Politik. Zeichen, Gesten und Herrschaft im Alten Rom (Historische Semantik 1), Göttingen.

Fraccaro, Plinio (1956), Ricerche storiche e letterarie sulla censura del 184/183 (M. Porcio Catone L. Valerio Flacco), in: ders., Opuscula. Scritti di carattere generale. Studi catoniani. I processi degli Scipioni, Pavia, 417-508 [erstmals in: Studi storici per l'Antichità classica 4 (1911), 1-137].

Frank, Tenney (1954), Rome, in: S. A. Cook / F. E. Adcock / M. P. Charlesworth (Hrsgg.), The Cambridge Ancient History, Bd. 8: Rome and the Mediterranean 218-133 B.C., verb. Ndr. Cambridge, 357-387.

Gabba, Emilio (1957), Sul *Libro Siriaco* di Appiano, RAL (Ser. 8) 12, 339-351.

– (1973), Ricerche sull'esercito professionale romano da Mario ad Augusto, in: ders., Esercito e società nella tarda repubblica romana (Il pensiero storico 62), Firenze, 47-174 [erstmals in: Athenaeum NS 29 (1951), 171-272].

– (1989), Rome and Italy in the Second Century B.C., in: A. E. Astin / F. W. Walbank / M. W. Frederiksen / R. M. Ogilvie (Hrsgg.), The Cambridge Ancient History, Bd. 8: Rome and the Mediterranean to 133 B.C., 2. Aufl. Cambridge, 197-243.

Gabrielsen, Vincent (1997), The Naval Aristocracy of Hellenistic Rhodes (Studies in Hellenistic Civilization 6), Aarhus.

Galsterer, Hartmut (1976), Herrschaft und Verwaltung im republikanischen Italien. Die Beziehungen Roms zu den italischen Gemeinden vom Latinerfrieden 338 v. Chr. bis zum Bundesgenossenkrieg 91 v. Chr. (Münchener Beiträge zur Papyrusforschung und antiken Rechtsgeschichte 68), München.

Gargola, Daniel J. (1995), Lands, Laws, and Gods. Magistrates and Ceremony in the Regulation of Public Lands in Republican Rome (Studies in the History of Greece and Rome), Chapel Hill u. a.

Gehrke, Hans-Joachim (1982), Der siegreiche König. Überlegungen zur Hellenistischen Monarchie, AKG 64, 247-277.

– (1985), Stasis. Untersuchungen zu den inneren Kriegen in den griechischen Staaten des 5. und 4. Jahrhunderts v. Chr. (Vestigia 35), München.

– (2003), Geschichte des Hellenismus (Oldenbourg Grundriss der Geschichte 1A), 3. Aufl. München.

Gelzer, Matthias (1912), Die Nobilität der römischen Republik, in: ders., Kleine Schriften, Bd. 1, Wiesbaden 1962, 17-135 [erstmals: Leipzig u. a. 1912].

– (1939), Rez. Aymard (1938b), in: ders., Kleine Schriften, Bd. 2, Wiesbaden 1963, 23-28 [erstmals in: Gnomon 15 (1939), 614-618].

– (1940), Die Achaica im Geschichtswerk des Polybios, in: ders., Kleine Schriften, Bd. 3, Wiesbaden 1964, 123-154 [erstmals: Abhandlung der Preußischen Akademie der Wissenschaften, Phil.-Hist. Klasse, Nr. 2, Berlin 1940].

– (1953), RE XXII 1, 108-145 s. v. Porcius 9.

– (1956), Über die Arbeitsweise des Polybios, in: ders., Kleine Schriften, Bd. 3, Wiesbaden 1964, 161-190 [erstmals: Sitzungsberichte der Heidelberger Akademie der Wissenschaften, Phil.-Hist. Klasse, Nr. 3, 1956].

Giovannini, Adalberto (2001), Les antécédents de la deuxième guerre de Macédoine, in: Regula Frei-Stolba / Kristine Gex (Hrsgg.), Recherches récentes sur le monde hellénistique. Actes du colloque international organisé à l'occasion du 60e anniversaire de Pierre Ducrey (Lausanne, 20-21 novembre 1998) (Echo 1), Bern u. a., 97-113.
Goldmann, Frank (2002), *Nobilitas* als Status und Gruppe – Überlegungen zum Nobilitätsbegriff der römischen Republik, in: Jörg Spielvogel (Hrsg.), Res publica reperta. Zur Verfassung und Gesellschaft der römischen Republik und des frühen Prinzipats. Festschrift für Jochen Bleicken zum 75. Geburtstag (Sonderband zur Zeitschrift Hermes und den Hermes-Einzelschriften), Stuttgart, 45-66.
Gómez Espelosín, F. Javier (1986), La lucha faccional en Opunte en 197 [sic!] a. de C.: Algunas precisiones sobre la política romana en Grecia, Gerión 4, 55-60.
Grainger, John D. (1996), Antiochos III in Thrace, Historia 45, 329-343.
– (1999), The League of the Aitolians (Mnemosyne Supplements 200), Leiden u. a.
– (2002), The Roman War of Antiochos the Great (Mnemosyne Supplements 239), Leiden u. a.
Green, Peter (1990), Alexander to Actium. The Historical Evolution of the Hellenistic Age (Hellenistic Culture and Society 1), Berkeley u. a.
Gruen, Erich S. (1974a), The Supposed Alliance between Rome and Philip V of Macedon, CSCA 6, 123-136.
– (1974b), The Last Years of Philip V, GRBS 15, 221-246.
– (1976), Class Conflict and the Third Macedonian War, AJAH 1, 29-60.
– (1981), Philip V and the Greek Demos, in: Ancient Macedonian Studies in Honor of Charles F. Edson, Thessaloniki, 169-182.
– (1982), Greek Πίστις and Roman Fides, Athenaeum NS 60, 50-68.
– (1984), The Hellenistic World and the Coming of Rome, 2 Bde., Berkeley u. a.
– (1990), Studies in Greek Culture and Roman Policy, Leiden.
– (1992), Culture and National Identity in Republican Rome (Cornell Studies in Classical Philology 52), Ithaca, N.Y.
– (1993), The Polis in the Hellenistic World, in: Ralph M. Rosen / Joseph Farrell (Hrsgg.), Nomodeiktes. Greek Studies in Honor of Martin Ostwald, Ann Arbor, 339-354.
– (1995), The »Fall« of the Scipios, in: I. Malkin / Z. W. Rubinsohn (Hrsgg.), Leaders and Masses in the Roman World. Studies in Honor of Zvi Yavetz (Mnemosyne Supplementum 139), Leiden u. a., 59-90.
Grunauer-von Hoerschelmann, Susanne (1978), Die Münzprägung der Lakedaimonier (Antike Münzen und geschnittene Steine 7), Berlin.
Gundel, Hans (1963a), RE XXIV, 1038f. s. v. Quinctii Flaminini 40-48.
– (1963b), RE XXIV, 1040-1047 s. v. Quinctius 43.
(1963c), RE XXIV, 1047-1100 s. v. Quinctius 45.
Günther, Linda-Marie (1989), Hannibal im Exil: seine antirömische Agitation und die römische Gegnerwahrnehmung, in: H. Devijver / E. Lipiński (Hrsgg.), Studia Phoenicia X. Punic Wars. Proceedings of the Conference Held in Antwerp from the 23th to the 26th of November 1988 in Cooperation with the Department of History of the ›Universiteit Antwerpen‹ (U.F.S.I.A.) (Orientalia Lovaniensia Analecta 33), Leuven, 241-250.
– (2000), Titus Quinctius Flamininus – Griechenfreund aus Gefühl oder Kalkül?, in: Karl-Joachim Hölkeskamp / Elke Stein-Hölkeskamp (Hrsgg.), Von Romulus zu Augustus. Große Gestalten der römischen Republik, München, 120-130.

Habicht, Christian (1956), Über die Kriege zwischen Pergamon und Bithynien, Hermes 84, 90-110.
– (1957), RE XXIII 1, 1086-1107 s. v. Prusias 1.
– (1970), Gottmenschentum und griechische Städte (Zetemata 14), 2. Aufl. München.
– (1982), Studien zur Geschichte Athens in hellenistischer Zeit (Hypomnemata 73), Göttingen.
– (1995), Athen. Die Geschichte der Stadt in hellenistischer Zeit, München.

– (2002), Beiträge zu koischen Inschriften des 2. Jahrhunderts v. Chr., in: Norbert Ehrhardt / Linda-Marie Günther (Hrsgg.), Widerstand – Anpassung – Integration. Die griechische Staatenwelt und Rom. Festschrift für Jürgen Deininger zum 65. Geburtstag, Stuttgart, 103-107.
Hammond, N. G. L. (1966), The Opening Campaigns and the Battle of the Aoi Stena in the Second Macedonian War, JRS 56, 39-54.
– (1967), Epirus. The Geography, the Ancient Remains, the History and the Topography of Epirus and Adjacent Areas, Oxford.
– (1971), Antigonea in Epirus, JRS 61, 112-115.
– (1988a), The Campaign and the Battle of Cynoscephalae in 197 BC, JHS 108, 60-82.
– (1988b), The Reigns of Philip V and Perseus, in: ders. / F. W. Walbank, A History of Macedonia, Bd. 3: 336-167 B.C., Oxford, 365-569.
Hansen, Esther V. (1971), The Attalids of Pergamon (Cornell Studies in Classical Philology 36), 2. Aufl. Ithaca u. a.
Harris, William V. (1991), War and Imperialism in Republican Rome 327-70 B.C., 3. Aufl. Oxford o. J. [1991].
Harter-Uibopuu, Kaja (1998), Das zwischenstaatliche Schiedsverfahren im achäischen Koinon. Zur friedlichen Streitbeilegung nach den epigraphischen Quellen (Akten der Gesellschaft für griechische und hellenistische Rechtsgeschichte 12), Köln u. a.
Hatzfeld, Jean (1913), Esclaves italiens en Grèce, in: Mélanges Holleaux. Recueil de mémoires concernant l'antiquité grecque offert à Maurice Holleaux en souvenir de ses années de direction à l'École française d'Athènes (1904-1912), Paris, 93-101.
Haywood, Richard Mansfield (1933), Studies on Scipio Africanus (The Johns Hopkins University Studies in Historical and Political Science 51,1), Baltimore.
Heftner, Herbert (1997), Der Aufstieg Roms. Vom Pyrrhoskrieg bis zum Fall von Karthago (280-146 v. Chr.), Regensburg.
Heidemann, Marie-Luise (1966), Die Freiheitsparole in der griechisch-römischen Auseinandersetzung (200-188 v.Chr.), Diss. Bonn.
Heinen, Heinz (1972), Die politischen Beziehungen zwischen Rom und dem Ptolemäerreich von ihren Anfängen bis zum Tag von Eleusis (273-168 v. Chr.), in: ANRW I 1, Berlin u. a., 633-659.
– (1984), The Syrian-Egyptian Wars and the New Kingdoms of Asia Minor, in: F. W. Walbank / A. E. Astin / M. W. Frederiksen / R. M. Ogilvie (Hrsgg.), The Cambridge Ancient History, Bd. 7,1: The Hellenistic World, 2. Aufl. Cambridge, 412-445.
Hennig, Dieter (1977), Der Bericht des Polybios über Boiotien und die Lage von Orchomenos in der 2. Hälfte des 3. Jahrhunderts v. Chr., Chiron 7, 119-148.
Hermon, Ella (2001), Habiter et partager les terres avant les Gracques (Collection de l'École Française de Rome 286), Rome.
Herrmann, Peter (1965), Antiochos der Große und Teos, Anadolu 9 [1967], 29-159.
Heuß, Alfred (1933), Die völkerrechtlichen Grundlagen der römischen Außenpolitik in republikanischer Zeit (Klio Beiheft 31), Leipzig.
– (1963), Stadt und Herrscher des Hellenismus in ihren staats- und völkerrechtlichen Beziehungen (Klio Beiheft 39), 2. Aufl. Aalen.
– (1998), Römische Geschichte. Herausgegeben, eingeleitet und mit einem neuen Forschungsteil versehen von Jochen Bleicken, Werner Dahlheim und Hans-Joachim Gehrke, 6. Aufl. Paderborn u. a.
Heyden, Eduard Aander (1873), Beiträge zur Geschichte Antiochus des Grossen, Königs von Syrien, Emmerich.
Hölkeskamp, Karl-Joachim (1987), Die Entstehung der Nobilität. Studien zur sozialen und politischen Geschichte der Römischen Republik im 4. Jhdt. v. Chr., Stuttgart.
– (2004), Rekonstruktionen einer Republik. Die politische Kultur des antiken Rom und die Forschung der letzten Jahrzehnte (Historische Zeitschrift Beihefte NF 38), München.
Holleaux, Maurice (1908), La rencontre d'Hannibal et d'Antiochos le Grand à Éphèse, in: ders., Rome et la conquête de l'Orient. Philippe V et Antiochos le Grand. Études d'épigraphie et

d'histoire grecques, Bd. 5,2: Rome, la Macédoine et l'Orient grec, Paris 1957, 180-183 [erstmals in: Hermes 43 (1908), 296-299].

– (1913), Recherches sur l'histoire des négociations d'Antiochos III avec les Romains, in: ders., Rome et la conquête de l'Orient. Philippe V et Antiochos le Grand. Études d'épigraphie et d'histoire grecques, Bd. 5,2: Rome, la Macédoine et l'Orient grec, Paris 1957, 156-179 [erstmals in: REA 15 (1913), 1-24].

– (1921a), L'alliance de Rome et de l'Achaïe, in: ders., Rome et la conquête de l'Orient. Philippe V et Antiochos le Grand. Études d'épigraphie et d'histoire grecques, Bd. 5,2: Rome, la Macédoine et l'Orient grec, Paris 1957, 121-140 [erstmals in: REG 34 (1921), 400-422].

– (1921b), Rome, la Grèce et les monarchies hellénistiques au IIIe siècle avant J.-C. (273-205) (Bibliothèque des Écoles Françaises d'Athènes et de Rome 124), Paris.

– (1923), Les conférences de Lokride et la politique de T. Quinctius Flamininus (198 av. J.-C.), in: ders., Rome et la conquête de l'Orient. Philippe V et Antiochos le Grand. Études d'épigraphie et d'histoire grecques, Bd. 5,2: Rome, la Macédoine et l'Orient grec, Paris 1957, 29-79 [erstmals in: REG 36 (1923), 115-171].

– (1924), Le décret des Ioniens en l'honneur d'Eumenès II, in: ders., Études d'épigraphie et d'histoire grecques, Bd. 2, Paris 1938, 153-178 [erstmals in: REG 37 (1924), 305-330, 478f.].

– (1930a), Le consul M. Fulvius et le siège de Samé. Étude de Chronologie, in: ders., Rome et la conquête de l'Orient. Philippe V et Antiochos le Grand. Études d'épigraphie et d'histoire grecques, Bd. 5,2: Rome, la Macédoine et l'Orient grec, Paris 1957, 249-294 [erstmals in: BCH 54 (1930), 1-41; BCH 55 (1931), 1-10].

– (1930b), Rome, Philippe de Macédoine et Antiochos, in: ders., Rome et la conquête de l'Orient. Philippe V et Antiochos le Grand. Études d'épigraphie et d'histoire grecques, Bd. 5,2: Rome, la Macédoine et l'Orient grec, Paris 1957, 295-432 [erstmals englisch in: S. A. Cook / F. E. Adcock / M. P. Charlesworth (Hrsgg.), The Cambridge Ancient History, Bd. 8: Rome and the Mediterranean 218-133 B.C., Cambridge 1930, 116-240].

– (1931a), Les additions annalistiques au traité de 196 (Tite Live 33, 30, 6-11), in: ders., Rome et la conquête de l'Orient. Philippe V et Antiochos le Grand. Études d'épigraphie et d'histoire grecques, Bd. 5,2: Rome, la Macédoine et l'Orient grec, Paris 1957, 104-120 [erstmals in: RPh 5 (1931), 5-19].

– (1931b), Le *caduceator* envoyé par Philippe V à T. Quinctius Flamininus en 197 (Tite Live 33, 11, 3-4), in: ders., Rome et la conquête de l'Orient. Philippe V et Antiochos le Grand. Études d'épigraphie et d'histoire grecques, Bd. 5,2: Rome, la Macédoine et l'Orient grec, Paris 1957, 86-103 [erstmals in: RPh 5 (1931), 193-208].

Homo, Léon (1916), Flamininus et la politique romaine en Grèce (198-194 av. J.-C.), RH 121, 241-279; RH 122, 1-32.

Hopkins, Keith / Burton, Graham (1983), Political Succession in the Late Republic (249-50 BC), in: Keith Hopkins, Death and Renewal (Sociological Studies in Roman History 2), Cambridge u. a., 31-119.

Horsmann, Gerhard (1991), Untersuchungen zur militärischen Ausbildung im republikanischen und kaiserzeitlichen Rom (Wehrwissenschaftliche Forschungen, Abteilung Militärgeschichtliche Studien 35), Boppard am Rhein.

Humbert, Michel (1978), Municipium et civitas sine suffragio. L'organisation de la conquête jusqu'à la guerre sociale (Collection de l'École Française de Rome 36), Rome.

Huß, Werner (2001), Ägypten in hellenistischer Zeit 332-30 v. Chr., München.

Ihne, Wilhelm (1872), Römische Geschichte, Bd. 3: Die äußere Geschichte bis zum Falle von Numantia, Leipzig.

Jahn, Joachim (1970), Interregnum und Wahldiktatur (Frankfurter Althistorische Studien 3), Kallmünz, Opf.

Jashemski, Wilhelmina Feemster (1950), The Origins and History of the Proconsular and the Propraetorian Imperium to 27 B.C., Chicago.

Jehne, Martin (1994), Koine Eirene. Untersuchungen zu den Befriedungs- und Stabilisierungsbemühungen in der griechischen Poliswelt des 4. Jahrhunderts v. Chr. (Hermes Einzelschriften 63), Stuttgart.

– (1995a), Einführung: Zur Debatte um die Rolle des Volkes in der römischen Politik, in: ders. (Hrsg.), Demokratie in Rom? Die Rolle des Volkes in der Politik der römischen Republik (Historia Einzelschriften 96), Stuttgart, 1-9.

– (1995b), Die Beeinflussung von Entscheidungen durch »Bestechung«: Zur Funktion des *ambitus* in der römischen Republik, in: ders. (Hrsg.), Demokratie in Rom? Die Rolle des Volkes in der Politik der römischen Republik (Historia Einzelschriften 96), Stuttgart, 51-76.

– (2000a), Jovialität und Freiheit. Zur Institutionalität der Beziehungen zwischen Ober- und Unterschichten in der römischen Republik, in: Bernhard Linke / Michael Stemmler (Hrsgg.), *Mos maiorum*. Untersuchungen zu den Formen der Identitätsstiftung und Stabilisierung in der römischen Republik (Historia Einzelschriften 141), Stuttgart, 207-235.

– (2000b), Wirkungsweise und Bedeutung der centuria praerogativa, Chiron 30, 661-678.

Jones, C. P. (1971), Plutarch and Rome, Oxford.

Kallet-Marx, Robert Morstein (1995), Hegemony to Empire. The Development of the Roman *Imperium* in the East from 148 to 62 B.C. (Hellenistic Culture and Society 15), Berkeley u. a.

Karavites, Peter (1984), The Political Use of Ἐλευθερία and Αὐτονομία in the Fourth Century among the Greek City-States, RIDA 31, 167-191.

Kennell, Nigel M. (1999), From *perioikoi* to *poleis*. The Laconian Cities in the Late Hellenistic Period, in: Stephen Hodkinson / Anton Powell (Hrsgg.), Sparta. New Perspectives, London, 189-210.

Kienast, Dietmar (1979), Cato der Zensor. Seine Persönlichkeit und seine Zeit. Mit einem Abdruck einiger Redefragmente Catos als Anhang, 2. Aufl. Darmstadt.

Klaffenbach, Günther (1954), Der römisch-ätolische Bündnisvertrag vom Jahre 212 v. Chr. (Sitzungsberichte der Deutschen Akademie der Wissenschaften zu Berlin, Klasse für Sprachen, Literatur und Kunst, Nr. 1, 1954), Berlin.

– (1968), Die Sklaven von Elateia, BCH 92, 257-259.

Kloft, Hans (1977), Prorogation und außerordentliche Imperien 326-81 v. Chr. Untersuchungen zur Verfassung der römischen Republik (Beiträge zur Klassischen Philologie 84), Meisenheim am Glan.

Klotz, Alfred (1935), Die Quellen Plutarchs in der Lebensbeschreibung des Titus Quinctius Flamininus, RhM 84, 46-53.

Knapp, Robert C. (o. J.), Aspects of the Roman Experience in Iberia, 206-100 B. C. (Anejos de Hispania antiqua 9), Alava u. a. o. J.

Kontorini, Vassa (1983), Rome et Rhodes au tournant du IIIe s. av. J.-C. d'après une inscription inédite de Rhodes, JRS 73, 24-32.

Kramolisch, Herwig (1978), Die Strategen des Thessalischen Bundes vom Jahr 196 v. Chr. bis zum Ausgang der römischen Republik (Die deutschen archäologischen Forschungen in Thessalien, Demetrias II; Beiträge zur ur- und frühgeschichtlichen Archäologie des Mittelmeer-Kulturraumes 18), Bonn.

Kromayer, Johannes (1907), Antike Schlachtfelder in Griechenland. Bausteine zu einer antiken Kriegsgeschichte, Bd. 2: Die hellenistisch-römische Periode: Von Kynoskephalae bis Pharsalos, Berlin.

– (1914), Die wirtschaftliche Entwicklung Italiens im II. und I. Jahrhundert vor Chr., Neue Jahrbücher für das Klassische Altertum 33, 145-169.

Kougeas, S. B. (1928), Ἐπιγραφικαὶ ἐκ Γυθείου συμβολαὶ εἰς τὴν ἱστορίαν τῆς Λακωνικῆς κατὰ τοὺς χρόνους τῆς Ρωμαϊκῆς αὐτοκρατορίας, Ἑλληνικά 1, 7-44.

Kukofka, Dirk-Achim (1990), Süditalien im Zweiten Punischen Krieg (Europäische Hochschulschriften III 432), Frankfurt am Main u. a.

Kunkel, Wolfgang † / Wittmann, Roland (1995), Staatsordnung und Staatspraxis der Römischen Republik, Zweiter Abschnitt: Die Magistratur (HdAW X 3,2,2), München.

Lahusen, Götz (1983), Untersuchungen zur Ehrenstatue in Rom. Literarische und epigraphische Zeugnisse (Archaeologica 35), Roma.

Lampela, Anssi (1998), Rome and the Ptolemies of Egypt. The Development of their Political Relations 273-80 B.C. (Commentationes Humanarum Litterarum 111), Helsinki.

Larsen, Jakob A. O. (1935), Was Greece Free between 196 and 146 B.C.?, CPh 30, 193-214.

– (1936), The Treaty of Peace at the Conclusion of the Second Macedonian War, CPh 31, 342-348.

– (1937), The Peace of Phoenice and the Outbreak of the Second Macedonian War, CPh 32, 15-31.

– (1968), Greek Federal States. Their Institutions and History, Oxford.

Le Bohec, Sylvie (1987), Démétrios de Pharos, Scerdilaïdas et la Ligue hellénique, in: Pierre Cabanes (Hrsg.), L'Illyrie méridionale et l'Épire dans l'Antiquité. Actes du colloque international de Clermont-Ferrand (22-25 octobre 1984) (Publications du Centre de Recherches sur les Civilisations antiques), Clermont-Ferrand, 203-208.

– (1993), Antigone Dôsôn roi de Macédoine (Travaux et mémoires, Études anciennes 9), Nancy.

Lefèvre, François (1996), Antiochos le Grand et les Étoliens à la fin du IIIe siècle, BCH 120, 757-771.

Lehmann, Gustav Adolf (1967), Untersuchungen zur historischen Glaubwürdigkeit des Polybios (Fontes et Commentationes 5), Münster.

– (1983), Erwägungen zur Struktur des achaiischen Bundesstaates, ZPE 51, 237-261.

– (1999), Elateia, Aitolien und Rom nach der Entscheidung des 2. Makedonischen Krieges, ZPE 127, 69-83.

de Libero, Loretana (1997), ›*ut eosdem quos populus Romanus amicos atque hostes habeant*‹: die Freund-Feind-Klausel in den Beziehungen Roms zu griechischen und italischen Staaten, Historia 46, 270-305.

Liebenam, Willy (1905), RE V 2, 1798-1842 s. v. Duoviri.

Linderski, Jerzy (1984), *Si vis pacem, para bellum:* Concepts of Defensive Imperialism, in: William V. Harris (Hrsg.), The Impérialism [sic!] of Mid-Republican Rome. The Proceedings of a Conference Held at the American Academy in Rome, November 5-6, 1982 (Papers and Monographs of the American Academy in Rome 29), Rome, 133-164.

– (1996), Cato Maior in Aetolia, in: Robert W. Wallace / Edward M. Harris (Hrsgg.), Transitions to Empire. Essays in Greco-Roman History, 360–146 B.C., in honor of E. Badian (Oklahoma Series in Classical Culture 21), Norman u. a., 376-408.

Lippold, Adolf (1963), Consules. Untersuchungen zur Geschichte des römischen Konsulates von 264 bis 201 v. Chr. (Antiquitas 8), Bonn.

Luce, T. J. (1977), Livy. The Composition of His History, Princeton, N. J.

Ma, John (2002), Antiochos III and the Cities of Western Asia Minor, 2. Aufl. Oxford.

MacMullen, Ramsay (1980), How many Romans voted?, Athenaeum NS 58, 454-457.

Marasco, Gabriele (1986), Interessi commerciali e fattori politici nella condotta romana in Illiria (230-219 A.C.), SCO 36, 35-112.

Marchetti, Patrich (1973), La marche du calendrier romain de 203 à 190 (années varr. 551-564), AC 42, 473-496.

Marrou, Henri Irénée (1977), Geschichte der Erziehung im klassischen Altertum (dtv Wissenschaftliche Reihe 4275), München [französisch: Histoire de l'éducation dans l'antiquité, Paris 1976^{7}].

Mastrocinque, Attilio (1983), Manipolazione della storia in età ellenistica: I Seleucidi e Roma (Università di Venezia, Pubblicazioni del Seminario di Storia antica 1), Roma.

Mastrokostas, E. (1964), Inscriptions de Locride et de Thessalie, REA 66, 291-319.

Mauersberger, Arno (1956), Polybios-Lexikon, Bd. 1, Berlin 1956-1975.

May, J. M. F. (1946), Macedonia and Illyria (217-167 B.C.), JRS 36, 48-56.

Meadows, A. R. (1993), Greek and Roman Diplomacy on the Eve of the Second Macedonian War, Historia 42, 40-60.

Mehl, Andreas (1990), Zu den diplomatischen Beziehungen zwischen Antiochos III. und Rom, 200 – 193 v. Chr., in: Christoph Börker / Michael Donderer (Hrsgg.), Das antike Rom und der Osten. Festschrift für Klaus Parlasca zum 65. Geburtstag (Erlanger Forschungen A 56), Erlangen, 143-155.
Meier, Christian (1980), Res publica amissa. Eine Studie zu Verfassung und Geschichte der späten römischen Republik, 2. Aufl. o. O.
Mendels, Doron (1978a), The Attitude of Antiochus III towards the Class Struggle in Greece (192-191 B.C.), RSA 8, 27-38.
– (1978b), A Note on the Speeches of Nabis and T. Quinctius Flamininus (195 B.C.), SCI 4, 38-44.
– (1979), Polybius, Nabis, and Equality, Athenaeum NS 57, 311-333.
– (1984), Did Polybius Have ›Another‹ View of the Aetolian League? A Note, AncSoc 15-17 (1984-1986), 63-73.
Millar, Fergus (1984), The Political Character of the Classical Roman Republic, 200-151 B.C., JRS 74, 1-19.
Mitsos, Markellos (1946), Inscription de Stymphale, REG 59/60 (1946/1947), 150-174.
Mommsen, Theodor (1887), Römisches Staatsrecht, 3 Bde., 3. Aufl. Leipzig 1887-1888.
Morgan, M. Gwyn (1988), Rez. Gruen (1984), CPh 83, 245-248.
Mouritsen, Henrik (2001), *Plebs* and Politics in the Late Roman Republic, Cambridge.
Moya, Francisca (1994), Perspectivismo en Plutarco: *Cato Maior* 346 a-c y *Titus Flamininus* 379 b-d, in: Manuela García Valdés (Hrsg.), Estudios sobre Plutarco: Ideas religiosas (Actas del III Simposio internacional sobre Plutarco. Oviedo 30 de abril a 2 de mayo de 1992), Madrid, 475-486.
Mundt, Johannes (1903), Nabis, König von Sparta. (206-192 v. Chr.), Diss. Münster.
Münzer, Friedrich (1900), RE IV 1, 1471-1483 s. v. Cornelius 337.
– (1905), Atticus als Geschichtschreiber, Hermes 40, 50-100.
– (1920), Römische Adelsparteien und Adelsfamilien, Stuttgart.
Musti, Domenico (1984), Syria and the East, in: F. W. Walbank / A. E. Astin / M. W. Frederiksen / R. M. Ogilvie (Hrsgg.), The Cambridge Ancient History, Bd. 7,1: The Hellenistic World, 2. Aufl. Cambridge, 175-220.
Muylle, J. (1969), Le traité d'amitié entre Rome et la Ligue étolienne, AC 38, 408-429.

Nicolet, Claude (1976), Le métier de citoyen dans la Rome républicaine (Bibliothèque des histoires), o. O.
– (1980), Économie, société et institutions au IIe siècle av. J.-C.: de la lex Claudia à l'ager exceptus, Annales (ESC) 35, 871-894.
Niese, Benedictus (1899), Geschichte der griechischen und makedonischen Staaten seit der Schlacht bei Chaeronea, Teil 2: Vom Jahre 281 v. Chr. bis zur Begründung der römischen Hegemonie im griechischen Osten 188 v.Chr. (Handbücher der Alten Geschichte II 2,2), Gotha.
Nissen, Heinrich (1863), Kritische Untersuchungen über die Quellen der vierten und fünften Dekade des Livius, Berlin.
North, J. A. (1981), The Development of Roman Imperialism, JRS 71, 1-9.
Nottmeyer, Harald (1995), Polybios und das Ende des Achaierbundes. Untersuchungen zu den römisch-achaiischen Beziehungen ausgehend von der Mission des Kallikrates bis zur Zerstörung Korinths (Münchener Arbeiten zur Alten Geschichte 10), München.

Oakley, S. P. (1988), Rez. Eckstein (1987c), AJPh 109, 611-615.
Oost, Stewart Irvin (1954), Roman Policy in Epirus and Acarnania in the Age of the Roman Conquest of Greece (Arnold Foundation Studies NS 4), Dallas.
– (1957), Amynander, Athamania, and Rome, CPh 52, 1-15.
Orth, Wolfgang (1977), Königlicher Machtanspruch und städtische Freiheit. Untersuchungen zu den politischen Beziehungen zwischen den ersten Seleukidenherrschern (Seleukos I., Antio-

chos I., Antiochos II.) und den Städten des westlichen Kleinasien (Münchener Beiträge zur Papyrusforschung und antiken Rechtsgeschichte 71), München.
Ostwald, Martin (1982), Autonomia: Its Genesis and Early History (American Classical Studies 11), o. O.

Palmer, Robert E. A. (1996), The Deconstruction of Mommsen on Festus 462/464 L., or the Hazards of Restoration, in: Jerzy Linderski (Hrsg.), *Imperium sine fine*: T. Robert S. Broughton and the Roman Republic (Historia Einzelschriften 105), Stuttgart, 75-101.
Papazoglou, Fanoula (1979), Quelques aspects de l'histoire de la province de Macédoine, in: ANRW II 7,1, Berlin u. a., 302-369.
Passerini, Alfredo (1932a), Studi di storia ellenistico-romana, III. La pace con Filippo e le relazioni con Antioco, Athenaeum NS 10, 105-126.
– (1932b), Studi di storia ellenistico-romana, IV. Lo scoppio della guerra siriaca, Athenaeum NS 10, 325-343.
– (1948), La condizione della città di Elatea dopo la seconda guerra macedonica in una nuova iscrizione, Athenaeum NS 26, 83-95.
Pédech, Paul (1964), La méthode historique de Polybe (Collection d'études anciennes), Paris.
Pelling, Christopher B. R. (1986a), Plutarch and Roman Politics, in: I. S. Moxon / J. D. Smart / A. J. Woodman (Hrsgg.), Past Perspectives. Studies in Greek and Roman Historical Writing. Papers Presented at a Conference in Leeds, 6-8 April 1983, Cambridge u. a. 1986, 159-187 [wieder in: Barbara Scardigli (Hrsg.), Essays on Plutarch's *Lives*, Oxford 1995, 319-356].
– (1986b), Synkrisis in Plutarch's Lives, in: Frederick E. Brenk / Italo Gallo (Hrsgg.), Miscellanea Plutarchea. Atti del I convegno di studi su Plutarco (Roma, 23 novembre 1985) (Quaderni del Giornale Filologico Ferrarese 8), Ferrara, 83-96.
– (1990), Childhood and Personality in Greek Biography, in: ders. (Hrsg.), Characterization and Individuality in Greek Literature, Oxford, 213-244.
Petzold, Karl-Ernst (1940), Die Eröffnung des Zweiten Römisch-Makedonischen Krieges. Untersuchungen zur spätannalistischen Topik bei Livius (Neue Deutsche Forschungen 286, Abt. Alte Geschichte 8), Berlin.
– (1969), Studien zur Methode des Polybios und zu ihrer historischen Auswertung (Vestigia 9), München.
– (1971), Rom und Illyrien. Ein Beitrag zur römischen Außenpolitik im 3. Jahrhundert, Historia 20, 199-223.
– (1992), Griechischer Einfluß auf die Anfänge römischer Ostpolitik (Überlegungen zum Kontinuitätsproblem), Historia 41, 205-245.
Pfeilschifter, Rene (2000), Andere Länder, andere Sitten? *Mores* als Argument in der republikanischen Außenpolitik, in: Bernhard Linke / Michael Stemmler (Hrsgg.), *Mos maiorum*. Untersuchungen zu den Formen der Identitätsstiftung und Stabilisierung in der römischen Republik (Historia Einzelschriften 141), Stuttgart, 99-140.
Picard, Olivier (1979), Chalcis et la Confédération eubéenne. Étude de numismatique et d'histoire (IVe-Ier siècle) (Bibliothèque des Écoles françaises d'Athènes et de Rome 234), Paris.
Pohl, Hartel (1993), Die römische Politik und die Piraterie im östlichen Mittelmeer vom 3. bis zum 1. Jh. v. Chr. (Untersuchungen zur antiken Literatur und Geschichte 42), Berlin u. a.
Pritchett, W. Kendrick (1965), Studies in Ancient Greek Topography. Part I (University of California Publications, Classical Studies 1), Berkeley u. a.
– (1969), Studies in Ancient Greek Topography. Part II (Battlefields) (University of California Publications, Classical Studies 4), Berkeley u. a.

Raaflaub, Kurt (1985), Die Entdeckung der Freiheit. Zur historischen Semantik und Gesellschaftsgeschichte eines politischen Grundbegriffes der Griechen (Vestigia 37), München.
R.-Alföldi, Maria (1984), Der Stater des T. Quinctius Flamininus, NZ 98, 19-26.
Rawson, Elizabeth (1977), More on the *Clientelae* of the Patrician Claudii, Historia 26, 340-357.

Rich, John W. (1976), Declaring War in the Roman Republic in the Period of Transmarine Expansion (Collection Latomus 149), Bruxelles.
– (1984), Roman Aims in the First Macedonian War, PCPhS 210, 126-180.
– (1985), Rez. Gruen (1984), LCM 10, 90-96.
– (1988), Rez. Eckstein (1987c), CR 38, 315-317.
– (1989), Patronage and Interstate Relations in the Roman Republic, in: Andrew Wallace-Hadrill (Hrsg.), Patronage in Ancient Society (Leicester-Nottingham Studies in Ancient Society 1), London u. a., 117-135.
– (1993), Fear, Greed and Glory: The Causes of Roman War-Making in the Middle Republic, in: ders. / Graham Shipley (Hrsgg.), War and Society in the Roman World (Leicester-Nottingham Studies in Ancient Society 5), London u. a. 1993, 38-68.
Richardson, J. S. (1986), Hispaniae. Spain and the Development of Roman Imperialism, 218-82 BC, Cambridge u. a.
Rilinger, Rolf (1976), Der Einfluß des Wahlleiters bei den römischen Konsulwahlen von 366 bis 50 v. Chr. (Vestigia 24), München.
– (1978), Die Ausbildung von Amtswechsel und Amtsfristen als Problem zwischen Machtbesitz und Machtgebrauch in der Mittleren Republik (342 bis 217 v. Chr.), Chiron 8, 247-312.
Roebuck, Carl Angus (1941), A History of Messenia from 369 to 146 B.C., Chicago, Ill.
Rögler, Günther (1962), Die Lex Villia Annalis. Eine Untersuchung zur Verfassungsgeschichte der römischen Republik, Klio 40, 76-123.
Rosenstein, Nathan (1993), Competition and Crisis in Mid-Republican Rome, Phoenix 47, 313-338.
– (1995), Sorting out the Lot in Republican Rome, AJPh 116, 43-75.
– (2002), Marriage and Manpower in the Hannibalic War: *assidui*, *proletarii* and Livy 24.18.7-8, Historia 51, 163-191.
Rühl, Franz (1883), Der letzte Kampf der Achäer gegen Nabis, Jahrbücher für Classische Philologie 29, 33-46.
Ryan, Francis X. (1998), Rank and Participation in the Republican Senate, Stuttgart.

Sacks, Kenneth S. (1975), Polybius' Other View of Aetolia, JHS 95, 92-106.
Sage, Evan T. / Wegner, Adalaide J. (1936), Administrative Commissions and the Official Career, 218-167 B.C., CPh 31, 23-32.
Salmon, E. T. (1969), Roman Colonization under the Republic (Aspects of Greek and Roman Life), London u. a.
Sánchez, Pierre (2001), L'Amphictionie des Pyles et de Delphes. Recherches sur son rôle historique, des origines au IIe siècle de notre ère (Historia Einzelschriften 148), Stuttgart.
Savalli-Lestrade, Ivana (1998), Les *philoi* royaux dans l'Asie hellénistique (École Pratique des Hautes Études, IVe Section, III: Hautes études du monde gréco-romain 25), Genève.
Scardigli, Barbara (1979), Die Römerbiographien Plutarchs, München.
Schlag, Ursula (1968), Regnum in senatu. Das Wirken römischer Staatsmänner von 200 bis 191 v. Chr. (Kieler Historische Studien 4), Stuttgart.
Schleußner, Bernhard (1978a), M. Centenius Paenula und C. Centenius, WJA 4, 215-222.
– (1978b), Die Legaten der römischen Republik. *Decem legati* und ständige Hilfsgesandte (Vestigia 26), München.
Schmitt, Hatto H. (1964), Untersuchungen zur Geschichte Antiochos' des Großen und seiner Zeit (Historia Einzelschriften 6), Wiesbaden.
– (1974), Polybios und das Gleichgewicht der Mächte, in: Polybe. Neuf exposés suivis de discussions (Entretiens sur l'Antiquité classique 20), Genève, 65-102 (mit Diskussion).
– (1993a), KLH, 751-766 s. v. Staat, hellenistischer.
– (1993b), KLH, 766-774 s. v. Stadt, Polis.
Schneider, Hans-Christian (1977), Das Problem der Veteranenversorgung in der späteren römischen Republik, Bonn.

Schneidewind, E. (1869), König Nabis und seine Bedeutung für Sparta. Ein Beitrag zur Geschichte der spartanischen Monarchie, Programm Nordhausen.

Scholten, Joseph B. (2000), The Politics of Plunder. Aitolians and their *Koinon* in the Early Hellenistic Era, 279-217 B.C. (Hellenistic Culture and Society 24), Berkeley u. a.

Schorn, Wilhelm (1833), Geschichte Griechenlands von der Entstehung des ätolischen und achäischen Bundes bis auf die Zerstörung Korinths, Bonn.

Schuller, Wolfgang (1974), Die Herrschaft der Athener im Ersten Attischen Seebund, Berlin u. a.

Schulz, Raimund (1997), Herrschaft und Regierung. Roms Regiment in den Provinzen in der Zeit der Republik, Paderborn u. a.

Schur, Werner (1927), Scipio Africanus und die Begründung der römischen Weltherrschaft (Das Erbe der Alten II 13), Leipzig.

Scullard, H. H. (1970), Scipio Africanus: Soldier and Politician (Aspects of Greek and Roman Life), Ithaca, N. Y.

(1973), Roman Politics 220-150 B.C., 2. Aufl. Oxford.

Seager, Robin (1981), The Freedom of the Greeks of Asia: from Alexander to Antiochus, CQ NS 31, 106-112.

Seibert, Jakob (1967), Historische Beiträge zu den dynastischen Verbindungen in hellenistischer Zeit (Historia Einzelschriften 10), Wiesbaden.

– (1993a), Forschungen zu Hannibal, Darmstadt.

– (1993b), Hannibal, Darmstadt.

– (1995), Invasion aus dem Osten. Trauma, Propaganda oder Erfindung der Römer?, in: Ch. Schubert / K. Brodersen (mit U. Huttner) (Hrsgg.), Rom und der Griechische Osten. Festschrift für Hatto H. Schmitt zum 65. Geburtstag dargebracht von Schülern, Freunden und Münchener Kollegen, Stuttgart, 237-248.

Shackleton Bailey, D. R. (1977) (Hrsg.), Cicero: Epistulae ad familiares, 2 Bde. (Cambridge Classical Texts and Commentaries 16/17), Cambridge u. a.

Shatzman, Israël (1975), Senatorial Wealth and Roman Politics (Collection Latomus 142), Bruxelles.

Sherwin-White, A. N. (1973), The Roman Citizenship, 2. Aufl. Oxford.

Sherwin-White, Susan M. (1983), Rez. Orth (1977), JHS 103, 214f.

– / Kuhrt, Amélie (1993), From Samarkhand to Sardis. A New Approach to the Seleucid Empire, London.

– (1994), General Observations by the Authors of *From Samarkhand to Sardis*, Topoi 4, 449-454.

Shimron, Benjamin (1972), Late Sparta. The Spartan Revolution 243-146 B.C. (Arethusa Monographs 3), Buffalo.

Siefert, Otto / Blass, Friedrich (1876), Ausgewählte Biographieen des Plutarch. Für den Schulgebrauch erklärt, Bd. 1: Philopoemen und Titus Quinctius Flamininus, 2. Aufl. Leipzig.

Smarczyk, Bernhard (1986), Bündnerautonomie und athenische Seebundspolitik im Dekeleischen Krieg (Beiträge zur Klassischen Philologie 177), Frankfurt am Main.

Smith, R. E. (1940), Plutarch's Biographical Sources in the Roman Lives, CQ 34, 1-10.

– (1954), Latins and the Roman Citizenship in Roman Colonies: Livy, 34, 42, 5-6, JRS 44, 18-20.

Sonnabend, Holger (1989), Pyrrhos und die ›Furcht‹ der Römer vor dem Osten, Chiron 19, 319-345.

Staveley, E. S. (1972), Greek and Roman Voting and Elections (Aspects of Greek and Roman Life), London u. a.

Suerbaum, Werner (1993), Sex and Crime im Alten Rom: von der humanistischen Zensur zu Cato dem Censor. Das Verbrechen des L. Flamininus als Spektakel und Exempel bei Cato, Valerius Antias, Livius, Cicero, Seneca pater, Valerius Maximus, Plutarch und Petrarca, WJA 19, 85-109.

Sumner, G. V. (1975), Rez. Briscoe (1973), AJPh 96, 317-322.

Swain, Simon C. R. (1988), Plutarch's *Philopoemen and Flamininus*, ICS 13, 335-347.

– (1990), Hellenic Culture and the Roman Heroes of Plutarch, JHS 110, 126-145.
Szemler, G. J. (1972), The Priests of the Roman Republic. A Study of Interactions between Priesthoods and Magistracies (Collection Latomus 127), Bruxelles.

Tatum, W. Jeffrey (1990), The *Lex Clodia de censoria notione*, CPh 85, 34-43.
– (2001), The Consular Elections for 190 B.C., Klio 83, 388-401.
Täubler, Eugen (1913), Imperium Romanum. Studien zur Entwicklungsgeschichte des römischen Reichs, Bd. 1: Die Staatsverträge und Vertragsverhältnisse, Leipzig u. a.
Taylor, Lily Ross (1949), Party Politics in the Age of Caesar (Sather Classical Lectures 22), Berkeley u. a.
– (1960), The Voting Districts of the Roman Republic. The Thirty-five Urban and Rural Tribes (Papers and Monographs of the American Academy in Rome 20), Rome.
– (1966), Roman Voting Assemblies. From the Hannibalic War to the Dictatorship of Caesar (Jerome Lectures 8), Ann Arbor.
Texier, Jean-Georges (1975), Nabis (Centre de Recherches d'Histoire Ancienne 14; Annales Littéraires de l'Université de Besançon 169), Paris.
Theander, Carl (1951), Plutarch und die Geschichte (Bulletin de la Société Royale des Lettres de Lund 1950-1951, 1), Lund.
Thiel, J. H. (1946), Studies on the History of Roman Sea-Power in Republican Times, Amsterdam.
Tibiletti, Gianfranco (1950), Ricerche di storia agraria romana, Athenaeum NS 28, 183-266.
Toynbee, Arnold J. (1965), Hannibal's Legacy. The Hannibalic War's Effects on Roman Life, Bd. 1: Rome and Her Neighbours before Hannibal's Entry; Bd. 2: Rome and Her Neighbours after Hannibal's Exit, London u. a.
Tränkle, Hermann (1977), Livius und Polybios, Basel u. a.
Triebel, Charlotte Almut Margarethe (1980), Ackergesetze und politische Reformen. Eine Studie zur römischen Innenpolitik, Diss. Bonn.

Valgiglio, Ernesto (1982), Alcuni aspetti di Cicerone come fonte di Plutarco, in: Studi in onore di Aristide Colonna, Perugia, 283-299.
Vanggaard, Jens H. (1988), The Flamen. A Study in the History and Sociology of Roman Religion, Copenhagen.
Vollmer, Dankward (1990), Symploke. Das Übergreifen der römischen Expansion auf den griechischen Osten. Untersuchungen zur römischen Außenpolitik am Ende des 3. Jahrhunderts v. Chr. (Hermes Einzelschriften 54), Stuttgart.

Walbank, Frank W. (1938), ΦΙΛΙΠΠΟΣ ΤΡΑΓΩΙΔΟΥΜΕΝΟΣ: A Polybian Experiment, in: ders., Selected Papers. Studies in Greek and Roman History and Historiography, Cambridge u. a. 1985, 210-223 [erstmals in: JHS 58 (1938), 55-68].
– (1940), Philip V of Macedon, Cambridge.
– (1942), Alcaeus of Messene, Philip V, and Rome, CQ 36 (1942), 134-145; 37 (1943), 1-13.
– (1967), A Historical Commentary on Polybius, Bd. 2: Commentary on Books VII-XVIII, Oxford.
– (1968), Rez. Lehmann (1967), JRS 58, 253-255.
– (1970), A Historical Commentary on Polybius, Bd. 1: Commentary on Books I-VI, 2. Aufl. Oxford.
– (1977), The Causes of the Third Macedonian War: Recent Views, in: Ancient Macedonia, Bd. 2: Papers Read at the Second International Symposium Held in Thessaloniki, 19-24 August 1973, Thessaloniki, 81-94.
– (1979), A Historical Commentary on Polybius, Bd. 3: Commentary on Books XIX-XL, Oxford.
– (1993), Η ΤΩΝ ΟΛΩΝ ΕΛΠΙΣ and the Antigonids, in: ders., Polybius, Rome and the Hellenistic World. Essays and Reflections, Cambridge 2002, 127-136 [erstmals in: Ancient Macedonia,

Bd. 5: Papers Read at the Fifth International Symposium Held in Thessaloniki, October 10-15, 1989, Thessaloniki 1993, 1721-1730].

Wallace-Hadrill, Andrew (1989) (Hrsg.), Patronage in Ancient Society (Leicester-Nottingham Studies in Ancient Society 1), London u. a.

Walser, Gerold (1953), Die Ursachen des ersten römisch-illyrischen Krieges, Historia 2 (1953/1954), 308-318.

Walsh, Joseph J. (1992), Syzygy, Theme and History. A Study in Plutarch's *Philopoemen* and *Flamininus*, Philologus 136, 208-233.

– (1993), Bones of Contention: Pharsalus, Phthiotic Thebes, Larisa Cremaste, Echinus, CPh 88, 35-46.

– (1996), Flamininus and the Propaganda of Liberation, Historia 45, 344-363.

– (2000), The Disorders of the 170s B.C. and Roman Intervention in the Class Struggle in Greece, CQ NS 50, 300-303.

Warrior, Valerie M. (1988), The Chronology of the Movements of M. Fulvius Nobilior (cos. 189) in 189/188 B.C., Chiron 18, 325-356.

– (1990), A Technical Meaning of *ducere* in Roman Elections? Livy's Account of the Elections of the Consuls for 189 B.C., RhM 123, 144-157.

– (1996a), Evidence in Livy on Roman Policy Prior to War with Antiochus the Great, in: Robert W. Wallace / Edward M. Harris (Hrsgg.), Transitions to Empire. Essays in Greco-Roman History, 360–146 B.C., in honor of E. Badian (Oklahoma Series in Classical Culture 21), Norman u. a., 356-375.

– (1996b), The Initiation of the Second Macedonian War. An Explication of Livy Book 31 (Historia Einzelschriften 97), Stuttgart.

Wegner, Michael (1969), Untersuchungen zu den lateinischen Begriffen socius und societas (Hypomnemata 21), Göttingen.

Weigel, Richard D. (1985), Roman Colonial Commissioners and Prior Service, Hermes 113, 224-231.

Weißenborn, W. / Müller, H. J. (1883a), Titi Livi ab urbe condita libri. Bearbeitet, Bd. 7: Buch XXXI und XXXII, 3. Aufl. Berlin.

– (1883b), Titi Livi ab urbe condita libri. Bearbeitet, Bd. 7: Buch XXXIII und XXXIV, 3. Aufl. Berlin.

– (1899), Titi Livi ab urbe condita libri. Bearbeitet, Bd. 6: Buch XXIX und XXX, 4. Aufl. Berlin.

– (1906), Titi Livi ab urbe condita libri. Bearbeitet, Bd. 8: Buch XXXV und XXXVI, 3. Aufl. Berlin.

– (1907), Titi Livi ab urbe condita libri. Bearbeitet, Bd. 4: Buch XXIII, 8. Aufl. Berlin.

Werner, Robert (1977), Quellenkritische Bemerkungen zu den Ursachen des Perseuskrieges, GB 6, 149-216.

Wiemer, Hans-Ulrich (2001), Rhodische Traditionen in der hellenistischen Historiographie (Frankfurter Althistorische Beiträge 7), Frankfurt am Main.

– (2002), Krieg, Handel und Piraterie. Untersuchungen zur Geschichte des hellenistischen Rhodos (Klio Beihefte NF 6), Berlin.

Wild, Helmut (1995), Die agrarische Tätigkeit des Titus Quinctius Flamininus und seine Wahl zum Konsul des Jahres 198, in: Ch. Schubert / K. Brodersen (mit U. Huttner) (Hrsgg.), Rom und der Griechische Osten. Festschrift für Hatto H. Schmitt zum 65. Geburtstag dargebracht von Schülern, Freunden und Münchener Kollegen, Stuttgart, 297-311.

Will, Édouard (1979), Histoire politique du monde hellénistique (323-30 av. J.-C.), Bd. 1: De la mort d'Alexandre aux avènements d'Antiochos III et de Philippe V (Annales de l'Est 30), 2. Aufl. Nancy.

– (1982), Histoire politique du monde hellénistique (323-30 av. J.-C.), Bd. 2: Des avènements d'Antiochos III et de Philippe V a la fin des Lagides (Annales de l'Est 32), 2. Aufl. Nancy.

– (1986), Rez. Gruen (1984), Phoenix 40, 212-214.

– (1994), Notes de lecture, Topoi 4, 433-447.

Willems, Pierre (1883), Le Sénat de la République romaine. Sa composition et ses attributions, 2 Bde., Louvain 1883-1885.
Winter, F. E. (1971), Greek Fortifications, London.
Wood, Jr., Frederic M. (1939), The Tradition of Flamininus' »Selfish Ambition« in Polybius and Later Historians, TAPhA 70, 93-103.
– (1941), The Military and Diplomatic Campaign of T. Quinctius Flamininus in 198 B.C., AJPh 62, 277-288.
Wuilleumier, Pierre (1939), Tarente des origines à la conquête romaine (Bibliothèque des Écoles Françaises d'Athènes et de Rome 148), Paris.

Yakobson, Alexander (1992), *Petitio et Largitio*: Popular Participation in the Centuriate Assembly of the Late Republic, JRS 82, 32-52.
– (1997), Mid-Republican Rome and Popular Politics, SCI 16, 252-258.
– (1999), Elections and Electioneering in Rome. A Study in the Political System of the Late Republic (Historia Einzelschriften 128), Stuttgart.
Yoshimura, T. (1984), Zum römischen *libertas*-Begriff in der Außenpolitik im zweiten Jahrhundert vor Chr., AJAH 9 (1984) [1990], 1-22.

Ziegler, Konrat (1951), RE XXI 1, 636-962 s. v. Plutarchos 2.

Stellenregister

Sachregister

Personen- und Ortsregister

Nicht berücksichtigt sind die Lemmata Flamininus, Griechenland und Rom.

Hypomnemata

Untersuchungen zur Antike und zu ihrem Nachleben